COVID-19 ET DROIT PUBLIC EN AFRIQUE

L'influence du virus sur l'application des normes

COLLECTION « ÉTUDES AFRICAINES »
dirigée par Denis Pryen et son équipe

Forte de plus de mille titres publiés à ce jour, la collection « Études africaines » fait peau neuve. Elle présentera toujours les essais généraux qui ont fait son succès, mais se déclinera désormais également par séries thématiques : droit, économie, politique, sociologie, etc.

Dernières parutions

Sylvain SHOMBA KINYAMBA, *La tropicalisation de la ville et de l'université de Kinshasa. Le décryptage des réponses populaires*, 2024.
Benoît TINE, *Les drogues au Sénégal. Fléau social et défis contemporains*, 2024.
Stéven Modeste YOMBI (dir.), *Nouveaux horizons du constitutionnalisme en Afrique noire francophone*, 2024.
Auguste ILOKI, Valencia ENGAMBA ILOKI, Raïssa Kartelle ILOKI, *La justice au Congo : bilan statutaire soixantenaire. L'autorité judiciaire. Le service public de la justice. Le pouvoir judiciaire,* 2024.
Charles ZAGOH, *Le franc CFA : une monnaie en débat*, 2024.
Balla CISSÉ, *Le mirage de la IVe République du Mali. 22 juillet 2023-6 juillet 2024*, 2024.
Ernest-Marie MBONDA, *Pouvoir, droits et justice en Afrique, Essais de philosophie politique appliquée*, 2024.
Jean-Alexis MFOUTOU, *Stigmatisation et discrimination au Congo-Brazzaville. L'homme devient étranger à l'homme*, 2024.
Jean OTEMIKONGO MANDEFU YAHISULE (dir.), *Gouverner l'État en temps de crise, Survivre à la mort programmée de l'État congolais*, 2024.
Joachim E. GOMA-THETHET, *Les cols bleus de Pointe-Noire. La révolution congolaise au bout de la chanson (1965-1972)*, 2024.
Stéphane NGWANZA, Rodrigue TASSE (dir.), *La francophonie dans les relations internationales contemporaines. Un instrument de projection de l'Afrique dans un monde multipolaire*, 2024.
Sidiki KABA, *Modélisation de la mortalité des enfants de moins de 5 ans en guinée, Apport des modèles multiniveaux et des méthodes de décomposition*, 2024.
Konin AKA, *Le patrimoine musical traditionnel et son rôle dans la société ivoirienne. Tome 2*, 2024.
Konin AKA, *Les instruments et genres musicaux traditionnels en Côte d'Ivoire. Tome 1*, 2024.
Danièle DARLAN, *Protéger la constitution quoi qu'il en coûte. Une vision pour la Cour constitutionnelle de la République centrafricaine*, 2024.
Nadine Josianne BAKAM TITGOUM, *La propriété intellectuelle dans l'espace OAPI-OHADA. Entre incorporalité et virtualité*, 2024.

Sous la direction de
Lionel Pierre Guéssélé Isséme

COVID-19 ET DROIT PUBLIC EN AFRIQUE

L'influence du virus sur l'application des normes

Préface de Jean-Paul Markus

L'Harmattan

5-7, rue de l'Ecole-Polytechnique, 75005 Paris
http://www.editions-harmattan.fr
ISBN : 978-2-336-41290-0
EAN : 9782336412900

PRÉFACE

Quelle meilleure illustration des désordres juridiques causés par la pandémie de covid 19, que cette décision du Conseil d'État français[1] de 2020 constatant les vices manifestes entachant la légalité du décret du 16 mars 2020 qui devait confiner les Français durant plusieurs semaines, mais refusant toute annulation en vertu de la théorie des circonstances exceptionnelles, et cela dans un pays ou l'État de droit se veut robuste ? Ainsi le confinement même avait-il été illégalement prononcé, avant que le juge ne « rattrape » le décret en question en invoquant les circonstances exceptionnelles.

Quelle meilleure illustration des mêmes désordres juridiques que cet ouvrage « *Covid 19 et droit public en Afrique et l'influence du virus sur l'application des normes* », dans un continent où l'État de droit est déjà fragilisé par des crises politiques et économiques à répétition ?

L'ouvrage collectif mené par le Professeur Lionel GUÉSSÉLÉ enrichit les savoirs juridiques par son homogénéité dans la qualité des contributions, mais aussi par l'hétérogénéité des manières d'appréhender les perturbations de l'ordre juridique liées à la pandémie, et qu'on retrouve d'ailleurs dans les écrits européens[2]. Cette diversité des approches semble tenir à la situation devant laquelle ont été placés les citoyens de chaque pays, avec des moyens de coercition inédits face à une crise sanitaire d'une ampleur tout aussi inédite.

De manière générale, les différents gouvernements ont mis leurs citoyens en demeure d'opérer le choix suivant : gardez vos libertés fondamentales mais morts, ou acceptez des entraves à ces libertés en restant vivants... Un chantage selon certains, qui a tourné au dilemme pour la plupart des citoyens mais aussi pour les gouvernants, et qui s'est répercuté sur la relation entre les deux, ainsi que sur la relation entre les pouvoirs constitués.

Ce sont ces points saillants qui ressortent du présent ouvrage, comme une préoccupation constante face à une pandémie s'installant dans un contexte africain bien connu. Deux tendances émergent parmi les contributeurs.

Il y a d'abord ceux qui relèvent une dégradation des rapports interinstitutionnels, un accroissement des déséquilibres entre les pouvoirs, qu'on relève aussi, au demeurant, dans les États du Nord. C'est une constante de la vie institutionnelle : les crises, qu'il s'agisse de guerres, de catastrophes naturelles ou en l'occurrence de pandémies, ont toujours profité aux exécutifs, s'accompagnant d'une mise en veille plus ou moins partielle du législatif. La grande différence liée à la covid-19 tient en ce que même le pouvoir judiciaire s'est trouvé entravé dans son action, puisque seules fonctionnaient les juridictions ou formations les plus sensibles, comme la justice pénale ou les recours en urgence liés aux libertés (le référé-

[1] Conseil d'État, 22/12/2020, 439800

[2] Par ex. Dossier AJDA 2020 n° 30, pp. 1691-1732. – D. Roma, Liberté, égalité, fraternité : la devise républicaine à l'épreuve du covid-19, RDSS 2020.926.

liberté en France). Dans le contexte africain, la mise en veille des parlements s'est accompagnée d'une neutralisation des oppositions et de la parole. Comme partout, la pandémie a permis l'éclosion d'une massive désinformation à l'échelle mondiale dont l'effet fut de transformer aux yeux des citoyens la parole scientifique relayée par l'État, en propagande[3]. Comme partout, mais particulièrement en Afrique[4], ce déferlement de remèdes illusoires et de messages complotistes imputant la pandémie à un sombre groupe à l'identité mouvante, a nécessité des freins à la liberté d'expression. Mais dans certains Etats, on est parfois passés d'une pandémie *contexte*, appelant une adaptation des lois et règlements, à une pandémie *prétexte*, justifiant le durcissement excessif des conditions d'exercice des libertés.

Les concertations internationales furent dans un premier temps mises en veille également, et chaque État a concocté sa propre législation, déployant ses propres outils, à travers des régimes dérogatoires voire d'exception. En d'autres termes, « *un recours bigarré au régime dérogatoire en période de Covid-19* »[5]. Au-delà même d'une liberté d'expression restreinte, la liberté d'exercer sa religion fut entravée par des mesures de protection sanitaires, allant jusqu'à évincer le sacré[6].

Autre déséquilibre qui ressort à la lecture de l'ouvrage, une forte centralisation des compétences en matière de lutte contre la pandémie. Ce sont cette fois les pouvoirs locaux qui ont été mis en berne, alors même que la décentralisation est encore embryonnaire dans la plupart des pays d'Afrique noire francophone. Même en France, pays dont « *l'organisation est décentralisée* » selon l'article 1er de la Constitution, on a pu constater une recentralisation de fait avec une montée en puissance des agences régionales de santé (étatiques), ainsi que la neutralisation par le juge administratif du pouvoir de police administrative locale des maires au profit de celui du premier ministre et des préfets.

La covid 19 a également aggravé les inégalités entre citoyens dans un contexte de médecine à deux vitesses. Les autochtones furent les grands oubliés d'une politique de prévention inadaptée à leur mode de vie[7], et d'une politique sanitaire par ailleurs défaillante. Il en va de même des zones rurales. À cela s'ajoutent les inégalités nord-sud avec un repli national généralisé. Les économies se sont fermées ainsi que les frontières, provoquant « la plus profonde récession depuis

---

[3] François-Xavier Heynen, Covid et savoir officiel, Les rapports entre science et politique, L'Harmattan, 2022.

[4] Bertrand Cabedoche, Simon Ngono, Communication et covid-19 en Afrique, Action publique, médiatisation, croyances populaires, L'Harmattan, 2023.

[5] Mustapha Afroukh, Le recours au mécanisme dérogatoire en période de Covid-19 ou le droit international des droits de l'homme à la croisée des chemins, RTDH 2021/2 n° 126, p. 275.

[6] Abdelhafid Ossoukine, M. C. Azzedine Kamraoui, *La gestion de la mort au temps du Covid 19 en Algérie*, Droit, santé et société, 2021/4, n° 4, p. 16. Et en France, l'interdiction des rassemblements destinés à rendre hommage aux personnes décédées.

[7] Luc Leriche, *La protection internationale du droit à la santé des peuples autochtones en période pandémique*, Annuaire Français de Droit International Année 2020 n° 66 p. 97.

trente ans » en Afrique subsaharienne[8]. On notera toutefois que la CEMAC, comme l'Union européenne d'ailleurs, a toutefois pu se relégitimer aux yeux de certains, en aidant par la suite à coordonner les politiques sanitaires et à en surmonter les coûts.

On enregistre aussi un repli des services publics dans un premier temps, même si la covid-19 a pu conduire à certaines améliorations, comme une digitalisation à marche forcée des formalités administratives, malgré une résistance sociologique liée au niveau de vie. La pandémie a incontestablement permis à une large proportion d'Africains de franchir le pas vers la dématérialisation du quotidien, qu'il s'agisse des paiements, ou encore de certaines formalités. Si ce mouvement est encore limité aux instances centralisées ou aux commandes publiques dans certains pays, il est enclenché.

Côté fiscalité, tous États confondus, il a fallu lâcher du lest face à des contribuables menacés de ruine par la cessation brusque de leur activité, ce qui bien entendu a contribué à dégrader l'état des finances publiques. Procédures simplifiées et exonération ou échelonnements, prolongés avec la reprise d'activité qui a également nécessité un coup de pouce fiscal. On est donc passé d'une fiscalité palliative dans les premiers temps à une fiscalité curative une fois la pandémie passée, avec toutefois le risque d'une accoutumance du contribuable et d'une acceptation aléatoire du retour au droit commun.

En somme, la covid-19, passant sur le monde, a semé la mort et fait reculer les libertés, déstabilisé des ordres juridiques déjà instables, mais l'ouvrage dirigé par Lionel GUÉSSÉLÉ ne sombre pas dans la un pessimisme forcé. La pandémie a également semé quelques graines pour l'avenir : la coopération sanitaire internationale a pu être relancée, des politiques étatiques de prévention sanitaire sont lancées, la médecine traditionnelle a été mise à contribution et doit en sortir renforcée, la prise de conscience du lien entre santé et environnement. Chacun à son échelle a déployé ses outils pour le présent… et pour le futur[9]. Collectivement, des leçons sont tirées, qui amélioreront la résilience des États et des communautés[10]. Cela passera par une souveraineté des États africains retrouvée sur leurs propres ressources, qu'il s'agisse des ressources naturelles – mais c'est un autre débat –, ou qu'il s'agisse de leurs ressources humaines et intellectuelles, par la valorisation de leurs propres patrimoines et savoirs[11].

De partout en Afrique jaillissent des écrits tirant, comme le présent ouvrage, les leçons de la pandémie. Autant d'appels pressants à un sursaut qualitatif dans

---

[8] Kouakou Jérôme Kouadio, *Dignité du cadavre humain médico-légal en contexte covid-19*, L'Harmattan, 2023. - Félix Atchadé, *Covid-19 : une pandémie africaine*, Recherches Internationales Année 2021 n° 122 p. 111.

[9] Alphonse Yapi-Diahou (Dir.). Cahier "COVID 19 au quotidien". 125 p., 2020. Accessible sur le site HAL

[10] Mamadou Ndong Touré, Mouhamadou Mawloud Diakhaté et al. (dir.), la covid-19 en Afrique. Perceptions, enjeux, défis et gouvernance, L'Harmattan Sénégal, 2024.

[11] Yousuf Vawda (trad. de l'anglais par Anne-Sohhie Bauvir), Propriété intellectuelle et covid : un défi décolonial pour l'Afrique, éd. Syllepse, 2022.

la gouvernance, mais aussi à sortir des modes de pensée sous tutelle[12], de prendre son avenir en mains. La grille de lecture que nous livre Lionel GUÉSSÉLÉ est à ce titre précieuse.

Jean-Paul Markus
Professeur à l'Université Paris-Saclay

[12] Nathanaël Noël Owono Zambo, Penser la covid 19 en Afrique. De la crise sanitaire à l'éthique de la crise, L'Ahrmattan, 2022, préf. Hubert Mono Ndjana.

LISTE DES AUTEURS

Lionel Pierre GUÉSSÉLÉ ISSÉMÉ
Edouard GNIMPIEBA TONNANG
Charles TUEKAM TATCHUM
Claude MOMO
Frédéric Hermann KEMDJO TAGNE
Alain Juvénal NGAYA
Jacques BIPELE KEMFOUEDIO
Olivier FANDJIP
Pacôme VOUFFO
Théodore POMTE-LE
Hilaire AKEREKORO
Sali ALIYOU
Pierre Thierry NTSO BILEGUE
Hermann Thierry SOH MBOGNE
André Mesmin BASSANG'NA
Luc Patrick BALLA MANGA
Sylvie NGUECHE
Gilbert MBASSA
Théophile NGUIMFACK VOUFO
Princesse De Christ KOUNDE EBENE
Paul Longin ETOGO
Ibrahima HALILOU
Mama Saniou NJIKAM

SOMMAIRE

Première partie :
L'INFLUENCE DE LA COVID 19 SUR L'APPLICATION DE LA NORME EN DROIT CONSTITUTIONNEL

Chapitre 1 : L'État de droit à l'épreuve de la Covid-19

Par GUÉSSÉLÉ ISSÉMÉ Lionel Pierre
Agrégé de droit public
Université de Yaoundé 2-FSJP (Cameroun)

Résumé : S'incluant dorénavant dans les composantes du trouble à l'ordre public, la crise sanitaire à Covid-19, en utilisant les règles conjoncturelles ou circonstanciées, contribue à l'érosion de la théorie classique de l'État de droit. S'identifiant aux circonstances exceptionnelles reconnues par le droit de crise, elle restaure l'État de providence tout en renversant la superposition hiérarchique de la loi par rapport aux actes règlementaires. L'action normative conséquente du pouvoir exécutif contraste avec l'effacement de la présence du parlement et la limitation des contre-pouvoirs existants. Impliquant la déformation de l'action administrative, l'extension conjoncturelle du domaine du règlement, l'activation des prérogatives financières et administratives d'exception de l'exécutif, la limitation du droit au juge, la valorisation des actes de droit souple, la réflexion amorcée sur l'État de droit bouleversé est digne de pertinence. Du fort relâchement des règles de protection de l'État de droit pendant la période la plus virulente de Covid-19, l'on dénote au moyen de la méthode juridique, la faible propension à revendiquer les atteintes prétextées par la riposte covid-19 et la forte propension de l'exécutif à instrumentaliser la riposte Covid contre la séparation des pouvoirs.

Mots-clés : état de droit-Covid-19-actes de droit souple-le comité inter-ministériel- le domaine du règlement.

Introduction

Érigée en modèle irréfragable dans les ordres normatifs des États contemporains, la remédiation à une situation de crise appelle inévitablement l'instauration d'un régime d'exception. L'on convient que « l'état d'exception est présenté comme la réponse à une « évidente nécessité » qui « en est le déclencheur, la justification et la limite »[13]. La conséquence directe de l'instauration du régime dérogatoire au droit commun est le bouleversement de l'ordre juridique établi et portant la redistribution du pouvoir politique. Dès lors, l'idée suivant laquelle « l'état d'exception n'a rien d'exceptionnel »[14] est discutable lorsque l'hydre étant désormais un virus et

[13] V. CHAMPEIL-DESPLATS., « Qu'est-ce que l'état d'urgence sanitaire ? d'un État d'urgence à l'autre, ou l'intégration des régimes d'exceptions dans les États de droit contemporain », *RFAP* n° 176, 2020/4 p.876.
[14] M. TROPER, « L'état d'exception n'a rien d'exceptionnel », *in* M. TROPER, *Le droit et la nécessité*, Paris, PUF, 2011, p. 99.

l'ennemi le genre humain comme tend à le démontrer la réflexion sur l'État de droit bouleversé par la Covid-19.

Considérée comme un risque sanitaire, la Covid-19 a introduit dans la conception classique de l'État de droit des chapitres des circonstances conjoncturelles ou exceptionnelles. Ces circonstances ont pour effet de soustraire l'administration au respect de la légalité. Elles mettent la légalité en « vacances »[15] et lui substituent une légalité d'exception ou de crise. Tel qu'enseigné dans les manuels de droit, l'État de droit repose initialement sur une conception purement formelle de la hiérarchie des normes laquelle a par la suite adhéré subséquemment à une conception substantielle du droit. L'orientation formelle de l'État de droit repose sur la soumission de tout pouvoir, des citoyens à la Constitution et aux normes infra constitutionnelles suivant l'échelle de normativité congrue. « Deux sortes de principes d'unité pour les systèmes normatifs : le principe statique et le principe dynamique »[16] sont utilisés pour consolider cette échelle de normativité. L'administration est alors tenue d'obéir aux normes qui constituent à la fois le fondement, le cadre mais aussi les limites de son action. Les organes de l'État ne peuvent qu'agir en vertu d'une habilitation juridique. « C'est à ce niveau qu'il est possible d'identifier les énoncés habilitants »[17]. Il n'en demeure pas moins vrai que l'administration se trouve devant des exigences plus contraignantes en contrepartie de ses pouvoirs. « Et qu'un juge a la compétence pour en assurer le respect »[18]. Le rôle du droit et du juge vaut également pour la conception matérielle de l'État de droit.

En outre, l'État de droit n'est pas dissociable d'un soubassement libéral. Celui-ci conduit à élargir la conception de l'État de droit en adoptant un point de vue substantiel. Il implique l'adhésion à un ensemble de principes et valeurs qui bénéficient des consécrations juridiques et des mécanismes de garantie appropriés. L'inscription de ces principes dans les textes juridiques contribue à leur objectivation. Dans tous les pays libéraux, le socle de l'État de droit est maintenant constitué par un ensemble de droits fondamentaux »[19]. En ce sens, « on constate une évolution substantielle, pour y inclure la protection des droits de l'homme comme mission centrale du droit et du juge »[20]. En sorte que l'Etat de droit « comporte certains attributs intrinsèques ; ces versions formelle, hiérarchique, matérielle »[21]. Cette embellie théorique a été éprouvée lors de la période de virulence de la crise sanitaire. Celle-ci a érodé le sens et l'essence de certaines règles supposées inébranlables et immuables en tout temps de l'État de droit dans les ordres normatifs contemporains.

---

[15] M. BOURJOL., *Droit administratif. L'action administrative*, t2, Paris, Masson et Cie éditeurs, 1972, p.89.
[16] H. KELSEN., *Théorie pure du droit*, 2ème éd., Paris, Dalloz, 1962, p.258.
[17] G. TUSSEAU, *Les normes d'habilitation*, Paris, Dalloz « nouvelles bibliothèques de thèses inv 4427 » 2006 p.3.
[18] J. BELL., « Le règne du droit et le règne du juge. Vers une interprétation substantielle de l'État du droit », *in l'État de droit. Mélanges en l'honneur de GUY BRAIBANT.*, Paris, Dalloz, 1996 p.15
[19] J. CHEVALLIER., *L'État de droit*, 2ème éd., Paris, Montchrestien, 1994, p.109.
[20] . BELL., « Le règne du droit et le règne du juge. Vers une interprétation substantielle de l'État du droit » *op.cit.*, p.16.
[21] J. CHEVALLIER., *L'État de droit*, 2ème éd., *op.cit.*, p.11.

Reposant sur l'érosion avérée de la conception formelle de l'État de droit, les actes de droit souples ont servi de référence et ont irrigué les validités formelle et substantielle des actes juridiques considérés normalement comme supérieurs. Les communiqués sanctionnant les décisions prises par le comité interministériel ont été rehaussés et ont bénéficié d'une super position. Les actes administratifs unilatéraux situés en principe en dessous de la loi ont été mis dans une position susceptible d'influencer celle-ci. L'inversement de position hiérarchique s'est ressenti sur le fait du parlement relégué. Par ce fait, « la loi s'estompe »[22]. Les actes de droit « dépourvus de normativité et sanctionnés par le juge constitutionnel »[23] ont récemment été déclarés recevables par le Conseil d'État de France[24]. Par « l'approche pragmatique du droit souple »[25], l'on convient que celui-ci réunit des actes informels qui traduisent une technique recommandatoire et non obligatoire[26]. Ils contiennent en effet en principe des énoncés à la normativité non juridique qui favorisent le conseil, l'invitation et plus généralement la recommandation. Déclinés en communiqués, en instructions administratives, ces instruments ont servi d'outils d'information administrative et d'édiction dans l'urgence des mesures de riposte sanitaire. S'inscrivant dans cette dynamique, les actes ont constitué les limites des droits et libertés publiques. L'espace public a cessé d'être le cadre spatial d'expression des libertés publiques et l'espace privé s'en est approprié. Par les actes de droit souple et les textes généraux, les pouvoirs des autorités de police administrative ont été déterminés. Ceux-ci ont été associés afin de déterminer l'étendue des prérogatives de celles-ci. À la vérité, les actes de droit souple renvoyaient aux textes généraux, la détermination le cadre formel de « maintenir l'ordre public »[27]. Contrairement aux règles de droit commun, la limitation des droits et de libertés publiques ne relevait pas du domaine de la loi. Celle-ci a été appropriée par le domaine du règlement. De portée circonstanciée, la limitation des libertés publiques a été introduite dans le domaine du règlement. « Elle permet au chef de l'exécutif d'intervenir aussi bien dans le domaine exécutif que dans le domaine législatif »[28].

La police administrative générale reconduite dans ses fondements formels contraste avec un service public à portée minimum. Les communiqués du Premier ministre pour clarifier les prérogatives des autorités administratives de police renvoyaient explicitement aux textes généraux que sont la Constitution et le code

---

22 J. RIVERO., « Fin d'un absolutisme » *op.cit.*, p.6.

23 A.-J NGAYA., « Les réserves d'interprétation de la juridiction constitutionnelle dans les États d'Afrique noire francophone. », *RADP*, Vol X, N° 21, Spécial 2021, p.319.

24 CE, ass., 21 mars 2016, Sté Fairvesta Intern. GmbH et autres, Rec. CE, 2016, p. 77, concl. S. VON COESTER ; RFDA, 2016, p. 497, concl. ; AJDA, 2016, p. 717, chron. L. DUTHEILLET DE LAMOTHE et G. ODINET . CE, ass., 21 mars 2016, Sté NC Numéricable, Rec. CE, 2016, p. 89, concl. V. DAUMAS ; RFDA, 2016, p. 506, concl. ; AJDA 2016, p. 717, chron. préc.

25 D. COSTA., « La soumission au principe de légalité des actes de droit souple *», Association des Cahiers Portalis | « Les Cahiers Portalis »* 2021/1 N° 8 p.152.

26 B. LAVERGNE, *Recherche sur la soft law en droit public français*, Paris, LGDJ, 2013, p.222.

27 *Infra* p.193.

28 R. DEGNI SEGUI., *Droit administratif général. L'action administrative*, t2, 4ème éd., Abidjan, NEI-CEDA, 2012 p.93.

général des collectivités territoriales décentralisées. L'on a toutefois observé la recentralisation de la gestion de l'ordre public autour du Premier ministre. La Covid-19 constitue une des déclinaisons de l'ordre public à maintenir. La prévention du trouble à l'ordre public a été renforcée et les contre-pouvoirs des juridictions ont été affaiblis. Par ailleurs, « la fonction de prestation qui vise à rendre des services aux administrés »[29] a été déformée ou dégradée. Les administrés ne pouvaient que se satisfaire du service minimum de l'administration publique. Le service immatériel a été privilégié au service physique du fait de l'introduction des technologies de l'information et de la communication. L'administration publique devrait s'adapter à ce nouveau paradigme.

La centralisation administrative a été valorisée et a retrouvé ses lettres de noblesse. Les décisions urgentes dérivaient des mesures prises au plus haut sommet de l'État. « *La notion de structure fonctionnelle* »[30] s'inscrit dans cette dynamique. « *L'État est omniprésent dans la crise sanitaire inédite* »[31]. Le Président de la République, le Gouvernement et les autorités administratives décentralisées ont en fonction de la circonscription de compétence et de l'échelle de compétence pourvu à la continuité de l'État. Les institutions administratives ont été mobilisées pour préserver la sacralité de la vie et de la personne humaine. « Au demeurant, la santé publique n'est pas du tout à fait extérieur à la personne »[32]. L'administration de proximité dévolue à la décentralisation territoriale demeure l'allié de la propagande tenue et entretenue par la source centrale. Par leur fait, les autorités administratives ont institué et adapté de manière continue la psychose covid. La manipulation de l'information administrative et l'adjonction aux contraintes existantes ont permis au pouvoir exécutif d'être acteur et auteur de la torpeur covid-19. La crise sanitaire lui a permis de renforcer son autorité et de banaliser les prérogatives reconnues en tout temps aux citoyens. Les mécanismes qu'offrent la participation politique et de la démocratie continue ont été dégradés. « Ce principe est vide et dangereux »[33]. On ne peut détacher le citoyen « de la souveraineté et de son exercice »[34].

L'administration, juge de l'état de nécessité, a, par cet acte de droit souple, rénové le fonctionnement des organes constitutionnels et redéfini une morale sentimentale dans les relations interpersonnelles. La conformité au régime de crise imposait au parlement l'ajustement de son règlement intérieur aux mesures barrières. Celle-ci nécessitait une prise en compte globale des mesures barrières. La Constitution évoque en effet, de manière non détaillée, des organes tels que le Bureau de l'Assemblée nationale, le Président de l'Assemblée nationale, la Conférence des

---

[29] *Idem*, p.193.
[30] Ch. EISENMANN., *Cours de droit administratif*, t1 Paris, L.G.D.J., 1982, p.197 et s.
[31] F. CHALTIEL. TERRAL, « Le pouvoir de l'État », *LPA* n° 256, 2020, p.13.
[32] P.-J LOWE G., « La santé, un bien ? », *Le Nemro, Revue Trimestrielle de droit économique*, avril-juin 2020 p.375.
[33] D. ROUSSEAU., « Faut-il tirer sur l'ambulance des concepts « classiques » du droit constitutionnel ? », *RFDC* 2019/4 N° 120 p.876.
[34] L.-P GUÉSSÉLÉ ISSÉMÉ., « La participation politique des citoyens dans les États africains », *RADP*, Vol X, N° 24, Supplément 2021 p.11.

présidents, les commissions parlementaires, les groupes parlementaires. *« Ces divers organes ont un rôle spécifique »*[35]. L'inaction normative du parlement contraste avec l'action considérable de l'exécutif. Le parlement s'est confiné en organe constitutionnel d'internalisation des mesures de crise sanitaire édictées par le pouvoir exécutif. L'internalisation automatique des mesures consacrées par l'administration centrale repose notamment sur la limitation des contacts physiques entre les parlementaires, la réduction des sessions, le télétravail, les visioconférences, etc. Les dépositaires de la démocratie représentative n'ont pas été à l'abri des mesures circonstanciées de crise sanitaire. Les autres institutions administratives n'en ont pas été épargnées.

Juge de la nécessité, l'administration centrale a activé ses prérogatives financières d'exception. Les risques budgétaires sont entendus comme des facteurs qui entrainent la déviation entre les attentes ou les prévisions et leurs réalisations. La survenance de la crise sanitaire a constitué des difficultés au recouvrement des recettes prévues et a de ce fait alourdi les dépenses prévues. « Le financement de la dépense publique est en proie aux contingences financières liées aux forces majeures et aux mesures prises en cours d'exercice par les pouvoirs publics »[36]. Auteur de « la gouvernance financière d'exception »[37], l'exécutif a initié le recours aux emprunts, aux eurobonds, aux contrats de partenariat public privé pour financer le budget et partant restaurer l'équilibre budgétaire limité par la crise sanitaire. L'incitation à l'investissement durant cette période a justifié l'accentuation des dépenses fiscales. L'ouverture des crédits par l'exécutif imposait une ratification du parlement. Or pour certaines doctrines, le Covid-19 a été d'un apport positif aux finances publiques[38]. La doctrine française s'y oppose théoriquement[39]. Sous cette bannière, le pouvoir exécutif a non seulement consolidé l'efficacité de l'administration centrale mais a renoué avec l'inventivité financière. L'on perçoit alors la pertinence de cette réflexion.

La réflexion est digne d'intérêt. Elle révèle l'influence des circonstances conjoncturelles sur les règles structurelles. Les aléas considérés comme des sources matérielles c'est-à-dire d'inspiration du droit ont cette capacité à suspendre la juridicité formelle de certains actes. Les instruments de droit souple s'inscrivent dans un contexte particulier d'évolution du droit et de l'État. « Ces transformations ne sont pas sans incidence sur l'action administrative »[40]. L'adaptabilité de l'action administrative considérée jusqu'ici comme classique à ce nouveau paradigme s'est

---

[35] A.-D OLINGA., *La Constitution de la République du Cameroun*, 1ère éd., Yaoundé, PUCAC, 2006, p.104.

[36] A.-J NGAYA., « La soutenabilité budgétaire dans les États membres de la CEMAC », *RAFiP* n° 11, 1er semestre 2022 p.55

[37] P. N'DRI- THEOUA., « Ordonnances et séparation des pouvoirs en période Covid-19 », *op.cit.,* p.51.

[38] G.-M PEKASSA NDAM., P. NGANGUE NEMALEU., « Les finances publiques camerounaises à l'épreuve de la crise sanitaire à Coronavirus », *Le Nemro, Revue Trimestrielle de droit économique*, Avril-Juin 2020, pp.49-74.

[39] M. LASCOMBE., « Covid-19 et finances publiques comparées : quelques propos conclusifs (Allemagne, Espagne, France, Italie, Luxembourg, Union européenne, Royaume-Uni et USA) », *RFFP* n° 154, 2021, pp.94-95

[40] D. COSTA., « La soumission au principe de légalité des actes de droit souple », *op.cit.*, p.153.

imposée. Ceux-ci sont utilisés tour à tour comme des moyens de communication et de réaction dans l'urgence des administrations publiques. Sa flexibilité, son adaptabilité circonstanciée ont justifié sa prépondérance aux autres formes juridiques. En outre, le débat sur la justiciabilité des actes de droit souple est ouvert et ce, dans le cadre d'une étude comparative. L'État de France a procédé par une rénovation en 2016 en admettant la recevabilité contentieuse de certains instruments de droit souple. Or, la politique jurisprudentielle du Cameroun est marquée par une position statique. Depuis les décisions classiques à aujourd'hui, les mesures d'ordre intérieur de l'administration notamment les instructions, les circulaires interprétatives, notes de service ne sont susceptibles de recours pour excès de pouvoir. Par ailleurs, les conceptions formelle et matérielle de l'état de droit ont subi incontestablement son fait. L'échelle de normativité de la loi et de certains actes réglementaires a connu un inversement certain. Ces derniers ont tenu le droit positif en l'état. Enfin, les figures de l'État ont été mises en œuvre. La puissance publique souveraine est non seulement le juge de la nécessité mais également l'horloger financier. Son omniprésence sur la sphère publique contraste avec le principe de la séparation des pouvoirs. Il manie la police administrative générale et attribue une nouvelle portée aux services publics. Cela témoigne « du retour en force de la figure de l'État-puissance »[41].

Si « l'invocation de la particularité des circonstances a, dans ce contexte, tout son poids »[42] alors, comment le Covid-19 a-t-il contribué au bouleversement de l'état de droit ? Au regard de la méthode juridique laquelle s'articule en le commentaire des textes et l'interprétation des décisions de justice, l'idée générale incline d'entrevoir le fort relâchement des règles de protection de l'état de droit pendant la période la plus virulente de Covid-19. Le cadre d'étude principal est le Cameroun. Toutefois, le recours à certains États de l'Afrique noire francophone sera opéré dans l'optique de relever la spécificité ou la généralité de la situation de crise générée lors de la période de virulence de la crise sanitaire. L'expérience camerounaise de la gestion de la crise sanitaire mérite d'être discutée avec celle des autres États. En s'appuyant sur l'hypothèse de base susmentionnée, deux idées complémentaires peuvent être dégagées : la faible propension des citoyens à revendiquer les atteintes prétextées par la riposte Covid d'une part (I) contraste avec la forte propension de l'exécutif à instrumentaliser la riposte Covid contre la séparation des pouvoirs d'autre part (II).

I- L'affaiblissement des citoyens face aux atteintes engendrées par les mesures de lutte contre la Covid-19

L'indolence et l'inculture, qui jadis ont caractérisé les violations subies par l'implantation de l'État de droit dans les États d'Afrique noire francophone, semblent s'être de nouveau épanouies pendant la virulence du Covid-19. Des atteintes aux fondements de cette donne importante de l'État moderne, « ce qui était reproché,

---

[41] J. CHEVALLIER., « L'État à l'épreuve du Coronavirus », *Pouvoirs* n° 177, 2021/2, p.113.

[42] V. CHAMPEIL-DESPLATS., « Qu'est-ce que l'état d'urgence sanitaire ? d'un État d'urgence à l'autre, ou l'intégration des régimes d'exceptions dans les États de droit contemporain », *op.cit.,* p.877.

entre autres, à l'État africain »,[43] sont jusqu'à présent confrontées à une faible propension de dénonciations et revendications de la part des citoyens. Si l'on s'attache à « la protection des droits fondamentaux reconnus aux individus, la consécration de l'État de droit »[44], les justifications élucidées se trouvant de manière presque péremptoire dans le dysfonctionnement des services publics de revendication (A) et l'instrumentalisation d'une « *psychose-covid* » liberticide par les pouvoirs publics (B).

A- L'affaiblissement des moyens de contestation

L'idée de justice pendant la période de virulence du Covid-19 n'était malheureusement pas la chose la mieux partagée. La priorité pour les citoyens était de se battre pour préserver les vies humaines toutes exposées au risque-danger de subir les affres de la pandémie. Par « la « traduction tangible de la priorité accordée à la question sanitaire »[45], elle ne se rapportait nullement à la nécessité d'introduire des demandes de revendication aux fins de réparation ou de contestation d'un quelconque droit violé. « Il tiendra compte des circonstances et du contexte »[46]. D'ailleurs, les services publics de revendications ont connu des fonctionnements anormaux du fait du Covid-19, dus à une adaptation inadéquate à la riposte (1), ainsi que des procédures déformées par la riposte (2).

1- L'adaptation inadéquate des services publics de revendication à la riposte Covid-19

Survenue sans crier garde dans le cadre du fonctionnement normal des services publics des États africains pauvres, la pandémie du Covid-19 entraine des bouleversements. Les organes de l'État auprès desquels chaque citoyen peut adresser ses revendications en cas de violations de droits ont connu des interruptions brusques dans leurs fonctionnements. Ceux-ci ont eu du mal à concilier l'exigence de continuité du service public avec celle de l'adaptation constante face aux changements de circonstances survenant dans la société. En ce sens « la conciliation est malaisée »[47]. Par cette situation, « soumise aux contraintes ou aux aléas de changement »[48], l'adaptation qui s'en est suivie n'a été qu'inadéquate, inappropriée face à la difficulté que représentait la pandémie sur les fondements du droit public.

La théorie de la séparation des pouvoirs exaltée comme fondement de l'État de droit a été mise à mal dans la valorisation des services publics de revendication pour les citoyens. « Elle exige simplement qu'un organe ne puisse exercer le cumul de deux

---

[43] J.-F WANDJI K., « L'État de droit en Afrique : L'arlésienne ? », *RRJ* 2013-2, p.1004.

[44] A. KPODAR., « Bilan sur un demi-siècle de constitutionnalisme en Afrique noire francophone », *in* F.-J AIVO (dir), *La Constitution béninoise du 11 décembre 1990 : un modèle pour l'Afrique ? Mélanges en l'honneur de Maurice Ahanhanzo Glèlè*, Paris, L'Harmattan, 2014 p.91.

[45] J. CHEVALLIER., « L'État à l'épreuve du Coronavirus », *op.cit.*, p.115.

[46] Y. LECUYER., « Affecter sans infecter les effets de la Covid-19 sur le système conventionnel de protection des droits humains », *RDP* n° 6, 2020, p.1595.

[47] F. CHALTIEL., « Le pouvoir de l'État », *op.cit.*, p.13.

[48] B. PLESSIX., « Réflexions générales », *RDA* n° 190, 2015, p.193.

pouvoirs pris en bloc, dans leur totalité »[49]. Le temps d'arrêt auquel a momentanément conduit la survenance de la pandémie, a exposé la faiblesse de l'État de droit en Afrique. En quête de repères d'adaptation adéquats, ajustés à la mesure des difficultés en présence, celui-ci s'est d'abord déconnecté de la situation de l'individu au centre de ses préoccupations premières, avant de s'y atteler à nouveau cette fois avec la greffe de moyen de revendications tantôt imité par rapport aux ajustements de l'occident, parfois pensé sur le tas. Mais la greffe n'a pas adhéré. Les organes constitutionnels n'ont pas fonctionné à plein régime au regard des mesures barrières instaurées. Lors de la 21e réunion hebdomadaire du comité interministériel : « (...) en invitant nos compatriotes au respect scrupuleux des mesures barrières édictées par le Gouvernement notamment le port systématique du masque dans les lieux publics et la distanciation sociale, afin d'enrayer l'expansion de ce virus[50]. Les structures administratives du pouvoir exécutif compétentes pour recevoir des recours administratifs des citoyens, les chambres parlementaires du pouvoir législatif compétentes pour assurer la représentation du peuple et par conséquent la revendication des intérêts de celui-ci, les juridictions compétentes pour recevoir des revendications par des voies contentieuses, ont malheureusement fait face à une césure dans leur fonctionnement, avant d'opérer une reprise d'activité. Cette dernière, objet d'une adaptation inadéquate aux mesures barrières, aux recommandations de l'Organisation Mondiale de la Santé, avait du mal à être concilié avec les règles de transparence de bonne gouvernance que sont l'accessibilité aux services publics, la disponibilité et la clarté des informations y attenantes.

Par ce seul fait, l'égalité d'accès des citoyens aux services publics de revendication n'était pas au rendez-vous. L'accès à la justice pourtant érigée en droit fondamental par les constitutions de la plupart des États africains[51], a considérablement connu une érosion dans la symbolique qui lui était réservée comme pilier de l'État de droit. Pendant l'année de forte virulence du Covid-19, les citoyens ont subi des pertes de chance de revendiquer les violations dont ils ont été victimes aux plans de leurs droits individuels et collectifs. La liberté d'aller et de venir, la liberté de manifestation, la liberté de réunion ont véritablement été érodées. L'action en responsabilité civile contre l'État du fait de la négligence ayant facilité l'introduction de la Covid-19 sur le

---

[49] Ch. EISENMANN., « L'« Esprit des lois » et la séparation des pouvoirs », *in Mélanges* R. *CARRE DE MALBERG.*, Paris, Librairie Edouard Duchemin, 1977 p.172.

[50] Communiqué du jeudi 27 août 2020 (réunion hebdomadaire du comité interministériel chargé d'évaluer et de suivre la mise en œuvre de la stratégie gouvernementale de riposte contre la pandémie du Covid-19), article 1er du Décret n° 2020-0271/PM/MDNAC/MATDC/MSECU/MS/MTMUSR du 15 avril 2020 portant restriction temporaire de libertés au titre des mesures spéciales de réduction de la propagation du COVID-19 (Burkina Faso), article 1er de l'Ordonnance n° 20/014 du 24 mars 2020 portant proclamation de l'état d'urgence sanitaire pour faire face à l'épidémie de COVID-19 ; article 2 du Décret n° 20/023 du 1er octobre 2020 portant mesures barrières de lutte contre la pandémie de Covid-19 en République Démocratique du Congo (RDC), article 1er de l'arrêté n° 0020/MS/MI du 20 avril 2020 instituant le port obligatoire du masque dans les lieux publics pendant la durée de l'état d'urgence lié au COVID-19 (Gabon).

[51] Article 8 de la Constitution du Bénin, Préambule de la Constitution du Burkina Faso, Préambule de la Constitution du Cameroun, articles 46 et 47 de la Constitution du Congo Brazzaville, articles 1, 6, 9 de la Constitution de Côte d'Ivoire, Préambule de la Constitution de la République démocratique du Congo,

territoire national n'a pas été effectuée. En fait, les mécanismes d'adaptation aux services publics de revendication ne donnaient pas à tous les mêmes privilèges d'accès aux services publics compétents. D'ailleurs n'observait-on pas des mesures de filtres et de contrôles des motifs d'accès des usagers à l'entrée de ces services publics, restreignant au maximum la liberté d'aller et venir des personnes dans ces cadres pourtant ouverts au public. Il fallait en fait justifier d'une revendication sérieuse pour prétendre accéder à ces services publics et éventuellement bénéficier de la chance d'exercer le droit à revendication. Mais il fallait encore que l'on s'entende sur ce qui pouvait être considéré comme « revendication sérieuse ».

Par ailleurs des possibilités de revendications à distance ont été consacrées pour faciliter l'accès aux services publics compétents en la matière. Au sein de la stratégie gouvernementale de riposte face à la pandémie de Coronavirus (Covid-19) : déclaration spéciale du Premier ministre, chef du gouvernement du 17 mars 2020, au terme de cette rencontre, le Président de la République a instruit les mesures suivantes (…) *11*. Les administrations publiques devront privilégier les moyens de communication électroniques et les outils numériques pour les réunions susceptibles de regrouper plus de dix (10) personnes »[52]. L'outil internet a alors à cet effet été exalté plus que jamais comme un espoir salvateur des instruments de réalisation de l'État de droit. Par la mutation de l'administration qui, de secrète, deviendrait plus transparente, « l'administration électronique devient une réalité »[53]. Mais, la satisfaction n'a pu se limiter qu'à ce stade. En fait, c'est à partir de cette ouverture du travail à distance que les États africains pour la plupart faisant face à une pauvreté patente, se sont rendu compte du retard accusé dans le développement des technologies de l'information et de la communication. Dépourvus d'un réseau internet de bonne qualité, les citoyens ne pouvaient aisément saisir à distance, les organes compétents pour leurs revendications, comme l'aurait fait tout citoyen quelconque dans un pays développé. La prise de conscience désormais avérée est que, le retard technique et technologique a été indubitablement constaté comme un frein à l'État de droit. Inversement, les études consacrées à l'État de droit devraient dorénavant intégrer comme pilier de base, le niveau d'avancée technologique de qualité dans les États, sans lequel les préoccupations de l'individu ne seraient pas toujours les mieux garanties. L'ajustement des services publics dans les États pauvres d'Afrique n'a pas alors été adéquat, au regard des retards décriés aux plans, technologiques et économiques.

Fort des échecs observés dans les tentatives d'adaptation des services publics de revendication, il n'est pas erroné d'émettre l'appréciation selon laquelle la justice a été accessible et rendue à très faible dose. Elle a été entachée de lacunes non négligeables qui ont contribué à rétrograder les nombreuses avancées déjà réalisées par ces Etats dans ce sens. L'équité a été biaisée au-delà la simple égalité. Dans les grandes capitales, les mesures barrières et les limitations d'accès aux services publics ont restreint l'adaptation adéquate de la justice face au Covid. Mais, dans les zones villageoises,

---

52 Stratégie gouvernementale de Riposte face à la pandémie de Coronavirus (Covid-19) : Déclaration spéciale du Premier Ministre, Chef du Gouvernement du 17 Mars 2020.

53 H. MAISL., « Information administrative et droit. Evolutions et évaluation », *in Mélanges en l'honneur de Guy Braibant, L'État de droit*, Paris, Dalloz, 1991 p.491.

peu urbanisées, et les sociétés traditionnelles, les collectivités et communautés ont très peu été prises en compte dans la valorisation de leurs intérêts. Ceux-ci ne pouvaient rien revendiquer, dès lors que tout était simplement resté à l'arrêt. La forte centralisation administrative révélant que « les décisions sont arrêtées au plus haut sommet de l'État »[54] a dû reprendre le dessus au détriment des initiatives et processus de décentralisations pourtant bien avancés depuis plusieurs années déjà. Les populations locales, les intérêts locaux ont été sacrifiés au prix de la sécurité nationale.

Les lois de Louis Rolland, chères à la théorie du service public en droit administratif n'ont été que d'application sélective. Pas de continuité de services publics de revendication, cette règle n'a été l'apanage que des services publics de maintien de l'ordre et de l'autorité de l'État. Pas d'adaptation constante, la « psychose-Covid » ne faisant pas son effet dans les zones villageoises de ces pays pauvres d'Afrique, la nécessité d'ajuster les services publics en causes au changement de circonstances sanitaires a été reléguée au plan des préoccupations négligeables. « Ce sont les principes de continuité, de la mutabilité, de l'égalité et de la neutralité »[55] qui ont été érodés.

La riposte contre le Covid-19 dans la plupart des pays pauvres d'Afrique a été étrangère à l'adaptation adéquate aux réalités des services publics compétents dans la prise en compte des revendications des citoyens en cette période. Cher à la théorie des droits et libertés fondamentaux, le droit à revendication a perdu de sa valeur dans l'échelle des droits fondamentaux à l'État de droit face à cette pandémie. Les faits liés à la Covid-19 ont contribué à la régression de sa portée. Il n'en est pas moins des entorses et déformations appliquées aux procédures mises en œuvre dans le cadre de ces revendications.

2-La déformation des procédures des services publics de revendication

Le bouleversement que connaît l'État de droit dans le fonctionnement des services publics de revendication des États pauvres en Afrique s'exprime par des entorses et déformations des procédures appliquées. Le temps imparti pour accéder et bénéficier du service de la justice, ainsi que les mécanismes disponibles à cet effet, subissent au détriment de leur efficacité, les frais des mesures de riposte contre le Covid-19. En ce sens, « la crise est par ailleurs l'occasion de percevoir, si tant est qu'il fût perdu de vue, l'intérêt de services publics de qualité »[56]. De « la théorie générale du service public »[57], l'on observe une relativisation substantielle.

L'étude de la théorie de la justice enseigne que le non-respect de la règle obligatoire des délais raisonnables dans l'examen des revendications présentées par des citoyens qui allèguent des droits violés s'accommode mal des exigences de l'Etat de droit.

[54] J. CHEVALLIER., « L'État à l'épreuve du Coronavirus » *op.cit.*, p.111.

[55] R. DEGNI SEGUI., *Droit administratif général. L'action administrative*, t2, 4ème éd., *op.cit.* p.134.

[56] L. VATNA., « Le juge administratif et la crise de la covid-19 Entre protection de la santé et respect des libertés : le juge administratif à l'épreuve de la covid-19 », *REVDH*, 2020, p.3

[57] M. WALINE., *Droit administratif*, 27ème éd., Paris, Dalloz, 2018 p.411.

Lesdits délais s'inscrivent en France dans un « principe général du droit »[58]. Les services publics destinés à donner une suite aux revendications citoyennes des droits présumés violés ont prétexté l'internalisation des mesures barrières. Une justice qui est rendue sans tenir compte d'une rationalité et d'une discipline de célérité, de régularité et de qualité dans le temps compromet la protection des préoccupations individuelles. Elle n'est pas une justice libérale. Car théoriquement, « le temps n'est pas une modalité du droit, il en est une composante : la procédure et la justice doivent la choisir comme cœur »[59]. De telles exigences n'ont pas souvent été de l'ordre des priorités pendant l'année de virulence du Covid-19. Les priorités reposaient sur la nécessité de limiter par tous les moyens la propagation du Covid-19 et de ce fait préserver dans le temps, la sacralité de la vie humaine. L'action administrative est focalisée sur la réaction à la crise sanitaire et fédérée les énergies possibles pour la cause commune.

Le manque de diligence dont ont fait montre les services publics de la justice à cette période-là fait état d'une justice inefficace. Plus le temps s'écoule dans le cadre d'une action en revendication d'un droit violé, moins la solution à laquelle elle aboutirait serait le reflet de l'idée de justice. L'on convient que « la sanction contentieuse de l'arbitraire vient trop tard pour être efficace »[60]. Le facteur temps, traduit par la diligence, devient une donnée fondamentale dans l'action des services publics compétents pour assurer la préservation des droits et libertés des citoyens dans l'État. Or, la réaction diligente de ces services était presque un luxe face à la riposte contre le Covid-19. « Elle réduit au minimum le contenu juridique de la notion de service public »[61]. Cette dernière n'a été qu'un prétexte assurant la continuité d'une irrégularité déjà fort décriée avant la survenance de cette pandémie. En réalité, les services publics des États d'Afrique noire francophone n'ont pas dû atteindre le Covid-19 pour ne pas prendre en compte l'exigence de réaction en temps opportun face aux revendications sur les droits violés des citoyens. Ce problème y a toujours été constant, peu importe les circonstances.

Mettant en échec un pilier important de l'État de droit, il trouve son existence dans le manque de moyens financiers nécessaires à l'organisation et au fonctionnement efficace de ces services en temps opportun. Les dysfonctionnements du service public de la justice ne « s'abstiennent de mentionner les problèmes financiers »[62]. Peut être ajoutée comme cause à ce problème de diligence, l'inconscience avérée et l'inculture manifeste des agents de services publics, qui n'exercent pas leurs fonctions avec engagement et dévouement. Ainsi, la mise en œuvre des mesures de riposte contre le Covid-19 n'a été que bienvenue pour justifier, à l'abri des sanctions, les dysfonctionnements causés dans les services publics du fait des absences régulières,

---

58 CE. Ass., 28 juin 2002, *Garde des sceaux, ministre de la justice c. Magiera*, *AJDA*, juillet-août 2002, Chr, p.596 et s.

59 A.-M FRISON ROCHE, *La justice- l'obligation impossible*, Paris, coll. « Morales », 1994, p.41.

60 Ch. GABOLDE., « Les nouveaux pouvoirs d'urgence du Juge Administratif et le sursis à exécution » *D, Chr.*, 1953, p. 189.

61 M. WALINE., *Droit administratif*, 27ème éd. *op.cit.*, p.411.

62 C. DEBBASCH., « Finances publiques et droit administratif », *in Mélanges offerts à Monsieur le Doyen Louis Trotabas*, Paris, L.G.D.J, 1970, p.111.

de la désinvolture des agents publics, du rallongement des délais de traitement des dossiers administratifs.

Pourtant, à ces dysfonctionnements justifiés par la nécessité de restrictions des contacts interpersonnels dans les services publics, se sont renforcés d'autres fléaux bouleversant l'adaptation de l'État de droit à cette situation de pandémie. Les restrictions des contacts interpersonnels étaient fondées sur les prescriptions dévolues aux mesures de gestion de la pandémie. Celles-ci définies au niveau de l'administration centrale devrait irriguer et actualiser la nouvelle conception des rapports interindividuels, professionnels, familiaux et amicaux. L'administration a par ce fait, actualisé la conception classique de la vie en société. Ces déclinaisons « témoignent du retour en force de la figure de l'État-puissance »[63]. Des pratiques développées durant la période de virulence de la pandémie n'ont pas par leur portée contribué à cette filiation entre le sort des droits et libertés publiques et la riposte sanitaire. « La conciliation est malaisée »[64].

Le prétexte de respecter les mesures barrières a suscité des préoccupations accessoires lesquelles ont contribué au bouleversement de l'État de droit. Il « remet en cause les certitudes et provoque son lot de malheurs »[65]. Sans en être des nouveautés, le clientélisme et la corruption sont devenus, à la faveur de la riposte Covid-19, des instruments d'asservissement des usagers des services publics espérant obtenir un traitement diligent d'un dossier malgré les restrictions y afférentes. Le traitement des dossiers choisis par l'agent public laisse ainsi se greffer aux préoccupations sanitaires, des pratiques répudiées par l'internalisation de l'État de droit. Ils ont par ailleurs été des instruments de motivation d'agents publics s'engageant par leur célérité et diligence dans le traitement administratif de certains dossiers au choix, en violation des mesures barrières. La situation semble néanmoins paradoxale à ce stade. La disponibilité des informations et la mise en œuvre des procédures dans le cadre des services publics destinateurs de l'idéal de justice pour le bien des citoyens peuvent être sauvegardées par le recours à des moyens pourtant contestables dans la protection des piliers de l'Etat de droit.

Sous le prétexte de la réaction au Covid-19 « expression effective du droit de la santé »[66] s'est établi un service public dérogatoire aux classiques. Manié par les agents publics prétextant l'appropriation des mesures barrières, celui-ci s'est mué en une sorte d'activité d'intérêt général à connotation de crise. Son essence *a priori* maitrisée laissait cours à son sens à maîtriser. L'application des mesures barrières dans le cadre des services de revendication dénotait l'interprétation subjective des agents concernés. La priorité accordée au traitement de certains dossiers administratifs était canalisée par des raisons subjectives.

---

[63] J. CHEVALLIER., « L'État à l'épreuve du Coronavirus » *op.cit.*, p.113.

[64] F. CHALTIEL., « Le pouvoir de l'État », *LPA* n° 256, 2020, p.13.

[65] E. EMMANUEL ADOUKI, « L'ordre juridique congolais à l'épreuve de la Covid-19 », *Annales de l'Université Marien Ngouabi, Sciences juridiques et politiques*, Volume 20, numéro 1, Année 2020.

[66] D. EMMANUEL ADOUKI, « Le juge constitutionnel et les conséquences de l'Etat d'urgence sur le fonctionnement du Parlement », *Afrilex*, 2020, p.15.

De manière générale devrait-on opiner en réflexion que le recours à des instruments et mécanismes considérés comme des fléaux contre l'État de droit pourrait dans certains cas de figure, contribuer à restaurer des atteintes portées à l'État de droit. Du dysfonctionnement des services publics de revendication, se sont établis tour à tour l'inadaptation inadéquate des services publics de riposte à la pandémie et la déformation des procédures de revendication. Ces éléments ont convergé vers l'instrumentalisation d'une « psychose-covid » liberticide par les pouvoirs publics.

B- L'affaiblissement des libertés

Lorsque l'on s'appuie sur « l'effet de la pandémie sur le droit positif »[67], la riposte des pouvoirs publics contre le Covid-19 n'a pas que consisté à l'adoption des mesures de lutte contre la pandémie. Elle a également conduit de manière incidente, à nourrir les consciences des citoyens d'une peur collective, qui avec l'érosion du temps peut conduire à s'interroger. « *La psychose-covid* » était-elle nécessaire de manière à être instrumentalisée pour le mépris des exigences de l'État de droit, face à l'incapacité des pouvoirs publics à trouver des solutions efficaces contre la pandémie (1) ? Quoi qu'il en soit, cette instrumentalisation a été la cause du durcissement disproportionné de l'ordre public sanitaire à l'endroit du comportement passif et stoïque des citoyens (2).

1-Le mépris des droits citoyens par les pouvoirs publics face à l'incapacité de trouver des solutions efficaces à la riposte covid

Comme une sorte de manipulation des citoyens par les pouvoirs publics, la psychose entretenue par les pouvoirs publics sur la pandémie du Covid-19 a davantage servi à mépriser les droits des personnes, qu'à les préserver. La conception intuitive et subjective attribuée à la crise sanitaire sur la santé publique, maniée par les pouvoirs publics était utilisée pour limiter l'essor reconnu jusqu'ici aux droits et libertés des citoyens. Il suffisait pour les décideurs publics d'amplifier ou de caricaturer la dangerosité de la crise sanitaire afin de dissuader tant dans l'intention que dans l'action des velléités de revendication des citoyens tout en suscitant en eux un esprit de suivisme. Cela « influence profondément la mentalité et la personnalité de l'individu »[68], « en ce qu'elle porte réévaluation de ses présupposés »[69].

Révélant les faiblesses de l'administration publique face aux aléas, la pandémie de covid-19 a consolidé la situation chancelante des droits des citoyens en situation de crise. L'autorité de l'État à consolider a induit la banalisation des prérogatives des citoyens. Ne pouvant prévoir la survenance de la crise sanitaire, les décideurs publics,

---

67 R. NEMEDEU., « Les pandémies et le droit », *Le Nemro, revue trimestrielle de droit économique*, avril/juin 2020 p.2.

68 A. ADAM., « Sur les valeurs juridiques fondamentales », *in Mélanges en l'honneur de Slobodan Milacic. Démocratie et liberté : tension, dialogue, confrontation*, Bruxelles, Bruylant, 2006 p.26.

69 R.-M MVOGO BELIBI., « Covid-19 et décision publique en situation d'incertitude Illustrations et illusion de l'état d'exception en Afrique subsaharienne » *Jus Politicum* n° 26, 2021p.352.

interpellés à décider dans l'urgence, ne pouvaient qu'activer « la psychose » afin de donner cours à leur action. Les pouvoirs publics n'avaient pas de solutions immédiates et il leur revenait de recourir à la concertation administrative et citoyenne. Dans des cas immédiats, ces mesures relevant de la bureaucratie administrative n'étaient pas adaptées à la forte propension de la crise sanitaire. L'on décrie à celles-ci leur proximité et leur portée pragmatique face à la mutation continue de la crise sanitaire. En plus, les solutions révélaient la présence significative de l'hégémonie administrative. « Son extension semblait inéluctable »[70]. L'on perçoit un déséquilibre dans les intérêts à défendre au sein des solutions considérées jusqu'ici comme limitées. Le dénivellement de priorité s'expliquait mieux entre la préservation de l'autorité de l'État et la relégation des situations individuelles censées être au centre de la préoccupation. Cela s'insère dans « la distribution formelle de l'autorité de l'État » [71]. Voulu ou pas, l'état de panique collective provoquée par la crise sanitaire était entretenu et tenu par les pouvoirs publics.

L'état de panique collective provoqué par la crise sanitaire était entretenu et tenu par les pouvoirs publics. Les décideurs publics utilisaient les moyens qu'offre le droit positif pour diffuser dans les faits et dans les actes un climat de torpeur. C'est par l'information administrative déclinée en moyens officiels ou par la connaissance acquise que « la pyschose-covid » était diffusée dans la vie quotidienne. « La conscience moderne exige que l'administration agisse au grand jour »[72]. Qui plus est, « « Nous sommes à l'âge de l'accès »[73]. Les États africains ont utilisé les actes de droit souple que sont les communiqués[74], les instructions, les circulaires et valorisé l'adage selon « nul n'est censé ignorer la loi » afin de captiver et de focaliser l'attention des citoyens. Au Cameroun, les grandes lignes de la stratégie gouvernementale de riposte à la crise sanitaire ayant pour support formel le communiqué pris en conseil de cabinet des ministres ont été relayées par les journaux officiels. Il s'agit là d'une publicité par mass média. Le juge administratif a reconnu la publicité d'un acte dans le journal officiel[75]. Son homologue du Sénégal l'a également fait[76]. Le ministre de la Communication, le ministre de la Santé, les opérateurs de téléphonie mobile tels que Orange, MTN, CAMTEL, NEXTTEL ont apporté sans s'en rendre compte leur concours à « psychose covid » maniée exclusivement jusqu'ici par l'administration

---

[70] R. DRAGO., « Les fonctions de l'État dans la pensée de Charles Eisenmann », *in* P. AMSELEK (dir), *La pensée de Charles EISENMANN.*, Paris, ECONOMICA, PUAM, 1986 p.75.

[71] J. GICQUEL., « Le présidentialisme négro-africain. L'exemple camerounais », *in Mélanges offerts à Georges BURDEAU, Le Pouvoir*, Paris, L.G.D.J, 1977, p.704.

[72] M. HAURIOU, Note sur CE, 27 mars 1914, Affaire Laroche, in Notes d'arrêts sur décisions du Conseil d'Etat et du Tribunal des Conflits publiées au Recueil Sirey de 1892 à 1928 par Maurice Hauriou, réunies et classées par André Hauriou, Tome II, Paris Editions La mémoires du droit, 2000, p. 74

[73] G. DU PUY-MONTBRUN et R. LEONETTI, « Droit accessible et droit acceptable », *Jurisdoctoria*, n° 1, 2008, p.79.

[74] Communiqué du Conseil National de Sécurité Jeudi 14 mai 2020, Communiqué : Conseil National de Sécurité Jeudi 11 juin 2020 (Côte d'Ivoire),

[75] CS/CA, Jugement n° 27/CS/CA du 28 septembre 1983, *Affaire Ndjoumi Maurice c/Etat du Cameroun* ; CS/CA, Jugement n° 60/90-91 du 27 décembre 1990, *Affaire Etoa Fouda Michel c/Etat du Cameroun*

[76] CS/CA du 05 janvier 1978, Affaire Cheikh Anta Diop. Voir Jacques Marie Nzouankeu, De la jurisprudence administrative Sénégalaise, Tome I, 3ème éd., Dakar, 1993, p. 109.

publique. Les technologies de l'information et de la communication ont été mobilisées au quotidien.

Les pouvoirs publics ont manipulé le droit à l'information afin d'exposer les diverses figures de la crise sanitaire. Les décideurs publics ont privilégié la voie électronique à la voie non électronique. Le juge administratif a admis que le fax est un acte administratif unilatéral[77]. C'est également le cas pour les télégrammes[78]. Il en est aussi de la notification par SMS[79] et par e-mail[80]. D'autres moyens de publicité impersonnels ont également été retenus. L'affichage des informations sur la Covid-19 a été observé sur l'ensemble du territoire national. L'affichage dans les bâtiments publics et lieux publics est organisé par les responsables compétents. Les actes de droit souple édictés par l'administration centrale sont relayés dans leur contenu par l'administration décentralisée. Le cadrage matériel fixé par les décideurs publics visait la diffusion de « la psychose covid » sur l'ensemble du territoire national et sur le prolongement de celui-ci à l'étranger.

La diffusion de la torpeur a été dans les faits et actes dévolus à la connaissance acquise également. Il est théoriquement admis que « l'obligation d'informer, concerne souvent un “porter à connaissance” de ce qui n'est pas connu »[81]. Les citoyens étaient affectés dans leur quotidien par un mode de publicité détourné de la voie officielle ou directement aménagé à cet effet. Il peut s'agir de voies inorganisées permettant au public de connaître l'existence de l'acte juridique. Les citoyens ont l'obligation de requérir le droit en vigueur et d'aller à la quête du droit élaboré par l'État. Le contexte dans lequel se trouvaient les citoyens durant la pandémie suffisait à concevoir une rénovation de paradigme dans les habitudes quotidiennes. Dans les campagnes, dans les zones non desservies par la communication officielle, cette modification de comportement illustrait l'implémentation voulue ou non des mesures barrières par ces citoyens. En l'espèce, « l'intéressé peut suppléer à l'absence de publicité initiale mais non la connaissance fortuite, occasionnelle ou facultative »[82]. Par cet état de publicité, les citoyens intégraient dans leur conscience, « la pyschose covid » entretenue et tenue par les pouvoirs publics.

La torpeur générée par la forte propension à limiter l'expansion de la crise sanitaire aboutissait à la banalisation des droits et libertés publiques. Les décideurs publics en mobilisant les moyens nécessaires à la préservation de la santé publique,

---

77 CS/CA, Jugement N° 63/99-2000 du 27 juillet 2000, *Affaire Etablissement le Paysan c/ Etat du Cameroun* ; CS/CA, Jugement n° 76/82-83 du 30 juin 1983, *Affaire Meyongo Christophe c/ Etat du Cameroun.*

78 *Idem*

79 *Ibidem*

80 Jugement n° 33 /04-05 du 29 décembre 2004 ; CA/CS, Affaire Tchamba Jean Claude c/Etat du Cameroun ; Jugement n° 08/CA/CS du 29 Décembre 1975, Affaire Toukam Pierre c/Etat du Cameroun ; B. R. Guimdo Dongmo, Commentaire sur CS/PCA/91-92, Ordonnance n° 28 du 23 septembre 1992, Affaire Union Nationale Camerounaise (UNC) (Stanley Akwote Akondi) c/Etat du Cameroun (MINAT), Juridis info, n° 19, juillet-août-septembre 1994, p. 29.

81 J. P. NEGRIN dans sa Préface à l'ouvrage de Tania Einaudi, *L'obligation d'informer dans le Procès administratif*, Paris, L.G.D.J, 2002, p. VI.

82 Conclusions pour l'arrêt CE, 29 octobre 1965, *Dame veuve Berry*, D.S, 1966, p. 105. *RDP* 1966, p.151, note M. Waline.

infléchissaient l'attention sur les prérogatives reconnues à la personne humaine. L'idée d'adhésion aux idéaux de crise sanitaire imposait de focaliser l'attention sur les efforts de réaction et non sur les victimes collatérales desdits efforts. Le mobile de propension de la torpeur était l'intérêt général défendu en tout temps par la puissance publique. Celui-ci s'insérait dans l'intérêt supérieur de l'État. « L'État aura dans cet espace le pouvoir des pouvoirs »[83]. Face à cet état de fait, l'indolence citoyenne relevée face au durcissement disproportionné de l'ordre public sanitaire se justifiait.

2-L'indolence citoyenne relevée face au durcissement disproportionné de l'ordre public sanitaire

Les citoyens ont à très faible dose manifesté des velléités de résistance à l'oppression face au durcissement des mesures de maintien de l'ordre public sanitaire mises en œuvre par les pouvoirs publics. Comme une indolence qui semblait aller de soi, c'est une sorte de passivité parfois peu consciente des droits violés par l'autorité de police qui n'a pas souvent été décriée. L'attitude des citoyens était « construite sur l'idée qu'il fallait protéger l'État là où il était susceptible d'être attaqué ou mis en cause »[84]. Tout en souffrant silencieusement de ces atteintes, une autoflagellation des consciences a conduit à faire passer les citoyens pour des complices insidieux de l'administration dans les violations de droits perpétrées, face à la psychose que représentait le Covid-19 pendant sa période de virulence acerbe. La conscience collective semblait trouver normal de se faire contraindre dans l'exercice des droits individuels et collectifs, au prix du prétexte de riposter contre le Covid-19. Dans la conscience collective, « chaque situation exceptionnelle est alors réputée exiger une gamme spécifique de pouvoirs de police administrative restrictifs de l'exercice de divers droits et libertés »[85].

En l'absence des éléments constitutifs d'une police spéciale, le droit positif camerounais a utilisé la police administrative générale pour canaliser l'exercice des droits et libertés publiques. Aucun texte spécifique n'a été édicté par le parlement afin d'instaurer la police administrative spéciale. Celui-ci est « un régime juridique de valeur législative » [86]. En l'absence d'un texte spécifique dérogatoire au droit commun, la police administrative générale relève de l'action administrative. Elle « désigne une fonction ou une activité de service public qui tend à assurer le maintien de l'ordre public »[87]. Il s'agit en vertu de cette activité d'imposer à des particuliers, la

[83] P.-E ABANE ENGOLO., « Existe-t-il un droit administratif camerounais ? », *in* M. ONDOA., P.-E ABANE ENGOLO (dir), *Les fondements du droit administratif camerounais*, Yaoundé, L'Harmattan, 2016 p.13.
[84] O. RENAUDE., « La police sanitaire : un outil au service de la lutte contre le Coronavirus », *op.cit.*, p. 44.
[85] V. CHAMPEIL-DESPLATS., « Qu'est-ce que l'état d'urgence sanitaire ? d'un Etat d'urgence à l'autre ou l'intégration des régimes d'exceptions dans les États de droit contemporains » *op.cit.*, p.877.
[86] Ph. BLACHER., « L'état d'urgence : hors ou dans la Constitution ? », *RDP* hors-série n° 006, 2021 p.103.
[87] *Idem*, p.697.

discipline exigée par la vie en société[88] à savoir l'ordre public. D'entrée en jeu, en procédant par l'interprétation politique de la Constitution, le Président de la République n'a pas jugé nécessaire la déclaration d'état d'urgence. Cet acte est de nature à initier le régime d'exception et partant d'imposer une police sanitaire spéciale. Tant dans la Constitution du 04 mars 1960[89], la Constitution du 1er février 1961 [90]que la Constitution du 02 mars 1972 révisée en 1996[91], le Président de la République est garant de la continuité de l'État. La révision du 14 avril 2008 n'a pas dérogé à la règle[92]. Il est question de l'« ensemble des moyens juridiques destinés à préserver la permanence de la vie nationale »[93]. Contrairement aux autres États de l'Afrique noire francophone[94], la non-déclaration de l'état d'urgence par le Président de la République privait un point important de l'assise formelle de l'état d'exception au Cameroun. Les prérogatives des autorités administratives découlaient des textes généraux à savoir la Constitution, le décret portant réaménagement du Gouvernement et la loi portant Code général des collectivités territoriales décentralisées. Ces textes généraux ne pouvaient donc fonder la police administrative spéciale. Ils consolidaient la continuité de la police administrative générale durant la période de virulence de la crise sanitaire. C'est vraiment sous cette bannière qu'on a assisté au « recours à la règle exceptionnelle intégrée à la légalité ordinaire »[95].

Le durcissement disproportionné de l'ordre public sanitaire était le fait de la police administrative générale. Les autorités concernées se référaient à la stratégie gouvernementale de riposte à la crise sanitaire. Celle-ci centralisait l'attention sur les prérogatives du Premier ministre et sur son habilitation à diligenter l'action du Gouvernement. « Dépositaire de la confiance présidentielle et légataire potentiel d'un certain point de vue, le Premier ministre camerounais, le premier collaborateur du chef de l'État »[96]. Le Premier ministre est le chef du gouvernement et dirige l'action de celui-ci[97]. Il dirige tous les services administratifs nécessaires à l'accomplissement

---

88 J. RIVERO., *Droit administratif*, 5ème éd., Paris, Dalloz, 1971, p. 384

89 Article 11 de la Constitution du 04 Mars 1960.

90 Articles 8 et 12 de la Constitution du 1er septembre 1961 modifiée et complétée par les lois n° s 69/LF/14 du 10 novembre 1969 et 70/LF/1 du 4 mai 1970.

91 Article 5 alinéa 2 de la loi n° 96-06 du 18 janvier 1996 portant révision de la Constitution du 02 juin 1972

92 Article 1er de la loi N° 2008/001 du 14 avril 2008 modifiant et complétant certaines dispositions de la loi n° 96/06 du 18 janvier 1996 portant révision de la constitution du 02 juin 1972.

93 P. AVRIL., J. GICQUEL., *Lexique de droit constitutionnel*, 4ème éd., Paris, PUF « Que sais-je ? » 2016 p.26.

94 Article 1er de la loi n° 46-2021 du 11 décembre 2021 autorisant la prorogation de l'état d'urgence sanitaire en République du Congo Brazzaville ; article 2 du décret n° 0126/PR/PM du 25 avril 2020 portant prorogation de la durée de l'état d'urgence (Gabon), article 1er du Décret n° 2020-925 du 3 avril 2020 prorogeant l'état d'urgence sur l'étendue du territoire national (Sénégal), article 1er du Décret n° 2020-483 du 16 mai 2020 prolongeant la durée de l'état d'urgence sanitaire sur tout le territoire de la République (Madagascar).

95 R.-M MVOGO BELIBI., « Covid-19 et décision publique en situation d'incertitude. Illustrations et illusion de l'état d'exception en Afrique subsaharienne », *op.cit.*, p.359.

96 *Idem.*

97 Article 12 alinéa 1 de la loi n° 96-06 *op.cit.*

de sa mission[98]. La révision de la Constitution du 14 avril 2008 ne les abrogé[99]. Ces prérogatives étaient déjà consacrées par la Constitution du 04 mars 1960[100]. Elles furent abrogées par la Constitution du 1er septembre 1961. Cette disposition n'a été modifiée ni par le décret de 2018[101] ni par celui de 2019[102] au Cameroun. C'était dans ce cadre de décision que la source émettrice du durcissement de l'ordre sanitaire émanait.

Les droits et libertés publiques ont connu lors de la virulence de la pandémie un renversement de paradigme sous l'aspect de justiciabilité par les citoyens. Les citoyens se sont associés à la propagande de la puissance publique. Les principaux concernés par les violations de ceux-ci se sont associés à l'effort de limitation de l'expansion de la crise sanitaire. Les citoyens ont donné raison par leurs comportements aux mesures administratives de réaction à la crise sanitaire. Dès lors les limitations disproportionnées aux libertés publiques étaient considérées comme normales par les citoyens, car ayant adhéré sans discussion à « la psychose-covid ». L'idée du droit au juge était en déclin et manifestement inappropriée pour les citoyens. Celle-ci est demeurée une simple écriture dans les manuels de droit constitutionnel et de droit administratif. Dans la conscience collective, saisir le juge reviendrait à discuter des décisions de puissance publique et à contester l'aspiration des représentants du peuple.

Le développement d'une conscience collective en faveur de la non-revendication des droits violés souscrivait à « la psychose-covid » et à la forte propension de ne pas s'opposer aux efforts de restauration de la santé publique. Les libertés d'aller et venir, les libertés de réunion limitées par des mesures inappropriées n'ont suscité aux citoyens l'esprit de dénonciation administrative. Ceux-ci ont accepté la situation conjoncturelle des droits et libertés publiques. Car, « avant que l'état d'urgence n'existe et lorsque l'état d'urgence cesse, le respect du droit commun s'impose »[103]. Par ailleurs la non-dénonciation concernait également l'indolence des citoyens sur la responsabilité sans faute de la puissance publique. Théoriquement, « évoquer la dénonciation, c'est faire immédiatement surgir l'image de deux situations contrastées, aussi intolérables l'une que l'autre »[104]. « si l'administration agit volontiers par des actes juridiques, elle le fait volontiers au moyen d'actes matériels, attitudes ou comportements »[105]. La responsabilité civile a fait l'objet d'une attention particulière depuis les articles 1382 et suivant du Code civil. Ils disposent en effet que « tout fait quelconque de l'homme qui cause à autrui un dommage oblige celui par la faute duquel il est arrivé à le réparer ». Par le fait des négligences et des imprudences, elle

98 Article 12 alinéa 4 de la loi n° 96-06 *op.cit.*

99 Article 1er de la loi n° 2008/001 du 14 avril 2008 *op.cit.*

100 Article 21 de la Constitution du 04 mars 1960.

101 Voy article 1er du décret n° 2018/190 du 02 mars 2018 modifiant et complétant certaines du décret n° 2011/408 du 09 décembre 2011 portant organisation du Gouvernement.

102 Voy article 1er du décret n° 2019/002 du 04 janvier 2019 portant réaménagement du Gouvernement.

103 C. GABOLDE., « L'exception d'urgence en droit administratif », *D.* 1952, p.10.

104 D. LOCHAK., « La dénonciation, stade suprême ou perversion de la démocratie ? », *in L'État de droit. Mélanges en l'honneur de Guy Braibant*, Paris, Dalloz, 1996 p.451.

105 M. GOUNELLE., *Introduction au droit public. Institutions. Fondements. Sources.* 2ème éd., Paris, Montchrestien, 1989, p.171.

n'a su empêcher l'apparition de la Covid-19 dans le territoire national. Comme le révèle la genèse, la pandémie avait pour berceau initial la ville de Wuhan en Chine. Les autorités ont failli à leur mission en n'empêchant pas la survenance de la crise sanitaire dans le continent africain et spécifiquement. L'obligation de réparer les conséquences de sa faute s'impose *de jure*. Mais les citoyens n'ont pas voulu saisir le juge administratif par une action en responsabilité sans faute. Et cet état de choses a simplement perpétué le préjudice moral.

La perpétuation du préjudice moral est imputable à la non-dénonciation de la responsabilité sans faute de l'État par les citoyens et par l'attitude de ces derniers assimilables à de la complicité. N'ayant saisi le juge administratif d'un recours en réparation de cette catégorie de préjudice, il demeure supposé et non posé. Le préjudice est de ces notions dont la présence donne l'impression de les avoir connues. Dans l'usage courant, le préjudice est communément défini comme une perte, un tort, un acte ou évènement nuisible contraire à la justice et finalement dommageable. Le dommage serait une expression réservée aux biens, tandis que tout ce qui touche à la personne ne serait susceptible de subir qu'un préjudice. Le juge devenu un fervent adepte de la politique publique de riposte à la crise sanitaire ne pouvait que rejeter le recours y afférent. Par ce point, les pouvoirs publics ont instrumentalisé la riposte Covid-19 contre la séparation des pouvoirs. Le maniement de « la psychose-covid » par l'exécutif devrait se ressentir sur les fonctions politiques de l'État ainsi que sur leur capacité à s'influencer réciproquement.

II- L'affaiblissement de la séparation des pouvoirs

La manipulation de la riposte par l'exécutif est faite contre la séparation des pouvoirs. L'organe exerçant une des fonctions politiques de l'État omniprésent dans la réaction sanitaire a contribué à la modulation des axes principaux de la théorie constitutionnelle de Montesquieu. Sous ce couvert, la riposte covid constituait un mobile d'accentuation de la place privilégiée de l'exécutif sur les autres pouvoirs institués. Car, c'est « un principe normatif dont il tire certaines implications touchant aux rapports entre les institutions »[106]. En plus, « aucun des contrôles exercés n'a jusqu'à présent permis d'observer des remises en case structurelles, en temps, des décisions adoptées ou soutenues par le pouvoir exécutif » [107]. Cela laisse entrevoir l'emprise de l'exécutif sur l'autonomie de fonctionnement des organes constitutionnels (A) et la substitution circonstanciée des actes unilatéraux aux actes législatifs en matière de limitation des droits et libertés publiques (B).

---

106 A. ROBLOT TROIZIER., « Un concept moderne : Séparation des pouvoirs et contrôle de la loi », *Pouvoirs* n° 143, 2012 p.89.

107 V. CHAMPEIL DESPLATS., « Qu'est-ce que l'état d'urgence sanitaire. D'un état d'urgence à l'autre ou l'intégration des régimes d'exception dans les États de droit contemporain », *op.cit.*, p.888.

A- L'affaiblissement de l'indépendance de fonctionnement des organes constitutionnels par l'exécutif

Théoriquement, « la séparation des pouvoirs budgétaires est mise à l'épreuve dans le cadre de la riposte contre la maladie à coronavirus-19 »[108]. Dès lors, « pour preuve, la gestion actuelle de la pandémie du Covid-19 invite, une fois de plus, à éprouver l'application de cette théorie érigée »[109]. Valorisant la position privilégiée du pouvoir exécutif, celui-ci est reconnu comme l'organe régalien pouvant initier et canaliser le fonctionnement des autres pouvoirs. La riposte covid-19 a subrogé sa fonction classique d'exécutant à celle de décideurs. Sous cette bannière, les mesures prises en vue de la limitation de la propagation de la crise sanitaire étaient des prescriptions à charge aux autres organes de démontrer la preuve de les avoir approprié. Le fondement de l'emprise de l'exécutif sur l'autonomie de fonctionnement des organes constitutionnels est l'internalisation des mesures barrières par ceux-ci (1). En plus, le fonctionnement desdits organes était canalisé par des instructions administratives (2).

1-L'internalisation des mesures barrières par les organes constitutionnels

« La psychose-covid » entretenue et tenue par le pouvoir exécutif constitue une arme puissante nécessaire à la canalisation du fonctionnement des organes constitutionnels. La révélation de la dangerosité de la pandémie constituait une illustration parfaite d'internalisation délibérée des mesures décidées pour la limitation de celle-ci. Les organes constitutionnels ne pouvaient discuter de la nécessité d'approprier lesdites mesures mais de se contenter simplement d'une mission passive et non active, « en raison d'une menace contre laquelle le Gouvernement entend lutter »[110]. Cela vaut également face à « sa prépondérance sur les autres pouvoirs est palpable et indiscutable »[111]. Le parlement, les juridictions, les collectivités locales ont internalisé les mesures barrières. L'idée converge vers la normativité des mesures administratives en situation de crise sanitaire.

La forte propension de l'exécutif à instrumentaliser la riposte covid a reposé sur l'internalisation des mesures barrières par les organes constitutionnels. Dans les États de l'Afrique noire francophone, les supports formels devant servir de référence étaient variés. Lesdits supports incluaient les actes de droit souple et les actes bénéficiant d'une normativité certaine. Au Cameroun, le support formel des mesures barrières était des communiqués et des instructions établis au sommet de l'administration centrale. Cette stratégie a ensuite fait l'objet de réajustements par assouplissement, élargissement, adjonction ou réduction des mesures, en fonction de

---

108 P. N'DRI-THÉOUA., « Ordonnances et séparation des pouvoirs budgétaires en période de Covid-19 », *op.cit.*, p.9.

109 *Idem*, p.10.

110 Ph. BLACHER., « L'état d'urgence : hors ou dans la Constitution ? », *op.cit.*, p.103.

111 M NGUELE ABADA., « L'évolution de l'institution présidentielle en Afrique noire francophone », *in* M. BADJI et S. NOUROU TALL (dir), *Les transformations de l'État. Mélanges en l'honneur de BABACAR GUEYE.*, Paris, Presse de l'Université Toulouse I Capitole, 2019 p.589.

l'évolution des préoccupations sanitaires, sociales et gouvernementales[112]. Les autorités administratives concernées devraient dans la circonscription de compétence prolonger par des actes spécifiques, les mesures barrières édictées au niveau de l'administration centrale. La sécurité juridique a été valorisée car il suffit d'un seul coup pour déterminer les mesures administratives de riposte à la crise sanitaire.

Ailleurs, nonobstant les communiqués, des lois d'habilitation[113], des décrets, des arrêtés et des circulaires réglementaires ont été édictés afin de diffuser les mesures barrières. Les mesures prises par les gouvernements sont le confinement total ou partiel sur tout ou partie du territoire national, la limitation de l'accès aux services publics, des couvre-feux[114], l'interdiction provisoire de manifestement ou rassemblements[115], et de circuler[116], fermeture provisoire des mosquées de Dakar[117], le port obligatoire de masque de protection dans certains lieux durant l'état d'urgence[118]. L'on retrouve toutes ces mesures au Burkina Faso[119], au Cameroun[120], au Gabon[121], Togo[122], en RDC[123]. Ces supports formels épars n'adoptaient pas la logique de la

---

[112] Stratégie gouvernementale de Riposte face à la pandémie de Coronavirus (Covid-19) : Déclaration spéciale du Premier Ministre, Chef du Gouvernement du 17 Mars 2020 ; Communiqué du 13 août 2020 (réunion hebdomadaire du comité interministériel chargé d'évaluer et de suivre la mise en œuvre de la stratégie gouvernementale de riposte contre la pandémie du Covid-19 ; Communiqué du jeudi 27 août 2020 (21ème réunion hebdomadaire du comité interministériel chargé d'évaluer et de suivre la mise en œuvre de la stratégie gouvernementale de riposte contre la pandémie du Covid-19), Communiqué du jeudi 08 octobre 2020 (la 22ème réunion hebdomadaire du comité interministériel chargé d'évaluer et de suivre la mise en œuvre de la stratégie gouvernementale de riposte contre la pandémie du Covid-19), Communiqué à l'issue du Conseil de Cabinet du jeudi 28 janvier 2021.

[113] Article 1er de la loi n° 46-2021 du 11 décembre 2021 autorisant la prorogation de l'état d'urgence sanitaire en République du Congo Brazzaville ; décret n° 2021-523 du 11 décembre 2021 portant prorogation de l'état d'urgence en République du Congo, Article 1er de la loi n° 002/2020 du 25 avril 2020 *op.cit.*, (Gabon), Avis n° 006/CC du 11 mars 2020, *Premier Ministre op.cit.*, (Niger), Article 1er de la loi n° 2020-13 du 02 avril 2020 *op.cit.*, (Sénégal), Article 1er de la loi n° 2020-005 du 30 mars 2020 *op.cit.*, (Togo).

[114] Articles 3 et 4 du décret n° 2020-351 du 23 mars 2020 instituant l'état d'urgence (Côte d'Ivoire) ;

[115] Article 1er de l'arrêté n° 007782 du 13 mars 2020 portant interdiction provisoire de manifestations ou rassemblements (Sénégal)

[116] Article 1er dn° 008227 du 24 mars 2020 portant interdiction temporaire de circuler ; article 1er de l'Arrêté n° 09789 du 12 mai 2020 modifiant l'arrêté n° 008227 du 24 mars 2020 portant interdiction temporaire de circuler (Sénégal).

[117] Article 1er de l'arrêté n° 027 du 19 mars 2020 portant fermeture provisoire des mosquées de Dakar

[118] Article 1er de l'arrêté ministériel n° 009137 du 17 avril 2020 prescrivant le port obligatoire de masque de protection dans certains lieux durant l'état d'urgence

[119] Articles 1, 2, 3, 4, 5 ; 6 ; 7 du Décret n° 2020-0271 du 15 avril 2020, mesures spéciales de réduction de la propagation du Covid-19 (Burkina Faso).

[120] Voy Communiqué Covid-19 du 27 août 2020 (Cameroun).

[121] Article 4 de l'Ordonnance n° 00000007/PR/2020 du 14 août 2020 portant modification de certaines dispositions de la loi n° 003/2020 du 11 mai 2020 fixant les mesures de prévention, de lutte et de riposte contre les catastrophes sanitaires (Gabon).

[122] Articles 1er, 2, 6, 7, de l'Ordonnance n° 2020-004 du 3 juillet 2020 sur les mesures générales nécessaires face à l'épidémie de Covid-19 (Togo).

[123] Article 3 de l'Ordonnance n° 20/026 du 19 avril 2020 modifiant et complétant l'Ordonnance n° 20/014 du 24 mars 2020 portant proclamation de l'état d'urgence sanitaire pour faire face à l'épidémie de Covid-19 ; article 1er du Décret n° 20/023 du 1er octobre 2020 portant mesures barrières de lutte contre la pandémie de Covid-19.

codification. Des textes épars s'associent pour la préservation de la vie humaine. En outre, des doublons étaient constatés dans l'internalisation formelle des mesures barrières. Le fait établi indique toutefois que ces mesures ont été intégrées par les organes constitutionnels.

La production du service minimum, la prescription des technologies de l'information et de la communication constituaient des déclinaisons de l'urgence sanitaire au sein des organes constitutionnels. Le confinement de la procédure législative ne relevait de l'ambiguïté. Sous cette bannière, des « mesures limitatives induites par la Covid-19 et qui ont affecté les modes de fonctionnement des Parlements »[124]. Le parlement était tenu pour son fonctionnement de se référer aux actes de l'exécutif et cela dans l'optique de s'associer à la réaction commune et collective de riposte sanitaire. Le règlement intérieur considéré comme le support formel de travail, d'organisation et de fonctionnement a été ajusté au paradigme de covid-19[125]. « Les règlements apparaissent comme des mesures destinées à régir la vie intérieure des assemblées »[126]. Les sujétions supplémentaires ont été assignées à la représentation au déroulement de droit commun de l'activité du parlement. La limitation de la présence physique des parlementaires dans l'hémicycle en recourant à un système souple de délivrance des procurations, de rotations des différents parlementaires, et l'éviction du débat parlementaire public par le huis clos ont été consacrés sous les tropiques. Les juges constitutionnels congolais[127], nigérien[128], malgache[129] et togolais ont affermi ces mesures. Les effets de celle-ci limitent simplement sa portée. Les obligations constitutionnelles relatives à la participation politique élargie se trouvent affectées. La participation élargie au débat public est manifestement antinomique aux mesures barrières et se trouve subrogée aux débats en huis clos.

Puis le télétravail a été revalorisé par la riposte sanitaire. Ces mesures ont concerné la plupart des structures administratives ainsi que les organes constitutionnels[130]. La limitation des rapports physiques imposait l'adoption des technologies de l'information et de la communication dans l'optique de pourvoir à la continuité des fonctions constitutionnelles et administratives. Plus que par passé, le Covid-19 a donné l'occasion de valoriser le numérique et l'inclure de manière indissociable dans

---

124 P. N'DRI-THÉOUA., « Ordonnances et séparation des pouvoirs budgétaires en période de Covid-19 » *op.cit.*, p.28.

125 Décision n° 4-HCC/D3 du 17 mai 2021, *Président de l'Assemblée Nationale* (Madagascar), Décision n° CI-2020-007/DCC/07-07/CC/SG du 07 juillet 2020, *Président de la République* (Côte d'Ivoire).

126 D. OUEDRAOGO., « Le contrôle de constitutionnalité des règlements des Assemblées parlementaires dans les États de l'Afrique de l'ouest francophone » *op.cit.*, p.121.

127 Décision n° 001 DCC/SVA/20 du 5 juin 2020, *Mr Mafoula Dave Uphrem* (Congo Brazzaville).

128 Avis n° 008/CC du 30 mars 2020, *Premier Ministre* (Niger).

129 Décision n° 4-HCC/D3 du 17 mai 2021, *Président de l'Assemblée Nationale* (Madagascar).

130 Article 2 du décret n° 001/PR/MEFPTFDPS du 10 avril 2020 portant dérogation au temps de travail pendant la période de l'état d'urgence lié au Covid-19, Stratégie gouvernementale de Riposte face à la pandémie de Coronavirus (Covid-19) : Déclaration spéciale du Premier Ministre, Chef du Gouvernement du 17 Mars 2020, Communiqué du jeudi 27 août 2020 (21ème réunion hebdomadaire du comité interministériel chargé d'évaluer et de suivre la mise en œuvre de la stratégie gouvernementale de riposte contre la pandémie du Covid-19)

la préservation de la vie humaine. Le numérique rénove la réalisation habituelle des fonctions constitutionnelles et administratives et contribue à l'orientation libérale de la conception classique du fonctionnement des organes constitutionnels. Cela l'est « face à l'invasion des technologies de l'information et de la communication (TIC) devenues consubstantielles à notre univers »[131].

Enfin, l'internalisation des mesures barrières au sein des juridictions a concrètement limité leurs prérogatives. Nonobstant la déformation du service public de la justice, l'office du juge a été refondu. Sa capacité à contrebalancer et à contrôler dans le fond les actes normatifs a été limitée. Le juge s'est associé à la propagande administrative. Le contre-pouvoir de celles-ci était quasi absent du fait de l'accompagnement du Gouvernement face à la riposte sanitaire. Dans certains États africains, le juge constitutionnel a majoritairement mis en œuvre sa fonction de pédagogue. Il s'est démarqué de sa fonction de censeur. La fonction consultative a véritablement été exploitée[132]. La non-dénonciation de l'ordre public disproportionné, de la responsabilité sans faute de la puissance publique ne pouvait pas susciter l'action de la juridiction concernée. Nonobstant ces cas, l'irrecevabilité ou le rejet des recours contentieux était des moyens propices d'accompagnement de l'exécutif. Toutefois, certains juges ont continué à jouer pleinement leur rôle. Le juge constitutionnel a émis un avis défavorable sur l'adoption par le Conseil des ministres du projet d'ordonnance portant régime juridique applicable aux agents contractuels non permanents de la fonction publique d'État [133]. C'est également le cas du juge constitutionnel malgache à propos de la loi rectificative[134]. L'instruction administrative a néanmoins canalisé le fonctionnement des organes constitutionnels.

2- L'instruction administrative sur le fonctionnement des organes constitutionnels

Émanant de la stratégie gouvernementale de riposte covid, l'emprise de l'exécutif sur le fonctionnement des organes constitutionnels dérive également des instructions

---

131 M. -A MOUTHIEU épse NJANDEU., « propos introductif. Regard d'un universitaire sur la protection du consommateur des technologies de l'information et de la communication », *in* M.-A MOUTHIEU (s.dir), *le consommateur des technologies de l'information et de la communication en Afrique noire francophone*, Paris, L'Harmattan, 2021 p.13.

132 Avis n° CI-2020-003/A/01-04/CC/SG du 1er avril 2020, *Président de l'Assemblée Nationale* ; Avis n° N CI-2020-004/A/07-04/CC/SG du 07 avril 2020, *Président du Sénat* (Côte d'Ivoire), avis n° 09/CC du 28 juillet 2021, *Premier Ministre*, avis n° 15/CC du 10 juillet 2020, *Premier Ministre*, avis n° 18/CC du – août 2020, *Premier Ministre*, avis n° 24/CC du 26 août 2020, *Premier Ministre* (Niger),

133 Avis n° 2020-001/CC du 23 juillet 2020, *Premier Ministre* (Burkina Faso), « *Considérant que dans le cas d'espèce, la loi n° 015-2020/An du 05 mai 2020 a habilité le gouvernement à légiférer par voie d'ordonnance dans le cadre de la lutte contre la maladie à Coronavirus (COVID-19), que le projet d'ordonnance pour lequel l'avis est demandé ne fait aucun lien avec la lutte contre la maladie à coronavirus (COVID-19) ; que l'adoption d'un régime juridique applicable aux agents contractuels non permanents de la fonction publique d'État est prévue à l'article 207 de la loi n° 081/CNT du 24 novembre 2015 portant Statut général de la fonction publique d'État ; qu'il s'agit d'un projet d'ordonnance dont l'importance nécessite qu'il fasse d'un débat à l'Assemblée nationale : (…) article 1er : émet un avis défavorable à l'adoption par le Conseil des Ministres du projet d'ordonnance…* ».

134 Décision n° 11-HCC/D3 du 14 juillet 2020 concernant la loi n° 2020-010 portant Loi de Finances Rectificatives pour 2020 (14ème Considérant) (Madagascar).

administratives. La centralisation administrative a été consolidée dans son efficacité et par sa capacité à canaliser l'accomplissement des prérogatives constitutionnelles. L'acte de droit souple édicté au plus haut sommet de l'État a été valorisé afin d'associer les démembrements de la puissance publique souveraine à la réaction sanitaire. Il est admis que « la centralisation est la force propre du gouvernement de l'État »[135]. Qui plus est, « elles s'éloignent, de ce fait, de l'état d'urgence et présentent une certaine affinité avec les mesures d'urgence réglementaires »[136].

Les instructions administratives ont été déterminées au plus haut niveau de l'administration centrale. Elles ont été formulées par le Président de la République en vertu de ses prérogatives constitutionnelles et relayées par le Premier ministre, chef du Gouvernement. Cela s'insère dans « la distribution formelle de l'autorité de l'État » [137]. En effet, la Constitution a dévolu au Président de la République, la fonction de pourvoir à la continuité de l'État. Tant dans la Constitution du 04 mars 1960[138], la Constitution du 1er février 1961 [139]que la Constitution du 02 mars 1972 révisée en 1996[140] le maniement du principe de continuité de l'État lui a été réservé. La révision du 14 avril 2008 n'a pas dérogé à la règle[141]. Cette prérogative constitutionnelle est consacrée dans le corpus et non dans le préambule de la Constitution. La norme fondamentale est restée immuable dans le temps en faveur de la consécration de cette prérogative. Sauf qu'il est déploré le mutisme du constituant et du juge constitutionnel camerounais sur l'approche notionnelle du principe de continuité de l'État. L'aménagement d'un cadre formel d'urgence part de la conception de la continuité de l'État révélée par le Président de la République. C'est une prérogative qui formellement ne fait l'objet de délégation. Aucune autre autorité publique ne peut s'arroger cette prérogative. Autrement dit, la source émettrice des instructions administratives a renoué avec la démocratie représentative. Le Président de la République est le bénéficiaire de la dévolution du pouvoir politique par les citoyens et ce, spécifiquement dans le cadre de l'élection politique nationale. Les dépositaires de la souveraineté que sont les citoyens retrouvent dans le Président de la République l'autorité légitime pour prescrire un cadre technique de formulation des mesures sanitaires d'urgence.

Dérivées du principe de continuité de l'État manié par le Président de la République, les instructions administratives ont simplement été reproduites et

---

135 M. HAURIOU., *Précis élémentaire de Droit administratif*, 4ème éd., Paris, Sirey, 1938, p.40.

136 J. DJEUYA TCHUPOU., « La lutte contre le coronavirus (Covid-10) au Cameroun : Recherches sur les fondements juridiques de la stratégie gouvernementales de riposte face à la pandémie » *Le Nemro, Revue Trimestrielle de droit économique*, avril-juin 2020, p.309.

137 J. GICQUEL., « Le présidentialisme négro-africain. L'exemple camerounais », *in Mélanges offerts à Georges BURDEAU, Le Pouvoir*, Paris, L.G.D.J, 1977, p.704.

138 Article 11 de la Constitution du 04 Mars 1960.

139 Articles 8 et 12 de la Constitution du 1er septembre 1961 modifiée et complétée par les lois n° s 69/LF/14 du 10 novembre 1969 et 70/LF/1 du 4 mai 1970.

140 Article 5 alinéa 2 de la loi n° 96-06 du 18 janvier 1996 portant révision de la Constitution du 02 juin 1972

141 Article 1er de la loi N° 2008/001 du 14 avril 2008 modifiant et complétant certaines dispositions de la loi n° 96/06 du 18 janvier 1996 portant révision de la constitution du 02 juin 1972.

approfondies dans le cadre du comité interministériel. L'on pouvait lire « (... sur très haute instruction du Chef de l'État, son excellence Paul BIYA une concertation interministérielle s'est tenue ce mardi 17 mars 2020, à l'effet de faire le point de la situation et d'identification les actions appropriées à mettre en œuvre... À terme de cette rencontre, le Président de la République a instruit les mesures suivantes... » Cet organe d'urgence a été constitué afin de prolonger les grandes lignes de la riposte sanitaire décidées par le Président de la République. Le Premier ministre, chef du Gouvernement s'est entouré de ses collaborateurs ainsi que des acteurs non institutionnels afin de déterminer les mesures à appliquer. Formellement, le Premier ministre est le Chef du Gouvernement et dirige l'action de celui - ci[142]. Le Premier ministre exerce le pouvoir réglementaire et nomme aux emplois civils, sous réserve des prérogatives reconnues au Président de la République dans ces domaines[143]. Il dirige tous les services administratifs nécessaires à l'accomplissement de sa mission[144]. Nonobstant les membres du gouvernement, la société civile était représentée. La conception des mesures barrières a donné l'occasion de déclasser la bureaucratie administrative et de reclasser la participation administrative. Celle-ci s'inclue dans la participation politique. « Marquant l'affirmation des valeurs démocratiques dans les textes fondamentaux des États africains »[145], « la question démocratique est au cœur de la conscience citoyenne en relevant ses tenants et ses aboutissants »[146]. De ce fait, la participation élargie a été observée. Le travail technique du comité interministériel a abouti à des décisions formulées sous forme d'instruction administrative. Celle-ci a été appliquée par ses divers destinataires.

Le processus d'emprise de l'exécutif sur l'autonomie des organes constitutionnels a reposé sur la répartition des obligations. S'étant acquitté de la conception du cadre formel des mesures de riposte covid, le comité interministériel, canalise l'action matérielle des destinataires de celles-ci. Ses destinataires sont chargés en l'espèce de les appliquer. Les pouvoirs publics ont décidé de privilégier les actes de droit souple aux autres actes juridiques pour réaménager le fonctionnement des organes constitutionnels. Ils ont adhéré aux procédés légués par l'urgence dans les systèmes juridiques contemporains. En fonction de la territorialité, la pandémie de Covid-19 est assimilable à n'importe quelle pandémie et peut être gérée par les règles contenues dans le droit positif. C'est ce justifie le recours à un organe spécifique présent dans le droit ordinaire qu'est le comité interministériel présidé par le Premier ministre, chef du Gouvernement. Le réaménagement du fonctionnement habituel des organes constitutionnels ne peut s'affranchir de la bagatelle des prérogatives dévolues et reconnues à la centralisation administrative.

---

142 Article 12 alinéa 1 de la loi n° 96-06 du 18 janvier 1996 *op.cit.*

143 Article 12 alinéa 3 de la loi n° 96-06 du 18 janvier 1996 *op.cit.*

144 Article 12 alinéa 4 de la loi n° 96-06 du 18 janvier 1996 *op.cit.*

145 L.-P GUÉSSÉLÉ ISSÉMÉ., « La participation politique des citoyens dans les États africains », *op.cit.*, p.7.

146 B.-R GUIMDO DONGMO., « Constitution et démocratie dans les Etats francophones d'Afrique », *in* O. NAREY (s.dir), *La Constitution*, Niamey, L'Harmattan, 2018 p.164.

Les directives administratives dont le caractère justiciable tient à leur nature réglementaire ont valorisé l'action administrative. Celles-ci sont décisoires lorsqu'elles sont qualifiées de réglementaires et non décisoires lorsqu'elles sont de portée interprétative. Or, le juge administratif français a admis le recours pour excès de pouvoir contre la décision du Premier ministre prise lors de la réunion du Comité interministériel. Il l'a admis en 1933[147] puis l'a affermi[148]. Dès lors, « l'édifice jurisprudentiel jusqu'alors patiemment construit ayant abouti à la distinction entre l'acte et la décision s'est effondré »[149]. Le juge administratif camerounais l'a suivi[150]. La Cour Suprême a d'ailleurs précisé que seuls les actes faisant grief peuvent conduire à l'ouverture de ce droit de recours[151], contrairement à des mesures faisant partie intégrante d'une procédure administrative aboutissant à une décision susceptible de faire grief[152]. Sous cette bannière, la jurisprudence administrative de France a rénové de paradigme sur la recevabilité des actes de droit souple. Celle camerounaise est demeurée constante d'où son inaction face à la substitution circonstanciée des actes législatifs par les actes administratifs unilatéraux.

B- L'affaiblissement des normes législatives face aux actes administratifs unilatéraux

L'érosion des prérogatives constitutionnelles du parlement en matière de limitation des droits et libertés a été conjoncturellement été affirmée durant la période de virulence de la pandémie de covid-19. L'idée de préserver par tous les moyens l'autorité de la puissance publique l'a conduit à s'approprier sans délégation législative, une matière jadis rangée dans le domaine de la loi. Cela converge vers la substitution circonstanciée des actes législatifs par les actes administratifs unilatéraux. Il est théoriquement admis que « l'état d'urgence correspond à une mise entre parenthèses des pans entiers du droit commun »[153]. Qui plus est, « l'application durable de règles dérogatoires pour faire face à des périls permanents »[154] n'a relevé que de l'ambiguïté. C'est par des communiqués que les actes législatifs ont été subrogés.

C'est dans le communiqué du 17 mai 2020 que toutes les mesures barrières à respecter ont été fixées. Du communiqué du jeudi 27 août 2020, 21e réunion hebdomadaire du comité interministériel, : « (...) en invitant nos compatriotes au

---

147 CE Ass., 3 mars 1993, Comité central d'entreprise de la SEITA, p. 41, concl. R. Scwartz, AJ 1993, p 199, concl., et p. 526, chron., MAUGÜE (C) et TOUVET (L), CJEG, 1993, p. 271, concl..

148 CE Ass. 4 juin 1993, Comité d'entreprise de l'UGAP, p. 166, AJ 1993, p. 526 ; V. aussi CE Ass. 4 juin 1993, Assoc. Des anciens élèves de l'ENA, p. 168 AJ 1993, p. 526

149 D. COSTA., « La soumission au principe de légalité des actes de droit souple », *op.cit.,* p.157.

150 Voy Jugement N° 23/CSCA du 03 février 1977, *YEYAP NJOYA Joseph Marie c. Etat du Cameroun*

151 CS/CA, Jugement N° 103/2005-2006 du 14 juin 2006, *Société Forestière HAZIM et Cie c/État du Cameroun*

152 CS/CA, Jugement N° 42/80-81 du 30 avril 1981, *Dame Mbocka Née Moussongo Jeannette et Sopmote Joseph c/État du Cameroun.*

153 Ph. BLACHER., « L'état d'urgence : hors ou dans la Constitution » *op.cit.*, p.103.

154 J. CHEVALLIER., « L'État à l'épreuve du Coronavirus » *op.cit.*, p.118.

respect scrupuleux des mesures barrières édictées par le Gouvernement (…) »[155]. C'est dans ce cadre que l'on a assisté à la restriction des libertés publiques par les actes unilatéraux (1) et l'érosion de la hiérarchie formelle prétextée par la Covid-19 (2).

1- La restriction des libertés publiques par des actes administratifs unilatéraux

Dépossédées du domaine de la loi par le prétexte Covid-19, les libertés publiques ont été soumises aux restrictions formelles de l'administration. Insérées dans le domaine circonstancié du règlement, celles-ci ont été soumises aux limitations émanant des dépositaires du pouvoir exécutif. Les libertés d'aller et venir, de réunion, de manifestation, d'association ont été soumises à une subrogation conjoncturelle par l'exécutif. Cela se pose comme « la contrepartie de l'étendue des moyens conférés au pouvoir exécutif pour répondre à ce que les circonstances sont censées exiger » [156]. Cela émane du fait de « le Premier ministre ainsi que les autorités administratives détentrices du pouvoir de police en application de mesures prises par le chef du gouvernement »[157]. Les actes de référence ont été des communiqués du Premier ministre, chef du gouvernement.

Prétextant la riposte Covid-19, l'exécutif a de manière circonstanciée priver le domaine de la loi d'une de ses matières constitutionnelles. L'aménagement des libertés publiques ressortit dans les systèmes juridiques contemporains du domaine de la loi. C'est une matière rangée dans ce domaine lors de l'activité normative du pouvoir constituant. C'est au pouvoir constituant à qui revient la compétence de répartir les prérogatives des organes constitutionnels et autres. « Du premier point de vue, c'est aborder l'étude du domaine de la loi »[158]. Davantage, dire qu'il existe un « domaine de la loi » c'est-à-dire un champ délimité de matières (ou domaines) dans lesquelles « le législateur (qui incarne le pouvoir législatif) va exercer son pouvoir normatif répond à des exigences logiques incontestables » [159]. Que l'on soit au Bénin[160], au Burkina Faso[161], au Cameroun[162], en Côte d'Ivoire[163], au Congo

[155] Communiqué du jeudi 27 août 2020 (21ème réunion hebdomadaire du comité interministériel chargé d'évaluer et de suivre la mise en œuvre de la stratégie gouvernementale de riposte contre la pandémie du Covid-19).

[156] V. CHAMPEIL DESPLATS., « Qu'est-ce que l'état d'urgence sanitaire. D'un état d'urgence à l'autre ou l'intégration des régimes d'exception dans les États de droit contemporain », *op.cit.*, p.877.

[157] J. DJEUYA TCHUPOU., « La lutte contre le coronavirus (Covid-19) au Cameroun : Recherches sur les fondements juridiques de la stratégie gouvernementale de riposte face à la pandémie » *op.cit.*, p.309.

[158] L. FAVOREU., P. GAÏA., R. GHEVONTIAN., J.-L MESTRE., O. PFERSMANN., A. ROUX., G. SCOFFONI., *Droit constitutionnel*, 21ème éd., Paris, Dalloz, 2019 p.841.

[159] *Idem*, p.843.

[160] Article 98 de la loi n° 90-31 du 11 décembre 1990 révisée en 2019 portant Constitution du Bénin.

[161] Article 101 de la loi n° 072-2015/CNT du 05 novembre 2015 portant révision de la Constitution.

[162] Article 26 alinéa 1 de la loi n° 96-06 du 18 janvier 1996 *op.cit.*

[163] Article 101 de la Loi n° 2016-8 8 6 du 8 novembre 2016 portant Constitution de Côte d'Ivoire.

Brazzaville[164], au Gabon[165], au Mali[166], au Niger[167], en République de Centrafrique[168], et au Togo[169], ce domaine est consacré. Dans son étendue, le domaine de la loi ne se limite pas à la disposition constitutionnelle qui lui est réservée. Elle impose de se référer au bloc de constitutionnalité. En substance, ces éléments confortent le dépassement de la restriction du domaine de la loi corrélativement au domaine du règlement.

En conséquence, le pouvoir constituant habilite exclusivement le parlement à limiter les libertés publiques. La relativisation de l'application exclusive de cette prérogative est la délégation législative. Au Cameroun, l'édiction des communiqués pour limiter les libertés publiques devrait être qualifiée d'illégale et d'inconstitutionnelle en situation normale. Le domaine de la loi a été érodé par la forte propension de l'exécutif à manier l'ordre public sanitaire. Le prétexte covid-19 leur a attribué un brevet de conformité. En substance sans habilitation expresse du parlement et sans fondement textuel, l'affirmation conjoncturelle de la subrogation ne fait l'ombre d'aucun doute. Or, dans les autres États de l'Afrique noire francophone, la limitation des libertés publiques par l'exécutif a été la résultante de la loi d'habilitation. L'exécutif s'est conformé aux exigences procédurales d'appropriation conjoncturelle des prérogatives constitutionnelles du parlement. Cela a donné cours à l'avalanche des lois d'habilitation. « Le recours aux ordonnances du fait de la pandémie s'est plutôt accru à travers la technique de l'habilitation législative »[170]. Que l'on soit au Congo Brazzaville[171], au Gabon[172], au Niger[173], au Sénégal[174], au Togo[175], les lois d'habilitation ont porté sur la délégation de décider sur la Covid-19. Il en est aussi de l'habilitation à décider par ordonnance. Sous cette bannière, le communiqué du Premier ministre a dépossédé de manière conjoncturelle la représentation nationale de sa participation à la riposte sanitaire. « Il n'en demeure pas moins vrai que les parlements se sont bornés à un rôle secondaire »[176]. Par son

---

164 Article 125 de la Constitution du 06 novembre 2015 du Congo Brazzaville.

165 Article 47 de la Constitution du Gabon.

166 Article 70 de la Constitution de la République du Mali.

167 Articles 99, 100 et 1010 de la Constitution du Niger

168 Article 66 de la Constitution du 30 Mars 2016 de la République de Centrafrique.

169 Article 84 de la Constitution du Togo.

170 P. N'DRI-THÉOUA., « Ordonnances et séparation des pouvoirs budgétaires en période de Covid-19 » *op.cit.*, p.12.

171 Article 1er de la loi n° 46-2021 du 11 décembre 2021 autorisant la prorogation de l'état d'urgence sanitaire en République du Congo Brazzaville ; décret n° 2021-523 du 11 décembre 2021 portant prorogation de l'état d'urgence en République du Congo

172 Article 1er de la loi n° 002/2020 du 25 avril 2020 portant prorogation de la durée de l'état d'urgence (Gabon).

173 Avis n° 006/CC du 11 mars 2020, Premier Ministre (Niger)

174 Article 1er de la loi n° 2020-13 du 02 avril 2020 habilitant le Président de la République à prendre, par ordonnances, des mesures relevant du domaine de la loi pour faire face à la pandémie de l'état d'urgence (Sénégal).

175 Article 1er de la loi n° 2020-005 du 30 mars 2020 portant habilitation du gouvernement à prendre par ordonnances les mesures relevant du domaine de la loi (Togo).

176 R.-M MVOGO BELIBI., « Covid-19 et décision publique en situation d'incertitude. Illustrations et illusion de l'état d'exception en Afrique subsaharienne » *op.cit.*, p.356.

fait, l'administration déterminait une moralité sentimentale dans les relations fraternelles.

L'une des déclinaisons de la restriction des libertés publiques par les actes administratifs unilatéraux a été la définition administrative d'une moralité sentimentale dans les relations fraternelles. Par la limitation des contacts interpersonnels du fait de la distanciation sociale, par le port masque, par l'interdiction des salutations, l'exécutif rénovait les relations interpersonnelles tant dans le cadre familial que professionnel. Le confinement total ou partiel imposait la suppression des visites chez les amis ou chez les parents. Les liens de fraternité se sont dégradés et convergeaient de plus en plus vers un refroidissement. Les technologies de l'information et de la communication ne pouvaient résoudre avec efficacité la présence à exclure entre les personnes physiques générée par la Covid-19. La chaleur humaine à rechercher était vraiment en déclin. En outre, celui qui ne portait pas le masque était automatiquement condamné par la morale Covid et rejeté par le corps social. Car de cette attitude « ne peut être affectée sans affecter la personne elle-même »[177]. Cet acte considéré comme irresponsable était de nature à exposer les citoyens au virus ainsi qu'à ses mutations. Du fait de « la psychose covid » dont il diffuse, les mentalités doivent changer impérativement et s'ajuster aux nouvelles tendances de la vie collective et commune de crise. Par son incompétence positive, l'exécutif a contribué à la perpétuation de la police administrative générale.

Sous le prétexte de la Covid-19, l'exécutif a outrepassé ses compétences en limitant les libertés publiques des citoyens. Celui-ci est allé bien au-delà des habilitations constitutionnelles. Les actes administratifs unilatéraux édictés ont contribué à perpétuer la police administrative générale. Car la police administrative spéciale suppose « l'intervention du législateur dans la mise en œuvre de la police administrative à l'occasion de la crise du Coronavirus »[178]. Le parlement ne s'est manifesté et par son inertie, les autorités de police classique ont pourvu à la salubrité, la sécurité et la tranquillité des biens et des personnes sur le territoire national et sur son prolongement à l'étranger. Dans cette situation, l'on ne pouvait assister à l'éclosion d'une police administrative spéciale et c'est ce qui a justifié l'érosion de la hiérarchie formelle prétextée par la Covid-19.

2- L'érosion de la hiérarchie formelle prétextée par la Covid-19

Le bouleversement de la hiérarchie formelle, dogme légué au sein des ordres normatifs a été prétexté par la Covid-19. Les communiqués du comité interministériel ont réaménagé l'échelle de normativité en déclassant la place confortable de la loi. Ces actes décisoires ont poussé le rubicond un peu plus loin en prescrivant des normes à internaliser aux autres normes qui manifestement y demeurent hiérarchiquement supérieures. Le schéma conjoncturel de l'état d'exception « remet en

---

177 P.-J LOWE G., « La santé, un bien ? », *op.cit.*, p.373.

178 O. RENAUDIE., « La police sanitaire : un outil au service de la lutte contre le Coronavirus » *op.cit.*, p.51.

cause une hiérarchie qui privilégie traditionnellement »[179] l'acte administratif à la loi. Dans ce cadre, « la normativité de la constitution » [180] subit un malaise.

L'érosion de la conception formelle de l'état de droit a été affirmée lors de la période de virulence de la Covid-19. « La conception formelle de l'État de droit repose sur le principe de hiérarchie des normes ; elle suppose que le droit étatique se présente comme un édifice formé de niveaux superposés et subordonnés les uns aux autres »[181]. La norme n'est valide que si elle satisfait, par ses conditions d'émission, son contenu ou sa modification, aux déterminations inscrites dans d'autres normes de niveau supérieur. L'ordre juridique apparaît ainsi comme un édifice à plusieurs étages superposés et formés de « couches de normes juridiques » hiérarchiquement subordonnées et tirant leur validité de leur appartenance à cet ordre. La hiérarchie formelle subordonne les actes réglementaires à la loi. Sauf que durant la période de virulence de Covid-19, l'inverse s'est produit. Ce sont les actes réglementaires qui ont imposé des ajustements formels aux autres actes juridiques. Le parlement a ajusté son règlement intérieur pour internaliser les normes diffusées dans les communiqués du comité interministériel. Sous cette bannière, cet acte juridique a contribué à la dépossession conjoncturelle du domaine de la loi par le pouvoir réglementaire. La limitation des libertés publiques par le durcissement de l'ordre public sanitaire émanait des actes de l'exécutif. Il n'est surabondant d'affirmer que les actes de l'exécutif constituaient la source de validité des actes législatifs. Ce fut également le cas des autres démembrements de l'État.

En conséquence, du fait de la limitation des libertés publiques par le maniement de l'ordre public sanitaire, le pouvoir exécutif dégradait la conception matérielle de l'état de droit. La conception formelle se trouve relayée par une conception matérielle ou substantielle qui l'englobe et la dépasse. Celle-ci soulève en rouvrant le débat sur les finalités de l'État de droit. On trouve dans les États libéraux un fond commun de principes repris par les différents textes relatifs aux droits de l'homme. Cette inscription dans les textes contribue à leur objectivation. « Désormais, les droits fondamentaux bénéficient d'une consécration juridique explicite en étant placés aux étages les plus élevés de l'ordre juridique »[182]. Dans ce cadre, « la hiérarchie des normes devient ainsi un moyen de protection des droits : et les deux dimensions, formelle et matérielle, de l'État de droit prennent appui l'une sur l'autre »[183].

De cette clarification théorique, les actes posés par le pouvoir exécutif tout en dégradant la conception formelle, érode celle matérielle de l'État de droit. La conformité au droit positif du durcissement de l'ordre public sanitaire devrait émaner soit du parlement soit de l'habilitation de celui-ci au moyen des lois d'habilitation. Le renouvellement de l'habilitation législative est également à recevoir au regard des

---

[179] P. AVRIL., « Renforcer le parlement : Qu'est-ce à dire ? », *Revue française d'études constitutionnelles et politiques, Pouvoirs* n° 146 *Le renouveau du Parlement*, 2013, p.18.

[180] L.-P GUESSELE ISSEME., « Les normes dérivées de la Constitution dans les États d'Afrique Noire francophone » *op.cit.*, p.102.

[181] J. CHEVALLIER., *L'État de droit*, 2ème éd., *op.cit.*, p.44.

[182] *Idem*, p.109.

[183] *Ibidem.*

mutations du coronavirus. Car « la technique de la prorogation et du renouvellement a été abondamment utilisée »[184]. Cela révèle l'« ajustement présenté comme nécessaire à l'adaptation aux risques spécifiques de prorogation du variant Delta »[185]. C'est dans cette dynamique qu'en décembre 2021, le parlement congolais a une fois de plus autorisé le Président de la République à proroger l'état d'urgence sanitaire[186]. Au Togo, la première prorogation de quarante-cinq jours soit du 1er juillet 2020 au 15 août 2020 avait été validée par la Cour constitutionnelle[187]. Celle-ci avait été prorogée au 15 septembre 2020[188]. Le juge constitutionnel togolais a déclaré conforme à la Constitution la nouvelle demande dans le délai imparti de prorogation de l'état d'urgence sanitaire[189]. Ces points essentiels n'ont pas été observés en droit camerounais. Cela peut se justifier par la forte propension au droit conjoncturel valorisé par le pouvoir exécutif.

L'érosion de la hiérarchie formelle prétextée par la Covid-19 part de l'adhésion circonstanciée aux règles conjoncturelles et non structurelles par l'exécutif. S'inscrivant dans un régime de crise sanitaire, l'exécutif a conscience de son sort sur les règles juridiques existantes et préétablies. L'organe en charge de l'une des fonctions régaliennes profite juste des modulations de la crise sanitaire pour manier de règles juridiques qui en situation normale donneraient l'occasion à une avalanche de procès devant le juge. « L'épreuve du coronavirus a donc changé le visage de l'État (...), il est apparu comme le grand maitre du jeu économique et le grand ordonnateur de la vie sociale »[190]. Le pouvoir exécutif au Cameroun s'est véritablement approprié le rituel légué au commun par le régime d'exception « par l'écart temporaire de certains principes juridiques en vue de surmonter des situations de crise grave »[191]. Sous cette bannière, le pouvoir exécutif détient face aux situations conjoncturelles l'unité de mesure de l'étendue de ses prérogatives.

Conclusion générale

Au sortir de cette réflexion, l'État de droit n'est ni suffisamment protégé ni suffisamment prévoyant pour éviter les conséquences avérées des circonstances exceptionnelles sur son idée. Les moyens efficaces de protection de l'État de droit en situation normale dont l'éloge n'est plus nécessaire à exposer ici poursuivent en situation de crise une finalité opposée, car ils s'associent à la résolution urgente de la crise. Ces moyens vont d'ajustement à assouplissement au renouvellement de

184 R.-M MVOGO BELIBI., « Covid-19 et décision publique en situation d'incertitude. Illustrations et illusion de l'état d'exception en Afrique subsaharienne », *op.cit.*, p.369.

185 A. LEVADE., « Face au virus, souvent loi varie ! », *op.cit.*, p.1668.

186 Article 1er de la loi n° 46-2021 du 11 décembre 2021 autorisant la prorogation de l'état d'urgence sanitaire en République du Congo Brazzaville ; décret n° 2021-523 du 11 décembre 2021 portant prorogation de l'état d'urgence en République du Congo

187 Avis n° AV-004 du 1er juillet 2020, *Premier Ministre* (Togo).

188 Avis n° AV-006/20 du 14 août 2020, *Premier Ministre* (8ème Considérant) (Togo).

189 Avis n° AV-006/20 du 14 août 2020, *Premier Ministre op.cit.*, (8ème Considérant) (Togo).

190 J. CHEVALLIER., « L'État à l'épreuve du Coronavirus », *op.cit.*, p.116.

191 *Idem*, p.118.

paradigme au gré des mutations du virus mis en régime de riposte. Cela génère incontestablement des effets sur les prérogatives reconnues aux citoyens et celles dévolues au pouvoir exécutif. Ces explications s'articulent autour de la faible propension des citoyens à revendiquer les atteintes prétextées par la riposte covid-19 et la forte propension du pouvoir exécutif à instrumentaliser la riposte covid-19 contre la séparation des pouvoirs. Les deux déclinaisons évoquées précédemment soulèvent deux constats majeurs :

Premièrement : le bouleversement de l'État de droit au Cameroun interpelle à ses fondements. En effet, l'état d'urgence n'a pas été décrété par le Président de la République et cette inaction privait déjà d'assises formelles cette circonstance exceptionnelle. Les autorités administratives sous la houlette du Premier ministre proposaient des solutions de riposte covid-19 dans un contexte de crise sanitaire et non d'état d'urgence. Dès lors, la légalité ordinaire a continué à être appliquée et cela récuse juridiquement ce bouleversement. Qui plus est, les communiqués inter-ministériels visaient expressément des textes généraux. Ainsi sans fondement juridique, ces autorités ne pouvaient se comporter comme leurs homologues africains qui ont déclaré l'état d'urgence, sollicité des lois d'habilitation en vue de la riposte covid-19. Il ne pouvait sans violer la légalité ordinaire limiter les droits et libertés publiques des citoyens sous le prétexte de l'état d'urgence sanitaire. Le fondement des actions en responsabilité administrative, politique et normative n'est pas dénué de pertinence.

Deuxièmement : les organes constitutionnels en charge de la justiciabilité des règles juridiques se sont associés au bouleversement de l'état de droit dans la légalité ordinaire. Par leur fonction, ils sont chargés de dire le droit et de trancher les litiges. Par leur attitude passive, indolente, ils n'ont pas activé leur contre-pouvoir pour réagir à cette dégradation de la théorie sur l'état de droit. Les actes administratifs unilatéraux ne peuvent dans le cadre de la légalité ordinaire bouleverser la loi et ne pas faire l'objet d'un recours contentieux. La hardiesse du juge administratif aurait voulu qu'il consacre l'autosaisine. Comme un espoir déçu, le droit positif n'était plus le référentiel et la réaction sanitaire devenue l'essentiel. Dès lors, une réflexion sur les innovations du Covid-19 sur la fonction juridictionnelle n'est pas dépourvue de pertinence. Cela ouvre la brèche sur la fin de la crise sanitaire et le sort structurel du droit positif africain.

Chapitre 2 : Les libertés publiques à l'épreuve de l'urgence sanitaire au Cameroun

Par Edouard GNIMPIEBA TONNANG
Habilité à Diriger des Recherches (H.D.R),
Chef de Département de Droit International et Communautaire,
Faculté des Sciences Juridiques et Politiques, Université de Dschang/Cameroun

Et Charles TUEKAM TATCHUM,
Docteur en Droit Public,
Université de Dschang/Cameroun

RESUME

La coexistence entre l'autorité et la liberté a toujours été un problème en droit. Si ce constat est vrai en période normale, il l'est encore plus lorsque les États sont confrontés à des situations de crise grave. La pandémie de la covid-19 vient de nous le démontrer. En l'espace de quelques mois cette maladie a complètement bouleversé la conscience humaine et modifié les manières de penser, d'agir et de voir. Au Cameroun, le secteur des libertés publiques est particulièrement affecté au regard de la batterie de mesures prises par les pouvoirs publics en vue de réduire la propagation de la maladie. De la fermeture des frontières, à l'interdiction des rassemblements de plus de 50 personnes en passant par la mise en quarantaine, le confinement partiel, les libérations de certains prisonniers et la fermeture des débits de boissons, tout semble convergé vers un état d'urgence sanitaire de fait qui justifierait que l'on prenne des dispositions suffisamment drastiques. Seulement, on est en droit de questionner leur impact sur l'expression des libertés publiques. En convoquant essentiellement la méthode juridique basée sur la dogmatique et la casuistique, on a pu observer que l'urgence sanitaire provoquée par la covid-19 innocente pleinement les restrictions de certaines libertés publiques au Cameroun. Cependant de telles restrictions doivent faire l'objet d'une surveillance étroite pour éviter un basculement dans l'arbitraire.

ABSTRACT

The coexistence of authority and freedom has always been a problem in law. If this observation is true in normal times, it is even more so when States are confronted with situations of serious crisis. The COVID 19 pandemic has just demonstrated this to us. In the space of a few months this disease has completely changed human consciousness and changed the ways of thinking, acting and seeing. In Cameroon, the civil liberties sector is particularly affected with regard to the battery of measures taken by the public authorities with a view to reducing the spread of the disease. From closing the borders, to banning gatherings of more than 50 people, including quarantine, partial containment, the release of certain prisoners and the closure of drinking establishments, everything seems to be converging towards a state of de facto health emergency which would justify taking sufficiently drastic measures. Only, we are entitled to question their impact on the expression of public freedoms. By essentially summoning the legal method based on dogma and casuistry, it has been observed that the health emergency caused by covid-19 fully innocents the restrictions of certain public freedoms in Cameroon. However, such restrictions must be closely monitored to avoid a switch to arbitrariness.

> *« Une cause très petite, qui nous échappe, détermine un effet considérable que nous ne pouvons pas ne pas voir, et alors nous disons que cet effet est dû au hasard »*[1].

Comme l'annonçaient de manière quasi prophétique récemment certains contemporains, "…*lorsque la peur envahit l'esprit, la société du risque révèle toute sa puissance déstabilisatrice*"[2]. La pandémie de la covid-19, apparue au tout début de l'année dernière sur la planète, paniquant l'espèce humaine et faisant des ravages sans précédent au travers les continents et les sociétés jusque-là épargnées par épizooties et pandémies, est une fois de plus venue confirmer ce propos en renouvelant la sempiternelle question du rapport entre la sécurité et la liberté dans les démocraties libérales contemporaines. Depuis l'avènement de cet ennemi invisible, le monde est en guerre. Rien n'est plus et ne sera certainement plus tout à fait comme avant car plus qu'aucune autre dans l'histoire récente de l'humanité, cette pandémie a révélé les failles des systèmes sanitaires, économiques, politiques, sociaux et juridiques de la quasi-totalité des États de la planète, lesquels ont dû adopter des mesures exceptionnelles pour en limiter la propagation. À l'heure où plus de cent soixante pays sont touchés par l'agent infectieux, chacun expérimente sa gestion de crise, sa stratégie d'absorption du choc. Du *lockdown* à l'italienne à l'immunité collective un temps officiellement testé par les britanniques et implicitement expérimenté par le Cameroun, chacun y va à sa stratégie.

Quelle que soit la réponse, celle-ci signe le retour d'un État-Léviathan fort, en première ligne pour ordonner l'activité économique et réguler les libertés. Puisque le virus réclame de la discipline, on a pu penser aux premières heures de sa propagation qu'une bonne dictature était la mieux outillée pour l'affronter. La maxime bien connu *« salus populi suprema lex »*[3] revêt désormais tout son costume d'honneur[4] et questionne la capacité de l'Etat à prévoir l'imprévisible pour faire face efficacement aux situations de crise[5]. On peut dès lors comprendre pourquoi l'élaboration par le gouvernement camerounais d'un plan évolutif de riposte contre la pandémie[6] a considérablement impacté les libertés publiques[7].

---

1 Poincaré (H.), *Science et méthode*, Paris, Flammarion, 1908, p. 71.

2 CATTACIN (S.), RICCIARDI (T.), GAMBA (F.) et NARDONE (M.), « Qu'arrive-t-il à nos société ? » In Covid-19. *Le regard des sciences sociales*, Editions Seismo, 2020, Genève, p. 15

3 Ici, cette expression sera employée dans le sens où c'est la sécurité ou le salut public qui devient la loi suprême.

4 TREMBLAY (G.), « Les libertés publiques en temps de crise », *Les Cahiers de droit, 13* (3), 1972, 401–418, p. 401

5 BRAIBANG (G.), « L'Etat face aux crises », *Pouvoirs*, n° 10, 1979, pp. 5-9 ; MOURGEON (J.), « Les crises et les libertés publiques », *Pouvoirs*, n° 10, 1979, pp. 40-51

6 Les mesures gouvernementales se déclinent dans plusieurs déclarations du gouvernement en fonction de l'évolution de la maladie.

7 Les libertés les plus touchées sont : la liberté d'aller et de venir, la liberté d'entreprendre, la liberté de réunion et de manifestation.

Contrairement à plusieurs pays africains et occidentaux qui ont déclaré l'état d'urgence sanitaire en lui donnant un socle juridique[8], on a continué au Cameroun d'inscrire la stratégie gouvernementale dans le cadre d'un état d'urgence *de facto* justifiant l'adoption des mesures exceptionnelles dont on peut questionner la validité à l'épreuve des libertés publiques. À cet égard, un éclairage préalable sur les notions de libertés publiques et d'état d'urgence sanitaire est nécessaire pour mieux saisir les enjeux de la présente étude. Sans vouloir s'embarrasser de considérations théoriques tenant aux fondements jusnaturalistes des droits de l'homme et positivistes des libertés publiques, on s'accorde à reconnaitre le lien inextricable entre les deux concepts en admettant que si toutes les libertés publiques sont des droits de l'homme, la réciproque n'est pas vrai.

En effet, la liberté s'apparente à un pouvoir d'autodétermination que l'individu exerce sur lui-même. Un être libre est un être qui choisit son comportement personnel en dehors de tout déterminisme. La liberté en conséquence s'exerce dans l'indépendance c'est-à-dire qu'aucune intervention d'autrui n'est nécessaire ; ce qu'on demande à l'autre c'est de s'abstenir d'entraver l'exercice de notre liberté. La liberté ne crée envers autrui aucune obligation d'agir. Elle devient publique lorsque l'État intervient pour les organiser c'est-à-dire permettre leur exercice simultané par tout le monde et concilier cet exercice avec les impératifs de la vie en société.

De ce point de vue, l'expression « libertés publiques » est utilisée pour rendre compte de la consécration juridique des droits de l'Homme[9]. L'adjectif « public » a pour rôle de montrer que les libertés sont reconnues et protégées par l'Etat, qu'elles font partie du droit applicable dans un État[10]. Pour certains auteurs, *« les libertés publiques n'ont de sens que si elles peuvent être exercées en droit et en fait. Dans la pensée juridique du 18ème siècle, dont elles sont issues, l'accent a d'abord été mis sur la proclamation très solennelle de principes dans des déclarations de droits tandis que les constitutions énonçaient des garanties »*[11]. De ce fait, elles sont opposables à la puissance publique dès lors que c'est généralement le législateur qui leur accorde la consécration juridique. Les libertés publiques ont un statut législatif et même constitutionnel ou conventionnel lorsqu'on veut les élever au rang de libertés fondamentales[12]. Il peut s'agir des libertés individuelles comme la libertés d'aller et de venir, la libertés d'entreprendre ou des libertés collectives au rang desquelles figurent la libertés de réunion et de manifestation fortement affectées dans le cadre de cette crise sanitaire.

---

[8] Lire à ce propos PETIT (J.), « L'Etat d'urgence sanitaire », *AJDA*, 2020, pp. 833 et ss. ; VERPEAUX (M.), « Loi organique d'urgence sanitaire et QPC », *AJDA*, 2020, pp. 836 et ss

[9] TURPIN (D.), *Libertés publiques et droits fondamentaux*, Paris, Ed. du Seuil, Févr. 2004 ; ROBERT J. et DUFFAR (J.), *Droits de l'homme et libertés fondamentales*, 5e éd., Paris, Montchrestien, 1993

[10] RIVERO (J.) et MOUTOUH (H.), *Libertés publiques*, Tome 1, PUF, 9ème éd., 2003, p. 5 ; LEBRETON (G.), *Libertés publiques et droits de l'homme*, Armand Colin, 8ème éd., 2009, p. 11. ; OBERDORFF (H.), *Droits de l'homme et libertés fondamentales*, L.G.D.J., 2008, p. 25.

[11] MORANGE (J.), *Les libertés publiques, Introduction*, P.U.F, Coll. Ques sais-je, 2007, p. 5.

[12] TERRE (F.), « Sur la notion de liberté et droits fondamentaux », in CABRILLAC (R.) et *alii* (dir.), *Libertés et droits fondamentaux*, 7e éd., Paris, Dalloz, 2001, p. 9 ; PECESBARBA MARTINEZ (G.), *Théorie générale des droits fondamentaux*, Paris, LGDJ, coll. Droit et société, n° 38, 2004, 497 p.

Atemporelle, la notion d'urgence[13] est un puits sans fond, une source de recherche inépuisable. De ce fait, son étude est d'une éternelle actualité dès lors qu'elle imprègne toutes les branches du droit. Elle est exposée à chacune de ses évolutions, se renouvèle et s'adapte au fur et à mesure des mutations de nos sociétés et du droit qui les reflète. C'est au sein de la théorie des dérogations qu'est très largement enchâssée la notion d'urgence qui, de manière classique, comprend deux pôles structurels : elle nait d'une situation matérielle et déclenche une réaction décisionnelle. À ce titre, certaines convergences théoriques existent entre l'urgence et d'autres notions juridiques.

L'urgence se rapproche des circonstances exceptionnelles en raison de leur écho à des circonstances anormales ou exorbitantes[14]. Mais c'est avec la nécessité que la proximité théorique est plus forte. En effet, la fonction dérogatoire de l'urgence intègre l'idée de nécessité dans la mesure où c'est bien cette dernière qui mène à ce que l'on déroge au droit commun pour agir avec efficacité[15]. Avec l'adoption de la loi sur l'État d'urgence sanitaire du 23 mars 2020 en France pour faire face à la pandémie de la covid-19, la tentative de théorisation de la notion ne s'est pas fait attendre dans l'hexagone et les développements y afférents correspondent parfaitement à la situation qui prévaut au Cameroun nonobstant l'absence d'une déclaration expresse de l'état d'urgence. On peut néanmoins retenir qu'il s'agit à la suite du Professeur Jacques Petit « *d'un régime aggravé, qui donne au gouvernement des pouvoirs juridiques particulièrement exceptionnels pour faire face à une crise sanitaire d'une gravité particulière* »[16]. Il est conçu pour qu'un État, dont les capacités d'action matérielle sont réduites, puisse néanmoins répondre à une épidémie d'une gravité extrême[17].

Quel impact l'état d'urgence sanitaire provoqué par la covid-19 a eu sur l'exercice des libertés d'aller et venir, d'entreprendre, de se réunir ou de manifester au Cameroun ? Telle est la question que la présente réflexion se propose de résoudre à partir d'une analyse essentiellement juridique permettant de relever que cette crise sanitaire a entrainé des restrictions justifiées des libertés publiques **(I)** non sans déboucher sur l'extension contrôlée du pouvoir de répression des autorités publiques **(II).**

---

[13] FRIER (P. L.), *L'urgence*, LGDJ, Paris, 1987, 538 p ; PAMBOU TCHIVOUNDA (G.), « Recherches sur l'urgence en droit administratif français », *RDP*, 1983, pp. 81-133

[14] SAINT BONNET (F.), *L'Etat d'exception*, PUF, Paris, 2001, 393 p

[15] CAPITLOIN (J.-L.), *La nécessité en droit*, Thèse, Antilles-Guyanes, 1997

[16] PETIT (J.), article précité, p. 4

[17] *Idem*

I- Les restrictions justifiées des libertés publiques du fait de l'état d'urgence sanitaire

La restriction des libertés publiques dans le cadre de l'état d'urgence provoqué par la Covid 19 s'appuie autant sur l'exigence de dignité liée au maintien de l'ordre public sanitaire **(A)** que sur l'impératif de nécessité en lien avec la théorie des circonstances exceptionnelles **(B)**.

A- L'exigence de dignité inhérente au maintien de l'ordre public sanitaire

L'urgence de protéger l'ordre public sanitaire semble justifier les restrictions portées aux libertés d'aller et de venir, d'entreprendre, de réunion et de manifestation. Evoquer l'ordre public nous plonge ainsi au cœur de l'exercice des pouvoirs de police administrative[18] dont il constitue le principal objet. Selon R. Chapus, « *exercer la police administrative, c'est assurer un service public : celui du maintien de l'ordre public* »[19]. Pour P.-L. Frier et J. Petit, « *la police administrative apparaît (...) comme la fonction de l'administration qui a pour but de faire régner l'ordre public, en imposant en amont aux membres de la société des restrictions à leurs libertés publiques, pour assurer la discipline qu'exige la vie sociale* »[20]. P. Chrétien, N. Chifflot, M. Tourbe, indiquent pour leur part que « *les mesures de police administrative, qui ont pour effet d'imposer des limitations aux libertés des individus, ne sont régulières que si elles sont prises en vue du maintien de l'ordre public* »[21].

D. Truchet souligne que la police « *a pour objet d'empêcher que l'ordre public soit troublé* »[22]. B. Stirn et Y. Aguila définissent la police administrative « *par son objet, qui est de maintenir l'ordre public* »[23]. Y. Gaudemet, s'il n'utilise pas l'expression « *ordre public* » s'y réfère cependant implicitement puisqu'il définit « *le pouvoir de police (...) par son but qui est d'assurer la tranquillité (...), la sécurité (...) ou la salubrité publique* »[24]. Seulement, la

[18] Rappelons au passage que la notion de police administrative a déjà alimenté bien de débats doctrinaux dans l'hexagone. On se souvient encore de l'ouvrage fondamental sur la question, la thèse d'E. Picard, parue en 1984, qui porte exactement sur ce sujet. Le même auteur a par la suite publié d'autres travaux relatifs à la police administrative. D'autres auteurs s'y intéressent particulièrement, à l'instar de J. PETIT, qui a notamment rédigé le chapitre qui y est consacré dans le *Traité de droit administratif* publié par Dalloz. Plus récemment encore, fin 2013, un important colloque sur la police administrative s'est tenu à la Faculté de droit de Nancy. Lire avec intérêt PICARD (E.), *La notion de police administrative*, BDP T. 146, (2 vol.), LGDJ 1984 ; Petit (J.), « La police administrative », *in Traité de droit administratif*, GONOD (P.), MELLERAY (F.), YOLKA (Ph.) (sous dir.), Dalloz, 2011, T. II, p. 6. ; Colloque sur *La police administrative*, VAUTROT-SCHWARZ (Ch.) (sous dir.), coll. Thémis - Essais, PUF, 2014.

[19] CHAPUS (R.), *Droit administratif général*, T. 1, 15e éd., Précis Domat, Montchrestien, 2001, n° 901.

[20] FRIER (P.-L.) et PETIT (J.), *Précis de droit administratif*, 9e éd., Précis Domat, Montchrestien, 2014, n° 464.

[21] CHRETIEN (P.), CHIFFLOT (N.), TOURBE (M.), *Droit administratif*, coll. Sirey université, 14e éd., Sirey 2014, n° 669.

[22] TRUCHET (D.), *Droit administratif*, coll. Thémis droit, PUF, 5e éd. 2013, p. 306.

[23] STIRN (B.) et AGUILA (Y.), *Droit public français et européen*, coll. Amphi, Presses de Sciences Po et D. 2014. 364.

[24] GAUDEMET (Y.), *Droit administratif*, coll. Manuel, 20e éd., LGDJ 2012, n° 737.

notion d'ordre public est devenue si flexible, mouvante et évolutive[25] dans ses composantes que désormais, le respect de la dignité humaine semble aussi la caractériser[26]. De ce fait, il appert que si les autorités camerounaises ont décidé de restreindre l'exercice de certaines libertés publiques pendant cette période d'urgence sanitaire, c'est bien dans la perspective de protéger des vies.

L'impératif de sauver des vies en évitant des contaminations à grande échelle fait indirectement référence à l'urgence de préserver la dignité humaine. L'arrêt *Morsang-sur-Orge*[27], en considérant « *que le respect de la dignité de la personne humaine est une des composantes de l'ordre public* », a reconnu dans celui-ci un aspect immatériel, dépassant la conception de « *l'ordre public, au sens de la police* », « *ordre matériel et extérieur considéré comme un état de fait* »[28], couvrant la sécurité, la salubrité et la tranquillité. Dans l'affaire il existait un aspect matériel, physique : le lancer du nain, par la prise du corps de celui-ci, sa projection et sa chute. Il existait aussi un aspect extérieur puisque ce « *jeu* » se pratiquait dans des réunions publiques.

Mais ni la sécurité de l'intéressé, ni la salubrité des lieux, ni la tranquillité du voisinage n'étaient menacées : était seulement atteinte la dignité de la personne humaine. Il est ainsi fait référence à une conception de l'homme qui relève du domaine de la conscience, à la sauvegarde de laquelle doivent s'attacher les autorités de police. L'immatériel s'insère dans l'ordre public pour désigner ce qui relève pas seulement de la morale, de la moralité, de la conscience, mais plus généralement de l'esprit[29].

La notion de dignité[30] de la personne humaine a fait couler beaucoup d'encre depuis la décision *Bioéthique* du Conseil constitutionnel[31] et les arrêts du Conseil d'État

---

[25] LE CHATELLIER (G.), « L'ordre public, une notion nécessairement évolutive ? : L'affaire Dieudonné », *AJ Coll. Terr.*, 2014, pp. 157 et ss.

[26] Voir sur la notion d'ordre public, BERNARD (P.), *La notion d'ordre public en droit administratif*, L.G.D.J., coll. Bibliothèque de droit public, Paris, 1962, p. 2 ; PLANTEY (A.), « Définitions et principes de l'ordre public », in POLIN (R.) (dir.), *L'ordre public*, P.U.F., Paris, 1996, pp. 27-45 ; DEUMIER (P.) et REVET (Th.), « L'ordre public », in ALLAND (D.) et RIALS (S.) (dir.), *Dictionnaire de la culture juridique*, Lamy-P.U.F., Quadrige, Paris, 2003, pp. 1119-1122 ; LECOMTE (C.), « L'intendant : sentinelle de l'ordre public (XVIIe-XVIIIe siècle) », in DUBREUIL (C.-A.) (dir.), *L'ordre public*, Editions Cujas, coll. actes et études, Paris, 2013, pp. 33-40 ; BLET-PFISTER (V.), « L'ordre public (Fragments pour une étude sur l'appareil d'État) », in *Mélanges dédiés à la mémoire de Jacques Teneur*, Université de droit et de la santé, coll. travaux de la faculté des sciences juridictionnelles, politiques et sociales de Lille, Lille, 1977, pp. 63-90 ; PICARD (E.), « Introduction générale : La fonction de l'ordre public dans l'ordre juridique », in M.-J. REDOR (dir.), *L'ordre public : ordre public ou ordres publics ? Ordre public et droits fondamentaux*, Bruylant, coll. droit et justice, Bruxelles, 2001, pp. 17-61 ; ROLAND (S.), « L'ordre public et l'Etat. Brèves réflexions sur la nature duale de l'ordre public », in DUBREUIL (C.-A.) (dir.), *L'ordre public*, op. cit., pp. 9-20 ; JACQUINOT (N.), *Ordre public et constitution*, thèse dactylographiée, Université d'Aix-Marseille III, 2000.

[27] CE, ass., 27 oct. 1995, n° 136727, Lebon p. 372, concl. FRYDMAN (P.) ; *Les Grands arrêts de la jurisprudence administrative*, Dalloz, 20e éd., 2015, n° 93.

[28] HAURIOU (M.), *Précis de droit administratif et de droit public*, 12e éd., 1933, p. 549

[29] DELVOLVE (P.), « L'ordre public immatériel », *RFDA*, 2015, p. 890

[30] Lire MBALA MBALA (F.), *La notion philosophique de dignité à l'épreuve de sa consécration juridique*, Thèse de Doctorat en Droit, Université de Lille-2, 2007, 461 p

[31] Cons. const., 27 juill. 1994, n° 94-343/344 DC, D. 1996. 177, note Lebreton (G.)

Commune de Morsang-sur-Orge et *Ville d'Aix-en-Provence*. L'abondance de littérature sur le sujet s'explique par la polysémie du terme « dignité » en droit français, puisque celui-ci revêt au moins trois sens différents : 1) la dignité des fonctions, qu'elles soient publiques ou corporatives (*dignitas*) ; 2) la dignité attachée à la personne humaine, qui peut être opposée par chaque individu à des tiers (la dignité-droit) ; 3) la dignité attachée à l'ordre public, c'est-à-dire au respect de l'humanité en chacun, qui, en ce qu'elle est indisponible, constitue une limite à la liberté individuelle, c'est-à-dire à l'individu lui-même, voire contre lui-même (la dignité-ordre ou la dignité-limite)[32]. Parce qu'elle touche au fondement même de la société libérale, et renvoie donc au rôle que les uns et les autres attribuent au droit comme instrument de régulation sociale, cette troisième conception de la dignité a focalisé les débats dont l'inhabituelle vivacité est très révélatrice.

Pour résumer à gros traits, ses détracteurs soutiennent que, contrairement à la dignité-droit qui serait protectrice de la liberté d'en user, la dignité-ordre permettrait un contrôle social et moral sur la manière dont les individus entendent agir et, notamment, user de leur corps. Parce qu'elle prend ainsi à rebrousse-poil l'idée que les droits subjectifs d'un individu ne devraient trouver d'autres limites que les droits subjectifs d'autrui, une partie de la doctrine rejette comme illégitime cette notion de dignité-ordre, laquelle ne serait au fond rien d'autre que la manifestation d'un ordre moral qui priverait l'individu de la maîtrise de la conduite de sa vie privée.

À cette argumentation, les partisans de la dignité-limite rétorquent que la dignité n'est pas attachée à un individu en particulier, mais à la personne humaine en général, laquelle est revêtue d'une « *valeur supérieure* » qui implique qu'elle doit être traitée humainement, et non comme un animal ou une chose[33]. Par conséquent, elle n'est pas un droit[34], *a fortiori* un droit subjectif, car cela supposerait, selon Muriel Fabre-Magnan, d'accorder à la volonté individuelle un rôle primordial.

Or « *la personne n'a pas à vouloir être digne ; elle est ici dépourvue de toute puissance de volonté. On ne saurait ainsi la penser libre ou non d'user de prérogatives attachées à sa dignité* »[35]. En effet, précise Bernard Edelman, si la liberté est l'essence des droits de l'homme, la dignité est l'essence de l'humanité en ce qu'elle constitue la qualité de l'appartenance de tous les hommes à l'humanité. Il en résulte que l'homme ne peut renoncer à sa dignité sauf à nier son appartenance au genre humain[36]. La dignité ne se situe donc pas dans le

---

[32] BIOY (X.), « Le concept de dignité », *in* BURGORGUE-LARSEN (L.) (dir.), *La dignité saisie par les juges en Europe*, Bruylant, 2010, p. 16

[33] FABRE-MAGNAN (M.), « Le statut juridique du principe de dignité », *Droits*, 2013, n° 58, pp. 188-189.

[34] *Idem*, p. 170

[35] MOLFESSIS (N.), « La dignité de la personne humaine en droit civil », *in* PAVIA (M.-L.) et REVET (Th.), *La dignité de la personne humaine*, Economica, 1999, p. 127.

[36] EDELMAN (B.), « La dignité de la personne humaine, un concept nouveau », *in* PAVIA (M.-L.) et REVET (Th.), *La dignité de la personne humaine*, Economica, 1999, pp. 29 et 32.

paradigme de la liberté, mais dans celui de l'humanité, de sorte que « *toute considération relative à sa plus ou moins grande liberté n'a plus de raison d'être* »[37].

L'objet de cette étude n'est toutefois pas tant d'alimenter à nouveau ce débat doctrinal que d'aborder la question sous un angle un peu différent et sans sortir du cadre du droit positif. À partir d'une lecture et dans le cadre de la jurisprudence *Commune de Morsang-sur-Orge*, on tentera de montrer que la notion de dignité de la personne humaine peut constituer une limite à la liberté sans pour autant revêtir le masque de l'ordre moral, c'est-à-dire sans pour autant qu'une autorité de police ou un juge puisse imposer à la société leurs propres conceptions morales. Si la cohésion sociale s'entend sur le plan factuel, elle prend avec la dignité de la personne humaine un sens spécifiquement juridique : la dignité, en tant que composante de l'ordre public, constitue un ordre spécial qui a pour objet le maintien de la cohérence et de l'harmonie du système juridique.

La manifestation de la singularité de cet ordre est que la dignité n'y joue pas le rôle d'un principe suprême surplombant tous les autres, mais y incarne des valeurs juridiques qui irriguent cet ordre. Autrement dit, la dignité n'est pas un principe dont on déduirait des conséquences juridiques, mais la résultante de valeurs qui structurent l'ordre juridique et qui se cristallisent en elle. De ce point de vue, la dignité de la personne humaine serait autant un ordre en ce qu'elle ne repose pas sur texte particulier, mais sur une tradition qui structure de manière cohérente le système juridique que des valeurs[38]. À lire l'arrêt *Commune de Morsang-sur-Orge*, prétendre que la dignité de la personne humaine renvoie à des valeurs apparaît relever d'une interprétation bien constructive. Lorsque l'Assemblée du contentieux érige la dignité en composante de l'ordre public, elle en fait une limite à la liberté au même titre que la sécurité, la tranquillité ou la salubrité publique.

La dignité de la personne humaine apparait désormais comme le fondement des mesures de police administrative restrictives des libertés. Elle vise à protéger des individus contre autrui et contre eux-mêmes[39]. De ce fait, il convient d'encourager les mesures audacieuses prises par les autorités publiques et saluer le sens de responsabilité des citoyens dans la lutte contre cette pandémie. Les différents acteurs ont été suffisamment conscients de la gravité de la circonstance qui justifiait inévitablement un sacrifice temporaire des libertés à l'autel de la nécessité de préserver la santé des citoyens.

---

[37] GIMENO-CABRERA (V.), *Le traitement jurisprudentiel du principe de dignité de la personne humaine dans la jurisprudence du Conseil constitutionnel français et du Tribunal constitutionnel espagnol*, LGDJ, 2004, pp. 6-7.
[38] GLENARD (G.), « La dignité de la personne humaine : un ordre de valeur ? », *RFDA*, 2015, pp. 869 et ss.
[39] LELEU (Th.), « La dignité humaine comme fondement des mesures de police administrative », *AJDA*, 2015, pp. 883 et ss.

B- L'impératif de nécessité en lien avec la théorie des circonstances exceptionnelles

« *Il y a des cas où il faut mettre, pour un moment, un voile sur la liberté comme on cache les statues des dieux* »[40]. Cette célèbre formule de Montesquieu est très souvent citée à l'appui de raisonnements relatifs à la légitimité ou au bien-fondé des atteintes pouvant être portées aux droits et libertés dans certaines situations particulières. On pensera notamment à l'État d'exception, à l'état d'urgence ou encore à la théorie des circonstances exceptionnelles. De manière plus large, on peut voir dans la nécessité l'un des points de fondement de la théorie des dérogations ; l'idée étant que le droit commun vaut pour les situations communes, et que pour faire face à des situations spéciales, une légalité spéciale s'impose parfois, en violation par définition du droit commun.

À ce titre, certaines convergences théoriques existent entre la nécessité et d'autres notions juridiques. Avec les circonstances exceptionnelles en ce qu'elles font écho à des circonstances anormales ou exorbitantes et peuvent à ce titre participer de la caractérisation de la nécessité ; avec la force majeure de manière plus lointaine, via leur caractère exceptionnel commun ; ou avec l'urgence en ce que la fonction dérogatoire de la nécessité l'intègre dans la mesure où c'est bien la nécessité qui mène à ce que l'on déroge au droit commun pour agir avec efficacité. C'est d'ailleurs sans doute avec cette dernière notion que la proximité théorique est plus forte. L'urgence et la nécessité s'interpénètrent dans une large mesure tant du point de vue théorique (avec l'idée que toute nécessité est urgente et que toute urgence relève d'une nécessité d'agir vite) que pratique (par leur capacité comparable d'exception, bien que ne permettant pas les mêmes dérogations).

Toutefois, l'essentiel des caractères de la nécessité porte sur l'intérêt de protéger alors que l'essentiel des caractères de l'urgence porte sur son action dans le temps. Mais on ne peut pas dénier à l'urgence une dimension tout aussi substantielle que celle de la nécessité même si elle équivaudrait au sens strict à « *agir vite* ». On ne peut donc se contenter des manifestations externes de l'urgence sans en saisir son objet. Agir vite n'a de sens qu'au regard de ce qu'il s'agit de permettre, de protéger, d'interdire… Plus précisément, la rapidité d'une action ne se justifie qu'eu égard à l'imminence certes mais également à l'importance de l'objet visé. Adopter une mesure d'urgence afin de prévenir un péril dont on aurait par exemple la certitude qu'il ne représente pas une réelle menace serait un non-sens. En tout état de cause, la nécessité renverrait à une action dans le temps, alors que l'urgence correspondrait à une action sur le temps[41].

Comme on le voit, la nécessité est à plusieurs visages dans le droit. Elle désigne dans un premier sens le caractère de quelque chose d'inévitable, d'inéluctable. Le nécessaire est alors ce qui ne peut ne pas être. La nécessité renvoie au caractère de ce qui est essentiel, de ce qui est important. Elle est assimilée, dans un troisième sens,

---

[40] MONTESQUIEU, *De l'esprit des lois*, J. De BONNOT, Paris, Tome 2, p. 559
[41] MICHEL (G.), *La notion d'urgence en droit administratif de l'environnement*, Thèse de Doctorat en Droit Public, Université de Limoges, 2006, p. 8

au besoin, à une situation difficile ou de contrainte. La nécessité enfin fait appel à l'indulgence du droit. Elle est alors assimilée à l'état de nécessité, à la force des circonstances qui pourrait justifier des actes même illégaux, mais nécessaires pour sauvegarder un intérêt légitime. La difficulté de la nécessité tient ainsi à sa nature dès lors qu'elle exerce un effet dissolvant sur le droit. La nécessité doit être invoquée en dernière extrémité comme élément justificatif des restrictions portées aux libertés publiques dans le cadre de la lutte contre la Covid 19. Elle révèle l'insuffisance des moyens d'action juridiques habituels lorsque la pression des circonstances est si forte[42].

La maladie à coronavirus a une fois de plus montré qu'aucune crise ne s'est laissée enfermer dans les prévisions établies. Chaque fois les dispositions applicables se sont révélées inadaptées et ont dû être, à leur tour, modifiées pour tenir compte des enseignements des nouvelles crises. Bien plus, quelles que soient la finesse des prévisions et la complexité du droit de crise, il se produit toujours des circonstances imprévues qui obligent les autorités publiques à prendre des mesures contraires aux lois d'exception elles-mêmes : il est toujours des exceptions à l'exception[43].

La notion d'exception peut ainsi être mobilisée pour comprendre le bien-fondé de ces mesures de restriction des libertés publiques en cette période de lutte contre la Covid 19. Le mot trouve son origine dans la langue latine « *exceptio* » dérivé de « *excipere* » qui signifie primitivement « *mettre de côté* » ou « *retirer de* [...] *pour le retenir* »[44]. Le sens du verbe s'est ensuite étendu pour désigner « *l'action d'excepter* » expliquée parfois comme synonyme de « *l'action de déroger* »[45]. L'exception s'emploie généralement avec le sens de ne pas comprendre dans (un ensemble), ne pas inclure dans (une situation). Le verbe « *excepter* » est considéré comme l'équivalent des verbes « *écarter, exclure* » et désigne toujours l'état d'extériorité ou l'exclusion de quelque chose par rapport à une référence établie. Employée dans le langage juridique, l'exception semble selon la doctrine juridique dominante désigner la mise à l'écart ou la restriction de la règle de droit générale dans certains cas[46]. Elle est synonyme de dérogation et de restriction[47]. L'exception permet non seulement d'écarter la règle applicable en raison des circonstances ou d'une finalité supérieure, mais encore de se soustraire aux rapports normaux entre gouvernants et gouvernés[48]. La restriction des libertés publiques en cette période de crise sanitaire se trouve au regard de ce qui précède pleinement justifiée, ce qui rend compréhensible l'extension, sous réserve d'un contrôle soutenu, du pouvoir de répression des autorités publiques.

---

[42] SAINT-BONNET (F.), « L'Etat d'exception et la qualification juridique », *CRDF*, n° 6, 2007, p. 30

[43] FRIER (P.-Cl.), « Les législations d'exception », *Pouvoirs*, n° 10, 1979, p. 22

[44] Arnaud (A.-J.), *Dictionnaire encyclopédique de théorie et de sociologie du droit*, Paris, L.G.D.J., coll. Quadrige, 1993, 2e éd. ; FOULQUIE (P.), *Dictionnaire de la langue philosophique*, Paris, P.U.F., 1969, 2e éd.

[45] REY (A.) ET REY-DEBOVE (J.), *Le nouveau Petit Robert*, Paris, Le Robert, 2010.

[46] CORNU (G.) (dir.), *Vocabulaire juridique*, Paris, P.U.F., coll. Quadrige, 2011, 9e éd,, voir « Exception ».

[47] NGUYEN (T. H.), *La notion d'exception en droit constitutionnel français*, Thèse de Doctorat en Droit, Université de Paris 1 Panthéon-Sorbonne, 2013, p. 13

[48] SAINT-BONNET (F.), *L'état d'exception*, op. cit., p. 1

II- L'extension encadrée du pouvoir de répression en période d'état d'urgence sanitaire

L'état d'urgence sanitaire a considérablement renforcé le pouvoir de sanction des autorités administratives[49] à l'encontre des contrevenants à la règlementation sur les mesures édictées par le gouvernement pour faire face à l'épidémie **(A).** Seulement, ces sanctions sont strictement contrôlées pour éviter toute dérive de nature à remettre en question les fondements de l'État de droit **(B).**

A- Le renforcement du pouvoir de sanction des autorités de police

L'octroi d'un pouvoir répressif à une autorité administrative n'est pas chose nouvelle[50]. Les sanctions administratives sont longtemps apparues comme une anomalie dans un État libéral[51]. S'agissant de l'exécution même des décisions administratives, le commissaire du gouvernement Romieu, dans ses conclusions sur l'arrêt Société immobilière de Saint-Just (TC, 2 décembre 1902, Rec. p. 713), relevait déjà que « *le mode d'exécution habituel et normal des actes de la puissance publique est la sanction pénale confiée à la juridiction répressive* ». La question s'est donc posée de savoir si l'administration pouvait exercer un pouvoir répressif. Autrement dit, était-il possible de lui reconnaître le pouvoir de « *punir sans juger* »[52] ?

La reconnaissance d'une telle prérogative n'allait pas de soi. Elle pouvait être regardée comme une atteinte au principe de séparation des pouvoirs jusqu'à ce que le Conseil constitutionnel admette que le principe de la séparation des pouvoirs ne fait pas obstacle à ce qu'une autorité administrative, « *agissant dans le cadre de prérogatives de puissance publique, puisse exercer un pouvoir de sanction dans la mesure nécessaire à l'accomplissement de sa mission dès lors que l'exercice de ce pouvoir est assorti par la loi de mesures destinées à assurer la protection des droits et libertés constitutionnellement garantis ; qu'en particulier doivent être respectés le principe de la légalité des délits et des peines ainsi que les droits de la défense, principes applicables à toute sanction ayant le caractère d'une punition, même si le législateur a laissé le soin de la prononcer à une autorité de nature non juridictionnelle* »[53].

---

49 Lire sur la question GUILLAUMIN (B.), « L'Etat d'urgence sanitaire : de l'empirisme avant toute chose », *La Semaine Juridique Administrations et Collectivités territoriales*, n° 17, 27 Avril 2020, pp. 2132 et ss. ; JOURDAN (F.) ET HUBERT (J.), « Le coronavirus va-t-il mettre à mal le fonctionnement de nos institutions ? », *JCP / La Semaine Juridique – Édition Administrations Et Collectivités Territoriales*, n° 12. 23 Mars 2020, pp. 157-161 ; JAIDANE (R.), « Le maire, acteur local majeur dans la lutte contre le Covid-19 », *La Semaine Juridique Administrations et Collectivités Territoriales*, n° 17, 27 Avril 2020, pp. 2133 et ss.

50 Lire MOURGEON (J.), *La répression administrative*, LGDJ, Paris, 1967 cité par DEGOFFE (M.), « Typologie des sanctions de l'administration », *La Semaine Juridique Administrations et Collectivités territoriales*, n° 11, 11 Mars 2013, p. 2

51 GUYOMAR (M.), *Les sanctions administratives*, LGDJ, Paris, 2014.

52 DELMAS-MARTY (M.) ET TEITGEN-COLLY (C.), *Punir sans juger ? De la répression administrative au droit administratif pénal*, Economica, Paris, 1992.

53 On peut rappeler notamment la décision Cons. const., 17 janv. 1989, n° 88-248 DC, Loi modifiant la loi n° 86-1067 du 30 septembre 1986 relative à la liberté de communication ; à propos des pouvoirs de sanction confiés au CSA, V. Genevois (B.), « Le Conseil constitutionnel et la définition des pouvoirs du Conseil supérieur de l'audiovisuel », *RFDA*, 1989, p. 215. Le considérant en cause se retrouve également

Une sanction administrative est une décision administrative émanant d'une autorité administrative qui vise à réprimer un comportement fautif. Elle se distingue des mesures de police administrative en ce qu'elle vise à punir une personne qui a enfreint une réglementation préexistante et non à prévenir des troubles à l'ordre public[54]. Comme le souligne le Conseil d'État dans son rapport de 1995 consacré aux *pouvoirs de l'administration dans le domaine des sanctions*, « *les sanctions sont d'une nature essentiellement répressive. Elles procèdent d'une intention de punir un manquement à une obligation. Elles se fondent sur un comportement personnel considéré comme fautif. Au contraire, les mesures de police ont une finalité essentiellement préventive* ». Elle diffère également de la mesure restitutive à finalité de réparation : cette dernière, essentiellement présente en matière fiscale, présente un caractère de simple réparation du préjudice subi par l'État par le versement d'une somme indue ou la non-perception d'une somme due.

De ce fait, la sanction administrative est l'acte administratif unilatéral, destiné à punir un manquement à une obligation imposée par l'administration dans l'intérêt général ou encore une mesure dépourvue de caractère pénal prise en vertu de la loi par l'autorité administrative compétente à l'encontre d'une personne physique ou morale et destinée à punir celle-ci pour un manquement à une obligation établie dans un intérêt public.

C'est le lieu de souligner que l'administration détient, un pouvoir de sanction, inhérent à la nécessité de faire respecter une discipline. Santi Romano le relevait : « *il n'est pas d'organisme social de si peu de complexité qu'il ne s'instaure en son sein un régime comportant tout un ordre d'autorités, de pouvoirs, de normes, de sanctions* »[55]. Dans un État, le citoyen ne peut exercer une activité qu'en s'insérant dans un ordre, une institution, une réglementation. S'il ne respecte pas les règles de cette institution, de cet ordre, il s'expose à des sanctions que l'on peut qualifier de sanctions administratives.

L'insuffisance des sanctions pénales qui sont, soit trop lourdes, soit trop légères et, en tout cas, inadaptées aux nécessités administratives, d'une part, la lenteur de la répression judiciaire dont le rendement est aléatoire, d'autre part, paraissent bien être à l'origine du souci de l'administration de rechercher un système de sanction plus souple, plus rapide et plus efficace. En effet, les sanctions administratives permettent aux administrations de faire face plus rapidement à des situations dans lesquelles la réglementation n'a pas été respectée, en évitant les difficultés inhérentes au recours au juge à l'instar des délais de jugement ou l'effet suspensif de l'appel. Le privilège du préalable qui s'attache aux sanctions administratives les rend exécutoires de plein droit.

---

dans la décision Cons. const., 28 juill. 1989, n° 89-260 DC, Loi relative à la sécurité et à la transparence du marché financier, à propos des pouvoirs de sanction confiés à la Commission des opérations de bourse (COB), GENEVOIS (B.), « Le Conseil constitutionnel, la séparation des pouvoirs et la séparation des autorités administratives et judiciaires », *RFDA*, 1989, p. 671.

[54] Les Dossiers thématiques du Conseil d'Etat, *Le juge administratif et les sanctions administratives*, Janvier 2017, p.1

[55] ROMANO (S.), *L'ordre juridique*, Dalloz, 1975, p. 92.

À cet égard, on a pu observer que l'administration camerounaise a renforcé les sanctions applicables à tous les citoyens contrevenants au respect des mesures barrières notamment la mise en fourrière des véhicules à l'intérieur desquels les personnes n'arborent pas les masques, le paiement d'une amande de 6000 par toute personne circulant sans port de maque ou bien l'arrestation de cette dernière jusqu'au port du masque avant libération, la fermeture des églises et débits de boisson admettant les personnes violant les mesures barrières...

Comme on le voit, le renforcement du pouvoir de répression des autorités administratives dans le cadre de la lutte contre la covid-19 montre à quel point le pouvoir de sanction administratif s'inscrit parmi les thèmes majeurs du droit public des États libéraux. Il révèle sans doute les contradictions et les incohérences latentes de nos sociétés partagées entre la recherche d'une efficacité gestionnaire et celle d'une authentique protection des droits fondamentaux des citoyens justifiant le contrôle renforcé de tels pouvoirs.

B- L'encadrement juridictionnel nécessaire du pouvoir des autorités administratives en période d'urgence sanitaire

L'état d'urgence sanitaire, il faut le souligner, n'est pas un état de non-droit[56]. La légalité de toutes les mesures qui apportent des restrictions aux libertés et les sanctions administratives en cas de violation des mesures-barrières édictées par les pouvoirs publics est bien sûr subordonnée à un strict contrôle par rapport à leur proportionnalité aux buts recherchés, leur intelligibilité et leur limitation dans le temps et l'espace, en raison de l'atteinte que ces mesures sont susceptibles de porter aux libertés publiques[57]. Le Conseil d'État ajoute que, dans cette situation, « *il appartient à ces différentes autorités de prendre, en vue de sauvegarder la santé de la population, toutes dispositions de nature à prévenir ou à limiter les effets de l'épidémie. Ces mesures, qui peuvent limiter l'exercice des droits et libertés fondamentaux, comme la liberté d'aller et venir, la liberté de réunion ou encore la liberté d'exercice d'une profession doivent, dans cette mesure, être nécessaires, adaptées et proportionnées à l'objectif de sauvegarde de la santé publique qu'elles poursuivent* »[58]. Le rappel du triple test de proportionnalité issu de la jurisprudence allemande situe la requête dans le cadre classique du contrôle des mesures de police administrative[59]. Les autorités publiques, chargées de garantir l'ordre public sanitaire, ne peuvent apporter aux

[56] Lire avec intérêt LEVADE (A.), « Coronavirus-Etat d'urgence sanitaire : à nouveau péril, nouveau régime d'exception », *JCP*, 2020, n° 13, p. 369 ; RENARD (S.), « L'état d'urgence sanitaire : droit d'exception et exception au droit », *RDLF*, 2020, chron. n° 13 ; SIZAIRE (V.), « Un colosse aux pieds d'argile, les fondements juridiques fragiles de l'urgence sanitaire », *RDH*, mars 2020 ; TRUCHET (D.), « Covid-19 : point de vue d'un « administrativiste sanitaire », *blog.juspoliticum.com*, 27 mars 2020 ; VILLENEUVE (P.), « Etat d'urgence sanitaire, un objet juridique mal identifié », *JCP Adm*, 2020, n° 13, actu. 183

[57] ROMAN (D.), « Coronavirus : des libertés en quarantaine ? », *JCP*, 2020, p. 372

[58] VALLAR (CH.), « Covid-19 : le Conseil d'Etat en faveur d'un confinement modulé et adapté », *AJDA*, 2020 p.851

[59] ROUHLAC (C.), « La mutation du contrôle des mesures de police - Réflexions sur l'appropriation du triple test de proportionnalité par le juge administratif », *RFDA*, 2018, p. 343

libertés d'autres restrictions que celles qui sont adaptées, nécessaires et proportionnées par rapport à l'objectif escompté de freiner la propagation de covid-19. L'arrêt Benjamin, rendu par le Conseil d'État le 19 mai 1933[60] a fixé les caractéristiques de cet entier contrôle des mesures de police et a influencé l'ensemble des décisions ultérieures de police administrative[61]. Le juge des référés du tribunal administratif de Paris, saisi par un référé-liberté contre deux arrêtés du préfet de police de Paris du 25 mars 2020 motivés par la lutte contre la propagation de covid-19 et restreignant la liberté d'entreprendre d'un magasin situé dans un quartier parisien (limitation de l'ouverture des commerces le matin entre 8h et 10h et l'après-midi, entre 14h et 16h) a rejeté la requête. Il estime que « *même que les arrêtés attaqués entraînent indiscutablement des contraintes importantes pour la société requérante et restreignent son activité, ils n'ont pour objet que de limiter l'afflux de clientèle dans les commerces du quartier, connus pour attirer non seulement les riverains mais aussi des chalands venus des proches et lointaines banlieues et de protéger aussi les employés de ces commerces* »[62]. Le juge administratif exerce un plein contrôle sur les mesures de police pour s'assurer de leur adéquation aux circonstances de temps et de lieu propres à chaque situation, et dans notre cas de figure de leur adéquation avec la spécificité de la pandémie actuelle[63], atténuant ainsi les rigueurs de la légalité. La jurisprudence administrative tient compte de l'urgence et des circonstances exceptionnelles[64]. S'agit-il avant tout d'adapter le droit aux exigences de la réalité ? « *Quand la maison brûle on ne va pas demander au juge l'autorisation d'y envoyer les pompiers* », déclarait le commissaire du Gouvernement Romieu dans ses conclusions sur l'affaire société immobilière de Saint-Just jugée par le Tribunal des conflits le 2 décembre 1902. Le maintien de l'ordre public sanitaire étant une nécessité pour l'exercice des libertés et des droits fondamentaux notamment le droit à la vie ou le droit à la santé, il en découle que, dans certaines circonstances, les libertés peuvent être limitées dans des circonstances particulières caractérisant le risque de trouble à l'ordre public telles que la pandémie actuelle, mais, toujours sous le contrôle des juges. Il en résulte un contrôle constant et vigilant, voire sourcilleux, du juge administratif dans le dosage des pouvoirs de police en termes de durée, d'amplitude géographique[65], de contenu même desdites mesures[66]. Les récentes décisions des

---

[60] CE, ass., 19 mai 1933, n° 17413, Benjamin et synd. d'initiative de Nevers : Lebon p. 541 ; GAJA, 21e éd., Dalloz, 2017, n° 43, p. 265 ; S. 1934, 3, p. 1, concl. Michel, note Mestre

[61] SEILLER (B.), « La notion de police administrative », *RFDA*, 2015, p. 876

[62] TA Paris, ord. 31 mars 2020, n° 2005891/9 et 2005892/9.

[63] V. sur cette question, BODA (J.-S), « Le juge des référés du Conseil d'État face aux mesures de lutte contre le Covid-19 », *JCP A*, 2020, p. 182.

[64] CE, 28 juin 1918, Heyriès. – CE, 28 févr. 1919, dames Dol et Laurent.

[65] CE, 14 août 2012, n° 361700, Cne Rove.

[66] En matière de couvre-feu des mineurs, le Conseil d'État a précisé que la légalité de mesures restreignant la liberté de circulation des mineurs est subordonnée à la condition qu'elles soient justifiées par l'existence de risques particuliers de troubles à l'ordre public, CE, 6 juin 2018, n° 410774, après avoir indiqué comment décliner cette trilogie avec une ordonnance qui, depuis, sert de mètre étalon (CE, 9 juill. 2001, n° 235638), par laquelle le juge pose que ce n'est pas parce qu'il existe des législations particulières et des pouvoirs de police spéciale, qu'il serait interdit au maire, « *pour contribuer à la protection des mineurs [de faire] usage, en fonction de circonstances locales particulières, des pouvoirs de police générale qu'il tient des articles L. 2212-1 et suivants du CGCT* ».

tribunaux administratifs confirment cette vigilance constante nécessaire au maintien du socle minimal de nos libertés en temps de crise, sanitaire ou autre[67].

En définitive, il était sans doute nécessaire que l'État du Cameroun renforce ses pouvoirs juridiques pour lutter contre une crise sanitaire extrême. Cela l'était d'autant plus que, au plan matériel, ses capacités d'action, en termes de prévention et de soins, sont réduites pour des raisons qui s'enracinent dans les choix politiques fondamentaux des dernières décennies. Ce renforcement juridique pouvait emprunter diverses voies. Celle qui a été choisie est à l'image de la pandémie de covid-19 : inédite. Cette singularité vaut pour son contenu (double équilibre ordre public/libertés, politique/scientifique) comme pour sa nature expérimentale. Il est à espérer que l'expérience ne dure pas trop longtemps et, surtout, que les leçons soient tirées, non seulement de l'application de l'état d'urgence sanitaire mais aussi, plus largement, de l'épreuve que traverse le pays. La covid-19 suscite une kyrielle de questions relativement à nos pratiques culturelles et sociales, à la gouvernance des organisations et de l'Etat, au néolibéralisme, au rôle de l'État et ses démembrements, aux services publics, à la coopération internationale, et même au développement durable en tant que celui-ci postule la centralité de la personne humaine et la recherche d'un équilibre entre les politiques économiques, environnementales et sociales[68]. La lutte contre l'épidémie s'accompagnant toutefois d'intenses restrictions des libertés fondamentales, elle interroge en priorité le rôle du juge, gardien de l'ordre juridique et rempart contre les abus de la puissance publique. Elle questionne singulièrement le juge administratif en tant que celui-ci s'efforce, en temps normal comme en temps de crise, de contenir les excès de l'administration. La question ne constitue en rien une vue de l'esprit : le risque est en effet grand que la crise sanitaire soit l'occasion de bousculer le subtil équilibre entre ordre public et libertés, et qu'ainsi s'opère la bascule vers un despotisme doux. Or, on peut affirmer, dans le sillage de Jean-Marc SAUVÉ, que la lutte contre la covid-19 ne saurait en rien défigurer l'État de droit[69].

---

67 Marliac (C.), « Quelques réflexions à propos de l'ordonnance du 31 mars 2020, Préfet du Calvados », *La Revue des droits de l'homme [En ligne], Actualités Droits-Libertés*, consulté le 12 mai 2020.

68 Vatna (L), Le juge administratif et la crise de la covid-19. Entre protection de la santé et respect des libertés : le juge administratif à l'épreuve de la covid-19. *La Revue des Droits de l'Homme* n° 20, octobre 2020, p. 3.

69 SAUVE (J-M), « Quel juge pour les libertés ? », *Rec. Dalloz*, 2016 p. 1320.

Chapitre 3 : Le régime des libertés publiques à l'épreuve de la crise sanitaire de la covid-19 au Cameroun

Par Claude MOMO
Agrégé des Facultés de Droit
Université de Douala

et Frédéric Hermann KEMDJO TAGNE
Ph.D en droit public de l'Université de Douala

Résumé

La crise sanitaire de la COVID-19 a eu et continue d'avoir des effets sur toutes les activités de la vie publique, l'activité juridique n'étant pas en reste. En ce sens, son impact sur le régime des libertés révèle qu'elle a eu pour principal effet de les restreindre. De manière accessoire, et face à la nécessité d'agir rapidement, cette pandémie a poussé les autorités à travailler dans un cadre illégal, semblable à un état d'urgence de fait. La régularisation ultérieure de certains actes pris par lesdites autorités témoigne ainsi de la volonté du Gouvernement de garantir l'État de Droit, d'une part et, de promouvoir la démocratie, d'autre part.

Dès lors, l'analyse pose le problème de l'impact de la crise sanitaire de la COVID-19 sur le régime des libertés publiques au Cameroun. Autrement dit, en quoi la COVID-19 a-t-elle affecté les règles encadrant les libertés des citoyens au Cameroun ? L'étude révèle que la riposte contre la COVID-19 au Cameroun s'est adossée sur un fondement juridique discutable et a par conséquent donné lieu au raidissement du régime des libertés publiques.

L'analyse invite à repenser les mécanismes d'urgence en vigueur au Cameroun afin de les adapter et de les rendre plus opérationnels en cas de crise sanitaire ou de calamité naturelle d'une part, et à être moins « liberticides », d'autre part.

De tout temps, le monde n'a cessé de vivre au rythme des crises sanitaires. Les plus récentes enregistrées au cours de cette dernière décennie sont celles de l'épidémie d'Ebola en Afrique (dont la maladie continue encore à sévir dans certains pays notamment en République Démocratique du Congo) et l'épidémie de la fièvre Zika en Amérique (dont les effets restent encore incommensurables). De manière constante, l'on observe que toutes les fois qu'une crise sanitaire est survenue, les libertés publiques n'ont cessé d'être essoufflées[1]. Il n'en va pas autrement de la pandémie de la COVID-19 qui sévit actuellement sur l'ensemble des territoires des États du globe terrestre. Il suffit d'observer l'actualité des reconfinements (partiels) des États de l'Europe et des discussions autour d'un vaccin efficace pour s'en convaincre[2].

L'appréhension de la notion de crise n'est pas toujours aisée. De manière courante, l'on désigne par « crise », une variation soudaine dans le cours d'une maladie ou d'une vie et qui en décide l'issue[3]. C'est aussi une manifestation violente ou brusque d'une maladie ou d'un trouble[4]. Ainsi, la crise est un phénomène qui se produit dans de nombreux domaines de la vie sociétale. Elle survient tant dans le domaine politique qu'économique, aussi bien dans un cadre des sciences humaines que dans celui des sciences sociales. À cet égard, il est constant de parler de « crise de la moralité publique »[5], de « crise de la foi »[6], de « crise du droit »[7], « crise de la normativité »[8] ou même de « droit de la crise »[9].

---

[1] Jacques MOURGEON, « Les crises et les libertés publiques », *Pouvoirs*, n° 10, Septembre 1979, pp. 41-51.

[2] En guise d'illustration, en date du 26 mars 2021, en Espagne, en France en Italie et au Pays-Bas des mesures de couvre-feu ont été prises pour diminuer la propagation du virus par des exigences de reconfinements partiels généralisés ou limités à certains quartiers d'habitation.

[3] Henri FLAMMARION, Charles-Henri FLAMMARION, Guy ROCAUT, Christian ROCAUT-QUILLET (dir.), *Dictionnaire usuel illustré*, Paris, Librairies Quillet-Flammarion, 1982, p. 474.

[4] Dictionnaire Larousse, Maxipoche 2018, Paris, 2017, p. 336.

[5] Une illustration actuelle tient à tous les débats qui ont cours depuis la diffusion d'une *sextape* au Cameroun, impliquant un journaliste de renom et une dame dont la circulation publique de la vidéo a exposé la nudité.

[6] L'adoption des mesures et la célébration des mariages entre les personnes de même sexe a fait dire à certains chrétiens qu'il s'agissait là d'une profonde crise de la foi religieuse et que cette pratique était contre les croyances développées jusqu'ici. Certains justifiant leurs positions en s'appuyant sur la Bible notamment le passage relatif à « Sodome et Gomorrhe ». Voir La Bible de Jérusalem, Livre de la Genèse, Chapitre 19, Versets 1 à 29.

[7] Pour une étude actuelle, voir Jacques De LA PORTE DES VAUX, Yoann GONTHIER Le GUEN, Vadim JEANNE et Charles PRÉLOT, *Droit et crise (s)*, Paris, Mare et Martin, 2021, 242 p.

[8] Pour une application en droit constitutionnel africain, lire Frédéric-Joël AÏVO, « La crise de la normativité de la Constitution en Afrique », *Revue de Droit public et de science politique en France et à l'étranger*, n° 1 ; 2012 ; pp.141-180.

[9] Pour approfondir, lire entres autres *Droit de la crise : crise du droit ? Les incidences de la crise économique sur l'évolution du système juridique*, Paris, PUF, 1997, 236 p.

Concept polymorphe, la crise n'apparaît pas comme un objet d'étude nouveau dans les domaines des sciences juridiques tant les réflexions en la matière abondent[10]. De celles-ci, l'on retient que la crise se définit comme une situation de trouble souvent conflictuelle qui, en raison de sa gravité, justifie des mesures d'exception[11].Il s'agit d'une situation d'agitation qui met en mal le cours normal des activités au sein de la société et tendant à mettre en péril la vie des institutions[12]. C'est encore une situation de trouble menaçant le plus souvent l'existence de la société[13].

Pour le Professeur Jacques MOURGEON, « *la notion de crise évoque généralement un phénomène soudain et brutal, qui bouleverse l'ordre habituel des choses [et] provoque un grand dérangement (…)* »[14]. À cet effet, elle présente deux caractéristiques dominantes : son aspect temporaire et son intensité. Il n'en va pas autrement de la crise dite sanitaire.

Par l'expression « crise sanitaire », on entend des évènements touchant réellement ou potentiellement un grand nombre de personnes, affectant la santé et pouvant éventuellement augmenter le facteur significatif de mortalité ou de surmortalité[15]. Au sens où l'entend l'Organisation Mondiale de la Santé (OMS), c'est une situation d'urgence ayant un impact sur la santé publique dont l'origine peut être épidémique, médicamenteuse ou même alimentaire. Cette appréhension ne se distingue pas fondamentalement de celle qui a cours en Droit. Dans ce dernier domaine, la crise sanitaire est considérée en doctrine comme toute menace à la santé de la population[16]. Elle se distingue des autres crises par des critères identifiables. Selon certains auteurs, « *elle est d'abord remise en cause d'un ordre préexistant, celui de la santé mais aussi peut-être d'un état pathologique chronique, sans que l'on puisse alors déterminer à quel moment et en quel sens les forces en présence vont à nouveau se stabiliser. Partant, l'incertitude est aussi l'une des caractéristiques essentielles de la crise, incertitude sur les processus enclenchés, incertitude sur le sens, favorable ou délétère, de l'évolution en cours* »[17]. Ainsi, la crise n'est qu'une phase entre deux états et à ce titre elle entraine le passage d'une phase à une autre. C'est d'ailleurs le dernier aspect de la crise sanitaire. Elle est une occasion d'évolutions, de changements psychologiques appelant le corps qui a subi des réactions et des transformations à se reproduire.

Au regard de ces caractéristiques, l'on convient que la pandémie de la COVID-19 est assimilable à une véritable crise sanitaire[18]. En effet, elle apparaît comme une

---

10 Sans prétendre à l'exhaustivité, voir entre autres Jean-François KERVÉGAN, *Crise et pensée de la crise en droit. Weimar, sa république et ses juristes*, Éditions ENS, 2002, 231 p. ; Jacques LARRIEU (dir.), *Crise(s) et Droit*, Paris, LGDJ, 2012, 300 p.

11 Gérard CORNU, *Vocabulaire juridique*, 10e éd., Paris, Puf, 2014, p. 288.

12 Cathérine PUIGELIER, *Dictionnaire juridique*, Bruxelles, Larcier, 2015, n° 5765.

13 François TERRÉ, « La Justice en temps de crise », *Pouvoirs*, n° 10, Septembre 1979, p. 37.

14 Jacques MOURGEON, « Les crises et les libertés publiques », *op. cit.*, p. 43.

15 Voir https://fr.wikipedia.org/wiki/Crise_sanitaire consulté le 19 octobre 2020 à 02h45min.

16 Lara KHOURY, « Crises sanitaires et responsabilité étatique envers la collectivité », *Revue de Droit de l'Université de Sherbrooke*, Vol. 46, n° 2, 2016, p. 264.

17 Isabelle POIROT-MAZÈRES, Sophie THÉRON, Jacques LARRIEU, « La crise sanitaire, curiosité ou paradigme ? », *in* Jacques LARRIEU (dir.), *Crise(s) et Droit*, *op. cit.*, p. 167.

18 Jean-Éric GICQUEL, « Covid-19, crise sanitaire et crise de normes », *Recueil Dalloz*, 2020, pp. 719 et ss.

menace si grave à laquelle les moyens habituels et les mesures usuelles ne permettent pas d'y faire convenablement face[19]. Elle crée un déséquilibre entre la menace avérée et née en Chine en fin de l'année 2019 et les moyens usuels de riposte contre les épidémies. Le débat sur l'utilisation de la Chloroquine comme traitement de cette maladie suffit pour s'en persuader[20]. Les discussions autour du vaccin[21] et de ses effets secondaires[22], du recours à la médecine traditionnelle[23] dans un contexte d'automédication[24] et les variations ou transformations que connait l'agent pathogène à la base de cette maladie témoignent de ce que celle-ci constitue une véritable gangrène du système mondial de santé[25].

---

[19] Christian BIOS, « Le COVID-19 et son impact socio-sanitaire au Cameroun. Une analyse sociologique d'une tragédie aux conséquences plurielles », https://nkafu.org/wp-content/uploads/2020/06/Le-COVID-19-et-son-impact-socio-sanitaire-au-Cameroun-une-analyse-sociologique-d%E2%80%99une-trag%C3%A9die-aux-cons%C3%A9quences-plurielles.pdf, consulté le 25 octobre 2020 à 12h38min, p. 1.

[20] Cette position est défendue par les Professeurs Didier RAOULT et Jean-Marc ROLAIN qui opinent que l'administration de la chloroquine à des patients atteints de cette maladie constitue un traitement fiable et efficace dont les effets sont visibles. Pour une analyse de la question, lire Didier RAOULT, *Carnet de guerre - COVID-19*, Michel Lafon, 2021, pp. 36-38.

[21] Pendant longtemps les États se sont demandés s'il fallait imposer la vaccination à leurs citoyens ou aux étrangers en provenance d'autres pays. Si dans la majorité des États d'Europe et d'Afrique, la vaccination demeure encore une option, en Italie le vaccin a été rendu obligatoire à l'ensemble du personnel de santé jusqu'au 31 décembre 2021. Il en va de même de la France où avec l'adoption de la loi encadrant la sortie progressive de l'état d'urgence sanitaire, un passe sanitaire sera désormais exigé des citoyens pour pouvoir se rendre dans certaines manifestations ou dans certains lieux ouverts. Avec pour objectif de réguler l'accès à des rassemblements de plus de 1 000 personnes en France, le passe sanitaire consiste à présenter, au format numérique ou papier, une preuve de non contamination à la COVID-19 qu'il s'agisse de la vaccination, d'un test négatif réalisé dans les 48 h qui viennent de s'écouler ou du résultat d'un datant d'au moins 15 jours et de moins de 6 mois justifiant test du rétablissement de la COVID-19.

[22] https://www.courrierinternational.com/video/video-quels-effets-secondaires-peut-eprouver-apres-un-vaccin-contre-le-covid-19, consulté le 02 mai 2021 à 01h26min.

[23] Donald NOUNAMO KEMOGNE, « Médecine traditionnelle et lutte contre la COVID-19 en Afrique centrale et occidentale », *in* Steve TAMETONG, Donald NOUNAMO et Brice WAKAP (dir.), *COVID-19 et Droit au Cameroun. Regards pluriels*, Yaoundé, Editions LUPEPPO, 2021, pp. 286-311 ; spéc. pp. 293-200.

[24] Patrick Juvet LOWÉ GNINTEDEM, « Les figures (non) juridiques de l'automédication », *in Le droit africain à la quête de son identité*, Mél. Isaac YANKHOBA NDIAYE, Dakar, L'Harmattan, 2021, pp. 633-659.

[25] L'organisation mondiale de la santé (OMS) a tôt fait de qualifié cette maladie de pandémie. Le 11 mars 2020, au cours d'un point de presse sur la COVID-19, le Directeur général de l'OMS s'exprimait en ces termes : « *(…) Ces deux dernières semaines, le nombre de cas de COVID-19 hors de Chine a été multiplié par 13 et le nombre de pays touchés a triplé. On compte désormais plus de 118 000 cas dans 114 pays et 4291 décès. Des milliers de personnes sont hospitalisées entre la vie et la mort. Dans les jours et les semaines à venir, le nombre de cas, de décès et de pays touchés devrait encore augmenter. L'OMS évalue cette flambée 24 heures sur 24 et nous sommes profondément préoccupés à la fois par la propagation et la gravité des cas, dont le niveau est alarmant, et par l'insuffisance des mesures prises qui l'est tout autant. Nous avons par conséquent estimé que la COVID- 19 pouvait être qualifiée de pandémie (…)* ». Voir https://www.who.int/fr/director-general/speeches/detail/who-director-general-s-opening-remarks-at-the-media-briefing-on-covid-19---11-march-2020, consulté le 02 mai 2021 à 00h18min.

Les conséquences de la COVID-19 dans le monde en général et au Cameroun en particulier sont de divers ordres. Au plan économique[26], l'apparition de cette pandémie a ralenti certaines économies nationales[27] basées essentiellement sur les activités de tourisme[28]. Au plan social, l'exigence de distanciation physique a favorisé l'éloignement des membres de la société et a accentué la défiance des populations à l'égard des pouvoirs publics[29]. Au plan sanitaire, de nombreuses restrictions ont été apportées à celles déjà identifiées du droit à la santé[30]. Dans ce sillage, le régime des libertés publiques tout entier a pris un coup[31].

Tantôt notion en crise[32]tantôt notion incertaine[33], la notion de libertés publiques[34] désigne communément en Droit des droits subjectifs définis, reconnus et protégés juridiquement[35]. Elles se définissent comme ceux qui sont reconnus, organisés et

---

[26] Pour une analyse globale, lire avec grand intérêt Sabine Patricia MOUNGOU MBENDA et Viviane ONDOUA BIWOLÉ (dir.), *Épidémiologie de l'économie et confinement de l'organisation COVID-19,* Yaoundé, Les presses universitaires de Yaoundé, 2020, 276 p. Pour le cas spécifique de l'impact de la COVID-19 sur l'emploi des femmes au Cameroun, lire avantageusement Viviane ONDOUA BIWOLÉ, *Impact de la pandémie du COVID-19 sur l'emploi au Cameroun (IPEC). Regard sur la situation de la femme et de l'action syndicale,* Yaoundé, Friedrich Ebert Stiftung, 2020, 61 p. Voir aussi, ONU Femmes et BUCREP, *Impact genre de la COVID-19 au Cameroun,* 31 p. spéc. pp. 14- et s.

[27] Pour un aperçu de ces impacts et des mesures prises pour y faire face, lire avec intérêt Hilaire AKEREKORO, « La relance de l'économie face aux effets de la pandémie du COVID-19 et le droit au bonheur au bénin et en France », *Revue juridique du bonheur,* n° 3, 2021, 24 p.

[28] Jean-Denis PELLIER, « L'impact de l'épidémie de coronavirus sur les contrats du tourisme », *Recueil Dalloz,* 2002, pp. 729 et ss. Voir aussi le communiqué de l'Organisation mondiale du tourisme du 28 juillet 2020 sur l'impact de la COVID-19 sur le tourisme mondial

[29] Rémi PELLET, « La défiance, du sanitaire au social », *Revue de droit sanitaire et social,* 2021, p. 143.

[30] Pour une vue d'ensemble de ses difficultés, lire Christophe FOE NDI, *La mise en œuvre du droit à la santé au Cameroun,* Thèse de doctorat en Droit public, Université d'Avignon, 2019, 438 p. ; spéc. pp. 195-274 ; François EDIMO, « Regard sceptique sur le droit à la santé au Cameroun », *in Judicial Tribune,* Vol. 3, n° 2, Décembre 2013, pp. 66-80.

[31] Charles TUEKAM TATCHUM, « Les libertés publiques à l'épreuve de l'urgence sanitaire au Cameroun », *in* Steve TAMETONG, Donald NOUNAMO et Brice WAKAP (dir.), *COVID-19 et Droit au Cameroun. Regards pluriels,* Yaoundé, Editions LUPEPPO, 2021, pp. 76-96 ; Ambroise Louison ESSOMBA, « Les libertés publiques au Cameroun l'épreuve de la pandémie du coronavirus », *Revue Africaine de Droit Public,* Vol. IX, n° 18bis, Spécial, 1er semestre 2020, pp. 65-79 ; Madeleine Flore BOYOGUENO TSAGUEHE MASSENG, « Ordre public et liberté de réunion et manifestation publiques au Cameroun en temps de Covid-19 », *Revue Africaine de Droit et de Science politique,* Vol. VIII, n° Spécial bis, 2020, 2ème semestre 2020, pp. 273-304.

[32] Jean MORANGE, « La crise de la notion de libertés publiques », *in Mélanges en hommage à Roland DRAGO,* Economica, 1996, pp. 91-117.

[33] Léopold DONFACK SOKENG, « Les incertitudes de la notion de libertés publiques », *in AFSJP/UD,* Année 1997, pp. 23-38.

[34] La tendance actuelle consacre la notion de libertés fondamentales. Voir entres autres Charlotte DENIZEAU, *Droit des libertés fondamentales,* Vuibert, 9e éd., 2020, 416 p. ; Louis FAVOREU, Patrick GAÏA, Richard GHENVONTIAN, Ferdinand MÉLIN-SOUCRAMANIEN, Annabelle PENA, Otto PFSERMANN, Joseph PINI, André ROUX, Guy SCOFFONI et Jérôme TRÉMEAU, *Droit des libertés fondamentales,* Paris, Dalloz, 6e éd., 2012, 701 p. ; Charlotte DENIZEAU, *Droit des libertés fondamentales,* Vuibert, 9e éd., 2020, 416 p.

[35]André POUILLE, *Libertés publiques et droits de l'homme,* 15e éd., Paris, Dalloz, 2004, p. 7. ; Serge GUINCHARD, Thierry DEBARD, *Lexique des termes juridiques,* 23e éd., Paris, Dalloz, 2015, p. 630.

garantis par l'État[36]. En ce sens, et indépendamment des différentes conceptions auxquelles elles donnent lieu en doctrine[37], elles se distinguent des droits de l'homme, droits naturels reconnus à l'homme en vertu de sa nature et considérés comme inaliénables et imprescriptibles[38]. Ceux-ci sont considérés comme des prérogatives reconnues à l'Homme indépendamment de la volonté politique qui ne saurait les méconnaître ou même les réduire[39]. Autrement dit, les droits de l'Homme correspondent à l'ensemble des droits que chaque individu possède du fait de son appartenance à l'humanité et non du fait de la société dans laquelle il vit[40].

En droit positif camerounais, la doctrine[41] considère que les libertés publiques sont celles qui sont contenues dans la Constitution et aménagées par la loi[42]. Dès lors, l'analyse pose le problème de l'impact de la crise sanitaire de la COVID-19 sur le régime des libertés publiques au Cameroun. En quoi la COVID-19 a-t-elle affecté les règles encadrant les libertés des citoyens au Cameroun ?

Cette question est d'une actualité brûlante au regard des discussions suscitées par l'institution déguisée d'une obligation vaccinale[43] pour le personnel de l'Hôpital général de Yaoundé[44] et l'ensemble des personnels officiant dans les services publics et parapublics déconcentrés de la Région de l'Est du Cameroun[45]. Elle pose le problème du rapport entre l'exigence d'une obligation vaccinale et le respect des libertés fondamentales[46] notamment la liberté de disposer de son corps, la liberté

---

36 Jean ROCHE et André POUILLE, *Libertés publiques*, 12e éd., Paris, Dalloz, 1997, p. 7. ; Yves MADIOT, *Droits de l'homme*, 2e éd., Paris, Puf, 1991, 165-171.

37 Michel LEVINET, *Droits et libertés fondamentaux*, Paris, Puf, 2010, pp. 4-6.

38 Jean RIVERO, Hugues MOUTOUH, *Libertés publiques*, Paris, Puf, 9e éd., Tome 1, 2003, pp. 21 et ss.

39 Henri OBERDOFF, *Droits de l'Homme et libertés fondamentales*, Paris, L.G.D.J, 2008, pp. 26 et s.

40 https://www.dictionnaire-juridique.com/definition/droit-naturel.php, consulté le 8 septembre 2021 à 14h56min.

41 Jean-Louis ATANGANA AMOUGOU, *L'État et les libertés publiques au Cameroun. Essai sur l'évolution des libertés publiques en droit camerounais,* Thèse de doctorat en Droit public, Université de Jean Moulin-Lyon 3, 1999, p. 21 ;

42 Brusil Miranda METOU, « Vingt ans de contentieux des libertés publiques au Cameroun », *RASJ*, n°, 2011, p. 269 ; Agnès MAKOUGOUM, *Ordre public et libertés publiques en droit public camerounais. Contribution à l'étude de la construction de l'Etat de droit au Cameroun depuis 1990,* Thèse de doctorat Ph.D en Droit public, Université de Yaoundé II, 2014, p. 35.

43 Au sujet de l'obligation vaccinale en France, une controverse est née au sein de la doctrine quant à savoir s'il existait une obligation générale de se vacciner. Lire Philippe SÉGUR, « Sur la licéité de l'obligation vaccinale anti-Covid », *RDLF*, chronique n° 20, 2021 ; Caroline LANTERO et David BRAUNSTEIN, « Sur la licéité de l'obligation vaccinale anti-Covid – 2 », *RDLF*, chronique n° 25, 2021.

44 Voir la Note de service n° 1339-021/NS/HGY/DG/DGA/DPM/SGRH/SN du 12 août 2021 portant redéploiement du personnel dans la perspective de la 3ème vague Covid-19. Dans cette note, le Directeur Général exige, de manière implicite que son personnel soit vacciné contre la COVID-19 en ces termes : « *(…) En outre, le personnel non vacciné ne pourra plus servir dans les endroits où les patients sont précaires (Réanimation, Hémodialyse, Oncologie, Urgences…).*

À la suite de ce redéploiement ; le personnel non vacciné et sans poste de travail ne sera plus admis à l'HGY mais continuera à percevoir son salaire sans les compléments liés au travail effectif (primes de rendement, transport, garde, astreinte et technicité…) jusqu'à nouvel avis (résolution de la réunion de coordination du 10 août 2021) (…) ».

45 Voir le Communiqué radio n° 015/CR/B/SDG/SG du 07 octobre 2021.

46 Au Togo, la Cour constitutionnelle a considéré que la présentation d'une preuve de vaccination contre la COVID-19 ou d'un test PCR négatif datant de moins de soixante-douze (72) heures pour accéder aux

d'aller et venir et la liberté de conscience. D'une manière générale, l'étude invite à questionner le caractère non seulement nécessaire des mesures adoptées mais surtout leur rapport à l'objectif de poursuite de la satisfaction de l'intérêt général et au respect des libertés individuelles[47]. Par ailleurs, l'analyse renferme un intérêt théorique indéniable.

Elle permet de redécouvrir la légalité d'exception dans un système autoritaire par la relecture des circonstances exceptionnelles[48]. Au moyen de la police administrative et sous le couvert de la police sanitaire, le constat demeure celui suivant lequel l'idéologie de la construction nationale continue de nourrir le droit administratif camerounais « *(...) à travers l'autoritarisme qui continue de caractériser cette activité essentielle de la puissance publique* »[49].

Confrontées à la crise à coronavirus (COVID-19), les règles applicables en matière de libertés publiques au Cameroun ont connu une appréhension particulière. Dans ce pays comme ailleurs, le Gouvernement a d'abord prescrit le respect des mesures édictées par l'OMS en vue de prévenir les risques de contamination à la maladie. Ces mesures qui s'inscrivent dans une sorte de globalisation des mesures juridiques et règlementaires applicables en la matière[50], ont fait l'objet d'une résistance passive des populations [51]et d'une appropriation particulière. Alors que l'heure est à «*permettre à*

---

bâtiments administratifs n'était pas contraire à la Constitution à la seule condition que cette exigence ne soit pas limitée aux préfectures du Golfe et d'Agoe-Nyivé. Qu'en vertu de l'article 14 de la Constitution, le gouvernement pouvait prendre la mesure envisagée mais qu'il ne pouvait « *(...) le faire qu'en prenant une ordonnance de portée générale couvrant la totalité des préfectures du territoire national et prévoir la possibilité des mesures d'allègement ou de renforcement dans telle ou telle préfecture en fonction de l'évolution de la pandémie (...)* ». Voir Cour constitutionnelle du Togo, Avis n° AV-001/21 du 30 septembre 2021, affaire demande d'avis du Premier Ministre sur le projet d'ordonnance relative à la présentation d'une preuve de vaccination contre le COVID-19 pour accéder aux bâtiments administratifs. Cette exigence a d'ailleurs fait l'objet d'une reconduction. Voir Cour constitutionnelle du Togo, Avis n° AV-002/21 du 20 octobre 2021, affaire demande d'avis du Premier Ministre sur le projet d'ordonnance relative à la présentation d'une preuve de vaccination contre le COVID-19 pour accéder aux bâtiments administratifs. Voir aussi en France Conseil constitutionnel, Décision n° 2022-835 DC du 21 janvier 2022, Loi renforçant les outils de gestion de la crise sanitaire et modifiant le code de la santé publique. Dans cette décision de non-conformité partielle assortie de réserve, le juge constitutionnel admet la conformité à la Constitution des dispositions subordonnant l'accès à certains lieux à la présentation d'un « passe vaccinal » en imposant qu'il y soit mis fin dès lors qu'elle ne sera plus nécessaire et censure celle permettant de subordonner à la présentation d'un « passe sanitaire » l'accès à une réunion politique.

[47]Babacar KANTÉ, « Droit et coronavirus », https://imera.hypotheses.org/6632, consulté le 04 décembre 2021 à 23h05min.

[48] François SAINT-BONNET, « Note sur Conseil d'État, Section, 28 juin 1918, n° 63412, Sieur Heyriès », *in* Thomas PERROUD, Jacques CAILLOSSE, Jacques CHEVALLIER, Danièle LOCHAK, *Les grands arrêts politiques de la jurisprudence administrative*, Paris, LGDJ, 2019, pp. 103-112.

[49] Emmanuel Ghislain BEYEGUE BOULOUMEGUE, « La persistance de l'idéologie de la construction nationale en matière de police administrative », *in* Magloire ONDOA et Patrick Edgard ABANÉ ENGOLO, *Les fondements du droit administratif camerounais*, Paris, l'Harmattan, 2016, p. 302.

[50] A propos de la globalisation du droit administratif, lire Jean-Bernard AUBY, « La théorie du droit administratif global : brève présentation critique », https://www.sciencespo.fr/chaire-madp/sites/sciencespo.fr.chaire-madp/files/jba.pdf, consulté le 30 mars 2021 à 05h23min.

[51] Cette attitude tient précisément à la défiance des citoyens envers le système de santé et de ses acteurs particulièrement l'OMS. Sur cette question, lire Guillaume Le FLOCH, « La défiance envers l'OMS »,

tous de vivre en bonne santé et à promouvoir le bien-être de tous à tout âge »[52], l'on constate que l'influence de la crise sanitaire sur les libertés publiques a engendré l'instauration d'un régime de règles spéciales[53]. Lorsqu'on ne remarque pas qu'il a donné lieu au renforcement du régime des libertés publiques **(II)**, on ne peut manquer d'observer que les règles applicables en la matière ont entièrement été écartées**(I)**.

I- Un régime juridique relégué

L'analyse des mesures édictées par le Gouvernement dans le cadre de la riposte contre la pandémie montre à suffisance que lesdites mesures s'inscrivent dans un cadre juridique inédit. En effet, il ressort de cette analyse que les mesures dont il est question n'entrent dans aucun cadre juridique existant, qu'il s'agisse du cadre juridique ordinaire ou du cadre juridique d'exception[54] et applicable en matière de santé. Elles ne s'adossent sur aucun fondement juridique en vigueur ou du moins sur une base discutable[55], en ce qu'elles rejettent les dispositions applicables en cas de calamité publique de nature sanitaire d'une part, et, ne prennent pas en compte les règles applicables aux circonstances d'exception[56], d'autre part **(A)**. De la sorte, l'exercice serein des libertés publiques se trouve en quelque sorte limité du fait d'un fondement juridique contestable**(B)**. Dès lors, le cadre juridique préexistant se trouve alors mis de côté au profit de mesures nouvellement édictées.

Revue de droit sanitaire et social, 2021, pp. 9 et ss. ; Johanne SAISON, « Répondre à la défiance par le recours à la médiation », *Revue de droit sanitaire et social*, 2021, pp. 119 et ss.

52 Objectif du développement durable n° 3.

53 Certaines de ces règles ont une portée juridique certaine, elles sont contraignantes. Par contre, d'autres mesures adoptées ne présentent pas ce caractère obligatoire. Elles ne sont pas considérées comme exposant à des sanctions en cas de non-respect. Sur cette dernière distinction, lire Éric-Adol GATSI TAZO, *Cameroon'sFightAgainst COVID-19 : An OrdinaryLegal Framework for an Extraordinary Situation, VerfBlog*, 2020/5/21, https://verfassungsblog.de/cameroons-fight-against-covid-19-an-ordinary-legal-framework-for-an-extraordinary-situation/, consulté le 16 avril 2021 à 17h19min.

54 Steve TAMETONG, « Un corridor clair-obscur : à propos du cadre juridique des mesures normatives exceptionnelles de riposte contre la pandémie du coronavirus au Cameroun », *in* Steve TAMETONG, Donald NOUNAMO et Brice WAKAP (dir.), *COVID-19 et Droit au Cameroun. Regards pluriels*, Yaoundé, Editions LUPEPPO, 2021, pp. 14-32.

55 Jocelyne DJEUYA TCHUPOU, « La lutte contre le coronavirus (COVID-19) au Cameroun : recherches sur les fondements juridiques de la stratégie Gouvernementale de riposte face à la pandémie », *Le Nemro, Revue trimestrielle de droit économique*, n° 2, Avril-Juin 2020, Partie 1, pp. 300-313.

56 En droit administratif, les circonstances d'exception regroupent l'ensemble des situations dans lesquelles l'Administration est autorisée à déroger au respect du principe de juridicité en raison de la préservation de l'intérêt général. Elles se distinguent des circonstances exceptionnelles proprement dites qui s'appréhendent comme une théorie d'origine prétorienne permettant à l'administration d'agir au-delà de ses compétences normales en raison de la survenance de faits exceptionnels aux fins d'assurer la continuité des services publics. Pour approfondir cette distinction, lire Agathe VAN LANG, Geneviève GONDOUIN, Véronique INSERGUET-BRISSET, *Dictionnaire de droit administratif*, 7e éd., Paris, Sirey, 2015, pp.74 et s. ; Cathérine PUIGELIER, *Dictionnaire juridique*, Bruxelles, Larcier, 2015, n° 908.

A- Le rejet du cadre juridique en vigueur

Dans le cadre de la riposte contre la pandémie de la COVID-19, les mesures[57] édictées par le Gouvernement se trouvent être en déphasage avec la réalité juridique qu'il s'agisse du domaine de la santé ou de celui de la protection des citoyens contre les calamités. En effet, aucune de ces mesures ne s'adosse formellement sur les textes en vigueur en la matière, notamment, la loi portant protection de la santé publique[58], la loi cadre relative au domaine de la santé[59] **(1)** ou même la loi portant réorganisation de la protection civile au Cameroun[60] **(2)**. La déclaration de crise sanitaire induite par les mesures prises par les autorités administratives, n'a pas eu la solennité attendue pour éviter une éventuelle crise politique qui entacherait la stabilité des institutions.

1- Le cadre légal de la santé inadapté

D'emblée, le fondement juridique de ces mesures à savoir les « *très hautes instructions du président de la République* »[61] demeure flou[62] et ne manque pas de susciter des questionnements en l'absence de toute motivation et de visas constituant les supports formels de ces mesures[63]. De cette manière, les mesures de riposte ne manquent pas de susciter des interrogations au regard du principe de la légalité administrative[64].

Les premières interrogations auxquelles ces mesures donnent lieu sont celles de savoir si elles s'appuient sur des textes assurant la protection de la santé au Cameroun.

---

57 Pour une connaissance de l'ensemble de ces mesures à la moitié de l'année 2020, voir CHAZAI + PARTNERS, *Recueil des mesures prises par le gouvernement camerounais dans le cadre de la lutte contre la COVID-19*, Douala, 29 mai 2020, 11 p.

58 Loi n° 64-LF-23 du 13 novembre 1964 portant protection de la Santé Publique

59 Loi n° 96/03 du 4 janvier 1996 portant loi cadre dans le domaine de la santé

60 Excepté l'Arrêté n° 000012/A/MINAT du 17 mars 2020 réglementant l'exercice de certaines libertés et activités dans le cadre du plan de riposte contre la pandémie du coronavirus (COVID-19), l'étude constate que la plupart des actes pris par les autres les autorités administratives dans le cadre de cette riposte ne se fondent pas formellement sur cette loi, exception faite des actes des autorités administratives déconcentrées.

61 Jocelyne DJEUYA TCHUPOU, « La lutte contre le coronavirus (COVID-19) au Cameroun : recherches sur les fondements juridiques de la stratégie Gouvernementale de riposte face à la pandémie », *op. cit.*, p. 306.

62 Il n'existe en réalité aucun texte classifiable dans une catégorie juridique qui édicte ces mesures. Celles-ci sont essentiellement contenues dans une déclaration rendue publique par le Premier Ministre. Cet état de chose est de nature à susciter des interrogations au sein de la doctrine. Voir Gilles Jean GUGLIELMI, « Le droit s'écrit-il dans les communiqués de prèsse », *in Un droit pour des hommes libres, Mél. Alain FENET*, Paris, Litec, 2008, pp. 675-683 ; Ebenezer David NGAHNA MANGMADI, « La décision administrative à l'épreuve de la Covid-19 : l'expérience camerounaise », *Le Nemro, Revue trimestrielle de droit économique*, n° 2, Avril-Juin 2020, Partie 2, pp. 326-337 ; spéc. pp. 330 et s.

63 Charles TUEKAM TATCHUM « La notion de visa en droit administratif camerounais », *Juridis périodique* n° 121, Janvier-Février-Mars, 2020, pp. 96-108.

64 Souleymane CAMARA, « Le principe de légalité à l'épreuve du Covid », *Horizons du droit*, n° 18, Septembre 2020, pp. 5-36 ; Jean-François BISSI, « La légalité de la lutte contre la coronavirus 19 (COVID 19) au Cameroun », *Le Nemro, Revue trimestrielle de droit économique*, n° 2, Avril-Juin 2020, Partie 2, pp. 309-325, spéc. pp. 311-317.

Au regard de la loi du 13 novembre 1964[65], la réponse paraît évidente. Aucune de ces mesures qui pourtant envisagent de préserver la santé des citoyens, ne se fonde sur ce texte. Bien qu'à la réalité, le texte portant protection de la santé publique ne prévoit nullement les mesures à adopter en cas d'épidémie ou de pandémie[66], il faut néanmoins reconnaître qu'il constituerait une base juridique intangible pour la riposte contre la COVID-19. En effet, il ressort de l'analyse de ces dispositions législatives[67] que dans le cadre de la prévention des épidémies, de la suppression et du traitement des maladies transmissibles, les autorités gouvernementales doivent prendre toutes les mesures nécessaires notamment celles relatives à la destruction des insectes et animaux dangereux, aux vaccinations préventives obligatoires, à l'isolement et la désinfection obligatoires en cas de risques d'épidémies ou de maladie dont la déclaration est obligatoire ainsi que celles touchant à la protection des sources et puits même déjà utilisés. Dans ce cas, les maladies dont la déclaration est obligatoire et celles dont la déclaration est facultative, ne peuvent entraîner des poursuites pour la violation du secret professionnel[68]. Ainsi, les mesures édictées pour limiter la propagation du virus auraient pu prendre ancrage sur ce texte, au moins au plan formel. Qui plus est, la stratégie de riposte Gouvernementale ne s'accommode pas des prescriptions générales du législateur en matière de santé.

L'analyse du cadre général de la santé au Cameroun montre bien que, de par sa nouveauté, la pandémie de la COVID-19 ne tient pas compte de la politique nationale de la santé définie en matière de grandes endémies[69]. En effet, le cadre général de l'action de l'État dans le domaine de la santé au Cameroun[70] semble se cantonner à l'énonciation de dispositions vagues ne prenant pas en compte l'apparition subite et inattendue d'une maladie. Il se contente de jeter les bases de l'élaboration d'une politique nationale de santé ayant pour objectif l'amélioration de l'état de santé des populations grâce à l'accroissement de l'accessibilité aux soins intégrés et de qualité pour l'ensemble de la population et avec la pleine participation des communautés à la gestion et au financement des activités de santé[71]. En l'absence de textes d'application de ces dispositions, il devient difficile de considérer en toute objectivité que ce cadre juridique constituerait une base évidente des mesures de riposte. De la sorte, le cadre juridique spécifique à la matière de la santé au Cameroun apparaît insuffisant pour justifier d'être considéré comme la base juridique de l'action publique en matière de lutte contre la COVID-19. Ce cadre renferme en effet, des

[65] Pour une analyse approfondie de cette loi, lire Francis Ampère SIMO KOUAM, *Droit de la santé publique au Cameroun*, West GermanUniversityPress, 2019, p.

[66] Steve TAMETONG, « Un corridor clair-obscur : à propos du cadre juridique des mesures normatives exceptionnelles de riposte contre la pandémie du coronavirus au Cameroun », *op. cit.*, pp. 20 et s.

[67] Article 1er alinéa 7 de la loi n° 64-LF-23 du 13 Novembre 1964 portant protection de la Santé Publique

[68] Hervé Martial TCHABO SONTANG, « Le secret médical en contexte de crise sanitaire en droit camerounais », *Le Nemro, Revue trimestrielle de droit économique*, n° 2, Avril-Juin 2020, Partie 2, pp. 412-445, spéc. pp. 417-431.

[69] Steve TAMETONG, « Un corridor clair-obscur : à propos du cadre juridique des mesures normatives exceptionnelles de riposte contre la pandémie du coronavirus au Cameroun », *op. cit.*, p. 23.

[70] Loi n° 96/03 du 4 janvier 1996 portant loi cadre dans le domaine de la santé

[71] Article 2 de la loi n° 96/03 du 4 janvier 1996 portant loi cadre dans le domaine de la santé

dispositions qui paraissent inadaptées et inappropriées pour la lutte contre cette maladie[72]. Il en va de même en ce qui concerne la protection civile.

2- Le régime insuffisant de la protection civile

Par protection civile, on entend l'ensemble des moyens mis en œuvre par un État pour protéger ses citoyens, en temps de guerre comme en temps de paix[73]. Elle désigne la protection des populations contre les accidents et les calamités naturelles. Aux termes de la loi du 6 décembre 1986, la protection civile consiste à assurer en permanence la protection des personnes, des biens et de l'environnement contre les risques d'accidents graves, des calamités ou de catastrophes ainsi que contre les effets de ces sinistres[74]. Elle comprend les moyens en matériels et personnels notamment les personnels des services publics chargés de la conduite des activités y relatives, les personnes requises, les recrues du contingent et les volontaires.

Dans le cadre de la lutte contre le coronavirus, l'on se serait attendu qu'en dehors de l'exercice de pouvoirs exceptionnels[75], que les autorités administratives eurent fondé leur action sur le texte organisant la protection civile qui peut régir les situations d'urgence sanitaire[76], puisqu'elle s'applique aux catastrophes et aux calamités, ainsi qu'à leurs conséquences[77]. Hélas, même si le motif de protection civile a pu servir de base des décisions prises par les autorités administratives au niveau déconcentré[78], la loi portant protection civile apparait en elle-même comme un fondement insuffisant pour servir de base à ces mesures. En effet, en raison de ce qu'elle ne comporte pas de dispositions spécifiques, de nature à prévenir les dommages matériels et immatériels qui pourraient survenir d'événements d'une exceptionnelle gravité, de façon imprévisible et d'une intensité très élevée, la loi portant réorganisation générale de la protection civile se présente comme un fondement déficient des mesures de riposte adoptées contre la COVID-19. Or, par son essence même, la protection civile consiste en un ensemble d'actions de prévention et de secours visant à protéger les

---

72 Néanmoins, sur le fondement du Décret n° 2008/377 du 12 novembre 2008 fixant les attributions des chefs de circonscriptions administratives et portant organisation et fonctionnement de leurs services, les autorités administratives au niveau déconcentré ont pu prendre des mesures visant à restreindre la propagation de la maladie.

73 https://fr.wikipedia.org/wiki/S%C3%A9curit%C3%A9_civile, consulté le 16 avril 2021 à 20h36 min.

74 Article 1er de la loi n° 86/016 du 6 décembre 1986 portant réorganisation générale de la protection civile

75 Sur ces différents pouvoirs, lire entre autres Guillaume RICHARD, « États d'exception et épidémies », *RDP*, n° spécial, octobre 2021, pp. 81 et ss. ; Alexandre VIALA, « L'état d'urgence sanitaire ou la tentation de l'épistocratie », *RDP*, n° spécial, octobre 2021, pp. 55 et ss.

76 Loi n° 86/016 du 6 décembre 1986 portant réorganisation générale de la protection civile

77 Éric-Adol GATSI TAZO, *Cameroon's Fight Against COVID-19 : An Ordinary Legal Framework for an Extraordinary Situation, VerfBlog,* 2020/5/21, https://verfassungsblog.de/cameroons-fight-against-covid-19-an-ordinary-legal-framework-for-an-extraordinary-situation/, *op. cit.*

78 Voir à titre d'exemple l'Arrêté préfectoral n° 387/AP/F.34/SAAJP du 30 avril 2020 portant interdiction de l'entrée de tout corps consécutif au COVID-19 ou non dans le Département de la Menoua.

citoyens contre les dangers et les risques de désordres provenant d'éléments ou phénomènes naturels[79].

Il aurait fallu, comme l'a suggéré la doctrine d'adopter une loi d'urgence sanitaire afin de donner une onction de légalité à ces mesures et de fixer le cadre d'intervention du Gouvernement[80]. En effet, même le cadre juridique d'exception qui aurait pu expliquer ces actions s'avère lui également inapproprié[81]. Ceci justifie d'ailleurs qu'il ait été mis de côté. Les mesures adoptées semblent alors relever d'un régime illégal, le rattachement à un fondement juridique existant étant difficilement possible. Il convient alors d'analyser le régime nouvellement institué pour s'en convaincre.

B- L'institutionnalisation illégale d'une légalité d'exception

Selon la doctrine majoritaire, toute crise sanitaire appelle une organisation particulière, un régime d'exception dont la caractéristique essentielle consiste à concentrer entre les mains des gouvernants le pouvoir, l'initiative et l'action[82]. En période de crise en effet, l'État va mettre en place des processus et dispositifs pour pouvoir faire face, au moins temporairement, à certaines difficultés[83]. Tel est ce qui s'est produit dans le cadre de la lutte contre la COVID-19[84].

La pandémie de la COVID-19encore appelée pandémie du SARS-Cov 2 a largement impacté le Droit des États d'Europe[85] et d'Afrique[86] subsaharienne francophone[87]. Au Cameroun, il n'en a pas été autrement. De nombreuses mesures,

---

[79] André de LAUBADÈRE, *Traité de droit administratif. Les grands services publics administratifs*, 3e éd., Paris, LGDJ, 1978, p. 211.

[80] Robert NEMEDEU, « Le COVID-19 et le droit », *Le Nemro, Revue trimestrielle de droit économique*, n° 1, Janvier-Mars 2020, pp. 1-4 ; spéc. p. 4.

[81] Philippe BLACHER, « L'état d'urgence : hors ou dans la Constitution ? », *RDP*, n° spécial, octobre 2021, pp. 103 et ss.

[82] Isabelle POIROT-MAZÈRES, Sophie THÉRON, Jacques LARRIEU, « La crise sanitaire, curiosité ou paradigme ? », *in* Jacques LARRIEU (dir.), *Crise(s) et Droit, op. cit.*, p. 179.

[83] Joël ANDRIANTSIMBAZOVINA, « Les régimes de crise à l'épreuve des circonstances sanitaires exceptionnelles », *RDLF*, chronique n° 20, 2020.

[84] Moïse TCHINGANKONG YANOU, « La lutte contre le COVID-19 au Cameroun. Entre mise en œuvre déterminée d'une politique publique de crise et échec d'un opportunisme politique », http://www/reserchgate.net/publication/341193784, consulté le 5 juillet 2021 à 15h03min.

[85] En France, la crise a donné lieu à l'instauration d'un État d'urgence sanitaire dont certaines des mesures prises par les autorités ont été déférées à la connaissance des juges constitutionnel et administratif. Le Conseil constitutionnel dans sa décision du 5 août 2021 a d'ailleurs censuré les dispositions de la loi relative à la gestion de la crise sanitaire et relative à la rupture anticipée de certains contrats en cas de non présentation de « passe sanitaire » d'une part et au placement en isolement applicable de plein droit aux personnes faisant l'objet d'un test de dépistage positif à la Covid-19 d'autre part. Voir CC, Décision n° 2021-824 DC du 5 août 2021, loi relative à la gestion de la crise sanitaire.

[86]Voir Cour constitutionnelle du Togo, Avis n° AV-003/20 du 8 avril 2020, affaire demande d'avis du Premier Ministre sur le projet d'ordonnance déterminant les conditions de mise en œuvre de l'état d'urgence au Togo ; voir aussi Ordonnance n° 001-2020 du 8 avril 2020 aménageant des mesures dérogatoires au licenciement et au chômage technique durant la période de la pandémie du Covid-19 au Sénégal.

[87] Delphine EMMANUEL, « Le juge constitutionnel et les conséquences de l'état d'urgence. Commentaire croisé des avis n° 08/CC du 30 mars 2020 de la Cour constitutionnelle de la République

vingt au total[88], ont été prises par le gouvernement [89]en vue d'endiguer la propagation de l'épidémie. Cependant, ces mesures s'adossent sur des bases juridiques illégales[90], qui demeurent « *(...) une véritable arlésienne, un corridor clair-obscur aux zones d'ombres évidentes (...)* »[91]. Cette illégalité consacre l'instauration d'un régime d'exception[92]**(1)** qui ne trouve son fondement juridique dans aucun texte de la pyramide normative **(2)**[93]. Dès lors la légalité d'exception[94] instaurée par les autorités politiques et administratives souffre elle-même d'illégalité.

1- L'instauration d'un régime d'exception

La lutte contre la pandémie du coronavirus SARS-Cov 2 implique des actions fortes. Certaines de ces actions appellent à la mise en place d'un régime juridique d'exception. Ce dernier transparaît au travers le recours aux réquisitions administratives d'une part et par l'adoption de mesures fiscales exceptionnelles d'autre part.

---

du Niger et Avis 002-ACC-SVC/20 du 30 mars 2020 de la Cour constitutionnelle de la République du Congo », *Revue Afrilex*, consulté le 26 octobre 2020 à 05h26min.

88 En plus des 13 mesures initiales adoptées, 7 mesures complémentaires ont été prises par le Premier Ministre dans les mêmes formes que les premières Voir les Déclarations spéciales du Premier Ministre, Chef du Gouvernement du 17 mars 2020 et du 09 avril 2020.

89 Les mesures prises dans le cadre de la stratégie de riposte contre le coronavirus au Cameroun sont d'origines diverses (primo-ministérielles, ministérielles, communales, préfectorales, etc.). La présente étude se voulant globale, aucune distinction entre leur nature ne saura opérée.

90 C'est le cas du Décret n° 2020/193 du 15 avril 2020 portant commutation et remise de peines. Cette mesure a été prise en vue de réduire la propagation de la maladie en milieu carcéral considéré comme en surpopulation et où les contacts physiques sont permanents. Cependant et bien que l'initiative soit louable, ce texte porte des germes d'illégalité. Selon l'article 8 alinéa 7 de la Constitution, le président de la République exerce le droit de grâce « *après avis du Conseil supérieur de la magistrature* ». Dès lors, l'avis du Conseil supérieur de la magistrature apparaît comme obligatoire et non pas facultatif. Or en l'espèce, aucune session préalable de ce Conseil ne s'est tenue avant l'édiction de ce décret. Ce qui montre bien que son avis n'a pu être requis et que le décret du 15 avril 2020 est problématique au regard des dispositions de la Loi Fondamentale.

91 Steve TAMETONG, « Un corridor clair-obscur : à propos du cadre juridique des mesures normatives exceptionnelles de riposte contre la pandémie du coronavirus au Cameroun », *op. cit.*, p. 20.

92 David CRISTOL, « Covid-19 : à nouveau danger, régimes exceptionnels », *Revue de droit sanitaire et social*, n° 5, 2020, pp. 839 et ss.

93 Il est quasiment admis, dans la plupart des États du monde, que les régimes d'exception sont mis en place pour une période définie et sur le fondement des dispositions constitutionnelles. C'est que qu'a dit pour droit la Cour constitutionnelle de la République démocratique du Congo dans son arrêt R.Const 1.200 du 13 avril 2020. Pour une analyse de cette décision, lire Franck SHUKURU MAJONI, « L'arrêt R.Const 1.200 du 13 avril 2020 à l'épreuve de la maladie à Covid-19 : l'état d'urgence et le régime de dérogation aux droits de l'homme dans la Constitution du 18 février 2006 telle que révisée en 2011 », Revue de la Faculté de Droit, Unigom, n° 4, 2020, pp. 285-303.

94 Nous empruntons cette expression au Pr Joseph OWONA. Voir Joseph OWONA, « L'institutionnalisation d'une légalité d'exception dans le droit public camerounais », *in Revue camerounaise de droit*, Vol. 6, pp. 104-123.

En vue de limiter la propagation du virus, les autorités administratives ont recouru à des réquisitions des personnes et des biens[95]. La réquisition s'entend de la possibilité offerte à l'administration, en contrepartie d'une éventuelle indemnisation de solliciter les services des particuliers ainsi que l'usage ou la propriété de leurs biens[96]. Elle désigne encore cette prérogative de puissance publique par laquelle l'Administration contraint les particuliers à lui accorder des services, l'usage ou la propriété de leurs biens mobiliers ou immobiliers, moyennant des indemnités de réquisition[97] fixées les juges administratif et judiciaire en cas de contestation[98].

Au sens de la loi du 11 juin 1968, la réquisition désigne l'opération publique par laquelle une autorité civile ou militaire impose à une personne physique ou morale l'accomplissement de certaines prestations selon les conditions déterminées par les textes en vigueur. Si en droit camerounais la loi dispose que la réquisition ne peut porter que sur les biens meubles[99], il convient d'admettre au regard de son décret d'application et de la pratique que celle-ci peut également porter sur des biens immeubles[100]. Il en a été par, exemple, des réquisitions d'hôtels dans le cadre de la riposte contre la COVID-19[101]en vue d'y loger les passagers en provenance des pays au taux de contamination élevé[102]. Or la réquisition est un procédé autoritaire auquel on recourt en cas exceptionnels[103]. Il en va ainsi notamment en cas d'opérations de maintien de l'ordre public lorsque celui-ci est troublé[104] ou en cas de calamités naturelles ou de graves accidents en raison de la nécessité d'assurer les besoins du pays[105]. Dès lors, les réquisitions de ces hôtels invitent à analyser cette situation de

---

[95] Laetitia JANICOT, « La crise de la COVID-19 et la gouvernance », *Droit et ville*, n° 1, 2021, pp. 51-73, n° 15.

[96]Cathérine PUIGELIER, *Dictionnaire juridique*, *op. cit.*, n° 5004.

[97] Agathe VAN LANG, Geneviève GONDOUIN, Véronique INSERGUET-BRISSET, *Dictionnaire de droit administratif*, *op. cit.*, p. 411.

[98] Maurice KAMTO, « La mise en cause des autorités administratives devant le juge judiciaire camerounais », *in Espaces du service public,* Mél. Jean Du Bois de GAUDUSSON, Bordeaux, Presses universitaires de bordeaux, 2014, t.1, pp. 342 et s.

[99] Article 3 de la loi n° 68/LF/4 du 11 juin 1968 portant organisation du régime de réquisitions.

[100] Article 1er alinéa 2 du décret n° 68-DF-361 du 04 septembre 1968 fixant certaines modalités d'application de la loi n° 68-LF-4 du 11 juin 1968.

[101] Voir la réquisition administrative du 17 mars 2020 par laquelle le gouverneur de la Région du Centre servait aux responsables de 17 établissements hôteliers une réquisition de 307 chambres au total pour accueillir les voyageurs en provenance des pays exposés au SARS-Cov 2 et où sévissait la COVID-19.

[102] Voir en guise d'illustration la Lettre n° 63/MINSANTE/CAB du 17 mars 2020 dans laquelle le Ministre de la Santé publique instruisait au Gouverneur de la Région du Littoral de prendre toutes les mesures de police administrative destinées à la mise en quarantaine de tous les passagers des vols débarquant à Douala notamment de « *réquisitionner des hôtels et/ou des espaces susceptibles d'héberger lesdits passagers pendant une durée minimum de 14 jours* ». Voir aussi la mesure 10 de la Déclaration du Premier Ministre du 17 mars 2020.

[103] La doctrine souligne à juste titre que « *les réquisitions administratives sont des instruments juridiques consacrés par le législateur en vue d'assurer l'efficacité de l'action administrative lors des périodes exceptionnelles* ». Voir Patrick Henri ASSIENE NGON, *Les conditions de validité des réquisitions administratives au Cameroun*, Thèse de doctorat en Droit public, Université de Yaoundé II, 2015, p. 11.

[104] Article 2 de la loi n° 90-54 du 19 décembre 1990 relative au maintien de l'ordre.

[105] Article 2 de la loi n° 68/LF/4 du 11 juin 1968 portant organisation du régime de réquisitions.

riposte comme sortant de l'ordinaire, procédant de manière exceptionnelle[106]. En effet, le recours au procédé de réquisitions des biens et personnes est encadré et ne saurait se faire en période normale[107]. Il est circonscrit à une période et correspond à une situation particulière. La réglementation prévoit d'ailleurs que le droit de réquisition disparaisse lorsque les circonstances qui ont motivé son ouverture prennent fin, sauf disposition spéciale, prise par décret, portant prorogation pour une période déterminée renouvelable[108]. C'est dire que le recours à ce procédé traduit bien la volonté des autorités d'instituer un régime particulier des libertés des citoyens.

De même, en vue de supporter les conséquences économiques de la crise, le Gouvernement a pris des mesures d'accompagnement à mettre en œuvre pour soutenir les secteurs en difficultés et les ménages les plus vulnérables notamment les exonérations de paiement d'impôts[109]. De toutes les manières, ces mesures fiscales s'avéraient exceptionnelles au regard du principe de consentement à l'impôt d'une part mais davantage à la lecture des dispositions de la Constitution d'autre part.

En effet, conformément à l'article 26 de l'Acte Constituant sont du domaine de la Loi la création des impôts et des taxes et la détermination de l'assiette, du taux et des modalités de recouvrement de ceux-ci. Dans ce cas, comment comprendre qu'un acte administratif[110], en dehors de toute circonstance exceptionnelle (notamment l'état d'urgence) ou de toute habilitation législative[111], suspende les effets d'une loi,

---

[106]Nedjoua HALIL-MERAD, « L'intérêt des mesures de réquisition administrative en période de crise sanitaire exceptionnelle », *RDLF*, chronique n° 29, 2020.

[107] Aux termes de l'article 5 alinéa 1 de la loi n° 68/LF/4 du 11 juin 1968 portant organisation du régime de réquisitions, « *le droit de réquisition est ouvert par décret établissant la mise en garde, l'état d'urgence, la mobilisation partielle ou générale, l'état d'exception* ». De même, l'article 2 alinéa 2 paragraphe II du décret n° 68-DF-361 du 04 septembre 1968 fixant certaines modalités d'application de la loi n° 68-LF-4 du 11 juin 1968 « *le chef de l'Etat peut déléguer le droit de réquisition aux autorités civiles soit lorsque ont été décrétés la mise en garde, l'Etat d'urgence ou la mobilisation ; soit par les cas prévus par la charte des Nations Unies ou les traités internationaux* ». Il s'ensuit que le procédé de réquisition n'est utilisé que pour dans des situations particulières, troublant le cours normal des activités.

[108] Voir Article 5 paragraphe III de la loi n° 68/LF/4 du 11 juin 1968 portant organisation du régime de réquisitions ; Article 2 alinéa 3 du décret n° 68-DF-361 du 04 septembre 1968 fixant certaines modalités d'application de la loi n° 68-LF-4 du 11 juin 1968

[109] Il s'agit notamment de : l'exonération de l'impôt libératoire et de la taxe de stationnement pour les taxis et moto taxis, l'exonération de l'impôt libératoire et des taxes communales au profit des revendeurs de vivres, ainsi que l'exonération de la taxe de séjour dans le secteur de l'hôtellerie et de la restauration. Si les premières mesures comptaient pour le 2ème trimestre de l'exercice 2020, la dernière quant à elle portait sur le reste de l'exercice budgétaire.

[110] Pour un, l'acte administratif unilatéral est « *toute mesure inhérente à la fonction administrative, susceptible de modifier les normes juridiques, de porter atteinte à un intérêt juridiquement protégé et d'être attaquée devant le juge* ». Voir Robert MBALLA OWONA, « Le « temps d'effets » de la décision administrative en droit positif camerounais », *Jurisdoctoria*, n° 7, 2011, pp. 47 et s. Cette définition s'appuie en majeure partie sur la jurisprudence notamment les affaires NGONGANG NJANKE Martin (CFJ/AP, Arrêt n° 20 du 20 mars 1968, NGONGANG NJANKE Martin c/Etat du Cameroun) et Association « Le Tabernacle des Aigles » (CS/CA, Jugement n° 38/ADD/03-04 du 29 décembre 2004, Association le Tabernacle des aigles).

[111] Il s'agit du cas des ordonnances. En vertu de l'article 28 alinéa 1 de la Constitution, « *dans les matières énumérées à l'Article 26 alinéa 2 ci-dessus, le Parlement peut autoriser le Président de la République, pendant un délai limité et sur des objets déterminés, à prendre des ordonnances* ».

qui plus est la Loi de finances ? Cette question posait ainsi la question de la légalité des mesures fiscales prises par le Gouvernement dans la cadre de la riposte de la maladie à coronavirus[112]. Depuis lors, les choses ont été remises en place avec l'adoption d'une Loi de finances rectificative[113].

Bien que restaurant les choses dans la légalité, la Loi de finances rectificative[114] ne saurait dénier le caractère illégal du régime juridique mis en place.

2- L'illégalité de l'institutionnalisation

À l'analyse, la stratégie Gouvernementale de riposte face à la pandémie de coronavirus (COVID-19) s'adosse sur un fondement juridique introuvable. En effet, les mesures prises au plan national dans le cadre de cette riposte ne sont pas sans rappeler celles en vigueur en cas d'état d'urgence[115]. Or, l'état du droit ne traduit aucunement cette situation juridique particulière[116]. En effet, conformément à l'article 9 de la Loi Fondamentale du Cameroun[117], « *le Président de la République peut, lorsque les circonstances l'exigent, proclamer par décret, l'état d'urgence qui lui confère des pouvoirs spéciaux dans les conditions fixées par la loi* ». On constate alors la présence d'un corpus de règles alternatif se développant à l'extérieur du cadre officiellement consacré[118].

L'état d'urgence[119], dont la déclaration dépend de l'appréciation du président de la République[120], ne peut être proclamé que pour une durée de trois (3) mois renouvelable une seule fois[121] sur tout ou partie du territoire national. Il ne peut être déclaré que soit en cas d'événements présentant par leur nature et leur gravité le caractère de calamité publique, soit en cas de troubles portant gravement atteinte à l'ordre public ou à la sûreté de l'État soit alors en cas d'agression venant de l'extérieur. Or, dans le cadre de la riposte contre la COVID-19, il n'en est rien. Les mesures

---

112 Stève Thiery BILOUNGA, « L'incidence de la lutte contre la COVID-19 sur les finances publiques camerounaises », *Revue juridique du bonheur*, n° 3, 2021, 30 p.

113 Ordonnance N° 2020/001 du 03 juin 2020 modifiant et complétant certaines dispositions de la loi n° 2019/023 du 24 décembre 2019 portant loi de finances de la République du Cameroun pour l'exercice 2020

114 Sur les lois de finances rectificatives, lire Mohamet FALL, « Les lois de finances rectificatives », Revue Afrilex n° 4, 2004, pp. 293-302.

115 Voir les articles 5 et 6 de la Loi n° 90-47 du 19 décembre 1990 relative à l'État d'urgence.

116 Sur cette question, lire Jacques ROBERT. « Les situations d'urgence en droit constitutionnel », *Revue internationale de droit comparé*, n° 2, Vol. 42, Avril-juin 1990, pp. 751-764.

117 Loi n° 96/6 du 18 janvier 1996 portant révision de la Constitution du 02 juin 1972, modifiée et complétée par la loi n° 2008/001 du 14 avril 2008.

118 Alain Franklin ONDOUA, « La nécessité en droit constitutionnel. Étude à partir de quelques expériences africaines », *in L'exception en droit*, Mél. en l'honneur de Joseph OWONA, Paris, L'Harmattan, 2021, pp. 67 et s.

119 Sur cette dernière notion lire, Éric NGANGO YOUMBI, « Le nouveau régime de l'état d'urgence », Revue CAMES/SJP, n° 001/2018, pp. 497 et ss.

120 Il en va de même en République du Congo. Pour s'en convaincre, lire Aimé Ange Wilfrid BININGA, « La proclamation et la prorogation de l'état d'urgence sanitaire en République du Congo », *Annales de l'Université Marien Ngouabi, Sciences juridiques et politiques*, Vol. 20, n° 1, 2020, pp. 46-54, spéc. pp. 49-51.

121 Articles 2 et 3 de la loi n° 90-47 du 19 décembre 1990 relative à l'État d'urgence.

prises pour limiter la propagation du virus et qui consacrent un état d'urgence[122] de fait[123] s'inscrivent dans un cadre illégal. Cette illégalité s'analyse tant dans l'absence de fondement juridique de cette action que sur l'incompétence de l'institution primo-ministérielle à prendre de telles mesures. En effet, il ressort des textes que le pouvoir de police du Premier Ministre découle de la Constitution[124] mais, davantage, qu'il revient au Président de la République et par décret, de prendre de telles mesures dans le cadre de l'état d'urgence pour une durée qui ne peut excéder trois (3) mois sauf renouvellement. Or ces mesures ont été prises en dehors de toute délégation expresse de pouvoir[125] et par un acte dont la nature ne saurait être semblable à un Décret bien que présentant le même caractère d'impersonnalité et d'obligatoriété propres à tous les actes réglementaires[126]. C'est dire que la stratégie de riposte définie par le Gouvernement pour lutter contre la COVID-19 se base sur fondement juridique illégal[127]. Cela étant, les mesures prises par les pouvoirs publics en vue de lutter contre la propagation de cette maladie posent un problème d'adéquation avec les libertés fondamentales des citoyens[128]. Conjuguéesà la situation politique et sécuritaire qui prévaut en l'état actuel dans le pays[129], elles concourent à la mise en place d'un régime

[122] Charles TUEKAM TATCHUM, « Les libertés publiques à l'épreuve de l'urgence sanitaire au Cameroun », *op. cit.*, pp. 76-96 ; Ambroise Louison ESSOMBA, « Les libertés publiques au Cameroun l'épreuve de la pandémie du coronavirus », *op. cit.*, pp. 65-79.

[123] Selon un auteur, il s'agirait plutôt de l'état d'exception. Voir WeismanKOLWE WANGSO *La crise des libertés publiques au Cameroun. Exposé sur l'impact du COVID-19 sur les droits et libertés des citoyens*, p. 5. Pour un autre auteur par contre, l'exclusion de l'état d'exception paraît plutôt compréhensible au regard de ses conditions de mise en œuvre. Lire Steve TAMETONG, « Un corridor clair-obscur : à propos du cadre juridique des mesures normatives exceptionnelles de riposte contre la pandémie du coronavirus au Cameroun », *op. cit.*, pp. 23 et s.

[124]Voir Emmanuel Ghislain BEYEGUE BOULOUMEGUE, *La police administrative au Cameroun : contribution à l'étude de l'évolution du droit administratif camerounais,* Thèse de doctorat Ph.D en Droit public, Université de Yaoundé II, 2016-2017, pp. 493-496 ; Ambroise Louison ESSOMBA, *Le domaine du pouvoir règlementaire du Premier Ministre au Cameroun*, Thèse de doctorat, Université de Douala, 2012, pp. 120-125.

[125] Bien que ces mesures soient prises sur instructions du président de la République, il convient de préciser que ces instructions qui n'ont pas donné lieu à publication d'un acte, ne confèrent pas délégation de pouvoir. D'ailleurs, les Déclarations qui ont suivi ont été faites dans la continuité des mêmes instructions. Ce qui permet de considérer qu'il n'y a pas eu transfert de compétence du président de la république vers le Premier Ministre, caractéristique première de la délégation de compétence. Sur cette dernière notion, Patrick Edgard ABANÉ, *Traité de droit administratif du Cameroun. Théorie générale et droit administratif spécial,* Paris, l'Harmattan, 2019, pp. 119-121 ; Demba SY, *Droit administratif*, 2e éd., Dakar, l'Harmattan, 2014, p. 295.

[126] François TERRÉ, *Introduction générale au droit*, 9e éd., Paris, Dalloz, 2012, p. 262 ; Jean-Marie TCHAKOUA, *Introduction générale au droit camerounais*, Yaoundé, PUCAC, 2008, p. 88.

[127] Pour un point de vue différent, lire Jean Baptiste CHOUAMO, « La Constitution et le droit à la protection de la santé : recherche sur les bases constitutionnelles de la lutte contre la covid-19 au Cameroun », *RRC*, n° 010, Juin 2021, pp. 5-11. Pour cet auteur, la lutte contre la COVID-19 s'inscrit dans un cadre constitutionnel bien défini. Elle s'appuie sur la nécessité de pourvoir au droit à un environnement sain et au droit à la protection de la santé.

[128] Jean-Marie PONTIER, « Le contentieux lié à la covid-19 devant le juge administratif », *Revue de droit sanitaire et social*, n° 5, 2020, pp. 866 et ss.

[129] Bien que « *(…) le Cameroun et les Comores n'évoquent pas la question des modalités d'une éventuelle déclaration de guerre [dans leurs dispositifs constitutionnels]* » (André CABANIS et Michel Louis MARTIN, *Le constitutionnalisme de troisième vague en Afrique francophone*, Louvain-La-Neuve, Bruylant-Academia, 2012,

des libertés plus ferme, introduisant des règles de plus en plus intransigeantes qu'il importe d'analyser.

II- Un régime juridique renforcé

Les mesures prises par le Gouvernement en vue d'endiguer la pandémie opèrent un durcissement du régime des libertés publiques au Cameroun au regard des règles qu'elles instituent. En effet, le régime des libertés devient de plus en plus sévère d'abord du fait de la militarisation de la justice pénale[130] et de la limitation des droits fondamentaux par la législation antiterroriste[131]. Ensuite, l'on observe un durcissement des règles en raison de lacrise sécuritaire dans les régions de l'Est, de l'Extrême-Nord, du Nord-ouest et du Sud-ouest[132]. Enfin, le régime des libertés se raffermit encore plus avec la riposte contre la Covid-19. À cet égard, les règles instituées pour lutter contre le coronavirus sont non seulement obligatoires, mais davantage permanentes[133]. Elles demeurent en vigueur depuis leur édiction, et continuent de régir les comportements des citoyens en société malgré l'hostilité de ces derniers à leur égard[134]. Qui plus est, le non-respect de ces mesures expose les

p. 128, cité par Alain Franklin ONDOUA, « La nécessité en droit constitutionnel... », *op. cit.*, p. 71.), il convient de constater que le 17 mai 2014 à Paris, le président de la République du Cameroun déclarait la guerre au BokoHaram, au cours d'une conférence de presse conjointe des Chefs d'Etat à l'issue du Sommet de Paris sur la Sécurité au Nigeria.

130 Sur cette question lire entres autres Alain Didier OLINGA, « La résistance entêtée d'une « exception » condamnée : le jugement des civils par les tribunaux militaires en droit camerounais », *in L'exception en droit*, Mél. en l'honneur de Joseph OWONA, Paris, L'Harmattan, 2021, pp. 45-56 ; Bruno Marcelin KEM CHEKEM, « La répression des infractions relevant des tribunaux militaires dans le nouveau Code de justice militaire au Cameroun », *Juridis périodique*, n° 115, Juillet-Août-Septembre, 2018, pp. 111-124.

131 Fabrice Roland BIKIE, « Le droit pénal à l'aune du paradigme de l'ennemi. Réflexion sur l'État démocratique à l'épreuve de la loi camerounaise n° 2014/028 du 23 décembre 2014 portant répression des actes de terrorisme », *Revue des droits de l'homme*, n° 11, 2017, 21 p. ; François EDIMO, « L'incrimination du terrorisme en droit pénal camerounais », *in Judicial Tribune*, Vol. 6, n° 1, Juin 2016, pp. 164-174.

132 Telle est la position de nombreuses organisations de la société civile qui ne cessent de documenter les nombreux abus de droits humains dont sont victimes, de la part des parties belligérantes, les populations cde ces zones d'habitation. Pour un aperçu de la question, lire Nouveaux droits de l'Homme, *Cameroun : les populations civiles prises pour cible dans la crise anglophone. Rapport sur les violations et les abus de droits humains en 2020*, Yaoundé, 80 p. ; spéc. pp. 19-74.

133Cette situation conforte l'idée suivant laquelle on se trouverait dans une situation de crise endémique. Pour approfondir l'analyse, voir Jacques MOURGEON, « Les crises et les libertés publiques », *op. cit.*, pp. 48-51.

134 Richard Martial MVOGO BELIBI, « Covid-19 et décision publique en situation d'incertitude. Illustrations et illusion de l'état d'exception en Afrique subsaharienne », *Jus Politicum, Revue de droit politique*, n° 26, Juillet 2021, pp. 374-376.

administrés à des sanctions[135] dont on peut questionner la légalité[136]. En effet, certaines autorités administratives ont édicté des sanctions auxquelles s'exposeraient les personnes qui ne porteraient pas de masques dans les lieux publics[137] alors même qu'elles ne sont pas identifiées comme des autorités ayant reçu compétence pour le faire[138]. Ces mesures qui s'inscrivent dans une politique de sûreté de l'État et de stabilité des institutions [139]n'ont cessé de porter atteinte de manière constante aux droits et libertés des citoyens **(B)** se fondant sur un régime libertaire[140] aux règles

---

135 Donald NOUNAMO KEMOGNE, « Le visage du droit pénal en période de crise sanitaire : étude à partir de l'exemple de la COVID-19 au Cameroun », *in* Steve TAMETONG, Donald NOUNAMO et Brice WAKAP (dir.), *COVID-19 et Droit au Cameroun. Regards pluriels*, Yaoundé, Editions LUPEPPO, 2021, pp. 63 et s.

136Au Gabon, la Cour constitutionnelle a annulé un arrêté pris par le Gouvernement en vue lutter contre la propagation du virus au motif pris de ce que la compétence reconnue au Parlement pour contrôler et évaluer les mesures adoptées avant leur entrée en vigueur n'a pas été respectée alors même qu'elle lui a été conférée dans le but de s'assurer que ces mesures sont strictement proportionnées et appropriées aux circonstances de temps et de lieux en ce qu'elles touchent les libertés publiques, les libertés individuelles et les droits fondamentaux de la personne humaine. En effet, le juge constitutionnel dénonce le fait qu'en « *(...) l'espèce, il appert de l'instruction de l'arrêté n° 0559/PM fixant l'entrée en vigueur des nouvelles mesures gouvernementales de prévention, de lutte et de riposte contre la propagation de la COVID-19 a été pris le 25 novembre 2021 ; que le texte est entré en vigueur le 15 décembre 2021 sans que le Gouvernement n'ait régulièrement le Parlement des mesures y contenues, ainsi que l'obligent les dispositions précitées de l'article 5 de la loi n° 003/2020 du 11 mai 2020, modifiée, susvisée ; que les règles de procédure étant d'ordre public, leur inobservation entraîne ipso facto l'annulation de l'acte normatif concerné, en l'occurrence l'arrêté n° 0559/PM du 25 novembre 2021 fiant l'entrée en vigueur des nouvelles mesures gouvernementales de prévention, de lutte et de riposte contre la COVID-19* ». Voir considérant n° 7 de la Décision n° 043/CC du 24 décembre 2021 relative à la requête de messieurs Jean Valentin LEYAMA et Geoffroy FOUMBOULA LIBEKA MAKOSSO tendant à voir déclarer inconstitutionnels certains articles de l'Arrêté n° 0559/PM du 25 novembre 2021 fixant l'entrée en vigueur de nouvelles mesures gouvernementales de prévention, de lutte et de riposte contre la propagation de la COVID-19 et l'annulation dudit Arrêté. Ainsi, parce que le Parlement.

137https://ecomatin.net/port-du-masque-medical-les-autorites-durcissent-le-ton/, consulté le 24 avril 2021 à 03h09 min. Il ressort de l'exploitation du texte que le ministre de la décentralisation et du développement local (Minddevel), a signé le 13 mai 2020 un fax s'adressant aux préfets et portant sur les mesures à prendre pour le respect obligatoire du port du masque dans le cadre de la prévention et la riposte contre le Covid-19. Dans ce message il demande aux autorités de « *bien vouloir inviter les maires des communes... à prendre toutes les mesures jugées utiles à travers un arrêté municipal en vue de sanction pour non-respect du port du masque par populations conformément aux dispositions de l'article 218 (2d), du Code général des collectivités territoriales décentralisées* ». Il informe également que désormais les contrevenants à cette règle barrière mise en vigueur le 13 avril au Cameroun, devront s'acquitter d'une amende comprise entre 500 et 2.000 FCFA.

138 Sur l'incompétence des autorités administratives dans le cadre de la riposte contre la COVID-19 au Cameroun, lire Christian Fabrice YINDJO TOUKAM, « L'influence des mesures de riposte contre la COVID-19 sur le droit au bonheur du citoyen en droit camerounais », *Revue juridique du bonheur*, n° 3, 2021, pp. 8-10.

139 Pour une vue d'ensemble de cette politique, lire Pélagie Chantal BELOMO ESSONO, *L'ordre et la sécurité publics dans la construction de l'État du Cameroun*, Thèse de doctorat en Sciences politiques, Université Montesqieu Bordeaux IV, 2007, 522 p.

140 L'observation de la scène juridique camerounaise donne à constater que, le fait pour l'État d'adopter un régime hybride de règle restreignant les libertés publiques n'est pas véritablement en soi une nouveauté. En effet, en proie à des menaces sécuritaires de diverses natures dans les Régions de l'Extrême-Nord, du Nord-Ouest et du Sud-Ouest, celui-ci a mis en place un système particulier de régulation des libertés au sein de ces territoires. La jouissance des droits des citoyens est quelque peu particulière alors même qu'aucun régime de crise n'a été instauré sur ces espaces. En ajoutant ces

hybrides **(A)**. Dans un tel contexte, il n'est pas incongru d'évoquer l'idée d'une négation de l'État de droit[141] à défaut de l'institutionnalisation d'un État de police.

A- L'institutionnalisation d'un régime *sui generis* libertaire

Il est constant que les mesures de riposte adoptées par le gouvernement contre la pandémie de la COVID-19 ont eu une influence sur le droit au bonheur des citoyens[142]. La raison étant que les questions de santé publique ne sont pas seulement propres à des personnes physiques. Elles relèvent principalement de la responsabilité de l'État à qui incombe le devoir de garantir le bien-être de sa population, en tout temps et en tout lieu[143]. À ce titre et dans le domaine spécifique de la santé publique, le Ministre de la santé est chargé « *de veiller au développement des actions de prévention et de lutte contre les épidémies et pandémies* »[144]. Pourtant, dans le cadre de la riposte contre la COVID-19, l'observation démontre bien que de nombreuses autres autorités ont pris des mesures en vue d'endiguer le développement de cette maladie. Ces mesures aussi louables qu'elles soient, constituent en réalité des règles attentatoires aux libertés publiques. Elles posent un problème de proportionnalité au regard de la théorie du bilan dans la prise de décision administrative[145].

Les mesures de lutte contre le coronavirus au Cameroun ne correspondent pas nécessairement à l'ampleur de la menace à laquelle celle-ci donne lieu. En effet, il n'existe pas toujours une proportionnalité[146] entre ces mesures et l'exercice des droits

---

nouvelles restrictions des libertés à ces situations devenues plus ou moins constantes et conjugués à d'autres faits politiques majeurs, le Gouvernement offre ainsi l'opportunité à tout observateur de la scène juridique et même politique du Cameroun de justifier l'analyse suivant laquelle, le régime sombre de plus en plus dans un régime autoritaire où les libertés reconnues aux citoyens sont ignorées sinon rejetées. C'est ce qui a fait (entre autres) dire à auteur que « *la dictature fait fureur au Cameroun* ». Pour en savoir plus, lire J. D. WAKAM, « La dictature fait fureur au Cameroun », *La Revue Nouvelle*, n° 3, 2019, pp. 22-25.

141 Conseil d'État, *Les états d'urgence : la démocratie sous contraintes,* Étude annuelle 2021, La documentation française, pp. 29-42.

142 Sur le bonheur comme droit des citoyens, lire avec grand intérêt, Marc DUPRÉ, « Le droit comme moyen du bonheur », *Revue juridique du bonheur*, n° 1, 2019, 11 p.

143 Le Préambule de la Constitution dispose à cet effet que « *l'État garantit à tous les citoyens de l'un et de l'autre sexe, les droits et libertés énumérés au Préambule de la Constitution* »

144 Article 2 alinéa 2 du décret n° 2013/093 du 03 avril 2013 portant organisation du Ministère de la santé.

145 Jacques CAILLOSSE, « Note sur Conseil d'État, 28 mai 1971, n° 78825, Ville Nouvelle Est », *in* Thomas PERROUD, Jacques CAILLOSSE, Jacques CHEVALLIER, Danièle LOCHAK, *Les grands arrêts politiques de la jurisprudence administrative*, *op. cit.*, pp. 363-397.

146 Pour un auteur, la proportionnalité des mesures adoptées en République du Congo se justifie par la consultation des experts des questions épidémiologiques afin de requérir leur avis sur les mesures envisagées. Pour lui en effet, « *la nécessité des mesures prises par le gouvernement sur le plan sanitaire met en lumière le rôle primordial des experts. En effet, ne disposant pas a priori des connaissances scientifiques leur permettant de se prononcer, les pouvoirs publics font recours à cette catégorie de citoyens en raison de leurs compétences dans ce domaine particulier. En réalité, cette démarche n'est pas nouvelle car il n'est pas rare que l'administration sollicite l'avis de spécialistes sur des questions précises. La proportionnalité leur permet de s'assurer que l'étendue ou la nature des mesures prises sont à la mesure de la menace. Celles-ci doivent être strictement proportionnées aux risques sanitaires encourus et appropriées aux circonstances de temps et de lieu. Il faut veiller à la préservation de l'état de droit mais également à l'efficacité des mesures adoptées* ». Lire Guy Jean Clément MEBIAMA, « L'état d'urgence sanitaire et les droits fondamentaux au Congo », *Annales de l'Université Marien Ngouabi, Sciences juridiques et politiques*, Vol. 20, n° 1, 2020, p. 63. En souscrivant

humains auxquelles elles s'appliquent[147] d'autant plus que malgré leur édiction, elles n'ont pas toujours été respectées par les citoyens et cela, sans que cette réaction sociale ne donne lieu à un nombre de contamination exponentiel ni même à un taux de mortalité extrêmement élevé. À certains égards d'ailleurs, ces mesures sont empreintes d'une extrême gravité, vidant entièrement les libertés publiques de leur contenu. Les conséquences de ces actes se sont avérées plus sévères pour les populations que les effets envisagés de la maladie.

Au plan socio-économique comme au plan des libertés, ces mesures se sont présentées plus dangereuses pour les citoyens[148]. Ceci est davantage inadmissible que le régime actuel régissant les libertés publiques depuis l'avènement de la COVID-19 est constitué de règles hybrides, empruntant à la fois au droit commun et aux règles exceptionnelles[149]**(1)**. Davantage, le régime nouvellement institué consacre une sorte d'assouplissement de la légalité administrative du fait qu'il renforce les pouvoirs des autorités de police administrative **(2)**.

à cette analyse, il convient d'observer que dans le cadre de la riposte contre la COVID-19 au Cameroun, les mesures prises par les autorités (avant d'être assouplies plus tard), l'ont été en dehors de toute consultation du Conseil scientifique des Urgences de Santé Publique, créé par décision du Ministre de la Santé publique le 27 mars 2020. La création de cette instance ayant pour « *(…) mission d'émettre un avis scientifique sur le déroulement de la riposte sanitaire, notamment en ce qui concerne les volets surveillances, prise en charge, vaccination et gestion sanitaire de la riposte* » étant postérieure aux premières mesures adoptées le 17 mars 2020 et renforcées le 24 mars de la même année en vue d'une application stricte.

[147]La Cour constitutionnelle du Gabon juge d'ailleurs inconstitutionnelles les mesures de riposte adoptées par le Gouvernement et qui ne sont pas proportionnelles à la protection des droits fondamentaux ainsi que des libertés publiques et individuelles. Elle a dit pour droit que : « *(…) Considérant que si à un moment donné il s'avère nécessaire de rendre les tests PCR payants par exemple, les taux à fixer doivent tenir compte de des situations économique et sociale que vivent les populations depuis la survenue de la pandémie de la COVID-19 ; qu'en effet, les confinements successifs, aisi que l'instauration des couvre-feux, ont conduit plusieurs entreprises à déposer les bilans et ralenti considérablement l'exercice de certaines activités commerciales, avec leur corollaire qui est la perte de revenus pour les uns et d'emplois pour un grand nombre d'autres ; qu'au regard de ces contingences économiques et du montant du SMIG en République Gabonaise, le taux fixé pour les tests PCR normaux n'est ni adéquat, ni proportionnel aux circonstances de temps et de lieu ainsi que l'exigent les dispositions ci-dessus rappelées de l'article 7 de la loi n° 003/2020 du 11 mai 2020, modifiée, susvisée ; (…)*
Considérant qu'il résulte de tout ce qui précède de l'article 6 de l'arrêté n° 0685/PM du 24 décembre 2021 soumis au contrôle de la Cour viole les principes à valeur constitutionnelle de la hiérarchie des normes et de proportionnalité des mesures exceptionnelles de prévention, de lutte et de riposte contre les catastrophes sanitaires aux circonstances de temps et de lieu, ainsi que les dispositions combinées des articles 47 et 48 de la Constitution ; qu'en conséquence, il échet de déclarer ledit article 6 inconstitutionnel ; (…) ». Voir les considérants 14, 15 et 16 de la Décision n° 045/CC du 31 décembre 2021 relative à la requête présentée par Monsieur Geoffroy FOUMBOULA LIBEKA MAKOSSO et Madame Justine Judith LOKOGO, tendant à voir déclarer inconstitutionnel l'Arrêté n° 0685/PM du 24 décembre 2021 fixant l'entrée en vigueur des nouvelles mesures gouvernementales de prévention, de lutte et de riposte contre la propagation de la COVID-19 et l'annulation dudit Arrêté.

[148]ADISI Cameroun, *Rapport d'enquête. Impact des mesures gouvernementales de lutte contre la COVID-19 sur les libertés publiques au Cameroun*, 2021, 55 p., spéc. pp. 24-45.

[149] Jean Baptiste CHOUAMO, « La Constitution et le droit à la protection de la santé : recherche sur les bases constitutionnelles de la lutte contre la covid-19 au Cameroun », *op. cit.*, p. 17.

1- La coexistence de deux régimes juridiques

Dans sa lutte contre le COVID-19, le Cameroun n'a ni recouru aux mesures exceptionnelles que prévoit sa Constitution, ni adopté une nouvelle loi pour l'occasion, comme l'ont fait de nombreux autres pays. L'État s'est plutôt appuyé sur des dispositions déjà existantes, applicables en temps ordinaire pour lutter contre la pandémie[150]. Cela s'est traduit par l'accroissement des pouvoirs des autorités administratives et s'exprime davantage par la motivation des décisions à laquelle les libertés publiques sont confrontées.

Le régime des libertés publiques en temps de crise sanitaire au Cameroun est défini par des règles dont la nature est dans une certaine mesure introuvable. En effet ces règles empruntent à la fois au régime ordinaire des libertés publiques en même temps qu'il comporte des règles de nature exceptionnelle[151]. Elles ne correspondent pas à un régime de règles propres. Au contraire, elles se posent comme un régime atypique, empruntant à deux types de réglementations.

À l'analyse, il ressort que ces règles accentuent les pouvoirs des autorités administratives sur la base d'un fondement juridique discutable. Les autorités administratives jugent alors de l'opportunité de l'exercice d'une liberté sans nécessairement tenir compte de la légalité. De la sorte, la motivation des décisions administratives[152] se trouve alambiquée. En effet, s'il est de principe que la motivation principale des autorités administratives était de contrecarrer cette maladie et de préserver la santé des populations, il faut se rendre à l'évidence que celle-ci ne s'est pas limitée pas à ce seul dessein. Elle dissimule les vraies motivations notamment les préoccupations politiques de ces autorités[153] ; les mesures adoptées servant alors à front à toute initiative de nature politique autre que celle visant à encenser le pouvoir

---

[150] Éric-Adol GATSI TAZO, *Cameroon'sFightAgainst COVID-19 : An OrdinaryLegal Framework for an Extraordinary Situation, VerfBlog*, 2020/5/21, https://verfassungsblog.de/cameroons-fight-against-covid-19-an-ordinary-legal-framework-for-an-extraordinary-situation/, *op. cit.*,

[151] En France, pareille situation avait déjà retenu l'attention de la doctrine. Pour une auteure en effet, « *A priori la transposition dans le droit commun de règles d'exception prévues comme telles en ce qu'elles portent atteinte aux libertés et droits fondamentaux a de quoi émouvoir. Comment justifier la mise en place de règles permanentes permettant des atteintes aux libertés individuelles par l'administration et donc sans le contrôle du juge judiciaire, indépendant par son statut, dans un état de droit ?* », VoirLise PÉRRIN, « Législation d'exception. Des règles d'exception dans le droit commun », *Cahier législatif*, n° 276, octobre 2017, p. 1.

[152] Sur la motivation, lire Éric Marcel NGANGO YOUMBI, « L'obligation de motivation des actes administratifs au Cameroun », *in L'obligation*, Etude en l'hommage au Professeur Paul-Gérard POUGOUE, L'Harmattan, 2015, pp. 589-612.

[153] Richard Martial MVOGO BELIBI, « Covid-19 et décision publique en situation d'incertitude. Illustrations et illusion de l'état d'exception en Afrique subsaharienne », *op. cit.*, pp. 361-367.

en place[154]. Il en a été notamment ainsi en matière de manifestation publique[155]. D'un cas à un autre, une manifestation publique peut être annulée ici et être autorisée là-bas sans que la menace n'ait changé ou même sans que la limite autorisée du nombre de personnes ne soit respectée. Des concerts de musique ont ainsi pu être interdits[156] là où d'autres ont été autorisés. De même, l'on a observé que des cérémonies funéraires ont pu être suspendues par le Gouverneur de la Région de l'Ouest sur toute l'étendue de son territoire de commandement [157]alors même que des cérémonies funèbres continuaient de se dérouler en toute quiétude[158].

Cette situation qui est de nature à rompre l'égalité entre les citoyens est d'autant plus incompréhensible qu'en l'absence d'un mécanisme de type « pass sanitaire »[159], rien n'atteste du bon état de santé des participants à ces offices. Rien ne justifie donc qu'il n'y ait aucun risque de contamination davantage au regard de l'évolution de la maladie qui au fil de son expansion donne à constater l'existence de patients asymptomatiques c'est-à-dire des personnes infectées mais dont les signes cliniques de la maladie ne sont pas perceptibles à première vue. Dans un tel contexte, on fait

---

154 Le traitement différencié dont a bénéficié la collecte de fonds pour la lutte contre la COVID-19 suffit à le démontrer. D'un côté, les initiatives engagées par les membres du parti au pouvoir lors de meetings politiques n'ont connu aucune censure de la part des autorités administratives alors que celle d'un parti de l'opposition a été considérée comme illégale par les autorités gouvernementales. Voir par exemple lettre n° 001404/L/MINAT/CAB du 13 avril 2020 du Ministre de l'Administration territoriale adressée au Ministre des Finances et relative à l'ouverture d'une enquête et gel de fonds de l'association illégale dénommée « *Survie Cameroon – Survival Initiative* » par l'ANIF.

155 Ambroise Louison ESSOMBA, « Les libertés publiques au Cameroun l'épreuve de la pandémie du coronavirus », *op. cit.*, pp. 78 et s.

156 Voir la Décision n° 029/D/J06/01/SP du 25 mars 2021 portant interdiction du concert musical de l'artiste Petit-Pays organisé par le promoteur du BoukarouLounge ; voir aussi le Communiqué-radio n° 000039/CR/J/CAB/NBC-. du 24 mars 2021 du Gouverneur de la Région du Centre.

157 Arrêté régional n° 013/AR/F/SG/DPOA du 05 avril 2021 suspendant l'organisation des funérailles sur toute l'étendue de la Région de l'Ouest

158Tel a par exemple été le cas des obsèques de Sieur MONKAM Pascal, opérateur économique de renom dont les obsèques officielles ont été organisées en toute quiétude le 10 avril 2021 soit quelques jours seulement après l'Arrêté de suspension du Gouverneur de la Région de l'Ouest.

159 Il convient néanmoins de mentionner qu'à l'occasion de la Coupe d'Afrique des Nations organisée par le Cameroun du 9 janvier au 6 février 2022, un mécanisme de pass vaccinal a été institué. Ce protocole sanitaire exigeait des supporters qu'ils doivent en plus d'être vaccinés, présenter un test négatif PCR négatif de moins de 72 heures ou un TDR antigénique négatif de moins de 24 heures pour assister aux matchs. Cependant, l'analyse relève qu'au nom de l'intérêt supérieur de l'état à la fois politique (stabilité politique et préservation de l'ordre public) et financier (risque de faillite économique), l'on observe une sorte de modulation des effets des actes pris par le Gouvernement. En effet, en vue de garantir une meilleure visibilité du Cameroun sur la scène internationale, le Gouvernement a exhorté les populations à tout entreprendre pour garnir les gradins des stades. A cet égard, pour faciliter la réalisation de cet objectif, sur les Hautes instructions du président de la République, des mesures exceptionnelles ont été prises du lundi 17 janvier 2022 au vendredi 4 février 2022 dans le but de permettre aux camerounais de prendre une part active à cet évènement continental. Le Communiqué signé du Ministre Secrétaire Général des Services du Premier Ministre le 15 janvier 2022 qui prescrit ces mesures à savoir la tenue des activités scolaires et académiques de 7h30 à 14h d'une part et l'étalage des activités professionnelles de 7h30 à 14h d'autre part dans le secteur, ne précise plus qu'il est exigé des spectateurs qu'ils présentent leur pass vaccinal. D'ailleurs, dans la pratique, l'accès au stade n'est plus conditionné par la présentation d'un certificat attestant de la bonne santé des spectateurs.

face à la politique du deux poids deux mesures dont le fondement repose sur la possibilité de recourir aux motifs liés à la COVID-19 pour justifier telles ou telles mesures ou pour aggraver telles ou telles restrictions. Or, ces extensions des pouvoirs des autorités exécutives et les restrictions importantes qu'elles permettent d'apporter à l'exercice des libertés se réalisent normalement de plein droit du seul fait de la déclaration de l'état d'urgence[160]. Le fait que les pouvoirs de police des autorités administratives aient été élargis, en dehors de toute déclaration de l'état d'urgence, en matière de réquisitions, de réglementation des ouvertures et fermetures des lieux publics et de loisirs, de séjour de personnes et partant en matière de restriction des libertés traduit à suffisance l'idée de coexistence de régimes juridiques. En effet, au cœur du régime de temps ordinaire, les autorités administratives se sont investies de pouvoirs qui dérogent profondément au droit commun[161].En pareilles circonstances, il est constant que les pouvoirs de police des autorités administratives se trouvent renforcer et que l'on observe une sorte de résistance active ou passive aux mesures administratives. Cela pose un problème d'effectivité et d'efficacité de la règle de droit[162]. Assurément, malgré l'accroissement des pouvoirs de l'autorité administrative utiles à la préservation de l'intérêt général, il ressort de la pratique que le désir de survie pousse les populations à braver les mesures d'interdiction, au risque du péril de leur vie et au mépris de l'autorité de l'État et du Droit.

C'est dire que la raison d'État qui sert de fondement de la puissance et de l'action publiques[163], déjà tempérée par le développement des mécanismes de tolérance[164], se trouvent davantage éprouvée par une crise de confiance perceptible dans les rapports entre les citoyens et les gouvernants[165]. Quoi qu'il en soit, les mesures de riposte prescrites par le Gouvernement contre la COVID-19 ont eu pour effet de renforcer les pouvoirs des autorités de police dont on considérait déjà qu'ils occupaient une marge de manœuvre importante dans la gestion des affaires publiques[166].

---

160 Benjamin BOUMAKANI, « Brèves réflexions sur la catégorie de l'État d'urgence sanitaire en Afrique », *Annales de l'Université Marien Ngouabi, Sciences juridiques et politiques*, Vol. 20, n° 1, 2020, p. 5.

161 *Ibid.*, p. 6

162 Christophe MINCKE, « Effets, effectivité et efficacité du droit : le pôle réaliste de la validité », *Revue interdisciplinaire d'études juridiques*, n° 1, 1998, Vol. 40, pp. 115-151.

163 Gaëtan Thierry FOUMENA, « Le droit administratif camerounais « postcolonial » en rupture avec le modèle français inspirateur », Les Annales de droit, n° 14, 2020, pp. 69-101 ; Aimé Raphaël ATBA EYONG, « L'évolution du fondement idéologique du droit administratif », *in* Magloire ONDOA et Patrick Edgard ABANÉ ENGOLO, *Les fondements du droit administratif camerounais*, *op.cit.*, pp. 292-296.

164 Pour une vue d'ensemble de la question, lire avantageusement RigobertFloriant AYISSI, *La tolérance en droit public camerounais*, thèse de doctorat Ph.D en Droit public, Université de Douala, 2019, 463 p. ; spéc. pp. 310-348.

165 Pour une vue d'ensemble de la question, lire Elsa BERNARD et Fanny GRABIAS (dir.), *La confiance en temps de crise. Étude de l'Équipe de recherche en droit public (ERDP/CRDP) de l'Université de Lille*, Bruxelles, Larcier 2021, 346 p.

166 Jean de Noël ATEMENGUE, *La police administrative au Cameroun : recherches sur le maintien de l'ordre public*, Thèse de doctorat de Droit public, Université de Lyon 3, 1995, 362 p. ; spéc. pp. 68-118.

2-Le renforcement des pouvoirs des autorités de police

La lutte contre la COVID-19 a donné l'occasion aux autorités administratives de jouir d'un pouvoir de police plus grand que d'ordinaire[167]. En effet, la riposte s'inscrivant dans le cadre de la préservation et même de la protection de l'ordre public sanitaire[168], ces autorités ont été au cœur même de la stratégie gouvernementale de riposte. Déjà que, en période normale, les actes de ces autorités administratives jouissent d'une certaine immunité juridictionnelle[169].La lutte contre le coronavirus a accentué les pouvoirs de ces autorités en les raffermissant au détriment des droits et libertés individuelles [170]tant en ce qui concerne le régime préventif des libertés que celui répressif. Les autorités administratives bénéficiant alors d'une liberté accrue d'appréciation et d'un jugement de l'opportunité de l'exercice ou non d'une liberté.

Faut-il le rappeler, en matière de libertés publiques, deux régimes sont applicables : le régime dit préventif et celui dit répressif[171]. Le régime préventif est celui dans lequel l'exercice d'une liberté publique est précédé par une déclaration ou même une autorisation préalable de l'autorité administrative[172]. Il subordonne l'exercice d'une liberté à un contrôle préalable. En ce sens il est considéré par la doctrine majoritaire comme étant le « *(...) le régime le plus défavorable aux libertés (...)* » du fait qu'il consacre l'interdiction comme la règle et la liberté comme l'exception[173].

Au contraire de ce régime d'exercice des libertés publiques, le régime répressif est celui qui laisse l'individu exercer sa liberté tout en lui assignant des limites dont la transgression entraîne une sanction pénale prononcée par une juridiction répressive. Pour le Professeur Ferdinand MÉLIN-SOUCRAMANIEN en effet, « *ce régime est le plus favorable à l'exercice de la liberté. Dans ce cas, l'exercice d'une liberté est immédiat, sans formalité(s) préalable(s), dans le seul respect de ce que la loi pénale ne réprime pas (...)* »[174].

À l'analyse, la stratégie de riposte gouvernementale a instauré un régime rigide d'exercice des libertés qui a placé les autorités de police du processus. En effet, au

---

167 En guise d'illustration, voir le cas des libertés de réunion et de manifestations publiques. Sur ce point voir Madeleine Flore BOYOGUENO TSAGUEHE MASSENG, « Ordre public et liberté de réunion et manifestation publiques au Cameroun en temps de Covid-19 », *Revue Africaine de Droit et de Science politique, op. cit.*, pp. 273-304.

168 Sur cette dernière notion, lire Stéphanie RENARD, *L'ordre public sanitaire. Étude de droit public interne*, thèse de doctorat en Droit public, Université de Rennes I, 2008, 727 p. ; Vigny Landry AMOUSSOU, *L'ordre public sanitaire en Afrique francophone*, thèse de doctorat en Droit public, Université de Bordeaux, 2017, 433 p.

169Éric-Adol GATSI TAZO, « Le contrôle juridictionnel des mesures de police en droit administratif camerounais », *Les Annales du droit*, n° 13, 2019, pp. 89-120, spéc. pp.

170 Claude-Winnie PEFOLE, « Heurts de la dignité de l'humain à l'épreuve de la pandémie de coronavirus au Cameroun », *in* Steve TAMETONG, Donald NOUNAMO et Brice WAKAP (dir.), *COVID-19 et Droit au Cameroun. Regards pluriels*, Yaoundé, Editions LUPEPPO, 2021, pp. 101-129 ; spéc. pp. 110-112.

171 Yves MADIOT, *Droits de l'homme, op. cit.*, 1991, pp. 165-171.

172 Sur le régime préventif, lire entre autres Patrick WASCHMANN, *Libertés publiques*, Paris, Dalloz, 9e éd., 2021, p. 474 ; Stéphanie HENNETTE-VAUCHEZ et Diane ROMAN, *Droits de l'homme et libertés fondamentales*, 4e éd., Paris, Dalloz, 2020, pp. 228-230 ;

173 Charles-Édouard MINET, *Droit de la police administrative*, Paris, Vuibert, 2007, p. 23.

174 Ferdinand MÉLIN-SOUCRAMANIEN, *Libertés fondamentales*, Paris, Dalloz, 4e éd., 2021, p. 8.

nom du respect des gestes barrières, les régimes préventif et répressif des libertés publiques ont été endurcis. Du fait qu'il faut par exemple respecter la limitation de participants à un rassemblement, les autorités de police, lorsqu'elles n'autorisaient pas une réunion publique[175], s'attelaient à encadrer avec fermeté l'exercice des libertés publiques en rapport avec les gestes barrières. Davantage, les autorités de police veillent au respect des gestes barrières en dépit des croyances individuelles en l'existence ou non de la maladie pour quelque raison que ce soit. À titre d'illustration, au nom de la religion, certaines églises appelaient leurs fidèles à ne pas respecter avec une grande fermeté les mesures barrières et à faire recours aux prières car, selon elles, la cause de cette maladie est moins scientifique que maléfique. Face à cette situation et malgré l'affirmation constitutionnelle de la liberté religieuse[176], le ministre de l'Administration territoriale, n'a pas hésité à ordonner la fermeture des églises de réveil qui ne respectent pas les mesures barrières contre le coronavirus. Dans une correspondance adressée aux Gouverneurs de Régions, il prescrit « *(…) de procéder à la fermeture systématique des églises dont les pasteurs tiennent des discours contraires aux mesures édictées par le gouvernement en vue de freiner la propagation du Covid-19 (…)* »[177]. C'est dire que les pouvoirs des autorités de police ont été renforcés afin de garantir le respect des gestes et mesures barrières contre la COVID-19. Celles-ci jugent non seulement de l'opportunité de mise en œuvre d'une liberté mais disposent davantage de la latitude de permettre ou non l'exercice de ladite liberté. La marge de manœuvre à elles concédées apparaît alors importante, le sort de la liberté dépendant alors des appréciations subjectives que chaque autorité peut porter à son sujet.

Dans un tel contexte et dans celui où le juge administratif camerounais se refuse de procéder à tout contrôle du contenu de la mesure de police ordonnée[178], qu'il s'agisse d'en apprécier l'opportunité[179] ou d'en questionner la proportionnalité[180], la liberté n'est plus le principe et la restriction de police l'exception comme l'arguait Louis CORNEILLE[181] ; c'est la mesure de police la règle et la liberté l'exception.

---

175 Madeleine Flore BOYOGUENO TSAGUEHE MASSENG, « Ordre public et liberté de réunion et manifestation publiques au Cameroun en temps de Covid-19 », *Revue Africaine de Droit et de Science politique, op. cit.*, pp. 281-292.

176 Sur les fondements juridiques de la liberté religieuse au Cameroun, lire Bernard-Raymond GUIMDO DONGMO, « Réflexions sur les assises juridiques de la liberté religieuse au Cameroun », *Les Cahiers de droit*, n° 4, Vol. 40, 1999, pp. 791–819.

177 Voir lettre n° 76445/L/MINAT/CAB du 24 mars 2021

178 Éric-Adol GATSI TAZO, « L'ordre public en droit public français et camerounais : regards croisés sur un labyrinthe juridique », *RIDC*, n° 4, Vol. 69, 2017, pp. 961-999, spéc pp. 997-999.

179 CS/CA, Ordonnance n° 19/O/PCA/CS du 26 septembre 1991, OCDH

180 CS/CA, Ordonnance n° 20/O/PCA/CS du 26 septembre 1991, KOM Ambroise ; CS/CA, Ordonnance n° 21/O/PCA/CS du 26 septembre 1991, CAP Liberté.

181 Pour le commissaire du gouvernement en effet, « *pour déterminer l'étendue du pouvoir de police dans un cas particulier, il faut toujours se rappeler que les pouvoirs de police sont toujours des restrictions aux libertés des particuliers, que le point de départ de notre droit public est dans l'ensemble les libertés des citoyens, que la Déclaration des droits de l'homme est, implicitement ou explicitement au frontispice des constitutions républicaines, et que toute controverse de droit public doit, pour se calquer sur les principes généraux, partir de ce point de vue que la liberté est la règle et la restriction de police l'exception* ». Voir les conclusions sous l'arrêt Baldy, C.E, Baldy, 10 août 1917, cité par Bernard STIRN, « Ordre public et libertés publiques », https://www.conseil-etat.fr/actualites/discours-et-interventions/ordre-public-et-libertes-publiques, consulté le 31 août 2021 à 13h03min.

D'ailleurs, en France, le juge du référé-liberté s'est retrouvé en situation de prescrire aux autorités de police l'adoption de mesures de contrainte qui peuvent constituer des entraves importantes à l'exercice de différentes libertés[182].

Cet état de chose est de nature à porter atteinte, de façon continue aux libertés publiques pourtant consacrées et protégées dans l'ordre juridique.

B- La restriction permanente des libertés publiques

Alors que la crise du COVID-19 s'aggrave, passant d'un variant plus ou moins virulent à un autre, son impact sur le développement démocratique des pays africains devient une des principales priorités. Une large attention a été accordée à la question de ses effets sur les processus électoraux[183] ainsi que sur ses conséquences sur le constitutionnalisme et l'État de droit dans les États d'Afrique de l'Ouest[184].Quelques analyses ont été consacrées à son impact sur les libertés publiques dans le contexte camerounais[185] alors même que ses effets qui ne sont pas entièrement maîtrisés, contribuent au durcissement du régime desdites libertés[186].

L'évolution rapide des chiffres des personnes infectées à travers le monde et les mutations continues du virus ont contraint le Gouvernement à prendre des mesures nécessaires à la préservation de l'ordre public. Pour certains auteurs, ces mesures se justifient par la préservation de la dignité humaine[187]. Pour d'autres, ces restrictions ne sont compréhensibles qu'en contexte d'état d'urgence[188].

Le constat qui se dégage de l'examen de ces mesures est celui suivant lequel ces restrictions se prolongent au-delà du temps pour lequel elles avaient été édictées. Or il est de règle bien établie que les mesures exceptionnelles de limitation des libertés ne sauraient être édictées *ad vitam æternam*[189]. En effet, l'observation révèle que le port

---

182 Xavier DUPRÉ De BOULOIS, « On nous change notre… référé-liberté » (obs. sous CE ord., 22 mars 2020, n° 439674) », *RDLF*, chronique n° 12, 2020

183 Seni Mohamadou OUEDRAOGO, Djibrihina OUEDRAOGO, « Les élections présidentielles et législatives à l'épreuve du COVID-19 : une mise en lumière en Afrique de l'Ouest francophone », *Revue Afrilex*, consulté le 25 octobre 2020 à 16h14min. Pour une analyse comparée, Romain RAMBAUD, « Droit électoral et covid-19 : l'occasion manquée du vote par correspondance », *AJDA*, mars 2021, pp. 486 et ss.

184 Institute for Democracy and Electoral Assistance, *L'impact de la crise du COVID-19 sur le constitutionnalisme et l'État de droit dans les pays francophones et lusophones d'Afrique de l'Ouest et centrale, Rapport analytique du webinaire*, 23 avril 2020, 18 p.

185 On peut mentionner le dossier spécial consacré par la Revue *Le Nemro, Revue trimestrielle de droit économique*, à la « COVID-19 et le droit » dans ses numéros d'Avril-Juin 2020 (partie 1 et partie 2). Dans ce dossier spécial, certaines études abordent le rapport de la COVID-19 aux libertés publiques. Elles ne les envisagent cependant pas de façon globale et demeurent spécifiques à des domaines et enseignements du Droit.

186 Xavier DUPRÉ De BOULOIS, « La fin des droits de l'homme ? », *RDLF*, chronique n° 60, 2020

187 Charles TUEKAM TATCHUM, « Les libertés publiques à l'épreuve de l'urgence sanitaire au Cameroun », *op. cit.*, pp. 81-86.

188 Jean-Éric GICQUEL, « Covid-19 : crise sanitaire et crise des normes », Recueil Dalloz, 2020, pp. 719 et s.

189 Ainsi au Niger, les prorogations de l'état d'urgence sanitaire dans les différentes localités du territoire national ont préalablement été soumises à l'appréciation de la Cour constitutionnelle qui jugeait de leur

du masque demeure obligatoire est systématique pour accéder aux services publics ainsi que dans tous les établissements publics et privés de formation relevant des différents ordres d'enseignement. Le système d'enseignement à temps partiel demeure la règle dans les établissements publics de formation. Les compétitions scolaires et universitaires sont toujours reportées. C'est dire que la problématique de la COVID-19 renouvelle ainsi la question des rapports entre l'exercice des libertés publiques et la préservation de l'ordre public en contexte camerounais[190].

De toute façon, les mesures adoptées dans le cadre de la stratégie de riposte gouvernementale au Cameroun ont apporté des restrictions aux libertés des citoyens qu'il s'agisse des libertés civiles et politiques **(1)** ou des libertés sociales et économiques**(2)**.

1- La limitation des libertés civiles et politiques

La riposte nationale contre la COVID-19 a, à n'en point douter, impacté le régime des libertés publiques dans son versant civil et politique. Bien qu'il n'existe pas de définition conventionnelle de cette notion[191], il convient de considérer les libertés civiles et politiques de l'Homme comme des droits qui protègent les libertés individuelles des citoyens contre les atteintes des Gouvernements, des organisations sociales et des particuliers, et qui garantissent à chacun la possibilité de participer à la vie civile et politique de la société et de l'État sans être discriminé ni réprimé[192]. Consacrés par le Pacte international relatif aux droits civils et politiques du 16 décembre 1966, ces droits ont été particulièrement affectés par les mesures de riposte, principalement la liberté de circulation et la liberté de réunion pour ne s'en tenir qu'à ces deux libertés.

S'agissant de la liberté de circulation, il faut mentionner que, dans le but de limiter le propagation de la maladie et en vue de protéger la population, en date du 17 mars 2020 le Gouvernement camerounais a prescrit la fermeture des frontières terrestres, aériennes et maritimes. Dans ce sillage, la délivrance des visas d'entrée au Cameroun a été suspendue[193]. De même, les déplacements urbains et interurbains ont été limités aux cas d'extrême urgence. Même lorsque certains déplacements internationaux

---

conformité à la Constitution et particulièrement au regard de l'exigence de délai prescrit par la réglementation. Voir Cour constitutionnelle du Niger, Avis n° 003/2020/CC du 04 février 2020 ; Avis n° 004/2020/CC du 11 mars 2020 ; Avis n° 005/2020/CC du 11 mars 2020 ; Avis n° 006/2020/CC du 11 mars 2020.

[190] Serge François SOBZE, « Ordre public et libertés publiques : duo ou duel ? », *Janus, Revue camerounaise de Droit et de Science Politique*, 9e année, n° 4, 2015, pp. 169-194.

[191] Jean-Marie DENQUIN, « Droits civils et politiques », *in* JoëlANDRIANTSIMBAZOVINA, Hélène GAUDIN, Jean-Pierre MARGUENAUD, Stéphane RIALS, Frédéric SUDRE (dir.), *Dictionnaire des droits de l'homme*, 1ère éd., Paris, *Puf*, 2008, pp. 318-322 ; Jean MORANGE, « Droits civils et politiques », *in* Denis ALLAND et Stéphane RIALS (dir.), *Dictionnaire de la culture juridique*, 1ère éd., Paris, *Puf*, 2003, pp. 536-538.

[192]https://www.frontlinedefenders.org/fr/right/civil-political-rights consulté le 25 octobre 2020 à 19h53 min.

[193] Mesure 2 de la Déclaration spéciale du Premier Ministre, Chef du Gouvernement du 17 mars 2020.

étaient autorisés, il fallait encore que les voyageurs en provenance des destinations où sévissait la maladie soient mis en isolement, le temps d'incubation de la maladie. La restriction des déplacements a imposé au Premier Ministre de suspendre, au moins temporairement, les missions à l'étranger des membres du gouvernement et des agents du secteur public et parapublic[194]. Par ailleurs, interdiction formelle a été donnée de procéder aux surcharges dans les transports en commun.

Ces mesures qui ont eu pour effet de restreindre la liberté d'aller et de venir des citoyens consacrée par la Constitution[195], ont également participé de la restriction de la liberté de réunion.

En ce qui concerne la liberté de réunion et de manifestation publique[196], le Gouvernement a édicté une mesure tendant à limiter le nombre de participants aux rencontres. Ainsi, « *les rassemblements de plus de cinquante (50) personnes sont [demeurés] interdits sur toute l'étendue du territoire national* » le temps de la riposte. Sur le fondement de cette mesure[197], de nombreuses autres ont été prises notamment la réduction du nombre des personnes lors des cérémonies funèbres, au cours d'offices religieux ou même lors des manifestations politiques alors même que les partis politiques ont la mission de concourir à l'expression du suffrage[198].

La pandémie a mis en lumière la nature de la gouvernance des différentes démocraties en mettant un accent particulier sur les rapports entre les gouvernements et les citoyens. D'une part, la crise sanitaire souligne la nécessité de respecter les droits à la vie et à la santé afin que la vie normale d'une société démocratique soit préservée[199]. D'autre part, elle révèle aussi la tension qu'il existe entre ces droits et d'autres droits, entre les intérêts individuels et collectifs concurrents des populations. Les mesures de santé publique consistant à faire respecter les distanciations sociales, qui sont jugées efficaces pour réduire la propagation de certaines maladies de type grippal, notamment le Covid-19, entrent en conflit avec un certain nombre de droits individuels[200]. À cet égard, une étude révèle que les libertés ont reflué dans près de 70 % des pays du monde en 2020 à cause des restrictions provoquées par la lutte contre la pandémie. Le Cameroun qui demeure classé dans les régimes autoritaires

---

194 Voir la mesure 12 de la Déclaration du Premier Ministre du 17 mars 2020.

195 Conformément au paragraphe 7 du Préambule de la Constitution, « *tout homme a le droit de se fixer en tout lieu et de se déplacer librement, sous réserve des prescriptions légales relatives à l'ordre, à la sécurité et à la tranquillité publics* ». Or, en vertu de l'article 65 du texte constituant, « *Le Préambule fait partie intégrante de la Constitution* ».

196 Loi n° 90 /055 du 19 décembre 1990 fixant le régime des réunions et des manifestations publiques

197 Pour le cas particulier des libertés de réunion et manifestation publiques, lire Madeleine Flore BOYOGUENO TSAGUEHE MASSENG, « Ordre public et liberté de réunion et manifestation publiques au Cameroun en temps de Covid-19 », *Revue Africaine de Droit et de Science politique, op. cit.*, pp. 273-304.

198 Conformément à l'article 3 de la Constitution, « *les partis et formations politiques concourent à l'expression du suffrage. Ils doivent respecter les principes de la démocratie, de la souveraineté et de l'unité nationale. Ils se forment et exercent leurs activités conformément à la loi* ».

199 Elie TASSEL, « Droit à la santé, droit à la vie et coronavirus. La décision publique face à l'incertitude scientifique », *Cahiers Droit, Sciences et Technologies*, n° 11, 2020, pp. 151-170.

200 Alessandra SPADARO, « Les droits humains à l'épreuve de la Covid-19 », *La Revue européenne de droit*, numéro spécial, Juin 2020, p. 61.

c'est-à-dire les États dans lesquels les violations des libertés civiles (entre autres) sont constantes connaît une baisse considérable de l'indice de démocratie passant de 2,85 en 2019 à 2,77 en 2020[201]. Cet indice qui est en constante régression depuis 2015[202] montre bien que les mesures de riposte ont conduit à un énorme recul des libertés civiles et politiques au Cameroun[203].

Tout compte fait, les mesures édictées dans le cadre de la riposte de la COVID-19, ont contribué à réduire l'exercice des libertés civiles et politiques de manière particulière. Ce durcissement des mesures de police a également constitué un socle du rétrécissement des droits sociaux et économiques.

2- Le cantonnement des libertés sociales et économiques

La riposte contre la COVID-19 n'a pas seulement eu des effets néfastes sur les conditions de vie des populations[204] ou sur l'exercice des libertés civiles et politiques. Elle a également marqué de ses effets, les libertés sociales et économiques[205]. En effet, comme le relève l'Organisation des Nations Unies, la COVID-19 a exacerbé la vulnérabilité des groupes les moins protégés de la société. Elle a fait ressortir les inégalités économiques et sociales criardes et les déficiences dans les systèmes de santé et de protection sociale[206] auxquelles les autorités doivent remédier en route priorité. Les femmes et les hommes, les enfants, les jeunes et les personnes âgées, les réfugiés et les personnes avec un handicap entre autres ont été touchés de manière différente[207]. Elle a révélé qu'en période de crise sanitaire, les libertés économiques et sociales n'apparaissent pas comme un sujet d'analyse prioritaire[208].

---

201 Voir https://major-prepa.com/geopolitique/classement-pays-indice-de-democratie/, consulté le 08 octobre 2021 à 22h10 min

202 De 2017, année de début des revendications à 2020, cet indice n'a jamais cessé de dégringoler passant de 3,61 en 2017 à 3,38 en 2018 ; de 2,85 en 2019 à 2,77 en 2020. L'analyse de ces chiffres montre bien qu'avec le temps la situation des libertés au Cameroun se raffermit davantage.

203 Selon l'étude menée en 2021 par *World justice project*, l'indice sur l'État de droit classe le Cameroun 32e sur 33 pays en Afrique subsaharienne et 135e sur 139 pays dans le monde. Pour obtenir cet indice, huit facteurs ont été pris en compte à savoir les contraintes aux pouvoirs du Gouvernement, l'absence de corruption, le gouvernement ouvert, les droits fondamentaux, l'ordre et sécurité, l'application des règlements, la justice civile, et la justice criminelle.

204 Pour un aperçu de ces effets, lire Viviane ONDOUA BIWOLÉ, *Impact de la pandémie du Covid-19 sur l'emploi au Cameroun (IPEC). Regard sur la condition de la femme et l'action syndicale. Rapport d'analyse*, Yaoundé, Friedrich Ebert Stiftung, Juillet 2020, 61 p. ; Sabine Patricia MOUNGOU MBENDA et Viviane ONDOUA BIWOLÉ (dir.), *Épidémiologie de l'économie et confinement de l'organisation COVID-19*, Yaoundé, Les Presses universitaires de Yaoundé, Juillet 2020, 276 p.

205 Pour l'exemple des libertés économiques, lire Sébastien BRAMERET et Stéphanie DOUTEAUD, « Aller à l'essentiel », JCP /La Semaine Juridique – Édition Administrations et collectivités territoriales n° 14, 5 avril 2021, pp. 1-2.

206 Joël DONGMO NZANGUE, « Le contrat de travail à l'épreuve de la COVID-19 : à la recherche des pistes de survie », *in* Steve TAMETONG, Donald NOUNAMO et Brice WAKAP (dir.), *COVID-19 et Droit au Cameroun. Regards pluriels,* Yaoundé, Editions LUPEPPO, 2021, pp. 195-219.

207 Nations Unies, *COVID-19 et droits humains. Réagissons ensemble*, Avril 2020, p. 3.

208 Arnaud SÉE, « Les libertés économiques en période de crise sanitaire : un premier état des lieux », *RDLF*, chronique n° 21, 2020

L'invocation du droit à l'éducation et de la liberté d'entreprendre suffisent à asseoir cette conviction.

Dans le but d'éviter la propagation de la maladie et de limiter la contamination des populations, le Gouvernement a opté pour la fermeture des établissements privés et publics d'enseignement[209]. Bien que cette mesure ait concouru à l'adoption du *e-learning*, il faut relever qu'elle a plutôt contribué à accroître les inégalités entre les apprenants, tous ne disposant pas des mêmes opportunités, outils ou accès nécessaires pour poursuivre leur éducation. Parmi eux, certains ne disposent pas de moyens adéquats pour accéder au savoir ; le contexte d'accès à internet doublé de celui des arrêts quotidiens et constants de la fourniture en énergie électrique ne facilitant pas l'accès aux connaissances et partant la mise en œuvre du droit à l'éducation[210]. Cette situation est d'autant plus difficile qu'avant la pandémie, le diagnostic établi faisait état de l'insuffisance des ressources allouées à ce secteur prioritaire[211].

Au sujet, de la liberté d'entreprendre, l'on observe que pendant la durée de sa mise en œuvre, la fermeture des débits de boissons, restaurants et lieux de loisirs a porté atteinte à cette liberté économique fondamentale dans la mesure où elle limitait l'exercice de ces activités. Au-delà de cette liberté, c'est le droit de propriété qui a été violé en dépit de toute procédure d'expropriation[212]. En effet dans son démembrement *fructus* qui est le droit de disposer des fruits d'un bien, cette mesure a entièrement empiété sur la jouissance du droit de propriété. C'est dire que la riposte a eu un effet « liberticide » indéniable. L'option de l'État camerounais pour les restrictions là où de simples dérogations auraient suffi constitue le principal argument de cette opinion[213].

---

209 Mesure 3 de la Déclaration spéciale du Premier Ministre, Chef du Gouvernement du 17 mars 2020.

210 Observatoire national des droits économiques sociaux et culturels du Cameroun, *op. cit.*, pp. 5-7.

211 Stratégie nationale de développement 2020-2030, p. 87.

212 Conformément au paragraphe 22 du Préambule de la Constitution, « *le droit de propriété ne saurait être exercé contrairement à l'utilité publique, sociale ou de manière à porter préjudice à la sûreté, à la liberté, à l'existence ou à la propriété d'autrui* ».

213 Les dérogations consistent en fait en la suspension temporaire de certains droits humains et ne sont donc autorisées que dans la mesure où elles sont strictement requises par les exigences de la situation, et ne sont pas incompatibles avec les autres obligations de l'État en vertu du droit international, y compris le principe de non-discrimination. Par contre, les restrictions sont des limitations aux droits non absolus, conformes à un objectif légitime et nécessaires dans une société démocratique et proportionnées au but légitime identifié, c'est-à-dire lorsqu'aucune alternative moins restrictive n'est disponible. Sur cette distinction, lire avantageusement Alessandra SPADARO, « Les droits humains à l'épreuve de la Covid-19 », *op. cit.*, pp. 61-63.

Chapitre 4 : La séparation des pouvoirs et la Covid-19 dans les États de l'Afrique noire francophone

Par Alain Juvénal NGAYA
Ph.D en Droit public
Université de Douala (Cameroun)

Résumé : Connaitre la portée de la Covid-19 sur le droit constitutionnel impose de ne pas la limiter à la banalisation de la restriction des droits, libertés publiques et à la revalorisation des moyens et mécanismes du droit souple. De l'expérience des États de l'Afrique noire francophone, elle suggère de l'étendre aux préoccupations de réorganisation des pouvoirs institués. Celles-ci concernent de manière accessoire les formes de territorialisation de l'administration publique et principalement les fonctions politiques rattachées à l'exercice de la souveraineté de l'État. Ce principe renvoie cumulativement à la proscription du cumul direct ou indirect, à la modération de la spécialisation fonctionnelle et à l'idée d'empêchement mutuel entre les pouvoirs institués exerçant les fonctions attachées à la souveraineté de l'État et ce, à des fins de liberté politique des citoyens.

À la préoccupation de savoir comment la Covid-19 a-t-elle influencé sur le principe de la séparation des pouvoirs dans les États de l'Afrique noire francophone, l'idée générale qui oriente cette problématique à la suite de la méthode juridique incline à entrevoir l'accentuation de la position privilégiée du pouvoir exécutif. Mettant en exergue les débats théoriques sur la séparation des pouvoirs, les fonctions politique et sociale de l'État, les attributs de souveraineté de l'État, le bouleversement de l'état de droit, la coexistence de l'interprétation politique de la Constitution par le Président de la République et celle authentique du juge, l'état d'exception, la hiérarchisation entre les droits et libertés publiques, l'application du droit dans le temps, les décrets d'avance, les lois de finances rectificatives et l'adaptation des contrôles, cette réflexion est digne. Par le renforcement du déséquilibre entre les fonctions politiques de l'État, les contre-pouvoirs affaiblis de cette démesure ne parviennent pas à le rééquilibrer aux autres organes régaliens de l'État.

<u>Mots-clés</u> : Fonctions de souveraineté de l'État- la continuité de l'État- contre-pouvoirs- droit budgétaire de l'urgence- état d'urgence sanitaire.

Introduction

Le néolibéralisme « *véritable contrainte axiologique dans la vie internationale* »[1] ayant progressivement fait son lit et son nid dans les ordres normatifs contemporains a été mis en parenthèse par l'épreuve sanitaire. Le réinvestissement de l'État en faveur de la protection sociale face au péril présent s'est affirmé « *au panthéon du droit constitutionnel* »[2]. Le régime d'exception initié alors par la pandémie à Coronavirus, a donné, la possibilité d'infléchir la conception substantielle de l'état de droit, de doter les gouvernants des prérogatives exorbitantes du droit commun et d'abaisser les contrôles préexistants. L'implication directe est que, « *la lutte contre l'épidémie a entraîné une restructuration en profondeur des circuits de pouvoir au sein de l'État* »[3] laquelle investit « *les inflexions au principe constitutionnel de séparation des pouvoirs au nom de la protection du justiciable* »[4]. Ces affirmations devenues effectives sous la formule de la séparation des pouvoirs et la Covid-19 trouvent pour socle d'application et de vérification les États de l'Afrique noire francophone notamment.

D'entrée de jeu, pour répandue qu'elle soit, la conception constitutionnelle de l'Esprit des lois reposant sur l'attribution de l'exercice entier et exclusif d'une des fonctions étatiques à l'un des organes constitutionnels totalement distincts, indépendants et parfaitement séparés fonctionnellement des autres est erronée. « *L'essentiel d'ailleurs n'est pas de distinguer logiquement les pouvoirs* » [5], « *on rattache parfois à cette règle l'interdiction de contacts physiques entre les organes* »[6]. Aucun organe constitutionnel n'est destinataire de l'intégralité d'une fonction ou maitre de sa spécialité matérielle et ne demeure cantonner à ce fait. Cela n'implique pas l'interdiction totale à un organe de participer à plusieurs fonctions à la fois mais proscrit l'identité de l'organe des deux ou trois fonctions. En ce sens, « *les organes étatiques ne sont donc du tout séparés fonctionnellement dans le système de Montesquieu* »[7]. Qui plus, « *elle exige simplement qu'un organe ne puisse exercer le cumul de deux pouvoirs pris en bloc, dans leur totalité* »[8]. En outre, les idées constitutionnelles de Montesquieu ne pourraient éluder la séparation matérielle pour prétendre évoquer les freins ou les contrepoids entre les pouvoirs. La spécialisation fonctionnelle et l'idée d'empêchement mutuel demeurent logiquement incompatible et inconcevable compte tenu de la négation de relation, de cantonnement et d'abri de contrôle entre les pouvoirs. Cela est erroné « *puisqu'il admet des mécanismes réciproques*

---

[1] J. CHEVALLIER., *L'État de droit*, 2ème éd., Paris, Montchrestien, 1994, p.134.

[2] P. JAN., « Les séparations du pouvoir », *in Mélanges en l'honneur de Jean Gicquel, Constitutions et pouvoirs*, Paris, Montchrestien, 2008 p.295.

[3] J. CHEVALLIER., « L'État à l'épreuve du coronavirus », *Pouvoirs* n° 177, 2021/2, p. 115.

[4] L. FAVOREU., « Le juge administratif et le principe de la séparation des pouvoirs », *in Mélanges Paul Amselek* Bruxelles, Bruylant 2005, p.300.

[5] G. VEDEL., *Manuel élémentaire de droit constitutionnel*, 2ème éd., rééd par G. CARCASSONNE., O. DUHAMEL., Paris, Dalloz, 2002, p.159.

[6] M. TROPER., F. HAMON., *Droit constitutionnel*, 35ème éd., Paris, L.G.D.J, lextenso éditions 2014 p.90.

[7] Ch. EISENMANN., « L'« Esprit des lois » et la séparation des pouvoirs », *in Mélanges* R. *CARRE DE MALBERG.*, Paris, Librairie Edouard Duchemin, 1977 p.172.

[8] *Idem*, p.148.

d'influence » [9]. « *La séparation des pouvoirs avec absence de relations entre les organes est impraticable* »[10]. Ce principe renvoie cumulativement à la proscription du cumul direct ou indirect, à la modération de la spécialisation fonctionnelle et à l'idée d'empêchement mutuel entre les pouvoirs institués exerçant les fonctions attachées à la souveraineté de l'État et ce, à des fins de liberté politique des citoyens.

Le principe de la séparation des pouvoirs repose également sur la fragmentation entre les pouvoirs institués, des attributs ou des fonctions rattachées à la souveraineté de l'État. La trilogie puissance, les organes et les fonctions s'observe. Cette condition d'existence est généralement appelée la puissance publique ou encore souveraineté et constitue cette forme de pouvoir politique suprême. « *Une doctrine minoritaire dissocie puissance et souveraineté* »[11], dont « *il ne faut pas confondre la puissance étatique avec la souveraineté* »[12]. Car, « la *souveraineté est la puissance saisie par le droit* »[13] et la puissance étant « *un simple fait [qui] se mesure en termes de forces* »[14]. Il n'est pas aisé de distinguer de manière matérielle la période d'exercice de la puissance dissocié de l'État. Or, il est important « *de ne pas employer indistinctement l'une pour l'autre les deux expressions puissance d'État et souveraineté* »[15]. Ces doctrines font de la souveraineté-puissance la pierre angulaire de leurs constructions juridiques de l'État. Ce sont les fonctions régaliennes de la puissance publique souveraine qui se trouvent morcelées entre les démembrements de l'État. Titulaire de la puissance légitime, « *puissance absolue et perpétuelle de la République* » [16], c'est par des « *faisceaux de droits régaliens* »[17] que l'on perçoit matériellement les attributs juridiques de l'État dans son action. La puissance dont il s'agit est donc une puissance qui n'est pas supérieure en fait, mais seulement en droit par des actes normatifs. Elle « *signifie puissance unilatérale de commandement* »[18]. C'est dans

---

[9] S. RIALS., « Charles Eisenmann, historien des idées politiques ou théoricien de l'État ? », *in* P. AMSELEK (dir), *La pensée de Charles Eisenmann*, Paris, ECONOMICA, PUAM, 1986 p.110 ; F. HOURQUEBIE., « De la séparation des pouvoirs aux contre-pouvoirs : l'esprit de la théorie de Montesquieu », *in G. VRABIE (dir), L'évolution des concepts de la doctrine classique du droit constitutionnel,* Institut european, Roumanie, 2008, pp.50-67.

[10] R. CARRE DE MALBERG., *Contribution à la théorie générale de l'État spécialement d'après les données fournies par le droit constitutionnel français*, t2, Librairie de la société de recueil Sirey, 1922, p.44.

[11] O. BEAUD, *La puissance de l'État,* Paris PUF, coll. Léviathan, 1994, p.10.

[12] G. JELLINEK, *L'État moderne et son droit – Deuxième partie : Théorie juridique de l'État* (1911), trad. G. Fardis, Éditions Panthéon Assas, coll. Les introuvables, 2005, p. 126.

[13] S. GOYARD-FABRE, *L'État, figure moderne de la politique, op.cit.*, p. 140.

[14] 4 S. GOYARD-FABRE, « Légitimité », *op.cit.*, p.929.

[15] R. CARRÉ DE MALBERG, *Contribution à la théorie générale de l'État spécialement d'après les données fournies par le droit constitutionnel français*, t. I, Librairie du Recueil Sirey, 1920, p. 191 ; Th. BERNS, « Souveraineté, droit et gouvernementalité », *Arch. phil. droit* 2002, p. 353. F. DE SMET, *Le mythe de la souveraineté – Du Corps au Contrat social*, « EME, coll. Politique & culture », 2014, p. 8. L. DUGUIT, *Traité de droit constitutionnel – Tome deuxième : La théorie générale de l'État – Première partie : Éléments, fonctions et organes de l'État*, 3e éd., De Boccard, 1928, p.2 ; O. BEAUD, *La puissance de l'État op.cit.*, p.18 ; J. CHEVALLIER, *L'État*, 2ème éd., Paris, Dalloz, « coll. Connaissance du droit », 2011, p. 28 ; S. GOYARD-FABRE, *L'État, figure moderne de la politique*, Armand Colin, « coll. Cursus philosophie », 1999, p. 20. É. MAULIN, « Souveraineté », *op.cit.*, p. 1434.

[16] J. BODIN., Les six livres de la République, 1576 ; L. I, chap 8.

[17] M. HAURIOU., *Précis élémentaire de droit constitutionnel*, 2ème éd., *op.cit.*, p.17.

[18] O. BEAUD., *La puissance de l'État op.cit.*, p.18.

l'État et par l'État qu'existe et émerge le cadre matériel d'attribution des fonctions aux organes visés. Les pouvoirs ne sont que des délégués puisqu'ils ne disposent la compétence de leur compétence. Il apparaît dès lors justifié de chercher à définir l'État par le droit, de chercher à placer la théorie juridique de l'État.

Les composantes de l'État tant en droit interne qu'international recouvrent de la pertinence. « *la notion d'État est liée à celles du souverain ; d'organisation permanente, de territoire et de population* » [19]. L'État peut être défini, d'un point de vue institutionnel, comme l'autorité souveraine qui exerce son pouvoir sur la population habitant un territoire déterminé et qui, à cette fin, est dotée d'une organisation permanente[20]. L'État se décliné autour de l'organisation politique qui exerce cette autorité de manière souveraine, c'est-à-dire sans être tenue de se conformer à d'autres règles que celles, très lâches, du droit constitutionnel et infra constitutionnel. L'idée d'une personnalité juridique souveraine distingue l'État des autres entités publiques en droit public interne se pose. Ici, « *le principe qui caractérise l'État en termes de pouvoir de commandement se nomme la souveraineté* »[21]. Par ailleurs, la population renvoie à cet ensemble homogène de personnes physiques liée à l'organisation politique et plus spécifiquement à l'État par le lien de nationalité. Enfin, « *Le territoire qui fixe le cadre à l'intérieur duquel il exerce son pouvoir de commandement à titre exclusif* »[22]. « *Le territoire est l'espace délimité par des frontières et qui désigne la zone de validité spatiale de l'ordre juridique étatique* »[23]. En application des résolutions de l'Assemblée générale de l'Organisation des unités africaines, il a été posé le principe de l'intangibilité des frontières. La multiplication des pouvoirs au sein de celui-ci tient compte de ce cadre en faisant de lui, « *le fondement de la validité des ordres normatifs* »[24]. En ce sens, le principe de la séparation des pouvoirs s'adosse sur la composante juridique et celles sociologiques de l'État pour poser son idée.

La séparation des pouvoirs se présente comme la conséquence du dogme de la souveraineté nationale. À la base, « *la souveraineté est une et n'appartient qu'à la Nation* »[25] et elle lui revient *de jure* de déléguer son exercice aux divers pouvoirs qui incarnent la souveraineté de l'État. Aucun organe ne peut s'assimiler, se confondre ou détenir en dehors de la Nation l'attribut de la souveraineté et reconstituer à son compte la dévolution fragmentée de la souveraineté nationale. L'exigence de telle technique est « *qu'aucun organe de l'État ne puisse détenir en dehors de la Nation elle-même, la totalité des compétences attachées à la souveraineté* »[26]. La souveraineté nationale se transforme en souveraineté parlementaire et cela résume l'idée de la représentation-fusion. Le corps des citoyens est dilué dans celui de ses représentants. Celui-ci récuse « *la contestation du*

---

19 RENAUD DENOIX DE SAINT MARC., *L'État*, 2ème éd., mise à jour, Paris, PUF, « Que sais-je ? », 2016 p.3.

20 *Idem.*

21 Ph. BLACHER., *Droit constitutionnel*, 3ème éd., Paris, Hachette supérieur, 2015 p.13.

22 B. CHANTEBOUT., *Droit constitutionnel*, 26ème éd., mise à jour, Paris, Sirey, 2009 p.4.

23 Ph. BLACHER., *Droit constitutionnel*, 3ème éd *op.cit.*, p.12.

24 H. KELSEN., *Théorie pure du droit*, 2ème éd., trad. Charles EISENMANN., Paris, Dalloz, 1962 p.255.

25 G. VEDEL., *Manuel élémentaire de droit constitutionnel*, 2ème éd., *op.cit.*, p.157.

26 *Idem.*

fait du peuple relégué »[27] . Pour faire écho à l'Abbé de Sieyès, « *la volonté nationale n'existe qu'à partir du moment où un acte des représentants en a fait connaître la substance* »[28]. Toutefois penser autrement le principe de représentation, aboutit à travers le mode de l'écart à mettre « *en scène deux corps, celui des représentés et celui de représentants, chacun jouissant d'un espace et de prérogatives propres* »[29].

« *La séparation des pouvoirs est à la fois une conséquence de la souveraineté nationale et du régime représentatif et une recette de liberté* »[30]. L'organisation politique des pouvoirs trouve une combinaison dans l'effacement de l'exclusivité des autorités de puissance publique et le morcellement des attributs de la souveraineté entre elles. Il est évident que l'organe politique qui cumule tous les pouvoirs posséderait une puissance indéfinie, insusceptible de contrepoids et dont cette puissance sans limites est un danger pour la liberté politique des citoyens et une ouverture à l'oppression de ceux-ci. « *Ceux-ci, en face d'une telle puissance, sont livrés à l'arbitraire* »[31]. Le but final est que l'on « *se livre à une analyse théorique des conditions dans lesquelles la liberté politique du citoyen peut être sauvegardée* »[32]. Les constituants renvoient au domaine de la loi, les règles normatives sur les libertés publiques.

« *Les droits et libertés fondamentaux incluent aussi des principes essentiels à tout système libéral : séparation des pouvoirs…* »[33]. Se présentant comme une théorie libérale, le principe de la séparation des pouvoirs n'a pas qu'une portée purement institutionnelle. Il ne se limite à l'organisation des pouvoirs politiques mais incorpore la protection des citoyens. Les libertés ne sont dites publiques que si l'État intervient pour les reconnaitre et les aménager, quel que soit l'objet de cette liberté. C'est aux organes de l'État, titulaire de la souveraineté juridique, qu'il revient de réaliser de telles conditions. « *Elles supposent que l'État reconnaisse aux individus le droit d'exercer, à l'abri des pressions extérieures, un certain nombre d'activités déterminées* »[34]. On comprend donc que les libertés publiques ne se conçoivent que dans un système juridique déterminé. La proclamation des libertés par la Constitution est suivie des garanties assurées par le législateur[35].

---

27 P.-E ABANE ENGOLO., « Inconsistance du pouvoir constituant et péril de l'ordre constitutionnel. Le cas des Etats d'Afrique Noire francophone », *RADSP* Vol V, n° IX- jan.- juin 2017 p.11.

28 G. BURDEAU., *La démocratie*, nouvelle édition., Paris, Seuil, 1966, p.39.

29 D. ROUSSEAU., « Faut-il tirer l'ambulance des concepts « Classiques » du droit constitutionnel ? », *RFDC* n° 120/4, 2019 p.880.

30 G. VEDEL., *Manuel élémentaire de droit constitutionnel*, 2ème éd., rééd *op.cit.*, p.159.

31 R. CARRE DE MALBERG., *Contribution à la théorie générale de l'État spécialement d'après les données fournies par le droit constitutionnel français*, t2 *op.cit.*, p.5.

32 M. GOUNELLE., *Introduction au droit public. Institutions, fondements. Sources.*, 2ème éd., Paris, Montchrestien, 1989 p.144.

33 M. LEVINET., *Droits et libertés fondamentaux*, Paris, PUF, « Que sais-je ? », 2010, p.3.

34 J. MORANGE., *Les libertés publiques*, 8ème éd., Paris, PUF, « Que sais-je ? », 2007, p.4.

35 RENAUD DENOIX DE SAINT MARC., *L'État*, 2ème éd., mise à jour, Paris, PUF, « Que sais-je ? », 2016 p.21. J. RIVERO., « Fin d'un absolutisme », *Pouvoirs* n° 13, 1991, pp.5-16.

Pouvant être souple ou strict, le principe de la séparation des pouvoirs se trouvant « *dans tout État démocratique et libéral* »[36] est la résultante de la constitutionnalisation des instruments juridiques internationaux. Dans le cadre des actes pré constituants c'est-à-dire la compétence de définir les règles d'élaboration d'un nouveau texte constitutionnel, le principe est internalisé par le pouvoir constituant originaire au moment de l'édiction de celle-ci. Il est également reconduit au moment de l'activité normative du pouvoir constituant dérivé. Les États adhèrent à l'abandon de l'unité du pouvoir constituant. La Constitution a intégré dans son préambule la déclaration des droits de l'homme et du citoyen du 26 août 1789. Ce texte fondamental l'évoque en son article 16. Il s'agit d'un principe de valeur constitutionnelle évoqué pour le contrôle de constitutionnalité de la loi et autres. Les juridictions constitutionnelles « *ne prennent en compte les normes externes, dans le cadre de leur office, que si celles sont expressément reprises par le texte constitutionnel* »[37]. Celui-ci irrigue le droit positif. Par ailleurs, le principe de la séparation des pouvoirs touche à la Constitution au sens matériel. « *si l'on s'attache à sa matière, on dira qu'elle concerne l'organisation générale des pouvoirs de l'État dans leurs rapports avec les individus* »[38].

Théoriquement, l'on peut situer la genèse de l'idée de séparation des pouvoirs aux classiques grecs et romains. Aristote distinguait en la puissance trois principales opérations : la délibération, le commandement et la justice[39]. Le principe de la séparation des pouvoirs fût posé en Angleterre au cours de la révolution puritaine au XVIIè Siècle[40]. Ce fût sous le coup d'œil d'un homme de génie, CROMWELL[41]. Or, pour CARRÉ DE MALBERG « *ce serait une erreur de vouloir faire remonter Jusqu'Aristote les origines de la théorie de la séparation des pouvoirs* »[42]. Davantage, faute de continuité historique suffisamment probante en matière institutionnelle, « *ce type de généalogie peut paraitre aujourd'hui comme quelque peu abusif* »[43]. Dans les temps modernes, la séparation des pouvoirs a été posée par John Locke. Dans son œuvre[44], il distingue trois pouvoirs : le pouvoir législatif, le pouvoir exécutif et le pouvoir fédératif ou droit de faire la paix ou la guerre et les traités. « *Au fond, la doctrine de Locke se ramène donc à une*

---

[36] J.-Ph FELDMAN., « La séparation des pouvoirs et le constitutionnalisme. Mythes et réalités d'une doctrine et de ses critiques », *RFDC* n° 83/3, 2010, p.483.

[37] A. ONDOUA., « La jurisprudence internationale des juridictions constitutionnelles des États d'Afrique noire francophone », *in* O. NAREY (s.dir), *La justice constitutionnelle*, Paris, L'Harmattan, 2016, p.299-300.

[38] P. BASTID., *L'idée de Constitution*, Paris, ECONOMICA, 1985 p.27 ; A. CARRINO., « De la Constitution matérielle », *in* D. DE BECHILLON., V. CHAMPEIL-DESPLATS., P. BRUNET., E. MILLARD (dir), *Mélanges en l'honneur de Michel TROPER, L'architecture du droit*, Paris, ECONOMICA, 2006 p.239 et s.

[39] R. CARRE DE MALBERG., *Contribution à la théorie générale de l'Etat spécialement d'après les données fournies par le droit constitutionnel français.*, t2 Paris, Dalloz, 2004, p.2

[40] A. ESMEIN., *Éléments de droit constitutionnel français et comparé*, Paris, L.G.D.J., 2001, p. 452.

[41] *Idem.*, p.452.

[42] R. CARRE DE MALBERG., *Contribution à la théorie générale de l'Etat spécialement d'après les données fournies par le droit constitutionnel français.*, t2 *op.cit.*, p.2.

[43] J.-L SEURIN., « Les origines historiques de la séparation des pouvoirs », *in études offertes à Jean Marie Auby*, Paris, Dalloz, 1992, p.655.

[44] *Traité du gouvernement civil* publié en 1690 éd., GF FLAMMARION.

simple théorie de franche séparation des pouvoirs »[45]. Et l'on convient que l'idée d'une séparation fonctionnelle des pouvoirs n'est pas clairement formulée. Puis, de la glorieuse révolution de 1688 et celle américaine de 1776 se forgea véritablement la pratique du « gouvernement modéré ». « *C'est à partir de cette expérience concrète que l'on découvrira ultérieurement les principes de la séparation des pouvoirs* »[46]. C'est également la position de Mauro Barbebis[47]. Par ailleurs, déclenchée dans la ville de Wuhan en Chine en 2019, la Covid-19 s'est très vite étendue en Europe, en Amérique et atteint l'Afrique au mois de février 2020. Elle a connu le variant Delta, omicron.

La réflexion sur la séparation des pouvoirs et la Covid-19 est digne de pertinence. Celle-ci permet de théoriser sur l'état de droit bouleversé et les composantes juridique sociologique et juridique de l'État affectées. Notion de fait et créateur d'un état d'exception, l'aléa influence le droit en vigueur. Ainsi, « *le droit public est depuis toujours, et quasiment structurellement soumis aux contraintes ou aux aléas de changement* »[48]. En outre, elle met en exergue la hiérarchisation des libertés publiques d'une part et, d'autre part, l'espace public limitant plus l'expression des libertés publiques et c'est l'espace privé qui est devenu le nouveau refuge de celles-ci. Puis, la coexistence de l'interprétation politique de la Constitution par le Président de la République et celle authentique du juge est affirmée. En outre, la santé publique non considérée comme un bien car insusceptible d'appropriabilité et de disponibilité est passée d'une conception individualiste à une préoccupation nationale et internationale. L'idée que la santé est une affaire nationale a rénové le mode d'intervention de l'État. « *Une sorte de richesse nationale* »[49] renouvelée et renforcée par la Covid-19 a justifié la politique de l'urgence sanitaire, la place accordée à l'équipement sanitaire national et à ses prévisions dans les documents, plans et les textes budgétaires. Il en est aussi de l'application du droit dans le temps et dans l'espace est mise en exergue afin d'identifier le caractère convergent ou contingent des mesures. À l'issue, on pourra évaluer dans une logique structurelle, l'internalisation du régime aménagé par la Covid-19 dans le droit positif projeté.

S'il est avéré que « *la balance des pouvoirs règle l'attribution des deux fonctions politiques, légiférer et exécuter la loi, à des organes concurrents à leur exercice* »[50], alors comment la Covid-19 a-t-elle influencé le principe de la séparation ? Le survol panoramique du droit positif des États tels que le Congo Brazzaville, la Côte d'Ivoire, le Gabon, Madagascar, le Niger, le Sénégal, la République démocratique du Congo et le Togo incline à évoquer l'hypothèse de l'accentuation de la position privilégiée de l'exécutif par la Covid-19. Deux grands mouvements l'articulent. Par l'atrophie des prérogatives de l'exécutif, la crise sanitaire a renforcé le déséquilibre entre les

---

45 R. CARRE DE MALBERG., *Contribution à la théorie générale de l'Etat spécialement d'après les données fournies par le droit constitutionnel français.*, t2 *op.cit.*, p.3.
46 J.-L SEURIN., « Les origines historiques de la séparation des pouvoirs » *op.cit.*, p.652.
47 M. BARBEBIS., « Le futur passé de la séparation des pouvoirs », *Pouvoirs* n° 143, 2012, p.10.
48 B. PLESSIX., « Réflexions générales », *op.cit.*, p.193.
49 A. DE LAUBADERE., J.-C VENEZIA., *Traité de droit administratif*, t3 5ème éd., Paris, L.G.D.J., 1993 p.229.
50 M. BARBEBIS., « Le futur passé de la séparation des pouvoirs », *op.cit.*, p.6.

fonctions politiques de l'État d'une part (I). Corrélativement, elle affaiblit la réaction des contre-pouvoirs de l'exécutif et, de cet état de fait, elle n'a permis de le rééquilibrer aux autres organes régaliens de l'État d'autre part (II).

I- Le renforcement du déséquilibre entre les fonctions politiques de l'État

L'idée du pouvoir exécutif salvateur du péril sanitaire et considéré comme le grand maitre du jeu économique et le grand ordonnateur de la vie sociale a simplement accentué le déséquilibre entre les fonctions politiques. Le mythe de la séparation des pouvoirs qui « *en fait, Montesquieu distribue les fonctions politiques (législatif et exécutif» d'après la règle de la balance* »[51], déjà relativisé en situation normale l'est davantage dans « *des régimes d'exception* »[52]. Cela « *comporte une extension des prérogatives des autorités civiles en raison d'une menace contre laquelle le gouvernement lutte* »[53]. L'idée que « *la théorie classique de la séparation des pouvoirs semble avoir vieilli en raison du renforcement des pouvoirs de l'exécutif aux dépens du parlement* »[54] est confortée. Nonobstant la conservation de ses prérogatives ordinaires et traditionnelles, l'exécutif les étend par l'appropriation des compétences à lui déléguer par le parlement (A). Ainsi, la Covid-19 cède, introduit, classe, range dans le droit de l'exception, les compétences déléguées à l'exécutif (B).

A- L'extension matérielle par l'appropriation des compétences déléguées

Initiant la multiplication des dérogations aux compétences déléguées par le parlement, les ordonnances ont incontestablement valorisé l'action sanitaire du pouvoir exécutif. S'imposant comme une nécessité et justifiée par le contexte, les ordonnances sont l'une des expressions poussées de rationalisation des pouvoirs du parlement et du contournement du processus normal de production normative au profit de l'exécutif. L'urgence et le souci de flexibilité ont fait peser la balance au profit de celles-ci. En droit constitutionnel, l'approche de l'urgence qui prévaut souvent : « *l'urgence nait d'une crise* »[55]. Dès lors, « *les dimensions juridiques de cette recrudescence de la législation par ordonnances (…), sont réelles* »[56]. Cela conforte alors la délégation de la compétence normative du parlement (1) et l'activation des prérogatives financières de l'exécutif en situation de crise (2).

---

[51] M. BARBERIS., « Le futur passé de la séparation des pouvoirs » *op.cit.*, p.5.

[52] V. CHAMPEIL DESPLATS., « Qu'est-ce que l'état d'urgence sanitaire. D'un état d'urgence à l'autre ou l'intégration des régimes d'exception dans les États de droit contemporain », *RFAP* n° 176, 2020/4, p.888.

[53] Ph. BLACHER., « L'état d'urgence : hors ou dans la Constitution ? », *RDP* hors-série n° 006, 2021 p.103.

[54] D. BARRANGER., *L'essentiel du droit constitutionnel. Théorie générale du droit constitutionnel*, 17ème éd., Paris, Qualino lextenso, 2019 p.83.

[55] J. ROBERT., « Les situations d'urgence en droit constitutionnel », *R.I.D.C* n° 2, 1990 p.751.

[56] P. N'DRI-THÉOUA., « Ordonnances et séparation des pouvoirs budgétaires en période de Covid-19 » *RAFiP* n° 8 – 2ème semestre 2020 p.12.

1-La délégation de la compétence normative du parlement

L'état d'urgence initié par la Covid-19 a entrainé de manière pragmatique la rationalisation de la compétence normative du parlement. Par la loi d'habilitation, la représentation nationale a mis en parenthèse durant une période précise, ses prérogatives de droit commun. Le titulaire de droit commun de celles-ci a été mis en veilleuse au profit du bénéficiaire d'exception. L'on est en présence « *des causes de l'absorption de la fonction législative dans la fonction exécutive* »[57]. Car, c'est « *un principe normatif dont il tire certaines implications touchant aux rapports entre les institutions* »[58]. Ainsi, l'ordonnance a impliqué l'incompétence contextuelle et temporelle du parlement sur matières habilitées. Le sens de l'incompétence négative ou positive de l'exécutif sur la loi d'habilitation est alors fondé car il est devenu le bénéficiaire d'exception et précaire de la fonction constitutionnelle.

D'entrée de jeu, une logique circonstancielle canalise le recours aux ordonnances. L'idée de juguler le péril sanitaire et de contenir l'aggravation de celui-ci impose, le recours à une technique d'urgence. « *La technique normative des ordonnances est aujourd'hui la seule souplesse (…) par rapport à la procédure législative plénière* »[59]. Le recours aux ordonnances permettrait de contourner cet obstacle pour encore renforcer la poussée normative. L'exécutif est considéré comme mieux à même d'agir en urgence et de remplir les tâches de plus en plus complexes. Cette technique permet de contourner la lourdeur de la procédure législative de droit commun et de protéger le droit à la santé des citoyens. Cela dénote « *l'adaptation de la législation* »[60] à l'urgence sanitaire. L'abaissement du parlement dépossédé de sa prérogative essentielle d'élaboration des mesures de ripostes à la crise sanitaire et de limitation des libertés publiques. Cette modalité a été conçue par les constituants comme une dérogation encadrée à la répartition des compétences entre la loi et le règlement. Sous l'effet, de la crise sanitaire, le recours aux lois d'habilitation prérogative restée latente dans le texte de la Constitution a cessé de demeurer épisodique et parcellaire. « *Très logiquement, à cette augmentation radicale des habilitations correspond une croissance récente très forte du nombre d'ordonnances* »[61]. Son champ matériel concerne tant l'habilitation du parlement que la prorogation de l'échéance de riposte à la crise sanitaire. Que l'on

---

57 J.-Ph FELDMAN., « La séparation des pouvoirs et le constitutionnalisme. Mythes et réalités d'une doctrine et ses critiques » *op.cit.*, p.486.

58 A. ROBLOT TROIZIER., « Un concept moderne : Séparation des pouvoirs et contrôle de la loi », *Pouvoirs* n° 143, 2012 p.89.

59 M. GUILLAUME., « Les ordonnances : tuer ou sauver la loi ? », *Pouvoirs* n° 114, 2005, p.128.

60 *Idem*, p.120.

61 *Ibidem*, p. 119

soit au Congo Brazzaville[62], au Gabon[63], au Niger[64], au Sénégal[65], au Togo[66], les lois d'habilitation ont porté sur la délégation de décider sur la Covid-19. Il en est aussi de l'habilitation à décider par ordonnance.

Présentant des contenus épars et divers mais convergeant vers une finalité commune, la délégation législative constitue de manière conjoncturelle l'unité de mesure de l'incompétence du législateur. Elle constitue plus exactement l'unité de mesure des doublons et de la dépossession des matières non réservées au domaine de la loi par le pouvoir exécutif. Durant l'échéance de la délégation législative laquelle oscille entre reconduction successive et prolongement d'échéance de riposte à la crise sanitaire, le législatif ne devrait mettre en œuvre son activité normative sur les matières transférées. La représentation nationale est de manière circonstancielle dépourvue de compétence matérielle sur ses propres matières. L'on perçoit « *l'effet utile d'un tel déclassement* »[67]. Du côté de l'exécutif, la délégation législative constitue par le truchement du juge, l'unité de mesure de l'incompétence négative ou de l'incompétence positive. D'une part, il contrôle l'incompétence positive c'est-à-dire le cas où l'exécutif « *est allé au-delà de la compétence qui lui est donnée* »[68] dans le cadre de la loi d'habilitation. D'autre part, l'incompétence négative est le cas où celui-ci « *méconnait sa propre compétence en ne prenant pas toutes les mesures qu'il revenait de prendre* »[69].

La délégation législative induite par la crise sanitaire n'affecte pas le domaine réservé du parlement[70] et l'échelle normativité des matières cédées. Le domaine réservé de celui-ci déclasse l'action normative du règlement et s'impose à l'aménagement exclusif du législateur. Le respect des prérogatives du législateur comme limite à la compétence réglementaire conduit en l'espèce à observer le « *champ de compétence réservé au législateur* »[71]. La compétence réservée ou ouverte au législateur par la Constitution ne peut « *faire l'objet d'un règlement pris en vertu d'une délégation*

---

62 Article 1er de la loi n° 46-2021 du 11 décembre 2021 autorisant la prorogation de l'état d'urgence sanitaire en République du Congo Brazzaville ; décret n° 2021-523 du 11 décembre 2021 portant prorogation de l'état d'urgence en République du Congo

63 Article 1er de la loi n° 002/2020 du 25 avril 2020 portant prorogation de la durée de l'état d'urgence (Gabon).

64 Avis n° 006/CC du 11 mars 2020, Premier Ministre (Niger)

65 Article 1er de la loi n° 2020-13 du 02 avril 2020 habilitant le Président de la République à prendre, par ordonnances, des mesures relevant du domaine de la loi pour faire face à la pandémie de l'état d'urgence (Sénégal).

66 Article 1er de la loi n° 2020-005 du 30 mars 2020 portant habilitation du gouvernement à prendre par ordonnances les mesures relevant du domaine de la loi (Togo).

67 B. MATHIEU., « La part de la loi, la part du règlement. De la limitation de la compétence réglementaire à la limitation de la compétence législative », *Pouvoirs* n° 114, 2005, p.84.

68 G. DRAGO. *Contentieux constitutionnel français*, 2ème éd., refondue, *op.cit.*, p.389

69 L. FAVOREU., « Le droit constitutionnel jurisprudentiel », *RDP*, 1986, p.416.

70 J. TREMEAU, *La réserve de loi. Compétence législative et constitution*, ECONOMICA-PUAM, COLLECTION Droit public positif, 1997, p. 276.

71 B. MATHIEU., « La part de la loi, la part du règlement. De la limitation de la compétence réglementaire à la limitation de la compétence législative », *Pouvoirs* n° 114, 2005, p.75.

législative »[72]. C'est par la théorie des normes visées ou dérivées que le constituant précise les matières devant être exclusivement aménagées par le législateur. Celle-ci articule le prolongement de l'idée de Constitution sur des matières précises. « *Cette technique est celle du renvoi à une norme extérieure par la Constitution mais visée par elle* »[73] « *permettant de compléter le caractère normatif de la constitution* »[74]. Au Congo Brazzaville, une loi ordinaire est visée pour déterminer le statut de l'opposition politique[75], les fonctions et les emplois militaires[76], les conditions de mise en œuvre de l'état d'urgence ou de l'état de siège[77]. Une loi organique est visée pour aménager les conditions et la procédure de mise en accusation du Président de la République[78], le règlement du mode de présentation du budget de l'État[79]. Au Gabon, une loi organique fixe le régime juridique des parlementaires[80], la mutation de la question écrite en question orale[81]. Cette technique est également consacrée par les constituants camerounais[82], malgache[83], sénégalais[84], nigériens[85] et togolais[86].

L'éviction de la délégation des matières réservées s'explique par le caractère prescriptif et non permissif des dispositions constitutionnelles. La source constitutionnelle de cette habilitation justifie ce caractère impératif qui s'impose au législateur. Ce faisant, le caractère impératif de l'habilitation constitutionnelle de la compétence réservée du législateur implique l'éviction du règlement dans l'aménagement des matières contenues dans les énoncés habilitant. Par « *la présence des énoncés habilitants* »[87], l'on convient que « *la réserve de loi prohibe l'habilitation législative* »[88]. En ce sens, la délégation législative ne porte pas sur les matières réservées du législateur et ne saurait méconnaitre la délimitation constitutionnelle de la répartition des compétences entre la loi et le règlement. Dans ce cadre constitutionnel, il est

72 E.-P SPILIOTOPOULOS., « L'importance de la distinction entre la loi formelle et la loi matérielle en droit positif grec », *in recueil d'études en hommages à Charles Eisenmann*, Paris, Cujas, 1977 p.129.

73 A. ROBLOT TROIZIER., *Contrôle de constitutionnalité et normes visées par la Constitution française*, Paris, « Nouvelle Bibliothèque de Thèses », Dalloz, 2007 p.1-2.

74 L.-P GUESSELE ISSEME., « Les normes dérivées de la Constitution dans les Etats d'Afrique Noire francophone », *RADSP* Vol V, n° IX- jan.- juin 2017 p.95.

75 Articles 63 de la Constitution du 06 novembre 2015 du Congo Brazzaville.

76 Article 88 de la Constitution du 06 novembre 2015 du Congo Brazzaville

77 Article 157 de la Constitution du 06 novembre 2015 du Congo Brazzaville

78 Article 95 de la Constitution du 06 novembre 2015 du Congo Brazzaville

79 Article 154 de la Constitution du 06 novembre 2015 du Congo Brazzaville

80 Article 37 de la loi n° 1/94 du 18 Mars 1994 modifiant et complétant Loi N° 3/91 du 26 Mars 1991 portant Constitution de la République du Gabon.

81 Article 62 de la Loi N° 3/91 du 26 Mars 1991 portant Constitution de la République du Gabon.

82 Article 36 alinéa 3 ; article 37 alinéa 3, article 51 alinéa 5, article 52 de la loi n° 96-06 du 18 janvier 1996 portant modification de la Constitution du 02 juin 1972 (Cameroun)

83 Article 1er, article 5, article 87, article 90, article 91, article 147 de la Constitution du 11 décembre 2010 (Madagascar).

84 Articles 4, 59, 62, 102, de la loi n° 2016-10 du 05 avril 2016 portant révision de la Constitution du Sénégal.

85 Articles 2, 6, 65, 69, 70, 71, 84, 136, 141, 148, 155, de la Constitution du 25 décembre 2011 Niger

86 Articles 46, 52, 54, 75, 76, 94, 103, 118, de la Constitution du Togo.

87 G. TUSSEAU., *Les normes d'habilitation*, « Nouvelle Bibliothèque de Thèses », Paris, Dalloz, 2006 p.3.

88 J. TREMEAU., *La réserve de loi, compétence législative et constitution, op.cit.*, p. 276.

évident que les matières déléguées pour la réaction sanitaire ne relèvent du domaine réservé de la loi au sens formel.

Or, le recours aux ordonnances d'édiction des mesures limitées dans le temps, proportionnées à la riposte contre la Covid-19 a induit la cession des matières visées dans le domaine du règlement. Les matières spécialement visées sortent de manière conjoncturelle du domaine de la loi pour ressortir du maniement de l'action administrative. L'administration n'a que certaines compétences concrètes par lesquelles l'émission d'actes juridiques et l'opération d'actes matériels nécessaires à l'exécution des normes édictées par l'organe législatif. « *Par conséquent, l'Administration ne peut édicter des normes juridiques (...) exclusivement sur délégation législative ou pour l'exécution des lois* »[89]. La production normative sous l'aval de la loi d'habilitation demeure des actes décisoires ou des mesures d'ordre interne de l'administration publique. Autrement dit, par la législation déléguée à l'exécutif, l'échelle de normativité est modifiée. Par son pouvoir normatif, la représentation nationale conserve l'échelle de normativité de l'acte à rétrocéder. En théorie constitutionnelle, le pouvoir exécutif ne peut décider par une loi. Dans ce cadre, « *la loi au sens formel est toujours l'acte de l'organe législatif élaboré et produit selon la procédure prévue par la Constitution* »[90]. La décision administrative ne supplante pas l'échelle de normativité originaire de la loi d'habilitation, elle se contente de l'articuler dans un niveau inférieur à celui de l'organe d'habilitation. L'ordonnance a une nature purement réglementaire. L'échelle de normativité est confondue ou assimilable dès la ratification du projet d'ordonnance par le parlement. Ce point est intéressant au même titre que les prérogatives financières d'exception de l'exécutif.

2-L'activation des prérogatives financières d'exception de l'exécutif

L'émergence du nouveau format d'État-providence a induit une conception actualisée et adaptée à l'urgence sanitaire des prérogatives financières du pouvoir exécutif. La toute-puissance de l'État devant demeurer en tout temps impose une réaction à la mesure de ces faits démesurés. Il touche spécifiquement les règles de finances publiques d'exception, eut égard au contexte. Il est admis que « *les périodes de crises sont propices à un délitement de la séparation des pouvoirs budgétaires à travers l'adoption des ordonnances* »[91]. Dès lors, l'on ne saurait se satisfaire du fait que « *le Gouvernement dispose d'une faculté exceptionnelle d'autoriser les crédits budgétaires grâce à la technique des décrets*

[89] E.-P SPILIOTOPOULOS., « L'importance de la distinction entre la loi formelle et la loi matérielle en droit positif grec », *op.cit.*, p.128.
[90] *Idem* p.125.
[91] P. N'DRI-THÉOUA., « Ordonnances et séparation des pouvoirs budgétaires en période de Covid-19 » *op.cit.*, p.23.

d'avance »[92]. Le constat a ainsi été établi que « *partout : le pouvoir financier est entre les mains de l'exécutif* »[93].

La Covid-19 a de manière empirique valorisé les attributs les plus singuliers en matière financière de l'exécutif. Au même titre que ses homologues, l'exécutif a recouru aux décrets d'avance, à la régulation de l'exécution de la dépense publique, aux emprunts. Et cela a sans doute donné de l'importance aux collectifs budgétaires, à la justification des déficits excessifs. Cela établit un rapprochement de la situation des finances publiques de certains États européens durant la crise sanitaire.

Détenteur de l'horloge financière, présenté comme le maitre mot et non le valet, l'exécutif s'illustre dans ses attributs les plus singuliers en matière financière. La gouvernance financière d'exception s'illustre en l'espèce par les décrets d'avance lesquels s'affirment comme « *la faculté pour le Gouvernement d'ouvrir des crédits additionnels* »[94], en « *se substituant au Parlement* »[95]. C'est un acte complémentaire à la loi de finances. Sous l'aval du principe de valeur constitutionnelle de continuité de l'État inscrit dans la Constitution et assigné au Président de la République, celui-ci se substitue au parlement en modifiant les autorisations budgétaires inscrites dans la loi des finances. Dès lors émerge de manière conjoncturelle un nouveau contrat social financier. Il s'agit des formalités matérielles de recours à cette technique. Au Cameroun[96], au Congo Brazzaville[97], en Côte d'ivoire[98], au Gabon[99], à Madagascar[100], au Niger[101], au Sénégal[102]ces cas d'ouverture du décret d'avance sont consacrés. La Cour constitutionnelle a déclaré conforme à la Constitution, l'initiative d'augmentation des crédits budgétaires par le gouvernement dans le projet d'ordonnance portant loi de finances rectificatives[103]. En cas d'urgence et de nécessité impérieuse d'intérêt national, l'on y recourt. Par cette précision, toutes les situations ou circonstances nécessitant une mobilisation urgente des recettes publiques ne peuvent être rangées dans le même cadre. Autrement dit, par la fixation de son plafond et de ses cas d'ouverture, le décret d'avance doit demeurer une

---

[92] D. OUEDRAOGO., « La pratique des décrets d'avances dans les Etats membres de l'UEMOA », *RAFiP* n° 10, second semestre 2021, p.8.

[93] R. HERTZOG., « La loi organique relative aux lois de finances (LOLF) dans l'histoire des grands textes budgétaires : continuité et innovation », *RFAP*, n° 117, janvier 2006, p. 16.

[94] G. CHAMPAGNE, « La pratique des décrets d'avances », *RDP*, 1983, p. 1014.

[95] G. CHAMPAGNE, « Avances (Décret d'-) », *op.cit.*, p. 121.

[96] Article 39 alinéa 1 de la loi n° 2018/012 du 11 juillet 2018 portant régime financier de l'État et des autres entités publiques (Cameroun).

[97] Article 29 de la loi organique n° 36-2017 du 3 octobre 2017 relatives aux lois de finances (Congo Brazzaville).

[98] Article 26 de la loi organique n° 2014-336 du 05 juin 2014 relatives aux lois de finances (Côte d'Ivoire).

[99] Article 46 de la loi organique n° 020/2014 du 21 Mai 2015 relatives aux lois de finances (Gabon).

[100] Article 20 de la loi organique n° 2004-007 du 26 juillet 2004 sur les lois de Finances (Madagascar).

[101] Article 21 de la loi n° 2012-09 du 26 mars 2012 portant loi organique relative aux lois de finances (Niger).

[102] Article 23 de la loi organique n° 2020-07 du 26 février 2020 abrogeant et remplaçant la loi organique n° 2020-15 du08 juillet 2011 relative aux lois de finances, modifiée par la loi organique n° 2016-34 du 23 décembre 2016.

[103] Avis n° AV-007/20 du 25 août 2020, *Premier Ministre* (Togo).

technique d'exception d'ouverture des crédits supplémentaires. En situation ordinaire, les modifications de la loi des finances ne doivent que provenir de la loi des finances rectificatives. L'utilisation continue des décrets d'avance hors de ces conditions substantielles conduirait simplement à rationaliser le cadre d'application de la loi des finances rectificatives et l'ordre préétabli. C'est donc anormal que « *le gouvernement a transformé la technique des décrets d'avance en moyen d'action ordinaire* »[104]. Le Cameroun a recouru à l'ordonnance financière à des intervalles très réduits. L'ordonnance du 26 mai 2021[105] et celle du 3 juin 2020[106] et récemment le 02 juin 2022[107].

Si le contexte peut justifier la recrudescence des ordonnances financières, l'on est toutefois porté à questionner le principe de sincérité utilisé au moment de l'élaboration de la loi des finances. L'on constate que cette technique d'exception sous la camisole de l'urgence révèle plutôt les prévisions financières défaillantes. L'exécutif se soustrait de la voie légale pour rattraper les prévisions financières. « *Il s'agit là d'un détournement de procédures qui permet à l'exécutif d'ouvrir subrepticement des crédits en dehors des voies légales* »[108].

La réalisation de la faculté d'utiliser ou d'employer des crédits est effective dans le cadre de l'exécution de la dépense publique. L'autorisation parlementaire constitue en l'espèce une faculté et demeure flexible à l'endroit des autorités publiques concernées. L'on conçoit « *une large latitude d'appréciation pour la mise en œuvre des dépenses* »[109]. Sous cette bannière, « *la régulation budgétaire permet en réalité de garantir le respect de l'équilibre budgétaire global voté par le Parlement, afin de faire face en cours d'année aux inévitables aléas de gestion* »[110]. Cela s'affirme au Cameroun, Congo Brazzaville, au Gabon[111]. Au Sénégal, l'on a assisté au gel de lignes de dépenses pour le financement de la lutte contre la Covid-19. Les fonds y afférents ont été réaffectés pour le programme de résilience économique et sociale (PRES) lequel nécessitait un montant

---

104 G. CHAMPAGNE, « La pratique des décrets d'avances » *op.cit.*, p.1049.

105 Voy ordonnance n° 2012/002 du 26 Mai 2021 modifiant et complétant certaines dispositions de la loi n° 2020/018 du 17 décembre 2020 portant loi des finances de la République du Cameroun.

106 Voy Ordonnance n° 2020/001 du 3 juin 2020 modifiant et complétant certaines dispositions de la loi n° 2019/023 du 24 décembre 2019 portant loi de finances de la République du Cameroun pour l'exercice 2020.

107 Voy Ordonnance n° 2022/001 du 02 juin 2022 modifiant et complétant certaines dispositions de la loi n° 2021/026 du 16 décembre 2021 portant loi de finances de la République du Cameroun pour l'exercice 2022.

108 D. OUEDRAOGO., « La pratique des décrets d'avances dans les Etats membres de l'UEMOA » *op.cit.*, p.33.

109 M. BOUVIER., M.-C ESCLASSAN., J.-P LASSALE., *Finances publiques*, 10ème éd., Paris, Dalloz, 2010, p.415.

110 J.-L MATT., « La procédure budgétaire : Le parlement et la contrainte budgétaire », *in* J.-M MONNIER (dir), *Les finances publiques*, Paris, La Documentation, 2016, 4ème éd., p. 111.

111 Article 63 alinéa 1 de la loi n° 2018/012 du 11 juillet 2018 *op.cit.* (Cameroun) ; Article 71 de la loi organique n° 36-2017 du 3 octobre 2017 relative aux lois de finances (Congo Brazzaville). Article 64 de la loi organique n° 020/2014 du 21 mai 2015 relative aux lois de finances et à l'exécution du budget (Gabon).

de 159 milliards de FCFA[112]. Au Burkina Faso, l'annulation des recettes fiscales, non fiscales, dons, programmes et legs a été effective pour l'exercice 2020. 292.139.031.874 représentant les montants de ces ressources ont été annulés[113]. Les lignes de crédits représentant au total 112.533.661.000 pour les autorisations d'engagement et 222.432. 447.000 pour les autorisations de paiement ont également annulées[114]. Les annulations de ressources et de crédits budgétaires ont également été effectives lors de l'exercice 2021[115]. Les États du Gabon[116] du Bénin[117] se sont adonnés à cet exercice en 2020 et en 2021. Les annulations de ressources et de lignes budgétaires ont été suivies par l'ouverture de nouvelles ressources et de nouveaux crédits budgétaires. En ce sens, l'exécution des budgets nationaux est affectée par la réorientation des priorités de dépenses vers la réaction à la crise sanitaire. Cette simple faculté est également observée sur le recouvrement des recettes publiques non fiscales. Car en principe du consentement à l'impôt et le principe de légalité fiscale, l'administration fiscale cesse d'être le juge opportun et de l'opportunité des recettes fiscales prévues et autorisées. Qui plus, celle-ci ne peut à l'occasion de l'exécution des recettes fiscales modifier la loi fiscale ni apprécier l'opportunité de la perception de celles-ci par des voies et moyens de l'assiette et du recouvrement. Toutefois, en raison purement évaluative du montant de ces recettes, l'administration fiscale peut poursuivre le recouvrement *« sans considération du montant évalué dans le document budgétaire »*[118]. En outre l'exécutif modifie de manière souveraine la priorité de dépenser ainsi que le financement des priorités de dépenser. En Madagascar, le parlement a autorisé la ratification de l'Accord de prêt relatif au financement de l'opération de réponse urgente pour affronter la pandémie Covid-19 entre la République de Madagascar et la Banque arabe pour le Développement économique en Afrique[119] et avec le fond africain de développement[120], avec l'Association

---

112 Circulaire n° 019 du 05 Mai 2020 relative au gel de lignes de dépenses pour le financement de la lutte contre le Covid-19 (Sénégal).

113 Article 1er de la loi n° 031-2020/AN du 9 juillet 2020 portant loi de finances rectificative de la loi de finances pour l'exécution du budget de l'État, exercice 2020 (Burkina Faso).

114 Article 2 de la loi n° 031-2020/AN du 9 juillet 2020 *op.cit.* (Burkina Faso).

115 Articles 1 et 2 de la loi n° 027-2021/AN du 11 mai 2021 portant loi de finances rectificative de la loi de finances pour l'exécution du budget de l'État, exercice 2021.

116 Voy Loi n° 019/2020 du 17 juillet 2020 portant modification de certaines dispositions de la loi n° 014/2019 du 22 janvier 2020 déterminant les ressources et les charges de l'Etat pour l'année 2020 (Gabo)

117 Voy loi n° 2020 - 30 du 28 octobre 2020 portant loi de finances rectificative pour la gestion 2020 (Bénin).

118 M. BOUVIER., M.-C ESCLASSAN., J.-P LASSALE., *Finances publiques*, 10ème éd., *op.cit.*, p.414.

119 Décision n° 09-HCC/D1 du 5 juillet 2021 concernant la loi n° 2021-007 autorisant la ratification de l'Accord de prêt relatif au financement de l'opération de réponse urgente pour affronter la pandémie Covid-19 entre la République de Madagascar et la Banque Arabe pour le Développement économique en Afrique (BADEA) (Madagascar).

120 Décision n° 04-HCC du 12 janvier 2021 concernant la loi n° 2020-017 autorisant la ratification de l'Accord de prêt relatif au financement du programme d'Appui en Réponse à la Covid-19, conclu le 07 août 2020 entre la République de Madagascar et la Banque Africaine de Développement et le Fond Africain de Développement (agissant à titre d'administrateurs de la Facilité d'Appui à la Transition BAD/FAT) (Madagascar).

Internationale pour le développement[121]. C'est également le cas au Niger dans certains avis[122]. Au Cameroun, l'ordonnance portant modification de la loi de finances pour l'exercice 2021 avait prévu le recours aux emprunts concessionnels[123]. L'exécutif a également initié des mesures de dépenses fiscales. Elle se caractérise par le caractère dérogatoire à certaines mesures fiscales[124].Il en est du report de l'excédent de leur déficit et des amortissements réputés différés[125]. Au Gabon, les marchandises destinées à la riposte nationale contre la pandémie Covid-19 sont importées en exonération totale des droits et taxes de douane pendant une période de six (06) mois[126]. La Guinée Conakry n'a pas échappé aux mesures fiscales spéciales pour la riposte de la pandémie de Covid-19 [127]. Au Sénégal, un communiqué sur le différé des taxes et impôts a été diffusé[128]. Une ordonnance relative aux mesures fiscales en soutien aux entreprises dans le cadre de la pandémie du Covid-19 est édictée[129]. L'on constate alors une véritable subrogation aux compétences du parlement.

B- La subrogation substantielle sur les compétences déléguées

Sous l'effet des pics et rebours de la crise sanitaire, le droit commun des circonstances exceptionnelles s'est progressivement établi. La répétition engendrée par les variantes de celle-ci a re-signifié les compétences déjà rationalisées du parlement. Le constat révélé par l'état d'urgence successivement reconduit est la rétrocession substantielle continue de celles-ci au profit de l'exécutif. Car « *elle établit donc un nouveau régime transitoire de gestion de la crise sanitaire permettant la mise en œuvre de mesures adéquates* »[130]. Elle conforte « *une sorte d'esthétique de théorie constitutionnelle* »[131] de

---

[121] Décision n° 03-HCC du 12 janvier 2021 concernant la loi n° 2020-017 autorisant la ratification de l'Accord de prêt relatif au financement du programme d'Appui des politiques de développement pour la riposte à la pandémie de Covid-19, conclu le 08 septembre 2020 entre la République de Madagascar et l'Association Internationale pour le Développement (IDA) (Madagascar).

[122] Avis n° 19/CC du 14 août 2020, *Premier Ministre*, Avis n° 20/CC du 14 août 2020, *Premier Ministre* (Niger).

[123] V. Ordonnance n° 2012/002 du 26 Mai 2021 modifiant et complétant certaines dispositions de la loi n° 2020/018 du 17 décembre 2020 portant loi des finances de la République du Cameroun.

[124] P. BELTRAME., *La fiscalité en France*, 8ème éd., Paris, Hachette supérieur, 2001, p. 183.

[125] Article quinzième alinéa 1 du chapitre 3 du Livre troisième du titre VII de la loi n° 2020/018 du 17 décembre 2020 portant loi de finances de la République du Cameroun pour l'exercice 2021.

[126] Article 6 de la loi n° 019/2020 du 17 juillet 2020 portant modification de certaines dispositions de la loi n° 014/2019 du 22 janvier 2020 déterminant les ressources et les charges de l'Etat pour l'année 2020 (Gabon).

[127] V. loi n° L/2020/0023/AN du 24 novembre 2020 portant loi des finances rectificatives pour l'exercice 2020.

[128] Communiqué interne de la DGID du 10 avril 2020 relatif au différé de paiement des taxes et impôts DE P ; Circulaire n° 017 du 17 avril 2020 relative au délai de liquidation et de paiement de la taxe sur la valeur ajoutée (TVA) suspendue dans le cadre du Code des investissements (Sénégal).

[129] Voy Ordonnance n° 002-2020 du 23 avril 2020 relative aux mesures fiscales en soutien aux entreprises dans le cadre de la pandémie du Covid-19 (Sénégal).

[130] A. LEVADE., « Face au virus, souvent loi varie ! », *La semaine du Droit, édition générale* n° 38, 2021, p.1667.

[131] A. LE DIVELLEC., *Le Gouvernement en Allemagne. Contribution à une théorie générale*, Paris, L.G.D.J, 2004, p.58.

la théorie visée. Qui plus, « *l'état d'urgence correspond à une mise entre parenthèses des pans entiers du droit commun* »[132]. La conservation des prérogatives rationalisées dans le droit de l'exception au profit de l'exécutif repose tour à tour sur la reconduction successive de l'état d'urgence sanitaire (1) et la limitation restrictive des dérogations aux libertés publiques (2).

1-La reconduction successive de l'état d'urgence sanitaire

La rétrocession conjoncturelle des prérogatives de droit commun du parlement au droit de l'exception redore le blason de la théorie du droit dans le temps. De manière échelonnée, la dépossession circonstancielle de celles-ci est rattachée aux prorogations ou aux renouvellements de l'échéance d'action du pouvoir exécutif. L'habilitation réitérée de poursuivre la lutte urgente, adaptée, nécessaire et proportionnée de la crise sanitaire induit un rallongement temporel des compétences rationalisées au profit de l'exécutif. « *A faveur des reconductions successives d'état d'urgence qu'elle a induites, un bouleversement des relations interinstitutionnel est observé* »[133]. Qui plus, *« la technique de la prorogation et du renouvellement a été abondamment utilisée* »[134].

Sur une première déclinaison, l'extension des prérogatives d'exception de l'exécutif est rattachée aux variantes de la crise sanitaire. Au nouveau variant de la Covid-19, la collaboration fonctionnelle entre l'exécutif et le parlement s'activait incessamment. L'adaptation de la prorogation de l'état d'urgence sanitaire au rebondissement de la pandémie est affirmée. Le parlement a gré des pics ou rebours de la Covid-19 autorisé de manière continue la prorogation du régime d'exception. L'adaptation substantielle continue ne faisait l'ombre d'aucun doute. L'émergence d'une nouvelle variante induit automatiquement l'application des mesures de riposte adéquates lesquelles devraient être édictées par le pouvoir exécutif à la suite de la délégation législative. Autrement dit, les prorogations de l'échéance d'édiction des mesures réglementaires de riposte à la crise sanitaire entrainent automatiquement une mise en parenthèse continue des prérogatives déléguées par le parlement. Cela révèle l'« *ajustement présenté comme nécessaire à l'adaptation aux risques spécifiques de prorogation du variant Delta* »[135].

C'est dans cette dynamique qu'en décembre 2021, le parlement congolais a une fois de plus autorisé le Président de la République à proroger l'état d'urgence sanitaire[136]. Au Togo, la première prorogation de quarante-cinq jours soit du 1er juillet 2020 au 15 août 2020 avait été validée par la Cour constitutionnelle[137]. Celle-ci avait

---

132 Ph. BLACHER., « L'état d'urgence : hors ou dans la Constitution ? » *op.cit.*, p.103.

133 P. N'DRI-THÉOUA., « Ordonnances et séparation des pouvoirs budgétaires en période de Covid-19 » *op.cit.*, p.11.

134 R.-M MVOGO BELIBI., « Covid-19 et décision publique en situation d'incertitude. Illustrations et illusion de l'état d'exception en Afrique subsaharienne », *Jus Politicum* n° 26, 2021, p.369.

135 A. LEVADE., « Face au virus, souvent loi varie ! », *op.cit.*, p.1668.

136 Article 1er de la loi n° 46-2021 du 11 décembre 2021 autorisant la prorogation de l'état d'urgence sanitaire en République du Congo Brazzaville ; décret n° 2021-523 du 11 décembre 2021 portant prorogation de l'état d'urgence en République du Congo

137 Avis n° AV-004 du 1er juillet 2020, *Premier Ministre* (Togo).

été prorogée au 15 septembre 2020[138]. Le juge constitutionnel togolais a déclaré conforme à la Constitution la nouvelle demande dans le délai imparti de prorogation de l'état d'urgence sanitaire[139]. Ce fut également le cas au Gabon ou le parlement avait autorisé la prorogation pour une durée de quinze jours[140]. En ce sens, l'état d'urgence est prorogé sur toute l'étendue du territoire national pour une durée de quinze jours, à compter du 26 avril 2020 à 00h00 mn[141]. A la suite de la première prorogation[142], une seconde avait eu lieu le 03 mai 2020[143]. Au Congo Brazzaville, le Gouvernement a été habilité à proroger l'état d'urgence pour la première fois le 9 mai 2020 [144]et l'échéance était de vingt jours à compter du 13 décembre 2021 sur l'étendue du territoire national[145]. C'est également le cas à Madagascar, ici, les prérogatives du Président de la République ont véritablement été rehaussées. Cette autorité a prorogé plusieurs fois l'état d'urgence sanitaire sur le territoire national sans solliciter l'autorisation du parlement comme ailleurs[146]. Au Niger, la loi n° 2020-068 du 10 décembre 2020, habilitant le gouvernement, pour la période allant du 24 décembre 2020 au 25 mars 2021, à prendre des ordonnances dans plusieurs domaines dont les textes de forme législative nécessaires à la mise en œuvre du volet sécuritaire du Programme du Gouvernement intégrait la prorogation de l'état d'urgence dans certaines localités. Les projets d'ordonnance portant prorogation de l'état d'urgence dans les département des régions de Filingué (Région de Tillabéri) [147], Ballayara et Kollo[148], de Tillabéri[149] s'inscrivant dans cette loi ont fait l'objet d'un contrôle de constitutionnalité. Au Sénégal, la prorogation de l'état d'urgence de trente

---

[138] Avis n° AV-006/20 du 14 août 2020, *Premier Ministre* (8ème Considérant) (Togo).

[139] Avis n° AV-006/20 du 14 août 2020, *Premier Ministre op.cit.*, (8ème Considérant) (Togo).

[140] Article 1er de la loi n° 002/2020 du 25 avril 2020 portant prorogation de la durée de l'état d'urgence (Gabon).

[141] Article 2 du décret n° 0126/PR/PM du 25 avril 2020 portant prorogation de la durée de l'état d'urgence (Gabon).

[142] Article 1er du Décret n° 2020-925 du 3 avril 2020 prorogeant l'état d'urgence sur l'étendue du territoire national (Sénégal).

[143] Article 1er du Décret n° 2020-1014 du 03 mai 2020 prorogeant l'état d'urgence sur l'étendue du territoire national (Sénégal)

[144] Loi n° 22-2020 du 9 mai 2020 autorisant la prorogation de l'état d'urgence sanitaire en République du Congo

[145] Article 1er du Décret n° 2021-523 du 11 décembre 2021 portant prorogation de l'état d'urgence sanitaire en République du Congo.

[146] Article 1er du Décret n° 2020-420 du 17 avril 2020 prolongeant la durée de l'état d'urgence sanitaire sur tout le territoire national ; article 1er du Décret n° 2020-610 du 13 juin 2020 prolongeant la durée de l'état d'urgence sanitaire sur tout le territoire national ; article 1er du Décret n° 2020-592 du 30 mai 2020 prolongeant la durée de l'état d'urgence sanitaire sur tout le territoire de la République ; article 1er du Décret n° 2020-483 du 16 mai 2020 prolongeant la durée de l'état d'urgence sanitaire sur tout le territoire de la République (Madagascar).

[147] Avis n° 02/CC du 21 janvier 2021, *Premier Ministre* (Niger).

[148] Avis n° 04/CC du 15 février 2021, *Premier Ministre* (Niger)

[149] Avis n° 006/CC du 11 mars 2020, *Premier Ministre* (Niger) ; avis n° 06/CC du 28 juillet 2021, Premier Ministre (Niger) ; avis n° 09/CC du 28 juillet 2021, *Premier Ministre* (Niger), avis n° 15/CC du 10 juillet 2020, Premier Ministre (Niger), avis n° 18/CC du – août 2020, *Premier Ministre* (Niger), avis n° 24/CC du 26 août 2020, *Premier Ministre* (Niger),

jours du 3 avril 2020[150] a été succédée par celle du 03 mai 2020 d'également trente jours[151]. La décision de prorogation de l'état d'urgence sanitaire est variée dans son fond. Les délais y afférents sont spécifiques et dissuadent d'une conclusion généralisée et hâtive. Toutefois, la substance demeure identique, celle de la rationalisation échelonnée des prérogatives de droit commun du parlement.

Or au Cameroun, nonobstant l'absence de proclamation de l'urgence sanitaire, les mesures de riposte sanitaire fixées dans la « stratégie gouvernementale de riposte » ont induit de réajustements par assouplissement, élargissement, adjonction ou réduction en fonction de l'évolution. La gestion de la crise sanitaire a mis en exergue l'exécutif majoritairement. Celui-ci n'a pas sollicité l'ordonnance pour limiter les libertés publiques. Formellement, il n'y a pas eu déclaration de l'urgence sanitaire par le Président de la République. C'est par des communiques et des déclarations spéciales que les citoyens ont eu accès aux informations sur les mesures barrières dans le cadre de la lutte contre la Covid-19. En ce sens, l'État du Cameroun n'a formellement activé la règle de l'exception et de la prorogation d'exception de l'état d'urgence sanitaire. A la vérité, l'État du Cameroun n'a pas recouru à l'état d'urgence pour gérer la crise sanitaire. C'est vraiment sous cette bannière qu'on a assisté au « *recours à la règle exceptionnelle intégrée à la légalité ordinaire* » [152]. Cela n'occulte la mobilisation et la pérennisation dans le temps des mesures administratives. La limitation restrictive des dérogations aux libertés publiques a été affirmée.

2-La limitation restrictive des dérogations aux libertés publiques

Affirmée dans les prérogatives d'exception de l'exécutif, l'idée de contrecarrer la propagation de la crise sanitaire de Covid-19 n'a pas totalement mis en parenthèse l'essence des libertés publiques. Le triple test de l'adaptation, de la nécessité et de proportionnalité des mesures administratives canalise le maniement de celles-ci. Les prérogatives administratives dérivées de l'habilitation législative s'exercent par la conciliation entre les objectifs de valeur constitutionnelle de protection de la santé publique et le respect des droits et libertés reconnus à tous. Il est question « *d'assurer la conciliation entre l'objectif de valeur constitutionnelle mobilisé et le respect des droits et libertés* »[153]. « *Reste que si des limitations des droits sont possibles, il existe aussi des limites à ces limitations* »[154].

« *Seule la déclaration ou la prolongation de l'état d'urgence donne réalité et substance à l'état d'urgence* »[155]. En théorie, dans un état de droit, la liberté doit rester la règle et la restriction de police l'exception. L'activation de la clause de restriction des libertés

---

150 Décret n° 2020-925 du 3 avril 2020 prorogeant l'état d'urgence sur l'étendue du territoire national (Sénégal).

151 Décret n° 2020-1014 du 03 Mai 2020 prorogeant l'état d'urgence sur l'étendue du territoire national

152 R.-M MVOGO BELIBI., « Covid-19 et décision publique en situation d'incertitude. Illustrations et illusion de l'état d'exception en Afrique subsaharienne », *op.cit.,* p.359.

153 M. DISANT., « Juger la décision d'instaurer et de prolonger l'état d'urgence », *RDP* hors-serie-n° 013 2021 p.235.

154 C. LE BRIS., « Du juste équilibre : les limitations aux droits de l'homme en période de crise sanitaire (première partie) », *REVDH*, 2020, p.2.

155 M. DISANT., « Juger la décision d'instaurer et de prolonger l'état d'urgence », *op.cit.,* p.233.

publiques demeure la proclamation du danger public exceptionnel. L'exécutif affermit la normativité du principe de continuité de l'État et des autres règles de valeur constitutionnelle car « *celui qui décide de la situation d'exception* »[156]. Tous les actes décisoires ne sont sollicités pour proclamer formellement l'état d'urgence sanitaire sous les tropiques. En se référant à l'idée de Constitution au sens matériel et non formel, le pouvoir constituant prescrit le recours au décret pour proclamer l'état d'urgence. L'acte en cause est à « *un niveau (…) infra-législatif* »[157].

La proclamation de l'état d'urgence sanitaire est le fait individuel ou collégial. Au Congo Brazzaville, l'état d'urgence est décrété par le Président de la République en conseil des ministres[158]. Il est décrété pour une durée maximum de vingt jours[159]. Or, au Gabon, l'état d'urgence est déclaré par décret pris en conseil des ministres, après consultation des bureaux de l'Assemblée nationale et du Sénat[160]. Ledit état a été déclaré le 10 avril 2020[161]. En Côte d'Ivoire, l'état d'urgence fût déclaré le 15 avril 2020[162] et celui-ci octroyait des prérogatives conséquentes au Ministre de la Sécurité et de la protection Civile[163]. L'État du Sénégal a déclaré l'état d'urgence sanitaire le 23 mars 2020[164]. Au Niger, l'état d'urgence est décrété en conseil des ministres après avis de la Cour constitutionnelle[165]. C'est dans ce cadre que l'on perçoit l'appropriation de l'exigence de proportionnalité dans la réaction sanitaire.

La limitation des droits et libertés publiques durant la période de crise sanitaire a intégré les exigences du principe de proportionnalité. Celui-ci est la « *borne considérablement et imprévisiblement l'action régalienne* »[166]. Une mesure restrictive opérée dans une mise en balance, métaphore de la justice doit réaliser une adéquation entre l'intérêt général et la sauvegarde des droits et libertés des citoyens. Une mesure restrictive des droits et libertés doit être à la fois appropriée en ce sens qu'elle doit permettre l'objectif légitime poursuivi, nécessaire dès lors qu'elle ne doit pas excéder ce qu'exige sa réalisation et proportionnée en ce sens que le degré ou l'intensité est fonction de la gravité du risque. Qui plus, les mesures administratives sont limitées dans le temps et dans l'espace et s'apprécient à l'aune des circonstances. Les mesures prises par les gouvernements sont le confinement total ou partiel sur tout ou partie

---

[156] C. SCHMITT., *Théologie politique. Quatre chapitres sur la théorie de la souveraineté*, trad. J.-L SCHEGEL, Paris, Gallimard, 1988, p.16.

[157] R. CHAPUS., « De la soumission au droit des règlements autonomes », *D.*, 1960 p. 124.

[158] Article 3 de la loi n° 21-2020 du 8 mai 2020 déterminant les conditions de mise en œuvre de l'état d'urgence et de l'état de siège en République du Congo

[159] Article 4 de la loi n° 21-2020 du 8 mai 2020 *op.cit.*

[160] Article 3 de la loi n° 001/2020 du 25 avril 2020 modifiant et complétant certaines dispositions de la loi n° 11/90 du 16 novembre 1990 relative à l'état d'urgence (Gabon).

[161] Article 1er du décret n° 001/PR/PM du 10 avril 2020 portant déclaration de l'état d'urgence en République gabonaise

[162] Article 1er du Décret n° 2020-351 du 23 mars 2020 instituant l'état d'urgence (Côte d'Ivoire).

[163] Article 2 du décret n° 2020-351 du 23 mars 2020 *op.cit.*

[164] Article 1er du Décret n° 2020-830 du 23 mars 2020 proclamant l'état d'urgence sur le territoire national (Sénégal).

[165] Article 106 de la Constitution du Niger.

[166] J.-E SCHOETTL., *La démocratie au péril des prétoires. De l'état de droit au gouvernement des juges*, Paris, Gallimard, 2022, p. 30.

du territoire national, la limitation de l'accès aux services publics, des couvre-feu[167], l'interdiction provisoire de manifestement ou rassemblements[168], et de circuler[169], fermeture provisoire des mosquées de Dakar[170], le port obligatoire de masque de protection dans certains lieux durant l'état d'urgence[171]. L'on retrouve toutes ces mesures au Burkina Faso[172], au Cameroun[173], au Gabon[174], Togo[175], en RDC[176].

La crise sanitaire à Covid-19 n'a pas ébranlé le noyau dur des droits de l'homme qu'est la dignité humaine. Celle-ci ayant pour corollaire la proscription du traitement inhumain, cruel et dégradant demeure inscrite au panthéon des Constitutions africaines. L'internalisation dans le préambule des deux pactes internationaux de 1966, la Charte africaine des droits de l'homme et des peuples et autres instruments juridiques raffermit sa normativité. Concrètement au nom du droit à la vie et à la sacralité de la dignité humaine, à il est interdit de soumettre l'individu sans son consentement à une expérience médicale, à un test scientifique. La recherche du dénouement par la voie médicale de la crise sanitaire ne doit occulter la primauté de la recherche sur le droit au consentement de l'individu. Le paradigme affirmé induit alors « *qu'une médecine scientifique traitera l'homme comme une machine et ne sera qu'un art vétérinaire* »[177]. Car « *les fins et les moyens* »[178] s'opposent. C'est dans ce cadre que les contre-pouvoirs de l'exécutif s'essaient d'éviter l'adhésion globale aux mesures liberticides de celui-ci.

---

167 Articles 3 et 4 du décret n° 2020-351 du 23 mars 2020 instituant l'état d'urgence (Côte d'Ivoire) ;

168 Article 1er de l'arrêté n° 007782 du 13 mars 2020 portant interdiction provisoire de manifestations ou rassemblements (Sénégal)

169 Article 1er n° 008227 du 24 mars 2020 portant interdiction temporaire de circuler ; article 1er de l'Arrêté n° 09789 du 12 mai 2020 modifiant l'arrêté n° 008227 du 24 mars 2020 portant interdiction temporaire de circuler (Sénégal).

170 Article 1er de l'arrêté n° 027 du 19 mars 2020 portant fermeture provisoire des mosquées de Dakar

171 Article 1er de l'arrêté ministériel n° 009137 du 17 avril 2020 prescrivant le port obligatoire de masque de protection dans certains lieux durant l'état d'urgence

172 Articles 1, 2, 3, 4, 5 ; 6 ; 7 du Décret n° 2020-0271 du 15 avril 2020, mesures spéciales de réduction de la propagation du Covid-19 (Burkina Faso).

173 Voy Communiqué Covid-19 du 27 août 2020 (Cameroun).

174 Article 4 de l'Ordonnance n° 00000007/PR/2020 du 14 août 2020 portant modification de certaines dispositions de la loi n° 003/2020 du 11 mai 2020 fixant les mesures de prévention, de lutte et de riposte contre les catastrophes sanitaires (Gabon).

175 Articles 1er, 2, 6, 7, de l'Ordonnance n° 2020-004 du 3 juillet 2020 sur les mesures générales nécessaires face à l'épidémie de Covid-19 (Togo).

176 Article 3 de l'Ordonnance n° 20/026 du 19 avril 2020 modifiant et complétant l'Ordonnance n° 20/014 du 24 mars 2020 portant proclamation de l'état d'urgence sanitaire pour faire face à l'épidémie de Covid-19 ; article 1er du Décret n° 20/023 du 1er octobre 2020 portant mesures barrières de lutte contre la pandémie de Covid-19.

177 D. FOLSCHEID « La médecine comme praxis. Un impératif éthique fondamental », *Laval théologique et philosophique*, n° 52/2 1996, p.505.

178 *Idem*, p.501.

II- L'affaiblissement du rééquilibre de l'organe régalien de l'État

Le juge n'est pas là pour marquer des points contre les deux autres, s'y substituer ou tenter d'imposer un arbitrage différent. Chacun doit être dans son rôle, tout son rôle, rien que son rôle. L'idée d'empêchement mutuel mesurée à la démesure des prérogatives de l'exécutif devrait en principe redorer le blason du retour à l'équilibre entre les pouvoirs institués. L'essor de la voie juridictionnelle devrait en principe contribuer à la discontinuation de la propagande du pouvoir exécutif. C'est l'inverse qui donne à voir, car « *aucun des contrôles exercés n'a jusqu'à présent permis d'observer des remises en case structurelles, en temps, des décisions adoptées ou soutenues par le pouvoir exécutif* » [179]. Son action est « *faiblement encadrée par le contrôle exercé par le Conseil constitutionnel et les juridictions administratives* » [180]. Cela s'explique par l'adaptation des contre-pouvoirs de l'exécutif au régime d'exception sanitaire (A). Par ailleurs, le juge constitutionnel a de manière empirique affirmé ses prérogatives résiduelles. Sous ce prisme, la modération de la réaction des contre-pouvoirs de l'exécutif est révélée (B).

A- L'adaptation des contre-pouvoirs de l'exécutif au régime d'urgence sanitaire

De jure, « *le contre-pouvoir remplit une fonction d'adaptation constante, de modération permanente par le contrôle structurel de la frontière des compétences des autres pouvoirs* »[181]. S'inscrivant dans une logique inversée ou de renversement, la Covid-19 fait des pouvoirs concurrents de l'exécutif des moyens d'adhésion à l'idéologie factuelle commune. La primauté des exigences de continuité, de contournement des périls irréparables des citoyens induit la flexibilité du dogme légué par la séparation des pouvoirs. Sous cette bannière « *l'efficacité attendue n'est pas la même* »[182] « *en raison d'une menace contre laquelle le Gouvernement entend lutter* »[183]. Cela est visible sur le confinement de la procédure législative (1) et l'ajustement des prérogatives du juge à l'état d'exception (2).

1-Le confinement de la procédure législative

L'affaiblissement du contre-pouvoir du parlement est fonction des sujétions supplémentaires sur son fonctionnement régulier. La représentation nationale a été contrainte d'adopter et d'internaliser les mesures éparses de gestion exceptionnelle de la pandémie décidées par le pouvoir exécutif. Celle-ci devrait s'y associer. Sous

---

179 V. CHAMPEIL DESPLATS., « Qu'est-ce que l'état d'urgence sanitaire. D'un état d'urgence à l'autre ou l'intégration des régimes d'exception dans les États de droit contemporain », *op.cit.*, p.888.

180 J. CHEVALLIER., « L'État à l'épreuve du coronavirus », *op.cit.*, p. 113.

181 F. HOURQUEBIE., « La Constitution du Bénin et la théorie des contre-pouvoirs », *in* F.-J AIVO (dir), *La Constitution béninoise du 11 décembre 1990 : un modèle pour l'Afrique ? Mélanges en l'honneur de Maurice Ahanhanzo Glèglè*, Paris, L'Harmattan, 2014 p.369.

182 F. HOURQUEBIE., « Le contre-pouvoir, enfin connu. Pour une analyse de la démocratie constitutionnelle en terme de contre-pouvoirs » *in Mélanges en l'honneur de Slobodan Milacic*, Bruxelles, Bruylant, 2008. 106 ; S. MILACIC., « Le contre-pouvoir, cet inconnu », *in études à la mémoire de Christian Lapoyade-Deschamps*, Presses universitaires de Bordeaux, 2006, pp.675-697.

183 Ph. BLACHER., « L'état d'urgence : hors ou dans la Constitution ? », *op.cit.*, p.103.

cette bannière, des « *mesures limitatives induites par la Covid-19 et qui ont affecté les modes de fonctionnement des Parlements* »[184]. Dès lors, « *l'étreinte des pouvoirs (…) du Parlement semblait totalement connue et maitrisée* »[185]. Par la limitation de la présence physique à l'hémicycle, la limitation de la participation publique au débat public, l'ajustement du règlement intérieur, la Covid-19 affecte le régime représentatif et le déroulement de l'activité du parlement.

Le confinement de la procédure législative articule la dualité des figures de la représentation nationale face à la crise sanitaire. Le parlement subit une fois de plus une contrainte. Au départ la Constitution lui a habilité de déléguer à l'exécutif en raison des circonstances exceptionnelles des prérogatives spécifiques. « *Le recours aux ordonnances du fait de la pandémie s'est plutôt accru à travers la technique de l'habilitation législative* »[186]. Cela « *a provoqué des transferts de compétence du parlement* »[187] à l'exécutif considéré comme mieux à même d'agir dans l'urgence. Que l'on soit au Congo Brazzaville[188], au Gabon[189], au Niger[190], au Sénégal[191], au Togo[192], cette idée a été effective. La Cour constitutionnelle a déclaré que « *les dispositions du projet d'ordonnance déterminant les conditions de mise en œuvre de l'état d'urgence sont conformes à la Constitution* »[193]. S'inscrivant dans ce prolongement, le parlement se présente comme le destinataire de la réaction aux prérogatives déléguées. Se posant comme des prescriptions normatives, la représentation nationale se trouvant à une échelle inférieure ou inféodée est tenue d'internaliser les mesures réglementaires. Autrement dit tout part du parlement et tout se rattache au parlement. En ce sens, la Covid-19 reconnait au parlement le destinateur des prérogatives d'exception à solliciter et le destinataire des mesures d'exception à internaliser.

L'internalisation des mesures réglementaires dans le droit parlementaire établit un bouleversement de la hiérarchie et des sources formelles du droit parlementaire. La modification du fonctionnement normal du parlement est formellement la conséquence de l'appropriation des actes épars édictés par l'administration centrale et de manière résiduelle ou subsidiaire de l'administration décentralisée. Le parlement se réfère à des actes administratifs unilatéraux qui hiérarchiquement sont inférieurs à la loi organique ou à la loi ordinaire source formelle d'aménagement de son règlement

---

184 P. N'DRI-THÉOUA., « Ordonnances et séparation des pouvoirs budgétaires en période de Covid-19 » *op.cit.,* p.28.

185 *Idem.*

186 P. N'DRI-THÉOUA., « Ordonnances et séparation des pouvoirs budgétaires en période de Covid-19 » *op.cit.,* p.12.

187 J.-Ph FELDMAN., « La séparation des pouvoirs et le constitutionnalisme. Mythes et réalités d'une doctrine et de ses critiques », *op.cit.*, p.487.

188 Article 1er de la loi n° 46-2021 du 11 décembre 2021 autorisant la prorogation de l'état d'urgence sanitaire en République du Congo Brazzaville ; décret n° 2021-523 du 11 décembre 2021 portant prorogation de l'état d'urgence en République du Congo

189 Article 1er de la loi n° 002/2020 du 25 avril 2020 *op.cit.*, (Gabon).

190 Avis n° 006/CC du 11 mars 2020, *Premier Ministre op.cit.*, (Niger)

191 Article 1er de la loi n° 2020-13 du 02 avril 2020 *op.cit.*, (Sénégal).

192 Article 1er de la loi n° 2020-005 du 30 mars 2020 *op.cit.,* (Togo).

193 Avis n° AV-003/20 du 08 avril 2020, *Premier Ministre* (Togo)

intérieur. « *Cet acte parlementaire ne devrait en aucun cas être confondu avec la loi* »[194]. S'inspirant des idées véhiculées par la théorie de la hiérarchie des normes posées par Hans Kelsen[195], de la formation du droit degré[196], le schéma conjoncturel de l'état d'exception « *remet en cause une hiérarchie qui privilégie traditionnellement* »[197] le règlement sur la loi. Le juge constitutionnel affirme en substance que « *l'État d'urgence sanitaire ayant été proclamé dans le respect de l'article 68 de la Constitution, il est loisible à l'Assemblée Nationale de prendre les mesures adaptées à cette nouvelle situation…* »[198] Les juges constitutionnels ivoiriens[199], congolais[200] et malgaches[201] ont relayé cette position.

La priorité accordée au droit à la santé, la protection des personnes et l'obligation de sécurité publique érigée en référentielle durant l'état d'urgence ont canalisé l'ajustement de la norme dérivée spécialement chargée de l'aménagement du droit parlementaire. L'ajustement formel du règlement d'assemblée parlementaire repose sur l'internalisation des mesures de réaction et de riposte à la crise sanitaire. En principe, le règlement de l'assemblée parlementaire s'analyse comme une résolution votée par la seule assemblée concernée, regroupe l'ensemble des prescriptions relatives à l'organisation de ses travaux, à la composition de ses organes, à leurs attributions. Il comporte également des mesures d'ordre interne. En substance, « *les règlements apparaissent comme des mesures destinées à régir la vie intérieure des assemblées* »[202]. En l'espèce, les sujétions supplémentaires assignées à la représentation au déroulement de droit commun de l'activité du parlement. Des techniques de droit de souple reconnues jusqu'ici à la création et à l'application normatives ont été étendues à l'activité matérielle de la représentation nationale. C'est dans cette logique que la banalisation de l'état d'exception a consacré la limitation de la présence physique des parlementaires dans l'hémicycle en recourant à un système souple de délivrance des procurations, de rotations des différents parlementaires, et l'éviction du débat parlementaire public par le huis clos. Les juges constitutionnels congolais[203], nigérien[204], malgache[205] et togolais ont affermi ces mesures. De ce fait « *la normativité de la constitution* » [206] s'est trouvée ajustée du fait de la rénovation du règlement de

---

194 D. OUEDRAOGO., « Le contrôle de constitutionnalité des règlements des Assemblées parlementaires dans les États de l'Afrique de l'ouest francophone », *RFDC* 2019/1 N° 117 p.121.

195 H. KELSEN., *Théorie pure du droit op.cit.*

196 R. CARRÉ DE MALBERG., *Confrontation de la théorie de la formation du droit par degrés avec les idées et les institutions consacrées par le droit positif français relativement à sa formation op.cit.*, p. 3.

197 P. AVRIL., « Renforcer le parlement : Qu'est-ce à dire ? », *Revue française d'études constitutionnelles et politiques, Pouvoirs* n° 146 *Le renouveau du Parlement*, 2013, p.18.

198 Avis n° 008/CC du 30 mars 2020, *Premier Ministre* (Niger).

199 Avis n° N CI-2020-004/A/07-04/CC/SG du 07 avril 2020, *Président du Sénat* (Côte d'Ivoire).

200 Décision n° 001 DCC/SVA/20 du 5 juin 2020, *Mr Mafoula Dave Uphrem* (Congo Brazzaville).

201 Décision n° 4-HCC/D3 du 17 mai 2021, *Président de l'Assemblée Nationale* (Madagascar).

202 D. OUEDRAOGO., « Le contrôle de constitutionnalité des règlements des Assemblées parlementaires dans les États de l'Afrique de l'ouest francophone » *op.cit.*, p.121.

203 Décision n° 001 DCC/SVA/20 du 5 juin 2020, *Mr Mafoula Dave Uphrem* (Congo Brazzaville).

204 Avis n° 008/CC du 30 mars 2020, *Premier Ministre* (Niger).

205 Décision n° 4-HCC/D3 du 17 mai 2021, *Président de l'Assemblée Nationale* (Madagascar).

206 L.-P GUESSELE ISSEME., « Les normes dérivées de la Constitution dans les États d'Afrique Noire francophone » *op.cit.,* p.102.

l'assemblée parlementaire. En ce sens, « *Qu'enfin, la loi a été adoptée dans le respect des majorités qualifiées, redéfinies par les deux chambres pour tenir compte des dispositions arrêtées dans le cadre de la lutte contre la pandémie de la Covid-19 ; Considérant, par ailleurs, que l'examen de la loi organique portant statut des parlementaires ne comporte aucune disposition contraire à la Constitution* »[207].

La Covid-19 dans la démesure de ses effets mesure les principes constitutionnels inhérents au pouvoir législatif. Elle supplante les moyens de droit commun d'exercice des obligations constitutionnelles du parlement. Elle institue de manière conjoncturelle de nouveaux moyens ou active simplement ceux restés latents dans le règlement intérieur des assemblées parlementaires. L'obligation constitutionnelle d'exercice de la démocratie et de l'état de droit dévolue aux sessions ordinaires ne peut être empêchée par la pandémie de Covid-19. Celle-ci induit l'obligation de différer l'ouverture de la session parlementaire et non de l'annuler[208]. Les effets de celle-ci limitent simplement sa portée. Les obligations constitutionnelles relatives à la participation politique élargie se trouvent affectées. La participation élargie au débat public est manifestement antinomique aux mesures barrières et se trouve subrogée aux débats en huis clos. En substance, la Covid-19 entraine un dénivellement dans la dérogation, la suspension de l'exercice des obligations constitutionnelles du parlement. Le juge constitutionnel s'assure non seulement que ce dénivellement soit effectif mais aussi de l'internalisation des autres mesures barrières.

2-L'ajustement de la décision de constitutionnalité à l'état d'exception sanitaire

S'affirmant comme un précieux allié du pouvoir exécutif, le juge constitutionnel réoriente son contre-pouvoir sur l'activité normative du pouvoir législatif. L'on est unanime que « *le pouvoir exécutif en Afrique représente le pouvoir tout court* »[209]. La fonction de dire le droit constitutionnel en situation d'état d'urgence sanitaire repose sur la certification de l'internalisation des mesures barrières dans les textes adoptés par la représentation nationale. De manière empirique par l'attribution de compétence, le juge constitutionnel déclare son incompétence sur les actes réglementaires pris pour l'urgence sanitaire. En ce sens, « *la fonction se référant à l'usage d'une prérogative juridique* »[210] vise simplement limiter la recevabilité des demandes en réprobation de l'action administrative en la matière.

---

[207] Décision n° CI-2020-007/DCC/07-07/CC/SG du 07 juillet 2020, *Président de la République* (Côte d'Ivoire).

[208] Avis n° CI-2020-003/A/01-04/CC/SG du 1er avril 2020, *Président de l'Assemblée Nationale* ; Avis n° N CI-2020-004/A/07-04/CC/SG du 07 avril 2020, *Président du Sénat* (Côte d'Ivoire).

[209] J. OWONA., « Le pouvoir exécutif », *in Encyclopédie juridique de l'Afrique*, t1, « L'État et le Droit », Dakar, Lomé, Abidjan, NEA, 1982, p.97.

[210] O. BEAUD., « La multiplication des pouvoirs », *Pouvoirs* n° 143, 2012 p.47.

Connaitre les fonctions de la justice constitutionnelle[211] impose de se référer à la refondation initiée et suscitée par la crise sanitaire. La crise sanitaire introduit un dénivellement au sein des fonctions de juge censeur, pédagogue et faisant preuve de hardiesse. Sans prétendre à l'exhaustivité, l'urgence sanitaire n'a véritablement permis la mise en œuvre de la fonction de censeur du juge constitutionnel. Ce dernier s'est véritablement affirmé comme celui qui simplifie l'idée de Constitution pour son prolongement et son application conforme à l'esprit du constituant. Il s'est véritablement impliqué dans l'exercice de diffusion de l'idée de Constitution à des fins de lubrifiant institutionnel. L'opinion donnée à titre consultatif est une réponse à une question constitutionnelle. Elle privilégie son intervention en qualité de consultant dans « *la détermination du processus de création et la définition du contenu* »[212] du droit constitutionnel. Au Niger, le juge constitutionnel a été sollicité par la voie consultative des demandes en prorogation successive de l'état d'urgence. Les projets d'ordonnance portant prorogation de l'état d'urgence dans les départements des régions divers[213]. Le juge constitutionnel nigérien a également canalisé l'internalisation des mesures barrières dans le fonctionnement par le parlement[214]. En Côte d'Ivoire, il a livré son idée consultative sur le différé de l'ouverture de la session de l'Assemblée nationale et du Sénat[215]. En outre, l'argument vaut son pesant par rapport à la normativité de l'avis. Il est donc question de « *s'enrichir de sa pensée, à la rigueur pour se laisser séduire par elle* »[216]. En plus, « *le propre et le mérite de la consultation, c'est d'éclairer sans imposer* »[217]. S'inscrivant dans la logique du droit souple, le juge constitutionnel facilite par l'interprétation constitutionnelle et l'utilisation d'une fonction à normativité relative l'éviction de la paralysie institutionnelle. La fonction consultative s'insère dans l'urgence sanitaire.

Accompagnant la protection des droits fondamentaux liés à la santé publique, le juge constitutionnel délimite la portée de son contre-pouvoir. Le juge constitutionnel module l'idée d'empêchement mutuel entre les pouvoirs institués. Il rehausse le contre-pouvoir par des contrôles approfondis de l'activité normative de la représentation nationale. Il exclut le contrôle approfondi des actes réglementaires.

---

211 D. SY., « Les fonctions de la justice constitutionnelle en Afrique », *in* O. NAREY (s.dir), *La justice constitutionnelle*, Niamey, L'Harmattan, 2016, pp.43-64.

212 B. KANTÉ., « Préface », *in* I.-M FALL (s.dir.), *Les décisions et avis du Conseil constitutionnel du Sénégal, rassemblés et commentés*, Dakar, CREDILA 2008, p. 12.

213 Avis n° 02/CC du 21 janvier 2021, *Premier Ministre op.cit.,* Avis n° 04/CC du 15 février 2021, *Premier Ministre op.cit.,* Avis n° 006/CC du 11 mars 2020, *Premier Ministre* ; avis n° 06/CC du 28 juillet 2021, Premier Ministre ; avis n° 09/CC du 28 juillet 2021, *Premier Ministre*, avis n° 15/CC du 10 juillet 2020, *Premier Ministre*, avis n° 18/CC du – août 2020, *Premier Ministre*, avis n° 24/CC du 26 août 2020, *Premier Ministre* (Niger),

214 Avis n° 008/CC du 30 mars 2020, *Premier Ministre* (Niger).

215 Avis n° CI-2020-003/A/01-04/CC/SG du 1er avril 2020, *Président de l'Assemblée Nationale op.cit.,* ; Avis n° N CI-2020-004/A/07-04/CC/SG du 07 avril 2020, *Président du Sénat op.cit.,* (Côte d'Ivoire).

216 F. ZENATI., « La portée du développement des avis », *in* T. REVET., (dir.), *L'inflation des avis en droit*, Paris, ECONOMICA 1998, p. 109.

217 M. BLÉOU., « Le juge constitutionnel et les révisions constitutionnelles », *in* K. AHADZI-NONOU., D. KOKORKO., A. KPODAR et F.-J AÏVO., (dir), *Démocratie en question, Mélanges en l'honneur du Professeur HOLO Theodore*, Presses de l'Université de Toulouse Capitole 2017, p. 232.

Autrement dit, il contrôle sans concession la constitutionnalité des lois et des règlements d'assemblée parlementaire. Le pouvoir concurrent du pouvoir juridictionnel durant l'urgence sanitaire est le pouvoir législatif dans lequel il « *applique l'idée de la balance des pouvoirs aux fonctions politiques* »[218]. C'est dans cette dynamique que la Cour constitutionnelle a émis des réserves d'interprétation dans l'appropriation des mesures sanitaires par le règlement intérieur de l'Assemblée Nationale. S'inscrivant dans la conciliation entre l'impératif constitutionnel de tenue des sessions et la limitation de la propagation, elle récuse l'éviction du caractère obligatoire des séances plénières publiques par ledit règlement. Autrement dit, il ne revient pas au règlement de l'assemblée parlementaire de priver de sa normativité lesdites séances. En substance, « *Considérant que la résolution soumise au contrôle de la Cour de céans en son article 8 prévoit que « la visualisation des réunions plénières virtuelles par le public et les médias est admise. » laissant ainsi supposer que les séances plénières publiques ne revêtent pas un caractère obligatoire* ; »[219] ; « *Considérant toutefois que l'article 77 de la Constitution impose la tenue des séances plénières de l'Assemblée Nationale publiques ; qu'il y a eu lieu d'émettre de réserves sur l'article 8 susmentionné dans sa forme actuelle* »[220]. Il en est également de la suppression de l'article 11 de la résolution car celui-ci entre manifestement en contradiction avec l'article 2 du règlement intérieur spécial[221]. La Cour constitutionnelle malgache a recouru aux réserves d'interprétation directive et neutralisante pour contrebalancer l'activité normative du parlement. Il n'utilise totalement « *une interprétation constructive, neutralisante ou directive* »[222]. En plus, en lui donnant « *une interprétation qu'il affirme* »[223], la cour constitutionnelle s'illustre par le contrôle pédagogique de l'acte législatif.

L'affermissement du contre-pouvoir orienté exclusivement sur le pouvoir législatif tient à l'énumération des compétences constitutionnelles de la juridiction constitutionnelle. Celui-ci ne demeure juge de la constitutionnalité des actes décisoires dans certains États de l'Afrique noire francophone. Que l'on soit au Cameroun, au Gabon, au Congo Brazzaville, en Côte d'Ivoire, au Togo, le juge constitutionnel ne connait de la constitutionnalité desdits actes[224]. L'incompétence

218 M. BARBERIS., « Le futur passé de la séparation des pouvoirs » *op.cit.*, p.7.

219 Décision n° 4-HCC/D3 du 17 mai 2021 relative à la résolution n° 003-2021/R portant règlement intérieur spécial régissant les modalités d'organisation et de fonctionnement de l'Assemblée Nationale pendant la période de pandémie de Covid-19 et en cas de situation de crise sanitaire similaire *op.cit.*, (8ème Considérant).

220 *Idem* (9ème Considérant), (Madagascar).

221 *Ibidem* (11ème Considérant), (Madagascar).

222 L. FAVOREU., P. GAÏA., R. GHEVONTIAN, J.-L MESTRE., A. ROUX, G. SCOFFONI., *Droit constitutionnel*, 21ème éd., Paris, Dalloz, 2019, p.386.

223 D. GNAMOU., « La Cour constitutionnelle du Bénin en fait-elle trop ? », *in* F.-J AÏVO (s.dir), *La Constitution béninoise du 11 décembre 1990 : un modèle pour l'Afrique ? Mélanges en l'honneur de Maurice Ahanhanzo Glèglè*, Paris, L'Harmattan, 2014, p. 701.

224 Articles 46 et 47 de la loi n° 96-06 du 18 janvier 1996 portant révision de la Constitution (Cameroun) ; Article 84, alinéa 1er, 4e tiret de la Constitution du Gabon du 26 mars 1991, révisé par la loi constitutionnelle n° 001/2018 du 12 janvier 2018, Journal officiel de la République gabonaise, n° 382, 24 au 31 janvier 2018, p. 3711 (Gabon), article 175 de la Constitution du Congo Brazzaville, articles 126 et 127 de la loi n° 2016-886 du 8 novembre 2016 portant Constitution de la République de Côte d'Ivoire ; article 99 de la Constitution du Togo.

du juge constitutionnel est affirmée sur les actes décisoires édictés dans le cadre de la Covid-19. Le juge constitutionnel peut contourner cette incompétence en activant d'autres mécanismes. Le parlement s'associe également à cet exercice. Sous cette bannière, l'adhésion modérée à l'action sanitaire de l'exécutif cesse de relever de l'ambiguïté.

B- La modération de la réaction des contre-pouvoirs de l'exécutif

Les mécanismes juridiques devant conduire au rééquilibre entre les fonctions politiques de l'État sont limités tant dans leur effet et que dans leur efficacité. « *l'élément visible de la montée en puissance des exécutifs dans les démocraties contemporaines* »[225] émascule le déploiement suffisant du pouvoir politique concurrent de l'exécutif. « *La censure n'y apparaît pas comme une sanction surdimensionnée, une arme trop lourde faisant obstacle à la gestion du péril* »[226]. Les organes concurrents subissent la dictature du temps en acceptant les effets du temps circonstanciel et des prérogatives qu'il met à leur disponibilité. L'exigence de transparence, la qualité de l'information et la ratification des ordonnances n'excluent la présence du parlement du jeu de contrôle minimum (1). En outre, le traitement du contentieux constitutionnel irrigué par la Covid-19 affecte le déploiement du juge constitutionnel. Demeuré comme un carcan, une épée de Damoclès, il est limité dans son office. De ce fait, il évince le contentieux constitutionnel de pleine juridiction (2).

1-La limitation de la présence aux prescriptions nées de la délégation législative

En fonction des États, la loi d'habilitation limite la réaction matérielle du parlement à l'égard la participation conséquente de l'exécutif à la crise sanitaire. La présence de la représentation nationale se limite à des missions d'adoption, de ratification et exceptionnellement de consultation des mesures de crise sanitaire. Celle-ci intervient majoritairement dans le processus de finalisation de l'action enclenchée et non au moment de son initiation. Il est admis que « *les instruments entre les mains des assemblées changent* »[227] « *pour tenter de rééquilibrer un système foncièrement déséquilibré* »[228]. Dès lors, cela « *implique un retour qualitatif de celui-ci à ses pouvoirs, après leur délégation partielle* » [229]. Des prérogatives résiduelles lui ont été accordées dans le contexte lesquelles ne sont pas véritablement assorties de coercition. Il est fait

[225] D. GNAMOU., « La monarchisation des exécutifs en Afrique francophone », *in* K. AHADZI NOUNOU., D. KOKOROKO., A. KPODAR., F.-J AIVO (dir), *Démocratie en questions, Mélanges en l'honneur du professeur Théodore HOLO,* Paris, Presses de l'Université Toulouse 1 Capitole, 2017, p.70.

[226] M. DISANT., « Juger la décision d'instaurer et de prolonger l'état d'urgence », *op.cit.,* p.234 ; V. DONIER., « Qui fait la police (administrative) sous l'état d'urgence sanitaire ? », *RFAP* n° 176, 2020/4, p.890.

[227] H. PORTELLI., « Le temps parlementaire » *Revue française d'études constitutionnelles et politiques, Pouvoirs* n° 146 *Le renouveau du Parlement,* 2013 p.81

[228] O. BEAUD., « La multiplication des pouvoirs » *op.cit.,* p.39.

[229] P. N'DRI-THÉOUA., « Ordonnances et séparation des pouvoirs budgétaires en période de Covid-19 » *op.cit.,* p.35.

allusion à celles nées de la délégation législative et minoritairement celles antérieures à celles-ci. Toutefois, ces prérogatives ne sont pas négligeables sur la portée des prérogatives de l'exécutif.

L'occasion est donnée de raffermir la relation institutionnelle et partant l'idée d'une séparation souple de pouvoir. L'on revient aux origines du principe de la séparation des pouvoirs laquelle n'a sans cesse posé l'idée d'une collaboration entre les organes exerçant les fonctions politiques et le juge pour les conforter. « *Loin de prendre acte du décès de la doctrine classique* »[230], la relation institutionnelle met côte à côte le destinateur de l'obligation de l'information de qualité et le destinataire de celle-ci. Le parlement est le destinataire et le Gouvernement demeure le destinateur de celle-ci. Chaque organe constitutionnel est censé accomplir sa mission à des fins communes notamment la diffusion des informations pour le public. L'exigence de transparence s'articule dans cette relation institutionnelle. La délégation législative n'a pas supprimé cette prérogative.

L'exigence de transparence relativise le « *champ de compétence assez étendu en temps de crise* »[231] du pouvoir exécutif. « *En gros, la sincérité vise trois fonctions : discipliner, exprimer et authentifier* »[232]. Elle guide la sincérité et la parfaite accessibilité aux dispositions réglementaires sur la Covid-19. C'est également le souci pour le Gouvernement de rendre compte par initiative ou à l'initiative du parlement de l'utilisation de la loi d'habilitation. Le parlement s'assure que l'information reçue est sincère, intégrale et correspond à la situation sanitaire. C'est un moyen de consolidation du pouvoir de contrôle du Parlement sur l'état d'exécution des décisions administratives et financières prises pour la gestion de la crise. Dès lors, l'exigence de transparence s'inclue dans le principe de sincérité. « *Elle offre ainsi aux organes législatifs (…) l'information dont ils ont besoin pour rendre les gouvernements redevables* »[233]. Cela constitue une étape importante dans la démocratisation de la gestion de la crise sanitaire. Le confort statutaire et l'hypertrophie dudit pouvoir s'amenuisent face à la rétribution substantielle née de la loi d'habilitation. Les instruments juridiques de référence assignent au pouvoir exécutif d'informer soit à l'initiative du parlement soit de son fait les mesures réglementaires prises en vue de trouver un dénouement à la propagation de la crise sanitaire. L'information du parlement s'insère dans les missions de contrôle et d'évaluation des mesures prises par le Gouvernement. Cette

---

230 J.-Ph FELDMAN., « La séparation des pouvoirs et le constitutionnalisme. Mythes et réalités d'une doctrine et ses critiques » *op.cit.*, p.495.

231 M NGUELE ABADA., « L'évolution de l'institution présidentielle en Afrique noire francophone », *in* M. BADJI et S. NOUROU TALL (dir), *Les transformations de l'État. Mélanges en l'honneur de BABACAR GUEYE.*, Paris, Presse de l'Université Toulouse I Capitole, 2019 p.613.

232 A. KPODAR., « La sincérité dans le droit public », *in* A. KPODAR., D. KOKOROKO (dir), *L'État inachevé. Mélanges en l'honneur du professeur Koffi AHADZI-NOUNOU.*, Paris, Presses Universitaires Juridiques de Poitiers, 2021, p.559.

233 BEGNI BAGAGNA., « Le principe de transparence dans les finances publiques des États membres de la CEMAC », *RAFiP* n° 2, 2017 p.188-189.

disposition est consacrée au Gabon[234], au Togo[235] et au Sénégal[236]. Le juge constitutionnel affirme que « *Considérant qu'au regard de ces dispositions, il ressort que le droit de contrôle des finances publiques conféré à la représentation nationale est vaste et s'exerce durant tout l'exercice budgétaire notamment par la transmission par le Gouvernement à l'Assemblée nationale, des rapports sur l'exécution du budget et par l'interpellation des ministres ; Que ce droit de contrôle et le souci de transparence qui le sous-tend ne sauraient donc se limiter au dépôt de la loi de règlement d'un exercice budgétaire ;* »[237] Le juge constitutionnel a été également la portée du contrôle parlementaire en matière d'exécution de la loi de finances[238]. Les autres États ont formellement gardé un mutisme sur cette préoccupation.

Toutefois, le droit à l'information reconnu au parlement et à charge au Gouvernement en matière de gestion de la crise sanitaire présente des angles morts. L'aménagement formel n'indique les moyens coercitifs en cas d'inertie de l'administration active. Il n'indique non plus les moyens de contournement de ladite inertie. Dans un contexte ou « *sa prépondérance sur les autres pouvoirs est palpable et indiscutable* »[239], qui plus est « *Une exigence de contexte sanitaire* »[240], cette disposition peut demeurer un simple formalisme. Par ailleurs, la Covid-19 n'a pu dissocier le parlement du principe du consentement à l'impôt.

La Covid-19 a simplement différé l'acte d'autorisation sans parvenir à dissocier le parlement du principe du consentement à l'impôt. Cela met en évidence « *le pouvoir le plus ancien, le moins contestable, apparemment le mieux préservé…* »[241]. Qui plus, « *le législateur ne permet pas aux autorités exécutives d'effectuer les recettes* »[242] et « *l'édification de notre droit financier est classiquement soulignée* »[243]. C'est la loi des finances qui établit l'assiette, le taux et les modalités de recouvrement des prélèvements obligatoires [244]ainsi la ratification

---

234 Article 5 de la loi n° 003/2020 du 11 mai 2020 op.cit., article 5 de loi n° 001/2020 du 25 avril 2020 modifiant et complétant certaines dispositions de la loi n° 11/90 du 16 novembre 1990 relative à l'état d'urgence (Gabon).

235 Article 5 de la loi n° 2020- 005 du 30 mars 2020 portant habilitation du gouvernement à prendre par ordonnance des mesures relevant du domaine de la loi (Togo)

236 Article 3 de la loi n° 2020- 13 du 2 avril 2020 habilitant le président de la République à prendre, par ordonnance, des mesures relevant du domaine de la loi pour faire face à la pandémie du coronavirus et de proroger l'état d'urgence (Sénégal)

237 Arrêt n° 03/CC/MC du 25 octobre 2021, *Soumana Hassane, Moutari Hamza, Alio Namata, Nana Hadiza Noma* etc (Niger).

238 Décision n° 05-HCC/D3 du 7 juin 2021, *Président de l'Assemblée nationale* (Madagascar).

239 M NGUELE ABADA., « L'évolution de l'institution présidentielle en Afrique noire francophone », *op.cit.*, p.589.

240 P. N'DRI-THÉOUA., « Ordonnances et séparation des pouvoirs budgétaires en période de Covid-19 » *op.cit.*, p.19.

241 R. HERTZOG., « Les pouvoirs financiers du parlement », *RDP* n° 1/2, 2002, p. 301.

242 P. AMSELEK., « Pour en finir avec l'idée de budget -acte d'autorisation de recettes », *in Mélanges en l'honneur de Robert HERTZOG : Réformes des finances publiques et modernisation de l'administration*, Paris, ECONOMICA, 2010 p.12.

243 S. CAUDAL., « L'apport des textes constitutionnels révolutionnaires au droit financier et fiscal », *in* L. FAVOREU., R. HERTZOG., A. ROUX (dir), *études en l'honneur de Loïc PHILIP, Constitution et finances publiques*, Paris, ECONOMICA, 2005 p.349.

244 Article 4 alinéa 6 ; article 5 alinéa 1 de la loi n° 2018/012 du 11 juillet 2018 portant régime financier de l'État et des autres entités publiques (Cameroun), article 4 de la loi organique n° 2014-336 du 5 juin

des mouvements de crédits budgétaires[245]. « *Celle-ci considère l'impôt comme un devoir nécessaire à l'établissement d'un lien social et plus encore, d'un lien social équilibré* »[246]. L'urgence budgétaire a justifié au regard des conditions substantielles l'ouverture par avance des crédits budgétaires. En l'absence de leur ratification par la représentation nationale, ceux-ci ne trouveraient de validité formelle. C'est également le cas de la régulation budgétaire et des projets d'ordonnance. L'action initiale du Gouvernement trouve en la réaction du parlement un parachèvement incontestable. Ces mouvements de crédit nécessitent la restauration subséquente de l'acte d'autorisation. Le parlement est restauré dans ses fonctions classiques. Sous cette bannière par la ratification parlementaire, il est muté le projet de loi d'habilitation en loi, le projet de crédits budgétaires en crédits budgétaires. Le juge constitutionnel sénégalais a affirmé la constitutionnalité de la loi organique abrogeant et complétant la loi organique n° 2011-15 du 8 juillet 2011 relative aux lois de finances[247]. La ratification des crédits ouverts imputables à la Covid-19 a été déclarée conforme à la Constitution par le juge constitutionnel malgache[248]. C'est dans ce cadre que le juge constitutionnel consolide les principes du droit constitutionnel financier. L'activité prétorienne demeure limitée aux dispositions du droit constitutionnel financier. C'est un pas de les affermir dans un contexte d'urgence sanitaire mais c'est une régression de nous pouvoir construire le régime du contentieux constitutionnel de pleine juridiction dans ledit contexte.

2-L'éviction du contentieux constitutionnel de pleine juridiction

« *Les concepts et les techniques utilisés en matière de contentieux constitutionnel, doivent certes beaucoup au contentieux administratif* »[249]. « *Qu'en plein contentieux le juge détient des pouvoirs qui vont au-delà de la simple annulation* »[250]. Le contentieux constitutionnel des actes de crise sanitaire n'a permis d'honorer au rendez-vous de la pleine juridiction. Le juge constitutionnel n'est pas allé au-delà de la décision de conformité en intimant des

---

2014 relative aux lois de finances (Côte d'Ivoire), article 5 de la loi n° 36- 2017 du 3 octobre 2017 relative aux lois de finances (Congo Brazzaville) ; article 8 de la loi n° 020/2014 du 21 mai 2015 relative aux lois de finances et à l'exécution du budget (Gabon) ; article 4 de la loi n° 2020-07 du 26 février 2020 loi organique relative aux lois de finances (Sénégal).

[245] Article 17 alinéa 1 et 2 de la loi n° 2018/012 du 11 juillet 2018 *op.cit.*, (Cameroun) ; article 46 de la loi organique n° 2014-336 du 5 juin 2014 *op.cit.*, (Côte d'Ivoire), articles 29, 31, 57 de la loi n° 36- 2017 du 3 octobre 2017 *op.cit.*, (Congo Brazzaville) ; article 14 de la loi la loi n° 020/2014 du 21 mai 2015 *op.cit.* (Gabon) ; article 46 de la loi n° 2020-07 du 26 février 2020 *op.cit.*, (Sénégal).

[246] M. BOUVIER., « La notion de capacité contributive des contribuables dans la société post-moderne », *RFFP* n° 100-Novembre 2007, p.85, M. BOUVIER, « Les transformations de la légitimité de l'impôt dans la société contemporaine », *in* M. BOUVIER. (dir), *Réforme des finances publiques et bonne gouvernance : acte de la première université de Printemps du GERFIP*, Paris, L.G.D.J., 2004, p. 83 et s., G. ORSONI « Consentement de la dépense publique », *in Mélanges offerts au doyen Charles CADOUX*, PUAM, 1999, pp.245-260 ; J.-P LASSALE., « Le parlement et l'autorisation de la dépense publique », *RSF* n° 4, vol 55, 1963, pp.580-623.

[247] Décision n° 1-C-2020 affaire n° 1-C-20 du 24 février 2020, *Président de la République* (Sénégal).

[248] Décision n° 05-HCC/D3 du 20 juillet 2022 *op.cit.*, (Madagascar).

[249] L. FAVOREU., « Le droit constitutionnel, droit de la Constitution et constitution du droit », *R.F.D.C.*, 1990, p. 82. J.-J PARDINI., « La jurisprudence constitutionnelle et les "faits" », *C.C.C.*, n° 8, 2000, p. 122.

[250] B. BALDOUS., *Les pouvoirs du juge de pleine juridiction*, Aix-en-Provence, PUAM, 2000, p.7.

ordres, en formulant le droit à la réparation du préjudice subi, en réécrivant certaines dispositions du texte censuré. Il est également capable de moduler les effets de l'inconstitutionnalité pour préserver la sécurité juridique. Il n'en est rien du cadre « *dans lequel il est enfermé* »[251]. Or, le juge constitutionnel *« dispose alors de vastes pouvoirs »*[252].

L'option pour l'utilisation amenuisée des pouvoirs aboutit à la négation du rééquilibre des pouvoirs par le juge constitutionnel. Celui-ci donne cours à des prérogatives ne pouvant véritablement articuler le jeu des contrepoids. Il s'enferme dans l'une des décisions de constitutionnalité. Il s'agit des décisions de rejet simple qui « *s'analysent soit en décision d'irrecevabilité, soit en décisions de conformité* »[253]. En l'espèce, le juge constitutionnel n'intervient ni dans la substance du texte contrôlé ni dans la séparation totale ou spécifique de certaines dispositions du texte contrôlé. Il procède mécaniquement par la déclaration de conformité de la loi d'habilitation ou des dispositions normatives édictées dans le cadre de la crise sanitaire. Le juge constitutionnel nigérien l'a fait à propos du projet d'ordonnance ordonnant la ratification d'un don en vue de la limitation de la propagation de la Covid-19[254]. Il en est aussi du juge constitutionnel togolais[255]. Par ailleurs, le cas du juge constitutionnel ivoirien est à commenter. Celui-ci s'est refusé de donner cours à la pleine juridiction lors de la demande en report de la date d'ouverture de la session parlementaire. Il indique en substance, « *Le Président de l'Assemblée nationale est fondé à différer l'organisation de la cérémonie solennelle de rentrée parlementaire de l'année 2020* »[256]. Ce fût également le cas au Sénat[257].

Toutefois, l'utilisation des prérogatives classiques par le juge constitutionnel tient également compte non seulement de l'interprétation restrictive de compétence mais également aux matières portées dans la demande de contestation en justice. « *On ne prête pas au juge des pouvoirs qui ne correspondent pas aux recours exercés, c'est une source redoutable de confusion* »[258]. Le contrôle de constitutionnalité de la matérialité de la menace et de sa durée est un cadre référentiel. S'il n'est pas formulé par les requérants, le juge ne peut se substituer à eux, qui plus est dans un contexte d'absence d'auto-saisine. La plupart des juridictions constitutionnelles africaines adoptent des positions peu enclines à la hardiesse. Elles n'hésitent pas à décliner leurs compétences sur des

---

[251] B. KANTE., « Leçon inaugurale. La justice constitutionnelle face à l'épreuve de la transition démocratique en Afrique », *in* O. NAREY (dir), *La justice constitutionnelle*, Paris, L'Harmattan, 2016, p.22.

[252] L. FAVOREU., P. GAÏA., R. GHEVONTIAN., J.-L MESTRE., O. PFERSMANN., A. ROUX., G. SCOFFONI., *Droit Constitutionnel* 6e éd *op.cit.*, p.521.

[253] L. FAVOREU., « La décision de constitutionnalité », *R.I.D.C.*, n° 2, vol 35, 1988 p.621.

[254] Avis n° 20/CC du 14 août 2020, *Premier Ministre op.cit.*, (Niger)

[255] Avis n° AV-007/20 du 25 août 2020, *Premier Ministre op.cit.*, avis n° AV-006/20 du14 août 2020, *Premier Ministre op.cit.* (Niger).

[256] Avis n° CI-2020-003/A/01-04/CC/SG du 1er avril 2020, *Président de l'Assemblée nationale op.cit.*, (Côte d'Ivoire).

[257] Avis n° CI-2020-004/A/07-04/CC/SG du 07 avril 2020, *Président du Sénat op.cit.*, (Côte d'Ivoire).

[258] M. DISANT., « Juger la décision d'instaurer et de prolonger l'état d'urgence », *op.cit.*, p.233.

matières dont elles estiment étrangères aux faisceaux énumératifs effectués par la Constitution et ses normes dérivées.

Par ailleurs, face à une préoccupation constitutionnelle, le destinataire de la saisine tient à « *déterminer à quel organe cette compétence sera dévolue* »[259]. C'est dans dynamique qu'à l'exception de *l'ultra petita* ou des moyens soulevés d'office, le juge constitutionnel peut aller au-delà de l'objet de la demande contentieuse. L'expérience des juridictions constitutionnelles citées conforte la non utilisation de ces mécanismes juridiques afin de réduire la toute-puissance du pouvoir exécutif. Celles-ci se sont confinées aux prétentions et moyens des parties. Car celles-ci ne se prononçaient pas par hypothèse sur les incompétences négatives et positives, sur les injonctions de retirer le texte par programmation ou pas de l'échéance de l'inconstitutionnalité. Toutefois, certaines décisions du juge constitutionnel malgache confortent une démarcation de ce champ.

Par « *la constitutionnalisation du droit budgétaire* »[260], cette matière devient une règle de droit et la juridiction constitutionnelle malgache s'assure que ne « *dérogeant par son objet ou son contenu à la Constitution* »[261]. Concrètement, l'état d'urgence sanitaire a relayé sa mission de « *garante des textes et principes financiers dont les fondements sont dans la Constitution* »[262]. Par le contrôle approfondi des décrets d'avance, il indique « *que la sincérité des prévisions pourrait être mise en cause étant donné que lesdits décrets n'ont pas tous été adoptés à la suite d'une urgence impérieuse comme l'exige la loi* »[263]. Sur ce premier point, il révèle l'inobservation d'une formalité substantielle de recours et d'adoption du décret d'avance. L'exécutif y a recouru sans se référer à l'exigence d'urgence impérieuse et le parlement l'a adopté sans observer le principe de sincérité. Toutefois, la révélation de l'inobservation du cas d'ouverture du décret d'avance est sans véritable suite car, le juge constitutionnel ne l'a assorti pas d'une véritable coercition. Il s'est juste contenté de l'évoquer et cela constitue une occasion manquée. Au nom du principe de sincérité, la Cour constitutionnelle a émis des réserves sur les débats parlementaires ayant abouti à l'adoption de la loi de finances rectificatives[264]. En outre, « *Qu'il serait nécessaire à l'avenir de bien évaluer les prévisions de dépenses afin d'éviter de*

---

259 M.-M MBORANTSUO., *La contribution des Cours constitutionnelles à l'État de droit en Afrique*, Paris, ECONOMICA, 2007, p.30.

260 L. PHILIP., « La constitutionnalisation du droit budgétaire français », *in* B. BECK., G. VEDEL (dir), *études de finances publiques. Mélanges en l'honneur de Monsieur le Professeur Paul Marie GAUDEMET.*, Paris, ECONOMICA, 1984, p.49.

261 Ch EISENMANN., *La justice constitutionnelle et la Haute Cour constitutionnelle d'Autriche*, Paris, ECONOMICA, PUAM, 1986 p.17 ; J.-J BIENVENU., « La modernité des vues de Charles Eisenmann sur la justice constitutionnelle », *in* P. AMSELEK (dir), *La pensée de Charles Eisenmann*, Paris, PUAM et ECONOMICA, 1986 p.85-101.

262 N. MEDE., J.-J FIACRE AVAHOUNDJE., « Le juge constitutionnel, un juge financier ? », *in* O. NAREY (dir), *La justice constitutionnelle*, Paris, L'Harmattan, 2016, p.249.

263 Décision n° 5-HCC/D3 du 7 juin 2021 concernant la loi de Règlement pour 2017 (6ème Considérant).

264 Décision n° 11-HCC/D3 du 14 juillet 2020 concernant la loi n° 2020-010 portant Loi de Finances Rectificatives pour 2020 (14ème Considérant) (Madagascar) « *Considérant, toutefois, que sous réserve du respect des observations liées aux principes à valeur constitutionnelle, évoquées dans la décision n° 18-HCC/D3 du 21 décembre 2019 concernant l'ordonnance n° 2019-016 portant loi de finances « initiale » pour 2020, les dispositions de la loi de finances pour 2020, qui ne méconnaient aucune exigence constitutionnelle, doivent être déclarées conformes à la Constitution* ; ».

nombreux crédits supplémentaires et des dépassements de dépenses de fonctionnement»[265]. En l'espèce, la Cour constitutionnelle dénonce la défaillance de la technique d'évaluation des dépenses du parlement. Celle-ci étant à la base purement indicative doit, quand même limiter l'ouverture massive aux décrets d'avance. L'option pour une technique d'évaluation devant contenir cette insuffisance dans la prévision des crédits de dépense est sollicitée. Enfin, le juge constitutionnel burkinabé a récusé l'adoption par le Conseil des Ministres du projet d'ordonnance portant régime juridique applicable aux agents contractuels non permanents de la fonction publique d'État. Il estime que ledit projet n'établit aucun lien avec la lutte contre la maladie à Coronavirus. Le juge constitutionnel a en l'espèce émis un avis défavorable[266].

Conclusion

Sous l'effet de l'aléa sanitaire, la balance s'est majoritairement penchée sur les critiques et minoritairement sur l'éloge du mythe de la théorie constitutionnelle de Montesquieu. Les organes régaliens de l'État ont subi un coup massue de déséquilibre bien plus significatif qu'en situation normale. Le fait suscité a été axé sur la réorganisation des pouvoirs de décision en vue de parer au danger public réel, manifeste, présent et non potentiel de nature sanitaire. Le paradigme d'antan sur l'interventionnisme ou l'omniprésence de l'un des organes régaliens de l'État est restauré et se loge dorénavant plus dans l'inné que l'acquis. Ces explications s'articulent autour du renforcement du déséquilibre entre les fonctions politiques de l'État et l'affaiblissement du rééquilibre de l'organe régalien de l'État. Les deux déclinaisons évoquées précédemment soulèvent deux constats majeurs :

Premièrement : le bouleversement de l'ordre juridique induit par la crise sanitaire présente une portée conjoncturelle. La préservation du principe de valeur constitutionnelle de continuité de l'État a induit la mobilisation d'une ingénierie formelle et matérielle par celui-ci. Cette préservation l'était davantage face au pic et rebours de la crise sanitaire du fait de ses reconductions successives. C'est également le cas du principe de proportionnalité utilisé pour mesurer l'adéquation, l'intensité et la gravité de la riposte aux droits et libertés publiques. L'idée de mesurer les mesures conjoncturelles face à la démesure des prérogatives de l'exécutif était retenue. L'hydre est désormais un virus et l'ennemi le genre humain. Sous cette bannière, une lecture empirique récuse de généraliser l'état d'urgence sanitaire dans tous les États de l'Afrique noire francophone. L'État du Cameroun du fait de l'interprétation politique

---

265 Décision n° 5-HCC/D3 du 7 juin 2021 concernant la loi de Règlement pour 2017, (8ème Considérant).

266 Avis n° 2020-001/CC du 23 juillet 2020, *Premier Ministre* (Burkina Faso), « *Considérant que dans le cas d'espèce, la loi n° 015-2020/An du 05 mai 2020 a habilité le gouvernement à légiférer par voie d'ordonnance dans le cadre de la lutte contre la maladie à Coronavirus (COVID-19), que le projet d'ordonnance pour lequel l'avis est demandé ne fait aucun lien avec la lutte contre la maladie à coronavirus (COVID-19) ; que l'adoption d'un régime juridique applicable aux agents contractuels non permanents de la fonction publique d'État est prévue à l'article 207 de la loi n° 081/CNT du 24 novembre 2015 portant Statut général de la fonction publique d'État ; qu'il s'agit d'un projet d'ordonnance dont l'importance nécessite qu'il fasse d'un débat à l'Assemblée nationale : (…) article 1er : émet un avis défavorable à l'adoption par le Conseil des Ministres du projet d'ordonnance…* ».

de la Constitution par le Président de la République a opté, pour la systématisation des dispositions présentes dans le droit positif et la mobilisation du cadre structurel de droit commun pour la gestion de la crise sanitaire. En outre, la Covid-19 reconnait au parlement la qualité de destinateur des prérogatives d'exception à solliciter par l'exécutif et est reclassée comme le destinataire des mesures d'exception à internaliser au sein de l'hémicycle.

Deuxièmement : l'idée de la gestion d'une calamité induit de manière alternative ou cumulative soit la systématisation des moyens existants épars dans l'ordre juridique soit la spécialisation des cadres structurel et formel. Lesdites mesures peuvent soit être adaptées et érigées en mesures inédites pour la calamité publique spécifique soit purement et simplement reconduites du cadre antérieur à sa survenance. Ce cadre est partagé par la valorisation des mesures relevant du droit souple. Le droit souple est l'unité de mesure et la qualité de mesure de l'action urgente des décideurs publics. En outre, le droit positif se doit d'internaliser le régime en vue de se prémunir d'une éventuelle crise de cette nature. Celui-ci est toujours surpris par certains aléas. Il est donc important d'y susciter la logique d'anticipation. Sous cette bannière, une réflexion sur l'influence structurelle de la Covid-19 sur la séparation des pouvoirs dans les États francophones de l'Afrique mériterait une attention particulière.

Chapitre 5 : Parlement camerounais et gestion gouvernementale des fonds covid-19

Par Jacques BIPELE KEMFOUEDIO
Habilité à Diriger des Recherches (HDR) en Droit public,
Maître de Conférences, Université de Dschang, Cameroun

Résumé

Covid-19, cette pandémie effroyable, continue ces dernières années au Cameroun à susciter des débats et des interrogations quant à l'application des normes juridiques et au respect de l'orthodoxie dans la gestion des fonds alloués au gouvernement pour la lutte contre cette maladie. Cette situation de gestion des fonds covid-19 ne laisse pas le parlement insensible. Elle l'interpelle à plus d'un titre au regard de ses missions constitutionnelles. Sous cet angle, le parlement a compétence pour contrôler la gestion des fonds covid-19 et engager la responsabilité politique du gouvernement en cas de défaillance. Si le contrôle parlementaire peut passer par la technique des questions orales ou écrites, des pétitions et des commissions d'enquêtes, la mise en jeu de la responsabilité, quant à elle, est susceptible d'emprunter la voie de la question de confiance et de la motion de censure. Elle peut déboucher, soit à la démission du gouvernement, soit à la dissolution de l'Assemblée nationale. Mais, le fait pour la majorité présidentielle de coïncider avec la majorité parlementaire ne laisse pas envisager une application sereine par le parlement du droit positif en matière de contrôle de la gestion gouvernementale des fonds covid-19. Les rapports entre le parlement camerounais et cette gestion semblent donc renvoyer à un espoir déçu en ce qui concerne l'application des textes en vigueur en matière de contrôle et de mise en jeu de la responsabilité politique du gouvernement.

Mots-clés : Parlement camerounais - Gestion des fonds covid-19 - Contrôle de l'action gouvernementale - Responsabilité gouvernementale - Fait majoritaire

Introduction

Depuis la publication des trois rapports d'audit de la Chambre des comptes de la Cour suprême du Cameroun successivement en juin 2021[1], septembre 2022[2], mars 2023[3] et l'ouverture des enquêtes, les gestionnaires de crédits affectés à la lutte contre la covid-19 sont sur la sellette. Ces différents rapports confirment de nombreux maux

---

[1] Ce premier rapport d'audit de la Chambre des comptes sur la gestion des fonds covid-19 a été adopté le 04 juin 2021.

[2] Ce deuxième rapport d'audit de la Chambre des comptes sur la gestion des fonds covid-19 a été adopté le 22 septembre 2022.

[3] Ce troisième rapport d'audit de la Chambre des comptes sur la gestion des fonds covid-19 a été adopté le 16 mars 2023.

qui ont émaillé la gestion gouvernementale des fonds covid-19 au Cameroun : détournements des deniers et biens publics destinés à la lutte contre la covid-19, favoritisme, surfacturation, conflits d'intérêt, corruption, non-respect de la discipline budgétaire et financière, entorses au droit en vigueur, mauvaises pratiques de passation et d'exécution des marchés publics covid-19[4], etc. Ainsi, à l'analyse de la gestion des fonds covid-19 par le gouvernement camerounais, et au regard des rapports susvisés de la Chambre des comptes, on note à première vue que les principes de sincérité, de transparence et d'efficacité de la dépense publique ont été mis entre parenthèses par certains départements ministériels[5] qui ont plutôt ouvert les portes aux irrégularités condamnables. Au regard de cette situation, et en vertu du droit positif, le parlement, au profit des prérogatives qui lui sont conférées par la constitution[6] et les règlements intérieurs des Chambres[7], ne devrait pas rester indifférent. D'ailleurs, c'est un député de la nation qui s'active fréquemment sur cette question en demandant aux gestionnaires desdits fonds de rendre compte de leur gestion au peuple[8]. L'obligation de rendre compte de sa gestion est un principe sacré de la bonne gouvernance financière[9]. Ce compte est rendu entre autres au parlement.

Le parlement est une assemblée ou un ensemble des assemblées qui assure la représentation du peuple dans un État. Constitué des représentants de la nation[10], d'une part, et des représentants des collectivités territoriales décentralisées[11], d'autre

---

[4] Pour tous ces maux cités, voir Chambre des comptes de la Cour suprême du Cameroun, *Audit du fonds spécial de solidarité nationale pour la lutte contre le coronavirus et ses répercussions économiques et sociales*, exercice 2020, premier rapport, juin 2021, pp. 72 et ss ; Chambre des comptes de la Cour suprême du Cameroun, *Audit du fonds spécial de solidarité nationale pour la lutte contre le coronavirus et ses répercussions économiques et sociales*, exercice 2020, 2ème rapport, septembre 2022, pp. 4 et ss ; Chambre des comptes de la Cour suprême du Cameroun, *Audit du fonds spécial de solidarité nationale pour la lutte contre le coronavirus et ses répercussions économiques et sociales*, exercice 2021, 3ème rapport, mars 2023, pp. 13 et ss.

[5] Le premier rapport met en exergue la gestion des fonds covid des ministères de la santé publique, de la recherche scientifique et de l'innovation, des finances et de l'administration territoriale. Le deuxième rapport examine la gestion des fonds covid-19 par les autres départements ministériels ne figurant pas dans le premier rapport (20 au total). Le troisième rapport analyse la gestion des fonds covid-19 au titre de l'exercice 2021.

[6] Aux termes de l'article 14 alinéa 2 de la constitution camerounaise du 18 janvier 1996 révisée le 14 avril 2008, « *le parlement légifère et contrôle l'action du gouvernement* ».

[7] Voir articles 47 et suivants du règlement intérieur du Sénat, 38 et suivants du règlement intérieur de l'Assemblée nationale.

[8] Il s'agit du député Jean-Michel NITCHEU qui, lors de la session parlementaire de juin 2020 et sur sa page Facebook, déclare qu'*« au Cameroun, le gouvernement a géré les fonds covid-19 dans la plus grande opacité. Les détournements assortis de népotisme et de clientélisme ont été l'unique centre d'intérêt des gestionnaires de ces fonds. Profiter d'une catastrophe sanitaire qui a par la suite coûté la vie à plus de 1000 de nos concitoyens est inadmissible et totalement indécent. Rien, absolument rien, ne justifie l'extrême lenteur des procédures judiciaires au Cameroun. On parle des dizaines de milliaires volatilisés et tout ce que Yaoundé oppose au peuple camerounais c'est d'afficher dans ce dossier de la COVIGATE, la guerre des personnes dans le sérail gouvernant… Ceux qui ont profité de la détresse des Camerounais pour s'en mettre plein les poches doivent rapidement croupir en prison* ».

[9] Cf. loi n° 2018/011 du 11 juillet 2018 portant code de transparence et de bonne gouvernance dans la gestion des finances publiques.

[10] S'agissant de l'Assemblée nationale.

[11] S'agissant du Sénat.

part, le parlement camerounais vote les lois[12], expression de la volonté générale, et contrôle l'action gouvernementale. Il est composé au Cameroun, depuis la réforme constitutionnelle du 18 janvier 1996 de deux chambres : l'Assemblée nationale et le Sénat. Ainsi, depuis cette année-là, on est quitté d'un parlement monocaméral à un parlement bicaméral. Au regard des fonctions du parlement camerounais, l'on peut apercevoir nettement le lien de nature à exister entre cette institution et la gestion gouvernementale des fonds alloués à la prévention et à la lutte contre la covid-19 qui présente aujourd'hui plusieurs variantes[13]. La gestion des fonds covid-19 s'entend comme la manière par laquelle est utilisé ou dépensé l'argent mis à la disposition des gestionnaires pour prévenir ou lutter contre la pandémie de la covid-19, encore appelée corona virus 2019. Cette maladie, déclarée par l'Organisation Mondiale de la Santé (OMS) de pandémie, a créé et continue de créer, au regard de sa dangerosité, la panique dans le monde entier et plus précisément au sein des populations. C'est pourquoi, elle a été à l'origine de la nouvelle crise sanitaire mondiale. A cet effet, chaque État, soucieux de l'avenir de son peuple, doit prendre des mesures adéquates et mobiliser des moyens efficaces et nécessaires pour vaincre cette pandémie.

Quels qu'en soient les moyens déployés, ceux relatifs aux finances sont importants et, de ce fait, occupent une place capitale. C'est pourquoi, les États, les ONG, l'OMS, les bailleurs de fonds se sont déployés pour trouver des moyens financiers conséquents à l'effet de juguler cette grave maladie qui n'a de cesse de décimer les populations et qui continue d'être un centre d'attraction scientifique. Bien que les spécialistes relevant de la médecine et pharmacie soient interpellés au premier chef, les juristes peuvent être fondés en cette période à s'interroger sur l'impact de cette maladie sur l'application des normes en général et les rapports qui peuvent exister entre le parlement camerounais et la gestion gouvernementale des fonds covid-19 en particulier.

Ces dernières années, la littérature juridique est prolixe sur les rapports entre la covid-19 et le droit[14]. Mais, en compulsant cette littérature, la thématique, objet de cette réflexion, reste en friche. Le thème traité est ainsi actuel et présente un intérêt à

---

[12] Cf. article 26 de la constitution camerounaise du 18 janvier 1996 révisée le 14 avril 2008.

[13] En l'état actuel, on a la variante Delta découverte pour la première fois en Inde, la variante Alpha (B.1.1.7) identifiée pour la première fois au Royaume Uni, la variante Bêta (B.1.351) identifiée pour la première fois en Afrique du Sud, la variante Gamma (P.1) identifiée pour la première fois au Brésil et la variante Omicron (B.1.1.529) détectée pour la première fois en France métropolitaine.

[14] Lire sur la question le NEMRO, *Revue trimestriel de droit économique, Dossier spécial* : *La covid-19 et le droit*, Avril – Juin 2020, plus précisément la contribution de T. NGUIMFACK VOUFO, « Covid-19 et finances publiques : quelle politique budgétaire de riposte à la pandémie au Cameroun », pp. 474 – 487 ; voir aussi M. NGO MOMASSO, « La réforme des contrôles parlementaires non juridictionnels des finances publiques dans les Etats d'Afrique francophone subsaharienne : analyse à partir des cas camerounais et ivoirien », *RADSP*, Vol III, Spécial bis, 2nd Semestre 2020, pp. 203 et ss ; A. TATIDOUNG KUETE, « La restauration du contrôle parlementaire en droit constitutionnel camerounais : le cas du contrôle sanction », *RADSP*, vol IX, n° 23, juillet - décembre 2021, pp. 121 – 146 ; D. NOUNAMO KEMOGNE et autres, *Covid-19 et droit au Cameroun : Regards pluriels*, Préface du Pr. L.P. GUESSELE ISSEME, Yaoundé, Editions LUPEPPO, 2021, 324 pages ; J.F. de BUJADOUX, « Le parlement dans la crise sanitaire », *La Société d'Edition de Revues*, n° 11, novembre 2021, pp. 31 - 42.

la fois théorique et pratique. Sur le plan théorique, le parlement camerounais mis en rapport avec la gestion gouvernementale des fonds covid-19 est une contribution nouvelle qui s'inscrit dans la logique de l'évaluation de l'application des normes juridiques à l'ère de cette pandémie. On comprend alors que la gestion des fonds covid par le gouvernement est susceptible de déclencher l'application des normes constitutionnelles[15] et législatives[16] relatives aux pouvoirs du parlement. Sur le plan pratique, le sujet permet de remuer et de constater les difficultés de mise en œuvre de ces normes. En effet, le paysage politique, dominé par la concordance, est de nature à entrainer la mise en berne de ces normes relatives au contrôle de la gestion des fonds covid-19 et aux conséquences de ce contrôle à savoir la mise en œuvre de la responsabilité gouvernementale. Mener une réflexion sur les rapports entre le parlement camerounais et la gestion des fonds covid-19 peut ainsi produire une bonne moisson scientifique.

Bien qu'il soit susceptible de fasciner et de nourrir la recherche, le lien entre le parlement camerounais et la gestion gouvernementale des fonds covid-19 n'autorise pas que soit examiné dans les lignes suivantes le rôle législatif de cette institution. En effet, concernant l'exercice du rôle législatif en matière de covid-19, le parlement camerounais a été inactif. Il a été chaque fois appelé à prendre seulement acte des décisions adoptées en la matière[17] par d'autres instances comme l'exécutif. N'exerçant pas ce privilège constitutionnel et législatif, le parlement était appelé au moins à exercer pleinement son autre rôle à savoir le contrôle de l'action gouvernementale qui reste « *une exigence démocratique fondamentale* »[18] et, le cas échéant, la mise en jeu de la responsabilité du gouvernement. C'est donc à bon droit que l'on peut se demander si cette prérogative du parlement camerounais face à la gestion gouvernementale des fonds covids-19 a été mieux exercée. Autrement dit, le parlement camerounais face à la gestion gouvernementale des fonds covid-19 a-t-il réussi à produire les résultats escomptés au regard de sa mission de contrôle et, conséquemment, de la mise en jeu de la responsabilité politique ? Cette question est importante surtout lorsqu'on sait que la gestion de ces fonds, selon les rapports de la Chambre des comptes, a été marquée du sceau des détournements, de la corruption, de la surfacturation, du favoritisme, du clientélisme, du délit d'initié, du laxisme, des marchés fictifs ou inachevés mais entièrement payés, de la violation de la règlementation en vigueur en matière de marchés publics[19], etc. La réponse à cette préoccupation fondamentale repose sur une constance. En effet, le contexte

[15] Lire sur l'application des normes constitutionnelles en matière des finances publiques, A. TATIDOUNG KUETE, « La restauration du contrôle parlementaire en droit constitutionnel camerounais : le cas du contrôle sanction », *op cit*, pp. 121- 146.

[16] M. NGO MOMASSO, « La réforme des contrôles non juridictionnels des finances publiques dans les Etats d'Afrique francophone subsaharienne : analyse à partir des cas camerounais et ivoirien », *op cit*, pp. 203 et ss.

[17] C'est le cas par exemple du confinement avec l'arrêt des cours dans les établissements scolaires et universitaires, de la vaccination, de la passe sanitaire étendue, etc.

[18] J.-F. de BUJADOUX, « Le parlement dans la crise sanitaire », *La Société d'Edition de Revues, op cit*, p. 38.

[19] Lire les différents rapports d'audit du fonds covid-19 de la Chambre des comptes de la Cour suprême du Cameroun susmentionnés.

politique camerounais, caractérisé par la concordance entre la majorité parlementaire et la majorité gouvernementale, ne favorise pas l'exercice efficace de la mission de contrôle du parlement et de mise en jeu de la responsabilité gouvernementale. L'étude a ainsi pour objectif de mieux rendre compte du lien juridique entre le parlement camerounais et la gestion gouvernementale des fonds covid-19 et plus précisément de faire une sorte d'évaluation de l'exercice des missions parlementaires face à la gestion desdits fonds.

Sur la base du positivisme juridique[20] et à la lumière des techniques de recherche adéquates[21], deux axes majeurs méritent d'être explorés pour atteindre l'objectif de cette étude. Si, d'une part, on assiste à un contrôle parlementaire inefficace de la gestion gouvernementale des fonds covid-19 (I), d'autre part, on note une mise en jeu hypothétique de la responsabilité gouvernementale par le parlement suite à la gestion desdits fonds (II).

I) Un contrôle parlementaire inefficace de la gestion gouvernementale des fonds covid-19

L'importance du contrôle politique s'explique par la nature de l'organe habilité en cette matière à savoir le parlement, incarnation de la représentation nationale, qui exerce en l'occurrence un contrôle démocratique de la gestion des finances publiques[22]. A cet effet, les fonds covid-19 étant des deniers publics, une étude des techniques de contrôle parlementaire de leur gestion par le gouvernement affiche des résultats non réjouissants au Cameroun. Les causes de cette inefficacité des techniques de contrôle sont inébranlables (A) et les manifestations patentes (B).

A) Les causes inébranlables de l'inefficacité des techniques de contrôle de la gestion gouvernementale

Au Cameroun, deux causes expliquent l'inefficacité des techniques de contrôle de la gestion gouvernementale des fonds covid-19 et, conséquemment, l'inapplication appropriée des dispositions normatives mises en place par le constituant et le législateur. Il s'agit de la consolidation du « fait majoritaire », d'une part (1), et la fragilisation de l'opposition parlementaire, d'autre part (2).

1) La consolidation du « fait majoritaire »

En droit constitutionnel, le « fait majoritaire » est la situation où le gouvernement est soutenu par une majorité parlementaire nette et stable[23]. Cette définition guidera

---

20 Principalement, le positivisme juridique intègre la dogmatique et la casuistique.

21 Deux techniques seront convoquées ici à savoir la technique documentaire et la technique de l'enquête.

22 Voir I.M. FALL, « La loi de règlement dans le droit des finances publiques des Etats membres de l'UEMOA : l'exemple du Sénégal », *in* J. HABIB SY (s/dir), *Finances publiques, décentralisation et transparence budgétaire*, Dakar, Aide Transparency, 2005, pp. 91 – 92.

23 Lire sur la question J. BENETTI, *Droit parlementaire et fait majoritaire à l'Assemblée nationale sous la Vème République*, Thèse, Université de Paris I, 2004, pp. 73 et ss.

la présente recherche. Bien que proche de la concordance majoritaire, le « fait majoritaire » ne doit pas se confondre à elle. En effet, lorsqu'il y a coïncidence entre la majorité présidentielle et la majorité parlementaire, on parle de concordance majoritaire[24]. Dans le cas contraire, on est en situation de cohabitation[25]. Ici, le fait majoritaire est dit imparfait. Le fait majoritaire consiste ainsi pour le gouvernement à disposer au parlement d'une majorité fixe et fidèle sur laquelle il peut s'appuyer pour l'exercice efficace de ses missions.

Dans le cas camerounais, cela ne fait l'ombre d'aucun doute que le gouvernement est formé par le président de la République qui est président national du Rassemblement Démocratique du Peuple Camerounais (RDPC), parti au pouvoir. Il dispose ainsi à cet effet d'une majorité gouvernementale qui coïncide avec la majorité parlementaire. Prenant à titre illustratif la législature en cours à la Chambre basse (2020 – 2025), on note, sur les cent quatre-vingt (180) députés que compte l'Assemblée nationale du Cameroun, que le RDPC en a cent cinquante-deux (152). Les autres partis présents dans cette Chambre partagent les vingt-huit (28) députés restants[26]. Au sein du Sénat (législature 2018 – 2023), sur les cent (100) sénateurs, le président de la République, président national du parti au pouvoir, a nommé trente (30). Sur les soixante-dix (70) sénateurs élus, le RDPC en compte soixante-trois (63) et le Social Democratic Front (SDF) sept (07)[27]. Pour la législature 2023 – 2028, le RDPC remporte les soixante-dix (70) sièges de sénateurs élus[28]. Les trente (30) sénateurs nommés le sont par acte du président de la République qui reste le président national du RDPC. Le poids de cette coïncidence pèserait lourd sur le parlement et aurait tendance à le transformer en une simple Chambre d'enregistrement des volontés du parti au pouvoir[29]. Sous cet angle, les parlementaires deviennent davantage les délégués territoriaux du parti du président au pouvoir au lieu d'être les représentants de la nation ou des collectivités autonomes. La conséquence est qu'on note à ce sujet une forte prégnance des allégeances partisanes qui s'affirme comme une entrave à un contrôle rigoureux. En effet, la concordance

---

[24] De manière simple, la concordance majoritaire renvoie à un moment pendant lequel la majorité des sièges au parlement est détenue par des députés ou sénateurs du parti qui soutient le président de la République.

[25] La cohabitation se définit comme la coexistence d'un président de la République et d'une majorité politique qui lui est opposée au parlement. Il y a donc cohabitation lorsque la majorité présidentielle et la majorité parlementaire ne concordent pas ou ne concordent plus. Lire sur la question D. AMSON, *La cohabitation politique en France : leçon d'une expérience*, Paris, PUF, 1985, 194 pages ; Ch. DEBBASCH, *La cohabitation froide*, Paris, Economica, 1988, 490 pages ; M-A. COHENDET, *La cohabitation : leçon d'une expérience*, Paris, PUF, 1993, 343 pages ; A-X. FOURNIER, *Analyse critique de la cohabitation sous la Vème République : Bilan et perspectives*, Mémoire présenté comme exigence partielle de la maîtrise en science politique, Université du Québec à Montréal, juillet 2007, 177 pages.

[26] Pour cette législature en cours, débutée en 2020, on a RDPC : 152 ; UNDP : 7 ; SDF : 5 ; PCRN : 5 ; UDC : 4 ; FSNC : 3 ; MDR : 2 ; UMS : 2. Sources : archives de l'Assemblée nationale du Cameroun.

[27] Sources : archives du Sénat du Cameroun.

[28] Voir procès-verbal de proclamation des résultats par le Conseil constitutionnel du Cameroun le 23 mars 2023.

[29] Lire à ce sujet ISSA ABIABAG, « Le droit d'amendement dans le droit parlementaire camerounais », *Annales de la FSJP*, Université de Dschang, n° 1, janvier – juin 2002, pp. 43 et ss.

politique, soudée autour du président de la République, exige une docilité ou une passivité du parlement à l'égard de la majorité présidentielle ou gouvernementale. Ce qui n'est qu'une attitude normale dans le domaine politique même si cela peut susciter quelques réserves sur le plan juridique. Cette concordance fragilise le principe de la séparation des pouvoirs entre le parlement et l'exécutif. Dans ce contexte, le contrôle parlementaire à l'égard de la gestion gouvernementale est factice, illusoire ou apparent[30]. La situation camerounaise est une illustration parfaite. S'agissant par exemple de la gestion gouvernementale des fonds covid-19, on y note une absence d'implication ou alors une faible implication du parlement. Pourtant, en raison du caractère sensible de ces fonds covid, les ordonnateurs sont tenus devant les parlementaires et autres contrôleurs de justifier l'utilisation. D'ailleurs, outre la fonction législative[31], c'est à travers le contrôle que le parlement garantit l'équilibre des pouvoirs et affirme son rôle en tant que défenseur des intérêts du peuple.

Malheureusement, au Cameroun, le contexte politique marqué par la concordance n'est pas favorable à une mission efficace de contrôle parlementaire. Ce rôle se trouve vidé de son substrat. Les textes juridiques prescrits à cet effet se trouvent non appliqués par le parlement à cause des relations partisanes entre la majorité parlementaire et le gouvernement. Ainsi, priver le parlement en pleine crise sanitaire covid-19 de tout contrôle sur la gestion gouvernementale des fonds destinés à la lutte contre cette pandémie est sans conteste un mauvais coup porté à l'institution. Même l'opposition parlementaire ne parvient pas à relever ce défi en raison de sa fragilisation.

2) La fragilisation de l'opposition parlementaire

L'opposition parlementaire peut être définie comme le ou les partis qui, au sein d'une assemblée politique, s'oppose(nt) à l'équipe au pouvoir en exerçant une fonction de contrôle et de critique, en informant l'opinion, voire en préparant une équipe de rechange. Socle de la démocratie[32] dans les sociétés modernes, l'opposition légitime le pouvoir de la majorité[33], empêche le parti au pouvoir de mal agir et le sanctionne le cas échéant[34]. Contrepoids nécessaire, qui confère aux États acceptant la contestation le label de société pluraliste, l'opposition joue le rôle de contrôle et de critique de l'action gouvernementale[35]. Elle a sous cet angle pour missions, entre

---

30 Il s'agit d'un contrôle de pure forme sans réel impact. Cf. J. MOLINIER, « L'apport de Gaston JEZE à la théorie des finances publiques », *Revue d'histoire des facultés de droit et de la science politique*, n° 12, 1991, p. 55.

31 Lire J. BIPELE KEMFOUEDIO, « Le rôle législatif du parlement camerounais dans les finances publiques : progrès réel ou simple folklore ? », *Revue internationale de droit africain EDJA*, n° 87, octobre – novembre – décembre 2010, pp. 29 – 49.

32 Lire P. JAN, « Les oppositions », *Pouvoirs*, n° 108, 2004, p. 15.

33 Voir B. de JOUVENEL, *De la souveraineté*, Paris, éd. Génin, 1955, p. 349.

34 Voir N. GAUDRY, « Les relations entre majorité et opposition », *in Le rôle du parlementaire dans l'élaboration de la loi et les relations entre majorité et opposition*, Colloque, Lomé, 3 au 5 novembre 1994, p. 93.

35 Voir C. M. PIMENTHIEL, « L'opposition ou le procès symbolique du pouvoir », *Pouvoirs*, n° 108, 2004, pp. 43 – 46.

autres, de détrôner leurs rivaux au pouvoir et d'y accéder[36]. Ainsi définie, l'opposition parlementaire se différencie de la majorité présidentielle qui désigne les partis politiques et groupes parlementaires qui soutiennent l'action du président de la République lorsqu'ils sont majoritaires à l'Assemblée nationale[37]. L'opposition parlementaire est remise en place au Cameroun à la faveur de la transition démocratique du début des années 90. Cette transition apparait comme une ère nouvelle avec la restauration du multipartisme[38] et son corollaire à savoir les élections compétitives. Ces élections imposent l'acceptation et la tolérance de l'opposition. Seulement, les pouvoirs autoritaires acceptent et tolèrent difficilement l'idée de l'opposition, d'alternance ou de partage du pouvoir. Ils emploient et déploient tous les moyens et toutes les stratégies nécessaires pour fragiliser l'opposition au sein du parlement ainsi qu'en dehors et se pérenniser au pouvoir.

La fragilisation de l'opposition parlementaire peut avoir deux séries de causes : la première est imputable à l'opposition elle-même, car elle n'a pas su s'affirmer comme un véritable contrepoids du parti au pouvoir à travers la mise en place des stratégies politiques efficaces. A la vérité, l'opposition parlementaire camerounaise est divisée et dispersée. Elle ne réussit toujours pas à trouver une entente entre ses membres face aux grands enjeux politiques. Elle est égoïste puisqu'elle met en avant-garde les intérêts des leaders au détriment des intérêts des membres et de l'intérêt général. C'est une opposition moins apaisée qui ne cesse de créer des discordes entre les membres bloquant parfois son fonctionnement. Elle a été inapte à recruter les élites pour se faire une force et a péché de temps en temps par la trahison de certains de ses membres. Intellectuellement pauvres et financièrement nécessiteux, certains membres de l'opposition ont fini par rendre leur démission. Ce qui a davantage affaibli l'opposition parlementaire. On comprend donc que l'opposition (parlementaire) au Cameroun porte les germes de sa fragilisation. La seconde série de causes repose sur des éléments externes à l'opposition. En effet, la fragilisation de l'opposition parlementaire passe aussi par sa persécution et la récupération de ses membres. Cette attitude critiquable vise à réduire l'opposition au silence. Cette propension du pouvoir à neutraliser l'opposition parlementaire est aux antidotes de la démocratie. Elle est aggravée par sa marginalisation au sein des assemblées parlementaires[39]. Cette marginalisation s'observe par l'exclusion ou le mépris des cadres de l'opposition dans la gestion de la vie publique.

---

[36] Voir M. DUVERGER, *Institutions politiques et droit constitutionnel*, Paris, PUF, 1972, pp. 203 et ss.

[37] J.C. COLLIARD, « L'opposition parlementaire », *Les Cahiers français*, n° 174, janvier – février 1976, p. 53.

[38] Voir P. MOUKOKO MBONDJO, « Le retour du multipartisme au Cameroun », *in G. CONAC, l'Afrique en transition vers le pluralisme politique*, Paris, Economica, 1993, pp. 237 – 250.

[39] Lire à ce sujet, L. DONFACK SOKENG, « L'institutionnalisation de l'opposition : une réalité objective en quête de consistance », *in Comment peut-on être opposant au Cameroun ? Politique parlementaire et politique autoritaire*, Dakar, Codesria, 2004, pp. 51 et ss.

Obligé de tolérer et d'accepter l'opposition parlementaire parce qu'exigée par la démocratie pluraliste[40] et indispensable pour se donner une visibilité ou un honneur sur le plan national ou international, le pouvoir en place, au sommet duquel trône de manière imperturbable le président de la République, multiplie des stratégies fines pour mettre ladite opposition (parlementaire) hors d'état de nuire. Cette stratégie passe entre autres par la récupération de certains éléments par la voie de corruption, de recrutement ou de nomination pour mieux la fragiliser. Cette fragilisation empêche l'opposition parlementaire à exercer sa mission avec efficacité à savoir contrôler l'action gouvernementale à travers l'application des normes constitutionnelles et législatives en la matière. Dans cette perspective, les normes mises en place deviennent une simple fleur d'ornement difficile à être respectées. Le contrôle parlementaire de la gestion gouvernementale des fonds covid-19 n'a pas échappé à la règle de l'opacité. Bien que cette gestion soit peu orthodoxe au regard du rapport de la chambre des comptes de 2021, aucune possibilité n'a été offerte à l'opposition parlementaire pour faire appliquer les normes en vigueur en matière de contrôle gouvernemental suite à cette gestion ténébreuse emprunte de gaspillage[41]. A la vérité, l'opposition camerounaise, cette dernière décennie, n'a jamais été assez représentative pour se dresser en un contre-pouvoir efficace face aux majorités toujours assurées au parti au pouvoir. La représentation de l'opposition, phagocytée et neutralisée par les parlementaires de la majorité, a réduit son rôle de contrôle de la gestion budgétaire au Cameroun à une proportion insignifiante[42]. C'est ainsi que dans

---

[40] Lire L. SINDJOUN, « L'opposition au Cameroun, un nouveau jeu politique parlementaire », *in Comment peut-on être opposant au Cameroun ?... op cit*, p. 2.

[41] Pour le professeur Eloi DIARRA, le gaspillage est l'une des caractéristiques des finances publiques africaines. Gaspillage dans la mesure où de nombreuses dépenses sont sans intérêt pour le progrès social et économique des pays. E. DIARRA, « Pour un observatoire des finances publiques africaines, (OFIPAF) », *Afrilex*, décembre 2004, p. 4.

[42]Mais, il ne faut pas totalement nier que l'opposition parlementaire fait parfois entendre sa voix, démontrant par là son intérêt d'exister. On se souvient, par exemple, que *l'affaire MOUNCHIPOU SEIDOU* a été déclenchée par les députés de la nation relevant de l'opposition et plus précisément du parti SDF. En effet, lors de son passage devant la commission des finances et du budget de l'Assemblée nationale, certains députés de l'opposition surtout de l'obédience SDF à l'époque, appuyés par leurs collègues de la majorité, avaient dénoncé ce qu'ils avaient appelé *« une gestion mafieuse des fonds publics »* au ministère des postes et télécommunications à la tête duquel se trouvait le ministre MOUNCHIPOU SEIDOU. Très vite la justice, sur plainte du pouvoir exécutif, s'est saisie du dossier, faisant ainsi naître l'affaire MOUNCHIPOU. Dans la même veine, on a encore en mémoire qu'à l'une de ses sessions (session budgétaire de 2007), des ministres ont été renvoyés par des députés membres de la commission des finances et du budget à revoir la copie du budget de leur département ministériel. C'est le cas de l'ex-ministre de l'eau et de l'énergie Bernard SINDEU. Le budget présenté par ce dernier en 2007 n'avait pas été validé par les députés en commission. Le ministre SINDEU a dû faire un second passage devant la commission des finances et du budget de l'Assemblée nationale. D'autres ont été mis en difficultés en commission. C'est le cas de Jean Pierre BIYITI BI ESSAM, lorsqu'il était ministre de la communication. Les députés lui avaient demandé d'expliquer l'origine des zones d'ombres de la CRTV dans certaines régions du pays alors que l'Assemblée nationale avait voté un budget l'année d'avant dans lequel était prévu de l'argent pour faire face à ce problème ; ou encore la non reprise sur les antennes de la radio-télévision d'Etat de l'émission *"expression directe des partis politiques"* pourtant budgétisée (voir *Le messager*, n° 2986 du jeudi 19 novembre 2009, p. 3). Tout récemment, on se souvient que c'est un député de la nation de l'obédience SDF, honorable Jean-Michel NITCHEU, qui a déclenché les problèmes liés à la

ce pays, on est quitté d'une opposition revitalisée à une opposition émasculée pour paraphraser le professeur Théodore HOLO[43]. Cette situation est réfutable en ce qu'elle n'est pas favorable à l'application du *corpus* normatif relatif au contrôle parlementaire de la gestion gouvernementale des fonds covid-19. Y faisant suite, il est nécessaire de renforcer les capacités d'action de l'opposition par l'amélioration de son statut[44]. Concrètement, il s'agit de lui offrir un bon cadre de liberté, un meilleur financement ainsi que l'accès effectif aux médias d'État. Cette amélioration passe ainsi par la garantie des droits et devoirs de l'opposition[45]. Elle contribuera à une bonne participation de celle-ci aux institutions parlementaires et à un meilleur contrôle de l'action gouvernementale[46]. Seulement, les techniques de contrôle à utiliser en matière des finances publiques demeurent toujours inefficaces.

B) Les manifestations patentes de l'inefficacité des techniques de contrôle de la gestion gouvernementale

Les techniques de contrôle budgétaire employées par le parlement, au regard du droit positif, sont variées : le contrôle par les questions orales ou écrites, les commissions d'enquête et les pétitions. Ces techniques de contrôle politique, bien que minutieusement consacrées, ont de la peine à recevoir application à cause respectivement de leur tiédeur (1), de leur vulnérabilité (2) et de leur infertilité (3).

1) La tiédeur du contrôle par voie des questions orales ou écrites

Les questions orales ou écrites relèvent de la fonction d'information dont dispose le parlement à l'égard du gouvernement[47]. Il s'agit d'un trait caractéristique du parlementarisme rationnalisé. Prises dans le cas d'espèce, les questions orales ou écrites ont pour but d'assurer un contrôle détaillé et minutieux de la gestion gouvernementale des fonds covid-19. En effet, par voie de questions écrites ou

---

gestion des fonds covid-19 par les membres du gouvernement. Ce qui a stimulé la Chambre des comptes de la Cour suprême ainsi que le Tribunal criminel spécial à se saisir du dossier et à ouvrir des enquêtes conséquentes. Vu sous cet angle, il y a lieu de penser que, malgré la concordance politique, le temps où les ministres pouvaient venir au parlement présenter leur budget sans inquiétudes est peut-être dépassé.

[43] Th. HOLO, « Démocratie revitalisée ou démocratie émasculée ? Les constitutions du renouveau démocratique dans les Etats de l'espace francophone : régimes juridiques et systèmes politiques », *RBSJA,* n° 16, 2006, pp. 17 – 41.

[44] Lire D. EMMANUEL, « Le statut de l'opposition dans les Etats d'Afrique francophone », *Revue Juridique et politique*, n° 1, 2011, pp. 3 et ss.

[45] Concrètement, il s'agit de renforcer les conditions de l'exercice du contrôle parlementaire et d'aboutir à des pouvoirs accrus donnés à l'opposition en la matière. Cela se traduit par l'égalité de temps de parole, le poste de corapporteur pour les missions d'évaluation et de contrôle, la possibilité de déclencher des commissions d'enquête, etc.

[46] D. EMMANUEL, « Le statut de l'opposition dans les Etats d'Afrique francophone », *op cit*, pp. 15 et ss.

[47] Voir Ph. ARDANT, *Institutions politiques et droit constitutionnel*, 3ème édition, Paris, LGDJ, 1991, pp. 576 et ss.

orales, les parlementaires peuvent demander aux ministres dépensiers des informations particulières concernant l'exécution des dépenses de tel ou tel service[48]. Ce qui ne semble pas toujours être le cas dans les deux Chambres du parlement à cause du fait partisan. Perçu sous cet angle, le contrôle de la gestion des fonds covid-19 par la voie des questions devient tiède ou amorphe. Pourtant cette technique de contrôle est encadrée par le législateur camerounais. Aux termes de l'article 60 du règlement intérieur de l'Assemblée nationale, les députés peuvent, en application de l'article 35 de la constitution, poser aux ministres des questions orales ou écrites relatives aux affaires de leur ressort. Ces dispositions sont reprises *mutatis mutandis* par l'article 90 (1) du règlement intérieur du Sénat. Les ministres sont tenus de répondre oralement aux questions orales et par écrit aux questions écrites[49]. Ces questions qui ne sont que posées par un député ou un sénateur ne pourraient l'être en session extraordinaire comportant un ordre du jour limité que si elles ont trait à une affaire inscrite à l'ordre du jour. Canalisées dans les délais plus ou moins contraignants[50], les questions orales ou écrites des députés et sénateurs ainsi que leurs réponses sont insérées à la suite d'un compte rendu des débats de l'Assemblée nationale ou du Sénat. Mais les ministres ne sont pas obligés de répondre à toutes les questions orales ou écrites. Ils ont d'ailleurs, dans le souci d'éviter des questions tendancieuses, la faculté de déclarer par écrit que l'intérêt public leur interdit de répondre ou, à titre exceptionnel, qu'ils réclament un délai supplémentaire pour rassembler les éléments de leur réponse.

L'importance des questions orales ou écrites a été retenue par le constituant et le législateur camerounais. Ces derniers, en effet, mentionnent clairement qu'une séance par semaine est, à l'initiative de la conférence des présidents, réservée en priorité aux questions des membres du parlement et aux réponses du gouvernement[51]. Au Cameroun, cette technique de contrôle minutieusement consacrée ne permet pas pourtant aux membres du parlement d'avoir une nette maîtrise sur les finances publiques et plus précisément sur la gestion des fonds covid-19. L'expérience aujourd'hui montre que ladite technique de contrôle est peu usitée. Seuls les parlementaires des partis de l'opposition s'efforcent, sans grande efficacité, à l'utiliser[52]. Les causes de cette paralysie sont nombreuses : carence intellectuelle de la

[48] Cf. M. AMELLER, *Les questions, instrument du contrôle parlementaire*, Paris, LGDJ, 1964, pp. 24 et ss ; R.D. BARLAS, « Les questions orales au parlement britannique », *in Informations constitutionnelles*, 1966, pp. 33 et ss.

[49] Cf. article 61 *in fine* du règlement intérieur de l'Assemblée nationale.

[50] Face aux questions orales ou écrites, le membre du gouvernement dispose d'un délai de 15 jours pour répondre. Ce délai est ramené à 3 jours en période de session. Ce membre de gouvernement dispose d'un délai supplémentaire de 3 jours pour procéder à des recherches documentaires. Ce délai supplémentaire est ramené à 2 jours en période de session (cf. articles 77 (1) du règlement intérieur de l'Assemblée nationale et 90 (5) du règlement intérieur du Sénat).

[51] Cf. articles 35 alinéa 3 de la constitution camerounaise et 61 alinéa 1er du règlement de l'Assemblée nationale.

[52] Contrairement à ce que pense une partie de l'opinion publique, pour qui *l'affaire MOUNCHIPOU SEIDOU* a été déclenchée par les questions orales des parlementaires du SDF en 1999 lors de la session parlementaire consacrée au vote du budget, il faut à la vérité rappeler que les députés d'obédience SDF avaient plutôt émis une motion préalable demandant au sieur MOUNCHIPOU SEIDOU, alors, Ministre des Postes et Télécommunications à l'époque, de s'expliquer au préalable sur sa gestion, faute

majorité des parlementaires qui ne maîtrisent pas la technicité des débats, influence de l'exécutif sur le législatif et surtout le problème de la conjoncture politique qui, pour l'instant, renvoie à la coïncidence des majorités, ce qui empêche les députés et sénateurs du parti majoritaire de mettre en difficulté les membres du gouvernement issus du même bord ou de la même obédience politique. D'ailleurs, au Cameroun, les questions passent préalablement par la censure des groupes parlementaires avant d'être envoyées au secrétariat général de l'Assemblée nationale ou du Sénat pour un autre filtrage. Toutes ces difficultés annihilent l'efficacité dans le champ pratique de cette technique de contrôle théoriquement consacrée. Un observateur averti avait à propos affirmé que la pratique camerounaise des questions n'avait d'égal qu'« *une véritable mise en scène théâtrale* »[53]. A cette allure, les dispositions constitutionnelles et législatives consacrées à cette technique de contrôle sont mises en berne et reçoivent de ce fait très peu application. Le contrôle par voie des commissions d'enquête semble éprouver les mêmes difficultés.

2) La vulnérabilité du contrôle par voie des commissions d'enquête

Arme rarement utilisée, la commission d'enquête parlementaire est l'un des instruments mis à la disposition de l'Assemblée nationale et du Sénat pour contrôler la gestion par le gouvernement des finances publiques. La création d'une telle commission illustre pertinemment, du moins sur le plan théorique, la volonté politique de l'Assemblée nationale ou du Sénat de se saisir d'un problème significatif et relativement grave. En application de l'article 35 (1) de la Constitution du 18 janvier 1996, l'Assemblée nationale peut, par le vote d'une proposition de résolution déposée sur son bureau conformément aux dispositions de l'article 38 du règlement de l'Assemblée nationale, constituer une commission d'enquête. Ces dispositions sont contenues dans le règlement intérieur du Sénat[54]. Lors de cette constitution de commission, la proposition de résolution doit déterminer avec précision, soit les faits qui donnent lieu à enquête, soit les services publics dont la commission d'enquête doit examiner la gestion conformément à la loi. En tout cas, le rôle des commissions d'enquête est de recueillir des éléments d'informations sur des faits déterminés et soumettre leurs conclusions à la Chambre parlementaire qui les a créées, d'examiner la gestion financière des services publics en vue d'informer la Chambre qui les a créées du résultat de leur examen[55].

La gestion gouvernementale des fonds covid-19 n'est pas épargnée de cette technique de contrôle. D'ailleurs, le parlement peut créer des commissions d'enquête sur un sujet intéressant les finances publiques pour une durée n'excédant pas six (06)

---

de quoi ils ne participeraient pas au vote du budget. Les discussions sur le problème ont longuement trainé au point où le vote du budget n'a pu avoir lieu qu'aux environs de quatre heures du matin avec suite défavorable donnée à la motion préalable.

[53] Cf. J. KANKEU, « Les missions du parlement camerounais : regard sur une illusion », *Juridis périodique n° 73*, janvier, février, mars 2008, p. 48.

[54] Cf. article 99 (1) du règlement intérieur du Sénat.

[55] Cf. articles 86 alinéa 2 du règlement intérieur de l'Assemblée nationale et 99 alinéa 2 du règlement intérieur du Sénat.

mois[56]. Toutefois, en cas de nécessité, cette durée est renouvelable. Il convient de rappeler que les rapporteurs spéciaux du parlement sont adjoints à cette commission dont les membres sont désignés par le bureau de Chambre. Les pouvoirs prévus dans la loi portant régime financier de l'État et autres entités publiques leur sont reconnus. Dans l'exercice de leurs missions, les commissions peuvent se faire assister des personnes (experts) de leur choix et procéder à des auditions. Les personnes dont l'audition est requise ne peuvent, à l'exception du président de la République[57], refuser d'y déférer étant entendu que tout obstacle mis au fonctionnement d'une commission est considéré comme une entrave à l'exécution d'une mission de service public. En effet, il a fallu parfois rappeler à certaines personnalités, en dehors du président de la République et peut- être des anciens présidents, qui estimaient ne pas avoir à répondre à une convocation d'une commission d'enquête, qu'un refus était passible de sanctions graves.

Il importe de relever toutefois que la création d'une commission d'enquête parlementaire est confrontée parfois à des difficultés. En effet, l'existence d'une enquête préliminaire fait obstacle à la création d'une commission d'enquête parlementaire visant les mêmes faits ; de même, l'ouverture d'une information judiciaire au sens strict obligerait une commission d'enquête parlementaire précédemment créée et saisie des mêmes faits à mettre fin à ses travaux, tandis qu'elle pourrait les poursuivre à l'égard des faits qui donneraient seulement lieu postérieurement à une enquête préliminaire diligentée par le ministère public[58]. Peut-on ainsi penser que la saisine de la Chambre des comptes de la Cour suprême à propos de la gestion gouvernementale des fonds covid-19 aurait poussé le parlement camerounais au désistement ? On ne peut pas envisager cette hypothèse avec certitude surtout quand on sait que le parlement, à ce sujet, a été amorphe face à la technique de contrôle par voie des questions écrites ou orales, qu'il n'a même pas engagé la formation d'une commission d'enquête avant d'être bloqué. En la matière, le parlement semble avoir fait preuve de laxisme.

Avant la saisine du dossier par la Chambre des comptes de la Cour suprême, la création d'une commission d'enquête parlementaire en matière de gestion des fonds covid-19 aurait dû se faire au regard de la gestion opaque qu'ont fait l'objet ces fonds. Le rapport de la Chambre des comptes sus-évoqué détaille bien cette gestion occulte. Occasion manquée, peut-être, mais le parlement camerounais n'a pas fait preuve de hardiesse jusqu'à présent en cette matière. Il aurait pu saisir cette occasion pour s'affirmer en un véritable contrepoids éveillé au service du peuple, ceci à travers

---

[56] Cf. article 91 (1) du règlement intérieur de l'Assemblée nationale.

[57] On peut néanmoins se demander si cette mesure concerne les anciens présidents de la République. Au Cameroun, les textes ne sont pas clairs. Mais, s'appuyant sur la pratique française, on peut noter que cette mesure concerne les anciens présidents puisque le cas s'est en effet présenté lorsque l'audition du président Giscard D'ESTAING a été envisagée par la commission d'enquête sur les avions renifleurs. Il s'est résolu par la négative, suite à un échange de lettre entre celui-ci et le président MITTERAND les 10 et 29 août 1984. Cf. J.P. CAMBY et P. SERVENT, *Le travail parlementaire sous la cinquième République*, 2e édition, Paris, Montchrestien, 1994, p. 121.

[58] Cf. articles 87 du règlement intérieur de l'Assemblée nationale et 100 du règlement intérieur du Sénat.

l'application sans complaisance des dispositions constitutionnelles et législatives consacrées au contrôle de l'action gouvernementale par voie de commission d'enquête parlementaire. Hélas ! Le parlement sur la question est resté toujours inactif au moment où la gestion gouvernementale des fonds covid-19 était préoccupante au regard des maux qui l'ont affecté. Par conséquent, le droit en vigueur en cette matière ne parvient toujours pas à bénéficier d'une saine application à cause de l'absence d'audace parlementaire.

Le contrôle par voie des commissions d'enquête paraît ainsi intéressant dans le champ théorique. Mais, dans le domaine pratique, il éprouve de réelles difficultés. Le constat quasi-unanime est que cette technique de contrôle est moins usitée et l'objectif recherché par la réforme des droits parlementaire et budgétaire, à savoir respectivement la revalorisation du travail parlementaire d'une part et d'autre part l'efficacité et l'efficience dans la gestion des finances publiques, est loin d'être atteint. Les dispositions du droit public régissant cette matière trouvent ainsi des difficultés à s'appliquer. Le recours au contrôle des fonds covid-19 par voie de pétitions ne semble pas régler le problème à cause de son infertilité.

3) L'infertilité du contrôle par voie des pétitions

Non prévues par la constitution et contenues néanmoins dans les règlements des Chambres[59], les pétitions sont des réclamations adressées aux assemblées politiques (Assemblée nationale et Sénat) pour attirer leur attention sur une situation de fait, un texte à prendre ou à abroger. En matière financière, il s'agit d'une technique qui permet au parlement de s'informer sur la gestion des finances de l'État. Elle constitue de manière incontestable les moyens d'informations et de contrôle du parlement camerounais en matière des finances publiques. Le législateur a dégagé les règles de sa validité de même qu'il a restreint son champ de dépôt. En effet, si les pétitions doivent être adressées au président de la Chambre parlementaire et peuvent également être déposées par un parlementaire qui fait en marge mention du dépôt et signe cette mention, il est impérativement interdit d'apporter les pétitions à la barre de l'Assemblée nationale ou du Sénat. De même, aucune pétition apportée ou transmise par un rassemblement formé sur la voie publique ne peut être reçue par le président, ni déposée sur le bureau, sans préjudice des sanctions prévues par la loi. Demeurent aussi sans objet, les pétitions réclamant les intérêts individuels.

Toutefois, les pétitions, qui sont inscrites sur un rôle général dans l'ordre de leur arrivée, ne connaissent pas toujours une suite glorieuse après étude par la commission compétente. En effet, la commission décide suivant le cas, soit de les renvoyer à un ministre[60] ou à une autre commission générale ou spéciale de l'Assemblée nationale

---

[59]Voir articles 81 à 85 de la loi n° 2014 – 16 du 9 septembre 2014 portant règlement intérieur de l'Assemblée nationale ; articles 84 à 89 de la loi n° 2013/006 du 10 juin 2013 portant règlement intérieur du Sénat, modifiée et complétée par la loi n° 2016/011 du 27 octobre 2016.

[60] Lorsque la commission compétente renvoie aux membres du gouvernement les pétitions qui leur sont adressées et quand elle leur demande les explications sur leur contenu, ceux-ci sont tenus de répondre dans un délai de quinze jours. Si les recherches documentaires auxquelles donne lieu la question déposée

ou du Sénat, soit de les classer purement et simplement. A ce niveau, avis est donné aux pétitionnaires du numéro d'ordre attribué à sa pétition et de la décision la concernant[61]. On peut noter ici toute l'influence du président de la Chambre qui reçoit ces pétitions et les renvoie à la commission compétente parfois avec des instructions, ce dernier étant anormalement influencé par le chef de l'exécutif qui, de par la pratique camerounaise, a une ascendance forte sur l'exercice de ses pouvoirs. La séparation des pouvoirs ou encore l'indépendance des pouvoirs devient par-là illusoire. Au sein du parlement camerounais, le président de Chambre a, quelques rares fois, reçu des pétitions provenant essentiellement du principal parti de l'opposition à savoir le SDF. Mais ces pétitions n'ont été qu'un feu de paille qui, aussitôt allumé, s'est éteint à cause du fait majoritaire du parti au pouvoir[62].

Le contrôle de l'action gouvernementale en matière budgétaire par la technique de pétition connaît donc de nombreuses limites au Cameroun. Ce sont ces limites de nature politique, intellectuelle et juridique qui vident ce contrôle d'une bonne dose de son efficacité et l'exposent durement à l'échec. Vu sous cet angle, les dispositions juridiques en la matière ne peuvent pas recevoir saine application. Elles existent mais ne sont pas mises en œuvre convenablement.

Quoi qu'il en soit, les dispositions normatives relatives aux questions orales et écrites, aux commissions d'enquête parlementaire et aux pétitions concourent toutes à la bonne information du parlement sans laquelle il lui est difficile de contrôler efficacement l'action du gouvernement. Malheureusement, à l'heure de la gestion des fonds covid-19 au Cameroun, ces dispositions ne connaissent pas une application sereine à cause du laxisme des acteurs émanant principalement entre autres de la concordance politique.

Comme on peut le constater, les techniques de contrôle reconnues au parlement camerounais sont très nombreuses. Mais, elles ont sans doute une portée assez limitée. Le professeur LEKENE DONFACK mettait déjà en exergue ces différentes limites qui annihilent l'efficacité des techniques de contrôle parlementaire en matière budgétaire[63]. Ces limites sont relatives à l'étendue[64], à la finalité[65], aux techniques de

---

sont trop longues, le membre du gouvernement intéressé devra en aviser la commission par la voie du président de Chambre. Il disposera d'un délai supplémentaire de trois jours pour procéder à ces recherches documentaires (cf. article 65 du règlement de l'Assemblée nationale suscité).

[61] Cf. article 64 *in fine* du règlement intérieur de l'Assemblée nationale du Cameroun.

[62] Les recherches par nous faites au secrétariat général de l'Assemblée nationale du Cameroun et dans les archives de cette Assemblée démontrent de manière limpide que depuis l'ère du parlement pluraliste, aucune pétition n'a connu un succès à cause des avatars du fait majoritaire.

[63] Lire LEKENE DONFACK, *Finances publiques camerounaises*, Paris, Berger, Levrault, 1987, pp. 291 et ss. En outre, c'est un contrôle qui vise essentiellement les dépenses publiques et non les recettes. C'est pourquoi il reste très limité en matière d'entreprise publique et d'opération complexe du trésor.

[64] S'agissant des limites relatives à l'étendue, il convient de mentionner que le contrôle effectué par le parlement ne porte que sur des mesures nouvelles. Or, ces mesures nouvelles ne représentent que 10 % du budget.

[65] Quant aux limites relatives à la finalité du contrôle, il importe de souligner que les parlementaires disposent d'un droit d'amendement qui est considérablement réduit. Ce qui fait en sorte que le parlement n'ait aucune emprise significative sur le contrôle de l'exécution du budget. En plus, le principe de la

contrôle[66] ainsi qu'à la coloration politique du Cameroun qui renvoie à la coïncidence entre la majorité parlementaire et la majorité gouvernementale[67]. Ainsi, les techniques de contrôle à utiliser en matière des finances publiques demeurent toujours inefficaces à cause, tantôt de la forte prégnance des allégeances partisanes, tantôt de la marginalisation du pouvoir de contrôle de l'opposition parlementaire. Ce sont sans doute ces éléments qui rendent approximative, voire quasi-inexistante, l'application des sanctions politiques susceptibles de découler de la gestion scandaleuse des ordonnateurs et des comptables des fonds covid-19. Cette difficulté d'application des normes relatives aux techniques de contrôle a pour implication la mise en jeu hypothétique de la responsabilité du gouvernement par le parlement.

II) Une mise en jeu hypothétique de la responsabilité gouvernementale par le parlement suite à la gestion des fonds covid-19

Prévue par l'article 34 de la constitution camerounaise du 18 janvier 1996, la responsabilité du gouvernement devant le parlement et plus précisément devant l'Assemblée nationale constitue l'élément-clé du régime parlementaire. Elle implique que les actes accomplis dans l'exercice des fonctions gouvernementales soient soumis à un mécanisme d'évaluation. Il s'agit ainsi d'un procédé juridique d'affectation de valeur à une conduite du gouvernement[68]. La mise en jeu de cette responsabilité, au regard du droit positif, peut être faite à l'initiative du parlement ou à celle du gouvernement. Dans tous les cas, au Cameroun, les modalités de cette mise en jeu demeurent problématiques (A) et les effets incertains (B).

A) Les modalités problématiques de mise en jeu de la responsabilité gouvernementale

La gestion des finances publiques, si l'on veut atteindre les résultats escomptés, nécessiterait la mise en place d'un contrôle rigoureux. Ce contrôle peut aboutir à la mise en jeu de la responsabilité du gouvernement qui reste une pièce maitresse du régime parlementaire. En effet, les rapports entre le pouvoir exécutif et le pouvoir

---

séparation des pouvoirs enlève aux parlementaires le pouvoir d'initiative qui devient une prérogative de l'exécutif.

[66] Parlant des limites quant aux techniques de contrôle, il faut noter que les parlementaires sont généralement dans une situation de carence ou déficit des ressources intellectuelles et morales nécessaires pour exercer efficacement le contrôle des finances publiques. En plus, la loi de finances rectificative est votée sans débat véritable. La loi de finances de règlement, quant à elle, intervient deux ans après l'exercice budgétaire contrôlé. Sous cet angle, elle ne peut qu'avoir une valeur ratificative puisque le passé intéresse moins les parlementaires que le présent.

[67] Au regard des limites politiques de contrôle, elles découlent des conséquences du phénomène partisan. Ainsi, la conjoncture politique actuelle au Cameroun renvoie à la concordance ou à la coïncidence des majorités. Cette coloration politique qui ne reflète aucune cohabitation a un impact sérieux sur la qualité même du contrôle. On peut à juste raison penser que cette situation entraîne la confusion entre contrôleurs et contrôlés. En gros, la majorité parlementaire et le gouvernement étant issus de la même obédience politique, le contrôle budgétaire exercé par le parlement ne peut être qu'une illusion.

[68] Ph. SEGUR, *La responsabilité politique*, Paris, PUF, Coll. Que sais-je ? 1998, p. 17.

législatif tels que définis au titre IV de la Constitution du 18 janvier 1996 établissent les règles de la responsabilité politique du gouvernement devant le parlement[69]. Cette responsabilité politique passe au Cameroun, soit par la question de confiance au demeurant encore ambigüe, soit par la motion de censure dont l'effectivité reste complexe. Ainsi, à l'ambigüité de la mise en œuvre de la question de confiance (1), coïncide la complexité de l'effectivité de la motion de censure (2).

1) L'ambigüité de la mise en œuvre de la question de confiance

La gestion scandaleuse des finances publiques en général et des fonds covid-19 en particulier par le gouvernement peut donner lieu, au regard de sa grande importance, à la mise en cause de sa responsabilité par la technique de la question de confiance. La question de confiance est perçue en droit camerounais comme un mécanisme de responsabilité politique du gouvernement devant l'Assemblée nationale[70]. L'initiative gouvernementale dans cette mise en cause de la responsabilité politique peut prendre deux formes : la responsabilité fondée sur le programme ou sur une déclaration de politique générale. Ainsi, aux termes de l'article 34 alinéa 2 de la constitution du 18 janvier 1996, *« le Premier Ministre peut, après la délibération du conseil ministériel, engager devant l'Assemblée nationale, la responsabilité du gouvernement sur un programme ou, le cas échéant, sur une déclaration de politique générale »*.

Certains auteurs en ont déduit que le mot « programme » s'appliquait au programme d'un gouvernement entrant en fonction. Ils en ont conclu que ce texte faisait obligation à tout nouveau gouvernement d'aller exposer son programme à l'Assemblée nationale et d'obtenir par un vote des députés la confiance de celle-ci[71]. Cette démarche s'apparente à l'instauration d'un débat d'investiture connu sous la IVe République française[72]. Aujourd'hui, il faut aller au-delà de cette conception réductrice pour noter que le programme d'un gouvernement peut intervenir en fonction des nécessités, de nouveaux enjeux et des objectifs à atteindre après l'entrée en fonction. Ainsi, l'avènement de la crise sanitaire issue de la covid-19 peut bien faire l'objet d'un programme au Cameroun. Seulement, le gouvernement et le parlement ne semblent pas accorder un grand intérêt à cette préoccupation.

S'agissant de la déclaration de politique générale, si en France, par exemple, les gouvernements successifs ont autorisé maintes fois le premier ministre à engager la responsabilité du cabinet sous une déclaration de politique générale, au Cameroun, une telle autorisation reste attendue. Pourtant, l'engagement de la responsabilité sur une déclaration de politique générale poursuit un double objectif : premièrement, il

[69] Lire à ce sujet B-R. GUIMDO DONGMO, « La responsabilité politique du gouvernement dans la constitution camerounaise », *RRJ*, 2007- 4, pp. 2099-2119.
[70] M. ONDOA, « Une résurrection : Le régime parlementaire camerounais », *AFSJP*, Université de Dschang, n° 2, 2002, p.17.
[71] Lire à ce sujet J. SOLAL-CELIGNY, « La question de confiance », *RDP*, 1956, pp. 299-329 ; J.P. CAMBY, *Le travail parlementaire sous la cinquième République*, 2e édition, Paris, Montchrestien, 1994, pp. 111 et ss.
[72] Cf. P. AVRIL et J. GICQUEL, *Droit parlementaire*, Paris, Montchrestien, 1988, pp. 17 et ss.

vise à jauger le degré de cohésion de la majorité qui soutient le gouvernement. Secondement, cette déclaration permet de mesurer le chemin parcouru par l'équipe ministérielle en place et d'évaluer ce qui reste à faire. Elle permet donc de dresser une sorte de bilan partiel et de faire des projections. A cet égard, on peut noter que la déclaration présente à la fois un aspect rétrospectif et prospectif. La crise sanitaire covid-19 aurait pu au regard de son impact social faire l'objet d'une déclaration de politique générale. La gestion gouvernementale des fonds covid-19 était ainsi une occasion de tester la confiance du parlement à l'égard du gouvernement. Ce qui aurait permis l'application des dispositions de l'article 34 alinéa 2 de la constitution. Seulement, dans le champ politique, il faut éviter de risquer. La prudence dans ce domaine est une règle d'or. On peut donc comprendre pourquoi le premier ministre, chef du gouvernement, n'a pas voulu déclencher, en tant que chef d'orchestre, ce processus devant le parlement. Ainsi, l'ambiguïté de la mise en œuvre de la question de confiance repose alors sur deux causes : D'un côté, le chef du gouvernement qui se réserve de solliciter du parlement la question de confiance, de l'autre, le parlement qui, même sollicité, ne saurait en vertu du fait majoritaire mettre le gouvernement en difficulté en lui refusant la confiance. On perçoit à travers ce constat que l'ambigüité de la mise en œuvre de la question de confiance semble reposer sur des torts partagés entre le gouvernement et le parlement.

Qu'on soit en présence de la responsabilité gouvernementale fondée sur un programme ou sur une déclaration de politique générale, le vote ne peut intervenir moins de quarante-huit (48) heures après la question de confiance[73]. En recensant seuls les votes défavorables à la confiance, il importe de noter que celle-ci est refusée à la majorité absolue des membres de l'Assemblée nationale. Dans ce processus de vote, les absents ou les abstentionnistes sont réputés avoir voté pour la confiance et un vote négatif dans l'ensemble entraîne la démission du gouvernement. A l'analyse de l'article 34 alinéa 2 de la constitution du 18 janvier 1996, l'engagement de la responsabilité est entouré d'une précaution essentielle : il faut avant tout une délibération du conseil des ministres puisqu'on sait que la solidarité ministérielle impose une décision collective dont les conséquences seront communément assumées. En effet, le constituant camerounais n'a pas voulu que des questions de confiance puissent être posées à n'importe quel propos, sans examen préalable.

Toutefois, l'engagement malgré tout est décidé par le seul premier ministre. La lettre et l'esprit de la constitution camerounaise du 18 janvier veulent que le chef du gouvernement soit entièrement libre de demander ou non un vote de confiance. De cette façon, dans le souci de rationaliser le régime parlementaire et de renforcer l'autorité du chef du gouvernement, les rédacteurs de la constitution ont voulu lui réserver le pouvoir discrétionnaire de décider ou non de poser la question de confiance sur son programme ou sa déclaration de politique générale. Ainsi, trois (03) hypothèses peuvent être envisagées quant à l'application de l'article 34 alinéa 2 de la constitution camerounaise. Le Professeur Bernard-Raymond GUIMDO DONGMO les a d'ailleurs mises en exergue : d'abord, si la question de confiance n'est pas votée

---

[73] Cf. article 34 alinéa 2 paragraphe 2 de la constitution du 18 janvier 1996.

à la majorité absolue, alors le gouvernement est maintenu. Ensuite, si cette question est votée à la majorité relative, le gouvernement est certes maintenu, mais il n'a pas un soutien confortable de l'Assemblée. Enfin, si la question de confiance est refusée par un vote à la majorité absolue des députés, le gouvernement est renversé[74].

Comme on peut le constater, à travers la question de confiance, le gouvernement mesure le degré de loyauté et de sincérité que le parlement lui accorde. A ce sujet, seules deux éventualités peuvent se produire : ou bien le parlement veut que le gouvernement reste en fonction et alors, il doit lui accorder tout ce dont il a besoin, ou bien il ne lui accorde pas les moyens exigés, mais alors il doit prendre la responsabilité de le renverser[75]. La question de confiance, dont le vote dépend du parlement, a ainsi pour rôle essentiel de faire ressortir le rapport entre les objectifs de la politique gouvernementale et les moyens de cette politique.

La mise en cause de la responsabilité gouvernementale par la technique de la question de confiance est théoriquement consacrée au Cameroun[76]. Mais, pratiquement, cette voie reste ambigüe, le gouvernement camerounais n'ayant pas encore été mis en cause par ce canal. La gestion gouvernementale des fonds covid-19 n'a donc pas été favorable à la mise en application par le parlement des règles juridiques liées à la question de confiance. La mise en cause de la responsabilité gouvernementale par la technique de la motion de censure s'inscrit sous ce même angle de rareté, voire de complexité, au niveau de son effectivité.

2) La complexité de l'effectivité de la motion de censure

Il existe en droit constitutionnel deux types de motion de censure : la motion de censure spontanée ou offensive et la motion de censure provoquée ou défensive[77]. Si la première intervient à l'initiative des députés, la seconde répond à l'initiative du gouvernement[78] qui, considérant qu'il bénéficie de la confiance du parlement, pousse ce dernier à apporter la preuve de sa confiance[79]. Qu'elle soit spontanée ou provoquée, la motion de censure est un moyen d'action qui permet aux membres du parlement se trouvant en désaccord avec le gouvernement de manifester leur mécontentement en renversant celui-ci.

La mauvaise gestion des finances publiques par les ordonnateurs indélicats relevant du corps gouvernemental peut amener le parlement à mettre ledit gouvernement en difficulté, notamment, en le poussant à la démission. La gestion

---

[74] Cf. B-R. GUIMDO DONGMO, « La responsabilité politique du gouvernement dans la constitution camerounaise », *op.cit*, p. 2103.

[75] On peut lire à ce sujet, J. GICQUEL, *Droit constitutionnel et institutions politiques*, 16ème édition, Paris, Montchrestien, 1999, p. 665.

[76] Cf. M. ONDOA, « Une résurrection : le régime parlementaire camerounais », *op.cit.*, pp. 17-19.

[77] Voir B. PAUVERT, *Droit constitutionnel, 30 fiches de synthèse pour préparer les TD et réviser les examens,* 2ème édition, Paris, Studyrama, Panorama du droit, 2007, pp. 461 et ss.

[78] Voir J. GICQUEL, *Droit constitutionnel et institutions politiques*, 10ème édition, Paris, Montchrestien, 1989, p. 183.

[79] *Ibid*, pp. 461 et ss.

gouvernementale des fonds covid-19 peut être une parfaite illustration. Aux termes de l'article 34 alinéa 3 de la constitution camerounaise, *« l'Assemblée nationale peut mettre en cause la responsabilité du gouvernement par le vote d'une motion de censure »*. Cette faculté est formulée en des termes similaires dans les constitutions du Burkina-Faso[80], du Sénégal[81], du Gabon[82], du Mali[83].... Elle remplit par conséquent les trois conditions de la responsabilité politique à savoir le déclenchement hétéronome, la manifestation claire de volonté et la sanction révocatoire[84]. Ainsi, pour être recevable, la motion de censure doit être signée par au moins un tiers des membres de l'Assemblée nationale. Le vote ne peut intervenir moins de quarante-huit (48) heures après le dépôt de la motion. Celle-ci est adoptée à la majorité des deux tiers des membres composant l'Assemblée nationale. Dans le cadre de cette adoption, seules sont recensées les voies favorables à la motion de censure. Ici, les absents et les abstentionnistes sont présumés avoir voté pour le gouvernement. Le système en la matière est conçu à telle enseigne qu'une majorité relative des députés ne peut pas réussir à pousser un gouvernement à la démission. Mais, si la motion de censure est rejetée, les signataires ne peuvent en déposer une nouvelle avant le délai d'un an à moins qu'on soit dans le cas où le premier ministre, après délibération du conseil ministériel, a engagé devant l'Assemblée nationale, la responsabilité du gouvernement sur le vote d'un texte. Dans cette situation, ce texte est considéré comme adopté sauf si une motion de censure déposée dans les vingt-quatre (24) heures qui suivent est votée dans les conditions prévues par la loi. La gestion gouvernementale des fonds covid-19 n'a pas donné cette opportunité de déclencher une motion de censure tant par l'Assemblée nationale que par le gouvernement.

Comme on peut le constater, parce que la motion de censure est un acte grave et parce qu'il importe que le débat ait lieu dans la plus grande clarté, la constitution a réglementé de façon très précise les conditions de dépôt, de discussion et d'adoption[85]. Mais la pratique confirme la difficulté d'obtenir depuis l'indépendance un résultat plausible par ce moyen[86]. Certains parlent même, à raison, du déclin de la motion de censure au Cameroun[87]. Les motifs peuvent être avancés : conçue à l'origine comme l'arme absolue des députés contre un gouvernement dont ils ne veulent plus, la motion de censure n'a plus du tout cette fonction aujourd'hui, hormis quelques rares cas. Les démocraties d'Occident, à l'époque contemporaine, sont des régimes fondés sur une majorité cohérente et stable au parlement. Cette majorité investit un gouvernement assuré de durer toute la législature. Il y a ainsi osmose et

---

80 Cf. article 115 de la constitution du 02 juin 1991 maintes fois amendée.

81 Cf. article 86 de la constitution du 22 janvier 2001 maintes fois modifiée.

82 Cf. article 64 de la constitution du 26 mars 1991 maintes fois amendée.

83 Cf. article 78 (2) de la constitution du 25 février 1992 maintes fois modifiée.

84 Cf. M. ONDOA, « Une résurrection : le régime parlementaire camerounais », *op cit*, p. 19.

85 Cf. article 34 alinéas 3 et 5 de la constitution camerounaise du 18 janvier 1996.

86 Il faut néanmoins souligner que la motion de censure a été utilisée une fois en 1958 contre le premier ministre, chef du gouvernement, Monsieur André Marie MBIDA.

87 Cf. S. EFOUA MBOZO'O, *Pratiques et procédures parlementaires (Approche synoptique)*, Yaoundé, Edition bilingue, Hérodote, 1999, pp. 85 et ss.

accointance entre le gouvernement et sa majorité. Le cas camerounais est une parfaite illustration.

Mais, avec l'émergence du multipartisme, le clivage n'est plus entre le pouvoir exécutif et le pouvoir législatif, selon les vieilles recettes de Montesquieu. Il l'est de nos jours entre le parti au pouvoir et l'opposition. Dès lors, la motion de censure n'a plus lieu de jouer son rôle de couperet chaque fois que le parti au pouvoir détient la majorité parlementaire. Même dans les grandes démocraties, les chiffres l'attestent[88].

Au surplus, et indépendamment du phénomène majoritaire, les règles juridiques ont puissamment œuvré en ce sens. Les règles électorales, d'abord, qui, par un mode de scrutin judicieusement choisi, facilitent considérablement la formation d'une majorité de gouvernement. Les règles de rationalisation des procédures parlementaires, ensuite, notamment s'agissant de la responsabilité politique du gouvernement, ont également joué leur rôle. A tout cela il faut, enfin, associer les normes constitutionnelles relatives à l'influence du président de la République sur le parlement à travers le pouvoir de dissolution. On comprend donc à l'analyse que la sanction de la procédure en matière de responsabilité politique du gouvernement est ambivalente. Si, en principe, elle prend la forme de la démission du gouvernement, elle peut aussi déboucher sur la dissolution de l'Assemblée nationale[89].

Visiblement, dans les finances publiques, la rubrique de la responsabilité du gouvernement tient encore à un mécanisme peu véhiculé[90]. Elle apparaît disproportionnée en raison de la connivence entre l'exécutif et le législatif. Elle apparaît aussi inefficace à cause de la difficulté à localiser les irrégularités et de l'inadaptation de la sanction desdites irrégularités. Pourtant, les différentes techniques de contrôle budgétaire, couplées aux sanctions susceptibles d'être prises, contribuent à la promotion d'un équilibre dans les rapports de force entre les pouvoirs exécutif et législatif, toute chose qui participe au meilleur fonctionnement du système démocratique[91]. Delà à déduire que la motion de censure, qui est une technique par laquelle certains parlementaires manifestent leur défiance à l'égard du gouvernement et expriment leur souhait de le renverser, resterait un processus à revisiter si l'on veut atteindre les résultats escomptés. Cela est d'autant vrai que la discipline du parti ne permet pas à la majorité parlementaire d'exploiter ce détail pour provoquer la

---

[88] En effet, depuis plus d'un quart de siècles, on a assisté à un seul renversement du gouvernement en France, un seul également au Royaume Uni depuis 1894.

[89] Cf. B-R GUIMDO DONGMO, « La responsabilité politique du gouvernement dans la constitution camerounaise », *op.cit.*, p. 2115.

[90] Cela ne devrait en être autrement puisque le Cameroun, à l'instar de l'Etat africain, est le prototype de l'irresponsabilité institutionnalisée.

[91] Sur la question, on peut lire avec grand profit S. EFOUA MBOZO'O, *L'Assemblée nationale du Cameroun à la croisée des chemins,* Yaoundé, Hérodote, 1994, pp. 132 et ss ; du même auteur, Pratiques et procédures parlementaires, *op.cit.*, p. 120.

destitution d'un gouvernement nommé par un président du RDPC[92]. Le faire c'est peut-être prendre le risque de scier la branche d'arbre sur laquelle on est assis.

A la vérité, le contrôle visant à sanctionner le gouvernement persiste seulement au plan théorique. Faute d'utilisation concrète, la question de confiance et la motion de censure restent des tigres en papier[93]. Ces éléments de responsabilité politique, jamais utilisés par le parlement depuis l'indépendance, sont neutralisés par le texte constitutionnel et la pratique politique qui dérogent au mécanisme classique de fonctionnement des régimes politiques occidentaux[94]. On peut aisément constater que dans les finances publiques, en général, et dans la gestion gouvernementale des fonds covid, en particulier, le rôle de contrôle du parlement ne constitue pas le champ de prédilection susceptible de déclencher la question de confiance ou la motion de censure. Dès lors, l'inutilisation ou l'ineffectivité de ces mécanismes constitutionnels et politiques traduit exactement l'état de passivité qui se répercute sur l'ensemble du travail parlementaire. Malgré la gestion ténébreuse des fonds covid-19, ce parlement reste toujours insensible à prendre des sanctions politiques. C'est pourquoi, les dispositions relatives à la motion de censure et à la question de confiance demeurent pour l'instant non applicables au Cameroun. Cette application reste tributaire de la volonté du Prince qui dispose d'un arsenal assez solide pour mettre en échec le contrôle parlementaire. A cette cadence, les déviations constatées dans la gestion des fonds covid-19 demeurent politiquement non sanctionnées. Or, la sanction, notamment politique, devrait être l'un des instruments les plus efficaces pour assurer l'effectivité de la règle de droit budgétaire[95] relative à la gestion des fonds covid-19. Hélas !

Ainsi donc, le parlement camerounais en matière de contrôle de gestion des finances publiques présente encore de nombreuses limites, lesquelles rendent proche du néant l'efficacité attendue. On a d'ailleurs en triste souvenir qu'au regard de la gestion calamiteuse des finances publiques camerounaises par les ordonnateurs indélicats, situation aggravée par de nombreux détournements des deniers publics, le parlement n'a pas encore réussi à s'affirmer comme un contrôleur rigoureux et vigilant. L'inertie du parlement camerounais observée au regard de la gestion approximative des fonds covid-19 autorise à se demander si cette institution ne serait pas complice de la gestion déplorée des fonds publics ou complice du laxisme dans la répression de telles manœuvres. Ce comportement passif du parlement camerounais augure les effets incertains de la mise en jeu de la responsabilité gouvernementale.

---

[92]Lire à ce sujet N. KOFELE KALE, *Pouvoir législatif de la seconde République du Cameroun : sa nature et ses limites*, Yaoundé, Friedrich-Ebert, Stiftung Cameroun, 1999, p. 54.

[93] Cf. R. ATANGA FONGUE, *Contrôle fiscal et protection du contribuable dans un contexte d'ajustement structurel : le cas du Cameroun*, Paris, l'Harmattan, 2008, p. 119.

[94] Cf. Y. MOLUH, « L'introuvable nature du régime camerounais issu de la constitution du 18 janvier 1996 », *in* S. MELONE, A. MINKOA SHE, L. SINDJOUN (S/dir), *La réforme constitutionnelle du 18 janvier 1996 au Cameroun : Aspects juridiques et politiques*, Yaoundé, Friedrich-Ebert, octobre 1996, p. 242.

[95] O. DIA, « Quelques remarques critiques sur le contrôle parlementaire des finances publiques sénégalaises », *Revue Juridique et Politique*, n° 4, 2014, p. 554.

B) Les effets incertains de la mise en jeu de la responsabilité gouvernementale

Au Cameroun, la mise en jeu de la responsabilité du gouvernement devant le parlement peut déboucher, au regard des dispositions constitutionnelles, sur la démission du gouvernement somme toute improbable au regard du contexte politique actuel (1) ou sur la difficile dissolution de l'Assemblée nationale (2).

1) L'improbable démission du gouvernement

La fin d'un gouvernement peut être provoquée, soit par la démission collective de ses membres, soit par la mise en cause de sa responsabilité par l'Assemblée nationale. Cette dernière hypothèse, qui entre en droite ligne de cette étude, est une caractéristique du régime parlementaire[96]. En effet, la démission d'un gouvernement est avant tout liée à sa responsabilité politique. Celle-ci peut être engagée selon les modalités suivantes :

- En posant à l'Assemblée nationale la question de confiance sur la déclaration de politique générale. Si la réponse est négative, le gouvernement est démis.
- En votant une motion de censure à la majorité absolue de ses membres, et non des présents. C'est le cas de la démission du gouvernement POMPIDOU en 1962.

Au Cameroun, la démission du gouvernement, découlant de la mise en jeu de sa responsabilité, est préconisée à l'article 34(5) de la constitution qui dispose : *« lorsque l'Assemblée nationale adopte une motion de censure ou refuse la confiance du gouvernement, le Premier ministre doit remettre au Président de la République la démission du gouvernement »*. Il s'agit d'une démission obligatoire qui procède du jeu normal des mécanismes du régime parlementaire. La procédure est simple même si les résultats demeurent complexes. En effet, le premier ministre a le droit de demander au parlement l'approbation d'une déclaration de politique générale. Cette politique générale peut être relative aux fonds covid-19. Pour être approuvée, la déclaration, différente du programme de gouvernement, doit obtenir la majorité absolue des suffrages exprimés. Mais, en l'absence de la majorité en sa faveur, le gouvernement n'est pas tenu de démissionner. Au Cameroun, bien que consacrée par la constitution, cette procédure n'a jamais été appliquée. La gestion équivoque des fonds covid par le gouvernement n'a pas donné l'opportunité au parlement d'occasionner la démission du gouvernement. En France, la seule fois où l'engagement de responsabilité a abouti à la démission du gouvernement remonte en 1962 suite à une motion de censure initiée par les députés. En cas de cette démission, tant au Cameroun qu'en France, le président de la République peut reconduire le premier ministre démissionnaire dans ses fonctions et décider de former un nouveau gouvernement à l'initiative de ce dernier qui vient d'être nommé à nouveau.

Caractéristique du régime parlementaire et, à ce titre, présente dans la constitution camerounaise, la démission du gouvernement est de nos jours rarement utilisée dans sa fonction initiale à cause de la concordance entre la majorité gouvernementale et la

---

96 Ph. ARDANT, *Institutions politiques et droit constitutionnel*, 3ème édition, Paris, LGDJ, 1991, pp. 576 et ss.

majorité parlementaire. En effet, l'existence d'une majorité stable et disciplinée au sein du parlement, comme c'est le cas au Cameroun, rend généralement hypothétique ou peu probable un renversement du gouvernement.

Quoi qu'il en soit, face à la gestion des fonds covid, le vote d'une motion de censure susceptible d'entrainer la démission du gouvernement relève de la volonté d'une majorité parlementaire stable. Ce qui explique évidemment l'échec des motions de censure pouvant être déposées par l'opposition parlementaire. C'est dire que l'application des dispositions constitutionnelles relatives à la responsabilité du gouvernement devant le parlement et plus précisément à la démission du gouvernement suite à cette mise en jeu de la responsabilité reste largement tributaire du contexte politique. Au Cameroun, avec la conjoncture politique qui renvoie à la coïncidence des majorités, il est improbable d'atteindre les résultats qui conduisent à la démission du gouvernement. Ce qui relève de la normalité politique car il faut préserver la stabilité institutionnelle. Sous cet angle, les dispositions constitutionnelles relatives aux conséquences de la mise en jeu de là responsabilité politique du gouvernement ont de la peine à recevoir application. Dans ce même contexte, il est difficile pour le président de la République d'user de l'une de ses prérogatives constitutionnelles qui consiste à dissoudre l'Assemblée nationale.

2) La difficile dissolution de l'Assemblée nationale

La dissolution de l'Assemblée nationale s'entend comme un acte par lequel le président de la République met fin par anticipation ou de manière prématurée au mandat de l'ensemble des membres de la Chambre[97]. Il s'agit d'une faculté du pouvoir exécutif, et précisément du président de la République, dans certains cas, de mettre un terme à une législature. Cette dissolution entraine le renouvellement de l'Assemblée nationale par la tenue des élections. En tant qu'une arme présidentielle ou une prérogative du président de la République, la dissolution parlementaire, qui est une technique d'anticipation du mandat des députés, permet de résoudre une crise ou un blocage institutionnel en cours ou à venir. Sous cet angle, elle apparait comme un pouvoir d'arbitrage du pouvoir exécutif. Cela a été par exemple le cas de la dissolution faite en France par le Général De GAULLE en 1968[98]. Le droit de dissolution est un élément important du régime parlementaire. Il vise à contre-balancer le droit pour le parlement de mettre en jeu la responsabilité politique du gouvernement[99]. Il est prévu au Cameroun par les dispositions de l'article 8 alinéa 12 de la constitution du 18 janvier 1996 révisée le 14 avril 2008. Aux termes de cet article,

---

[97] S. GUINCHARD, T. DEBARD, *Lexique des termes juridiques*, 23ème édition, Paris, Dalloz, 2015 – 2016, p. 373.

[98] Cette première dissolution se présente de manière simple. En effet, en 1962, le président Charles De GAULLE lance la révision de la constitution pour élire le président de la République au suffrage universel par la procédure du referendum de l'article 11. Cette réforme est contestée tant sur le fond que sur la forme dans les rangs mêmes de la majorité. Dans la nuit du 4 au 5 octobre, une motion de censure est adoptée à la majorité par les députés et renverse le gouvernement POMPIDOU. Le Général De GAULLE réplique immédiatement par la dissolution de l'Assemblée.

[99] Voir S. GUINCHARD, T. DEBARD, *Lexique des termes juridiques*, *op cit*, pp. 373 – 374.

« *le Président de la République peut, en cas de nécessité et après consultation du gouvernement, des bureaux de l'Assemblée nationale et du Sénat, prononcer la dissolution de l'Assemblée nationale* ». Cette situation, qui ne s'applique pas au Sénat, vise à résoudre l'antagonisme qui existe entre l'Assemblée nationale et le gouvernement ou entre l'Assemblée nationale et le président de la République lui-même. La dissolution peut être discrétionnaire. A cet effet, elle est laissée à la libre initiative du président de la République. Elle peut être conditionnelle. Dans ce cas, elle est liée à la fréquence des crises entre le parlement et l'exécutif.

On perçoit subséquemment que la dissolution, qui demeure un privilège fondamental du chef de l'État exercé sans contreseing, peut être prononcée en vue de faire arbitrer par le peuple un conflit entre le parlement et le gouvernement[100] ou une crise grave[101]. Elle peut aussi être prononcée dans l'objectif de permettre au président de la République de choisir le moment le plus favorable pour consulter les électeurs[102]. Dans la même veine, la dissolution peut être occasionnée dans le souci de conformer la majorité parlementaire à celle présidentielle[103] ou de sanctionner une majorité soutenant un gouvernement de cohabitation. Ce dernier cas peut entrainer la démission du gouvernement en cas de non dissolution du parlement. De même, juste après la démission du gouvernement, le président de la République peut procéder à la dissolution de l'Assemblée nationale. Dans ce cas (dissolution), l'élection d'une nouvelle Assemblée au Cameroun a lieu conformément aux dispositions de l'article 15(4), c'est-à-dire quarante (40) jours au moins et soixante (60) jours au plus après cette dissolution. La dissolution permet dès lors au président de la République de choisir le moment qu'il estime le plus opportun pour de nouvelles élections. Après la dissolution de l'Assemblée nationale, les députés sortants peuvent, selon les cas, être renvoyés devant les électeurs, soit pour être désavoués, soit pour être reconduits à leur poste (réélus).

A la vérité, l'hypothèse devant conduire à la dissolution du parlement est péniblement applicable à cause de la conjoncture politique actuelle. Au regard de ce contexte politique, il est malaisé pour le parlement de mettre le gouvernement en difficulté au point d'entrainer sa démission et difficile pour le président de la République de dissoudre le parlement du fait des antagonismes entre le parlement et le gouvernement. La discipline du parti permet de maîtriser la situation. En effet, dès lors que la majorité parlementaire et la majorité présidentielle sont issues d'un même bord politique, la dissolution présidentielle du parlement devient illusoire. C'est le cas au Cameroun où la majorité des députés et le président de la République émanent du RDPC. D'ailleurs, le président de la République, Monsieur Paul BIYA, est le président national de ce parti. Il existe de ce fait une complicité politique qui empêche

---

[100] Ce cas de dissolution, pas encore réalisé au Cameroun, s'est produit en France en 1962.

[101] Ce cas de dissolution, pas encore réalisé au Cameroun, s'est produit en France en 1962 suite au renversement du gouvernement POMPIDOU et au Tchad en 2021 suite au décès inopiné du président de la République, le Maréchal Idriss DEBY ITNO.

[102] Cette situation, pas encore réalisée au Cameroun, s'est produite en France en 1997.

[103] Jamais réalisée au Cameroun, cette situation s'est produite en France en trois reprises : 1981, 1988 et 2012.

le président de la République d'appliquer les dispositions de l'article 8 alinéa 12 de la constitution en mettant l'Assemblée nationale hors d'état de nuire comme si l'on était dans un contexte de cohabitation. A la vérité, depuis l'indépendance du Cameroun et avant, la dissolution de l'Assemblée nationale n'a jamais été effective. Par contre, en France, la dissolution présidentielle du parlement a été utilisée cinq fois dont deux fois par le Général De GAULLE[104], deux fois par le président François MITTERAND[105] et une fois par le président Jacques CHIRAC[106].

Généralement considérée dans certaines circonstances comme un élément de déblocage du dysfonctionnement des institutions, l'utilisation du droit de dissolution parlementaire peut être détournée afin de trancher des conflits entre le président de la République et le parlement. Elle permet également de prévenir ces conflits en faisant peser sur l'Assemblée nationale une menace constante d'élections anticipées. Elle peut de ce fait être considérée comme une technique de renforcement de la discipline majoritaire. Dans tous les cas, le droit de dissolution reconnu au président de la République au Cameroun est une épée de Damoclès dont le résultat immédiat est l'asservissement de l'institution parlementaire[107].

Il est important de reconnaître que la dissolution du parlement demeure une arme à double tranchant en ce qu'elle peut produire un effet boomerang en se retournant contre son auteur. Ainsi, à la suite d'une dissolution parlementaire, deux cas de figure peuvent se présenter : si la majorité dissoute est remplacée, alors l'harmonie est rétablie et le président de la République est politiquement conforté. Par contre, si les députés contestés par le président de la République sont reconduits par le peuple à l'issue des élections anticipées, le président se trouverait face à un dilemme qui peut se résumer dans un État démocratique en une douloureuse alternative à savoir se soumettre ou se démettre[108]. On voit de ce fait en cette matière que la reconduction d'une majorité dissoute est susceptible dans une société moderne de contraindre le président de la République à la démission. La dissolution présidentielle du parlement présente donc un risque élevé. Ce qui n'est pas le cas lorsqu'il s'agit d'une autodissolution parlementaire.

Trait particulier du régime parlementaire[109], le droit de dissolution est de nos jours inutilisé dans sa fonction initiale à cause, au Cameroun, de la concordance entre la majorité présidentielle et la majorité parlementaire. Conséquemment, les normes juridiques demeurent inappliquées en cette matière. La gestion gouvernementale des fonds covid-19, au regard de ce qui précède, n'est donc pas propice à entrainer, en l'état actuel, la dissolution du parlement par le président de la République. Face à cette gestion gouvernementale des fonds covid, il est laborieux d'enregistrer des

---

104 Il s'agit des dissolutions parlementaires des 10 octobre 1962 et 30 mai 1968.

105 Il s'agit des dissolutions parlementaires des 22 mai 1981 et 14 mai 1988.

106 Il s'agit de la dissolution parlementaire du 21 avril 1997.

107 Lire sur la dissolution du parlement, M. NGAINDE, « Quelques remarques sur la réforme du droit de dissolution au Sénégal : du rituel à la pratique », *Nouvelles annales africaines, Revue de la Faculté des Sciences Juridiques et Politiques de l'UCAD*, 2007, p. 18.

108 M. ONDOA, « Une résurrection : le régime parlementaire camerounais », *op cit*, p. 23.

109 *Ibid*, pp. 7 et ss.

dissensions entre le parlement et le gouvernement au point de conduire à la dissolution parlementaire.

*

* *

En conclusion, contrôler la gestion des fonds covid-19, exiger la transparence, lutter contre la corruption et mettre en jeu, le cas échéant, la responsabilité politique des gestionnaires desdits fonds, telles sont les obligations, entre autres, qui incombent au parlement camerounais. Malheureusement, avec l'avènement du coronavirus, le contrôle parlementaire au Cameroun n'a pas été métamorphosé. Il est demeuré classique ou ordinaire, latent et inefficace. Au Cameroun, à la vérité, en matière de contrôle de la gestion gouvernementale des fonds covid-19, la partition jouée par le parlement reste pour l'essentiel encore acclamative des initiatives prises par l'exécutif[110]. L'observation de la pratique parlementaire en matière de gestion gouvernementale des fonds covid-19 n'incite guère à l'optimisme. La situation réelle présente un parlement presqu'inanimé sous cet angle et quasiment placé sous « *assistance respiratoire* ». Pourtant, on avait espéré que la lutte contre la covid-19 devrait être marquée par l'intensité du contrôle parlementaire de la gestion des fonds réservés à la lutte contre cette pandémie. On avait aussi espoir que la gestion peu orthodoxe des fonds alloués à la lutte contre la crise sanitaire était l'occasion pour le parlement camerounais de se régénérer en appliquant sans complaisance le droit public dédié au contrôle de l'action gouvernementale et en extirpant les affres du parlementarisme négatif. Hélas ! Quoi qu'il en soit, l'accomplissement de ces obligations, qui participe de l'application des normes constitutionnelles et législatives relatives au contrôle parlementaire de l'action gouvernementale et à la mise en jeu de la responsabilité politique des gestionnaires des fonds covid-19, nécessite au Cameroun une certaine « *reparlementarisation* »[111] au sens du Professeur Jean GICQUEL[112] et l'audace parlementaire au regard du contexte politique actuel dominé par le fait majoritaire.

---

[110] En effet, l'image du parlement camerounais dans l'ensemble reste celle d'une assemblée dépendante de la volonté présidentielle, en dépit des réformes qui visaient à renforcer son propre rôle. Dans cette perspective, les assemblées parlementaires sont considérées comme de simples Chambres d'enregistrement des volontés présidentielles.

[111] La « *reparlementarisation* » consiste à redonner aux Assemblées des espaces de liberté et des prérogatives importantes.

[112] J. GICQUEL, « La reparlementarisation, une perspective d'évolution », *Revue Pouvoirs*, n° 126, « La cinquième République », Paris, Seuil, 2008, pp. 47 – 60.

Chapitre 6 : L'influence de la COVID 19 sur la protection de l'intégrité territoriale au Cameroun

Par FANDJIP Olivier
Chargé de Cours, Université de Dschang (Cameroun)
Dr en droit public, Ancien boursier et Ater
(Université Clermont Auvergne-France)

Résumé

La crise sanitaire de la COVID 19 a sérieusement perturbé le monde entier. Elle a, sans aucun doute, eu un impact sur tous les aspects de la vie notamment dans les pays d'Afrique comme le Cameroun. C'est ainsi qu'on en vient à s'interroger sur l'impact de cette crise sur l'application des règles de droit public à l'instar de celles relatives à la protection de l'intégrité du territoire. L'interrogation est d'autant plus pertinente que le Cameroun fait face depuis quelques années à de nombreuses crises qui menacent sa stabilité, notamment son intégrité territoriale. La question se pose alors de savoir comment la crise sanitaire liée à la COVID 19 a influencé la préservation de l'intégrité du territoire au Cameroun ? La protection de l'intégrité du territoire fait partie des droits de l'État et en même temps une obligation pour les citoyens. Une démarche juridique conduit à souligner que la crise sanitaire de la COVID 19 a majoritairement influencé cette protection lorsqu'elle est assurée par les pouvoirs publics, par rapport à celle que peuvent exercer les citoyens.

<u>*Mots-clés*</u> *: Covid 19, protection, intégrité territoriale, défense et sécurité, devoir citoyen.*

Abstract :

The COVID-19 health crisis, which is now almost in its second year, has affected the whole world. This crisis has, without a doubt, had an impact on all aspects of life, especially in African countries such as Cameroon. This is how we come to question the impact of this crisis on the application of public law rules such as those relating to the protection of the integrity of the territory. The question is all the more relevant given that Cameroon has been facing for some years now many crises that threaten his stability, including his territorial integrity. The question then arises as to whether the health crisis related to COVID-19 has contributed to strengthening or diminishing the respect, or the implementation, of the obligation to preserve the integrity of the territory in Cameroon? This question is all the more relevant since the protection of the integrity of the territory is part of the rights of the State and at the same time an obligation for citizens. This leads to the point that the COVID 19 health crisis has mainly influenced this protection by the public authorities, compared to citizens.

<u>*Key words*</u> *: Covid 19, protection, territorial integrity, defence and security, civic duty.*

Introduction

La crise sanitaire liée à la COVID 19 a sérieusement perturbé le monde entier. Depuis son déclenchement en Chine vers la fin de l'année 2019, elle s'est propagée en Europe, en Asie et en Afrique, notamment au Cameroun. C'est ainsi qu'à la date du 24 juillet 2020, le Cameroun comptait 16 708 cas positifs avec 14 539 cas guéris pour un total de 139 295 tests réalisés[1]. Compte tenu de son ampleur, elle a certainement affecté la protection de l'intégrité territoriale.

Il est important de préciser le sens des mots-clés de cette étude. Selon le *Dictionnaire du droit constitutionnel*, le territoire est une « *étendue de pays délimitée par des frontières* » ; il est « *avec la population et une organisation gouvernementale et administrative, une des trois conditions d'existence de l'État* »[2]. Cette définition corrobore les actes pris par les autorités camerounaises en vue de faire face à la pandémie de la COVID 19. En effet, pour y faire face, les pouvoirs publics, en date du 17 mars 2020, ont mis en place une stratégie nationale de riposte. Dans ce cadre, le Président de la République a instruit de nombreuses mesures parmi lesquelles la fermeture des frontières terrestres, aériennes et maritimes. C'est ainsi qu'à « *l'exception des vols cargos et des navires transportant les produits de consommation courante ainsi que les biens et matériels essentiels, dont les temps d'escale* » étaient « *limités et encadrés* [...], *tous les vols passagers en provenance de l'étranger* » étaient « *suspendus* »[3]. Le territoire s'entend ainsi, comme l'espace terrestre, maritime et aérien sur lequel un État exerce sa souveraineté ; sur lequel « *s'identifie l'État* »[4]. C'est en ce sens qu'on pouvait parler, par exemple, de territoire non autonome pour désigner un territoire « *dont la population ne s'administrait pas encore complètement elle-même et à l'égard duquel la puissance administrante avait des obligations définies par le chapitre XI de la Charte de l'ONU* »[5]. Le terme intégrité, quant à lui, est un terme qui dérive du latin « *integritas* » et signifie le « *fait d'être intact* ». Ainsi, l'intégrité renvoie à la situation d'une « *chose qui est dans son entier, qui n'est pas entamée ou altérée* »[6]. C'est certainement dans ce sens qu'en droit civil l'on parle de l'intégrité du corps humain pour désigner la « *nécessité de préserver celui-ci de toute altération essentielle, en le protégeant dans sa substance et dans son intimité fondamentale* »[7]. L'intégrité du territoire s'entend donc comme le territoire dans son entier. Cela permet de souligner, enfin, la notion de protection. Empruntée du latin « *protectio* » qui lui-même dérive de « *protectum* », la protection est, selon le *Dictionnaire de l'Académie française*, « *l'action de protéger, de défendre contre les menaces, les*

---

1 Cf. J. Ndouyou, « Fonds spécial COVID 19 : la répartition est faite », *Cameroun tribune*, 27 juillet 2020. En ligne. https://www.cameroon-tribune.cm/article.html/33877/fr.html/fonds-special-covid-19-la-repartition-faite. Consulté le 23/10/21 à 16h.

2 A. Le Devillec, M. De Villiers, *Dictionnaire du droit constitutionnel*, Paris, Dalloz, Sirey, 11e éd, 2017, p. 359.

3 Voir Déclaration spéciale du Premier ministre, chef du gouvernement du 17 mars 2020 dévoilant la Stratégie gouvernementale de riposte face à la Pandémie de coronavirus (COVID-19).

4 Dans le même sens, J-L. Atangana, « Le territoire dans les constitutions africaines », *Horizons du droit*, n° 24, 2021, p. 40.

5 S. Guinchard, T. Debard, et al (dir), *Lexique des termes juridiques*, Paris, Dalloz, 25e éd, 2017-2018, p. 2000.

6 Voir *Dictionnaire de l'Académie française*, 9e éd, (dictionnaire-academie.fr). En ligne. Consulté le 24/10/2021 à 6h.

7 S. Guinchard, T. Debard, et al (dir), *Lexique des termes juridiques*, *op. cit*, p. 1154.

dangers, de veiller»[8] sur une chose. En se référant une fois encore au droit civil, l'on parlera, par exemple, de la protection des majeurs tant sur le plan judiciaire que sur le plan social[9]. En droit public, notamment en droit constitutionnel camerounais, il est par exemple question de la protection de l'intégrité du territoire par le Président de la République[10]. C'est dire que la protection de l'intégrité territoriale s'entend comme le fait de veiller à la conservation dans son entier de l'espace terrestre, maritime et aérien sur lequel l'État[11] du Cameroun exerce sa souveraineté. Il s'agit donc d'examiner l'impact, ou encore les conséquences, de la crise sanitaire liée à la COVID 19 sur la protection de l'intégrité territoriale en droit camerounais.

L'étude de la protection de l'intégrité territoriale au Cameroun dans le contexte de la crise sanitaire relative à la COVID 19 comporte un double intérêt. Sur le plan théorique, elle permet de mettre en exergue l'organisation et le déploiement du droit public camerounais dans le cadre de la protection de l'intégrité du territoire dans des circonstances particulières comme celle de cette crise sanitaire. C'est également en ce sens qu'en analysant l'incidence de la lutte contre la COVID 19 sur les finances publiques camerounaises, un observateur relève, à juste titre, que l'étude donne à «*percevoir les transformations que les instruments d'analyse et de mise en œuvre du droit public financier camerounais sont susceptibles de connaitre suite à la survenance d'un phénomène extérieur comme la pandémie du coronavirus*»[12]. Sur le plan pratique, elle amène à voir comment la protection de l'intégrité du territoire peut être implémentée dans un contexte de crise, tant par les pouvoirs publics que par les citoyens, et servir ainsi de modèle pour les autres pays. En effet, elle permet de montrer l'existence et l'importance de ce devoir des pouvoirs publics et des citoyens[13] qui consiste en la préservation de l'intégrité du territoire dans les pays africains en général[14] et au Cameroun en particulier. Il s'agit des pays marqués par des crises politiques ou encore des menaces séparatistes importantes. Les citoyens et les pouvoirs publics doivent donc prendre conscience de leurs responsabilités sur ce plan.

Il se pose la question de savoir comment la COVID 19 a influencé la protection de l'intégrité territoriale au Cameroun ? Il est question d'analyser les normes relatives à la protection de l'intégrité du territoire au Cameroun dans un contexte de crise sanitaire. Ce qui serait une contribution à l'étude de cette protection.

---

8 Voir *Dictionnaire de l'Académie française*, 9e éd, (dictionnaire-academie.fr). En ligne. Consulté le 24/10/2021 à 6h.

9 S. Guinchard, T. Debard, et al (dir), *Lexique des termes juridiques*, *op. cit*, p. 1658.

10 Voir art 5 alinéa 2 de la Constitution camerounaise du 18 janvier 1996.

11 En ce sens, H. Dorion, J-P. Lacasse, « La notion d'intégrité territoriale et les problèmes des régions frontières du Québec », *Cahiers de géographie du Québec*, n° 43/1974, vol. 18, pp. 137-158.

12 S. T. Bilounga, « L'incidence de la lutte contre le Covid-19 sur les finances publiques camerounaises », *Recht in Afrika- Droit en Afrique*, n° 1/2021, p. 5. En ligne.

13 Plus amplement, voir : O. Fandjip, E. Ngango Youmbi, « Les obligations du citoyen dans les constitutions des Etats francophones d'Afrique », *Afrilex*, Décembre 2021, En ligne.

14 En ce sens, O. Fandjip, Y. Fotso Ntemeu, « Le régime juridique de l'intervention du Conseil de sécurité des nations unies dans les accords politiques en Afrique », *Horizons du droit*, n° 29, 2021, pp. 185-212.

La réponse à cette question nécessite que l'on dégage, au préalable, une hypothèse. Dans ce cadre, l'hypothèse est qu'une double d'influence marque la protection de l'intégrité territoriale au Cameroun dans le contexte de la COVID 19.

La vérification de cette hypothèse passe par quelques précisions méthodologiques. Ainsi que le souligne la doctrine, le droit est « *inévitablement un système organisé autour d'un certain nombre de principes, de notions fondamentales, de procédés techniques dont la mise en œuvre suppose certaines méthodes* »[15]. C'est cela qui rend nécessaire le recours à une méthode précise. Sur ce point, la dogmatique sera mise à contribution, c'est-à-dire la systématisation et l'interprétation des textes[16] en matière de protection de l'intégrité territoriale au Cameroun. Il s'agit des normes constitutionnelles, celles du droit administratif, des finances publiques et même du droit international en matière de protection de l'intégrité territoriale au Cameroun. Elles seront analysées sous le prisme de la crise sanitaire de la COVID 19. Ceci sera complété par la casuistique[17]. Il faut, par ailleurs, pour mieux mener l'étude, faire recours à ce que le doyen Jean Carbonnier considère comme les « *sciences collatérales du droit* »[18]. Il s'agit de ses disciplines voisines comme l'histoire[19], la sociologie. De même, l'étude s'appuiera sur la technique documentaire.

L'étude s'articulera autour de l'idée que l'influence de la crise sanitaire liée à la COVID 19 est majeure sur la protection de l'intégrité territoriale par les pouvoirs publics (I), et, en revanche, elle est mineure en ce qui concerne la protection par les citoyens (II).

I- Une influence majeure de la COVID 19 sur la protection de l'intégrité territoriale par les pouvoirs publics

Dans le cadre de la crise sanitaire liée à la COVID 19 au Cameroun, l'intégrité du territoire bénéficie d'une protection telle que prévue par la Constitution ; protection qui est assurée par le service public notamment le Président de la République. Celui-ci dispose des forces de défense et de sécurité. Le caractère majeur de l'influence exercée par la COVID 19 sur cette protection est lié au renforcement, tant au plan humain (A) que matériel (B), que connait ce service dans ce contexte de crise sanitaire.

---

[15] J.-L. Bergel, *Théorie générale du droit*, Paris, Dalloz, coll. « Méthodes du droit », 5e éd, 2012, p. 225.
[16] *Ibid.*
[17] En ce sens, C. Atias, *Épistémologie juridique*, Paris, PUF, coll. « Droit fondamental », 1985, p. 91 et s.
[18] J. Carbonnier, *Droit civil Introduction*, Paris, PUF, coll. « Thémis droit privé », 27e éd, 2002, p. 71.
[19] En ce sens J. Boudon, « La méthode juridique selon Adhémar Esmein », *in* N. Hakim et F. Melleray (Études réunies par), *Le renouveau de la doctrine française. Les grands auteurs de la pensée juridique au tournant du 20e siècle*, Paris, Dalloz, coll. « Méthodes du droit », 2009, p. 263.

A- Une influence majeure par le renforcement des ressources humaines des pouvoirs publics en matière de protection de l'intégrité territoriale

L'impulsion des mesures de lutte contre la COVID 19 au Cameroun a également concerné les services en charge de la défense du territoire, qu'il s'agisse du territoire terrestre, maritime ou aérien. Sur le plan des ressources humaines, on peut remarquer l'augmentation des effectifs. Cela est sans doute lié au contexte de la pandémie.

L'examen de la Constitution camerounaise montre, de manière générale, que le Président de la République exerce l'autorité de l'État[20]. Le Président de la République, comme le prévoit cette même Constitution, incarne l'unité nationale, il est l'élu de la nation entière qui définit la politique de la nation et s'assure de la bonne mise en œuvre de la Constitution[21]. Ces dispositions permettent de comprendre également pourquoi le constituant lui a confié un certain nombre d'attributions importantes comme la représentation de l'État dans tous les actes de la vie publique et surtout la qualité de chef suprême des forces de défense, garant du contrôle de la sécurité tant externe qu'interne du pays. C'est également pourquoi, le constituant permet au Président de la République de disposer des pouvoirs spéciaux notamment en proclamant l'état d'urgence lorsque les circonstances l'exigent ou encore, en cas de péril grave menaçant l'intégrité du territoire, la vie, l'indépendance ou les institutions de la République ; de proclamer l'état d'exception et prendre toutes mesures qu'il juge nécessaires[22].

En effet, la vie nationale est appelée à fonctionner de manière permanente, sans connaitre des interruptions. Ainsi, les pouvoirs publics ne sauraient être l'objet des atteintes susceptibles de mettre fin à leur fonctionnement. Ceci peut être le cas d'une atteinte à l'intégrité territoriale. Pour donc assurer ce fonctionnement permanent et régulier, le Président de la République est chargé de s'assurer de cette continuité de l'État. Il est non seulement le « *garant de l'indépendance nationale* » et « *de l'intégrité du territoire* », mais aussi et surtout de la « *permanence et de la continuité de l'État* »[23]. Comme le relève un observateur, dans son rôle d'arbitre du bon fonctionnement des institutions, le Président de la République peut recourir à des moyens à la fois dissuasifs et punitifs[24].

En ce qui concerne particulièrement le service de la défense, le Président de la République a le concours du Ministère de la défense. Selon le Décret n° 2011/412 du 09 décembre 2011 portant réorganisation de la Présidence de la République, le Ministère de la défense qui est « *placé sous l'autorité d'un Ministre Délègue à la Présidence de la République* [...] *est chargé de l'étude du plan de défense ; de la mise en œuvre de la politique nationale de la défense ; de la coordination et du contrôle des forces de défense ; de l'organisation et du*

---

20 Article 4 de la Constitution.

21 Art 5 de la Constitution.

22 Art 9 de la Constitution.

23 Art 5 de la Constitution.

24 B. Edoua Bilongo, « La fonction d'arbitre du président de la république dans l'ordre institutionnel », *in* P-E Abane Engolo, J-P Markus (dir), *La fonction présidentielle au Cameroun*, Paris, L'Harmattan, 2019, p. 75 et s.

fonctionnement des tribunaux militaires ; du suivi de la coopération militaire »[25]. Cette disposition est expressément contenue dans le Décret n° 2001/177 du 25 juillet 2001, modifié par le Décret n° 2012/386 du 14 septembre 2012, portant organisation et fonctionnement du Ministère de la défense. Selon l'article 2 (nouveau) de ce texte, les « *forces de défense du Ministère de la défense comprennent les forces de la gendarmerie nationale ; les forces de l'armée de terre ; les forces de l'armée de l'air ; les forces de la marine nationale* ».

Dans le contexte de la crise sanitaire relative à la COVID 19, le service de la protection de l'intégrité territoriale a connu un renforcement de ses moyens humains. C'est en cela qu'apparait l'influence de ladite crise. En effet, face à la survenance de cette pandémie, conjuguée avec les menaces séparatistes du Nord et Sud-Ouest, sans oublier celles de la secte islamiste *Boko Haram* dans le Nord du pays et à l'Est avec la crise en Centrafrique, les pouvoirs publics ont essayé d'améliorer les ressources humaines du service public de la défense en procédant à des recrutements à la fois généraux et spéciaux. L'État a certainement été conscient que les multiples vagues de contaminations liées à cette pandémie pouvaient affecter les rangs des forces de défense et de sécurité. C'est ainsi que le 22 mars 2021, s'est ouvert dans les dix régions du pays des opérations visant le recrutement de 700 élèves sous-officiers des armées, option service général, sans oublier les recrutements ordinaires de 5330 soldats et Matelots de 2e classe. Dans le même sens, les 8 et 9 mai 2021, un recrutement de 200 personnels a été lancé pour l'Ecole militaire interarmées. En dehors du recrutement dans les forces armées générales, des recrutements ont également eu lieu entre le 1er février et le 14 mars 2021, recrutement spécial de 2.200 commandos d'élite au profit des bataillons d'intervention rapide. C'est dire que les normes relatives à la protection de l'intégrité du territoire se sont adaptées au contexte de la crise sanitaire liée à la COVID 19. Cela est d'autant plus pertinent que parmi les recrutements réalisés, l'on relève la présence du recrutement de 40 élèves sous-officiers des armées, option santé militaire. Nul doute que ce personnel aura particulièrement en charge le volet sanitaire des forces de défense dans un contexte de crise sanitaire de la COVID 19. L'examen du pan matériel des services de la défense témoigne également d'une influence majeure de cette crise sur la protection de l'intégrité territoriale.

B-Une influence majeure par le renforcement des ressources financières des pouvoirs publics en matière de protection de l'intégrité territoriale

Dans un contexte marqué par la crise sanitaire, comme celle de la COVID 19, les pouvoirs publics camerounais, comme l'ensemble des États, devaient faire face aux conséquences des « *mesures barrières appliquées à l'ensemble du territoire national* »[26] lesquelles mesures « *ont davantage fragilisé la résilience d'une économie* »[27] camerounaise qui balbutiait avant même cette crise sanitaire[28].

25 Art. 49 alinéa 1.
26 T. Nguimfack Voufo, « Covid 19 et finances publiques : quelle politique budgétaire de riposte à la pandémie au Cameroun », *Le nemro*, avril/juin 2020, Dossier spécial : La covid-19 et le droit, p. 474.
27 *Ibid.*
28 *Ibid.*

Faisant face à cette situation, le Président de la République, en vertu de ses pouvoirs, a adopté l'ordonnance n° 2020/001 du 03 juin 2020 modifiant et complétant certaines dispositions de la loi n° 2019/023 du 24 décembre 2019 portant loi de finances de la République du Cameroun pour l'exercice 2020. La crise liée à la COVID 19 est venue s'ajouter aux crises sécuritaires dans le nord du pays et dans les régions du nord et du Sud-Ouest sans oublier, sur le plan économique, la chute du cours du prix du pétrole. Tout cela ne pouvait que conduire les pouvoirs publics, à l'instar du Président de la République, à mettre en place un tel dispositif. Ainsi que le relève la doctrine, « *l'État camerounais s'est donc trouvé face à un sérieux dilemme : comment continuer d'assurer ses engagements dans un contexte où les recettes fiscales et non fiscales s'amenuisent ? Les restrictions induites par le Covid-19 entrainent une limitation des importations, et partant des recettes douanières. La baisse des cours du pétrole entraine une chute drastique des recettes non fiscales. Et la crise sécuritaire, en paralysant l'activité économique des régions concernées, tout en augmentant les dépenses publiques liées au rétablissement de l'ordre public dans ces régions, occasionne automatiquement une diminution des ressources budgétaires* »[29].

Cette ordonnance était donc nécessaire pour permettre à l'État de continuer à assurer ses missions régaliennes. Elle s'est inscrite dans la continuité de la Déclaration spéciale du Premier ministre, chef du gouvernement du 17 mars 2020 dévoilant la Stratégie gouvernementale de riposte face à la pandémie de la COVID-19. Du moment où l'Etat avait édicté certaines mesures restrictives, celles-ci devaient entrainer des charges auxquelles il devait faire face et surtout tenir compte de la situation sociale donc amortir les effets de cette lutte sur les plans social, financier et économique. C'est ce qui explique la création du *Fonds spécial de solidarité nationale pour la lutte contre le coronavirus et ses répercussions économiques et sociales.*

Dans ce cadre, en dehors des personnes physiques et morales qui peuvent participer à l'approvisionnement dudit fond de solidarité, il peut également y avoir des donations faites à l'État ou encore les produits des legs, sans oublier les contributions venant du budget de l'État. Ainsi, en 2020, par exemple, le montant des ressources de ce fond avait été fixé à 48 051 600 000 FCFA destinés à l'investissement, 131 948 400 000 FCFA en vue du fonctionnement soit un total de 180 000 000 000 FCFA. Ce plafond a été revu à la hausse, le contexte de crise sanitaire aidant, la loi n° 2020/018 du 17 décembre 2020 portant loi de finances de la République du Cameroun pour l'exercice 2021 va connaître deux modifications dont la première par l'ordonnance n° 2021/002 du 26 mai 2021, modifiant et complétant certaines dispositions de celle-ci et, surtout, la seconde, notamment l'ordonnance n° 2021/003 du 07 juin 2021 modifiant et complétant certaines dispositions de la même loi. Selon l'article trente-unième (nouveau) de ce texte, « *le plafond des ressources destinées à approvisionner le Fonds de solidarité nationale pour la lutte contre le Coronavirus et ses répercussions économiques et sociales est fixé à FCFA deux cent milliards (200.000 000 000) pour l'exercice 2021* ».

[29] S.T. Bilounga, « L'incidence de la lutte contre le covid 19 sur les finances publiques camerounaise », *op. cit*, p. 8.

Pour l'usage concret desdits fonds, les pouvoirs publics, notamment le Premier Ministre a adopté le Décret n° 2020/3221/PM du 22 juillet 2020 fixant la répartition de la dotation de ce fond spécial. Ce sont, en effet, des ressources qui serviront, comme le résume un observateur, « *en priorité à certaines activités, notamment, la recherche active des cas de Covid-19 et leur prise en charge, l'acquisition des intrants et l'encadrement des producteurs agricoles, pastoraux ou piscicoles afin de réduire la dépendance alimentaire, le financement de la recherche et de l'innovation dans le cadre de la lutte contre la pandémie* [...] *le développement et la promotion de l'enseignement à distance, la mise en place d'un système visant à garantir la disponibilité des stocks des produits de consommation courante, l'octroi des appuis de soutien aux personnes socialement vulnérables et enfants de la rue infectés par le Covid-19 et la couverture des dépenses liées aux mesures administratives de régulation sociale* »[30]. Dans cette perspective, la protection de l'intégrité territoriale par les pouvoirs publics, notamment les services de la défense, a bénéficié parmi l'ensemble des ministères, soit vingt-cinq, d'une dotation leur permettant de faire face à la pandémie.

Cette dotation a également été marquée par des singularités dans la mesure où certaines institutions comme le ministère de la santé publique, le service de la dette intérieure et le ministère de l'économie de la planification et de l'aménagement du territoire ont bénéficié d'une dotation importante. Mais, comme le souligne la doctrine, « *la plupart des autres institutions* »[31], comme par exemple le ministère de la défense, « *sont, en moyenne, bénéficiaires d'une dotation plus ou moins supérieure à 6 milliards ou à 1 milliard* »[32]. Cela n'est pas négligeable.

Comme on le voit, les services de la défense n'ont pas été oubliés dans le renforcement des moyens financiers en vue de faire face à la pandémie de la COVID 19. Il s'est certainement agi d'un renforcement des moyens en vue de garantir la protection de l'intégrité territoriale, l'une des missions de ce service. Cela est d'autant plus vrai que l'examen de la loi n° 2020/018 du 17 décembre 2020 portant loi de finances de la République du Cameroun pour l'exercice 2021 va dans le même sens. De manière générale, cette loi, elle aussi adoptée dans un contexte de crise sanitaire a été influencée par ce contexte sanitaire. Elle « *devait faire face à une conjoncture fluctuant au gré des évolutions de la situation sanitaire et des mesures de ripostes prises à la fois sur le plan interne et international* »[33]. Selon le Document du Débat d'orientation budgétaire, la maîtrise de la situation sanitaire et l'atténuation des impacts socioéconomiques de la pandémie ont été inscrites dans les objectifs prioritaires du triennat 2021-2023[34].

L'influence de la COVID 19 sur la protection de l'intégrité territoriale s'est traduite ici par la présence du Ministère de la défense parmi les services dont le chapitre budgétaire a connu une augmentation de crédit de plus de 08 milliards en

---

[30] Art 3 du décret, repris par, S.T. Bilounga, « L'incidence de la lutte contre le covid 19 sur les finances publiques camerounaise », *op. cit*, *ibid.*

[31] S.T. Bilounga, « L'incidence de la lutte contre le covid 19 sur les finances publiques camerounaise », *op. cit*, p. 15.

[32] *Ibid.*

[33] T. Nguimfack Voufo, « Commentaire », loi n° 2020/018 du 17 décembre 2020 portant loi de finances de la République du Cameroun pour l'exercice 2021, *Juridis Périodique*, n° 124, 2020, p. 54.

[34] *Ibid.*

2021[35]. En effet, le budget du Ministère de la défense, à côté de celui de l'agriculture et du développement rural, des travaux publics, de l'habitat et du développement urbain, de la santé publique et des transports, a connu une augmentation. Par ailleurs, l'ordonnance n° 2021/003 du 07 juin 2021 modifiant et complétant certaines dispositions de la loi de finances de 2021, notamment à l'article cinquante-unièmes (nouveau) prévoit que le montant des autorisations d'engagement et de crédits de paiement du budget général ouverts sur les programmes concourant à la réalisation des objectifs assortis d'indicateurs, étaient fondés, respectivement, sur : la préservation de « *l'intégrité du territoire national et la stabilité politique* » ainsi que le « *niveau global d'atteinte des objectifs assignés aux missions* » (chapitre 1 Présidence de la République). En ce qui concerne le Ministère de la défense, les objectifs sont de « *renforcer le dispositif de défense du territoire, améliorer la coordination des services et assurer la bonne mise en œuvre des programmes* », avec comme indicateurs les « *taux de conformité des effectifs des unités opérationnelles des armées au tableau des effectifs et dotation, le taux de réalisation des activités budgétisées au sein du Ministère* » (Chapitre 13). Nul doute que l'ensemble de ces dispositions sont aussi la conséquence du contexte sanitaire nécessitant une protection renforcée de l'intégrité territoriale. C'est en cela que l'influence de la COVID 19 sur la protection de l'intégrité territoriale par les pouvoirs publics est majeure. En revanche, cette influence est mineure en ce qui concerne la participation des citoyens à cette protection de l'intégrité du territoire.

II- Une influence mineure de la COVID 19 sur la protection de l'intégrité territoriale par les citoyens

La COVID 19 au Cameroun n'a pas seulement influencé la protection de l'intégrité du territoire par les pouvoirs publics. Elle a également eu des effets sur la protection de l'intégrité territoriale par les citoyens. Mais cette influence reste mineure compte tenu, d'une part, de la souplesse qui caractérise la participation financière des citoyens (A), et, d'autre part, en raison de leur mobilisation qui est restée volontaire au plan humain (B) en vue de cette protection.

A- Une influence mineure par la souplesse de la participation financière des citoyens pour la protection de l'intégrité territoriale

L'influence de la COVID 19 sur la protection de l'intégrité territoriale par les citoyens au Cameroun reste mineure en raison de la souplesse qui caractérise leur participation financière en vue de cette protection. En effet, au Cameroun, la protection de l'intégrité territoriale fait partie des obligations du citoyen telles que prévues par la Constitution. Dans le cadre de cette crise sanitaire, l'obligation constitutionnelle relative à la protection de l'intégrité territoriale a connu une influence mineure du point de vue matériel. Cela s'est traduit par la mise en place d'une contribution financière « spéciale » aux charges publiques. Cette contribution

[35] *Ibid*, p. 63.

étant volontaire. Le devoir du citoyen camerounais de contribuer aux charges publiques relève de ses devoirs à caractère économique. Les constituants africains, notamment des pays francophones, sont d'ailleurs unanimes sur cette question. Ils ont certainement repris la Charte du grand Mandé qui fait obligation aux citoyens de venir « *en aide à ceux qui en ont besoin* »[36]. Cela correspond à la solidarité exercée directement dans le contexte africain à l'égard des indigents, mais également par l'entremise du versement d'une partie de la récolte, du bétail ou le paiement d'une somme représentée par une monnaie traditionnelle (les cauris, par exemple) à la collectivité à charge pour elle de les redistribuer équitablement. C'est également ce que prévoit la Charte africaine des droits de l'homme et des peuples lorsqu'elle dispose que dans le but de préserver les intérêts fondamentaux de la société, chaque citoyen a le devoir de « *s'acquitter des contributions fixées par la loi* »[37]. Il s'agit des impôts, taxes, cotisations sociales, autres droits légalement exigibles. En effet, selon le préambule de la Constitution camerounaise du 18 janvier 1996, « *chacun doit participer, en proportion de ses capacités, aux charges publiques* ». Autrement dit, les charges de l'État doivent être supportées par chaque citoyen selon ses moyens.

Il est également important de préciser que le simple fait pour le constituant de mettre en place l'obligation pour le citoyen de contribuer, financièrement, aux charges publiques n'a pas été suffisant. Il a garanti le respect de cette obligation par une autre obligation à savoir le respect de la Constitution. En effet, le constituant camerounais consacre de manière implicite, ou alors quasi-explicite, le devoir d'observer la Constitution par le citoyen. Le respect que le citoyen, pris individuellement, doit à la Constitution peut être tiré de la Charte africaine des droits de l'homme et des peuples laquelle fait partie intégrante de la Constitution. Le préambule de la Constitution dispose que le « *peuple camerounais affirme son attachement aux droits et libertés fondamentales inscrites dans la Charte africaine des droits de l'Homme et des peuples* ». Cette Charte prévoit, d'une part, que le citoyen a des devoirs à l'égard de l'« *État et autres collectivités légalement reconnues* », et, d'autre part, le devoir d'exercer ses droits et libertés dans le « *respect du droit d'autrui, de la sécurité collective* » ainsi que celui de « *respecter et de considérer ses semblables sans discrimination aucune* »[38]. S'agissant, en revanche, des partis politiques, le constituant camerounais est plus expressif car, ces associations de citoyens qui cherchent à accéder au pouvoir, notamment par des élections, et dans le but de mettre en œuvre leur vision politique doivent se déployer en observant la Constitution. A cet égard, ces organisations ne peuvent se constituer et se déployer qu'en respectant la loi[39]. La loi ici s'entend aussi au sens large, c'est-à-dire les sources du droit avec notamment la Constitution.

Cette reconnaissance constitutionnelle du respect que doit accorder le citoyen camerounais à la Constitution peut être inscrite dans le contexte du renouveau constitutionnel qui traverse l'Afrique depuis plusieurs années. Un tel contexte,

---

[36] Cf art. 30.
[37] V° art. 29 alinéa 5 de la Charte Africaine des droits de l'homme et des peuples.
[38] V° art. 27 alinéa 2 et 28 de la Charte.
[39] Art 3.

comme le décrit la doctrine, est caractérisé par l'« *émergence du pluralisme politique et l'avènement d'élections concurrencées et disputées ; la consécration des droits fondamentaux dans les constitutions ; et l'instauration des Cours constitutionnelles pensées comme gardiennes de ces droits et garantes de la démocratisation des États* »[40]. La Constitution étant ainsi « *vénérée, sacrée, érigée en quasi totem juridique des démocraties émergentes* »[41], il fallait bien qu'elle ait aussi des droits ; droit au respect par les citoyens. La doctrine précise également que dans ce contexte, la Constitution en Afrique a été « *appropriée par le pouvoir, par les partis politiques, par les citoyens ; une constitution commentée dans les palais des Républiques, bien sûr, mais aussi dans les médias ou sur les marchés, véritables agora participatives de substitution* »[42]. Cela est tout à fait logique car, la Constitution apparaît comme étant le pacte social.

Ces précisions, nécessaires, étant faites, on comprend que c'est dans ce cadre que pour continuer à assurer, entre autres, la préservation de l'intégrité territoriale du Cameroun en ces temps de crise sanitaire liée à la COVID 19, les pouvoirs publics ont fait recours à cette solidarité nationale en mettant en place une contribution financière pour les citoyens. C'est le sens qu'on peut donner à la création du *Fonds spécial de solidarité nationale pour la lutte contre le coronavirus et ses répercussions économiques et sociales.*

En effet, dans le cadre de l'approvisionnement de ce fond les citoyens sont, eux-aussi, conviés. Il s'agit d'un fond de solidarité qui est approvisionné par diverses recettes au rang desquelles celles des personnes physiques et morales. Il peut donc s'agir des contributions des citoyens, pris individuellement, ou encore des citoyens dans le cadre d'une association. L'on comprend ainsi que la crise sanitaire de la COVID 19 a occasionné une sorte de contribution aux charges publiques pour les citoyens. Il est certain que ces contributions visent à faire face aux obligations de l'État, notamment l'implémentation des mesures de lutte contre la pandémie. Ainsi apparait l'apport des citoyens à la protection de l'intégrité du territoire face à la COVID 19. Ces contributions étant volontaires, fondées sur la solidarité nationale, elles marquent ainsi la souplesse qui caractérise l'influence de la COVID 19 sur cette protection. L'influence est également mineure au regard d'une mobilisation humaine, volontaire, des citoyens pour la protection de l'intégrité territoriale.

B- Une influence mineure par la mobilisation humaine volontaire des citoyens pour la protection de l'intégrité territoriale

Le constituant camerounais, comme ses homologues des autres pays d'Afrique francophone, a consacré l'obligation pour les citoyens de défendre l'intégrité territoriale de l'État que l'on se trouve en temps de paix ou de crise. Il y est obligé qu'il soit agent de l'État ou non. Le contexte de la COVID 19 relève des calamités publiques, d'un temps de crise, mais la survenance de cette situation ne suffit pas pour conclure à la

---

[40] F. Hourquebie, « Le sens d'une constitution vue de l'Afrique », *Conseil constitutionnel*, n° 1, 2018, p. 35.
[41] *Ibid.*
[42] *Ibid.*

crise. Cela doit être expressément déclaré par les autorités compétentes dans les formes régulières[43].

Selon les termes du préambule de la Constitution camerounaise du 18 janvier 1996, « *tous les citoyens contribuent à la défense de la patrie* »[44]. Cette contribution peut aussi être humaine donc au plan des ressources humaines. La patrie comprend aussi l'intégrité territoriale. Ainsi que le souligne Michel Borgetto, « *l'idée de nation joue* [...] *dans l'émergence de la triade républicaine, un rôle capital* » dans la mesure où elle est « *à la fois instrument de réalisation et traduction politique et juridique de la patrie* »[45].

Cette obligation pour le citoyen de protéger l'intégrité territoriale concerne les citoyens tant au plan individuel que collectif. Du point de vue collectif, elle concerne, par exemple, les associations, ou encore les partis politiques. Le constituant y met également un accent à imposer des devoirs aux partis politiques dans le but de sauvegarder les intérêts nationaux. Tout en consacrant la liberté pour les citoyens de s'organiser au sein des partis politiques, le constituant camerounais met en même temps à leur charge certaines obligations en vue de préserver les intérêts de l'État. Le respect de la loi qui leur est imposée comporte ainsi le respect du caractère indivisible de l'État du Cameroun, indivisibilité chère au Cameroun. Le législateur camerounais, à la suite du constituant, a prévu que : « *ne peut être autorisé tout parti politique qui : -porte atteinte à l'intégrité territoriale, à l'unité nationale, à la forme républicaine de l'État, à la souveraineté nationale et à l'intégration nationale, notamment par toutes sortes de discriminations basées sur les tribus,* [...], *les groupes linguistiques ou les confessions religieuses* ; [...] »[46]. Cela est important au regard des menaces à caractère séparatistes que connaît le Cameroun ces dernières années. La Charte africaine des droits de l'homme et des peuples abonde dans le même sens lorsqu'elle dispose, d'abord, que le citoyen a le devoir de ne pas « *compromettre la sécurité de l'État dont il est national ou résident* », ensuite, qu'il est tenu de préserver et renforcer la solidarité sociale et nationale et, enfin, qu'il doit préserver et renforcer l'indépendance et « *l'intégrité territoriale de la patrie et, d'une façon générale* [...] *contribuer à la défense de son pays* »[47].

Ces précisions, nécessaires, étant faites, l'influence de la COVID 19 sur la protection de l'intégrité territoriale par les citoyens au Cameroun reste mineure sur le plan de la mobilisation humaine. Cette mobilisation est restée davantage volontaire.

La mobilisation des citoyens, au-delà du respect des mesures barrières édictées par le gouvernement pour lutter contre la propagation du virus, est restée à l'image des mobilisations face aux revendications séparatistes dans les régions du Nord et du Sud-Ouest. Ces mobilisations sont restées davantage volontaires. Il faut rappeler que le rattachement de l'ancien Cameroun occidental au Cameroun oriental pour former une

---

[43] En ce sens J. Djeuya Tchupou, « La lutte contre le corona virus (covid-19) au Cameroun : recherches sur les fondements juridiques de la stratégie gouvernementale de riposte face à la pandémie », *Le nemro*, avril/juin 2020, Dossier spécial : La covid-19 et le droit, p. 300.

[44] V° Préambule de la loi constitutionnelle n° 96/06 du 18 janvier 1996 portant révision de la Constitution du 02 juin 1972, modifiée et complétée par la loi n° 2008/001 du 14 avril 2008.

[45] M. Borgetto, *La devise liberté, fraternité, égalité*, Paris, PUF, coll. « Que sais-je ? », 1997, n° 3196.

[46] Art. 9, loi n° 90/06 du 19 décembre 1990 relatives aux partis politiques.

[47] Art 29 alinéa 3.

seule République est le fruit de la résolution 1608 du 21 avril 1961 de l'Assemblée générale des Nations unies ainsi que du référendum du 1er octobre 1961. Dans le cadre des revendications séparatistes, les porteurs de ce projet remettent en cause ces textes. Mais de telles revendications ne sauraient prospérer compte tenu de la Constitution camerounaise qui, notamment en son article 2, dispose que la « *République du Cameroun est un État unitaire décentralisé* [...] *une et indivisible* ». Ainsi, c'est au regard de cette disposition que de nombreux camerounais, respectueux de la Constitution, et faisant ainsi œuvre de protection de l'intégrité territoriale, n'adhérent pas au projet sécessionniste tant activé par certains citoyens.

C'est dans ce même registre qu'on peut inscrire l'attitude de nombreux camerounais qui hier avaient rallié les rangs des séparatistes mais sont par la suite revenus à de meilleurs sentiments. La protection de l'intégrité territoriale par ces camerounais s'est traduite par, d'une part, le dépôt des armes. Sur ce point, ces camerounais ont ainsi donné une suite favorable à l'« *offre de paix du chef de l'État* » formulée à travers le Décret n° 2018/719 du 30 novembre 2019 portant création du Comité national de désarmement, démobilisation et de réinsertion. Il s'agit d'un organe qui a pour mission « *d'organiser, d'encadrer et de gérer le désarmement, la démobilisation et la réintégration des ex-combattants du Boko Haram et des groupes armés des régions du nord-ouest et du sud-ouest* [...] »[48]. Selon les déclarations du coordonateur national des activités de cet organe, « *les principales activités se déroulent dans les centres régionaux qui se trouvent à Buea, Bamenda et Mora. Nous avons des ex-combattants dans ces structures qui répondent à l'offre de paix faite par le Président de la République. S'agissant du centre de Buea, nous en avons environ une centaine, 115 à Bamenda et 144 à Mora. Ces chiffres excluent les personnes dont nous avions jugé les cas pas suffisamment préoccupants, mais qui ont été insérée dans la vie active. C'est un volet qui continue. A ce niveau, nous en comptons une soixantaine* »[49]. D'autre part, ces camerounais ont agi conformément à la Constitution à savoir le respect du caractère indivisible de la République du Cameroun.

La sécurité du Cameroun est ainsi, depuis plusieurs années déjà, en proie à des menaces. Dans son discours, de fin d'année, adressé à la nation le 31 décembre 2020, le Président de la République a souligné quelques faits qui s'y rapportent et a rappelé dans une certaine mesure cette protection due à l'intégrité territoriale par les citoyens camerounais. En effet, en exhortant « *de nouveau les jeunes enrôlés dans les bandes armées à sortir de brousse et à regagner les centres de Désarmement, Démobilisation et Réintégration (DDR) afin de retrouver, comme leurs autres jeunes compatriotes, une vie normale ; l'insécurité dans ces régions* » ayant « *trop porté préjudice* » au Cameroun, il rappelait ainsi le devoir de protection de l'État par les citoyens. Il rappelait à cette même occasion que la démocratie camerounaise « *permet l'expression pacifique de toutes les opinions, mais dans le respect des lois et règlements. Sinon, la paix et la stabilité seraient menacées* ». Il s'est également « *félicité de l'attitude patriotique* » de nombreux citoyens qui, jaloux de l'intégrité territoriale du pays, « *non seulement, coopèrent de plus en plus avec les forces de défense et de sécurité, mais aussi entreprennent de lutter courageusement contre ces bandes armées* ». C'est le lieu de souligner qu'en coopérant avec les forces de

48 Art 2 du décret.

49 Propos du coordonnateur recueillis dans *Cameroun Tribune* du 25 juin 2020.

défense dans la lutte contre ces menaces à la sécurité du Cameroun, comme le souligne justement le Chef de l'État, ces populations participent à la protection de l'intégrité territoriale.

Face à la crise sanitaire liée à la COVID 19, la mobilisation des citoyens en vue de la protection de l'intégrité du territoire est restée quasiment la même. Le Président de la République l'a implicitement souligné dans son discours susvisé lorsqu'il a relevé que le fait que certains citoyens, « *regroupés autour d'une personnalité dont les ambitions avaient été déçues lors de la dernière élection présidentielle, aient profité des difficultés sécuritaires et sanitaires pour tenter de susciter une insurrection, faussement appelée "marches pacifiques". Grâce à la maturité du peuple camerounais, ces marches ont heureusement été peu suivies* ». C'est certainement le souci de protéger l'intégrité territoriale de l'État dans ce contexte de crise sanitaire de la COVID 19 qui a amené certains citoyens à s'abstenir de participer à de telles initiatives ; des marches qui pouvaient déboucher sur une atteinte à l'intégrité territoriale. C'est certainement en ce sens que le Chef de l'État s'est interrogé en ces termes : « *est-il vraiment nécessaire de rappeler qu'en démocratie, l'accès aux responsabilités politiques est assuré par la voie des urnes et non par la rue, par certains médias ou par les réseaux sociaux* ? » En tout état de cause, dans ce contexte de crise sanitaire relative à la COVID 19, les citoyens ont d'une certaine manière démontré leur volonté à participer à la préservation de l'intégrité territoriale. Cela traduit sans doute cette influence mineure de la COVID 19 sur la protection de l'intégrité territoriale par les citoyens.

Conclusion

La crise sanitaire liée à la COVID 19 a certainement influencé l'application des normes en droit public camerounais, en général, et plus particulièrement celles relatives à la protection de l'intégrité territoriale. L'idée de la protection de l'intégrité territoriale en temps de crise interpelle à plus d'un titre les États africains, et particulièrement le Cameroun, compte tenu des diverses menaces à sa stabilité.

Dans le cadre de la crise de la COVID 19, les pouvoirs publics ont adopté des mesures en vue d'adapter la protection de l'intégrité territoriale au contexte de la menace. Ce contexte de crise a majoritairement influencé la protection par les pouvoirs publics. L'influence est, en revanche, mineure au niveau de la protection par les citoyens. Cela est tout à fait logique car, la protection de l'intégrité territoriale fait partie des missions régaliennes de l'État. Les citoyens ne peuvent qu'y participer même si cette participation se doit de ne pas être négligée surtout en temps de crise. Elle mérite aussi d'être renforcée car la place accordée aux citoyens dans la protection de l'intégrité territoriale « *peut s'interpréter comme procédant du fait que l'exercice du pouvoir est fait au nom du peuple qui en est le détenteur exclusif. Ainsi, pour éviter que les populations soient instrumentalisées, la reconnaissance d'un tel devoir aux citoyens est nécessaire. Par ailleurs, le territoire fait partie du patrimoine national. De ce fait, sa défense doit être un devoir, et le premier devoir de tout citoyen* »[50] de surcroit en temps de crise comme celle liée à la COVID 19.

---

[50] J-L Atangana, « Le territoire dans les constitutions africaines », *op. cit*, p. 53.

Chapitre 7 : L'urgence sanitaire et le droit : l'exemple de la Covid-19

Par Pacôme VOUFFO
Docteur/Ph.D en Droit public de l'Université de Dschang

Résumé

Le temps de l'urgence est sans doute celui des incertitudes. On l'aurait constaté avec la pandémie à Corona Virus, élevée au rang d'une urgence de santé publique de portée internationale par les institutions autorisées. Il s'en est inféré une urgence sanitaire qui, en rapport avec le droit invitait à l'interrogation de la disposition de celui-ci par rapport à elle. A l'analyse il ressort que le droit se donne à voir dans une disposition ambivalente. Si d'une part, il est mobilisé pour faire face à la pandémie en étant une sorte de thérapie, il subit cependant d'autre part ses exactions et dans ce cas, il devient une victime. Sous l'aspect de la mobilisation, le droit international tout comme le droit interne est convoqué sous l'aspect avenant d'une solidarité aussi bien au niveau international qu'au niveau national. Mais malgré cette mobilisation, la brutalité de la pandémie est telle que le droit en subit toujours la contrainte. Il ploie finalement sous la pression de l'urgence qu'il est censé réguler.

Mots-clés : *Urgence sanitaire, Droit, Covid-19, Pandémie*

La question du rapport de l'urgence au droit pourrait être à nouveau vérifiée avec l'avènement de la pandémie à Corona virus déclarée *urgence de santé publique de portée internationale* par l'Organisation Mondiale de la Santé (OMS). Apparue en décembre 2019 avec les premières manifestations en Chine, la Covid-19 a marqué le monde entier d'une empreinte indélébile. Par son ampleur, ses effets, sa portée, elle semble avoir conquis l'univers et soumis tous les États et leurs composantes. Elle a mis à l'épreuve le dispositif international de prévention de crises sanitaires en droit international. Eu égard à la portée de la pandémie, on dirait que la réaction n'a pas été à la mesure de la crise. Sa particularité est sa véhémence sur l'espèce humaine. Différente de certaines pandémies comme la Grippe Aviaire de 2007 qui passait par les animaux pour atteindre l'homme, la Covid-19 atteint directement ce dernier dans son essence et son existence. L'ampleur de ses dégâts sur le plan humain est telle que l'être humain était susceptible à cette période de devenir une sorte espèce sensiblement en voie de disparition. Aux allures de la peste d'Albert CAMUS, *« le fléau n'est pas à la mesure de l'homme, on se dit donc que le fléau est irréel, c'est un mauvais rêve qui va passer. Mais, il ne passe pas toujours et, de mauvais rêve en mauvais rêve, ce sont les hommes qui passent »*[1], c'est l'espèce humaine qui trépasse. Par ironie, d'aucuns ont pu écrire que le droit a

---

1 A. CAMUS, cité par M. POULAIN, « Urgence sanitaire et droit international », *Actualité et droit international, Revue d'analyse juridique et de l'actualité internationale*, mars 2002, p. 1.

été contaminé par la Covid-19, parce que testé positif. Peut-on en dire autrement quand l'on sait que la systématisation des normes juridiques n'a pas toujours pendant cette période d'urgence été sans reproches[2].

La Covid-19 a placé tous les États dans une situation d'urgence. Les États tout comme la Communauté internationale ont sensiblement re/découvert une responsabilité qui est la leur ; la responsabilité de protéger, non pas dans des situations de crises politiques où le recours à la police ou la force armée républicaine est de principe, mais une responsabilité de protéger en situation de pandémie où toutes les composantes de la société restent fragiles et sensibles[3]. Le fonctionnement des institutions en a subi le coup aussi bien à l'échelle internationale que nationale. C'est ainsi que *« par un phénomène de capillarité, les différents secteurs affectés par les crises de santé publique ont dû s'adapter à leurs obligations nouvelles en matière de risques sanitaires »*[4]. L'on peut gager qu'elle constitue aujourd'hui l'un des catalyseurs d'une mutation des politiques de santé[5], invitant à la redéfinition des politiques de la santé publique pour une meilleure sécurité sanitaire[6].

Face à la situation de la Covid-19, l'on a assisté à des solidarités à multiniveaux qui se sont développées çà et là dans le but d'écarter le danger[7]. Il y a eu comme une mobilisation de tous et la mobilisation de tous les moyens appropriés pour arrêter la progression du mal. Elle a pu donner aux États et à la communauté internationale l'occasion de mettre à l'épreuve le cadre stratégique qu'ils ont élaboré pour répondre aux situations d'urgence sanitaire internationale[8]. Elle a davantage invité à un éclairage *« sur les différents aspects juridiques et le rôle [des acteurs du droit] dans les crises sanitaires de grande ampleur qui constituent l'un des nombreux dommages collatéraux de la mondialisation, en même temps »*. Elle a en outre donné de repenser, *« le système de sécurité sanitaire collective dont l'existence a été affirmée par le Conseil de sécurité à l'occasion de la crise d'Ebola »*[9].

Dans l'optique de mieux appréhender le sujet, il serait judicieux de clarifier la notion d'urgence sanitaire. Il faut cependant partir de l'appréhension de la notion d'urgence pour aboutir à celle de l'urgence sanitaire. Suivant cette logique, la notion d'urgence révèle généralement une situation périlleuse obligeant à intervenir immédiatement. En matière médicale, elle renvoie à un cas d'une extrême gravité

---

[2] A. GELBLAT et L. MARGET, « Etat d'urgence sanitaire : la doctrine dans tous ses états ? », *La Revue des Droits de l'Homme*, n° 18, avril 2020, pp. 1 et s.

[3] L. KHOURY, « Crises sanitaires et responsabilité étatique envers la collectivité », *RDUS*, vol. 46, n° 2, 2016, p. 261.

[4] D. TABUTEAU, « La sécurité sanitaire, réforme institutionnelle ou résurgence des politiques de santé publique ? », *Les Tribunes de la santé*, vol. 3, n° 16, p. 98.

[5] *Ibid.*, p. 97.

[6] *Ibid.*

[7] M. -E. COUTURE MEDARD et D. PAVOT, « Les pandémies et le droit : vers une plus grande solidarité », *RDUS*, vol. 46, n° 2, 2016, pp. 151 et s.

[8] M. POULAIN, « La gestion par l'OMS des situations d'urgence sanitaire de portée internationale : L'exemple du syndrome respiratoire aigu sévère (SRAS) », *Actualité et droit international, Revue d'analyse juridique et de l'actualité internationale*, novembre 2003, p. 1.

[9] B. B. GENEVIEVE, « Hélène de Pooter, *Le droit international face aux pandémies : vers un système de sécurité sanitaire collective ?, Paris, Pedone, 2015, XII + 562 p* », *AFDI*, vol. 60, 2014, p. 974.

nécessitant une intervention rapide pour l'administration immédiate des soins au risque d'un pire. C'est pourquoi *« lorsqu'il y a urgence, l'efficacité n'est pas négociable »*[10]. La spontanéité et la promptitude sont de la sorte de l'essence même des situations d'urgence. L'urgence, rappelle *« l'émergence (…) des circonstances spéciales qui doivent justifier la dérogation, définie comme un écart, une suspension partielle »*[11].

Le Professeur Jean-François de Montgolfier invite à élaborer la réflexion sur la notion d'urgence à partir de *« deux situations extrêmes »* qui peuvent mieux conduire à l'appréciation de la portée de l'urgence induisant une dérogation[12]. Dans l'une des extrémités, il s'appuie sur les conclusions du Président Romieu relatives à l'affaire *Société immobilière de Saint Just,* pour concevoir l'urgence comme *« "le péril imminent" pour l'ordre public ; celle qui, non seulement habilite mais aussi oblige l'administration à "prendre des mesures provisoires et de pourvoir d'office à ce qui est nécessaire" »*[13]. Ce qui le conduit à faire une distinction entre ce qu'il qualifie d'*« urgence absolue »* d'*« urgence atténuée »*. Il écrit dans cet ordre d'idées qu'*« en tant qu'elle désigne une situation d'exception qui affranchit du respect de certaines règles, l'urgence absolue se distingue d'une urgence qui oblige seulement d'agir vite dans le respect des règles. En tant qu'elle opère sa fonction de justification même sans texte, elle se distingue de l'urgence prévue par les textes. En tant qu'elle est imposée par des circonstances de fait, elle se distingue de l'urgence qui résulte d'une volonté d'aller vite »*[14].

Les situations d'urgence atténuée sont diversement inscrites dans les textes et dans une pluralité de domaines. La publication d'un texte de loi peut se faire par une procédure d'urgence, sans qu'il soit besoin d'y voir un péril en la demeure. Il en est de même de la réduction des délais d'examen d'une affaire devant le juge constitutionnel en cas d'urgence[15]. Dans la même lancée, l'urgence dans le cas du référé pourrait éventuellement appartenir à la catégorie des urgences atténuées. C'est dans ce sens qu'il faut comprendre le Professeur Jacques Robert pour qui, l'urgence est généralement « *le caractère d'un état de fait susceptible d'entraîner, s'il n'y est porté remède à bref délai, un préjudice irréparable, sans cependant qu'il y ait toujours nécessairement péril imminent* »[16]. Dès lors qu'il y a toutefois un péril imminent, l'on se retrouve nécessairement dans une urgence absolue comme dans le cas de la Covid-19. Situation de fait inattendue susceptible d'entraîner et ayant même entraîné dans certains cas un péril en la demeure, la Covid-19 est de loin une urgence atténuée. Dans la perspective du professeur De Montgolfier, c'est une *urgence absolue.*

---

[10] X. LAGARDE, « Les sanctions civiles dans l'urgence, un droit d'exception ? », in E. JEULAND et S. PRÉTOT (dir.), *Droit de l'urgence et crise sanitaire, Séminaire chercheurs IRJS, Revue Juridique de la Sorbonne - Sorbonne Law Review, n° 2,* décembre 2020, p. 112.

[11] P. PASQUINO, « Urgence et Etat de droit. Le gouvernement d'exception dans la théorie constitutionnelle », *Les Cahiers de la sécurité intérieur, n° 51,* 2003, p. 12.

[12] J.-F. de MONTGOLFIER, « L'urgence et le Conseil constitutionnel », *NCCC,* n° 54 (Dossier : la constitution et le temps), janvier 2017, p. 1.

[13] *Ibid.*

[14] *Ibid.*

[15] Voir loi de 2004/04 portant organisation et fonctionnement du Conseil constitutionnel.

[16] J. ROBERT, « Les situations d'urgence en droit constitutionnel », *RIDC,* vol. 42, n° 2, avril-juin 1990, p. 751

En rapport avec le droit, l'urgence induit une situation juridique à part, parce que s'écartant du vécu quotidien pour s'inscrire dans une perspective d'exception. Si bien que le droit de l'urgence apparaît comme un droit exceptionnel ou un droit d'exception[17]. L'urgence sanitaire est ainsi une situation de péril en la demeure causée par une pandémie dont il est nécessaire d'intervenir à l'immédiat, sinon pour écarter le danger, du moins pour sauver les meubles ou endiguer la maladie. La pandémie de la Covid-19 a été érigée par l'OMS au rang d'*« une urgence de santé publique de portée internationale »*[18]. Une telle qualification de la pandémie ne découle pas d'une simple présomption ; elle s'appuie sur le matériau normatif international relatif à la santé, notamment le Règlement sanitaire international de 2005 qui en fixe les critères.

Selon l'article premier de ce Règlement -qui s'est imposé sur la pression des progrès considérables de la science médicale qu'il convenait désormais d'appliquer et de l'augmentation du trafic mondial induisant les risques d'épidémies voire des pandémies-[19], l'urgence de santé publique de portée internationale *« s'entend d'un événement extraordinaire dont il est déterminé, comme prévu dans le présent Règlement, qu'il constitue un risque pour la santé publique dans d'autres États en raison du risque de propagation internationale de maladies ; et qu'il peut requérir une action internationale coordonnée »*[20]. En janvier 2020, c'est-à-dire quelques mois après l'apparition de la pandémie à Corona Virus, le Docteur Tedros ADHANOM GHEBREYESUS, Directeur de l'OMS déclarait la Covid-19 comme une urgence de santé publique de portée internationale. Pour y parvenir, sans doute aurait-il fait application de l'article 12 du Règlement suivant lequel, *« pour déterminer si un événement constitue une urgence de santé publique de portée internationale, le Directeur général tient compte : a) des informations fournies par l'État Partie ; b) de l'instrument de décision figurant à l'annexe 2 ; c) de l'avis du Comité d'urgence ; d) des principes scientifiques, ainsi que des éléments de preuve scientifiques disponibles et autres informations pertinentes ; et e) d'une évaluation du risque pour la santé humaine, du risque de propagation internationale de maladies et du risque d'entraves au trafic international »*[21]. L'érection de la Covid-19 à une telle échelle imposait alors la mobilisation du dispositif approprié pour y faire face.

L'urgence sanitaire induite par la Covid-19 a de nouveau confirmé l'extrême actualité des problématiques juridiques qu'elle aurait générées. Elle invite à s'appesantir sur la disposition du droit dans les situations de pandémie[22]. Suivant cette logique, l'on peut poser la question de savoir quelle a été la disposition du droit face à l'urgence sanitaire causée par la Covid-19 ? C'est que, le droit comme soutenait Michel VIRALLY, est le *« visage même de la société, dominant l'individu ou le soutenant »*[23].

---

[17] X. LAGARDE, *op.cit.*

[18] S. TREMBLAY-HUET, « La santé publique sous-légalisée au sein de l'Organisation Mondiale de la Santé ? Une exploration TWAIL d'une apparence de technocratie », *RDUS*, vol. 46, n° 2, 2016, p. 341.

[19] Cl. -H. VIGNES, « Le règlement sanitaire international. Aspects juridiques », *AFDI*, vol. 11, 1965, p. 651.

[20] Article Premier du Règlement Sanitaire International de 2005.

[21] Article 14 du Règlement précité.

[22] M. -E. COUTURE MEDARD et D. PAVOT, *op.cit.*, p. 252.

[23] M. VIRALLY, « Le phénomène juridique », *RDP*, vol. 82, p. 10.

Et comme *« nous vivons dans le droit et par lui ; c'est lui qui fait de nous ce que nous sommes ; des citoyens, des employés, des diplômés, des époux et des propriétaires [...] ; nous sommes les sujets de l'empire du droit »*[24] selon Ronald DWORKIN, il investit nos aires et structure le monde. Dans les contextes d'urgence, la science dans sa diversité d'expression n'est pas moins convoquée comme moyen de règlement. Le droit qui n'en est pas moins une, participe aussi de cette entreprise. Confronté à de telles situations, le juriste notamment se réfère par reflexe au droit pour l'interroger dans ses prescriptions et dans sa portée. On se réfère notamment au droit positif pour interroger son rapport à l'urgence. La problématique se trouve de la sorte justifiée, puisqu'à l'observation, l'urgence induite par la pandémie à Coronas aurait été une épreuve impliquant le droit comme norme.

Renvoyant généralement à l'ensemble des normes juridiques aménagées dans l'optique de réguler le fonctionnement de la société quel que soit le domaine considéré, le droit est partie prenante de l'ensemble des mouvements qui affectent la société et devrait se donner à voir comme un instrument déterminant. Dans des contextes d'urgence, il devrait pouvoir continuer à vivre et se déployer dans sa diversité d'expression pour donner la mesure de son utilité sociale. C'est en cela qu'il est un instrument efficace de régulation sociale, le véhicule d'une utilité dans les situations compromettantes comme dans le contexte de la Covid-19.

Il faut cependant relever que ce n'est pas seulement du droit de la santé qu'il est question ici, mais du droit dans sa diversité pour marquer les contours et le contenu de l'analyse. L'entreprise pourrait de ce fait apparaître comme irréalisable au regard même de la diversité des domaines juridiques ; mais elle s'incline vers la tendance publiciste pour s'offrir comme une analyse du *droit public de l'urgence sanitaire*. Ce n'est toutefois pas sans fondement, car comme l'observe un auteur, *« le droit public, depuis l'antiquité, a bâti la figure juridique du gouvernement d'exception comme instrument destiné à protéger en même temps la société, en cas de danger, et les droits des citoyens, sur la longue période »*[25]. Si bien que le droit de l'urgence ou le droit d'exception en général pourrait essentiellement mais non exclusivement se justifier d'une filiation publiciste, surtout en matière sanitaire où la protection de la santé publique *« est d'abord dans son essence classique, affaire de droit public »*[26].

L'urgence sanitaire induite par la Covid-19 offre l'occasion d'analyser les sources du droit de la santé et conséquemment le droit de l'urgence dans le domaine sanitaire[27]. Elle permet d'explorer les sources du droit international comme celles du droit national de la santé jadis délaissées par la doctrine[28] et toujours en friche, malgré une relative attention de la doctrine. En valeurs théorique et pédagogique, l'analyse peut alors être comptée ; mais pas moins sur le plan pratique, quand on sait que le

---

[24] R. DWORKIN, *L'empire du droit*, Paris, *PUF*, 1994, p. 11.

[25] P. PASQUINO, *op.cit.*, p. 10.

[26] L. KHOURY, « Crises sanitaires et responsabilité étatique envers la collectivité », *RDUS*, vol. 46, n° 2, 2016, p. 264.

[27] E. JEULAND et S. PRÉTOT (dir.), *Droit de l'urgence et crise sanitaire, op.cit.*, 121 p.

[28] M. BELANGER, *Le droit international de la santé*, Paris, *PUF*, coll. « Que sais-je ? », 1997, 126 p.

déploiement du droit dans un tel contexte est de loin essentiellement théorique. Sa valeur se mesure aussi à l'aune de la pratique et de son adéquation à la situation vécue. L'actualité de la question renforce ce triple intérêt théorique, pédagogique et pratique.

En administrant l'approche du positivisme sociologique, il semble que le droit à l'épreuve de l'urgence sanitaire causée par la Covid-19 s'est donné à voir dans une disposition ambivalente. Un tel constat procède de ce que le droit est apparu d'une part comme une sorte de thérapie si ce n'est le thérapeute lui-même contre la pandémie, mais d'autre part il a été lui-même victime de l'urgence sanitaire. Sur le premier aspect, le droit a été considéré comme un terrain favorable à l'offensive, pour des raisons proprement sanitaires[29], eu égard même aux vicissitudes de la médecine aussi bien conventionnelle que traditionnelle[30]. Il a été ainsi mobilisé dans la diversité de ses déclinaisons pour s'illustrer comme répondant à la situation urgente (I). Sur le second aspect pourtant, le droit s'est démarqué par ses faiblesses et a subi les affres de l'urgence sanitaire. Il a été contrarié par l'urgence sanitaire (II).

I- Le droit comme thérapie : la mobilisation du droit contre l'urgence sanitaire

Parler du droit comme thérapie à la crise sanitaire induite par la Covid-19, c'est l'inscrire parmi les solutions miracles de lutte contre cette pandémie. Il ne s'agit toutefois pas d'en faire un traitement aux allures médicamenteuses ou même à la dimension d'un vaccin ; d'ailleurs que même dans ces cas, le droit n'est pas absent de l'environnement, il y participe au titre de la régulation de leur implémentation. Le droit n'est pas admissible au touché ; il se laisse voir dans ses manifestations, dans sa mobilisation. En l'espèce, il a été mobilisé à diverses échelles comme un instrument déterminant[31] que ce soit à l'échelle nationale (B), internationale (A) voire régionale. Cette dernière échelle pourrait toute proportion gardée être partie prenante de l'échelle internationale ; si bien que l'analyse de celle-ci peut absorber celle-là.

A- La mobilisation du droit international contre l'urgence sanitaire Covid-19

La déclaration par le Directeur de l'OMS de la Covid-19 comme une *urgence de santé publique de portée internationale* était déjà l'une des manifestations du droit international sanitaire dans le contexte de l'urgence sanitaire. Cette déclaration au sens du droit international constitue une alerte à la rudesse et la rigueur de la pandémie et une invite à la mobilisation de tous les dispositifs nécessaires pour y faire face. Ainsi, implique-t-elle l'appel à la solidarité internationale (1) et au déploiement de tous acteurs du droit international (2).

---

29 M. BELANGER, « Réflexions sur la réalité du droit international de la santé », *RQDI*, n° 2, 1985, p. 20.

30 M. -Cl. PREMONT et M. -E. COUTURE-MEDARD, « Le concept juridique de l'urgence sanitaire : une protection contre les virus biologiques et… politiques », *Le Carrefour des acteurs publics*, vol. 7, n° 2, 2020, p. 2.

31 T. R. OUEDRAOGO, « Les instruments du droit international dans la lutte contre les pandémies », *Regards de l'IEIM*, mai 2020, p. 1 et s.

1- L'appel à la solidarité internationale face à l'urgence sanitaire

La solidarité internationale est l'une des voies généralement empruntées dans des contextes d'urgence comme celui de la Covid-19. Elle trouve son fondement en droit international. Elle n'est pas moins complexe dans son appréhension ; cette complexité exige dès lors une certaine mesure dans l'emploi et le maniement. Il serait judicieux de s'y attarder avant de s'intéresser à sa mise en œuvre dans le cas d'espèce.

La notion de solidarité internationale

La notion de solidarité évoque l'idée d'une dépendance réciproque impliquant l'entraide. Elle n'est pas nouvelle en science. Elle a traversé les âges et les disciplines. Elle est vieille de plus d'un siècle et le droit romain en porte les repères historiques[32]. Elle trouve place dans les postulats de la Philosophie des Lumières avec l'idée de contrat social construite notamment sur les solidarités humaines[33] en vue d'une meilleure protection par le Prince[34]. Dans la vision d'institutionnalisation du contrat social, il fallut d'ailleurs que les uns et les autres puissent reconnaitre l'évidence de leur fragilité dans l'expression individuelle avant de pouvoir affirmer la solidarité du groupe comme élément indispensable de leur protection[35].

La solidarité n'est alors au départ dans l'esprit de personne une vertu s'imposant à l'être dans son essence ; elle serait plutôt la conséquence de la fragilité de l'homme[36], la conscience de sa vulnérabilité dans le déploiement individuel[37]. Elle est une nécessité mieux que la traduction d'une volonté délibérée. Elle relève comme en droit international d'une opportunité mieux qu'une réelle volonté de construction d'une communauté[38]. Pour Léon Duguit, la solidarité était une norme objective s'imposant aux gouvernants et l'État n'était qu'un simple mode de réalisation[39]. Elle s'est ancrée en philosophie politique française devenue la *« doctrine de la Troisième République »*[40] sous la plume de Léon Bourgois avant d'atteindre au travers des époques les sentiers

---

32 A. SUPIOT, « Sur le principe de solidarité », in A. SUPIOT (dir.), *La solidarité. Enquête sur un principe juridique*, Paris, Odile Jacob, Coll. « Collège de France », 2015, p. 67. Du même auteur, « Introduction », in A. SUPIOT (dir.), *Face à l'irresponsabilité : la dynamique de la solidarité*, Collège de France, 2018, p. 7.

33 A. SUPIOT, *La gouvernance par les nombres*, Cours au Collège de France (2012-2014), Fayard, coll. « Poids et mesure du monde », 2015, p. 20.

34 A. SUPIOT, « La contractualisation de la société », *Courrier de l'environnement de l'INRA*, n° 43, mai 2001, p. 51

35 H. KARLFRIEDRICH, « Contrat et histoire. La transformation du contrat social de Rousseau à Kant », *Revue Germanique Internationale*, vol. 6, 1996, pp. 101 et s.

36 H. AROT, « Libres propos sur la notion de solidarité internationale », in *Solidarité internationale : Principe ou droit ? Aspects philosophiques, politiques et juridiques*, Actes du Colloque, 2017, pp. 43 et s.

37 B. GBIKPI, *Du contrat social à la lutte pour la reconnaissance : d'une théorie de légitimation du pouvoir politique à l'autre*, Thèse de Doctorat en Science politique, Institut universitaire européen, Florence, juin 1996, pp. 24 et s.

38 M.-E. COUTUME MEDARD et D. PAVOT, *op.cit.*, p. 259.

39 A. SUPIOT, « Introduction », *op.cit.*, p. 8.

40 M. Cl. BLAIS, « La solidarité », in *Théories éducatives et réformateurs sociaux*, *Le Télémaque*, n° 33, mai 2008, p. 9

du droit moderne[41]. Elle y est conçue comme un principe[42], un droit[43], mais aussi comme un devoir. Dans son essence et suivant son érection en un principe juridique, elle est de loin un simple sentiment de sympathie conduisant à l'entraide ou une simple valeur morale constituant une simple donnée des rapports sociétaux. La solidarité, en tant que principe implique un devoir, celui de solidarité[44].

Ainsi, sortie des arcanes des sociétés romaines, la solidarité a été érigée en un principe juridique aussi bien à l'échelle nationale qu'à l'échelle internationale où elle constitue un principe de justice sociale. Alain SUPIOT écrit que *« la solidarité a ainsi acquis la capacité sulfureuse de désigner aussi bien une norme découverte par la science qu'un principe de justice sociale »*[45]. Reposant sur un présupposé philosophique, la solidarité suivant SUPIOT, est dotée dans son essence de cinq (5) sens différents réunis rarement dans sa dimension juridique. Il s'agit du sens affectif de la compassion, du sens sacrificiel de l'abnégation, du sens synallagmatique de la mutualité, du sens coopératif de l'action collective et enfin du sens objectif de l'interdépendance[46]. Il semble que dans la vision du droit international de la santé, la notion de solidarité revêt tous ces sens, surtout dans des contextes d'urgence sanitaire. Le mal est qu'en cette matière, subsiste relativement la *soft law*, les États étant le plus souvent dans une disposition de volontarisme que d'obligations[47].

La solidarité s'impose comme un principe structurant du droit international, une valeur internationale[48] qui devrait dominer l'égoïsme étatique dans des circonstances précises. Elle *« est inhérente à l'existence de la communauté internationale dont il est aujourd'hui difficile de contester l'existence »*[49]. Sa consécration est diffuse dans les instruments du droit international. Si ce n'est pas en termes de principe, c'est en termes de but à atteindre[50]. S'assimilant parfois à l'idée d'une exigence de coopération, la solidarité symbolise l'appartenance de tous à la même communauté dont les problèmes doivent être résolus par le concours de tous et donc dans un esprit de solidarité, de coopération. Elle tirerait son fondement de cette appartenance à une communauté internationale partageant en commun plusieurs aspects de la vie sociale comme l'environnement, la santé publique, dominant par principe l'individualisme étatique dans un monde globalisé. Dans la Charte des Nations Unies, l'un des buts est la réalisation de *« la coopération internationale en résolvant les problèmes internationaux d'ordre économique, social,*

---

[41] A. SUPIOT, « La contractualisation de la société », *op.cit.*, p. 8.

[42] S. GANDOLFI, « La solidarité comme principe et comme droit », in *Solidarité internationale : Principe ou droit ? Aspects philosophiques, politiques et juridiques*, Actes du Colloque, 2017, pp. 19 et s.

[43] Ph. CULLET, « Droits de solidarité en droit international », Etude entreprise dans le cadre d'une bourse d'étude et de recherche du Conseil de l'Europe dans le domaine des droits de l'homme, 1993, 66 p.

[44] M. Cl. BLAIS, *op.cit.*, p. 9

[45] A. SUPIOT, « Introduction », *op.cit.*, p. 8.

[46] *Ibid.*, p. 10.

[47] M. KAMTO, *Droit international de la gouvernance*, Paris, Edition. A. Pedone, 2013, pp. 9 et s.

[48] M.-E. COUTUME MEDARD et D. PAVOT, *op.cit.*, p. 255.

[49] *Ibid.*, p. 256.

[50] Voir la Déclaration et programme d'action de Viennes de 1993, Déclaration de Copenhague sur le développement social de 1995.

intellectuel ou humanitaire, en développant et en encourageant le respect des droits de l'homme et des libertés fondamentales pour tous, sans distinctions de race, de sexe, de langue ou de religion »[51]. Pour ce faire, l'engagement des Nations Unies y est affirmé d'encourager la recherche des solutions aux *« problèmes internationaux dans les domaines économique, social, de la santé publique et autres problèmes connexes, et la coopération internationale dans les domaines de la culture intellectuelle et de l'éducation »*[52].

Avec les mutations constantes du droit international, l'exigence de solidarité s'impose avec davantage d'acuité. La solidarité s'impose en une valeur dominante surtout dans des domaines présumés avoir acquis ou présumés relever du patrimoine commun de l'humanité dont la sauvegarde relève de la responsabilité de tous. En matière sanitaire notamment, l'urgence sanitaire révélée par une pandémie démontre à suffisance que *« la solidarité est plus forte que jamais dans un objectif d'interdépendance »*[53]. C'est qu'en raison *« de leur importance et de dangerosité, les pandémies sont nécessairement l'affaire de plusieurs »*, chacun, État comme individu, y voyant une menace à gérer[54].

Suivant cette logique, le principe de solidarité internationale induit du reste une responsabilité collective fondée sur l'indispensable sécurité collective[55] face aux menaces de divers ordres traversant les frontières des États pour s'ériger en un « *cauchemar* » mondial[56]. Ce qui justifie qu'il ait le plus souvent partie liée avec l'idée de paix et de sécurité. La Charte africaine des droits de l'homme et des peuples cristallise un tel alliage[57]. Dans tous les cas, la solidarité ne devrait pas être une vue de l'esprit. Elle doit se révéler à sa mise en œuvre dans des situations urgentes de portée internationale comme celle de la maladie à Corona Virus.

L'objectivation de la solidarité internationale contre l'urgence sanitaire

La solidarité internationale implique une solidarité d'actions collectives coalisant les États mus par le même intérêt, le même objectif de sauvegarde d'une situation urgente[58]. Elle *« ne se réduit donc pas à un simple contenu théorique du savoir. Il s'agit plutôt d'un fait, d'une pratique réelle qui peut être constatée et effectivement évaluée en tout temps et en toute*

---

51 Article premier de la Charte.

52 Article 53 de la Charte des Nations Unies.

53 A. SUPIOT, « Introduction », *op.cit.*, p. 24.

54 M.-E. COUTUME MEDARD et D. PAVOT, *op.cit.*, p. 253.

55 H. de POOTER, *Le droit international face aux pandémies : vers un système de sécurité sanitaire collectives ?*, Paris, Pedone, 2015, p. 21.

56 M. Poulain, « Les nouveaux instruments du droit international de la santé. Aspects de droit des traités », *AFDI*, vol. 51, 2005. p. 373.

57 Voir Article 23 de le Charte : *« 1. Les peuples ont droit à la paix et à la sécurité tant sur le plan national que sur le plan international. Le principe de solidarité et de relations amicales affirmé implicitement par la Charte de l'Organisation des Nations Unies et réaffirmé par celle de l'Organisation de l'Unité Africaine est applicable aux rapports entre les Etats. 2. Dans le but de renforcer la paix, la solidarité et les relations amicales, les Etats, parties à la présente Charte, s'engagent à interdire : i. qu'une personne jouissant du droit d'asile aux termes de l'article 12 de la présente Charte entreprenne une activité subversive dirigée contre son pays d'origine ou contre tout autre pays, parties à la présente Charte ; ii. que leurs territoires soient utilisés comme base de départ d'activités subversives ou terroristes dirigées contre le peuple de tout autre Etat, partie à la présente Charte ».*

58 A. SUPIOT, « Introduction », *op.cit.*, p. 10.

circonstance »[59]. Il est d'ailleurs loin le temps où le monde était constitué en un *« pavage d'États souverains, n'ayant entre eux d'autres liens que ceux qu'ils tissent librement. L'essor technologique, par les facilités qu'il donne (…) et par les risques qu'il engendre, lie tous les États du monde et les rend objectivement solidaires »*[60]. La solidarité est ainsi imposée par les mutations de l'ordre international dans lesquelles la souveraineté des États n'est pas moins comptée[61]. La conscience d'une interdépendance dans un monde complexe oblige les États à se constituer en entités solidaires autour des intérêts communs. La santé publique s'est révélée être une préoccupation fondamentale internationale tant elle serait juridiquement constituée comme une condition fondamentale de la paix du monde et de la sécurité dont la réalisation dépend de la coopération la plus étroite des individus et des États[62].

La coopération est de la sorte conçue comme l'un des moyens décisifs de mise en œuvre de la solidarité internationale en matière d'urgence sanitaire[63]. Elle est matérialisée au travers de la synergie d'efforts des États confrontés à une préoccupation sanitaire de portée mondiale ; l'objectif étant la réalisation d'actions collectives et communes[64] aux fins d'une lutte optimale qu'un Etat seul ne peut assurer. Aussi, a-t-on entendu le Secrétaire général de l'Organisation des Nations Unies déclarer en mars 2020 que *« Nous sommes confrontés à une crise sanitaire planétaire comme l'Organisation des Nations unies n'en a jamais connu en 75 ans d'histoire – une crise qui propage la souffrance dans toute l'humanité, met en péril l'économie mondiale et bouleverse la vie de tout un chacun […] ; les mesures prises au niveau national ne permettront pas de remédier à la crise, dont l'ampleur et la complexité ont un caractère international »*[65].

L'impression qui se dégage de la lecture des textes est le caractère biforme de la solidarité internationale. Dans certaines lignes, la solidarité au travers de la coopération s'inscrit dans la permanence, et n'a nul besoin d'être activée par les structures et organes autorisés. Ce qui laisse croire que l'indépendance permanente eu égard à la mondialisation et à la globalisation continue, invite à une collaboration quotidienne pour le bien de la communauté. Mais des fois, on a l'impression qu'elle doit être suscitée par un appel des organes autorisés pour pouvoir entrer en mouvement. Et dans ce cas, c'est lorsque l'urgence se présente que les sursauts de solidarités sont sollicités et entrepris.

En tout état de cause, cette imprécision textuelle est corrigée par la pratique. La permanence dans la solidarité est une réalité, si l'on en juge par l'élément fondamental de la coopération multilatérale en matière sanitaire constante qui plus est, est

---

59 J. M. DIAS FERREIRA, « Solidarité Internationale : le rôle de l'éducation », in *Solidarité internationale : Principe ou droit ? Aspects philosophiques, politiques et juridiques*, Actes du Colloque, 2017, p. 62.

60 *Ibid.*, p. 26.

61 J. -R. KEUDJEU DE KEUDJEU, « Mutations de l'ordre international et souveraineté de l'Etat en Afrique », *RRJ-Droit prospectif*, vol. 1, 2017, p. 253 et s.

62 Voir le Préambule de la Constitution de l'Organisation Mondiale de la Santé.

63 Cl. EMANUELLI, « Le droit international de la santé. Évolution historique et perspectives contemporaines », *RQDI*, vol. 2, 1985, p. 12

64 H. de POOTER, *op.cit.*

65 T. R. OUEDRAOGO, *op.cit.*, p. 1.

« ancienne »[66] ; cette ancienneté remonte au 19e siècle à l'heure de la révolution industrielle, marquée par le développement du transport et du commerce, induisant du reste les flux et les trafics vecteurs des maladies infectieuses[67]. Il reste que la solidarité est accentuée pendant les situations d'urgence sanitaire notamment lorsqu'une maladie comme la Covid-19 a été déclarée comme *urgence de santé publique de portée internationale*[68].

La solidarité contribue à faire du droit international de la santé un *« droit de solidarité »*[69]. La coopération internationale qui en est l'instrument de mise en œuvre se décline dans plusieurs sens. Elle n'est pas seulement le fait des États collaborant à la recherche des solutions communes à l'effet de stopper la pandémie. Elle atteint pratiquement les Organisations intergouvernementales de l'échelle régionale à l'échelle mondiale exerçant des activités de nature sanitaire, les Organisations Non Gouvernementales (ONG) à objet sanitaire[70], tous les réseaux régionaux et mondiaux de surveillance de la pandémie[71]. C'est une véritable mobilisation des composantes de la communauté internationale autour d'une préoccupation internationale notamment sanitaire qui traduit matériellement l'affirmation du principe de solidarité internationale consacré dans l'ordre juridique international. Cela tient au fait que, *« les maladies ignorant par elles-mêmes les frontières, les actions qu'entraîne la protection de la santé publique revêtent un caractère transfrontière qui nécessite [non seulement] une coopération interétatique »*[72], mais aussi une coopération avec des organismes non étatiques investis d'une mission sanitaire. Il en découle une coopération technique et un appui logistique des acteurs du droit international sanitaire en particulier pour l'acquisition, le renforcement et le maintien des capacités de santé publique.

2- Le déploiement des acteurs du droit international contre l'urgence sanitaire

L'urgence sanitaire internationale est un vecteur de mobilisation collective, de déploiement des acteurs du droit international de la santé. Ces derniers sont appelés à collaborer pour une lutte efficiente contre la pandémie.

Les acteurs déployés

Une urgence de portée internationale implique nécessairement le déploiement des acteurs internationaux du domaine considéré. En droit international de la santé, la diversité des catégories d'acteurs est une réalité, qui traduit par ailleurs la conception

---

66 M. BELANGER, « Une nouvelle branche du droit international : Le droit international de la santé », *Études internationales*, vol. 13, n° 4, 1982, p. 631.

67 S. TREMBLAY-HUET, *op.cit.*, p. 337.

68 D. HOUSSIN, « La coopération sanitaire internationale à l'épreuve du COVID-19 », *Politique étrangère*, 2020, pp. 33 et s.

69 M. BELANGER, *op.cit.*

70 *Ibid.*

71 H. de POOTER, « Aperçu de la coopération internationale en matière de surveillance et de riposte aux épidémies et aux pandémies », in *Santé et droit international*, Colloque de Rennes, *Société Française pour le Droit International*, Paris, Editions A. Pedone, 2018, p. 231.

72 M. POULAIN, « Les nouveaux instruments du droit international de la santé. Aspects de droit des traités », *AFDI*, vol. 51, 2005. p. 373.

de la santé publique comme une sorte de patrimoine universel à l'image de l'environnement avec qui elle fait alliage pour les besoins et nécessités de la vie. La pluralité d'acteurs mobilisés impose des choix dans leur analyse.

Dans les contextes d'urgence sanitaire, il n'est pas douteux que l'OMS soit prioritairement interpelée, parce qu'étant l'organisation interétatique créée pour les objectifs sanitaires d'ordre mondial dans *« un contexte de promotion de la santé comme un droit humain universel, conceptualisé de façon holistique »*[73]. En effet, la santé tient lieu de droit humain fondamental de tout être humain en cohérence avec les autres droits humains dont elle constitue sinon la condition *sine qua non* du moins le préalable de leur mise en œuvre effective[74]. C'est ce droit qui aurait présidé à la création de l'OMS, d'ailleurs constituée en garant au niveau mondial. Il est d'ailleurs soutenu en doctrine soutient que la *« mission de gestion de propagandes des maladies »* ne constitue pas le fondement de la création de l'OMS[75]. Cette mission de propagande des maladies se découvre progressivement à l'apparition des épidémies et pandémies pour finir par être introduite dans l'ordre juridique sanitaire international[76].

Dans son rôle de gardien de la santé publique au niveau international, l'OMS, face à une urgence de santé publique de portée internationale, prescrit conformément au Règlement Sanitaire International de 2005 précité[77], des recommandations temporaires[78] voire des recommandations permanentes pour empêcher notamment la propagation de la pandémie. Dans le contexte de la pandémie à Corona Virus, elle s'est appuyée sur son cadre stratégique élaboré pour la riposte[79]. Acteur clé de la politique sanitaire mondiale et de la lutte contre les pandémies, l'OMS a prescrit dans le contexte de la Covid-19 des mesures de confinement, de quarantaine tout comme le vaccin. Ces recommandations ne sont pas toujours mises en œuvre par les destinataires qui éprouvent parfois de réticence eu égard aux considérations ou contraintes d'ordre financier, économique, social et politique[80]. En effet, ces recommandations ont des conséquences certaines sur les plans économique et socio-politique. Si bien que l'adéquation entre elles, l'économie, le commerce international notamment reste une préoccupation fondamentale même dans ces contextes de pandémie. La polémique sur les conséquences du vaccin par elle recommandé entraine une mise en œuvre relative de cette recommandation. Preuve que les recommandations de l'OMS *« ne forment qu'un cadre non contraignant soumis à la volonté et aux capacités des institutions nationales »*[81]. Leur caractère obligatoire qui fonderait selon BELANGER le *« droit exécutoire en matière sanitaire »*[82] se trouve dès lors discutable.

---

[73] S. TREMBLAY-HUET, *op.cit.*, p. 338.
[74] *Ibid.*, 354.
[75] *Ibid.*, p. 338.
[76] *Ibid.*
[77] M. POULAIN, *op.cit.*
[78] Article 15 du Règlement Sanitaire International de 2005.
[79] M. POULAIN, *op.cit.*
[80] L. KHOURI, *op.cit.*, p. 272.
[81] M. POULAIN, p. 8.
[82] M. BELANGER, *op.cit.*, p. 628.

Dans la lignée des acteurs déployés, l'ONU ne s'implique pas moins dans lutte contre l'urgence, ce au travers de son Secrétaire Général. Ce dernier édicte des postures normatives pour éviter la propagation de la pandémie[83]. Dans l'histoire des urgences sanitaires de portée internationale, le rôle du Secrétaire Général de l'ONU a le plus souvent été déterminant. Ce fut le cas avec la lutte contre l'épidémie du choléra où il soutenait une *« responsabilité morale envers les victimes »*[84]. Le rôle du Conseil de sécurité est à ce niveau minable, brillant dans le contexte de la Covid-19 par une certaine inertie[85].

Les États s'inscrivent dans le catalogue des acteurs du droit international sanitaire déployé pour la cause de la santé publique mondiale. Placé au premier plan des mesures de prévention édictées par l'OMS, l'État est une figure importante et imposante dans la lutte contre les pandémies. Les instruments du droit international sanitaire lui reconnaissent une telle posture. Cela tient au fait qu'il n'y a pas un État qualifié de « *communauté internationale* ». La pandémie émerge toujours d'un coin précis du monde, et ce dans un État, avant de se propager dans les autres espaces. Ainsi, les mesures prises en amont, que ce soit au niveau régional ou international, sont toujours implémentées en aval dans les États et par eux. Leur rôle est d'autant plus déterminant dans le succès de lutte contre la pandémie que *« la non-participation d'un seul (…) est susceptible de mettre en péril les efforts de tous les autres »*[86]. D'un Etat à l'autre, le rôle est presque le même dans la fonction sanitaire. Il promeut et protège la santé, évalue et surveille l'état de la santé de sa population, prévient les maladies en prenant en conséquence des mesures jugées utiles pour la prévention optimale. Il prévoit et intervient dans les cas d'urgence sanitaire comme la Covid-19. Comme rappelle Lara KHOURY, ces fonctions sont plus ou moins larges, et impliquent du reste, les encouragements dans la collaboration, dans le domaine de la santé publique, la coordination des politiques et les programmes de l'administration publique, la promotion de la coopération à l'échelle internationale avec divers autres acteurs tels que les organisations internationales et autres organismes et personnes intéressés[87].

Les ONG à vocation humanitaire ne restent pas souvent en marge de la lutte contre l'urgence sanitaire internationale. Leur vocation s'adjoint pendant les situations d'urgence à la fonction critique et dénonciatrice contre les imprudences étatiques dans la lutte contre la pandémie. A titre illustratif, face à la propagation rapide de la pandémie à Corona Virus, les ONG comme *Action contre la faim*, *Première Urgence International*, *International Médical Corps*, *ALIMA* en appelaient en septembre 2020 à l'État camerounais à une intensification de la réponse humaine face aux besoins croissants des populations de l'Extrême-Nord, placées sous le marteau et enclume, avec la pandémie venue s'ajouter à l'insécurité entretenue par la Secte

83 M. NIAKATE, « Les effets de la Covid-19 sur la gouvernance de la sécurité au Mali. Quel rôle et quelles responsabilités pour les acteurs du secteur de la sécurité ? », *Policy paper*, n° 3, juillet 2020, p. 1.

84 H. de POOTER, *op.cit.*, p. 227.

85 OKILA et D. VINK, « Conseil de sécurité et renforcement de la lutte contre les pandémies en vertu du chapitre VII de la Charte des Nations Unies », *RDUS*, vol. 46, n°, 2016, pp. 311 et s.

86 H. de POOTER, *op.cit.*, p. 228.

87 L. KHOURI, *op.cit.*, p. 265.

terroriste Boko Haram[88]. Ainsi, partie prenante à une société civile internationale engagée dans la lutte, les ONG constituent avec celle-ci, des défenseurs des multiples causes imbriquées dans l'urgence sanitaire. Leurs actions sont souvent diverses. Elles vont de la facilitation et de la défense des communautés et des groupes exclus, au soutien, conseils et informations. En ce sens, la société civile s'illustre en l'espèce comme un *« correcteur clé des défaillances de l'État et du marché ; comme défenseur acharné de meilleures politiques qui atteignent les communautés, répondent aux besoins des personnes et défendent leurs droits ; comme ressource clé pour tenir l'État et le secteur privé redevables de leurs décisions, et servir de rempart contre la corruption »*[89]. Ce qui fait dire que *« la société civile n'a jamais été aussi nécessaire, et il est clair que si la distanciation physique est nécessaire, elle ne peut se faire au détriment de la solidarité sociale ; la solidarité est plus que jamais nécessaire pour aider chacun à traverser cette crise et à en surmonter les effets »*[90].

L'urgence sanitaire Covid-19 a fait naître des figures individuelles dans la lutte contre la pandémie. Non forcément apparus sur la figure des Prix Nobel, certains individus influencent tant bien que mal la lutte contre la pandémie ; si bien que l'on peut leur reconnaître relativement la posture d'acteurs du droit international. Certes, on les percevrait mieux en tant qu'acteurs en relations internationales. Si l'on emprunte à Marie Claude SMOUTS la conception selon laquelle un acteur sur le plan international est toute entité dont les actions transfrontalières influences de manière considérable la sphère internationale, il serait possible de reconnaitre le rôle d'acteurs individuels au Président Malgache André RAJOELINA ou au le Docteur Didier RAOUL engagés dans la recherche des solutions à l'éradication de la pandémie.

Dans tous les cas, c'est la collaboration de ces acteurs qui pouvait donner une efficacité à la lutte contre la pandémie.

La collaboration entre les acteurs

La lutte contre une pandémie est rarement le fait des acteurs individualisés. Son efficacité est subordonnée à des actions communes résultant de la collaboration des différents acteurs. C'est pourquoi dans le Règlement Sanitaire International, tout comme dans la pluralité des accords[91] conclus par l'OMS avec les autres organismes internationaux, la collaboration et la coopération y sont érigées en cheval de Troie des mécanismes de recherche, de surveillance et de lutte contre les épidémies et pandémies. Il s'agit en quelque sorte de mutualiser les responsabilités aux fins de venir à bout d'une pandémie qui est insusceptible aux efforts individuels. La collaboration de l'État ou d'un acteur déterminé à la recherche des solutions à une

---

[88] Lire *News and Press Release* du 24 septembre 2020.

[89] Rapport sur CIVICUS de novembre 2020 sur la solidarité au temps du covid-19. Réponses de la société civile à la pandémie, p. 5.

[90] *Ibid.*

[91] Voir Accord entre l'OMS et l'Organisation panaméricaine de la Santé ; Accord entre l'ONU et l'OMS ; Accord entre l'Organisation internationale du travail et l'OMS ; Accord entre l'Organisation des Nations Unies pour l'alimentation et l'agriculture et l'OMS ; Accord entre l'Organisation des Nations Unies pour l'éducation, la science et la culture et l'OMS ; Accord entre l'Agence internationale de l'énergie atomique et l'OMS ; Accord entre l'Organisation des Nations Unies pour le développement industriel et l'OMS ; Accord entre la Commission de l'Union africaine et l'OMS.

pandémie est la traduction de son ouverture aux actions coordonnées pour la cause de la santé publique[92]. Ainsi, en fait d'urgence, la collaboration des acteurs vaut efficacité.

La santé publique apparaît comme un bien universel. C'est un bien commun dont l'assurance dépasse largement les efforts d'une seule entité. La collaboration des acteurs en cette matière sanitaire s'inscrit dans le raisonnement en termes de mondialisation qui suppose *« de reconnaitre qu'aujourd'hui comme hier, il y a bien des façons d'humaniser la planète, mais qu'aujourd'hui plus encore qu'hier, les unes et les autres s'influencent mutuellement »*[93]. En effet, les pandémies ont ceci de particulier qu'elles infligent des souffrances qui imposent pour leur limitation les actions coordonnées d'institutions étatiques, interétatiques et d'institutions privées qui expriment la volonté d'être impliquées dans le processus. Les affres de la pandémie à Coronas Virus ne laissent pas place à un investissement individuel des acteurs. Certaines mesures comme l'inoculation du vaccin sont le résultat des actions coordonnées entre les acteurs du droit international sanitaire. L'ONU dans son appel à l'action contre la pandémie en mars 2020 relevait que *« la pandémie de COVID-19 est un moment décisif pour la société moderne. L'histoire jugera de l'efficacité de notre action non pas en fonction des mesures prises par tel ou tel ensemble d'acteurs gouvernementaux considéré isolément, mais par le degré de coordination dont le monde aura fait preuve dans tous les secteurs, dans l'intérêt de la grande famille humaine »*[94]. Il s'agit d'une invite à la coopération, à la collaboration, à la mutualisation des forces pour un combat plus efficient.

Cependant, la collaboration n'a pas toujours été de mise en matière sanitaire. Les États dans lesquels émerge la pandémie sont rarement ouverts à une franche collaboration aux premières manifestations de la pandémie. Ils brillent parfois par une réticence au déclenchement du processus de constatation de l'urgence de santé publique de portée internationale tel qu'institué par le Règlement Sanitaire International. C'est souvent face à la poussée meurtrière de la maladie qu'ils cèdent à la collaboration. Cela tient sans doute à des considérations de stratégies politiques liées à la souveraineté sur les ressources biologiques. Il en a été ainsi en Chine en 2002[95]. C'est dire que même pendant l'urgence sanitaire Covid-19, les tentatives d'individualité ont été recensées. A l'orée de la pandémie, l'OMS a brillé par une inaction néanmoins imputable aux Etats qui selon un auteur, n'avaient pas jugé tôt de *« doter l'institution de suffisamment de moyens de vérification des informations transmises, ni d'outils efficaces de réaction »*[96]. Bien avant, la Chine n'a pas dans la foulée, notifié à l'OMS le risque de propagation de la maladie pouvant aboutir à l'altération de la santé publique comme prescrite par le Règlement Sanitaire International[97]. Il y a eu comme une réticence à l'orée de la pandémie dans la collaboration qui a finalement entrainé

[92]B. B. GENEVIEVE, *op.cit.*, p. 974.
[93]A. SUPIOT, « Introduction », *op.cit.*, p. 9.
[94] ONU, *Responsabilité partagée et solidarité mondiale : Gérer les retombées socioéconomiques de la COVID*-19, mars 2020, p. 28.
[95] M. POULAIN, *op.cit.*
[96] R. MAUREL, « Pour un multilatéralisme plus éthique », *Position Paper*, n° 5, 4 mai 2020, p. 2.
[97] *Ibid.*

un désastre humanitaire international, une page noire de l'histoire sanitaire de l'humanité. Les Etats en portent le deuil dans l'ordre national où ils convoquent constamment le droit interne pour la cause de cette urgence sanitaire.

B- La mobilisation du droit national contre l'urgence sanitaire

Le droit national est une autre poche d'air utile pour faire face à la pandémie. Si dans ses rapports avec le droit international, il peut être fondu dans le bronze du monisme pour ne former qu'un seul ordre juridique ou dans le marbre du dualisme pour s'appliquer en distinction de ce dernier, il reste que le droit national n'est jamais assez loin de la régulation de l'ordre social étatique quel que soit le système retenu par un État. Il est la traduction par essence de chaque société dans sa singularité juridique en vertu de l'aphorisme bien connu du monde juridique, *Ubis sociatas, ibi jus*. En cas d'urgence de santé publique de portée internationale, les solutions étatiques peuvent variées en considération des spécificités de chaque ordre juridique Ce fut le cas avec la pandémie à Corona Virus (1). Toujours est-il que l'appel à la solidarité nationale reste de l'ordre des voies auxquelles recourent les Etats pour essayer de sortie de l'ornière (2).

1-La diversité des solutions étatiques contre l'urgence sanitaire

Les crises de portée internationale déclarée comme telles ont la force de la soumission. Elles ont ceci de particulier qu'elles induisent une urgence qui met tout le monde dans une situation d'incertitudes. Aussi, les États face à la Covid-19 sont-ils dans tous leurs états, chacun d'entre eux s'employant au recours de toutes solutions notamment juridiques susceptibles d'apporter une bouffée d'oxygène et éventuellement limiter la propagation de la pandémie. Dans la majorité des cas, les États ont instauré un régime d'exception, parfois conjugué à des mesures exceptionnelles circonstancielles sans recours expresse à un tel régime formellement institué.

Le recours aux régimes d'exception

Le régime d'exception est par essence lié à une question de crise, une situation « *d'urgence absolue* »[98]. Lorsqu'il est institué à moment donné dans un Etat, il attire toujours l'attention au-delà même de son espace d'application et révèle l'idée d'un problème spécifique qui se pose. C'est un régime de problèmes, c'est un régime à problèmes dans l'univers notamment juridique. Le régime d'exception se présente sous quelques formes précises. On distingue en théorie générale, l'état d'exception, l'état de siège, l'état d'urgence. Si ces régimes mettent en avant les pouvoirs exceptionnels du Chef de l'État[99], ils se confondent rarement dans leurs définitions

---

[98] J.-F. de MONTGOLFIER, *op.cit.*

[99] A. CABANIS et M. L. MARTIN, « Le Chef de l'Etat dans les Constitutions d'Afrique francophone », in F.-P. BLANC, J. du BOIS de GAUDUSSON, Al. FALLA et F. FERAL (dir.), *Le Chef de l'Etat en Afrique… Entre traditions, Etat de droit et transition démocratique, Cahiers du Centre d'Etudes et de Recherches Juridiques sur les Espaces Méditerranéen et Africain Francophones*, n° 9, *PUP*, 2001, p. 326.

et significations. Relever dès lors dans une approche quelque peu holistique que l'état d'exception en droit positif revêt plusieurs significations en ayant des dénominations différentes avec pour illustration l'état de siège, peut être source de confusions[100]. Toujours est-il que ces régimes régissent toutes les situations exceptionnelles dont il urge d'y apporter des mesures exceptionnelles.

Il était alors douteux que face aux affres de la pandémie à Coronas Virus dans presque tous les Etats du globe, qu'aucun ne puisse recourir à un régime d'exception. Dans un élan de symphonie des mesures, la plupart des États ont déclaré l'état d'urgence sanitaire. Il en a été ainsi en France avec la loi 2020-290 du 23 mars 2020, au Maroc porté par le décret-loi n° 2-20-292 du 23 mars 2020 relatif à l'état d'urgence sanitaire et aux procédures de sa déclaration, en Namibie le 17 mars 2020, au Congo par le Décret n° 2020-93 du 30 mars 2020 portant déclaration de l'état d'urgence sanitaire en République du Congo, au Tchad par le Décret n° 0708/PR/ 2020 portant institution de l'État d'Urgence Sanitaire en République du Tchad. Au Malawi comme en Afrique du Sud, il a été déclaré *« l'état de catastrophe national »* et l'état *« d'alerte nationale »* en Guinée équatoriale. Dans la Province du Québec au Canada, c'est le Décret 177-2020 du 13 mars 2020 qui porte la déclaration d'état d'urgence sanitaire[101]. En Italie, le gouvernement adoptait en Conseil des ministres la *« Déclaration de l'état d'urgence en conséquence du risque sanitaire lie à "l'insurgence" de pathologies dérivantes d'agents viraux transmissibles »*[102].

La terminologie employée pour y parvenir ne change rien à la signification du régime institué dans ces États. Si en considération de leur singularité institutionnelle, certains emploient des termes différents, il reste que l'état d'urgence, qu'on veille y ajouter le terme *« sanitaire »*, apparait à ce moment comme leur dénominateur commun, leur point de confluence. C'est dire que toutes ces dénominations renvoient en principe à une même réalité qu'est l'état d'urgence. En Espagne cependant, c'est l'état d'alerte ou d'alarme qui a été déclaré, bien différent selon le constituant espagnol de l'état d'urgence. L'état d'alarme ou alerte y *« est destiné à faire face aux urgences sanitaires, aux catastrophes naturelles ou à des situations similaires ; il n'entraîne pas une suspension des droits mais une limitation à son exercice ordinaire »*[103]. Ce régime ne se confond pas à l'état d'urgence, conçu dans cet État *« pour des crises de nature politique et*

---

[100] X. MAGNON et A. VIDAL-NAQUET, « L'état d'exception, nouveau régime de droit commun des droits et libertés ? Du terrorisme à l'urgence sanitaire (Rapport de France) », Table ronde internationale de justice constitutionnelle, Aix-en-Provence, 11 & 12 septembre 2020, p. 4.

[101] M. -Cl. PREMONT, M.-E. COUTURE-MENARD et G. BRISSON, « L'état d'urgence sanitaire au Québec : un régime de guerre ou de santé publique ? », *RJTUM*, vol. 55, 2021, p. 248.

[102] L. MASSIMO, « L'état d'exception, nouveau régime de droit commun des droits et libertés ? Du terrorisme à l'urgence sanitaire (Rapport d'Italie) », Table ronde internationale de justice constitutionnelle, *op.cit.*, p. 253.

[103] M. CARRILLO, « L'état d'exception, nouveau régime de droit commun des droits et libertés ? Du terrorisme à l'urgence sanitaire (Cas de l'Espagne) », Table ronde internationale de justice constitutionnelle, *op.cit.*, p. 173.

impliquent la suspension temporaire de certains droits fondamentaux »[104]. Ce qui l'apparente *a minima* à l'état d'exception dans d'autres États.

Sous ce rapport, le constat de la mobilisation de l'état d'urgence ou ce qui en tient lieu peut être établi. Il a eu comme l'a dit un auteur, *« le vent en poupe »*[105] pendant cette période de pandémie. Rarement, les États ont mobilisé le régime de l'état d'exception pour faire face à la crise sanitaire Covid-19 malgré sa gravité. La souplesse de l'état d'urgence par rapport à l'état d'exception et de sa relative compatibilité avec les exigences de l'État de droit paradigme de la modernité étatique justifient une telle option. En effet, si l'état d'exception institue un moment de légalité exceptionnelle incompatible avec les droits de l'homme, si ce n'est une dictature circonstancielle s'analysant en termes de suspension de l'État de droit, l'état d'urgence maintient le droit ordinaire et se donne à voir comme autorisant des mesures exceptionnelles néanmoins susceptibles de tous contrôles parlementaires ou juridictionnelles. Un auteur écrit à ce sujet que *« [l]'état d'urgence est plus particulièrement regardé par la doctrine non seulement comme étant compatible avec l'état de droit, mais constituant sa condition même. A cette fin, ajoute-t-il, il bénéficie d'une panoplie de mécanismes de contrôle : hiérarchique, juridictionnel, parlementaire mais également médiatique et citoyen »*[106]. L'état d'urgence n'a alors pas pour vocation à se substituer au droit ordinaire[107], mais il n'est cependant pas totalement vierge de toute tache sur le fonctionnement ordinaire de l'État de droit[108]. Par contre, l'état d'exception entraine généralement la suspension de la législation ordinaire, substituée par une législation d'exception rude, découlant de la concentration des pouvoirs entre les mains du Chef de l'État. C'est un régime de sauvegarde de l'entité étatique ; puisqu'il permet de préserver notamment la vie de la Nation, l'indépendance de l'État, les institutions.

Consacré dans les constitutions de la quasi-totalité des États, l'état d'exception semble pouvoir n'être qu'une solution de dernier recours. Les États n'ont pas cru devoir l'utiliser pour la défense de la cause sanitaire. L'état d'urgence a été ainsi privilégié non sans susciter des interrogations au sein de la doctrine[109]. Dans d'autres États par contre, sans un recours officiel à l'un des régimes d'exception, les mesures exceptionnelles circonstancielles ont été prises.

La définition des mesures exceptionnelles non liées aux régimes d'exception

La gestion de la pandémie à Corona Virus dans certains États laisse constater qu'on ne peut réduit les mesures exceptionnelles dans les seuls contextes d'objectivation

---

104 *Ibid.*

105 J. ANDRIANTSIMBAZOVINA, « Les régimes de crise à l'épreuve des circonstances sanitaires exceptionnelles », *RDLF* 2020 chron., n° 20, pp. 1 et s.

106 H. B. MRAD, « Covid-19 et pouvoirs de crise : Quels fondements juridiques ? », in H. REDISSI (dir.), *La Tunisie à l'épreuve du Covid-19*, *Friedrich Ebert Stiftung*, Bureau de Tunis, 2020, p. 156.

107 A. GELBLAT et L. MARGUET, « Etat d'urgence sanitaire : la doctrine dans tous ses états ? », *La Revue des droits de l'homme*, *Actualités Droits et Libertés*, 2020, p. 5. ; M. CHAFIK SARSAR, « Vicissitudes du système normatif tunisien à l'ère du Covid-19 : Les décrets-lois en droit tunisien », in H. REDISSI (dir.), *La Tunisie à l'épreuve du Covid-19*, *op.cit.*, p. 135 et s.

108 M. -Cl. PREMONT, M.-E. COUTURE-MENARD et G. BRISSON, *op.cit.*, p. 224.

109 A. GELBLAT et L. MARGUET, *op.cit.*

des régimes d'exception formellement consacrés. Il en a été ainsi dans le contexte camerounais. Si dans plusieurs Etats susvisés, la déclaration d'état d'urgence n'était pas moins accompagnée des mesures exceptionnelles stratégiques formulées dans le combat contre la pandémie, le Cameroun s'est démarqué par la définition d'un ensemble de mesures non moins apparentées à celles adoptées dans les régimes d'exception notamment en cas de déclaration d'état d'urgence. Dans sa *« stratégie gouvernementale de riposte contre la pandémie de Coronavirus (Covid-19) »*, plusieurs mesures ont été élaborées pour encadrer le fonctionnement des institutions et le comportement des populations pendant la période du Covid-19. Rendues public le 20 mars 2020, ces mesures sont contenues dans une *« Déclaration spéciale du Premier Ministre, Chef du gouvernement »* consécutivement à une concertation interministérielle tenue le même jour. Prévoyant treize (13) mesures teintées des couleurs et du goût d'exception, ces mesures étaient limitatives de droits et libertés et dotées d'une autorité, bien loin de la portée de simples recommandations.

Le Communiqué du Premier Ministre du 18 mai 2020 en fixe les modalités d'application, notamment *« la durée de quinze (15) jours renouvelables en cas nécessité »* pendant laquelle les mesures prises doivent être appliquées. Ce Communiqué s'apparente à un décret d'application d'une loi qui serait votée en amont par le Parlement. Le 24 mars 2020, une autre déclaration spéciale du Premier Ministre est publiée dans laquelle il constate le non-respect des mesures édictées par les populations et la nécessité de les appliquer désormais *« avec la plus grande rigueur »* et sans préjudice du recours à des sanctions pour les éventuels contrevenants. L'exception est ainsi entretenue au travers des déclarations et communiqués du Premier Ministre sans un rapport à un régime d'exception déterminé. Certains auteurs ont tôt fait d'y constater un *« état d'urgence de fait »*[110] instauré par le Gouvernement et voilé par des déclarations et communiqués non susceptibles de fonder juridiquement ces mesures ; là où l'on aurait tout aussi pu lire l'application de la théorie jurisprudentielles des circonstances exceptionnelles construites dans les affaires *Heyriès* du 28 juin 1918 et *Dames Dol et Laurent* du 28 février 1919 ; théorie dont on peut relativement assimilée *« aux nécessités de l'ordre public »* telles que voulues par le juge camerounais dans l'affaire *Obame Etémé Joseph c./ État fédéral du Cameroun* du 27 janvier 1970[111].

---

[110] T. FOMEGANG, « Le droit international humanitaire à l'épreuve de la pandémie du covid-19 », *Le Nemro,*
Revue trimestrielle de droit économique, *Dossier spécial : La COVID-19 et le droit*, Avril-Juin 2020, p. 498 ; M. TIMTCHUENG, « La mise à l'écart des familles du processus d'inhumation des victimes de la covid-19 au Cameroun : analyse sociojuridique d'une mesure excessive de riposte à la propagation de la pandémie », *Le Nemro, Revue trimestrielle de droit économique, op.cit.*, p. 36. ; J. DJEUYA TCHUPOU, « La lutte contre le corona virus (covid-19) au Cameroun : recherches sur les fondements juridiques de la stratégie gouvernementale de riposte face à la pandémie », *Le Nemro, Revue trimestrielle de droit économique, op.cit.,* p. 304.

[111] R. M. MVOGO BELIBI, « Covid-19 et décision publique en situation d'incertitude. Illustrations et illusion de l'état d'exception en Afrique subsaharienne », *Jus Politicum, Revue de droit politique*, n° 26, 2021, p. 360

Les déclarations sur lesquelles reposaient les mesures n'étaient pas moins attaquables, tant le contenu révélait leur caractère décisoire et en faisait des actes susceptibles de recours pour excès de pouvoir. La nature du contenant importait peu quant au critère de sa qualification juridique si l'on en juge par la jurisprudence *YEYAP NJOYA Joseph Marie c. État du Cameroun* du 03 février 1977, de laquelle il se dégage qu'une décision administrative peut être déduite d'une simple lettre, un télex ou une circulaire, eu égard sans doute à la création des droits et des obligations qu'elle entraine pour ses destinataires.

Le recours à de telles mesures exceptionnelles par le Cameroun interpelle à plus d'un titre. La gravité de la situation n'était-elle pas aussi relevée pour imposer une déclaration d'état d'urgence en bonne et due forme conformément à la Constitution et à la loi de 1990 ? Sans doute doute, aurait-on plutôt assisté à une volonté délibérée du gouvernement de ne pas y recourir au regard des effets de ce régime de crise dont il ne pouvait manquer d'assumer la responsabilité ? Dans le premier cas, un auteur a pu écrire que le juge de l'opportunité de déclarer l'état d'urgence qu'est le Chef de l'État aurait fait une interprétation restrictive de la loi qui ne prévoit manifestement pas le cas de *« péril sanitaire »* comme mobile de déclaration de l'état d'urgence. Pourtant, il n'aurait pas le cas échéant fait une interprétation erronée si du moins il avait vu en la pandémie un évènement présentant par sa nature et sa gravité une *« calamité publique »* ; si tant est que celle-ci renvoie à un grand malheur qui touche plusieurs personnes à la fois. La pandémie n'en présente pas moins les caractéristiques[112]. L'on ne peut juger de l'incapacité de l'interprète à pouvoir assimiler judicieusement la pandémie à une calamité publique ; cependant qu'il pouvait tout au moins se référer à d'autres contextes pour faire une interprétation extensive des critères d'état d'urgence.

Dès lors, la décision du recours aux mesures exceptionnelles en faisant fi d'un régime d'exception, s'apparente à un habile stratagème du gouvernement pour se dérober de la responsabilité induite par la déclaration d'un état d'urgence, surtout dans un contexte où deux Régions du pays sont en sécession depuis quelques années et n'ont pas encore fait l'ombre d'une déclaration d'un régime d'exception alors même qu'ils n'en témoignent pas moins les critères au regard des évènements. Cette position se consolide d'ailleurs avec l'absence de confinement imposé aux populations par l'État, alors qu'il était défini dans d'autres États comme le moyen le plus efficace. Par des expressions voilées telles que *« restez chez vous »*, sans cependant y conjuguer des moyens de contrainte nécessaire, le gouvernement appelait implicitement au confinement. Le refus de l'officialité pour cette mesure ne pouvant être justifié autrement que par l'incapacité de l'État à assurer les commodités qui l'accompagnent comme en Algérie, en Russie et dans bien d'autres. Néanmoins, la fermeture des établissements scolaires et académiques pouvait faire figure de confinement au Cameroun, sauf qu'elle était tout simplement en phase avec la mesure de distanciation sociale difficile à assurer dans des espaces regroupant par essence plusieurs personnes comme les écoles, les églises. Le renvoi des élèves et

---

[112] *Ibid.*, p. 362.

étudiants en congé prématuré n'était pas suivi de l'interdiction de sortir de la maison ; preuve de ce qu'il n'y a eu aucun confinement au Cameroun, comme il l'a été notamment en Lybie pour dix (10) jours ou en Afrique du Sud pour une durée indéterminée[113], indistinctement des appels à la solidarité nationale.

2-L'appel à la solidarité nationale

La question de la solidarité ne se pose pas seulement en droit international sanitaire. Si l'on prend en compte l'antériorité du fait étatique par rapport au fait international, il serait logique de considérer la solidarité dans sa dimension objective comme un concept qui s'est affirmé au mieux à l'interne avant d'envahir la sphère internationale. Bien que constante dans la plupart des États, la solidarité nationale est affirmée avec acuité pendant les périodes d'urgence. Le contexte de la pandémie offre une illustration patente. Il faut d'abord s'intéresser à ses fondements avant de s'attarder sur sa matérialisation en temps de crise Covid-19.

Les fondements de la solidarité nationale

Lorsqu'on dissèque le fonctionnement de la plupart des États aujourd'hui, il repose à des occasions sur le principe d'une solidarité nationale qui habite leur ordre juridique. Cette solidarité s'épanouit considérablement dans l'idée de Nation avec laquelle elle semble pouvoir partager une certaine affinité. Le modèle de la Nation une et indivisible implique nécessairement en amont comme en aval la valorisation de la solidarité nationale comme symbole d'une volonté des populations à pouvoir émerger ensemble. Une véritable Nation se matérialise dans la solidarité constante de ses populations et ce, notamment lors des évènements qui traduisent par leur caractère une situation d'urgence.

Consacrée dans plusieurs Constitutions des États, la solidarité nationale est porteuse d'une charge idéologique considérable. Elle y magnifie cette République devenue sociale, qui entend dépasser les tendances individualistes pour s'ancrer dans les logiques de communautaire ou de solidarité[114]. Au Sénégal, la solidarité est conçue par le Constituant comme un levain de la *« construction d'un destin commun »* des citoyens[115]. Expressément érigée en un devoir par la Constitution de la République Démocratique du Congo de 2006, *« la solidarité entre les différentes composantes de la Nation »* justifie *« l'institution de la Caisse nationale de péréquation placée sous la tutelle du Gouvernement »*. La République de Guinée en a fait l'une des composantes de sa devise[116]. En Italie, le devoir de solidarité politique, économique et sociale est un principe qui n'admet pas de dérogation[117].

Il semble se dégager de certaines Constitutions des États africains que la solidarité est plus portée vers l'extérieur que voulue à l'intérieur de l'État. Le Constituant

[113] Rapport préliminaire de l'Union Africaine sur la riposte de l'Afrique à la covid-19 en matière de gouvernance, mai 2020 p. 35.
[114] A. SUPIOT, « Sur le principe de solidarité », *op.cit.*, p. 71.
[115] Voir Préambule de la Constitution
[116] Article premier de la Constitution.
[117] Article 2 de la Constitution.

camerounais cristallise une telle conception en prescrivant que *« le salut de l'Afrique se trouve dans la réalisation d'une solidarité de plus en plus étroite entre les peuples africains »*[118]. Le Constituant togolais suit la même logique en déclarant que *« la solidarité […] lie [son peuple] à la communauté internationale et plus particulièrement aux peuples africains »*[119]. Cependant, il n'en est rien dans la mesure où la solidarité doit se vivre d'abord à l'intérieur de l'État pour pouvoir être orientée vers l'extérieur. Au plus, chaque peuple dans l'ordre interne des États se lie comme une composante des *« peuples africains »* définis par ces Constitutions, tout comme dans la Charte africaine des droits de l'homme et des peuples. Les *« peuples africains »* ne sont pas seulement ailleurs, ils sont dans chaque État africain et leur solidarité commence d'abord à l'intérieur de chacun d'eux avant être transportée dans d'autres univers. Le principe de solidarité est ainsi inscrit au fronton de la norme constitutionnelle et fonde une sorte de « *citoyenneté sociale* », distincte de la citoyenne politique reposant sur le droit du sang ou du sol[120].

La solidarité nationale pourrait se déployer dans toutes les situations qui l'exigent. Le silence souvent entretenu par certaines Constitutions sur la solidarité nationale connote la dimension extensive de la solidarité. Elle peut être en matière politique, économique, sociale et même sanitaire. Le Constituant gabonais est plus précis en la matière. Il se dégage du préambule de la Constitution gabonaise que, *« [l]a Nation proclame la solidarité et l'égalité de tous devant les charges publiques, chacun doit participer, en proportion de ses ressources, au financement des dépenses publiques. La Nation proclame en outre la solidarité de tous devant les charges qui résultent des calamités naturelles et nationales »*[121]. Si l'on inscrit les crises sanitaires dans *« les calamités nationales »*, la pandémie à Coronas Virus se serait trouvée être un moment d'invite à une solidarité des populations gabonaises, même en l'absence d'une proclamation officielle. Tout compte fait, la solidarité tire son fondement juridique de la plupart des règles constitutionnelles. Cependant, loin d'être une simple profession de foi ou un simple slogan juridique, elle y est conçue comme un principe, un devoir. Elle doit être matérialisée à l'épreuve des faits. L'urgence sanitaire en a offert une cristallisation officielle.

La matérialisation de la solidarité nationale

La portée de certaines prescriptions et de certaines formules juridiques se mesure à l'aune de la pratique. La solidarité nationale ne fait aucunement exception. Diversement postulée, elle s'inscrit dans la pratique institutionnelle de laquelle il est possible de dégager un double sens. D'une part, elle serait une solidarité de la collectivité envers ses composantes, personnes morales comme les Collectivités Territoriales Décentralisées notamment, ou personnes physiques comme les individus et groupes vulnérables[122]. Elle est symbolisée notamment par la responsabilité de protéger qui

---

118 Préambule de la Constitution.
119 Préambule de la Constitution.
120 A. SUPIOT, « Introduction », *op.cit.*, p. 15.
121 Point 20 du Préambule de la Constitution.
122 M. E. COUTURE MEDARD et D. PAVOT, *op.cit.*, p. 253.

pèse sur la Collectivité lors des situations d'urgence notamment sanitaire[123]. Dans ce sens, se profile une solidarité de l'État d'avec ses unités composantes que sont les Collectivités territoriales dans les États unitaires décentralisés et les États fédérés dans l'État fédéral envers les populations. L'Etat veille sur le développement harmonieux de ces unités composantes notamment sur la base d'une solidarité nationale[124] ; ce qui suppose leur implication dans des politiques de gestion de l'urgence. La solidarité pourrait d'autre part être celle des individus envers la collectivité[125]. Le sens est ainsi inversé et c'est l'individu qui devrait soutenir la personne publique. Il s'agit d'une mobilisation communautaire destinée à soutenir la collectivité dans l'épreuve. Cette mobilisation est la traduction de *« l'action d'individus animés par des valeurs tels que la participation, la solidarité, la dignité humaine et par des principes fondamentaux, au sein d'un espace social marqué par des besoins grandissants »*[126].

Sous cette considération, il se dégage la double posture de l'Etat, conçue sur la théorie de l'État débiteur, devant apporter à la société, au travers des actions notamment de protection, de distribution ; et sur la théorie de l'État créancier, devant compter sur les citoyens qui ont envers lui une obligation de soutien dans ses charges et dans ses épreuves[127].

La traduction matérielle de la solidarité nationale dans le contexte de la pandémie est cristallisée notamment par les Fonds de solidarité ou ce qui en tient lieu, créés dans plusieurs États pour la lutte contre la pandémie. Ce Fonds a été créé au Togo et qualifié de Fonds de solidarité nationale et de relance économique de 400 milliards de francs CFA[128]. Ce fonds était destiné à soutenir la production agricole et à assurer la sécurité alimentaire pendant la pandémie. Au Cameroun, la solidarité de l'État envers les citoyens s'est traduite par la définition d'un ensemble de *« mesures d'assouplissement, afin de soulager les secteurs dûment impactés par cette crise sanitaire »*[129]. L'on note à titre illustratif, l'octroi des moratoires et différés de paiement aux entreprises directement affectées par la crise, suspendant les mesures de recouvrement forcé à l'encontre de celles-ci ; le report du paiement de la taxe foncière pour l'exercice de 2020, l'exonération de l'impôt libéral et de la taxe de stationnement pour les taxis et motos taxis, le soutien à la trésorerie des entreprises à travers l'allocation d'une enveloppe spéciale de 25 milliards, pour l'apurement des stocks de crédits de TVA en attente de remboursement. Il faut constater que ces mesures étaient pour l'essentiel d'ordre fiscal. Au Niger, la solidarité de la collectivité publique est magnifiée

---

123 S. BESSON, « La pluralité d'Etats responsables Vers une solidarité internationale ? », *Revue suisse de droit international et de droit européen*, 2007 p. 13.

124 Article 55 al. 4 de la Constitution du Cameroun ; article 142 de la Constitution togolaise.

125 M. E. COUTURE MEDARD et D. PAVOT, *op.cit.*

126 Ch. VEZINA, « Normativités et droit de la santé. Normes de résistance et droit à l'égalité des personnes vivant avec le VIH. Réflexion sur les normativités parallèles au service de l'effectivité », *RJT*, vol. 44, n° 29, 2010, p. 212.

127 J. CHEVALLIER, « L'obligation en droit public », *Archives de philosophie du droit*, t. 44, Dalloz, 2000, pp. 179-194.

128 Rapport préliminaire de l'Union Africaine précité, p. 41.

129 Déclaration spéciale du Premier Ministre, Chef du Gouvernement du 30 avril 2020.

par la prise en charge par l'État des redevances dues à la consommation de l'électricité et à l'eau potable pendant une période limitée[130].

La solidarité envers l'État n'est pas à voiler. L'approvisionnement par plusieurs opérateurs économiques et des cercles politiques déterminés du Fonds Spécial de Solidarité de l'Etat participent de cette solidarité des populations envers l'entité étatique. La soumission des populations aux normes et mesures barrières édictées par le Gouvernement s'offre en outre comme un pan de la solidarité nationale des populations envers l'entité étatique. C'est la traduction du *« sentiment d'union dans le même combat, l'idée que respecter les règles équivaut à poser un geste militant destiné à faire avancer la cause »*[131]. Le respect des mesures édictées a été cependant souvent sous la contrainte des forces de l'ordre, allant parfois jusqu'à faire tort à la loi, au droit ; indiquant par ce fait les premiers signes du droit comme victime de la pandémie.

II-Le droit comme victime : la fragilité du droit à l'épreuve de l'urgence sanitaire

Les situations d'urgence de portée internationale se caractérisent souvent par la soumission de toutes les composantes du droit. Ce sont elles qui dictent le fonctionnement des institutions dans ces contextes ; elles participent de la modification des perceptions et des représentations. Des fois, elles rendent le droit qui est pourtant censé les réguler, fragile sous plusieurs de ses aspects. En situation de pandémie comme celle de la Covid-19, le droit n'est pas souvent à l'abri de toute atteinte. Il semble aussi infecté parce qu'infesté par la maladie. Les mesures d'urgence définies parfois en marge de la légalité ordinaire en sont la traduction. Dans ce cas, le droit semble crouler sous la contrainte de la brutalité de la pandémie. La situation incertaine des droits et libertés fondamentaux retient particulièrement l'attention (A). A cela s'ajoutent d'autres situations diverses traduisant sinon le recul du droit du moins son confinement les moments de la pandémie (B).

A- Le dilemme entre gestion de l'urgence sanitaire et exercice droits fondamentaux

L'urgence sanitaire est souvent un moment difficile pour les droits et libertés. L'adéquation entre la nécessité de lutte contre la pandémie et l'exercice constant des droits et libertés n'est pas toujours évidente (1). Il y a toujours comme un choix à faire ; soit prendre des mesures restrictives des droits et libertés, soit, laisser la brutalité de l'urgence tout emporter sur dans ses manifestations. Dans tous les cas, la recherche d'une conciliation n'est pas toujours improbable (2).

---

130 R. M. MVOGO BELIBI, *op.cit.*, p. 372.
131 Ch. VEZINA, *op.cit.*, p. 222.

1-La gestion de l'urgence sanitaire au détriment de l'exercice des droits fondamentaux

Les droits fondamentaux font partie des faisceaux d'indices de l'État de droit. Ils en constituent l'armature. La philosophie qui les sous-tend en fait des instruments sacrés qui doivent pouvoir être respectés à tout moment. Chargée de symbole et d'idéologies, cette philosophie doit avoir maille à partir avec les situations d'urgence qui conduisent parfois à la *mise en quarantaine* des droits et libertés pour les nécessités de lutte contre la pandémie.

L'indispensable gestion de la pandémie

Les situations d'urgence sanitaire comme celle de la pandémie à Corona Virus parviennent à conquérir plusieurs domaines. Leur brutalité impose une réaction sinon à la mesure du mal causé, du moins de nature à endiguer la maladie. C'est cet idéal de sécurité pour les institutions et pour tous qui justifie l'édiction des mesures parfois limitatives des droits et libertés. En effet, les droits fondamentaux n'ont par essence un cadre d'expression que celui qui est en paix. Elles s'épanouissent mieux dans des contextes expurgés de toute contrainte.

La gestion d'une urgence serait fondée sur la nécessité de préserver l'État d'une éventuelle discontinuité. L'État n'est pas créé pour disparaitre ; il doit fonctionner dans la continuité pour satisfaire de manière efficiente l'épanouissement de sa population. Puisque l'État c'est « *nous* », comme le soutenait un auteur, la disparition de ce *« nous »* par couches successives du fait de la brutalité de la maladie est susceptible de conduire à sa disparition. Ce qui justifie que la gestion de la crise soit parfois instrumentalisée dans certains États pour les besoins de sauvegarde de la stabilité territoriale. La situation du Nigéria cristallise pertinemment cette observation. L'on rapporte à juste titre que dans cet État, « *les autorités locales dans dix-neuf États du Nord n'ont pas fait mystère de leur volonté de mettre à profit l'état d'urgence pour exécuter enfin leur projet de fermer définitivement les madrasas, projet qui se heurte depuis des années aux traditions et au poids des religieux. Elles ont ainsi fait l'annonce qu'après la fermeture des écoles pour cause de coronavirus, ces établissements coraniques ne rouvriraient plus* »[132].

Il faut remarquer que l'histoire des urgences à portée internationale quel que soit le domaine où elles émergent, est marquée par la priorité souvent accordée à leur gestion qu'à l'admission d'un libre exercice des droits et libertés comme en temps de paix[133] ou dans le contexte normal. Cette logique est propre la quasi-totalité des États. Ainsi, la gestion d'une situation d'urgence sanitaire telle que celle de la Covid-19 ne pouvait être efficiente sans un amenuisement des droits et libertés. Au regard du mode de sa transmission et conséquemment de sa propagation, les stratégies de lutte ne pouvaient apparaître efficacité qu'à la condition d'un minimum de compromis fait sur les droits de l'homme. Rarement une mesure édictée aurait été sans conséquence

132 R. M. MVOGO BELIBI, *op.cit.*, p. 365.

133 S. GRUSKIN, « Les conséquences de la violation des droits de l'homme sur la sante publique en temps de paix », in J. MANN, S. GRUSKIN et D. BERTRAND (dir.), *Santé publique et droits de l'homme*, Séminaire, Paris, 8 et 9 novembre 1996, pp. 54 et s.

sur les droits et les libertés[134]. Qu'ils s'agissent des mesures légales et institutionnelles[135], les mesures de prévention et de contrôle de la maladie[136], des mesures sociales et humanitaires[137], des mesures fiscales et monétaires[138] ou même des mesures de riposte innovantes[139] telles qu'édictées dans la plupart des États de l'Union Africaine, elles ont une relative incidence sur les droits de l'homme.

Le but n'est pas toujours de dénier l'expression des droits et libertés. En fait ; la vulnérabilité face à cette pandémie est en principe non différentielle et impose une priorisation de la survie de la société sur les droits de l'homme qui se trouveraient mieux épanouis la pandémie disparue. Il serait paradoxal qu'au nom des droits et libertés, on laisse périr toute la société sous la contrainte de la maladie. Quand on sait la prégnance de l'ordre public parfois brandi au détriment des droits et libertés, on peut convenir de la priorité accordée à la gestion de la pandémie sur l'exercice des droits et libertés. La lutte contre la pandémie s'apparente à un combat pour le maintien de l'ordre public sanitaire, un combat notamment juridique contre un ennemi commun et invisible qui utilise les droits et les libertés pour envahir son espace et faire davantage florès. Dans ces conditions, l'exercice sans retenue dans ce contexte critique est plutôt un vecteur de la propagation de la maladie. Toujours est-il que, c'est lorsque les mesures sont excessives, abusives qu'on pèche vis-à-vis des droits l'homme ; tout comme en s'abstenant d'agir on n'est pas aussi loin de pécher contre la survie de l'État et par ricochet contre les droits et libertés[140]. C'est un véritable dilemme.

Il faut constater au demeurant que les mesures édictées lors des urgences sanitaires, bien que parfois abusives, ne sont pas déconnectées de l'idéal de protection des droits et libertés.

Elles sont la représentation d'un idéal, celui de préserver la santé publique. Autant cette santé publique fait partie de l'ordre public[141], autant sa préservation est liée non seulement à la défense du droit à la santé, mais aussi des autres droits fondamentaux avec lesquels il témoigne une certaine consubstantialité. C'est que, étant l'un des points clés qui marque l'indivisibilité des droits l'homme, *« la santé est essentielle pour la réalisation de tous les autres droits humains » ;* elle *« est [...] fréquemment subordonnée à d'autres droits humains en sa qualité de droit économique, social et culturel »*[142]. Sa préservation conduit

---

134 S. PRÉTOT, « La personne en période de pandémie : une nouvelle hiérarchie des valeurs ? (La crise sanitaire et le droit de l'urgence en droit des personnes et de la famille, brève communication orale du 26 juin 2020) », in E. JEULAND et S. PRÉTOT (dir.), *Droit de l'urgence et crise sanitaire, op.cit.*, p. 75.

135 Rapport préliminaire de l'Union Africaine précité, p. 32.

136 *Ibid.*, p. 33.

137 *Ibid.*, p. 35.

138 *Ibid.*, p. 41.

139 *Ibid.*, p. 43.

140 A. C. ESSEBSI FOURATI, « Décider en période de crise : Pécher par excès ou pécher par abstention », *Leaders*, 7 avril 2020, http : //bit.ly/2Z1nb2j.

141 J. MANN, S. GRUSKIN et D. BERTRAND (dir.), *op.cit.*, p. 30.

142 S. TREMBLAY-HUET, *op.cit.*, p. 352.

par ricochet à l'épanouissement des autres droits et libertés bien qu'elle contribue de leur mise en quarantaine.

La mise en quarantaine des droits fondamentaux

La fidélité inconditionnelle à l'idéologie des droits et libertés conduit souvent au manque d'objectivité dans l'analyse de la situation des droits et des libertés même dans des situations de crise où chacun peut être conscient de la nécessité d'une limitation au bénéfice de l'impératif sauvegarde de la stabilité. On dirait un envoutement. Dans les contextes de crise sérieuse aux caractéristiques d'une urgence à portée internationale, le sort des droits et libertés fondamentaux dépend souvent de la gravité de la situation et de son évolution. Le droit découvre ainsi l'une de ses faiblesses ; puisqu'il ne parvient toujours pas à garantir la stabilité et la constance du respect tous azimuts des droits et libertés en toute situation. C'est ainsi que dans le contexte de l'urgence sanitaire induite par la pandémie, les droits et libertés fondamentaux ont été considérablement brimés voire abimés[143]. Dans la diversité de leur catégorisation, ils ont été atteints et leur caractère indivisible participait de l'étendue cette atteinte. Autant les droits individuels étaient confinés, autant les droits collectifs l'étaient dans la pluralité de leur typologie. Dans tous les États, les dénonciations étaient diverses[144]. La doctrine y a trouvé de l'ouvrage avec des positions presqu'unanimes[145]. L'impact était profond d'ailleurs consécutif aux mesures de confinement, de la fermeture des frontières terrestres, aériennes et maritimes, de mise en quarantaine des personnes testées positives qui emportaient en conséquence la liberté d'aller et de venir[146].

Par rapport au confinement, un sociologue écrit ceci : « *Le confinement c'est, si l'on veut faire simple, la consécration de l'état d'exception avec ce qu'il a de négation des libertés des citoyens. Dans ce sens, c'est l'assignation à résidence surveillée de toute la société, accompagnée de l'arrêt de l'essentiel des activités productives, à l'exception de celles nécessaires à la prise en charge de l'insécurité sanitaire qui se déroule dans les établissements hospitaliers et les industries qui alimentent*

---

143 M. -Cl. PREMONT, M.-E. COUTURE-MENARD et G. BRISSON, *op.cit.*, p. 252.

144 F. ELLAFI, « Les droits humains à l'épreuve de la pandémie du Covid-19 : une mise en quarantaine ? », H. REDISSI (dir.), *La Tunisie à l'épreuve du Covid-19*, *op.cit.*, p. 172.

145 G. F. ONDOUA AKOA, « La liberté d'aller et venir à l'épreuve du covid-19 », *Le Nemro, Revue trimestrielle de droit économique*, *op.cit.*, pp. 447 et s. ; P. WACHSMANN, « Les libertés et les mesures prises pour lutter contre la propagation du covid-19 », *La Semaine juridique, Edition générale*, n° 20-21 du 18 mai 2020, pp. 948 et s., O. BEAUD et C. GUERIN- BARGUE, « L'état d'urgence sanitaire : était-il judicieux de créer un nouveau régime d'exception ? », *Recueil Dalloz*, 2020, pp. 891 et s. ; V. SIZAIRE, « Un colosse aux pieds d'argile. Les fondements juridiques fragiles de l'urgence sanitaire », *La Revue des droits de l'homme, Actualité – Droits – Libertés*, mars 2020, pp. 5 et s. ; P.-C. KAMGAING, « Procédures civiles d'exécution et covid-19 : libres propos sur les conséquences juridiques d'une sale guerre », in *BEPP*, n° 32, avril 2020, p. 14 et s. ; H. M. TCHABO SONTANG, « Le secret médical en contexte de crise sanitaire en droit camerounais », *Le Nemro, Revue trimestrielle de droit économique*, *op.cit.*, pp. 447 et s.

146 A. MAGLOIRE NGAH, « La Covid-19 et les droits fondamentaux dans le monde, en Afrique et au Cameroun en particulier : entre mimétisme et atermoiements », *Le Nemro, Revue trimestrielle de droit économique, Dossier spécial : La COVID-19 et le droit*, Partie 2, Avril-Juin 2020, pp. 83 et s.

ces derniers en matériel nécessaire »[147]. La mesure de confinement a ceci de particulier qu'elle empêche l'exercice de tous les droits et libertés en dehors de l'enclos d'une résidence. Elle emprisonne l'homme dans son enclos familial et ces droits et libertés avec lui[148]. Cela pourrait justifier que des pays comme la Suède, l'Islande, la Biélorussie, le Japon, la Corée du Sud et Taïwan n'aient pas eu recours à cette mesure de confinement particulièrement drastique pour les libertés[149].

Les mesures de distanciation sociale affectent inévitablement la liberté d'association, les libertés de réunions et de manifestations publiques. En édictant l'interdiction des rassemblements de cinquante (50) personnes comme prescrite dans la Déclaration spéciale du Premier ministre camerounais de mars 2020, les libertés collectives sont automatiquement comptées. Cette distanciation voulue implique l'interdiction de se *« rendre sur certains lieux de travail, de recevoir des invités à domicile ou de fréquenter des lieux publics, dont les lieux de culte »*[150]. Du reste, les droits liés aux rites funéraires pour les familles qui constituent en Afrique une marque spéciale de leur identité ont connu au Cameroun un temps d'éclipse[151]. L'inhumation des corps expurgés de toute présence familiale s'est conjuguée à l'interdiction d'organiser pendant cette période critique toutes cérémonies funèbres. C'est la traduction d'une méconnaissance des droits traditionnels et culturels des peuples tels qu'il se dégage de la Charte africaine des droits de l'homme et des peuples, les Constitutions camerounaise, malienne, togolaise, ivoirienne.

Le droit à l'éducation en a été compté. La fermeture des établissements scolaires et académiques dans plusieurs États comme la France et le Cameroun a été inévitablement la manifestation du recul du droit à l'éducation lors des situations d'urgence d'une telle envergure. Doublée à la fermeture des sites touristiques, la perte d'essence du droit à l'éducation composait avec l'éclipse du droit au tourisme, le droit au travail compté, pour former les pans entiers d'atteinte aux droits sociaux, économiques et culturels. Au Cameroun comme dans plusieurs autres Etats, se profile l'obligation de vaccination contre la Covid-19, ce en méconnaissance du libre consentement qui est un droit fondamental pour le patient soumis à l'expérimentation d'un vaccin.

Les droits de l'homme ont été ainsi infectés par la pandémie et mis en quarantaine au même titre que les personnes testées positifs[152]. Ils l'ont d'autant été que sous les apparences de la répression du non-respect des mesures édictées, les interpellations dans certains Etats n'étaient pas expurgées de tout abus. L'État de droit a ainsi bégayé ; il a perdu, pour emprunter à Denis SALAS, le fil de son récit[153], et avec lui,

---

[147] Cl. ABE, « Faire le deuil par temps coronal en situation de monisme juridique conteste : regard socio-anthropologique sur le droit du rapport à la mort », *Le Nemro, Revue trimestrielle de droit économique*, *op.cit.*, p. 11.

[148] M. -Cl. PREMONT, M. -E. COUTURE-MENARD et G. BRISSON, *op.cit.*, p. 240.

[149] Rapport préliminaire de l'Union Africaine, précité, p. 18.

[150] *Ibid.*, p. 251.

[151] M. TIMTCHUENG, *op.cit.*

[152] F. ELLAFI, *op.cit.*

[153] D. SALAS, *La justice dévoyée, critique des utopies sécuritaires*, Paris, *Les arènes*, 2012, p. 1.

les droits et libertés. Pourtant, la conciliation de la protection de ces derniers avec la gestion de la crise n'était pas totalement éloignée des objectifs, même si difficile réussie.

2-La conciliation de la gestion de l'urgence avec le respect des droits fondamentaux

Les droits et les libertés doivent être pris en compte dans la gestion de l'urgence sanitaire. La lutte contre la pandémie ne doit pas faire fi des droits fondamentaux. C'est du moins ce qui est soutenu dans la plupart des États et par la communauté internationale. Mais comment alors procéder à cette conciliation de deux objectifs visiblement antinomiques ? De la réunion des positions, il s'en dégage qu'il faut agir pour gérer la pandémie en ménageant possiblement les droits et libertés, autrement, le juge pourra toujours intervenir.

Le ménagement des droits de l'homme dans la gestion de l'urgence

Il est diversement soutenu que la gestion de l'urgence ne saurait justifier dans l'absolu les atteintes aux droits de l'homme et des libertés publiques. Ces derniers ne doivent pas être exercés de manière séquentielle. Il n'y a pas un temps pour l'exercice des droits de l'homme et un temps pour leur éclipse. La théorie des droits et des libertés invitent à leur inscription dans la constance, dans la permanence et non dans la périodicité. Michelle BACHELET, Haut-Commissaire des Nations Unies aux droits de l'Homme soutenait dans sa Déclaration du 6 mars 2020 sur la gestion de la Covid-19 que *« la dignité humaine et les droits de l'homme doivent être au cœur de ces efforts, et non pas envisagés après coup »*[154]. Tout en encourageant les efforts des Etats dans la lutte contre la maladie, le Haut-Commissaire s'inquiétait de la mise entre parenthèses des droits fondamentaux. Cette déclaration tient de la valeur que les droits et libertés ont aujourd'hui[155]. Ils sont notamment le sanctuaire de la définition de la personne humaine, le vecteur de la définition de soi, de l'émancipation de l'espèce humaine que rien ne devrait en principe diluer. Ils constituent des instruments de régulation de la société moderne, tant leur violation est l'une des lignes rouges franchies dans l'État de droit. Ils participent de la justice, de la paix et du développement[156]. Comme l'écrit Antonio CASSESE, les droits de l'homme *« constituent la tentative moderne d'introduire la raison dans le monde »*[157]. Cette importance capitale reconnue aux droits de l'homme aujourd'hui justifie qu'ils puissent être au cœur de la gestion de la pandémie. Aussi, le Directeur de l'OMS recommande-t-il aux États de *« trouver un juste équilibre entre la protection de la santé, la limitation des perturbations économiques et sociales et le respect des droits humains »*[158]. Ainsi, autant il faut agir en prenant les mesures adéquates pour faire face

---

[154] Cité par F. ELLAFI, *op.cit.*, p. 167.

[155] A. CASSESE, « La valeur actuelle des droits de l'homme », in *Humanité et droit international, Mélanges René-Jean Dupuy*, Paris, Editions A. Pedone, 1991, pp. 65-75.

[156] N. VALTICOS, *« La notion des droits de l'homme en droit international », in Le droit international au service de la paix, de la justice et du développement. Mélanges Michel Virally*, Paris, Editions A. Pedone, 1991, pp. 483- 491.

[157] A. CASSESE, *op.cit.*, p. 67.

[158] Cité par F. ELLAFI, *op.cit.*

à la crise, autant les droits de l'homme doivent être préservés. Il s'agit d'éviter aux Etats de voir en la gravité de la crise un « *blanc-seing* » pour atteindre à ces instruments de rationalisation du monde que sont les droits et les libertés[159].

Ces dispositions normatives ouvrent la possibilité à une double interprétation qui se recoupe cependant. D'une part, l'amenuisement des droits et libertés fondamentaux doit tirer son fondement de la loi et pour un motif légitime. Les instruments internationaux le prescrivent sans une économie de propos. Selon la Déclaration Universelle des Droits de l'Homme, *« [d]ans l'exercice de ses droits et dans la jouissance de ses libertés chacun n'est soumis qu'aux limitations établies par la loi exclusivement [...] afin de satisfaire aux justes exigences de la morale, de l'ordre public et du bien-être général dans une société démocratique »*[160]. Le Pacte International relatif aux Droits Economiques, Sociaux et Culturels n'en dit pas autre chose. Il y est prescrit que « *Les États parties au présent Pacte reconnaissent que, dans la jouissance des droits assurés par l'État conformément au présent Pacte, l'État ne peut soumettre ces droits qu'aux limitations établies par la loi, dans la seule mesure compatible avec la nature de ces droits et exclusivement en vue de favoriser le bien-être général dans une société démocratique* »[161].

Il en découle la reconnaissance d'une possible limitation des droits et libertés notamment dans des cas d'urgence sanitaire, sous la condition que ces limitations soient essentiellement celles prévues par le législateur. Dès lors, les gouvernants devraient avoir des justifications légitimes à toutes limitations prévues par loi et dans la mesure du possible éviter de les limiter, s'il existe d'autres moyens de gérer la crise sans que les droits fondamentaux ne puissent être comptés. C'est dire que les droits fondamentaux sont le principe, et la mesure de gestion de l'urgence l'exception. Des pays précités comme la Suède, l'Islande, la Biélorussie, le Japon, la Corée du Sud et Taïwan ont refusé la mesure du confinement et n'ont pas été moins efficaces dans la lutte contre la maladie. Et au regard de nombreux indices, l'on est fondé à penser que *« malgré cette absence de confinement, leurs résultats ont été aussi bons et, dans certains cas, meilleurs que ceux des pays ayant choisi le confinement »*[162]. Les droits et libertés ont été ainsi préservés de la rudesse de la mesure de confinement éprouvée dans d'autres États. S'il est vrai que certains de ces pays ne peuvent être réellement considérés comme des modèles en matière d'État de droit, ils ont néanmoins dans ce contexte sanitaire préservé le peu qu'ils reconnaissent.

D'autre part, dans la hiérarchie des mesures de gestion de l'urgence, l'État ne devrait en principe édicter que celles qui sont les moins rudes pour les droits et libertés ; et si seules les mesures rudes sont à même de pouvoir venir à bout de l'urgence, l'État doit pouvoir prendre les précautions pour que les droits ne restent pas longtemps étouffés. Dans tous les cas, les mesures restrictives s'inscrivent dans le temps. Comme l'écrit un auteur, *« il y a en effet dans les pandémies un caractère de crise brutale et massive appelant des mesures d'urgence mais aussi (heureusement) temporaires par*

---

159 *Ibid.*

160 Article 29 al. 2.

161 Article 5.

162 Rapport préliminaire de l'Union Africaine précité, p. 18.

nature »[163]. La temporalité tient en ce qu'une mesure prise le moment de la pandémie devrait disparaitre au même moment qu'elle ; ou du moins elle doit être assouplie quand la pandémie connait une nette régression dans son expression. En tout état de cause, l'intervention du juge peut toujours être requise pour assurer l'équilibre.

L'intervention du juge

Le juge n'est pas oublié dans l'entreprise de gestion de l'urgence. Son rôle reste en principe celui de sauvegarder les droits et libertés au travers du contrôle des mesures édictées. En temps de crise cependant, le contentieux des mesures prises n'est pas toujours aussi simple. Il *« parait souvent assez hypothétique sauf dans l'éventualité où des mesures restrictives seraient abusivement maintenues une fois la pandémie apaisée »*[164]. Cela tient toujours de la difficulté de concilier le respect constant des droits et libertés avec la gestion de l'urgence sanitaire. C'est dans ces contextes de crise qu'on attend du juge des sauts d'audace dans son rôle de garant de l'État de droit et donc de la préservation des droits fondamentaux. Son office n'est pas aussi assez simple à exercer ; il doit pouvoir jouer le rôle d'un véritable garant de l'équilibre entre les mesures édictées toutes aussi nécessaires pour la gestion de l'urgence comme la nécessaire subsistance des droits et libertés. Il est alors visiblement écartelé entre deux exigences et devrait trouver le juste milieu pour ne pas entrainer le déséquilibre. Dans ce sens, s'il doit garder un œil ouvert sur le respect des droits et des libertés, il devrait dans le même temps être mesuré dans le contrôle des mesures adoptées pour la circonstance. Le juge français admet lui-même *« l'existence d'une coïncidence entre les finalités d'ordre public et la protection des droits fondamentaux »*. Ce qui laisse constater que *« [l]e rapport de conciliation entre des intérêts par nature contradictoires, propres au contrôle des mesures de police administrative, se transforme en un rapport d'adéquation ; il en modifie par là même la philosophie libérale qui trouve son expression dans le principe selon lequel la liberté est la règle, la restriction de police l'exception »*[165].

L'office du juge n'est pas cependant réduit. Il est même assez étendu et revêt à ce propos un double aspect. Il doit non seulement vérifier la validité des mesures, mais aussi il doit contrôler la proportionnalité desdites mesures à la situation exigeante. Dans certains États, le juge a souvent été favorable aux mesures limitant les droits et libertés pour les nécessités de lutte contre la pandémie. Ainsi, saisi en référé par le *Syndicat Jeunes Médecins* en mars 2020 à la suite du décret du Premier Ministre cosigné du Ministre de la santé, décret visant à interdire le déplacement de toute personne hors de son domicile, le Conseil d'État, -puisque, comme l'indique un auteur, c'est lui qui est compétent en France pour connaitre en premier et dernier ressort des actes réglementaires des ministres[166]-, décidait que : « *Ces mesures, qui peuvent limiter l'exercice des droits et libertés fondamentaux, comme la liberté d'aller et venir, la liberté de réunion ou encore la liberté d'exercice d'une profession doivent, dans cette mesure, être nécessaires, adaptées et*

---

163 B. B. GENEVIEVE, *op.cit.*, p. 975.

164 *Ibid.*

165 J. de GLINIASTY, « La gestion de la pandémie par la puissance publique devant le Conseil d'État à l'aune de l'ordonnance de référé du 22 mars 2020 », *La Revue des droits de l'homme, Actualités Droits-Libertés,* 2020, p. 7.

166 *Ibid.* p. 2.

proportionnées à l'objectif de sauvegarde de la santé publique qu'elles poursuivent »[167]. C'est l'ordre public qui est ici privilégié au détriment des droits et des libertés. Le juge a adopté la même position au Canada mais non nécessairement à la suite d'un recours en référé[168].

Dans les Etats comme la France où l'état d'urgence est déclaré par la loi, le contrôle de constitutionnalité a souvent été déclenché devant le Conseil constitutionnel précisément sur l'éventualité d'une prorogation de l'état d'urgence. Le juge constitutionnel a été favorable à la prorogation, *« tout en formulant quelques réserves d'interprétation et en prononçant quelques censures sur les modalités de l'état d'urgence sanitaire »*[169]. La lutte contre la pandémie l'a néanmoins emporté sur le respect de certains droits et libertés.

Le juge s'est plutôt montré soucieux de la condition des droits et des libertés dans des États comme le Kenya et la Malawi. Toutefois, il reste mitigé dans son raisonnement. Si d'une part il soutient l'exigence de la conformité des déclarations d'état d'urgence à la loi et non des faits, il trouve d'autre part, *« raisonnable »*[170] le recours à la force pour respecter le couvre-feu. Aussi, recommandait-il aux forces de l'ordre de respect les droits des citoyens à la vie et leur dignité. Le juge démontre ce faisant que les mesures édictées ne devraient pas faire fi des droits et libertés qui constituent aujourd'hui des valeurs acquises et non régressives. La mesure de la quarantaine lui semble justifiée par les exigences liées à l'endiguement de la maladie ; et même dans ce contexte, *« les personnes placées temporairement en quarantaine sont traitées en tout temps comme des personnes libres, à l'exception des limitations qui leur sont nécessairement imposées conformément à l'état de droit et sur la base de preuves scientifiques »*[171]. Malgré l'élan protecteur du juge, l'on ressent la difficulté qu'il y a à faire respecter les droits de l'homme dans une situation d'urgence sanitaire. C'est aussi le droit qui souffre dans ce contexte ; tant les droits de l'homme s'apparentent, s'ils ne le sont pas tout simple, à de véritables normes dont la violation entraine des sanctions. L'urgence sanitaire corrompt ainsi les droits de l'homme, et par ce fait même, c'est le droit qui balbutie. Il en est aussi ainsi dans des situations diverses.

B- Les situations diverses

Au-delà des droits et libertés fondamentaux, la brutalité de la maladie à Corona Virus a atteint la norme juridique dans plusieurs autres univers. L'application de la norme juridique ordinaire a ainsi connu un temps de reflux sous la poussée d'une crise brutale et étouffante. Il en a été ainsi dans le domaine du service public où son fonctionnement a pris un coup (1) ; tout comme en matière démocratique où la

---

167 Cité par J. de GLINIASTY, *op.cit.*, p. 7.

168 M. -Cl. PREMONT, M. -E. COUTURE-MENARD et G. BRISSON, *op.cit.*, p. 253.

169 A. TROIZIER, « Droit constitutionnel et états d'urgence », in E. JEULAND et S. PRÉTOT (dir.), *Droit de l'urgence et crise sanitaire, op.cit.* p. 25.

170 Rapport préliminaire de l'Union Africaine précité, p. 39.

171 *Ibid.*

norme ordinaire a été bousculée par des mesures d'exception temporaires ayant tout aussi atteint le fonctionnement de la justice (2).

1-La perte de vitalité du service public

Dans l'histoire plus que séculaire du droit administratif et dans sa contemporanéité, le service public est conçu comme le moteur de l'administration. On dit que sa création est par essence légitimée par l'objectif de satisfaction de l'intérêt général. Si ce postulat connait aujourd'hui une atténuation du fait des mutations des services publics et de l'évolution des idées sous la question induisant du reste son improbable absoluité, l'ombre du service public comme bras séculier de l'administration plane encore avec vitalité dans l'univers du droit. Si bien que l'altération de ses principes de fonctionnement dans des situations d'urgence constitue sa perte de vitalité et un tort fait au droit. L'urgence sanitaire induite par la Covid-19 a donné l'occasion de le vérifier ; certains principes traditionnels du service public ont été relativement remis en cause au même moment que les principes dits nouveaux du service connaissaient une détérioration. Dans le premier cas, l'on s'en tient au principe de continuité et dans le second, c'est le principe de qualité qui retient l'attention.

La remise en cause du principe de continuité de service public
La continuité constitue l'un des principes traditionnels du service public dont l'aura fait parfois écran à ses semblables que sont notamment les principes de neutralité et de mutabilité. Ce qui traduit sa fondamentalité postulée et confirmée par le juge dans certains Etats par son élévation à la dignité constitutionnelle dans plusieurs États[172] ; c'est-à-dire au plus haut niveau de l'échelle de normativité suivant la perspective kelsenienne de hiérarchisation des normes juridiques. Cependant, cette dignité n'a pas constitué un réel bouclier nécessaire à la préservation du principe face à la pression d'une urgence sanitaire aux allures de la Covid-19.

La préhension de cet impact nécessite au préalable un relatif exercice de clarification du sens du principe et de précision de sa teneur. Construit comme un principe général du droit explicitement consacré par le Conseil d'État français dans l'affaire *Dehaene* du 7 juillet 1950, la continuité du service public suppose son fonctionnement régulier et ponctuel, sans pouvoir connaitre d'éclipses que celles voulues par le législateur[173]. Le principe se conçoit en une obligation faite à l'administration de faire fonctionner ses supports organiques que sont les services publics dans l'optique de satisfaire aux exigences qui ont présidé à leur création et qui en sont des critères de légitimation, comme la « *solidarité nationale* » et l'intérêt général[174]. En effet, comme l'écrit Léon DUGUIT, « *le service public [est] par définition un service (...) d'une importance pour la vie collective telle qu'il ne peut être interrompu un seul instant.*

---

[172] P. E. ABANE ENGOLO, *Traité de droit administratif du Cameroun. Théorie générale et droit administratif spécial*, Paris, L'Harmattan, 2019, p. 158.
[173] P. GONOD, F. MELLERAY et Ph. YOLKA (dir.), *Traité de droit administratif*, T. 2, Paris, Dalloz, 2011, p. 96.
[174] *Ibid.*

Le devoir des gouvernants est d'employer leur puissance à en assurer l'accomplissement d'une manière absolument continue »[175]. Dans l'affaire *Heyriès* du 28 juin 1978, le Conseil d'État français suivait DUGUIT. Il a érigé ce principe en un « *principe fondamental* » dans l'affaire *Mme Bonjean* du 13 juin 1980, et ce faisant, le Conseil d'État dont la position est caractérisée par une certaine constance depuis notamment l'affaire *Dehaene* précitée, s'inscrit comme *« un agent principal de la préservation de la continuité »*[176] des services publics.

Dans la perspective du juge comme de DUGUIT, la continuité du service public devrait alors s'affirmer en tout temps. L'usure du temps n'a pas effrité la teneur du principe qui brille encore de tout son style aujourd'hui. L'absoluité du principe qui se dégage des positions de la doctrine et du juge laisse penser qu'il ne peut que relativement être remis en cause. Peut-on en dire de même avec la brutalité de la Covid-19 ? Il est permis d'en douter. L'on a peut-être sous-estimé le type d'évènements qui pourrait conduire à une éclipse considérable du principe. La pandémie à Corona Virus s'est donnée à voir comme un véritable ennemi du principe. Brutale dans sa manifestation et facile dans son mode de transmission, la pandémie ne pouvait que conduire à la fermeture momentanée de certains services publics. La fermeture temporaire des établissements scolaires et académiques est la traduction d'une discontinuité dans le service public de l'éducation. Il en est de même des services publics du tourisme au travers de la fermeture des sites touristiques dans plusieurs États. La fermeture des stades de football et disciplines connexes dans la majorité des États peut se lire comme une manifestation de l'effritement de la valeur du principe de continuité du service public du sport. La pandémie s'est ainsi affichée comme un cas de force majeure[177] certaine libérant momentanément les uns et les autres de leurs obligations respectives[178], et donc l'administration de « *son obligation de faire fonctionner les services publics de façon régulière et ponctuelle* »[179].

Dans le contexte de crise, s'est dessiné un autre dilemme : laisser fonctionner de manière continue les services publics souvent massivement fréquentés et risquer la propagation à grande vitesse de la maladie ou les fermer momentanément le temps de l'apaisement de la pandémie et ralentir par conséquent la progression de la maladie. C'est cette dernière qui l'a emporté sur la première, et ce faisant, a édulcoré le principe de la continuité. Les juges ont soutenu des fois une telle initiative au détriment de l'affirmation de principe[180] et avec lui l'accès au service public avec qui il forme un alliage certain pour le fonctionnement des services publics.

---

[175] L. DUGUIT, *Traité de droit constitutionnel*, t. 2, 2e éd., E. de Boccard, 1923, p. 61

[176] J. CHEVALLIER, « Changement politique et droit administratif », in *Les usages sociaux du droit, CURAPP, PUF*, 1989, p. 294.

[177] C. E. BUCHER, « Contrats : la force majeure et l'imprévision remèdes à l'épidémie de Covid-19 ? », *Contrats- Concurrence-Consommation*, n° 4, avril 2020, pp. 1 et s.

[178] A. SUNKAM KAMDEM, « L'impact du covid-19 sur l'exécution des obligations contractuelles », *op.cit.*, p. 45.

[179] P. GONOD, F. MELLERAY et Ph. YOLKA (dir.), *op.cit.*, p. 96.

[180] A. TROIZIER, « Droit constitutionnel et états d'urgence », *op.cit.*

Le service public ne fonctionne de manière continue que parce qu'on y a aussi accès. Si bien que la discontinuité du service public entraine *ipso facto* l'altération de l'accès au service public qu'il soit pris sous l'angle matériel ou l'angle organique. Cet accès a été considérablement limité pour des services publics administratifs dont les portes sont restées ouvertes. Les mesures de distanciation sociale impliquaient d'ailleurs la limitation de l'accès des administrés dans les services publics.

Il faut cependant relever que la puissance publique n'a ménagé aucun effort pour maintenir certains services publics fonctionnels malgré le contexte exigeant[181]. Il s'agissait dans plusieurs Etats d'assurer la continuité des services publics vitaux comme *« le cas de l'eau, de l'électricité, des services municipaux de collecte et de gestion des déchets, des télécommunications et de l'internet »*, la santé. Les services publics régaliens de l'État ont été aussi maintenus fonctionnels comme la police, l'administration générale, les finances et l'économie[182]. Le secteur de la santé est resté actif, d'ailleurs particulièrement impliqué dans les stratégies de lutte. Dans certains États comme le Cameroun, le système du *E-learning*[183] a été instauré dans les Universités pour assurer la continuité des cours ; tout comme les médias ont servi de moyen pour dispenser et diffuser les cours à l'endroit des élèves. L'initiative très volontariste ne pouvait réellement tenir dans un contexte encore marqué par des insuffisances logistiques et technologiques certaines atteignant le secteur de l'internet. Ce qui a induit à ce propos une qualité peu satisfaisante du service public rendu le temps de la Covid-19.

La dilution du principe de qualité du service public

La qualité est conçue aujourd'hui comme un nouveau principe de service public[184]. Le principe de qualité encore en formation continue évoque la nécessité des prestations de services publics de bonne qualité dans l'optique de satisfaire l'intérêt général. L'administré ne devrait alors pas se satisfaire d'un service public seulement parce qu'il est rendu ; l'intérêt général est en réalité satisfait lorsque les prestations qui y sont destinées sont de bonne qualité. La nouveauté attribuée à ce principe peut néanmoins surprendre dans la mesure où de l'histoire de l'administration publique, celle-ci n'a pas été indifférente de l'exigence de qualité de ses prestations. Les sélections pour le recrutement des agents de l'administration n'ont été et ne sont organisées que dans l'optique d'identifier les meilleurs à même de rendre des services publics de qualité. On comprend pourquoi, il est soutenu que le souci de qualité a toujours été l'une des priorités de l'administration qui ne l'a jamais négligée[185]. Avec l'usure du temps, l'exigence de qualité du service public s'invite

---

181 *Ibid.*

182 A. MAKNI, « L'économie tunisienne face à la crise du Covid-19 », in H. REDISSI (dir.), *La Tunisie à l'épreuve du Covid-19*, *op.cit.*, p. 83.

183 Il faut y voir *« l'utilisation des nouvelles technologies multimédias et de l'internet, pour améliorer la qualité de l'apprentissage en facilitant l'accès à des ressources et services, ainsi que les échanges et la collaboration à distance »* (Commission européenne). Il consistait en l'envoi des cours en ligne, la création des plates formes de discussions sur les cours avec les enseignants, etc.

184 L. CLUZEL, *Le service public et l'exigence de qualité*, Paris, Dalloz, coll. « *La nouvelle bibliothèque des Thèses* », n° 56, pp. 10 et s.

185 *Ibid.*

davantage sur la scène des priorités de l'administration. Le souci de qualité est ainsi l'un des critères de choix dans les marchés publics.

Dans le contexte de la pandémie, la qualité des prestations de service public n'a pas toujours été sans reproches. Si l'on peut convenir de ce que la qualité renvoie notamment à l'accessibilité de la prestation de service public suivant le respect de certaines normes, la difficulté peut subvenir sur celui qui détient la compétence pour en apprécier. Cependant, dans des situations où l'on n'a pas besoin de faire recours à un expert, il est possible d'en faire soit même une appréciation. Dans le secteur de l'éducation notamment, il semble que les cours dispensés par voie de médias audiovisuels ont donné de découvrir les lacunes dans la transmission du savoir au Cameroun par voie électronique. Les incertitudes à peine voilées de certains enseignants ont conjugué avec les hésitations et l'ignorance pour former les lacunes dans le secteur éducatif. Le souvenir reste encore frais sur la difficulté d'une enseignante en direct sur l'antenne de la *Cameroon Radio Television* (CRTV), télévision nationale au Cameroun, à donner une réponse satisfaisante à la suite d'une question posée par un élève sur le rôle du drone. On aurait dit que les caméras ont eu raison de son savoir et l'entrainer dans la dégradation de la qualité de l'enseignement.

Si l'on peut passer outre cet élément de fait qui traduit la médiocrité de la prestation de service public, il serait difficile de voiler le fait que la pandémie a induit une médiocrité des prestations matérielle de service public de la santé. La concentration sur la lutte contre la pandémie a finalement entrainé la négligence des autres cas de maladie non liés à la pandémie.

Impliqué en effet par la force dans la pandémie, l'État devait pouvoir gérer la crise *« à la lumière de ses multiples autres priorités sanitaires »*[186]. Or, il semble que même en temps normal, les prestations de services publics dans ce secteur de la santé peinent souvent à atteindre le seuil minimal de qualité. L'on ne pouvait espérer qu'elle quitte la basse échelle pour s'ériger au niveau requis dans un tel contexte de crise. La qualité du service public implique du reste que les prestations soient suffisantes pour satisfaire l'intérêt général. Il n'en a pas toujours été le cas.

Les retards dans les interventions sanitaires urgentes, couplés à ceux entretenus par les autorités administratives sous le prétexte de la pandémie sont également la traduction d'une telle dilution. A cela s'ajoutent, les abus des forces de l'ordre requis pour faire respecter les mesures édictées contre la maladie dans les Etats comme le Maroc, la Tunisie. Ces abus étaient dénoncés par la société civile[187], notamment les médias et les ONG. Ainsi, la Covid-19 serait venue accentuer la dégradation de la qualité des prestations de services publics dans plusieurs États, faisant ainsi découvrir les lacunes qui étaient jusque-là voilées. Elle n'a pas moins bouleversé l'ordre démocratique et le fonctionnement de la justice.

---

[186]L. KHOURY, *op.cit.*, p. 261
[187] F. ELLAFI, *op.cit.*

2-Le bouleversement de l'ordre démocratique et du fonctionnement de la justice

Finalement constituée en un motif légitime de plusieurs initiatives exceptionnelles dans les États, la Covid-19 a considérablement bousculé l'ordre démocratique ; en entrainant la suspension de certains principes démocratiques. C'est ainsi que la tenue des élections n'a pas toujours été sans entraves et insuffisances. La justice semble quant à elle avoir connu une sorte de confinement.

Le bouleversement de l'ordre démocratique : le report des élections

Les élections sont à la démocratie ce que sont la Constitution et les droits fondamentaux à l'Etat de droit. Elles en sont le postulat déterminant ; parce que la démocratie c'est d'abord les élections[188]. Richard GHEVONTIAN écrivait à juste titre qu'en démocratie, « *l'élection est naturellement placée au cœur même du système dont elle est à la fois l'expression et la garantie* »[189]. L'élection constitue en démocratie la source légitime du pouvoir, légitimité générée par le peuple, fondement de tout commandement[190]. C'est pourquoi il se dégage généralement des constitutions que les autorités chargées de gérer l'État tiennent par principe leur pouvoir du peuple par la voie d'élections[191].

L'organisation des élections repose sur un ensemble de principes directeurs rendus standards en droit international, comme celui de la périodicité. Cette périodicité des élections « *[y] est énoncée en termes d'objectifs et de principes que les États en fonction de leurs ordres juridiques respectifs, adhérent, s'engagent à respecter et à promouvoir* »[192]. L'élection est ainsi rythmée par le temps qui en constitue un facteur de régulation. La durée du mandat y joue un rôle important. La fin normale du mandat des élus ou d'un élu déterminé annonce généralement une élection[193]. Cette organisation est toutefois subordonnée au contexte. Dans des situations de crise brutale comme celle de la pandémie à Coronas Virus, il est possible de constater que ces principes ont été temporairement mis sous scellé. L'organisation des élections a par exemple été comptée. Minata Samaté CESSOUMA, Commissaire aux affaires politiques de l'Union Africaine recommandait aux États membres de l'Union, « *d'envisager des consultations avec toutes les parties prenantes en vue de trouver des solutions consensuelles si les élections doivent se tenir à date ou être reprogrammées* ». Selon elle, *« Les cadres légaux existent. Il conviendrait de se référer aux dispositions constitutionnelles qui prévoient les cas de force majeure en*

---

188 L. D. KASSABO, « Le contentieux de l'élection présidentielle en Afrique », *Afrilex*, Bordeaux, 2014, p. 1.

189 Cité par P. SOGLOHOUN, « La crise de la souveraineté nationale en Afrique », *Les annales de l'Université de Parakou*, vol. 2, n° 1, 2019, p. 87.

190 E. Ch. LEKENE DONFACK, « La candidature indépendante et la liberté de suffrage en droit camerounais, *RASJ*, vol. n° 1, 2000,

191 Article 2 de la Constitution camerounaise.

192 A. H. DIOMPY, *Le paradoxe de l'internationalisation du droit constitutionnel en Afrique : réflexions sur les interactions normatives, institutionnelles et politiques dans l'espace CEDEAO*, Thèse de Doctorat en Droit Public, Université de Bordeaux, janvier 2017, p. 619.

193 P. VOUFFO, *La prorogation des mandats des élus au Cameroun*, Thèse de Doctorat en Droit public, Université de Dschang, 2018, 805 p.

rapport avec la tenue des élections. Pour ce faire, il est important d'évaluer soigneusement les menaces de la pandémie de la Covid-19 afin de mieux hiérarchiser les interventions visant à préserver la santé publique, tout en permettant une meilleure préparation des élections, dans des conditions optimales qui préservent le caractère participatif, démocratique, paisible, crédible et inclusif de ces consultations électorales »[194].

L'inquiétude de la Commissaire sur l'organisation saine des élections pendant la Covid-19 était réelle. Elle invitait au recours au droit pour la circonstance. Pourtant, dans de nombreux États, le législateur n'est pas toujours assez prévisible. Les cadres légaux encadrant l'urgence n'existent pas toujours en matière électorale. Rarement, le législateur prescrit l'éventualité d'un report des élections ; si bien que c'est à l'apparition des évènements exigeant comme la Covid-19 que les Etats recourent soit aux pouvoirs exceptionnels du Président de la République soit au Parlement ou au juge constitutionnel pour espérer un report. Le problème s'est d'ailleurs posé en République Centrafricaine où par la voie d'une modification constitutionnelle, les députés ont voulu, au regard du contexte sanitaire Covid-19, proroger leur mandat en même temps que celui des autres élus, avant d'être heurtés à l'avis défavorable du juge constitutionnel.

Dans d'autres États par contre, le législateur marque sa prudence, en prévoyant les situations de report des élections. Au Cameroun notamment l'article 170 al. 2 du Code électoral prescrit la prorogation du mandat des conseillers municipaux « *en cas de nécessité* ». L'article 15 al. 4 de la Constitution quant à lui prescrit la prorogation des mandats des députés lorsque *« les circonstances l'exigent »* ou *« en cas de crise »*. Déjà appliquées à maintes reprises, l'on peut soupçonner que ces prorogations auraient eu lieu si lesdits mandats de ces élus arrivaient à terme au moment de la crise. La prorogation des mandats implique nécessairement le report des mandats[195]. Au canada, c'est l'article 59 de la loi électorale qui prévoit une telle éventualité. Selon cette disposition, une élection peut être reportée pour des raisons notamment d'incendie, d'inondation et « *toute autre calamité* ». La pandémie pourrait être vue comme une calamité pour justifier un tel report comme dans le Nouveau-Brunswick en 2020.

L'organisation d'une élection induit des rassemblements parfois importants insusceptibles d'être compatibles avec la mesure de confinement et de distanciation sociale. Cette mobilisation est signification au moment de la campagne électorale. Vitale pour une organisation des élections, la campagne fait de l'élection un moment déterminant dans la vie d'une Nation et lui donne une dimension évènementielle. Une élection sans campagne donne à la démocratie une image sombre. En Ethiopie notamment, les élections parlementaires ont été reportées pour cause de Covid-19[196].

En France, la situation sanitaire a été de la sorte constituée en un motif légitime pour reporter les élections locales, après les hésitations sur l'éventualité d'un vote

---

194 Minata Samaté CESSOUMA, Impact de la pandémie du covid-19 sur les élections en Afrique : présentation devant le comité des représentants permanents de l'union africaine, Addis Abeba 14 mai 2020.

195 P. VOUFFO, *op.cit.*

196 Rapport de l'Union Africaine précité.

électronique[197]. Ce report a été matérialisé par l'ordonnance n° 2020-390 du 1er avril 2020 relative au report du second tour du renouvellement général des conseillers municipaux et communautaires, des conseillers de Paris et des conseillers de la métropole de Lyon de 2020 et à l'établissement de l'aide publique pour 2021 ; le décret n° 2020-643 du 27 mai 2020 relatif au report du second tour du renouvellement général des conseillers municipaux et communautaires, des conseillers de Paris et des conseillers métropolitains de Lyon de 2020 et à l'adaptation du décret du 9 juillet 1990 à l'état d'urgence sanitaire[198]. La pandémie a ainsi bouleversé le calendrier électoral en France, en apparaissant comme un grain de sable de sa stabilité.

Dans plusieurs autres États par contre, les élections ont été organisées mais avec des insuffisances non moins déterminantes sur leur fiabilité[199]. Le fonctionnement de la justice n'a pas été épargné.

Le confinement de la justice

Les situations condamnent souvent à un fonctionnement momentané relativement anormal des institutions. Le secteur de la justice n'en est pas souvent épargné et les effets dus par la Covid-19 sont encore ressentis aujourd'hui[200]. Le fonctionnement de la justice pendant la Covid-19 n'a pas toujours été normal. Plusieurs principes régulant le fonctionnement de la justice ont été comptés. La célérité a été soumise par les reports d'audience, ou des prorogations des délais au regard de la situation sanitaire. Les procès sans audience publique en conformité avec les mesures de distanciation sociale n'ont pas été la traduction du principe de la publicité des audiences[201]. Le recours à la visioconférence comme en France pour certains procès, n'a pas toujours constitué un palliatif efficace.

La tendance générale dans les États est toutefois la diminution de l'activité juridictionnelle[202]. Emmanuel JEULAND observe à ce propos qu'en temps de pandémie à Corona Virus, « *la justice n'a plus été le réceptacle des émotions négatives individualisées et humanisées qu'elle doit être et qu'il n'y a plus eu que des émotions collectives traitées par l'action administrative en dehors des tribunaux* »[203], puisque malgré les interventions la Cour de Cassation pour *« mettre fin à la prolongation sans juge de la détention provisoire »*, et du Conseil d'État pour *« rétablir la liberté de culte et la liberté de manifester »*, *« pendant deux*

---

[197] W. GILLES, « Droits fondamentaux et urgence à l'ère du numérique et des gouvernements ouverts », E. JEULAND et S. PRÉTOT (dir.), *Droit de l'urgence et crise sanitaire, op.cit.* pp. 60 et s.

[198] *Ibid.* p. 62.

[199] Rapport de l'Union Africaine précité.

[200] I. ANDOULSI et S. HUART (dir.), Continuité de la justice et respect des droits humains en période de pandémie », Anthémis, coll. « *Entreprise, économie & droit* », 2021, 134 p.

[201] E. JEULAND, « Droit de l'urgence, justice et émotions – Quelques éléments conclusifs », E. JEULAND et S. PRÉTOT (dir.), *Droit de l'urgence et crise sanitaire, op.cit.* pp. 118 et s.

[202] L. JAILLET, « Gestion de la pandémie dans les palais de justice en France et en Allemagne », Synergies Pays germanophones, n° 14, 2021, p. 107.

[203] *Ibid.*

mois, l'action administrative n'a pas eu de limites sauf la gestion des émotions collectives supposant un exercice de communication permanent »[204].

Dans la majorité des cas, l'on a dû adapter le fonctionnement de la justice du fait des contraintes de confinement et de l'ensemble des précautions sanitaires prises pour freiner la propagation de la pandémie[205]. En France, une loi de 2020 a suspendu les délais d'examen de la question prioritaire de constitutionnalité aussi bien devant la Cour de Cassation, le Conseil d'État que devant le Conseil constitutionnel. La pandémie y a été constituée comme *« circonstances particulières »* pour obliger cette suspension[206] confirmée par le juge constitutionnel. D'aucuns y ont vu une violation de la constitution ; estimant que cette initiative constitue un stratagème pensé et destiné à empêcher le contrôle de constitutionnalité de la loi sur l'état d'urgence[207]. Toujours est-il que, le système juridictionnel n'a pas toujours été immunisé face à l'urgence sanitaire. Il a été tout aussi contaminé[208], et dans ce contexte, c'est la bonne administration de la justice qui est mise en quarantaine, la justice dévoyée au grand dam de l'État de droit[209].

Conclusion

En période d'urgence sanitaire de portée internationale comme dans le cas de la Covid-19, le péril plane sur la société ; l'ombre du mal se profile dans les esprits et la terreur s'installe. Il faut bien que l'on agisse pour endiguer le mal. Tous les moyens sont à ce sujet bon lorsqu'ils sont efficaces, mais employés dans un État droit en respect du droit. Pendant la Covid-19, ce dernier a été constitué en une *thérapie*, parce que mobilisé aussi bien en droit international qu'en droit interne pour faire face à la pandémie. Suivant cette mobilisation, s'est dessiné une responsabilité collective au niveau international sous l'aspect avenant de la solidarité internationale et une responsabilité étatique de la survie des citoyens[210].

Le droit n'a cependant pas été lui-même épargné par la pandémie. Certains principes normatifs ont été mis en quarantaine sous la poussée étouffante de la maladie, mettant le droit ainsi dans une posture de victime ; l'obligeant au recours d'une assistance respiratoire pour s'affirmer. Si les juges sont intervenus pour une meilleure régulation de la situation, ils convenaient en majorité que le droit ordinaire dans sa diversité de composantes notamment les droits fondamentaux, la continuité du service public etc., ait pu s'éclipser pour laisser place à un droit exceptionnel[211]. Il a dans ce cas également découvert ses lacunes. Du plan international au plan national,

---

[204] *Ibid.*
[205] J.-P. JEAN, « Les juridiction face à la pandémie de Covid-19 », *Les Cahiers de la justice*, n° 3, 2020, p. 493.
[206] A. TROIZIER, *«* Droit constitutionnel et états d'urgence *»*, *op.cit.*, pp. 24-25.
[207] *Ibid.*
[208] F. WORMS, « Pandémie te justice : entre soin et politique », in *Le moment du Soin*, 2010, p. 39.
[209] D. SALAS, *La justice dévoyée, critique des utopies sécuritaires*, *op.cit.*
[210] L. KHOURY, *op.cit.*, p.261
[211] M. -Cl. PREMONT, M. -E. COUTURE-MENARD et G. BRISSON, *op.cit.*, p. 253.

il y a eu comme une insuffisance du droit, du moins l'absence d'un véritable dispositif juridique de régulation de crise sanitaire urgente ; toute chose qui laisse entrevoir que les effets d'urgence notamment sanitaire sont *« susceptibles de modifier le droit de manière pérenne »*[212].

Il reste que les différentes modifications induites par la pandémie symbolisent les incertitudes dans le fonctionnement institutionnel émaillé des insuffisances. En effet, dans la plupart des Etats, l'ordre institutionnel est souvent pensé sans une attention particulière sur les évènements qui peuvent influencés sur son cours. Le législateur reste relativement imprévisible sur les mésaventures éventuelles des institutions notamment démocratiques et d'État de droit. Sans doute, le législateur ne voudrait-il pas dessiner le diable au mur pour qu'il finisse par apparaitre dans sa maison. Toujours est-il que lorsqu'une mesure exceptionnelle est prise dans le respect d'un droit en vigueur, il gagne en légitimité et la solidarité autour d'elle se fait sentir.

---

212 E. JEULAND et S. PRÉTOT, « Argumentaire en date du 1er juin 2020 », in E. JEULAND et S. PRÉTOT (dir.), *Droit de l'urgence et crise sanitaire, op.cit.*, p.4.

Chapitre 8 : Le Droit à la santé et le droit à la vie face au Covid-19

Par POMTE-LE Théodore
Docteur/ Ph.D. en Droit public, Chargé de cours au Département de Droit Public International, Université de Maroua (Cameroun). pomteletheodore@gmail.com

Résumé

Le Covid-19 a engendré une crise sanitaire qui continue de bouleverser le cours normal de la vie. Cette maladie très virulente a déclenché la mise en place ici et là des plans de riposte. Cette crise sanitaire, sur le plan du droit, a entrainé l'état d'urgence sanitaire. C'est un régime qui confère des pouvoirs spéciaux à l'exécutif justifiant des restrictions très drastiques aux droits et libertés. L'application du droit à la santé et du droit à la vie s'est infléchie. Partant du caractère kaléidoscopique du droit à la santé, l'insuffisance des ressources a montré la défaillance des États dans la mise en œuvre du service public sanitaire. La vie a été désacralisée, la discrimination a été inversement admise par une gestion d'urgence. Il s'ensuit un impératif juridique de prévision efficiente des crises sanitaires.

Mots-clés : Covid-19, droit à la santé, droit à la vie, état d'urgence, ordre public sanitaire.

Introduction

Selon Jean CARBONNIER, « l'application du droit est un processus, une suite d'actions et de réalisations tendue vers un but. C'est un processus animé par des hommes, les acteurs de l'application que l'on pourrait dire coauteurs du droit, car le droit serait vain s'il n'était pas appliqué »[1]. Selon l'auteur, il s'agit d'un processus qui consiste à assurer l'exécution d'une règle. L'application vise la concrétisation, « c'est une action qui consiste à faire passer du projet à la matérialisation ou au devenir réel »[2]. Généralement, l'application du droit est appréhendée sous le prisme du contentieux. Mais elle peut aussi en être le contraire. Jean-Louis BERGEL dira que « l'application du droit s'opère le plus souvent de manière non-contentieuse »[3]. En droit international, l'application de la norme dépend de l'orientation constitutionnelle des États selon qu'ils sont monistes ou dualistes. Dans un système dualiste, la norme doit être reçue dans l'ordre interne avant d'être appliquée. Dans un système moniste, l'application de la norme est directe dans l'ordre interne. En droit communautaire, l'on parle de l'applicabilité immédiate. Elle signifie que l'application du droit

---

1 CARBONNIER (J.), *Droit et passion du droit sous la Ve République*, Paris, Flammarion, 1996, p. 75.
2 FOE NDI (C.), *La mise en œuvre du droit à la santé au Cameroun*, Thèse de doctorat, Université d'Avignon, 2019, p. 17.
3 BERGEL (J.-L.), *Théorie générale du droit, Paris, Dalloz, 4e édition, 2003, p. 257.*

communautaire par les États membres n'a pas besoin de mesures de réception. Les actes du droit communautaire pénètrent les ordres juridiques nationaux sans le secours d'aucune mesure nationale d'introduction[4] à l'exception des directives. En droit interne, l'application de la norme de droit public est obligatoire sur l'étendue du territoire national de façon impersonnelle, abstraite et générale. Elle est une expression de la souveraineté interne de l'État. Une telle application peut être spatiale, temporelle, personnelle et matérielle. Elle peut se dérouler en période normale ou en période de crise. La notion de crise « évoque généralement un phénomène soudain et brutal, qui bouleverse l'ordre habituel des choses, provoque un grand dérangement, mais pour une brève durée : son aspect temporaire est, avec son intensité, l'une de ses deux caractéristiques dominantes »[5]. Prévisible à raison de sa périodicité, « la crise est identifiable parce qu'isolable. Par divers de ses aspects, elle tranche : par l'intensité des dangers qui l'amènent et qu'elle contient, par l'étendue des perturbations qu'elle provoque, et par son caractère temporaire, elle constitue un phénomène suffisamment précis et déterminable pour que le droit en fasse une catégorie, assortie d'un régime juridique propre »[6]. C'est avec la constitution de Weimar de 1919 que, la crise a été systématisée dans une prévision et un régime juridiques dans les démocraties occidentales[7]. La crise peut consister en une guerre, un trouble intérieur, des catastrophes naturelles ou encore une maladie. C'est le cas du Covid-19. La maladie à coronavirus 2019 (Covid-19) est une maladie infectieuse due à un Coronavirus découvert récemment. Elle s'est déclenchée vers la fin de l'année 2019 telle une éruption volcanique initialement en Chine et précisément dans la ville Wuhan, puis s'est propagée en Europe, en Amérique et en Afrique. Cette maladie a très vite été qualifiée de pandémie mondiale par l'Organisation mondiale de la santé (OMS)[8]. Il s'en est suivi un chamboulement total de par son bilan : environ 500 millions de malades dans le monde et 6,18 millions de décès. Sur le plan du droit, cette crise est un trouble à l'ordre public. De part ce fait, elle a entrainé la mise sur pied des mesures d'ordre public telle que la déclaration de l'état d'urgence qui est une législation de crise. Cet état « demeure, en effet un état de droit adapté aux circonstances de crise »[9]. Sur le plan administratif, un régime de police administrative a été mis en place en vue de maintenir l'ordre public[10]. En clair, il s'agit d'un état d'urgence sanitaire. Selon la Loi française n° 2020-290 du 23 mars 2020 en son article 2, l'état d'urgence sanitaire « peut être déclaré sur tout ou partie du territoire métropolitain ainsi que du territoire des collectivités régies par les articles 73 et 74 de

---

[4] SOMA, (A.), « Les caractères généraux du droit communautaire », *Revue CAMES/SJP, n° 001/2017, p. 2.*

[5] MOURGEON (J.), « Les crises et les libertés publiques », *Pouvoirs*, n° 10, 1979, p. 43.

[6] *Ibid*, p. 43.

[7] *Idem.*

[8] Elle n'est pas la première pandémie du genre. Le monde en a connu d'autres. Les plus grandes sont : la peste de Justinien, la peste noire, la fièvre jaune, le choléra, la grippe espagnole, la grippe asiatique, la grippe de Hong Kong, le sida.

[9] GICQUEL (J.), GICQUEL (J.-E.), *Droit constitutionnel et institutions politiques*, Paris, LGDJ, 30e édition, 2016-2017, p. 702.

[10] CHAPUS (R.), *Droit administratif général*, Paris, Montchrestien, tome 1, 15ème édition, 2001, p. 699.

la Constitution et de la Nouvelle-Calédonie en cas de catastrophe sanitaire mettant en péril, par sa nature et sa gravité, la santé de la population ». Cet état est subséquent à l'urgence de santé publique de portée internationale[11].

D'emblée, les crises et les libertés sont inconciliables[12]. Pourtant, il s'agit d'un couple majeur pour la souveraineté de l'État. Deux raisons en justifient. D'un côté, l'état de crise est constitutionnellement consacré[13]. Toutes « les mesures de protection de l'État forment nécessairement partie de la constitution de cet État et, en temps de crise, il n'est pas paradoxal de dire qu'elles deviennent des normes supérieures aux autres principes constitutionnels, et en particulier, à toutes ces libertés fondamentales qui ne peuvent être que subordonnées au maintien effectif de l'État lui-même »[14]. D'un autre côté, la législation de crise est généralement attentatoire aux libertés car le fait de laisser libre cours aux libertés en période de crise constitue un obstacle à la résorption de la crise et en même temps une accentuation du péril[15]. Désireuses d'une « paix sociale qui les alimente autant qu'elle se nourrit d'elles, les libertés publiques sont par nature dans l'incapacité de s'accommoder des crises qui, toujours, les altèrent, les réduisent, voire les anéantissent »[16]. Mais, cette négation des libertés se fait dans le respect de certains principes[17] et sous le contrôle du juge. La législation de crise se situe « aux côtés du droit » et non « à côté du droit »[18]. L'état d'urgence vise à terme le bon exercice des droits et libertés. Sa finalité est le *Salus Populi.* La législation encadrant la pandémie du Covid-19 se situe dans l'ordre public. Ce dernier est une forme de gestion des risques[19]. L'ordre public sanitaire « impose (...), selon les risques, des vaccinations, des visites médicales obligatoires, des hospitalisations d'office ou des mesures de confinement, et, en accordant le droit

---

[11] Selon le Règlement sanitaire international en son article 1, l'urgence de santé publique de portée internationale s'entend d'un événement extraordinaire dont il est déterminé, qu'il constitue un risque pour la santé publique dans d'autres Etats en raison du risque de propagation internationale de maladies ; et qu'il peut requérir une action internationale coordonnée.

[12] Quelques fois, il ne peut y avoir de conflit entre les normes de sécurité de l'Etat et la reconnaissance des libertés publiques. Voir TREMBLAY (G.), « Les libertés publiques en temps de crise », *Les cahiers de droit*, 13(3), 1972, p. 401.

[13] Article 9 de la constitution camerounaise du 18 janvier 1996, article 25 de la constitution gabonaise du 26 mars 1991 modifiée le 19 aout 2003, l'article 101 de la loi constitutionnelle du Bénin du 11 décembre 1990, l'article 16 de la constitution française du 4 octobre 1958, etc.

[14] TREMBLAY (G.), « Les libertés publiques en temps de crise », *Les cahiers de droit*, 13(3), 1972, p. 401.

[15] MOURGEON (J.), « Les crises et les libertés publiques », *op.cit.*, p. 42.

[16] *Ibid.*, p. 41.

[17] Selon la jurisprudence Doublet de 1959, l'obligation de prendre une mesure de police est subordonnée à trois conditions : « il faut que la mesure de police soit *indispensable* pour faire cesser un *péril grave* résultant d'une situation *particulièrement dangereuse* pour l'ordre public ».

[18] GICQUEL (J.), GICQUEL (J.-E.), *Droit constitutionnel et institutions politiques, op.cit.*, p. 660.

[19] Les risques sont avant tout des « instruments de gouvernement ». Ils « permettent, dans une société donnée, d'identifier et d'instiller des normes de comportement à la fois aux humains et aux non-humains que sont les animaux, les objets techniques ou encore les virus ». Voir FALLON (C.), THIRY (A.), BRUNET (S.), « Planification d'urgence et gestion de crise sanitaire. La Belgique face à la pandémie de Covid-19 », Courrier hebdomadaire du CRISP 2020/8-9 (n° 2453-2454), pp. 5-68. Disponible sur www.cairn.info, consulté le 8 novembre 2021.

universel aux soins (…), assure également un rôle de prophylaxie sociale »[20]. Les normes d'ordre public ont un rang supérieur aux autres normes. La norme[21] tire son existence d'une source ou d'un énoncé normatif. Le Professeur Éric MILLARD affirme qu'elle ne signifie pas un acte mais « une signification d'un acte de volonté »[22], un acte par lequel le jurislateur veut que quelque chose « doit avoir lieu ». Elle est une prescription, c'est-à-dire une autorisation, une permission, une habilitation, une interdiction et une obligation[23]. Elle est alors « un ordre »[24], ce qui implique une expression de volonté manifestée par un acte qui confère des droits et obligations à des sujets déterminés conformément à l'ordre juridique. Dans cette logique, « les normes juridiques promulguées par les organes de création du droit sont impératives... »[25] La norme peut être de droit public ou de droit privé dans l'ordre interne. Si celle de droit privé régit des relations interpersonnelles, celle de droit public régit les relations entre les particuliers et l'État. Il se confond au droit positif. La norme de droit public est celle qui renvoie au droit positif. Deux normes de droit public nous intéressent dans cette réflexion : le droit à la santé et le droit à la vie.

Le droit à la santé est un droit reconnu à l'homme concret ou « situé »[26], un droit-créance proportionnel à la situation économique des États. Il est physique et mental[27]. Il doit être accordé à tous sans discrimination. Il est difficile d'assigner un contenu spécifique au droit à la santé. Au sens strict, il renvoie aux normes suivantes : le droit aux soins, le droit à la sécurité sociale, la gratuité des soins médicaux. Au sens large, le droit à la santé renvoie au bien-être (droit à la nourriture, droit au logement, bref au cadre et à la qualité de vie). La dimension la plus essentielle du droit à la santé est l'accès aux soins. Il présente l'aspect le plus tangible, le plus exigible même, du droit "générique" à la santé. Le droit aux soins « apparaît comme l'un des droits fondamentaux de la personne en ce qu'il serait inhumain de ne pas soigner une personne malade alors que des moyens de le faire existent, mais il constitue aussi le plus fondamental des droits des malades en ce qu'il est à la base de l'acte médical. En fait, l'expression d'accès aux soins revient à reconnaître un *droit d'accéder aux soins*, expression rarement utilisée »[28]. Le droit aux soins est parfois considéré comme

---

[20] SÈVE (R.), « Avant-Propos : la mesure de l'ordre public », in Archives de philosophie du droit, *L'ordre public*, Paris, Dalloz, tome 58, 2015, p. XIII.

[21] Dans ce sens, par norme « *on entend le contenu, la substance d'une règle élaborée selon les exigences « procédurales » de telle ou telle source formelle* ». DAILLIER (P.), FORTEAU (M.), PELLET (A.), *Droit international public*, Paris, LGDJ, 8e édition, 2009, p. 126.

[22] MILLARD (E.), « Qu'est-ce qu'une norme juridique », in *Cahier du Conseil Constitutionnel*, n° 21, 2006, p. 89.

[23] Idem.

[24] KELSEN (H.), *Théorie générale du droit et de l'État*, Traduction Charles Eisenmann, 1962, p. 95.

[25] *Ibid.*, p. 95. Allant dans le même sens, le Professeur CHEVALLIER affirmera que la règle de droit s'exprime essentiellement à l'impératif. Voir CHEVALLIER (J.), « *L'ordre juridique* », disponible sur http://www.u-picardie.fr, consulté le 25/09/2015, p. 9.

[26] DAVID (E.), « Le droit à la santé comme droit de la personne humaine », *RQDI*, 1985, p. 65.

[27] Ce droit est encadré par l'article 12 du Pacte international relatif aux droits sociaux, économiques et culturels.

[28] BIOY (X.), « Le droit d'accès aux soins : un droit fondamental ? », In Isabelle Poirot-Mazères, *L'accès aux soins*, disponible sur https://book.openeditions.org, pp. 37-71. Consulté le 18 octobre 2021.

détaché du droit à la santé, parfois comme faisant partie dudit droit. Dans la présente réflexion, il est perçu comme faisant partie du droit à la santé.

Le droit à la vie est un droit impératif, un droit-liberté reconnu à l'homme abstrait. Il est le premier des droits de l'homme dans la mesure où il permet la protection des autres droits de l'homme. Il s'oppose à la privation de la vie qui peut consister en la mort, la disparition forcée, etc. Il en existe des exceptions[29]. Le droit à la vie à deux dimensions. Celle négative interdit aux États d'ôter la vie. Celle positive amène l'Etat à protéger la vie des personnes qui sont sous sa compétence et à traquer afin de punir ceux qui l'enfreignent. C'est dans cette dimension positive que se trouve la question du Covid-19.

Le droit à la santé est un « droit-carrefour »[30]. Son contenu, un kaléidoscope des droits[31]. Il est subséquent du droit à la vie. L'on peut même dire qu'il est nécessairement associé au droit à la vie[32]. Sa juridicité est fonction des instruments qui l'énoncent. Son respect est absolu quand il se traduit au respect du droit à la vie. Toute violation du droit à la santé est une violation du droit à la vie. Une mauvaise hospitalisation des patients peut-être une cause de contamination des autres patients. Ce dernier semble être un fondement assuré pour engager la responsabilité de l'État en cas de crise sanitaire[33].

L'intérêt de la présente étude est actuel tout comme l'est la pandémie du Coronavirus. Depuis sa propagation, les institutions se sont trouvées dos au mur. Cela s'est ressenti à travers le dispositif de réaction mis en place. Les infrastructures, les ressources humaines et la norme de droit public ont été mobilisées dans ce contexte crisogène. Cela a infléchi l'application des normes tout en ébranlant les principes basiques du droit. Les procédés de gestion de cette pandémie ont montré la limite des États. Il est donc question ici de mettre en lumière la gestion du Covid-19 et la reconfiguration des normes de droit public constitutionnel que sont le droit à la vie et le droit à la santé.

Le champ matériel de cette réflexion est celui des droits et libertés fondamentaux. Le droit constitutionnel et les traités internationaux en sont géniteurs, ils en constituent la trame de fond. Le temps de l'étude est aussi celui du Coronavirus. Il va de 2019 à nos jours puisque la pandémie a cours quoique de manière atténuée. L'on observera que l'espace de l'étude est aussi celui du Covid-19, l'espace-monde. La comparaison des différentes modalités de gestion par des États permettra d'y desceller un droit constitutionnel de la gestion des crises sanitaires.

L'application du droit à la santé et du droit à la vie ont présenté une diversité de régimes qui laisse interrogateur. En effet, l'accès aux soins notamment aux lits, aux

---

[29] C'est le cas de la peine de mort et de l'euthanasie etc.

[30] BELANGER (M.), *Introduction à un droit mondial de la santé*, Paris, AUF, 2009, p. 99.

[31] DAVID (E.), « Le droit à la santé comme droit de la personne humaine », *op.cit.*, p. 64.

[32] Il suffit de mentionner l'interruption volontaire de la grossesse (IVG), l'euthanasie, le respect de la vie, etc.

[33] Notons qu'il n'est pas évident d'engager la responsabilité de l'Etat pour faute sanitaire. Voir KHOURY (L.), « Crises sanitaires et responsabilité étatique envers la communauté », *RUDS*, n° 46, 2016, p. 263.

respirateurs et au personnel soignant donnent l'impression d'un échec de l'État. Le droit à la vie en contexte d'une pandémie extrêmement virulente n'a pas permis de protéger la vie mais plutôt de choisir arbitrairement qui doit vivre ou mourir « dans un contexte de valorisation extrême » dudit droit[34] par les sociétés démocratiques. L'on est donc fondé de se poser la question de savoir quels sont les tenants et les aboutissants de l'application de ces deux normes de droit public. Dit autrement, quelles sont les différentes inflexions dont ont été victimes l'application du droit à la santé et du droit à la vie pendant la séquence du Covid-19 ? Telles les plaques tectoniques, l'application des deux normes a été éprouvée (I) pour finir par être transformée (II).

I- Une application éprouvée

La séquence du Covid-19 s'est révélée comme une véritable épreuve pour les États dans leur mission de protection des droits de l'homme. Contrairement au temps normal, l'application du droit à la vie et du droit à la santé a été secouée (A) entrainant le bouleversement du cadre normatif actuel (B).

A- L'application secouée des deux normes

Le droit à la santé a connu des secousses (1). En plus, la virulence de la pandémie du Coronavirus a conduit à assimiler le droit à la santé au droit à la vie (2).

1- Le difficile respect du droit à la santé

Santé publique, droit médical, droit de l'homme, voici des morceaux choisis intéressants. Il est admis qu'il est impossible de faire avancer la santé publique au détriment des droits de l'homme même si cela n'est pas sans difficulté[35]. Le rapport tendu entre santé et droits de l'homme est donc posé. Les objectifs de la santé publique sont la prévention, la protection, la promotion et la surveillance de la santé. Les Etats dans leur politique sanitaire, ont l'obligation de respecter, de protéger et mettre en œuvre le droit à la santé qui en découle. Parmi ces obligations se trouve la question de la disponibilité des infrastructures sanitaires. Ces obligations ont été difficilement respectées lors de la pandémie Covid-19. L'obligation de mise en œuvre du droit à la santé est étatique. Elle peut être vue sous l'angle des maladies épidémiques. Les États « sont tenus d'adopter des mesures […] contre toute menace mise en évidence par des données épidémiologiques ». L'adoption de telles mesures dans le cadre de la gestion du Coronavirus a remis en cause l'obligation primaire de respecter le droit à la santé. En effet, cette mise en œuvre en période de crise sanitaire a plutôt tenu compte du contexte. Il s'agit d'un contexte de crise. Or l'obligation de

---

[34] ANDRIANTSIMBAZOVINA (J.) ; GAUDIN (H.), MARGUENAUD (J.-P.), EIALS (S.), SUDRE (F.) (Dir.), *Dictionnaire des droits de l'homme*, Paris, *PUF*, 1ère édition, 2008, p. 978.

[35] GAYMARD (H.), « Préface », in MANN (J.) (Dir.), *Santé publique et droit de l'homme*, Séminaire du 8 et 9 novembre 1996, Paris, Espace éthique de l'assistance publique hospitalière, inédit.

respect est générale et prend plus en compte la période normale. La mise en œuvre du droit à la santé se fait *in concreto* alors que l'obligation de respect est une obligation *in abstracto.* Cette mise en œuvre du droit à la santé permet aussi d'évaluer les actions posées par les États. Ces derniers ont l'obligation générale de construire les infrastructures sanitaires et leur doter des ressources adéquates. La qualité signifie que les « installations, biens et services en matière de santé doivent être scientifiquement et médicalement appropriés et de bonne qualité. Cela suppose notamment du personnel qualifié, des médicaments et du matériel hospitalier approuvés par les instances scientifiques et non périmés »[36]. Est-ce que les États ont disposé des infrastructures suffisantes ? Quel est le degré d'évaluation de la suffisance infrastructurelle ? Il semble que dans certains pays, les infrastructures ont été insuffisantes. Cela s'est constaté par l'absence des salles et des lits d'hospitalisation ainsi que des respirateurs etc. Les infrastructures sanitaires doivent assurer à tous des services médicaux et une aide médicale en cas de maladie. Il doit y avoir un cadre général permettant à l'hôpital public de soigner tous les malades. En pratique, cela passe par l'octroi de moyens humains, matériels et financiers suffisants[37]. La disponibilité d'un tel cadre permet l'accessibilité aux soins aussi bien en période normale qu'en période de crise sanitaire. Ce dernier point se traduit par la « mise en place d'un système de soins médicaux d'urgence en cas d'accidents, d'épidémies et de risques sanitaires analogues » et « l'accès rapide, dans des conditions d'égalité, aux services essentiels de prévention, de traitement et de réadaptation ». Sur ce point, la gestion du Covid-19 a montré que les infrastructures sanitaires et les ressources ont été insuffisantes car les hôpitaux ont manqué des médicaments et des places pour soigner des malades. Toute chose qui a remis en cause le droit aux soins qui est l'élément phare du droit à la santé. Le reproche fait aux Etats porte sur leur inaction ou leur omission de règlementer, et leur défaut de mettre en œuvre la règlementation ou leur négligence dans cette mise en œuvre[38]. Cela suscite des interrogations.

Le droit aux soins dans sa dimension objective impose l'accès aux soins. Pour le service public de la santé, il en découle que les patients ne sont pas abandonnés par les médecins[39]. L'obligation de continuité des soins impose que quelles que soient les circonstances[40], « elle soit assurée et que le médecin ne puisse pas abandonner ses malades en cas de danger public. Au nom de cette continuité des soins, un couple de médecins a pu, par exemple, être mis en demeure de ne pas partir en vacances

36 FOE NDI (C.), *La mise en œuvre du droit à la santé au Cameroun, op.cit.*, p. 11.

37 TASSE (E.), « Droit à la santé, droit à la vie et coronavirus. La décision publique face à l'incertitude scientifique » disponible surhttps://doi.org/10.4000/cdst.2908, consulté le 24 septembre 2021.

38 KHOURY (L.), « Crises sanitaires et responsabilité étatique envers la communauté », *RUDS*, n° 46, 2016, pp. 265-266.

39 BIOY (X.), « Le droit d'accès aux soins : un droit fondamental ? », In Isabelle Poirot-Mazères, *L'accès aux soins*, disponible sur https://book.openeditions.org, pp. 37-71. Consulté le 18 octobre 2021.

40 Selon l'article 3 (2) du décret camerounais n° 83-166 du 12 avril 1983 portant Code de déontologie des médecins, ces derniers ne peuvent « abandonner ses malades, même en cas de danger public, sauf ordre écrit de l'autorité compétente ».

ensemble par le maire d'une commune rurale »[41]. La continuité du service public de la santé pour être efficace doit s'accompagner des autres lois de Rolland. Cette continuité peut être rompue lorsque d'autres conditions ne sont pas respectées. Ces différentes observations relatent bien la complexité des attentes envers l'État en période de crise. Comment déterminer si une menace, une situation était raisonnablement prévisible ou imminente ? Comment apprécier le comportement de l'État et dire s'il a ou non manqué à son obligation de prévention ? Deux lectures pourraient s'affronter. La première consisterait à prendre acte de la nature et de l'ampleur inédites de la crise du Coronavirus. Jamais la communauté internationale n'a eu à affronter une épidémie de ce type se propageant à une vitesse foudroyante et touchant toutes les régions du monde. De ce point de vue-là, on peut estimer qu'elle était imprévisible et que l'État a fait « ce qu'il a pu » compte tenu des informations qui étaient à sa disposition. La seconde lecture consisterait à partir du constat que la crise du Coronavirus n'est pas la première pandémie. Les États étaient avertis et auraient donc dû prévoir un plan d'urgence ou un plan de gestion des catastrophes[42]. Dans une situation complexe, l'on peut aussi aborder la bonne foi des États dans la gestion du Covid-19. Ceux étant de bonne foi ont effectivement mis les moyens dont ils disposaient pour faire face à la pandémie, mais ceux de mauvaise foi l'ont minimisé. C'est le cas lorsqu'un État dispose de ressources financières, mais soit dépourvu de la volonté d'utiliser au maximum ces ressources pour donner effet au droit à la santé. Le Brésil[43] en est un exemple.

Le droit à la santé est un droit subjectif et programmatoire dont la garantie variera selon des situations *rationae personne* et *rationae loci*. Les États doivent prouver qu'ils ont tout fait pour le garantir. Pendant le Covid-19, le droit à la santé a été mis en mal parce que les structures sanitaires étaient débordées aussi bien sur le plan infrastructurel que de la ressource humaine. L'on a observé un défaut d'accès aux soins, un accès discriminatoire ou inégalitaire aux soins, l'hésitation du personnel soignant à travailler, un plan de riposte léger. En 2020, en Belgique, « les gouvernants se sont retrouvés à improviser leur gestion de crise parce que les dispositifs en place ont été pensés et dimensionnés pour d'autres crises, de plus faible ampleur »[44]. D'autres États ont mis sur pied une fausse impression de plan. L'une des images les plus choquantes est celle provenant d'Italie où les centres hospitaliers ont été incapables d'offrir des soins aux malades du Covid-19 à cause de l'insuffisance des infrastructures sanitaires. Dans ce pays, dans la ville de Naples par exemple, certains

---

[41] BIOY (X.), « Le droit d'accès aux soins : un droit fondamental ? », In Isabelle Poirot-Mazères, *L'accès aux soins*, disponible sur https://book.openeditions.org, pp. 37-71. Consulté le 18 octobre 2021.

[42] Idem.

[43] TV5, « Covid-19 au Brésil : Bolsonaro accusé de "crime contre l'humanité" », disponible sur https://information.Tv5monde consulté le 8 novembre 2021.

[44] FALLON (C.), THIRY (A.), BRUNET (S.), « Planification d'urgence et gestion de crise sanitaire. La Belgique face à la pandémie de Covid-19 », Courrier hebdomadaire du CRISP 2020/8-9 (n° 2453-2454), pp. 5-68. Disponible sur www.cairn.info, consulté le 8 novembre 2021.

malades ont été placés sous oxygène dans leur voiture faute de place dans les hôpitaux[45].

Lors de la réaction contre le Covid-19, « il y a eu peu de certitudes, si non celle qu'il incombe aux services hospitaliers de tout faire pour tenter de sauver, avec les connaissances et moyens dont ils disposent, les malades qui leurs sont confiés »[46].

2-L'assimilation des deux normes

L'assimilation des deux normes se justifie par la faible justiciabilité du droit à la santé d'une part et à cause de la virulence du Covid-19 d'autre part. Le droit à la santé reste un pseudo-droit, un droit à juridicité variable dont la justiciabilité est encore plus discutée en période de crise. Il dispose des assises juridiques variées. Tantôt, il est consacré dans des sources contraignantes, tantôt dans des sources non contraignantes. Lorsqu'il est consacré dans les premières sources, sa juridicité est absolue, dans les secondes, sa juridicité est discutée. La juridicité du droit à la santé est aussi faible à cause de la multiplicité de ses débiteurs. Tantôt, ses normes régissent des catégories économiques différentes (pauvres et riches), tantôt, des catégories vulnérables (enfants, mères, personnes handicapées etc.)[47]. Une telle variabilité rend problématique sa justiciabilité qui plus est, confère une obligation de moyen aux États. En période de crise sanitaire, il est difficile d'engager la responsabilité de l'État devant le juge. Cela s'explique par la séparation des pouvoirs. En effet, la mise en œuvre de la politique de la santé publique revient à l'exécutif. Il n'est pas de la compétence du pouvoir judiciaire d'en contrôler car les juridictions insistent généralement sur « l'importance de l'indépendance constitutionnelle dont bénéficie le décideur public à titre de représentant du citoyen dont la santé est en jeu »[48]. Les décisions exécutives des pouvoirs publics sont donc protégées par une immunité dès lors qu'elles impliquent l'établissement discrétionnaire de priorités, l'allocation de ressources ou la conception de plans ou programmes d'intervention[49]. Le droit aux soins ne peut que jouir d'une protection par ricochet des autres droits surtout lorsqu'il manque d'une consécration normative autonome. La tendance a toujours été celle de l'assimilation du droit à la santé au droit à la vie. Il s'agit d'une assimilation jurisprudentielle et même constitutionnelle. C'est le cas de la constitution ukrainienne[50]. Selon l'article 6 (1) du Pacte international relatif aux droits sociaux, économiques et culturels, « Le droit à la vie est inhérent à la personne humaine. Ce droit doit être protégé par la loi. Nul ne peut être arbitrairement privé de la vie ». Le droit à la vie peut s'appliquer aux soins de santé. Dans l'affaire *Cabal et Pasini c. Australie*, le Comité des droits économiques, sociaux et culturels considère « que le

---

[45] France Télévision, « Covid-19 : en Italie, des malades placés sous oxygène dans leur voiture faute de place dans les hôpitaux », disponible sur www.francetvinfo.fr consulté en ligne le 05 juillet 2021.

[46] WASCHMANN (P.), « Les libertés et les mesures prises pour lutter contre la propagation du covid-19 », *LexisNexis SA – La semaine juridique* – édition générale- N° 20-21- 18 mai 2020, p. 950.

[47] DAVID (E.), « Le droit à la santé comme droit de la personne humaine », *op.cit.*, pp. 68 et ss.

[48] KHOURY (L.), « Crises sanitaires et responsabilité étatique envers la communauté », *op.cit.*, p. 266.

[49] Ibid., p. 275.

[50] Article 3 de la constitution ukrainienne du 28 juin 1996 modifiée le 7 février 2019.

fait de ne pas isoler les détenus souffrant de maladies contagieuses des autres détenus pourrait soulever des questions au titre du paragraphe 1 de l'article 6 […] »[51]. Désormais les États doivent protéger le droit à la vie de toute menace, qu'elle soit ou non imputable à l'État. Dans l'affaire *Toussaint c. Canada*, le même Comité considère ainsi que « le droit à la vie recouvre le droit des personnes de ne pas subir d'actes ni d'omissions ayant pour but ou résultat leur décès non naturel ou prématuré, et le droit de vivre dans la dignité. De plus, l'obligation des États parties de respecter et garantir le droit à la vie fait face aux menaces et situations raisonnablement prévisibles qui mettent la vie en danger. Il peut y avoir violation de l'article 6 par les États parties même si de telles menaces ou situations n'ont pas effectivement abouti à la perte de vie »[52]. Les États doivent désormais prévenir les risques liés aux maladies potentiellement mortelles. La Cour européenne des droits de l'homme a déjà reconnu que la première phrase de l'article 2 § 1 pouvait imposer une obligation positive de l'État : protéger la vie de l'individu […] contre le risque d'une maladie pouvant entraîner la mort ». L'obligation de protéger le droit à la vie et le principe de précaution semblent adaptés à la crise du Coronavirus. La première contraint les États à agir pour protéger le droit à la vie des personnes placées sous leur juridiction. La seconde insiste sur le fait que le doute et l'incertitude scientifiques ne doivent pas empêcher les pouvoirs publics d'agir. Plus encore, l'incertitude n'est pas un motif exonératoire. Néanmoins, les obligations positives et le principe de précaution risquent de se heurter à plusieurs obstacles. Le premier et non des moindres est celui de la nature de l'obligation mise à la charge des États parties. L'obligation de protéger le droit à la vie est une obligation de moyen. Autrement dit, les États doivent tout mettre en œuvre pour éviter que le risque se réalise (la mort d'un individu). Ils ne sont pas tenus de remplir l'objectif. On ne saurait en effet leur reprocher de ne pas avoir réussi à maintenir quelqu'un en vie s'ils ont tout fait pour y arriver. C'est un point sur lequel insistent de nombreux auteurs : les États doivent protéger le droit à la vie et non la vie elle-même[53]. Le second obstacle découle du premier : « c'est la marge nationale d'appréciation. Si les États sont contraints à tout mettre en œuvre pour protéger le droit à la vie des individus, les moyens auxquels ceux-ci doivent recourir restent à déterminer. Elle ne veut pas être trop prescriptive et refuse donc de reprocher à un État d'avoir privilégié un moyen au détriment d'un autre »[54]. Au vu de tout ce qui a été dit, le droit à la vie est plus adapté que le droit à la santé à la crise du Coronavirus. D'abord, parce que le premier est mieux protégé que le second. Il est prévu par tous les instruments conventionnels de protection des droits de l'homme et la jurisprudence qui lui est consacrée ne cesse de s'étoffer et de créer, au gré des affaires, des obligations nouvelles touchant un nombre croissant de domaines – notamment

[51] CDH, *Cabal et Pasini c. Australie*, 2003, communication n° 1020/2001, disponible sur www.escr-org/fr consulté en le 9 janvier 2022.
[52] CDH, *Nell Toussaint c. Canada*, 2018, communication n° 2348/2014 disponible sur www.escr-org/fr consulté en le 9 janvier 2022.
[53] TASSE (E.), « Droit à la santé, droit à la vie et coronavirus. La décision publique face à l'incertitude scientifique » disponible surhttps://doi.org/10.4000/cdst.2908, consulté le 24 septembre 2021.
[54] Idem.

économiques et sociaux. Par bien des aspects, la gestion d'une crise épidémique et sanitaire est proche de celle d'une catastrophe naturelle. Les similitudes sont nombreuses. Elles exposent toutes deux les individus au risque sérieux de perdre la vie. Elles confrontent toutes deux les pouvoirs publics au défi de l'incertitude scientifique. Cela a bouleversé les deux normes.

B- Le bouleversement du cadre normatif actuel

Ce bouleversement s'observe à travers l'état d'urgence sanitaire. Cet état a excessivement violé les droits de l'homme (1). Toute chose qui se vérifie à travers le plan de priorisation de soins québécois (2).

1- La violation excessive des droits de l'homme

Plus l'on parle des droits et libertés fondamentaux, plus les États sont enclins à les violer. C'est la tendance contemporaine. L'on pense avec le Professeur Patrick WASCHMANN que la dérogation aux libertés tend à devenir le principe car il « suffit qu'apparaissent de nouvelles menaces : terrorisme meurtrier, pandémie, perturbations économiques (…) pour que l'on cède immédiatement et sans débat approfondi sur les libertés »[55]. La gestion du Coronavirus a permis de l'illustrer. Le Covid-19 qui est une crise sanitaire mondiale ne pouvait qu'entrainer un ensemble de réaction de la part des États. Il fallait d'abord lui trouver un fondement constitutionnel. Ainsi, cette pandémie entre dans le régime d'exception reconnu dans les constitutions démocratiques. Il entraine un déplacement de pouvoirs du législatif vers l'exécutif à travers l'état d'urgence mieux encore l'état d'urgence sanitaire conférant « au gouvernement, des prérogatives exceptionnelles de puissance publique qui, en temps normal, ressortissent de la compétence de la représentation nationale »[56]. L'état d'urgence est une loi de circonstance qui comprime les libertés publiques en cas de péril imminent résultant d'atteintes graves à l'ordre public, soit en cas d'évènements présentant, par leur nature et leur gravité, le caractère de calamité publique. La séquence du Covid-19 a mis sur pied l'état d'urgence dans plusieurs États. Il s'est agi d'adopter des mesures comprimant drastiquement des libertés afin de maîtriser la pandémie. L'ordre public a été troublé. Il a fallu activer des mesures de police. Il convient de dire que ces mesures doivent respecter certaines conditions. D'emblée, l'objectif de protection de la santé publique constitue traditionnellement « une arme de restriction massive »[57]. Le Covid-19 a entrainé une restriction inédite à l'exercice des libertés fondamentales. Elle a « conduit à des restrictions sans précédent à l'exercice des libertés fondamentales »[58]. Il s'agit là d'une addition dangereuse au fait que « les médecins ont le sentiment que l'application des droits de l'homme est à la

---

[55] WASCHMANN (P.), « Les libertés et les mesures prises pour lutter contre la propagation du covid-19 », *op.cit.*, p. 948.

[56] GICQUEL (J.), GICQUEL (J.-E.), *Droit constitutionnel et institutions politiques*, *op.cit.*, p. 700.

[57] BOULOIS (X.), « La fin des droits de l'homme ? », *RDLF*, 2020, Chron n° 60 disponible sur www.revuedlf.com. Consulté le 28 octobre 2021.

[58] *Idem.*

fois utopique et trop lente. Aujourd'hui, alors que les problèmes de santé publique ont été identifiés comme relevant du respect des droits de l'homme, ils adoptent une position favorable à une action immédiate et concrète »[59]. L'application de la norme de droit public au covid-19 est une application liberticide au regard de l'évolution du droit de la gestion des crises sanitaires. En effet, les mesures imposées aujourd'hui étaient impensables il y a de cela trente ans à propos du sida. Ces restrictions sont instituées au nom du droit à la vie, en particulier celui des personnes les plus fragiles en raison de leur état de santé, de leur âge ou de la sensibilité de leur patrimoine génétique aux agressions liées au coronavirus »[60]. En plus de sa similarité d'avec les autres mesures d'état d'urgence ; celles prises contre le Covid se particularisent « par l'ampleur des restrictions aux libertés prises dans le cadre de l'État d'urgence sanitaire mais aussi par le fait que lesdites mesures ont concerné l'ensemble de la population »[61]. Il n'était plus question de « restreindre les libertés de quelqu'un pour assurer la protection de tous contre le risque terroriste. Il s'est agi de restreindre les libertés de tous pour tous nous protéger. De ce point de vue, cette crise évoque plutôt les politiques de mise en œuvre en matière de santé publique »[62]. La liberté consiste à pouvoir faire tout ce qui ne nuit pas autrui. Le Professeur Eric DAVID écrivait déjà que les droits de l'homme « ne correspondent pas seulement à des obligations de l'État envers l'individu ; ils engendrent également des obligations des individus les uns par rapport aux autres »[63]. C'est là l'autre facette des exceptions à la liberté révélée par le Coronavirus. Il a imposé aux citoyens le pouvoir de faire tout ce qui ne nuit pas à la société[64]. Toute chose qui montre l'insuffisance du libéralisme face au collectivisme, de la liberté négative à l'égard de la liberté positive. A cet effet, il a été reconnu la licéité du vaccin obligatoire contre le Covid-19[65]. Cela rappelle le « drittwirkung » allemand[66]. Sous l'effet de la peur, gouvernés et gouvernants, organes de décision et organes de contrôle ont consenti des limitations considérables aux libertés[67]. Les États peu démocratiques ont renforcé des restrictions des libertés pour finir par se vanter de maitriser la pandémie. La restriction des libertés en période de

---

59 MANN (J.), « Préambule sante publique et droits de l'homme : quelle problématique ? », in MANN (J.) (Dir.), *Santé publique et droit de l'homme*, Séminaire du 8 et 9 novembre 1996, Paris, Espace éthique de l'assistance publique hospitalière, inédit.

60 WASCHMANN (P.), « Les libertés et les mesures prises pour lutter contre la propagation du covid-19 », *op.cit.*, pp. 949-950.

61 BOULOIS (X.), « La fin des droits de l'homme ? », *RDLF*, 2020, Chron n° 60 disponible sur www.revuedlf.com. Consulté le 28 octobre 2021.

62 *Idem.*

63 DAVID (E.), « Le droit à la santé comme droit de la personne humaine », *op.cit.*, p. 80.

64 CHAPUS (R.), *Droit administratif général*, *op.cit.*, p. 712.

65 CE, 6 mai 2019, n° 419242, disponible sur www.conseil-état.fr consulté le 03 novembre 2021.

66 Le drittwirkung des droits fondamentaux est aussi appelé « effet horizontal ou effet reflexe » présent en droit constitutionnel allemand. Il signifie que « les normes de la Loi fondamentale allemande (le « Grundgesetz) produisent des effets entre personnes privées et non seulement à l'égard des pouvoirs publics (effet vertical) ». Voir ANDRIANTSIMBAZOVINA (J.) ; GAUDIN (H.), MARGUENAUD (J.-P.), EIALS (S.), SUDRE (F.) (Dir.), *Dictionnaire des droits de l'homme*, *op.cit.*, p. 301.

67 WASCHMANN (P.), « Les libertés et les mesures prises pour lutter contre la propagation du covid-19 », *op.cit.*, p. 948.

crise ne laisse indifférent tout régime qu'il s'agisse d'un régime libéral ou totalitaire. Seulement le degré de restriction est encore plus intensifié dans ceux totalitaires. La « nocivité des libertés lors d'une crise n'est pas moindre dans des sociétés plus monolithiques, davantage accoutumées à les subordonner à la prééminence de finalités totalisantes : soit que la crise commande un degré supplémentaire de leur affaiblissement, porté jusqu'à l'inanition ; soit qu'elle bouleverse au point de faire sauter tous les verrous qui les contenaient, et d'ouvrir la porte au déferlement de la liberté »[68]. En Chine, les autorités ont confiné la population se trouvant sur le territoire national. L'on y a aussi noté l'« enfermement des malades, assuré par la condamnation de la porte d'entrée de leur domicile »[69]. D'autres similarités existent.

2- L'exemple du plan de priorisation des soins québécois

Assurer l'ordre public sanitaire, c'est « décider et entreprendre les mesures propres à prévenir (...) les risques de maladie »[70]. Face à la saturation des hôpitaux entrainant l'insuffisance des lits et des respirateurs, le Québec a mis sur pied un programme garantissant un accès rationnel aux soins. C'est le « Protocole national de priorisation pour l'accès aux soins intensifs adultes en contexte de pandémie extrême ». En effet, la pandémie du Covid-19 « commande une gestion des lits et ressources de soins intensifs dans une perspective nationale, et vise les patients adultes considérés globalement. L'objectif « de priorisation en situation extrême de pandémie est de minimiser la mortalité de la manière la plus juste possible »[71]. C'est sa justification. Les principes directeurs du Protocole sont la maximisation des bénéfices, la proportionnalité, la non-discrimination, la transparence et la confiance, l'efficacité, la durabilité ainsi que l'équité. Le protocole n'admet pas de discrimination sur le choix des patients. Sous l'angle de l'éthique, il y est fait mention de la nécessité que la priorisation des soins se fonde, de manière objective, sur les principes de justice et d'équité. La mise en œuvre de ces principes n'a pas suffi à respecter l'application du droit à la santé et du droit à la vie. Tout commence par le choix des patients. Il doit se faire entre les patients remplissant les critères de chaque étape mais dont les lits sont insuffisants en soins intensifs (dans ce cas, choisir le patient ayant un meilleur pronostic clinique et un moindre risque de sevrage ventilatoire)[72]. Il y a aussi un choix à faire entre les patients qui attendent une admission aux soins intensifs. Dans ce cas, il faut appliquer les décisions cycle de vie[73], nombre du personnel soignant[74],

---

68 MOURGEON (J.), « Les crises et les libertés publiques », *op.cit.*, p. 42.

69 WASCHMANN (P.), « Les libertés et les mesures prises pour lutter contre la propagation du covid-19 », *op.cit.*, p. 949.

70 CHAPUS (R.), *Droit administratif général*, *op.cit.*, p. 702.

71 Santé et Services sociaux du Québec, *Priorisation pour l'accès aux soins intensifs (adultes) en contexte extrême de pandémie*, p. 15.

72 *Ibid.*, p. 27.

73 Cette règle de décision met de l'avant « l'équité intergénérationnelle » en priorisant les personnes présentant un moins grand nombre d'étapes de vie devant elles.

74 Cette règle permet de favoriser le traitement de membres du personnel de santé et services sociaux qui sont exposés aux risques de contagion lorsqu'ils fournissent des soins et services à la population.

randomisation[75]. Le choix des patients qui seront priorisés pour l'accès aux lits et les ressources des soins intensifs est fait par une équipe de priorisation qui n'est pas en contact des patients. Cette équipe est détachée des personnes visées et a la responsabilité de faire les choix les plus objectifs possible. Pour cela, il est pris en compte des indications cliniques. Les indications cliniques de soins intensifs permettent d'identifier les patients qui peuvent bénéficier d'une admission en soins intensifs. Ces indications portent principalement sur l'insuffisance respiratoire et le choc, car c'est la capacité à fournir un respirateur et un soutien hémodynamique qui différenciera l'unité de soins intensifs des autres secteurs de soins aigus. Les diagnostics et paramètres cliniques permettent d'établir une pronostication à court terme des patients lors d'un séjour aux soins intensifs. Ils indiquent la probabilité de survivre à une maladie aiguë et le risque d'un sevrage ventilatoire prolongé. A chance de survie égale, l'on procède au cycle de vie, le personnel soignant et la randomisation. Le déclenchement du Protocole se fait en trois étapes. La préparation à la priorisation s'amorce une fois la mise en tension à 150 % de niveau de saturation. C'est le niveau d'alerte. Mais la première étape commence à 200 % de niveau de saturation des hôpitaux. L'étape 2 « priorise les patients donc le taux de mortalité estimé est inférieur à 50 % ou ceux qui n'ont pas un risque élevé de sevrage ventilatoire prolongé aux soins intensifs »[76]. L'étape 3 « priorise les patients dont le taux de mortalité estimé est inférieur à 30 % ou ceux qui n'ont pas un risque de séjour prolongé aux soins intensifs »[77]. Ces étapes sont renversées à partir du moment où la situation se décante. A partir du moment où les lits de soins intensifs se libèrent et les patients qui y attendent une admission ne répondent pas aux diagnostics et paramètres cliniques de l'étape 3, un processus de transition inverse s'enclenche vers l'étape 2, puis vers l'étape 1[78]. Si le Protocole a atteint ses objectifs, il ne souffre pas moins de critiques au regard des droits de l'homme notamment ceux de la vie et de la santé. Il y a d'abord la légalité ou l'opportunité de la mise en application des critères de priorisation qui pose problème. En plus, dès le début de la pandémie, la tendance a été de transférer automatiquement les personnes âgées de Covid-19 dans des établissements de soins aigus, sans respecter leur volonté auparavant exprimée. Si la méthode d'allocation des ressources sans précédent devait être appliquée, des patients se verraient refuser l'accès aux soins intensifs afin que l'on puisse donner priorité à un patient dont les chances de survie sont jugées supérieures. Toutefois, il s'agit d'un bouleversement majeur dans l'approche traditionnelle en matière de soins, puisqu'à la suite d'une décision médicale sans consentement préalable, les personnes « les plus faibles »

---

[75] Lorsque toutes les autres règles de décision ne permettent pas de prioriser, l'équipe de priorisation procède par randomisation. Cette approche de la justice permet une égalité des chances entre individus.

[76] Santé et Services sociaux du Québec, *Priorisation pour l'accès aux soins intensifs (adultes) en contexte extrême de pandémie*, *op.cit.*, p. 26.

[77] *Ibid.*, p. 28.

[78] *Ibid.*, p. 29.

seront « sacrifiées » »[79]. Le droit à la santé et le droit à la vie ont connu des lourds étirements qui les ont transformés.

II- Une application transformée

L'application du droit à la santé et du droit à la vie a été transformée. Les deux normes ont revêtu de nouvelles figures (A). Ainsi peut-on élaborer un meilleur cadre futur (B) pour des raisons de sécurité juridique.

A- Les nouvelles applications des deux normes

Ces nouveautés se présentent par la banalisation du droit à la vie (1) et la reconnaissance de la discrimination sanitaire (2).

1- La relativité du droit à la vie

Le droit à la vie est inhérent à la personne humaine. Ce droit doit être protégé par la loi. Nul ne peut être arbitrairement privé de la vie. La vie est sacrée, il faut la protéger. Le décret camerounais n° 83-166 du 12 avril 1983 portant Code de déontologie des médecins dispose que le « respect de la vie constitue en toute circonstance le devoir primordial du médecin »[80]. L'interdiction de la privation arbitraire de la vie quoiqu'elle soit absolue a connu une relativisation pendant la gestion du Covid-19. L'on a procédé à la sélection des patients méritant la vie en partant de leurs indications cliniques. Au Québec, ceux ayant moins de chance de survie se sont vus refuser l'accès aux soins intensifs en faveur de ceux ayant un meilleur pronostic vital. En plus, en cas d'égalité entre deux patients ayant un même pronostic vital, il fallait choisir au hasard lequel des deux allait être admis aux soins intensifs. L'arbitraire est donc affirmé ici. Son interdiction liée à la sacralité de la vie s'est vue désacralisée. Par ailleurs, certains prolongements du droit à la vie n'ont pas été respectés. C'est le cas des conditions de la mort. La jurisprudence constitutionnelle espagnole « veille à ce que l'État, lorsqu'il a la charge de personnes vulnérables, prévienne tout risque vital. Dans un arrêt de 1996, il était question d'un détenu atteint d'une maladie coronarienne mais dont le service pénitentiaire avait écarté la libération conditionnelle. Le Tribunal constitutionnel a au contraire estimé que la liberté conditionnelle de personnes atteintes de maladies très graves et incurables présentant un risque vital relève d'une exigence constitutionnelle. La même décision relève d'ailleurs que l'État ne saurait imposer une intervention chirurgicale pourtant nécessaire et permettant le maintien en détention[81]. Cette

---

[79] CLOUTIER (S.), BRYN (W.-J.), RAVITSKY (V.), « Priorisation et handicap : le risque de biais et de discrimination » disponible sur https://policy options.irpp.org/fr consulté le 20 octobre 2021.
[80] Article 1.
[81] Les décisions rendues le 25-03-1996, 48/1996, Boletín oficial del Estado, 102, et le 27.04.1996, 13-16/CODICES ESP-1996-1-008.

obligation n'a pas été respectée pendant la gestion du Covid-19. L'extrême virulence du Coronavirus a permis de comprendre que l'insuffisance des soins ou l'administration discriminatoire des soins entrainait par là une violation du droit à la santé et du droit à la vie car pas de soins, pas de vie. Le Coronavirus a montré que les insuffisances de la mise en œuvre du droit à la vie et du droit à la santé ne sont pas condamnables. Les mesures « ont privé les malades, en particulier ceux plongés dans le coma, ainsi que les mourants, de la présence de leurs proches et ces derniers de la possibilité d'observer les rites de séparations d'avec les morts. Le droit à la vie, dont la protection est mise en avant, ne doit pas non plus faire oublier la nécessaire préservation de la qualité de la vie et du respect dû à la personne humaine (cas particulier des personnes âgées isolées de leur famille)[82]. Il est à noter que les proches des patients admis aux soins intensifs ou non, n'ont pas pu avoir de contacts avec eux. Concrètement, cela signifie que des décès sont advenus sans la présence des proches. Cela reflète bien cette constante contemporaine à accorder moins de crédit à la mort. Pourtant, il ne faut pas négliger le déterminant culturel de la santé. Il correspond « à la manière pour une Communauté (...) d'aborder la vie et la mort en fonction des croyances ancestrales, qui orientent la façon de se soigner »[83]. Pourtant, dans bien des cas, pour ne pas dire dans la plupart des cas, les patients ont déjà fait valoir leurs volontés – soit verbalement à leurs proches ou dans un mandat de protection, dans une directive médicale anticipée ou encore dans un formulaire de niveau des soins qu'elles (ou leurs représentants) ont signé – de ne pas recevoir de soins « extraordinaires » et de ne pas être transférés dans un établissement de soins aigus. Devant la forte probabilité qu'ils y meurent isolés, intubés, nourris artificiellement, dans un climat déshumanisé, ils ont estimé préférable de recevoir de bons soins et, le cas échéant, des soins de fin de vie, dans leur milieu de vie, et de voir leur souffrance soulagée dans un climat de sérénité et en pouvant être accompagnés de quelques membres de leur famille. De tout ce qui précède, le droit à la vie a été fragilisé en période de crise sanitaire. Il en est de même de la non-discrimination.

2- L'acceptation de la discrimination sanitaire

La « non-discrimination demeure malgré tout, le concept clé théorique et pratique des droits de l'homme »[84]. L'égalité et la non-discrimination « constituent à la fois des droits fondamentaux de la personne humaine et des valeurs sociales et politiques essentielles du système démocratique[85]. Sont égaux « ceux qui se trouvent dans des catégories que le droit définit comme identiques : c'est l'égalité de traitement »[86].

---

[82] WASCHMANN (P.), « Les libertés et les mesures prises pour lutter contre la propagation du covid-19 », *op.cit.*, p. 951.

[83] BELANGER (M.), *Introduction à un droit mondial de la santé*, *op.cit.*, p. 114.

[84] GRUSKIN (S.), « Cadres, contexte et contenus des droits de l'homme, Chapitre I », in MANN (J.) (Dir.), *Santé publique et droit de l'homme*, Séminaire du 8 et 9 novembre 1996, Paris, Espace éthique de l'assistance publique hospitalière, inédit.

[85] ANDRIANTSIMBAZOVINA (J.) ; GAUDIN (H.), MARGUENAUD (J.-P.), EIALS (S.), SUDRE (F.) (Dir.), *Dictionnaire des droits de l'homme*, *op.cit.*, p. 357.

[86] *Ibid.*, p. 358.

Discrimination et égalité vont de pair. C'est sous « l'acception d'une violation du principe d'égalité qu'apparait le concept de discrimination ». La non-discrimination apparait comme une formulation négative de l'égalité. En période de crise sanitaire, la non-discrimination cède sa place à la discrimination et à l'inégalité. La « jurisprudence constitutionnelle laisse au législateur le soin de graduer l'accès aux soins par la politique de prise en charge par l'assurance maladie. Seuls les soins considérés comme vitaux forment le noyau dur impliquant éventuellement la gratuité pour les catégories les plus économiquement faibles »[87]. La non-discrimination signifie que les installations biens et services en matière de santé doivent être accessibles à tous en particulier aux groupes de populations les plus vulnérables ou marginalisés conformément à la loi et dans les faits sans discrimination. Mais en situation de crise, la discrimination remplace son contraire. En effet, la « discrimination revient lorsque la ressource thérapeutique se raréfie. Le cas des soins innovants ou avancés, donc rares, pose à son tour des questions spécifiques de régulation juridique. Si les textes en affirment la nécessité, le réalisme conduit à une mise en œuvre de sélections qui se libèrent des exigences d'un droit fondamental »[88]. C'est ce qu'illustre le Protocole québécois. Ce dernier a procédé à la sélection des patients n'ayant pas le plus besoin des soins mais ceux pouvant y ressortir vivant. Il semble ainsi qu'il ne s'est pas seulement agi d'offrir de soins aux patients méritant la vie mais surtout aussi de rationnaliser l'utilisation des ressources hospitalières. La signification est qu'en matière sanitaire, la discrimination peut être normale ou anormale. Celle normale est celle qui consiste à offrir des soins aux personnes les plus nécessiteuses. Elle assimile la non-discrimination et l'égalité formelle de traitement. Ce type de discrimination n'est pas contraire aux droits et libertés. Mais la discrimination anormale est celle qui semble être légalisée par le Covid-19. Elle consiste plutôt à offrir des soins de façon inégale non aux patients ayant le plus besoin des soins, mais à ceux qui ont le plus de chance d'en guérir. Il y a là une idée excessive d'une non-discrimination et d'une égalité substantielle de traitement. L'égalité juridique substantielle « exige qu'en ce qui concerne les droits et les obligations, les mêmes normes soient appliquées à tous. Selon cette conception, il convient de tenir compte des particularités et des différences objectives, qui doivent être respectées, non seulement par les autorités chargées de l'application de la loi, mais surtout par les organes législatifs »[89].

B- Pour une meilleure application des deux normes

Jean-Jacques ROUSSEAU affirmait que « Tout État libre où les grandes crises n'ont pas été prévues est à chaque orage en danger de péril ». C'est la raison pour laquelle « il existe, en vue d'assurer la légitime défense de l'Etat ou de la République,

[87] BIOY (X.), « Le droit d'accès aux soins : un droit fondamental ? », In Isabelle Poirot-Mazères, *L'accès aux soins*, disponible sur https://book.openeditions.org, pp. 37-71. Consulté le 18 octobre 2021.

[88] Idem.

[89] PARTSCH (K. J.), « Les principes de base des droits de l'homme : l'autodétermination, l'égalité et la non-discrimination », in VASAK (K.), *Les dimensions internationales des droits de l'homme*, Unesco, 1978, p. 73.

qui lui est substantielle, un droit de circonstance caractérisé par le double souci de prévisibilité des crises et de la juridicité des ripostes »[90]. Le Coronavirus n'est pas la première pandémie connue. Mais elle n'a pas pour autant été gérée comme il le fallait. Toute chose qui montre la difficulté de la gestion des crises sanitaires. Que peut faire le droit face à telles situations ? Il faut apprendre du passé[91], des manquements et consolider les acquis. Pour cela, il faut prévoir les programmes nationaux de gestion de crises sanitaires (1) tout en rationnalisant leur usage (2).

1-La nécessité des programmes de prévention efficients

La veille sanitaire, la vigilance sanitaire, l'alerte sanitaire mondiale, la surveillance sanitaire sont des composantes essentielles du droit à la santé. Comme obligation *in concreto* et fondamentale, les États doivent mettre en œuvre « au niveau national une stratégie et un plan d'action en matière de santé publique, reposant sur des données épidémiologiques ». Ces derniers doivent « prendre des mesures pour prévenir, traiter et maîtriser les maladies épidémiques et endémiques ». La prévention touche non seulement à la lutte contre les maladies, mais aussi la recherche du bien-être physique, mental et social[92]. La prévention peut être primaire lorsqu'elle vise à éradiquer une épidémie ; secondaire, lorsque des moyens de dépistages sont disponibles ; tertiaire quand l'on cherche à empêcher des rechutes[93]. La mise en œuvre de ces niveaux de prévention a existé pendant le Covid-19. Mais des hésitations et la disponibilité des tests de dépistages, des cache-nez et même l'incertitude quant à l'efficacité du vaccin pour empêcher des rechutes ont été manifestes. La planification d'urgence consiste pourtant « à anticiper les mesures, les procédures, les outils et les mécanismes de coordination à mettre en place pour une mobilisation rapide des moyens nécessaires afin de faire face à la situation et d'assurer la sécurité des personnes et des biens »[94]. L'existence d'un tel dispositif théorique engage des mécanismes opérationnels qui seront en alerte. Si la majorité des États en dispose, il faut surtout en interroger l'efficacité à faire face à la crise. Ce fut le cas du Taiwan qui a pu maitriser l'évolution de la pandémie Covid-19 en partant de l'expérience du SRAS[95]. Après cette épidémie, son gouvernement a créé la « National Health Command Center » qui est un organisme dédié à la gestion des désastres sanitaires »[96]. Dans certains pays notamment ceux en développement par contre, la gestion de la crise Covid-19 a connu des difficultés à cause d'un manque ou d'un très faible droit prévisionnel ; les mesures prises ont été souvent sans fondement juridique si non celui de la nécessité.

---

[90] GICQUEL (J.), GICQUEL (J.-E.), *Droit constitutionnel et institutions politiques*, *op.cit.*, p. 660.

[91] L'expérience de la gestion de l'épidémie du SRAS aurait pu aider les Etats à mieux faire face au Covid-19.

[92] BELANGER (M.), *Introduction à un droit mondial de la santé*, *op.cit.*, p. 109.

[93] Idem.

[94] FALLON (C.), THIRY (A.), BRUNET (S.), « Planification d'urgence et gestion de crise sanitaire. La Belgique face à la pandémie de Covid-19 », Courrier hebdomadaire du CRISP 2020/8-9 (n° 2453-2454), pp. 5-68. Disponible sur www.cairn.info, consulté le 8 novembre 2021.

[95] Le Syndrome respiratoire aigu.

[96] Idem.

Face à de telles situations, l'ordre public reste l'outil indispensable de gestion de crise. Il permet en plus d'être un contrepoids de l'exécutif quant à la restriction des libertés. C'est là son autre facette. La complexité et la mutabilité de l'ordre public dont le besoin d'adaptation aux risques est permanent. En « ne suivant pas complètement ceux qui considèrent que la démocratie moderne manifeste une certaine prééminence de l'exécutif, on pourrait ainsi considérer que l'ordre public, produit même de l'exercice de la souveraineté, s'est en quelques sortes, sinon externalisé, du moins polycentré, dans un vaste jeu de *checks and balances* adapté à la gestion des risques en situation d'incertitude »[97]. Maintenant il reste à rationaliser l'ordre public pour une gestion efficiente des crises sanitaires.

2-La rationalisation de la gestion des crises sanitaires

La rationalisation de la gestion des crises sanitaires passerait par le dialogue, le calcul des coûts et la culture sanitaire. L'ordre public est un outil de gestion des risques sanitaires qui ne rime pas toujours avec la rationalité. Cela impose un lourd défi aux gouvernements car ils doivent maintenir cet ordre. Pour cela, il faut partir de l'approche des risques qui consiste à étudier les réalités du terrain. L'entame d'un « dialogue structuré » avec les différents acteurs est indispensable. La « détermination de l'échelle des risques et de la mise en œuvre proportionnée des outils d'intervention publique qui en découlent se heurte évidemment à la qualité de l'information, nécessairement incomplète puisqu'elle concerne le futur, même s'il est proche : combien de spectateurs dans un fan zone ? de mutations d'un virus grippal ? »[98] La communication d'urgence est importante. Elle consiste à transmettre aux citoyens directement concernés les informations pertinentes pour garantir leur propre sécurité sanitaire d'une part et les informer des évènements et de la manière dont la crise sanitaire est gérée par les autorités. En cas de déclenchement de la phase d'urgence, « la responsabilité d'informer la population relève de l'autorité qui gère la crise au niveau stratégique (…) et qui reste la source légitime d'information pour la population »[99]. Le manque de communication peut conduire au refus d'une grande partie de la population à adhérer au respect des mesures gouvernementales. C'est le cas notamment en Afrique. La santé publique, « en tant que santé « politique », doit donc chercher à faire évoluer les populations sur la base des droits de l'homme, c'est-à-dire donner aux individus les moyens d'adopter les bons comportements, précisément parce qu'ils ont le choix »[100]. Mais cela dépend aussi d'autres facteurs.

---

[97] SÈVE (R.), « Avant-Propos : la mesure de l'ordre public », in Archives de philosophie du droit, *L'ordre public*, *op.cit.*, p. XVIII.
[98] *Ibid.*, p. XIV.
[99] FALLON (C.), THIRY (A.), BRUNET (S.), « Planification d'urgence et gestion de crise sanitaire. La Belgique face à la pandémie de Covid-19 », Courrier hebdomadaire du CRISP 2020/8-9 (n° 2453-2454), pp. 5-68. Disponible sur www.cairn.info, consulté le 8 novembre 2021.
[100] BRÜCKER (G.), « Le meilleur programme de sante publique s'appuie sur les droits de l'homme », in MANN (J.) (Dir.), *Santé publique et droit de l'homme*, Séminaire du 8 et 9 novembre 1996, Paris, Espace éthique de l'assistance publique hospitalière, inédit.

L'un des problèmes de la santé publique est l'absence d'une structure conceptuelle cohérente, une terminologie capable de nommer et de repérer concrètement les origines fondamentales des problèmes sanitaires, un consensus sur des processus et des modalités d'intervention adaptées à des sociétés dont les conditions de vie sont précaires et qui favorisent l'émergence des problèmes sanitaires. La divergence d'opinions, l'incompréhension entre médecins et chercheurs sur les traitements à administrer quant au Covid-19 ont largement contribué à ternir la sécurité sanitaire. Le corps médical n'est pas unanime quant aux mesures de traitement de la pandémie. Les propos de M. Didier RAOUL en sont illustratifs. Il en est de même de la tension entre les fabricants de vaccins et les fabricants d'hydroxy-chloroquine. La santé de l'homme a été relégué au second rang au détriment des intérêts stratégiques[101] se traduisant en termes financiers. Il faut calculer les moyens financiers à déployer en cas d'urgence sanitaire. Cela devra passer par l'ajustement de la loi de finances. Dans le cadre de la CEMAC, pour atténuer l'ampleur des effets macro-économiques de la crise du Covid-19, il a été recommandé aux États membres l'adoption, dans les plus brefs délais, des lois de finances rectificatives de l'année budgétaire 2020, pour aligner la gestion des finances publiques sur des prévisions actualisées et réalistes de recettes budgétaires et pour renforcer les moyens de lutte contre la propagation de la pandémie du Coronavirus, tout en garantissant le service de la dette[102]. Au Cameroun, l'ordonnance n° 2020/001 du 03 juin 2020 modifiant et complétant certaines dispositions de la Loi n° 2019/023 du 24 décembre 2019 portant Loi de finances de la République du Cameroun pour l'exercice 2020 a été adoptée. Un tel correctif budgétaire implique des calculs qualitatifs et prudents. En clair, pour faire face à des risques sanitaires, le Professeur René SEVE propose de fixer comme objectif méthodologie de « corréler les indicateurs de performance et de les créer s'ils n'existent pas, à des évaluations monétisées de manière à situer les résultats de l'État pour une politique d'ordre public particulièrement sur une échelle commune à tous les programmes. Si cette monétisation s'avérait impossible, on pourrait en déduire que l'indicateur doit être amélioré »[103]. Il s'agit des « travaux de métrologie de l'ordre public » pouvant influencer les finances publiques. En effet, quelques années auparavant, un rapport conjoint de l'ONU et de la Banque mondiale estimait le coût d'une pandémie de grippe aviaire à trois milliards de dollars[104]. Ils devraient aussi permettre de guider les politiques opérationnelles en priorisant les actions à fort impact et en évitant les effets catalogues de très nombreuses « stratégies

---

[101] AIMAR (P.), *COVID-19. Enquête sur un virus. Manipulations, Vols, Meurtres, Influences et Guerres Médiatiques*, Paris, Le Jardin des Livres, 2021, 264 pages.

[102] NYABEYEU TCHOUKEU (L.), « COVID 19 et dispositions économiques des traités de la Communauté économique et monétaire de l'Afrique centrale », *LE NEMRO*, *Revue trimestrielle de droit économique*, avril-juin 2020, p. 233.

[103] SÈVE (R.), « Avant-Propos : la mesure de l'ordre public », in Archives de philosophie du droit, *L'ordre public*, *op.cit.*, p. XX.

[104] COUTURE (M.-E.), PAVOT (D.), « Les pandémies et le droit ; vers une plus grande solidarité », *op.cit.*, p. 252.

nationales »[105] de santé. En matière sanitaire, il faut tenir compte de l'intérêt général dans une démarche proactive. Les devoirs de l'État à l'égard du public l'obligent « à tenir compte d'une myriade d'intérêts divers et contradictoires afin de prendre la décision qui sert le mieux l'intérêt public »[106]. C'est la solidarité sanitaire. Elle a deux sens. La solidarité de la collectivité « envers les individus et les groupes vulnérables, défavorisés et/ou marginalisés. Elle est alors étroitement associée à la responsabilité paternaliste de l'État, c'est-à-dire le devoir d'intervention que l'État se voit attribuer par les citoyens pour protéger la santé comme bien commun »[107]. Elle renferme aussi la solidarité des individus « envers la collectivité et, de façon plus particulière, envers les normes « définies, acceptées et promues » par cette dernière »[108].

En plus de la vigilance, il faut aussi surveiller les crises sanitaires potentielles. Cela suppose une coopération entre les parties prenantes. Elle implique les experts, les autorités et les premiers concernés que sont les citoyens. Il va falloir concilier l'expertise à la politique en vue de parvenir à la prospective pour le plus grand bien de la population. Pour pallier l'inadéquation des réponses que propose la santé publique, aux problèmes auxquels elle doit faire face, l'on doit proposer l'intervention d'autres acteurs que les professionnels de santé publique, comme ceux concernés par les droits de l'homme. En effet, « les professionnels de santé publique savent peu de choses à propos des droits de l'homme »[109]. Une bonne rationalisation de gestion des urgences sanitaires doit reconnaitre le « droit à la culture sanitaire. Il peut être utile en vue de l'association (nécessaire) entre droit à la santé et devoir de santé »[110]. En effet, les mesures primaires et secondaires de prévention du Coronavirus qui sont des obligations de santé ne peuvent être respectées que si elles prennent en compte la culture sanitaire des populations. Ici et là, ces mesures ont été boudées traduisant soit, une insuffisance communicationnelle, soit une contradiction avec les valeurs communautaires.

Conclusion

En conclusion, la crise est réputée avoir un début et une fin. Elle est spéciale et entraine aussi des pouvoirs spéciaux reconnus à l'exécutif. Ces pouvoirs spéciaux ont été excessifs pendant la gestion du Covid-19. La dimension internationale du Coronavirus a porté un coup sérieux à l'universalité des droits de l'homme avec la fermeture des frontières, la peur de l'étranger et de son prochain. Toute chose qui

---

105 SÈVE (R.), « Avant-Propos : la mesure de l'ordre public », in Archives de philosophie du droit, *L'ordre public*, *op.cit.*, p. XXI.

106 KHOURY (L.), « Crises sanitaires et responsabilité étatique envers la communauté », *op.cit.*, p. 276

107 COUTURE (M.-E.), PAVOT (D.), « Les pandémies et le droit ; vers une plus grande solidarité », *op.cit.*, p. 254.

108 *Ibid.*, pp. 254-255.

109 MANN (J.), « Préambule sante publique et droits de l'homme : quelle problématique ? », in MANN (J.) (Dir.), *Santé publique et droit de l'homme*, Séminaire du 8 et 9 novembre 1996, Paris, Espace éthique de l'assistance publique hospitalière, inédit.

110 BELANGER (M.), *Introduction à un droit mondial de la santé*, *op.cit.*, p. 115.

montre la fragilité de la solidarité internationale face aux pandémies[111]. L'observation de l'insuffisance des infrastructures sanitaires a rapproché le droit à la santé à celui de la vie à cause de la virulence de cette maladie. L'application du droit à la santé et du droit à la vie a connu beaucoup d'inflexions. Ces deux normes ont été terrassées et ont acquis par ce fait, d'autres significations. Pourtant, le respect des droits de l'homme doit constituer le fil d'Ariane de toute politique sanitaire sur toute sa durée. Une crise qui se prolonge dans le temps cesse d'être périodique et devient endémique provoquant une normalité redoutable. La présence continue du Coronavirus laisse penser à une crise endémique car elle ne laisse qu'un très petit répit aux États. Toutefois, les pouvoirs exceptionnels qu'il confère aux gouvernants ne sont que limités temporellement[112]. Cela peut constituer une psychose pour les droits et libertés fondamentaux et un prétexte de prolongement des pouvoirs spéciaux. Le caractère endémique du Covid-19 peut consister une « tendance à amplifier démesurément la crise en invoquant la permanence, non plus du fait, mais de la menace, afin d'entretenir une crise latente, sous-jacente, dont le mystère suscite les craintes les plus vives pour justifier la disparition totale et durable des libertés »[113]. Mais si cela perdure, les mesures ne seront pas respectées par la population. Cela entrainant des mécontentements et donc un boom pandémique.

---

[111] COUTURE (M.-E.), Pavot (D.), « Les pandémies et le droit ; vers une plus grande solidarité », *op.cit.*, p. 259.

[112] MOURGEON (J.), « Les crises et les libertés publiques », *op.cit.*, p. 44.

[113] *Ibid.*, p. 48.

Deuxième partie :
L'INFLUENCE DE LA COVID 19 SUR L'APPLICATION DE LA NORME EN DROIT ADMINISTRATIF

Chapitre 1 : Les changements apportés par la pandémie du covid-19 au droit des services publics

Par Hilaire AKEREKORO
Maître de conférences.
Agrégé de droit public (CAMES).
Directeur du Centre du Droit de l'État et des Droits des Personnes en Afrique (CeDEP).
Université d'Abomey-Calavi (Bénin).

Résumé

La pandémie du Covid-19 n'a pas manqué d'influencer le droit des services publics. Elle y a apporté des changements positifs certains, lesquels ont touché tant la gestion des services publics que leur contrôle. Si la numérisation des services publics n'est pas nouvelle, la pandémie du Covid-19 l'a accru au point de générer le recours à la visioconférence et au télétravail. Cependant, cette pandémie a aussi eu des effets pervers pour les services publics de sorte à réduire la portée des changements positifs observés dans le droit des services publics. La réflexion prospective qui peut être proposée ici va dans le sens d'une meilleure appropriation des changements positifs qui sont notés et d'une mise en œuvre effective et efficace des valeurs et des principes du service public pour que la réforme de l'État, déjà engagée dans de nombreux États dans le cadre du nouveau management public, ne constitue une coquille vide.

Mots-clés : Droit des services publics, pandémie du Covid-19, changements, modernisation et transformation du droit public, transparence administrative et numérique.

Abstract

The Covid-19 pandemic has not failed to influence the law of public services. It brought about positive changes, which affected both the management of public services and their control. While the digitization of public services is not new, the Covid-19 pandemic has grown to the point of generating the use of videoconferencing and teleworking. However, this pandemic has also had perverse effects for public services so as to reduce the scope of the positive changes observed in the law of public services. The forward thinking that can be proposed here goes in the direction of a better appropriation of the positive changes which are noted and of an effective and efficient implementation of the values and principles of the public service so that the reform of the State, already engaged in many States within the framework of the new public management, does not constitute an empty shell.

Keywords : Public service law, Covid-19 pandemic, changes, modernization and transformation of public law, administrative and digital transparency.

Introduction

En de nombreuses situations et occasions, dans de nombreux cas, la naissance des enfants amène leurs parents à bénéficier des services publics comme les maternités et les hôpitaux publics. Durant leur vie, que ce soit à l'école publique, lors des mariages civils, pour leurs besoins de sécurité publique, de santé publique, leurs démarches quotidiennes dans les administrations et même dans les transports publics jusqu'à leur mort (pompes funèbres, cimetières publics), les individus sont accueillis et accompagnés par les services publics. La naissance d'un service public à la vie juridique n'est pas le fait ou le fruit du hasard. En vérité, les services publics sont créés[1] comme ils peuvent être supprimés[2].

Expressions de l'exercice des pouvoirs régaliens de l'État (et de ses démembrements), les services publics constituent une notion fondamentale du droit public. Leur sens varie du droit formel aux conceptions non formelles, notamment celles doctrinales et jurisprudentielles. Sur le plan conventionnel, notamment en Afrique, la Charte africaine sur les valeurs et les principes du service public (de la fonction publique) et de l'Administration[3] conçoit le service public comme « *tout service ou activité d'intérêt public placée sous l'autorité de l'Administration* ». Il appert que cette définition conventionnelle adoptée au plan régional africain combine les deux approches organique et fonctionnelle du service et le relie à l'Administration. Au plan légal, le

---

[1] Comme le relève le Professeur Gaston JEZE, « *créer un service public, c'est décider que la satisfaction de tel besoin d'intérêt général pourra être donnée par les procédés du droit public* ». JEZE Gaston, *Les principes généraux du droit administratif. Tome 2 - La notion du service public, les individus au service public, le statut des agents publics*, Paris, Dalloz, 3ème édition, 2004, p. 93. La décision de créer un service public réside dans l'intention ou la volonté des gouvernants. Mais, cette décision est une compétence reconnue au Parlement dans la tradition juridique française et même dans les Etats francophones, y compris au Bénin. En effet, un service public est créé, par voie légale, par le législateur et non par les autorités administratives. Toutefois, la tendance aujourd'hui est telle qu'il est laissé, selon le cas, une possibilité au pouvoir réglementaire pour créer un service public. En la matière, le principe qui est admis est celui de la liberté de création des services publics. Autrement dit, le législateur est libre de créer tel ou tel service public. Cependant, ce principe connaît des aménagements tant et si bien que, en cas de compétence liée, la création des services publics est « *obligatoire* ». SEILER Bertrand, *Droit administratif. Tome 2- L'action administrative*, Paris, Flammarion, 2016, p. 57. Le principe de la liberté de création des services publics est encore encadré par des exigences telles que le respect des autres libertés. C'est le cas de la liberté d'entreprendre ou encore la liberté du commerce et de l'industrie.

[2] « *Supprimer un service public, c'est décider qu'il ne sera plus fait emploi des théories spéciales du droit public pour la satisfaction de tel besoin d'intérêt général* ». JEZE Gaston, *Les principes généraux du droit administratif. Tome 2 - La notion du service public, les individus au service public, le statut des agents publics, op. cit.*, p. 93. Sauf lorsque la Constitution et les textes législatifs rendent la création et l'existence d'un service public obligatoire, le droit des services publics admet qu'il n'y a pas de droits acquis au maintien d'un service public, qu'il soit administratif ou industriel ou commercial, et qu'il peut être supprimé. Le débat sur la suppression de l'Ecole Nationale d'Administration (ENA) en France au cours de l'année 2021 aux fins de la création de l'Institut du Service Public (ISP) rentre dans cette logique. Les règles applicables à la suppression des services publics sont celles contenues dans la loi ou dans un acte réglementaire. Cependant, un acte administratif unilatéral qui porte suppression d'un service public peut être annulé par la juridiction administrative surtout s'il est susceptible de recours pour excès de pouvoir.

[3] Cette Charte est adoptée à la XVIème Session ordinaire de la Conférence des Chefs d'Etat et de Gouvernement de l'Union Africaine (UA) tenue à Addis-Abeba (Ethiopie) le 31 janvier 2011.

service public est codifié dans certains États. Ainsi, le Code des obligations de l'Administration (COA) du Sénégal de 1965, modifié en 2006, énonce : « *En raison des nécessités du service public et du but d'intérêt général poursuivi par les personnes morales de droit public, celles-ci peuvent conclure des conventions spéciales qualifiées de contrats administratifs* »[4]. De cette énonciation légale du législateur sénégalais, il découle que le service public n'est pas défini par la loi. Toutefois, les contrats administratifs qui sont signés par les personnes publiques le sont en raison des nécessités du service public et de la poursuite du but d'intérêt général assigné à l'action administrative[5].

Dans la doctrine publiciste, l'intérêt de la notion de service public n'est plus à démontrer, car c'est autour de cette notion que s'est d'ailleurs construite toute la doctrine juridique de l'État du Doyen Léon DUGUIT, Maître de l'Ecole de Bordeaux. Pour cet auteur, « *l'Etat n'est pas, comme on a voulu le faire et comme on a cru quelque temps qu'il était, une puissance qui commande, une souveraineté ; il est une coopération de services publics organisés et contrôlés par des gouvernants* »[6]. Certes, à bien lire la doctrine du Doyen Maurice HAURIOU, Maître de l'Ecole de Toulouse, qui défend la thèse institutionnelle de l'Etat[7] et à la lumière des conditions d'aujourd'hui, cette conception duguiste, objectiviste et réaliste de l'État, est fort critiquable, car l'État ne saurait être réduit aux services publics[8]. Toutefois, la pensée juridique doctrinale du Doyen Léon DUGUIT ne manque pas totalement de pertinence scientifique, car dit-il, « *le principe de tout le système du droit public moderne se trouve résumé dans la proposition suivante : ceux qui en fait détiennent le pouvoir n'ont point un droit subjectif de puissance publique ; mais ils ont le devoir d'employer leur pouvoir à organiser les services publics, à en assurer et à en contrôler le fonctionnement* »[9]. Dès lors, il définit le service public comme « *toute activité dont l'accomplissement doit être assuré, réglé et contrôlé par les gouvernants, parce que l'accomplissement de cette activité est indispensable à la réalisation et au développement de l'interdépendance sociale* »[10]. Il considère que la continuité est un des caractères essentiels du service public et « *tout*

---

[4] Article 3 du Code des obligations de l'Administration (COA) du Sénégal de 1965, modifié en 2006.

[5] LACHAUME Jean-François, « La notion de service public », *in* MOREAU Jacques (dir.), *Droit public. Tome 2- Droit administratif*, Paris, Economica, 3ème édition, 1995, p. 907.

[6] DUGUIT Léon, *Traité de droit constitutionnel. Tome II- La théorie générale de l'Etat. Première partie : Eléments, fonctions et organes de l'Etat*, Paris, Editions de Boccard, 1928, p. 59. Le service public est perçu comme une construction des juristes « *pour répondre au problème à la fois pratique de délimitation et théorique de fondation du droit public, la notion de service public a connu un double enracinement : en droit, où elle apparaît, en dépit de ses limites immédiatement perceptibles, comme l'une des notions de base du droit administratif ; dans les représentations collectives, le service public étant devenu une composante essentielle de l'image de l'État* ». CHEVALLIER Jacques (éd.), *Le service public*, Paris, Presses Universitaires de France, 2018, p. 26.

[7] HAURIOU Maurice, *Précis de droit constitutionnel*, Paris, Sirey, 1928, p. 79.

[8] C'est d'autant plus vrai que les services publics ne constituent aujourd'hui que l'un des moyens matériels d'action administrative ou l'une des missions de l'Administration, notamment à côté de la police administrative et des aides d'Etat, celles-ci faisant appel à des techniques de droit public économique. AKEREKORO Hilaire, *Les grands arrêts de la jurisprudence administrative béninoise*, Abomey-Calavi, Les Editions de la Miséricorde, 2018, p. 534. - *Id.*, *Droit public économique. Nouvelles dynamiques béninoises et droit comparé*, Abomey-Calavi, Les Editions de la Miséricorde, 2019, pp. 20-22.

[9] DUGUIT Léon, *Les transformations du droit public*, Paris, Librairie Armand Colin, 1913, p. XVIII.

[10] *Id.*, *Traité de droit constitutionnel. Tome II - La théorie générale de l'Etat. Première partie : Eléments, fonctions et organes de l'Etat*, *op. cit.*, p. 61.

acte des gouvernants est sans valeur quand il poursuit un but autre qu'un but de service public. Le service public est le fondement et la limite du pouvoir gouvernemental »[11]. Pour sa part, le Professeur Gaston JEZE, qui fait partie de l'Ecole du service public[12], s'est posé la question de savoir à quoi reconnaît-on qu'il y a service public ? A cette question, il répond, qu'« *il faut rechercher uniquement l'intention des gouvernants touchant l'activité administrative considérée* »[13].

Pour comprendre la notion de service public, il faut partir de la notion fonctionnelle d'administration[14]. Sur ce plan, l'Administration est moins un ensemble de services publics considérés organiquement qu'une activité destinée à satisfaire les besoins d'intérêt général. Ainsi, le Professeur Jacques CHEVALLIER ne dit pas autre chose lorsqu'il écrit : « *La notion de service public relève, à première vue, de l'ordre de l'évidence. Dans toute société, on trouve un ensemble d'activités considérées comme étant d'intérêt commun et devant être, à ce titre, prises en charge par la collectivité : le service public évoque cette sphère des fonctions collectives, nécessaires à l'existence même du social* »[15]. Mais, si l'intérêt général est le but de l'activité administrative, pour satisfaire cet intérêt, il faut des services publics qui puissent fonctionner. Alors, l'Administration dispose de deux procédés pour la satisfaction de l'intérêt général : le procédé de droit privé et le procédé de droit public suivant la distinction de ROMIEU[16]. Il importe de se concentrer sur le procédé de droit public. L'idée du service public, comme le souligne le Professeur Gaston JEZE, est alors « *intimement liée avec celle du procédé de droit public* »[17]. Il est vrai que des personnes privées peuvent gérer un service public. Mais, tel que conçu, le service public répond à un régime juridique spécial aux fins de satisfaire l'intérêt général. Dans la jurisprudence administrative, notamment française et reprise par certains arrêts en Afrique francophone, la notion de service public figure dans l'arrêt *Blanco*[18]. La Haute Juridiction administrative française évoque les personnes que l'État emploie dans le service, mais elle ne définit pas le service public. Il a fallu attendre l'arrêt *Narcy*[19] pour

---

11 *Ibidem*, p. 62.

12 MELLERAY Fabrice, « Ecole de Bordeaux, école du service public et école duguiste. Proposition de distinction », *in Revue du droit public et de la science politique en France et à l'étranger*, n° 6, 2001, p. 1900.

13 JEZE Gaston, *Les principes généraux du droit administratif. Tome 2 - La notion du service public, les individus au service public, le statut des agents publics*, *op. cit.*, p. 16.

14 En effet, en droit administratif, il existe deux manières de définir l'Administration, l'une organique, l'autre fonctionnelle. Sur le plan organique, l'Administration est un ensemble de services publics. Ainsi perçue, la notion de service public est reliée à celle d'Administration qui « *a pour mission de satisfaire aux besoins d'intérêt général : défense nationale, police, justice, voirie, etc.* ». JEZE Gaston, *Les principes généraux du droit administratif. Tome 2 - La notion du service public, les individus au service public, le statut des agents publics*, *op. cit.*, p. 1.

15 CHEVALLIER Jacques (éd.), *Le service public*, *op. cit.*, p. 3.

16 Conseil d'Etat français, *Terrier*, 6 février 1903.

17 JEZE Gaston, *Les principes généraux du droit administratif. Tome 2 - La notion du service public, les individus au service public, le statut des agents publics*, *op. cit.*, p. 2.

18 Tribunal des Conflits français, *Blanco*, 8 février 1873 : « *Considérant que la responsabilité, qui peut incomber à l'Etat, pour les dommages causés aux particuliers par le fait des personnes qu'il emploie dans le service public, ne peut être régie par les principes qui sont établis dans le Code civil, pour les rapports de particulier à particulier ; Que cette responsabilité n'est ni générale, ni absolue ; qu'elle a ses règles spéciales qui varient suivant les besoins du service et la nécessité de concilier les droits de l'Etat avec les droits privés* ».

19 Conseil d'Etat français, *Narcy*, 28 juin 1963.

que la lacune soit comblée et que la précision soit apportée[20]. Plus tard, elle ne retient plus que deux conditions pour qu'il y ait service public : la mission d'intérêt général et le contrôle[21], bien entendu, les prérogatives de puissance publique n'étant plus nécessaires[22].

Sans manifester une indifférence vis-à-vis du régime exorbitant du droit commun qui peut exister ou non, il faut relever que, d'une part, le service public peut être soumis aux règles du droit privé[23], d'autre part, deux éléments permettent de le définir aujourd'hui : une activité prioritairement d'intérêt général et maîtrisée par une personne publique[24]. La soumission du service public à la règle de droit donne l'idée du droit des services publics[25]. Pour un auteur, le droit des services publics a « *progressivement acquis son autonomie par rapport au droit administratif général* » et les étudiants y « *trouvent… le moyen d'appréhender d'une manière originale certains traits de l'action administrative, d'en mesurer la portée dans le champ des activités économiques et, surtout, de constater le rapprochement sensible de certains mécanismes et contraintes du droit administratif avec le droit et la gestion privés* »[26]. Ce droit s'entend de l'ensemble des règles, des principes, des techniques juridiques spéciales et des institutions qui s'appliquent aux services publics. C'est donc un exemple de droit objectif. Il est différent du droit de la fonction publique, du droit des emplois publics, du droit des équipements et des infrastructures publiques et du droit des entreprises publiques. Les services publics ne sont pas identiques à toutes les époques, ni ne sont pareils dans tous les États. Ils peuvent connaître des mutations, des changements dus à l'évolution de la société et surtout de ses besoins. Avec l'apparition et les ravages de la pandémie du Covid-19 (puis de ses variants anglais, indien et sud-africain) du début de l'année 2020 à nos jours, les services publics ont connu des modifications profondes dont certaines sont dues à l'action des gouvernants, notamment par l'application des normes en droit public aux fins de contenir la propagation de cette pandémie. En sens inverse, celle-ci a apporté des changements remarquables au droit des services publics, en l'occurrence, par le recours à une forte numérisation et au télétravail, à l'accroissement de la dématérialisation des procédures administratives et techniques et à la (re)définition des « *activités essentielles* »[27] de l'Administration. La pandémie a induit de nouveaux types de services publics, notamment les services publics numériques et

---

20 Dans l'arrêt *Narcy*, le Conseil d'Etat français donne trois indices essentiels du service public : une mission d'intérêt général, des prérogatives de puissance publique et un droit de regard de l'Administration sur les modalités d'exécution de la mission.

21 Conseil d'Etat français, *Ville de Melun*, 20 juillet 1990.

22 Conseil d'Etat français, *Association du personnel relevant des établissements pour inadaptés (APREI)*, 22 février 2007.

23 Tribunal des Conflits français, *Société commerciale de l'Ouest africain (Arrêt Bac d'Eloka)*, 22 janvier 1921. - MELLERAY Fabrice, « Lectures de la décision bac d'Eloka », *in L'Actualité Juridique Droit Administratif (AJDA)*, 2021, p. 92.

24 SEILER Bertrand, *Droit administratif. Tome 2- L'action administrative*, *op. cit.*, p. 45.

25 LACHAUME Jean-François et *alii*, *Droit des services publics*, Paris, LexisNexis, 3ème édition, 2018, 794 p.

26 BRACONNIER Stéphane, *Droit des services publics*, Paris, Puf, Coll. « *Thémis droit* », 2ème édition mise à jour, 2007, p. 1.

27 TESTARD Christophe, « Service public et lutte contre la Covid-19 : physique d'une confrontation », *in L'Actualité Juridique Droit Administratif (AJDA)*, 2020, p. 1710.

la restructuration de ceux économiques, créant du coup une nouvelle catégorie juridique d'usagers du service public. Les rapports entre les employeurs publics, les fonctionnaires, les travailleurs du secteur public et les usagers des services publics s'en trouvent considérablement modifier au point d'inspirer au chercheur en droit public des réflexions nouvelles sur les nouvelles méthodes administratives applicables aux services publics et la garantie efficace des droits et libertés des citoyens et des usagers des services publics.

Pour prendre la mesure de ces évolutions, le cadre géographique considéré est celui des États africains avec une ouverture d'esprit à ceux non africains dans la dynamique de la comparaison juridique verticale. La présente contribution s'appuie sur les méthodes d'analyse en droit public[28]. En termes de résultats, il s'agit de voir les nouveaux acquis administratifs qui consolident ou renforcent le droit des services publics. Il y a donc un intérêt certain à en renouveler l'analyse scientifique. Le droit des services publics est alors étudié en rapport avec la pandémie du Covid-19[29] pour y souligner les apports positifs et négatifs. L'étude envisage aussi, à titre prospectif, la permanence ou non des changements constatés. En quoi consiste la teneur de ces changements pour le droit des services publics ? De l'efficace à l'inefficace, du changé au limité, les changements dont il s'agit se caractérisent par une diversité. C'est pourquoi, il est démontré des changements induits (**I**), mais réduits (**II**).

I- Des changements induits

Une fois que les services publics sont créés, tant qu'ils ne sont pas supprimés, il faut les gérer et les contrôler. De cette idée, il découle une différence de taille entre la création et la gestion des services publics. Cette différence réside dans le fait que la création des services publics constitue un monopole des personnes publiques, alors que leur gestion fait intervenir, outre les personnes publiques, des personnes privées. Néanmoins, nombre d'études n'abordent pas le contrôle des services publics et elles ne s'intéressent qu'à leur gestion[30]. Or, toute gestion impliquant une obligation de compte rendu, il faut nécessairement qu'il soit institué des contrôles afin de s'assurer du respect des règles de l'orthodoxie administrative et financière dans la logique du « *Command and Control* »[31]. Dans cet ordre d'idées, la pandémie du Covid-19 a induit

---

[28] ZOLLER Elisabeth, « La méthode comparative en droit public », *in Le droit à l'épreuve des siècles et des frontières, Mélanges en l'honneur du professeur Bertrand Ancel*, Paris et Madrid, LGDJ et Iprolex, 2018, pp. 1571-1594. - AKEREKORO Hilaire, « La recherche numérique (*e-research*) en droit public : enjeux, menaces, défis et avenir », publié le 22 janvier 2021 sur http://www.lexautemsemita.com/archives/, consulté le 09 juin 2021. *Id.*, « Les méthodes d'analyse en droit public », publié le 15 juillet 2018 sur http://www.cedep-uac.com et republié le 22 janvier 2021 sur http://www.lexautemsemita.com/archives/, consulté le 09 juin 2021.

[29] CRESPY-De CONINCK Marie, « Le(s) service(s) public(s) face à la crise sanitaire », *in Droit et ville*, n° 91, 2021/1, pp. 137-157.

[30] BRACONNIER Stéphane, *Droit des services publics*, *op. cit.*, pp. 375-577. - CHEVALLIER Jacques (éd.), *Le service public*, *op.cit.*, pp. 101-124.

[31] FRIMOUSSE Soufyane, PERETTI Jean-Marie, « Les changements organisationnels induits par la crise de la Covid-19 », *in Question (s) de management*, n° 29, 2020/3, p. 108.

une modification appréciée de la gestion des services publics (A), tandis qu'une mutation est notée dans leur contrôle (B).

A- Une modification appréciée de la gestion des services publics

La gestion des services publics implique une gamme variée de personnes (publiques comme privées), d'acteurs, de moyens, de procédures et de techniques. En effet, les services publics peuvent faire l'objet d'une gestion directe comme d'une gestion déléguée, l'Administration pouvant choisir librement entre les deux modes principaux de gestion[32]. En outre, il est important, dans le cadre de l'étude de leur gestion, de souligner les relations du service public avec les usagers et d'analyser les apports de la pandémie du Covid-19 dans ce sens.

D'un côté, la gestion directe des services publics est celle qui permet de fusionner les fonctions de maîtrise et de gestion du service public dans les mains de la personne publique qui est le maître du service. Dans ce cas, l'Administration agit en régie ou le service public est géré en régie. Ici, l'Administration utilise ses propres moyens matériels, juridiques, humains, financiers et technologiques si elle en possède[33]. Les Etablissements Publics de Coopération Intercommunale (EPCI), qui peuvent créer et exploiter des services publics, sont aussi concernés par la gestion en régie surtout lorsqu'il s'agit de Services Publics Administratifs (SPA). Quant à la gestion déléguée des services publics, elle consiste en un mode contractuel. Elle donne lieu à la Délégation de Service Public (DSP). Pour le législateur béninois, la DSP est un « *contrat par lequel une personne morale de droit public confie la gestion d'un service public relevant de sa compétence à un délégataire dont la rémunération est liée ou substantiellement assurée par les résultats de l'exploitation du service. La délégation de service public comprend les régies intéressées, les affermages ainsi que les concessions de service public. Elle inclut ou non l'exécution d'un ouvrage* »[34]. De cette définition légale, il découle que les régies intéressées[35], les affermages[36] et les concessions de service public[37] sont des formes de DSP.

---

[32] Conseil d'Etat français, *Commune de Ramatuelle*, 27 janvier 2011.

[33] Dans la pratique, ces différents moyens sont mis à la disposition des services publics comme il est observé pour les services relevant des départements ministériels, lesquels ministères varient en fonction du choix des Etats quant à leur nombre et à leur dénomination, des préfectures et des communes. Par voie de conséquence, l'Administration applique à ces services nationaux, départementaux ou locaux, les règles tenant à la fonction publique d'Etat comme territoriale ou locale, aux finances publiques et aux biens publics.

[34] Art. 1er de la Loi n° 2016-24 du 28 juin 2017 portant cadre juridique du partenariat public-privé en République du Bénin.

[35] Dans les régies intéressées, la gestion d'un service public « *est confiée à un régisseur agissant pour le compte de la collectivité publique et rémunéré par celle-ci en fonction notamment des résultats d'exploitation* ». SEILER Bertrand, *Droit administratif. Tome 2- L'action administrative*, *op. cit.*, p. 67.

[36] Au sens légal, l'affermage est un « *contrat par lequel une personne morale de droit public, l'autorité affermante, charge une autre personne morale, de droit privé, le fermier, de l'exploitation sous sa responsabilité d'un service public ou d'ouvrages qui lui sont remis et qui verse en contrepartie des redevances à la personne morale de droit public cocontractante* ». Art. 1er de la Loi n° 2016-24 du 28 juin 2017 portant cadre juridique du partenariat public-privé en République du Bénin.

[37] La concession de service public n'est pas à confondre avec la concession de travaux publics laquelle est étudiée en droit administratif des biens. La concession de service public est aussi un contrat. Par ce

La pandémie du Covid-19 n'a pas fait disparaître ces différents modes de gestion des services publics. Toutefois, au titre des changements qu'elle a apportés, il faut citer l'introduction, dans la gestion des services publics, du respect des règles du protocole sanitaire dont les gestes barrières (lavage des mains à l'eau et au savon ou à l'aide d'une solution hydroalcoolique, port obligatoire du masque, du cache-nez ou du cache facial, respect de la distanciation physico-sociale, interdiction de se serrer les mains ou de s'embrasser, etc.) ainsi que l'accélération de « *la gestion par objectifs au détriment du micro management* »[38]. En Afrique francophone, dans celle anglophone comme au Maghreb de même que dans certains États européens comme l'Espagne, la France, la Grande-Bretagne, l'Italie et le Portugal qui sont durement frappés par la pandémie du Covid-19, ces règles sont imposées par les pouvoirs publics[39], même si elles ont connu, par la suite, un allègement du fait de l'évolution plus ou moins maîtrisée de la situation sanitaire.

Dans les États membres de l'Union Economique et Monétaire Ouest Africaine (UEMOA)[40], dans ceux de la Communauté Economique et Monétaire de l'Afrique Centrale (CEMAC)[41] comme en France en droit comparé, la gestion financière par les objectifs n'est plus une nouveauté, puisque dans les espaces de l'UEMOA et de la CEMAC, le basculement dans le cadre harmonisé des finances publiques, notamment avec les directives de la seconde génération de 2009[42] et de 2011[43], a permis de dépasser les cadres de la gestion administrative et financière par les moyens

---

contrat, une personne publique, le maître du service, encore appelée le concédant ou la personne publique concédante, confie à une autre personne publique ou privée, le concessionnaire, le soin de faire fonctionner un service public à ses frais et risques en se rémunérant par des redevances perçues sur les usagers. Mais, avant la concession de service public, il peut y avoir pour le concessionnaire une concession de travaux publics grâce à laquelle il doit construire les ouvrages et équipements nécessaires à l'exécution du service.

[38] FRIMOUSSE Soufyane, PERETTI Jean-Marie, « Les changements organisationnels induits par la crise de la Covid-19 », *ibid.*, p. 108.

[39] Cf. par exemple, en droit comparé français : Loi n° 2020-1379 du 14 novembre 2020 autorisant la prorogation de l'état d'urgence sanitaire et portant diverses mesures de gestion de la crise sanitaire en France. - Loi n° 2020-290 du 23 mars 2020 d'urgence pour faire face à l'épidémie de Covid-19 en France. - Décret n° 2021-76 du 27 janvier 2021 modifiant les Décrets n° 2020-1262 du 16 octobre 2020 et n° 2020-1310 du 29 octobre 2020 prescrivant les mesures générales nécessaires pour faire face à l'épidémie de Covid-19 dans le cadre de l'état d'urgence sanitaire en France. Ce décret a institué et précisé les différents types de masques qui sont autorisés par l'autorité administrative compétente.

[40] L'UEMOA est créée par le Traité du 10 janvier 1994 adopté à Dakar (Sénégal) et modifié le 29 janvier 2003. Elle comprend huit (08) Etats membres que sont : le Bénin, le Burkina-Faso, la Côte-d'Ivoire, la Guinée-Bissau, le Mali, le Niger, le Sénégal et le Togo en Afrique de l'Ouest.

[41] La CEMAC est créée par le Traité du 16 mars 1994 signé à N'Djamena (Tchad) et modifié par le Traité de Yaoundé (Cameroun) du 25 juin 2008. Elle se compose de six (06) Etats membres que sont : le Cameroun, la Centrafrique, le Congo, le Gabon, la Guinée Equatoriale et le Tchad en Afrique centrale.

[42] Notamment la Directive n° 01/2009/CM/UEMOA du 27 mars 2009 portant Code de transparence dans la gestion des finances publiques au sein de l'UEMOA, la Directive n° 06/2009/CM/UEMOA du 26 juin 2009 portant lois de finances au sein de l'UEMOA et la Directive n° 07/2009/CM/UEMOA du 26 juin 2009 portant règlement général sur la comptabilité publique au sein de l'UEMOA.

[43] Directive n° 01/11-UEAC-190-CM-22 du 19 décembre 2011 relative aux lois de finances des Etats membres de la CEMAC. - Directive n° 06/11-UEAC-190-CM-22 du 19 décembre 2011 relative au code de transparence et de bonne gouvernance dans la gestion des finances publiques au sein de la CEMAC.

pour s'inscrire dans celle axée sur les objectifs, les résultats et la performance. Reculer dans ce sens est dramatique pour la survie des services publics, car le défi est de combattre la crise générée par la pandémie du Covid-19.

Plus particulièrement, dans les services publics de l'éducation, - notamment dans l'enseignement supérieur -, et de la justice, la pandémie du Covid-19 a entraîné le recours à la visioconférence. Dans le secteur éducatif, l'application de la visioconférence pour les cours en ligne (*e-learning*) a contribué à réduire, dans bien des cas et dans certains États africains (Afrique du Sud, Bénin, Botswana, Cameroun, Côte d'Ivoire, Togo par exemple), la pratique traditionnelle du présentiel. Toutefois, un procédé combinatoire ou bimodal a pu être observé ici comme ailleurs, la pratique bimodale alliant le distanciel et le présentiel (Bénin, France par exemple). Dans le service public de la justice, certains États africains anglophones, comme le Kenya, ont expérimenté des procès (*e-justice*) totalement, entièrement ou majoritairement numériques.

De l'autre, le service public entretient des relations avec ses usagers. L'usager d'un service public est celui qui utilise un bien ou un service pour satisfaire un besoin donné[44]. Alors que les agents de l'État sont employés dans le service public, selon la formule de l'arrêt *Blanco* précité, les usagers du service public sont hors du service, mais ils ne sont pas dénués de tout lien avec le service ; d'où l'utilité des relations entre le service public et les usagers.

Avec l'apparition de la pandémie du Covid-19 et de ses variants précités, l'autorité administrative compétente a déterminé des règles devant s'appliquer aux usagers des services publics. Il va sans dire qu'au temps de la pandémie du Covid-19, l'application de la norme en droit public en général, en droit des services publics en particulier, a touché aussi bien les services publics que leurs usagers. Comme dans le cas du fonctionnement des services publics, les usagers de ces derniers sont astreints au respect des gestes barrières ci-dessus cités. Dans les États qui ont connu des cas de confinement ou de reconfinement de la population[45], la pandémie du Covid-19 a limité la fréquentation des services publics par leurs usagers. En outre, dans les services publics, notamment les SPA, les réunions en leur sein sont limitées au strict

---

[44] Ainsi, l'usager du service public de la justice est celui qui utilise les services de la justice, l'usager du service public des postes et télécommunications est celui qui utilise ce service, tandis que l'usager du service public de l'audio-visuel est celui qui utilise le service de l'audio-visuel comme l'usager du service public des élections doit bénéficier du service électoral lequel constitue une opération administrative. L'usager du service public de l'éducation ou de la santé est celui qui utilise les services de l'éducation ou les services sociaux-sanitaires. L'usager du service public industriel et commercial utilise le service, mais il est dans un rapport de droit privé vis-à-vis du service. Pour une évolution, notamment sur la notion d'usager actionnaire, cf. YOLKA Philippe, « Une figure juridique équivoque : l'usager actionnaire du service public industriel et commercial », *in L'actualité Juridique Droit Administratif (AJDA)*, 2021, p. 724.

[45] VERPEAUX Michel, « On s'est confiné, on s'est déconfiné, on s'est re-confiné. Le tourbillon de la vie », *in L'Actualité Juridique Droit Administratif (AJDA)*, 2021, p. 931. - AKEREKORO Hilaire, « Confinement, déconfinement et reconfinement de la population face à la persistance du Covid-19 : une étude de droit de la santé comparé », publié le 09 septembre 2020 sur https://www.posoc19.org/confinement-deconfinement-et-reconfinement-de-la-population/ et republié le 18 janvier 2021 sur http://www.lexautemsemita.com/archives/, consulté le 09 juin 2021.

nécessaire, la possibilité de recours au télétravail n'étant pas exclue comme il a pu être constaté en France[46]. Les conditions de la mise en œuvre du télétravail sont fonction du service public considéré. Elles sont définies par un arrêté ministériel pour la fonction publique d'État, une délibération pour la fonction publique territoriale et une décision du directeur d'établissement pour celle hospitalière, bien entendu, après avis du comité technique. Dans les cas de fermeture ou de restrictions très prononcées dans l'accès à certains services publics, la pandémie du Covid-19 n'a pas été sans conséquence pour les principes ou les lois du service public ou « *lois de ROLLAND* », du nom du Professeur Louis ROLLAND. Il s'agit de principes juridiques qui régissent, même sans texte, tous les services publics. Certains de ces principes sont classiques, alors que d'autres sont modernes ou contemporains.

Les principes classiques qui s'appliquent aux services publics comprennent les principes d'égalité[47], de continuité[48] et d'adaptabilité ou de mutabilité[49]. Si les SPA sont en principe gratuits, les SPIC sont hostiles à toute idée de gratuité et sont orientés vers la recherche de profit. A ces principes qui s'appliquent à tous les services publics, il faut ajouter qu'en matière d'enseignement, non seulement ces principes

---

46 FROMENT-MAIRE Anne, « Crise sanitaire et télétravail dans le secteur public ou l'occasion de poursuivre la modernisation de la fonction publique française », *in Civitas Europa*, n° 45, 2020/2, pp. 57-68. - ANNEQUIN Vincent, « La numérisation du service public dans la lutte contre le coronavirus », sur http://www.revuedlf.com, consulté le 09 juin 2021.

47 D'origine jurisprudentielle, le principe d'égalité est aujourd'hui codifié en droit comparé français. Ce principe postule que toutes les personnes en rapport avec le service public soit traité de façon identique. Cette égalité dans le service public est complétée par une égalité par le service public qui admet des discriminations positives pour gérer les inégalités sociales. Conseil d'Etat français, Sect., *Société des concerts du conservatoire*, 9 mars 1951 : le principe d'égalité comme un Principe Général du Droit (PGD). Au Bénin, cf. entre autres : - Chambre administrative de la Cour Suprême du Bénin, *Youssoufou Toukourou Ibouraïma c/Ministre de la fonction publique, du travail et de la réforme administrative*, 04 décembre 1998 : violation du principe de l'égalité des citoyens devant la loi, non cumul du recours pour excès de pouvoir avec le recours de plein contentieux (la demande en indemnisation ou en réparation relève du plein contentieux et ne peut être faite à l'occasion d'un recours pour excès de pouvoir), « *Tous citoyens se trouvant dans une situation identique à l'égard du service public, doivent être régis par les mêmes règles. Un arrêté qui en décide le contraire encourt annulation* » ; annulation de l'arrêté ministériel querellé. - Chambre administrative de la Cour Suprême du Bénin, *Collectif des enseignants de l'ENA c/MENRS*, 15 mai 1998 : violation du principe de l'égalité des citoyens devant la loi, non cumul du recours pour excès de pouvoir avec le recours de plein contentieux, « *Tous citoyens se trouvant dans une situation identique à l'égard du service public, doivent être régis par les mêmes règles. Un arrêté qui en décide le contraire encourt annulation* » ; annulation d'un décret de nomination querellé pour violation de la légalité.

48 Le principe de continuité révèle l'idée même du service public et proscrit l'abandon de l'intérêt dont le besoin à satisfaire doit l'être de façon continue. Seulement, la continuité du service public est atténuée par la reconnaissance aux profits des fonctionnaires du droit de grève. Contrairement aux idées reçues, ce droit de grève n'est pas antinomique du service public. Mais, en cas de grève, la loi organise un service minimum dans les secteurs vitaux de la vie nationale comme la sécurité et la santé et en cas d'inexistence de ce service minimum, il est fait recours à la réquisition.

49 L'adaptabilité ou la mutabilité est un principe qui permet de décider librement de la suppression ou de la réorganisation des services publics.

sont de mise, mais aussi, le service public de l'enseignement est régi par des principes spécifiques et complémentaires[50].

Les principes modernes ou contemporains des services publics sont affirmés au plan conventionnel en Afrique. Ainsi, l'article 3 de la Charte africaine sur les valeurs et les principes du service public (de la fonction publique) et de l'Administration du 31 janvier 2011 précitée, prescrit que les États membres s'engagent à mettre en œuvre la Charte conformément aux principes suivants : « … *la promotion et la protection des droits des usagers et des agents du service public ; l'institutionnalisation d'une culture de reddition de comptes, d'intégrité et de transparence dans le service public et l'Administration ; l'usage effectif, efficace et responsable des ressources* »[51]. La même Charte ajoute le principe de qualité en énonçant : « *Les prestations de service public doivent être offertes de la manière la plus effective, efficace et économique et être de la meilleure qualité possible* ». Par exemple, en matière sanitaire, la qualité du service public concerne celle des soins de santé ainsi que des produits de santé.

La pandémie du Covid-19, ayant accéléré le recours au numérique, la bonne gestion de l'efficacité du service public des élections a conduit, dans certains États, comme aux Etats-Unis d'Amérique en novembre 2020 lors de l'élection présidentielle, à l'usage massif du vote par correspondance pour limiter les risques de propagation de la maladie à coronavirus.

En somme, la gestion des services publics, sous le double aspect des règles de fonctionnement et des principes de gestion des services publics, est fortement concernée par les changements positifs de la pandémie du Covid-19. Celle-ci a aussi entraîné une mutation dans le contrôle des services publics.

B- Une mutation notée dans le contrôle des services publics

Le contrôle des services publics n'est pas, ne peut pas et ne doit pas être une coquille vide[52]. Il constitue une nécessité vitale de notre temps et est intrinsèque à la

---

[50] Il s'agit des principes de l'obligation scolaire et du monopole de la collation des grades universitaires. D'un côté, le principe de l'obligation scolaire veut qu'un minimum d'enseignement de base ou primaire soit donné aux apprenants, notamment les enfants. Dans certains Etats africains francophones subsahariens, ce principe est même constitutionnalisé (Bénin, Togo par exemple). De l'autre, le principe du monopole de la collation des grades universitaires signifie que seul l'Etat a le monopole des grades, car les grades universitaires sont des grades d'Etat. Ces grades sont constitués du baccalauréat, de la licence, du *master* et du doctorat.

[51] Art. 3.7 à 9 de la *Charte africaine sur les valeurs et les principes du service public (de la fonction publique) et de l'Administration*, adoptée à la XVIème Session ordinaire de la Conférence des Chefs d'Etat et de Gouvernement de l'Union Africaine (UA) tenue à Addis-Abeba (Ethiopie) le 31 janvier 2011.

[52] MAGDALIJNS Christophe, « Le contrôle de l'action administrative, contribution à une typologie réorientée des contrôles », *in Pyramides, Revue du Centre d'études et de recherches en Administration publique*, n° 8- *Des services publics désorientés ?*, 2004, pp. 65-82. - HAIROUT Widad, AGOUZOUL Inès, JAMAL Youssef, « Contrôle de gestion public : fondements et spécificités », *in Revue du contrôle de la comptabilité et de l'audit*, n° 7, 2018, pp. 1050-1063. - TAHAR Caroline, RAGAIGNE Aurélien, « Contrôler la qualité des services publics : quelle place pour les usagers ? Etude de deux expériences de collectivités territoriales françaises », sur https://www.hal.archives-ouvertes.fr, consulté le 10 juin 2021. - Organisation de Coopération et de Développement Economiques (OCDE), *Le contrôle de gestion dans les administrations*

gestion démocratique des affaires publiques. Dans le cadre du pilotage des services publics[53], le contrôle est à la fois un enjeu et un instrument qui peuvent permettre de mesurer la performance organisationnelle, gestionnaire et managériale des services publics. Il faut contrôler les services publics parce qu'ils font l'objet d'un financement public et les hommes chargés de leur gestion, pour la plupart des fonctionnaires, c'est-à-dire, des agents statutaires employés par l'État ou par l'une des personnes morales de droit public, peuvent s'écarter des règles de bonne gestion administrative et financière. Ce contrôle possède une vertu ou en tout cas un mérite : celle de lutter contre la mauvaise gestion. Lorsqu'il est bien effectué, il a vocation, sinon à éradiquer, du moins à réduire les grands problèmes administratifs contemporains comme la lourdeur administrative et les risques de gaspillage des ressources publiques.

De façon schématisée et au nombre des contrôles qui ont trait à la gestion des services publics, deux peuvent retenir l'attention. Il s'agit des contrôles internes et de ceux externes. Les contrôles internes des services publics, comme d'ailleurs ceux externes, sont organisés par l'État afin que la gestion des services publics respecte une certaine orthodoxie administrative et financière et que les agents publics aient dans leur cœur et mettent en pratique les règles de la morale professionnelle ou de la déontologie administrative (obligations de service, secret et discrétion professionnels, probité et loyauté dans la fonction publique, respect de la transparence administrative et financière, évitement des rapports de clans, de parenté et de famille dans le service, soumission à la règle de déclaration des biens et à l'obligation de reddition de comptes, etc.). Ces contrôles sont qualifiés d'internes parce qu'ils sont exercés au sein de l'Administration elle-même. Ils peuvent être *a priori*, concomittant ou *a posteriori*.

Plus en vue dans les services publics, les contrôles internes *a posteriori* sont mis en œuvre par des structures publiques instaurées dans les services publics. Parmi ces structures, il y en a qui ont une compétence générale, tandis que d'autres sont plutôt sectorielles. En outre, certaines sont plus classiques, alors que d'autres sont plus modernes ou contemporaines. C'est le cas de : l'inspection générale des services et emplois publics ; l'Inspection Générale des Finances (IGF) ; l'Inspection Générale d'État (IGE), par exemple au Sénégal ; l'inspection des services judiciaires ; l'inspection des services douaniers ; l'inspection des services de police ; l'inspection des services diplomatiques ou des affaires étrangères ; l'inspection des services de l'éducation ; le Bureau du Vérificateur Général (BVG) par exemple au Mali ; le Bureau d'Analyse et d'Investigation (BAI), par exemple au Bénin.

Conformément au Décret n° 2018-396 du 29 août 2018 portant réorganisation des organes de contrôle de l'ordre administratif en République du Bénin, le contrôle interne comprend « *l'ensemble des dispositifs formalisés et permanents et les activités mis en œuvre au sein de l'Administration publique, par les responsables à tous les niveaux et qui visent à maîtriser*

publiques modernes : études comparatives des pratiques, sur https://www.oecd-ilibrary.org, consulté le 10 juin 2021.

[53] MEYSSONNIER François (dir.), *Le pilotage des services publics*, Rennes, Presses universitaires de Rennes, Coll. « *Economie, gestion et société* », 2020, 236 p.

les risques liés à la réalisation des objectifs de l'action publique»[54]. Les organes de contrôle à compétence nationale sont ceux dont les activités s'étendent à tous les services publics et aux structures autonomes sous tutelle de tous les ministères et institutions de l'État. Sont à compétence nationale : l'IGF et l'inspection générale des services et emplois publics. Ces derniers font office d'inspection générale du ministère auprès de leur ministère de rattachement. Les organes de contrôle à compétence sectorielle sont ceux dont le champ de compétences est limité aux structures et activités du ministère auquel ils sont rattachés. Les inspections générales des ministères constituent les organes centraux d'audit interne au sein de chaque ministère[55]. Tous ces contrôles de types généraux et sectoriels sont complétés par des contrôles externes.

Les contrôles externes sont extérieurs à l'Administration publique active. Ils peuvent être effectués grâce aux institutions d'audit privé. Mais, dans l'État, les contrôles externes prennent souvent la forme juridictionnelle. Dans ce sens, les juridictions administratives sont compétentes pour contrôler les actes administratifs de gestion des services publics comme pour engager la responsabilité administrative en cas de faute.

Sous l'effet ou à la lumière des conséquences de la pandémie du Covid-19, cette architecture de contrôle connaît des changements notables. D'une part, les services de contrôles publics font l'objet d'une numérisation de plus en plus croissante et accrue. D'autre part, les agents publics ou privés, chargés des contrôles des services publics ne peuvent ignorer la réalité pandémique. Dès lors, ils sont astreints au respect des règles sanitaires comme ils doivent vérifier si ces règles sont effectivement honorées dans les services publics. Dans les États où il existe un ministère chargé du numérique et/ou de la digitalisation, comme c'est le cas au Bénin et au Rwanda, ce ministère est habilité à accompagner numériquement les structures de contrôle des services publics. Dans cette optique, ces structures peuvent disposer d'une plate-forme numérique, d'un Site *Internet*, de base de données électroniques comprenant l'ensemble des services publics concernés par les contrôles, les textes juridiques pertinents et subséquents, les manuels de contrôles administratifs et techniques, les modalités de contrôle, les échéanciers établis, la périodicité des contrôles, les services publics indexés, ceux dont les agents ou les dirigeants sont sous sanctions administratives/disciplinaires ou pénales, les fiches types à remplir lors des contrôles dans le cadre de la transparence administrative et numérique, etc.

En matière sanitaire, les contrôles des services publics de santé ont connu des mutations considérables dans la mesure où la gestion de la pandémie du Covid-19 dans certains États a consisté à investir plus dans le secteur médical et de la santé. Les cas d'informatisation des services de réanimation, la mise à disposition du matériel pour les tests buccaux et/ou nasaux Covid-19 et le démarrage effectif des campagnes

---

[54] Art. 2 al. 1er du Décret n° 2018-396 du 29 août 2018 portant réorganisation des organes de contrôle de l'ordre administratif en République du Bénin.

[55] Art. 4 et 5 combinés du décret portant réorganisation des organes de contrôle de l'ordre administratif en République du Bénin précité.

de vaccination anti Covid-19 ont induit des contrôles nouveaux pour vérifier si les matériels qui sont mis à la disposition du personnel médical et soignant n'ont pas fait l'objet de détournements. Ici, une synergie d'action peut être notée entre l'IGF et les inspections des services sanitaires. Ces contrôles d'un genre nouveau appellent aussi l'empoi d'une main d'œuvre nouvelle et qualifiée afin de rompre avec les habitudes traditionnelles en termes de léthargie fonctionnelle, de lourdeur administrative et de permettre une autonomisation acceptable de la part des agents publics chargés du contrôle. Néanmoins, différents cas de figure doivent être distingués. Dans la fonction publique d'État, le fonctionnement des services publics est plus soumis aux règles directement décidées par le Gouvernement en Conseil des ministres. Dans la fonction publique territoriale, les services publics locaux doivent observer les délibérations des assemblées locales selon les niveaux de décentralisation administrative.

Pour couper avec la routine et les habitudes administratives, les contrôles internes à l'Administration ont besoin d'une certaine dose d'autonomie, à défaut d'une indépendance totale, pour que les agents investis des contrôles ne soient pas dans des liens où ils reçoivent des ordres de la hiérarchie, destinés à fausser le jeu de la véracité des contrôles. Sur la base du principe de loyauté, en vertu duquel l'Administration ne doit pas mentir, il y a des raisons sérieuses de croire que les nouveaux contrôles des services publics aillent dans ce sens. Sur le plan contentieux, les juridictions administratives compétentes sont qualifiées pour vérifier l'exactitude des déclarations de l'Administration publique.

Par ailleurs, dans les États où l'exercice du droit de grève est supprimé aux agents de la santé[56], cette suppression renforce les contrôles des services publics sanitaires au temps de la pandémie du Covid-19. La précision est de taille, car en l'absence de toute grève de la part des agents employés dans le service public de la santé, le principe de la continuité des services n'est pas entamé, le service n'est pas rompu, le service minimum n'est pas nécessaire et la réquisition des personnes pour suppléer les agents grévistes ne s'impose pas[57]. Cette idée amenuise la pertinence de la réquisition dans les services publics durant la pandémie du Covid-19, même si en droit comparé français, le pouvoir réglementaire comme la doctrine obligent à relativiser cette opinion. Ainsi, conformément au Décret n° 2020-1262 du 16 octobre 2020 prescrivant les mesures générales nécessaires pour faire face à l'épidémie de

---

56 Au Bénin par exemple, les personnels militaires, paramilitaires et ceux de la santé ne peuvent plus exercer le droit de grève. Autrement dit, le droit de grève leur est interdit. Peuvent faire l'objet d'une réquisition en cas de grève, « *les personnels de la fonction publique et les agents des établissements publics, semi-publics ou privés à caractère essentiel dont la cessation de travail porterait de graves préjudices à la paix, la sécurité, la justice, la santé de la population ou aux finances publiques de l'Etat* ». Art. 17 nouveau de la Loi n° 2018-34 du 05 octobre 2018 modifiant et complétant la Loi n° 2001-09 du 21 juin 2002 portant exercice du droit de grève en République du Bénin.

57 A noter cependant que conformément à l'article 63 de la Loi n° 2020-37 du 03 février 2021 portant protection de la santé des personnes en République du Bénin, « *En cas d'épidémie ou de menace déterminée d'épidémie, dans une région ou localité reconnue à haut risque de propagation de la maladie, le ministre chargé de la santé peut ordonner par arrêté, la réquisition des ressources humaines et matérielles* ».

Covid-19 dans le cadre de l'état d'urgence sanitaire en France, « *le Préfet peut, si l'afflux de patients ou de victimes, ou si la situation sanitaire le justifie, ordonner, par des mesures générales ou individuelles, la réquisition de tout établissement de santé ou établissement médico-social ainsi que de tout bien, service ou personne nécessaire au fonctionnement de ces établissements, notamment des professionnels de santé. De plus, pour acheminer les produits de santé et les équipements de protection individuelle nécessaires pour faire face à la crise sanitaire, le Ministre de la santé peut réquisitionner des avions civils et des personnes nécessaires à leur fonctionnement* ». De même, un auteur considère : « *La loi du 11 mai 2020 prorogeant l'état d'urgence sanitaire a fait l'objet de débats, parfois enflammés, sur les questions de la mise en quarantaine, des fichiers des personnes infectées ou encore de la responsabilité. Peu d'observateurs ont remarqué qu'elle élargissait également les pouvoirs du gouvernement pour réquisitionner non plus seulement des biens et des services mais également des personnes. Pour s'interroger pertinemment sur les objectifs et les effets de ce glissement, il est nécessaire de rappeler l'usage qui a pu être fait dans le passé du pouvoir de réquisition* »[58].

En synthèse, bien de nouveautés sont introduites dans le droit des services publics du fait de la pandémie de Covid-19. Ces nouveautés méritent d'être conservées et consolidées, car elles redynamisent et renouvellent ce droit qui nécessite d'être étudié autrement sur le plan pédagogique. Toutefois, en dépit des avancées, il existe des points d'achoppement qui donnent de voir que les changements apportés par cette pandémie à ce droit sont aussi réduits.

II- Des changements réduits

La thèse de la réduction des changements apportés par la pandémie du Covid-19 au droit des services publics mérite une attention particulière, car son étude permet de mettre en exergue les problèmes posés par l'application de la norme en droit public en général, en droit des services publics en particulier. Plusieurs facteurs explicatifs et/ou justificatifs peuvent être convoqués à l'analyse. Il en est ainsi de la crise socio-économique et sanitaire causée par cette pandémie qui a eu de lourdes conséquences négatives pour les États, même si des solutions juridiques et extra-juridiques définitives peuvent être trouvées à moyen ou à long terme. Aussi, les problèmes qui peuvent être dégagés sont variés, divers et ondoyants. Mais, sans prétendre à l'exhaustivité, l'accent est mis sur une présence des limites numériques (A) et une persistance des contraintes juridiques et sociologiques (B).

A- Une présence des limites numériques

D'une manière générale en droit, les limites sont observables dans divers secteurs ou domaines. Le droit des services publics n'échappe pas à cette règle. L'étude des limites numériques qui présentent d'ailleurs un caractère multiforme et qui réduisent les changements apportés par la pandémie du Covid-19 à ce droit, nécessite de

---

58 BLIGH Gregory, « Réquisitionner en situation d'urgence sanitaire », *in L'Actualité Juridique Droit Administratif (AJDA)*, 2020, p. 1098.

revisiter la typologie des services publics avant d'insister sur quelques limites particulières qui touchent les services publics numériques.

Du point de vue de la classification des services publics, il ne fait pas de doute que les idées et les principes en la matière sont bien établis. En effet, il existe plusieurs types de services publics. Traditionnellement, il faut en distinguer deux catégories : les SPA[59] et les services publics à caractère industriel et commercial (SPIC)[60]. A ces deux catégories de services publics, il faut ajouter : les services publics constitutionnels[61], les services publics à compétence nationale[62], les services d'intérêt économique général[63] et les services publics du développement économique

---

[59] Sauf lorsque leur gestion est confiée et assurée par des personnes privées, les SPA emploient des agents publics, généralement des fonctionnaires, ainsi que les règles des finances publiques. Ils n'ont pas un but industriel et commercial, c'est-à-dire, marchand. C'est le cas, par exemple, des services publics de la défense ou de l'éducation nationale. Ils sont régis par le droit public et sont gérés par des organismes administratifs. Ainsi, leur régime juridique diffère de celui des SPIC. Les établissements publics peuvent créer des services publics.

[60] DOUENCE Jean-Claude, « La gestion du service public », *in* MOREAU Jacques (dir.), *Droit public. Tome 2- Droit administratif*, *op. cit.*, p. 944. Si l'arrêt *Bac d'Eloka* du 22 janvier 1921 du Conseil d'Etat français consacre l'existence de services publics à gestion privée, opérant ainsi la scission d'avec les SPA, il a fallu attendre l'année 1956 pour que le même Conseil puisse donner une définition des SPIC. En effet, le Conseil d'Etat considère qu'il existe une ressemblance entre les services publics soumis au droit privé et les activités du secteur privé et en déduit que les SPIC sont ceux dont l'objet (activités de vente ou de production de biens), l'origine de leurs ressources (redevances perçues sur les usagers du service) et leurs modalités d'organisation et de fonctionnement assimilent aux entreprises privées. Conseil d'Etat français, *Union syndicale des industries aéronautiques*, 16 novembre 1956.

[61] De création prétorienne, la notion de services publics constitutionnels est systématisée par la doctrine. En effet, c'est le Conseil Constitutionnel français qui, dans sa Décision n° 86-207 DC du 26 juin 1986, a évoqué, pour la première fois, des services publics « *dont la nécessité... découle de principes ou de règles de valeur constitutionnelle* ». FAVOREU Louis (†), PHILIP Loïc et *alii*, *Les grandes décisions du Conseil Constitutionnel*, Paris, Dalloz, Coll. « *Grands Arrêts* », 18ème éd., 2016, p. 256. - SEILER Bertrand, *Droit administratif. Tome 2- L'action administrative*, *op. cit.*, p. 57. Réaffirmée dans de nombreuses autres décisions du même Conseil, notamment la Décision n° 2006-543 DC du 30 novembre 2006, la notion de services publics constitutionnels amène la doctrine à distinguer entre les services publics constitutionnels, c'est-à-dire, ceux qui sont exigés par la Constitution et les services publics législatifs qui sont créés par le législateur. Constituent des services publics constitutionnels, les services publics de la défense nationale, de la justice, des affaires étrangères et de la police.

[62] En droit comparé, notamment en droit français, un Service à Compétence Nationale (SCN) est « *une catégorie particulière de service administratif, que l'on pourrait situer à mi-chemin entre l'administration centrale et l'administration déconcentrée. Il exerce des missions opérationnelles sur l'ensemble du territoire national : fonctions de gestion, études techniques ou de formation, activités de production de biens ou de prestation de services* ». Instaurés par le Décret n° 97-464 du 9 mai 1997 relatif à la création et à l'organisation des SCN, les SCN constituent un mode d'organisation de l'Administration civile de l'Etat, à mi-chemin entre les administrations centrales et celles déconcentrées. Ils sont rattachés soit à un ministre, soit à un directeur d'administration centrale ou à un chef de service. Le Musée des Civilisations de l'Europe et de la Méditerranée (MUCEM) est un exemple de SCN. Conseil d'Etat français, *Société Grenke Location*, 8 octobre 2014.

[63] Issus du droit communautaire de l'Union Européenne (UE) et visant des activités de nature économique, les services d'intérêt économique général permettent « *de soumettre aux règles de la concurrence des activités de service public* » ainsi que « *de soustraire au libre jeu de la concurrence certaines activités de service public qui, en raison de leur nature et des contraintes qui pèsent sur leur exploitation, doivent en être affranchies* ». BRACONNIER Stéphane, *Droit des services publics*, *op. cit.*, p. 79.

durable[64], ainsi qu'en droit communautaire comparé, les services publics de transport de voyageurs par chemin de fer et par route[65] et sans oublier les services publics d'État ou nationaux et les services publics locaux[66]. A cette diversité, sont venus s'ajouter aujourd'hui les services publics numériques dont la spécificité est la mise en œuvre d'activités numériques et l'existence d'usagers desdits services à l'ère de la révolution et de la civilisation numériques. Certes, ce dernier type de services publics existait déjà avant la pandémie du Covid-19. Mais, l'apparition de la pandémie et ses effets dévastateurs ont conduit à un recours accéléré à ces services d'un genre nouveau et ont montré leur importance pour la survie et la continuité de l'Administration publique sans que les services publics classiques ne soient supprimés.

Quels que soient les services publics considérés, les limites numériques qui peuvent être constatées sont relatives à la faiblesse ou à l'instabilité de la connexion *Internet*, à la difficulté pour certains agents publics d'utiliser les outils informatiques et numériques, notamment les ordinateurs et leurs accessoires, à la non maîtrise des technologies numériques tant par les agents publics que par les usagers des services publics en général, des services publics numériques en particulier. En effet, l'analphabétisme ne rime pas trop avec le monde du numérique qui demande des efforts constants et un minimum de connaissances.

Si la numérisation croissante des services publics constitue un atout non négligeable pour la transformation et la simplification du droit public, il n'en demeure pas moins vrai que les avancées doivent résister à des revers et des effets pervers redoutés comme la diffusion de fausses informations (*Infox*) et les manipulations de l'information (*Fake News*) dont l'« *objectif est de s'attaquer à la gouvernance publique et de pénétrer les secrets de l'État. Les unes comme les autres constituent de gros handicaps à l'obtention de bonnes informations et de bons résultats de recherche en ligne, puisque des informations erronées ne peuvent pas permettre à un chercheur de faire de bonnes analyses et d'obtenir de bons résultats* »[67]. Viennent compléter cette énumération des goulots d'étranglement des services publics contemporains, les cyberattaques et la cyberviolence, les infractions touchant à la cybersécurité, la cybercriminalité et au cyberterrorisme ainsi que les atteintes à la protection des données personnelles ; ce qui peut, à terme, freiner ou bloquer le développement des services en ligne et compromettre, pour une bonne part, la modernisation numérique de l'État.

---

64 BOTTINI Fabien, « Du service public du développement économique au service public du développement économique durable ? », *in Revue Française de Finances Publiques (RFFP)*, n° 152, 2020, p. 89.

65 Les services publics de transport de voyageurs par chemin de fer et par route sont créés par le Règlement n° 1370/2007 du 23 octobre 2007 du Parlement européen et du Conseil (dit règlement obligations de service public-OSP) relatif aux services publics de transport de voyageurs par chemin de fer et par route.

66 Les services publics d'Etat ou nationaux appartiennent à l'Etat et ont une couverture nationale. Les services publics locaux sont du ressort des collectivités territoriales décentralisées. Les établissements publics locaux peuvent créer leurs services publics locaux.

67 AKEREKORO Hilaire, « La recherche numérique (*e-research*) en droit public : enjeux, menaces, défis et avenir », art. préc., consulté le 09 juin 2021.

Certes, la régulation des activités numériques et le contrôle de l'usage responsable de l'*Internet* peuvent permettre de régler un tant soit peu ces problèmes. Mais, les technologies numériques sont exposées à des risques qui affectent dangereusement le fonctionnement normal et régulier des services publics. En termes de résultats, les objectifs attendus et les performances des administrations publiques sont sujets à caution. Le ver est donc dans le fruit. De telles situations peuvent être très dangereuses, voire dramatiques, pour les usagers des services publics et les bénéficiaires en général, notamment les personnes vulnérables[68] et celles qui sont en situation de handicap.

S'y ajoutent les problèmes de la coupure du courant électrique sans lequel l'accès à l'*Internet* est un leurre. Les énergies, qu'elles soient fossiles ou renouvelables (énergie solaire, énergie éolienne, etc.) sont très déterminantes dans la bonne utilisation des ressources informatiques et de l'*Internet*, et partant du numérique. Celui-ci est inséparable de la bonne disponibilité du courant électrique dont la rareté ou la fréquence agit sur l'effectivité et l'efficacité des activités des services publics, y compris les services publics numériques. A l'époque contemporaine, l'énergie électrique comme l'*Internet* ne sont guère des luxes que ne peuvent s'offrir les États en développement.

Il se pose alors un problème : comment servir plus et mieux la personne humaine durant la pandémie du Covid-19 et même après ? Les freins d'accès à l'*Internet*, qui ont des répercussions indéniables pour les services publics, ne doivent pas laisser indifférents les Etats face à l'impératif de la bonne satisfaction de l'intérêt général. L'atteinte de ce dernier commande que les services publics s'organisent mieux et s'ouvrent davantage à la démarche qualité et à la logique de la gestion performantielle des finances publiques sans lesquelles la gestion de l'État ne peut connaître des résultats satisfaisants et encourageants. Du point de vue de la visibilité des actions de l'État à l'international, il va même de l'intérêt de la gestion publique contemporaine que les services publics soient bien gérés aux fins de réaliser le bonheur commun ou le bien-être social. Certes, à la longue, le respect des gestes barrières dans les services publics peut connaître une fin. Mais, l'efficacité numérique des services publics doit demeurer un souci constant des décideurs et des gestionnaires publics.

Ces orientations doctrinales commandent une implication non négligeable des citoyens dont les actions ne doivent pas entraîner un blocage des services publics essentiels comme nouveaux. Aussi, ont-ils le devoir de travailler à améliorer leurs connaissances en matière d'informatique et d'*Internet* pour mieux bénéficier des ressources et des avantages offerts par les services publics numériques, même si des fois la coupure plus ou moins prolongée de l'énergie électrique et l'indisponibilité de la connexion *Internet* constituent de gros handicaps et des difficultés certaines.

---

[68] KOKOROKO Dodzi, « Service public et vulnérabilité au Togo », *in Varias autour du droit public, Mélanges en l'honneur du Professeur Koffi AHADZI-NONOU*, Poitiers, Presses universitaires juridiques de Poitiers, 2019, p. 385.

Tout bien considéré, il y a une seconde catégorie de limites à l'action des services publics, laquelle est étudiée sous le prisme d'une persistance des contraintes juridiques et sociologiques.

B- Une persistance des contraintes juridiques et sociologiques

Les contraintes juridiques et sociologiques constituent presque une constante dans les maux qui minent le développement des services publics de qualité. Elles réduisent, dans une proportion non négligeable, les changements positifs apportés par la pandémie du Covid-19 au droit des services publics. Pour mieux les cerner, il convient de sérier les contraintes juridiques des problèmes d'ordre sociologique. Les contraintes de nature juridique posent divers problèmes. Le premier problème est celui de l' (in) effectivité des droits et des devoirs des usagers des services publics. En effet, les usagers des services publics disposent de droits dans leurs relations avec les administrations publiques. Ainsi, mis à part le secret-défense ou la haute sécurité due à la lutte contre le terrorisme international, les agents publics ont l'obligation de garder le secret professionnel, tandis que les usagers des services publics ont le droit à l'information, notamment le droit de communication des documents administratifs. Ils ont le droit à ce que le service qui leur est rendu soit de bonne qualité. En outre, ils ont aussi le droit d'ester en justice et donc d'adresser des recours à l'Administration publique comme au juge compétent afin que leur cause soit entendue. Il est de leurs devoirs de dénoncer les dysfonctionnements de l'Administration, les pratiques frauduleuses, de corruption, de détournements et de prévarication dans l'Administration publique, ainsi que les violations de leurs droits. Toutefois, ils ne doivent pas, par leurs actes et comportements, entraver la bonne marche du service public ou porter atteinte aux biens publics. La mise en œuvre des recours administratifs et contentieux par les citoyens témoigne de la réalité des problèmes juridiques dans les services publics et permet le développement d'un contentieux administratif des services publics.

Cependant, les droits des usagers des services publics ne sont pas toujours exercés de même que l'Administration publique ne répond pas, dans toutes les hypothèses, aux exigences et aux attentes de ses usagers, surtout lorsqu'il s'agit pour elle de défendre l'intérêt général, les bonnes mœurs ou la sauvegarde des droits d'autrui. Le respect des principes nécessaires dans une société démocratique commande que lorsque certains droits reconnus aux usagers des services publics sont garantis par la Constitution, le législateur ordinaire pas plus que le pouvoir réglementaire ne peuvent les restreindre, surtout quand la Constitution est explicite sur le fait que les droits dont il s'agit doivent être exercés dans les conditions fixées ou prévues par la loi. L'encadrement législatif (ou réglementaire) ne peut conduire à supprimer un droit constitutionnellement garanti. Agir autrement constitue une inconstitutionnalité que doit censurer la juridiction constitutionnelle lorsqu'elle est saisie à cette fin ou dans les hypothèses où elle se saisit d'office.

Quant au second problème, il est relatif à la responsabilité du service public vis-à-vis des usagers. Les personnes publiques sont responsables des dommages qu'elles causent aux usagers des services publics. D'une manière générale, il s'agit d'une responsabilité pour faute due à un mauvais fonctionnement du service, à un retard dans le fonctionnement du service public ou à une absence de fonctionnement du service public. Sous réserve des cas exonératoires de responsabilité, ce régime de responsabilité doit aussi s'appliquer aux services publics numériques[69], la responsabilité devant être élargie aux hypothèses de responsabilité sans faute de l'administration aux fins de protéger les droits des usagers des services publics.

Au regard des développements ci-dessus, quelques remarques s'imposent. Malgré les influences de la pandémie du Covid-19 sur le droit des services publics, celui-ci ne perd pas ses notions traditionnelles comme celle de la responsabilité de l'État. Mais, cette responsabilité peut connaître un aspect nouveau lorsqu'elle concerne le fonctionnement ou la gestion des services publics numériques. Les usagers des services publics numériques bénéficient de nouveaux droits comme le droit à l'égalité et à la libre consultation des sites *Internet* des services publics qu'il visite, le droit à l'information numérique, le droit à la lecture en ligne, le droit au téléchargement, le droit au dépôt des commentaires sur ces sites lorsque les commentaires sont autorisés, etc. Quelle est la nature juridique de ces droits ? Est-il possible de les ranger dans les catégories juridiques traditionnelles des droits de l'homme ou dans les nouveaux droits de l'homme ? Autrement dit, sont-ils des droits-libertés, des droits-créances ou des droits de la solidarité ? En vérité, les droits numériques des usagers des services publics numériques sont des droits-libertés qui peuvent être exercés individuellement ou collectivement. Cependant, puisque l'État doit garantir l'accès à l'*Internet* à toutes les personnes, sous réserve des cas d'inégalités sociales, il faut aussi concevoir que ce sont des droits-créances et donc économiques et sociaux, opposables à l'État, à l'instar du droit à la santé ou du droit à l'éducation[70].

De leur côté, les problèmes d'ordre sociologique qui affectent les rendements et la bonne qualité des services publics en Afrique en général tiennent au fait qu'il existe de très nombreux dérapages dans la fonction publique. Leur étude nécessite de prendre en considération les données et les réalités de la sociologie administrative[71] et les pratiques réelles dans les services publics. Dans la pratique, le respect des règles de la morale professionnelle tant par l'Administration publique que par ses agents laisse à désirer. Il y a un réel malaise et le constat est amer. En effet, au lieu de nommer des cadres compétents et dévoués aux postes de travail et de responsabilité, la

---

69 Sur cette question en doctrine juridique comparée, cf. TESTARD Christophe, « L'administration numérique : une responsabilité administrative confortée », *in L'Actualité Juridique Droit Administratif (AJDA)*, 2021, p. 1267.

70 AKEREKORO Hilaire, « La recherche numérique (*e-research*) en droit public : enjeux, menaces, défis et avenir », art. préc., consulté le 09 juin 2021.

71 CROZIER Michel, « Pour une sociologie de l'administration publique », *in Revue Française de Science Politique (RFSP)*, Volume VI, n° 4, Année 1956, pp. 750-769. - GUILLEMOT Danièle, JEANNOT Gilles, « Modernisation et bureaucratie, l'administration d'Etat à l'aune du privé », *in Revue Française de Sociologie*, Volume 54, 2013/1, pp. 83-110. - CHEVALLIER Jacques, « Les linéaments d'une théorie sociologique de l'administration », *in* ALONSO Christophe, DURANTHON Arnaud, SCHMITZ Julia (dir.), *La pensée du doyen Hauriou à l'épreuve du temps : quel (s) héritage(s) ?*, Aix-Marseille, Presses universitaires d'Aix-Marseille, 2015, pp. 621-632.

pratique courante dans l'Administration est au favoritisme et à la promotion, non pas des cadres méritants, mais des proches parents, des membres de la famille, des paresseux et des personnes issues du même département de naissance. Dans de nombreux cas, de nombreuses personnes incapables, mauvais et incompétents sont nommés à des postes de responsabilité, alors que les vrais cadres vertueux pouvant servir dans les services publics sont laissés de côté.

Du côté des fonctionnaires, beaucoup sont ceux qui ne respectent guère les règles de la morale professionnelle et qui pratiquent la corruption, pillent les ressources publiques au lieu d'en être les producteurs pour le bien commun et gaspillent les biens publics, notamment l'argent public. S'y ajoutent l'utilisation abusive des véhicules administratifs, c'est-à-dire, des véhicules de fonction mis à la disposition de certains agents publics par l'État.

La liste des dérapages dans les services publics en général, dans les SPA et les SPIC en particulier ne saurait être exhaustive de sorte que le tableau noir de la pratique administrative qui vient d'être cité peut être complété par l'inconscience, la fraude et la tricherie dans les examens et concours publics de recrutement des agents de l'État, la non application des manuels de procédures administratives, techniques et financières dans certains services publics, le conflit d'intérêts, l'exercice d'activités privées lucratives par des fonctionnaires en violation de la loi, le mensonge, le retard, l'abandon de poste, l'emploi de pratiques occultes pour nuire à certains agents publics et qui sont très étudiés par la politique et la sociologie de l'Administration, etc.

En vérité, il s'agit du culte du mal et du péché qui ne rime pas avec la bonne gouvernance administrative, c'est-à-dire, la transparence et l'efficacité dans la gestion des affaires publiques. Toutefois, il faut comprendre le comportement de certains agents publics qui sont désespérés face aux coupures du courant électrique, aux moyens modiques dont dispose souvent l'Administration, à l'insuffisance des salaires et des traitements qu'ils perçoivent mensuellement et surtout le harcèlement moral[72] dont ils sont l'objet de la part de leur supérieur hiérarchique. Par harcèlement moral, il faut entendre « *des agissements répétés ayant pour objet ou pour effet une dégradation des conditions de travail susceptible de porter atteinte aux droits et à la dignité d'un fonctionnaire, d'altérer sa santé physique ou mentale ou de compromettre son avenir professionnel* ». Certains agents publics travaillent plus dans l'esclavage que dans la dignité inhérente à la personne humaine. Au lieu d'être un lieu de liberté et de convivialité, les services publics sont transformés en des milieux de haine où « *l'homme est un loup pour l'homme* » selon la formule de Thomas HOBBES. Devant une telle situation, le fonctionnaire est appelé à plus de prudence et de vigilance, de compétence et d'honnêteté professionnelle, voire de courage pour ne pas sombrer dans le découragement et le chaos.

[72] Le harcèlement moral est différent du harcèlement sexuel en ce que le premier n'a lieu que dans le contexte des relations de travail, alors que le second peut intervenir dans n'importe quel contexte.

Conclusion

Au total, la pandémie du Covid-19 n'a pas manqué d'influencer le droit des services publics. Elle y a apporté des changements positifs certains, lesquels ont touché tant la gestion des services publics que leur contrôle. Si la numérisation des services publics n'est pas nouvelle, la pandémie du Covid-19 l'a accru au point de générer le recours à la visioconférence et au télétravail. Ces apports positifs nécessitent d'être conservés et sauvegardés pour une administration publique en phase avec les exigences des sociétés modernes et des mutations profondes en cours dans le monde contemporain.

Cependant, l'étude a révélé que cette pandémie a aussi eu des effets pervers pour les services publics de sorte à réduire la portée des changements positifs observés dans le droit des services publics. Sont, entre autres, visées les limites numériques ainsi que les contraintes juridiques et sociologiques. La réflexion prospective qui peut être proposée ici va dans le sens d'une meilleure appropriation des changements positifs qui sont notés et d'une mise en œuvre effective et efficace des valeurs et des principes du service public pour que la réforme de l'État, déjà engagée dans de nombreux États dans le cadre du nouveau management public, ne constitue une coquille vide.

Chapitre 2 : La protection de l'environnement par la mise en œuvre des mesures administratives de lutte contre la covid-19 au Cameroun

Par ALIYOU Sali
Docteur/Ph. D en Droit Public,
Enseignant-Chercheur, FSJP/Université de Dschang-Cameroun

Résumé

La pandémie de la Covid-19 sévit au Cameroun depuis le début de l'année 2020. Face à la menace de propagation de la maladie, les autorités administratives compétentes ont pris des mesures préventives et curatives afin de lutter contre cette crise sanitaire d'envergure mondiale. Toutefois, ces mesures n'ont pas eu pour objectif direct de protéger l'environnement. Ce n'est que par leur mise en œuvre qu'on constate quelques conséquences protectrices de l'environnement. Autrement dit, il n'existe pas de mesures concrètes intéressant la Covid-19 qui prennent explicitement en compte l'aspect de la protection de l'environnement au Cameroun. C'est dire que la protection de l'environnement bien que non prévue par les mesures de lutte contre la Covid-19 n'est pas totalement ignorée. Mais malgré l'engouement de la doctrine pour la pandémie encours, aucune recherche d'ensemble n'a traité de la question objet de cette étude. Notre objectif est donc de combler ce manquement en identifiant et en appréciant le lien qui existe entre la gestion de la Covid-19 et la protection de l'environnement au Cameroun. Cette ambition justifie le choix et l'intérêt du présent sujet qui le problème juridique de la relativité de la protection de l'environnement dans la lutte contre la Covid-19 au Cameroun. De ce fait, la question qu'on se pose est la suivante : la mise en œuvre des mesures administratives de lutte contre la Covid-19 assure-t-elle une protection efficace de l'environnement au Cameroun ? Cette interrogation est pertinente dans la mesure où elle permet de démontrer que la mise en œuvre des mesures administratives de lutte contre la Covid-19 assure une protection relativement efficace de l'environnement.

À l'évidence, tous les ses secteurs ne sont pas pris en compte et ceux concernés ne bénéficient pas de la même attention. La raison tient à l'objectif des mesures administratives de lutte contre la Covid-19 qui, dans leur ensemble, protègent les personnes qui constituent la composante principale de l'environnement au détriment des autres. Il en découle logiquement que la mise en œuvre des mesures administratives de lutte contre la Covid-19 privilégie la protection de la composante humaine de l'environnement aux dépens de sa composante naturelle. Cependant, il existe une disparité dans la protection de chacune desdites composantes. C'est ce que démontrent les méthodes juridique et sociologique complétées par la technique documentaire et l'observation qui révèlent un déséquilibre dans la protection de la composante humaine et une discrimination dans la protection de la composante naturelle.

Mots-clés : Protection – Environnement – Mise en œuvre – Mesures Administratives – Covid-19 – Cameroun.

Introduction

La pandémie de la Covid-19[1] sévit au Cameroun depuis le début de l'année 2020. Face à la menace de propagation de la maladie, les autorités administratives compétentes ont pris des mesures afin de lutter contre cette crise sanitaire d'envergure mondiale. Toutefois, celles-ci n'ont pas eu pour objectif de protéger directement l'environnement. Ce n'est que par leur mise en œuvre qu'on constate quelques conséquences protectrices de l'environnement. C'est dire que la protection de l'environnement bien que non prévue par les mesures de lutte contre la Covid-19 n'est pas totalement ignorée. Mais malgré l'engouement de la doctrine camerounaise pour la pandémie en cours[2], aucune recherche d'ensemble n'a traité de la question objet de cette étude. C'est ce qui justifie le choix et la pertinence de la présente réflexion. Pour mieux cerner ses contours, il convient au préalable de préciser le sens et la signification des termes qui la composent.

Le concept d'environnement qui est au centre de la thématique est un dérivé d'environner, ancien mot français signifiant encercler. Dans un sens large, l'environnement peut comprendre l'ensemble des conditions naturelles, sociales et culturelles qui influencent la vie d'un individu ou d'une communauté[3]. Plusieurs textes nationaux en donnent des définitions partielles ou limitées à un objet précis et articulées autour d'éléments physiques et humains, mais bien rares sont les documents juridiques internationaux, de caractère contraignant ou non, qui le définissent de façon globale. Par exemple, au Cameroun, la Loi n° 96/12 du 05 août 1996 portant loi-cadre relative à la gestion de l'environnement dispose que l'environnement est « *l'ensemble des éléments naturels ou artificiels et des équilibres biogéochimiques, sociaux et culturels qui favorisent l'existence, la transformation et le développement du*

---

[1] La COVID-19 ou Coronavirus SARS-COV2 qui est apparue dans la ville chinoise de Wuhan (Province de Hubei) vers la fin de l'année 2019 s'est progressivement installée dans tous les pays du monde au point d'être décrétée le 11 mars 2020 par l'OMS Pandémie. Ce jour-là, le nombre des cas confirmés dans le monde s'élevait à 118.000. Plan de la diaspora pour la lutte contre le Covid-19 au Cameroun, disponible sur le site file:///E:/Master/Projet%20d'article%20en%20droit%20de%20l'environnement/Mesures%20administratives%20prises/Plan%20de%20la%20Diaspora%20pour%20la%20Lutte%20Contre%20Contre%20le%20COVID-19%20au%20Cameroun.pdf.

[2] La pandémie a retenu l'attention des chercheurs au Cameroun surtout les juristes et plusieurs réflexions ont été consacrées à son étude. Voir entre autres, la *Revue LE NEMRO* « La Covid-19 et le droit », avril-juin 2020, 506 pages et l'ouvrage collectif, *Covid-19 et au droit au Cameroun regards pluriels*, Yaoundé, éditions LUPEPPO, Collection Savoirs, 2021, 326 pages.

[3] Guy CANIVET, Luc LAVRYSEN et Dominique GUIHAL (Sous la rédaction de), *Manuel judiciaire de droit de l'environnement*, Nairobi, Programme des Nations Unies pour l'Environnement, 2006, p. 34.

milieu, des organismes vivants et des activités humaines[4] ». Les mesures administratives sont l'ensemble des décisions prises par le gouvernement camerounais en vue de riposter à la Covid-19. Elles englobent les actes des autorités administratives nationales et locales mais également celles des autorités administratives générales et spécialisées, en l'occurrence les autorités sanitaires. La Covid-19 est une maladie d'envergure mondiale née en Chine en novembre 2019 et caractérisée par des symptômes spécifiques donc la complication peut entrainer la mort en l'absence d'une prise en charge médicale appropriée. Les symptômes les plus récurrents sont : la grippe, la fièvre, la toux, l'essoufflement et les difficultés respiratoires.

Assurément, les mesures administratives de lutte contre la Covid-19 dont la mise en œuvre assure la protection de l'environnement sont nombreuses et prises de manière régulière et continue. Elles sont constituées des mesures préventives pour barrer la voie à la maladie et curatives pour la soigner. Ces mesures constitutives de la *lex pandemia* au Cameroun sont édictées dans l'urgence en vue d'endiguer la propagation de la pandémie[5] conformément aux recommandations de l'OMS. Des mesures générales[6] de protection de l'ordre public sanitaire ont été progressivement complétées par de nombreuses mesures spécifiques appliquées rigoureusement par les autorités administratives déconcentrées et décentralisées[7]. Leur caractéristique commune a été de limiter, considérablement, les droits et libertés collectives et individuelles. Les textes spéciaux à caractère pénal ont dû être pris dans l'optique de contraindre la population à s'y conformer[8].

De manière générale, la stratégie gouvernementale de riposte face à la Covid-19 a été remise en cause. Si l'opportunité et la nécessité des mesures prises ne souffrent d'aucun doute, on leur reproche par contre d'être d'une part excessives et non adaptées et de reposer essentiellement d'autre part sur des actes juridiques non formalisés, en l'occurrence des déclarations qui ont un faible caractère décisoire[9].

Mais loin de revenir sur les polémiques que suscite la gestion de la crise sanitaire par les autorités camerounaises compétentes au Cameroun, ce sujet a la particularité

---

[4] Parfait OUMBA et Ibrahima LY, « Gestion durable des ressources naturelles en Afrique : quelle place pour le droit ? », *Revue Africaine du droit de l'environnement (RADE)*, n° 1/2014, p. 12.

[5] Selon l'OMS, on parle de pandémie en cas de propagation mondiale d'une nouvelle maladie. Cité par NEMEDEU Robert, « Les pandémies et le droit », *Le NEMRO*, Editorial, Dossier spécial : La Covid-19 et le droit », *op., cit.* p. 1.

[6] Voir la déclaration spéciale du Premier Ministre du 17 mars 2020 portant stratégie gouvernementale de riposte contre la propagation de la Covid-19 au Cameroun. Celle-ci contient treize (13) mesures décidées sur haute instruction du Président de la République.

[7] Pour plus de détails sur les mesures prises par les autorités décentralisées, lire Ange Joachim MENZEPO, « Analyse de la lutte contre la Covid-19 dans les collectivités territoriales décentralisées : cas de la commune de Dschang », *LE NEMRO,* avril-juin, 2020, *op., cit.*, pp. 460-472.

[8] Moise TIMTCHUENG, « La mise à l'écart des familles du processus d'inhumation des victimes de la Covid-19 au Cameroun : une analyse socio-juridique d'une mesure excessive de riposte à la propagation de la pandémie », *Le NEMRO,* avril-juin 2020, *op., cit.*, p. 24.

[9] Jocelyne DJEUYA TCHUPOU, « La lutte contre le corona virus (Covid-19) au Cameroun : recherches sur les fondements juridiques de la stratégie gouvernementale de riposte face à la maladie », *Le NEMRO* Avril-Juin 2020, *op. cit.* p. 300.

qu'il intervient dans le domaine du droit de l'environnement. En effet, comme les autres disciplines juridiques, ce droit n'est pas resté indifférent face à la Covid-19. Le droit international de l'environnement a fourni une réponse à la crise sanitaire. Il a établi que la contamination humaine est due à la consommation de la viande des espèces animales sauvages en l'occurrence le pangolin ou de la chauve-souris[10]. En fait, l'étude des pandémies établit, clairement, une interdépendance entre l'équilibre des écosystèmes, leurs éléments inclus et la santé publique. L'apparition de la Covid-19 a favorisé diverses recherches interdisciplinaires et a déclenché un regain d'intérêt à utiliser le droit international de l'environnement comme un instrument utile pour la compréhension des pandémies comme la Covid-19. Plus explicitement, les maladies zoonotiques comme la Covid-19 sont une claire indication de la faible application du droit international sur la vie sauvage pour prévenir l'utilisation illégale des espèces protégées[11]. La réaction du droit national de l'environnement à la Covid-19 est quant à elle indirecte ce qui explique pourquoi le lien qui existe entre les mesures administratives de lutte contre la Covid-19 et la protection de l'environnement est peu perceptible. De ce fait, le problème n'est pas celui de savoir si les mesures administratives de lutte contre la Covid-19 protègent l'environnement au Cameroun. La réponse à cette question est très évidente et par conséquent sans intérêt. Il convient, pour cette raison de questionner plutôt l'efficacité de cette protection dans la mise en œuvre de ces mesures. D'où la question de recherche suivante : la mise en œuvre des mesures administratives de lutte contre la Covid-19 assure-t-elle une protection efficace de l'environnement au Cameroun ? Cette interrogation est pertinente dans la mesure où elle permet de démontrer que la mise en œuvre des mesures administratives de lutte contre la Covid-19 assure une protection relativement efficace de l'environnement. Cette relativité tient au caractère disproportionné de la protection qui en résulte. Cette affirmation s'appuie, en l'absence d'un cadre normatif spécifique de lutte contre la Covid-19[12], sur l'analyse des actes administratifs unilatéraux (circulaires, déclarations, communiqués, décisions, etc.,) de prévention et de protection contre le coronavirus et de l'exploitation des documents (physiques et numériques) contenant des informations sur la gestion de la crise sanitaire mais aussi en observant le dispositif anti-Covid-19 mis en place dans les services publics et privés sur recommandations des autorités administratives nationales et locales. À l'évidence, les actions résultant de la stratégie gouvernementale de riposte contre la Covid-19 accordent une attention particulière à la protection de la population. Les autres milieux récepteurs tels que l'eau, le sol, le sous-sol, la faune, la flore, l'air n'ont pas bénéficié de la même considération. Autrement dit, les mesures administratives de lutte contre la Covid-19 au Cameroun ont

---

[10] Christopher F. TAMASSANG, « The response of international environmental law to global pandemics: focus on the Covid-19 », *Le NEMRO,* Avril- Juin 2020, *op., cit.* p. 380.

[11] *Ibidem.*

[12] C'est le cadre juridique ordinaire qui a servi de base à la lutte contre la Covid-19 au Cameroun. Pour plus de detail, lire Eric-Adol *GATSI* TAZO « Cameroon's fight again Covid-19: an ordinary legal framework for an extraordinary situation », Verfblog, 2020/21, http://verfassungsblog.de/cameroons-fight-aganin-cobid-19-an-ordinary-legal-framework-for-an-extraordinary-situation/,DOI:10.17176/20200521-133119-0.

privilégié la protection de la composante humaine de l'environnement au détriment de la composante naturelle. Mais leur mise en œuvre a révélé une certaine disparité dans la protection des différents éléments constitutifs de chaque composante. Une analyse comparée dévoile un déséquilibre de la protection de la composante humaine de l'environnement **(I)** et une discrimination de la protection de sa composante naturelle **(II).**

I-Une protection déséquilibrée de la composante humaine de l'environnement

L'Homme occupe une place importante dans l'environnement. Celle-ci résulte des rapports qu'il entretient avec la nature. En effet, un coup d'œil sur l'histoire de l'humanité montre que la nature a été omniprésente dans toutes les phases de l'évolution de l'espèce humaine[13]. D'où le lien étroit de dépendance qui relie l'Homme à l'environnement qui l'entoure. C'est ainsi que certains réduisent l'Homme à un simple composant du monde naturel[14]. Ce point de vue est soutenu par les partisans de la thèse écologique pour qui l'Homme est subordonné à la nature du fait de sa constitution physique qui ne le fait pas différencier des autres êtres vivants et des animaux en particulier. L'Homme est alors simplement une combinaison d'atomes particuliers comme il en existe des milliards sur terre[15]. Suivant ce rapport, le droit de l'environnement peut se définir comme le droit qui s'occupe des relations entre l'Homme et la nature[16]. En tant qu'élément de la nature, l'Homme fait partie de l'environnement et nécessite d'être protégé par le droit de l'environnement. La protection de l'Homme en tant que composante de l'environnement oblige des États à garantir non seulement sa santé physique mais aussi et surtout mentale. L'on ne peut dès lors envisager de façon autonome les atteintes à l'environnement en occultant celles qui portent sur la santé humaine, causées directement ou incidemment par l'activité de l'Homme sur l'environnement[17]. Les mesures administratives de lutte contre la Covid-19 au Cameroun n'ont pas tenu compte de cette exigence. En effet, elles ont privilégié la protection de la santé physique des populations aux dépens de leur santé mentale. En d'autres termes, elles ont donné la priorité à la protection de la santé directe des camerounais **(A)** et négligé celle de leur santé indirecte **(B).**

---

[13] Martino AMISSI, *Les rapports entre l'Homme et la nature. Une analyse critique de l'éthique de l'environnement.* Institut Facultaire Théophile REYN-Graduat en Philosophie, 2009.

[14] E. BOURGOIS, *La bioéthique pour tous, coll. « Un autre regard sur l'Homme »*, France, Édition du Sarment, 2001, p. 96.

[15] Jean-François METTEI, « Les liens entre la santé et l'environnement, notamment chez l'enfant », Rapport de l'Office Parlementaire d'Evaluation des Choix Stratégiques et Technologiques », février 1996, p.11.

[16] Alain PAPAUX, « De la nature au « milieu » : l'homme plongé dans l'environnement », *Revue Interdisciplinaire d'Études Juridiques,* n° 2008/1, Vol. 60, pp. 29-57.

[17] Frédérick FOKA TAFFO, « Le droit pénal de l'environnement au Cameroun », *in* Olivier Christian RUPPEL et Emmanuel Dieudonné KAM YOGO (Dir.), *Droit et Politique de l'environnement au Cameroun. Afin de faire de l'Afrique l'arbre de vie,* Yaoundé, Presses de l'UCAC, 2018, p. 33.

A-La priorisation de la protection de la santé directe des populations

La santé humaine est un indicateur de l'environnement[18]. La protection de ce dernier revêt donc, entre autres, un enjeu sanitaire car les dommages environnementaux affectent généralement la santé des populations urbaines ou rurales[19]. Habituellement, les définitions de la santé sont généralement « négatives » et font référence à l'intégrité du corps humain[20]. Il s'agit de préserver cette intégrité des agressions ou d'en réparer les effets[21]. Selon l'OMS, *« la santé est un état complet de bien-être physique, mental et social, et ne consiste pas seulement en l'absence de maladie ou d'infirmité. La santé est une sensation agréable procurée par la satisfaction des besoins physiques et l'absence des tensions psychologiques »*. Cette définition décrit un état idéal auquel chaque humain aspire. Elle constitue la dimension essentielle de la qualité de la vie, au même titre que l'accès au travail, à l'éducation ou à un logement décent[22]. L'intégrité du corps humain est l'aspect de la santé qui retient le plus l'attention des autorités étatiques parce que ses atteintes sont plus visibles et susceptibles d'entrainer rapidement la mort. De ce fait, elle est considérée comme la santé directe des populations et bénéficie d'une protection particulière dans la lutte contre la Covid-19. Cette préférence est justifiée par la pluralité des mesures préventives de la pandémie **(1),** la prudence des mesures curatives des personnes atteintes de la maladie **(2)** et la sévérité des mesures de traitement des personnes décédées de la Covid-19 **(3).**

1-La pluralité des mesures préventives

Depuis le début de l'année 2020, le monde est sévèrement frappé par une pandémie d'envergure sans précédent. La Covid-19 ayant entre autres paralysé de multiples économies, les gouvernements ont dû chacun trouver des solutions adaptées à leur contexte pour minimiser les effets de la crise et sauver le maximum de vies humaines[23]. Après la détection des premiers cas de Covid-19 au Cameroun en mars 2020, les autorités administratives ont défini une stratégie de riposte face à la pandémie. Celle-ci étant très contagieuse, le gouvernement a mis l'accent sur la prévention[24]. Dès le 17 mars 2020 une concertation ministérielle s'est tenue à l'effet de faire le point de la situation et d'identifier les actions appropriées à mettre en œuvre. Au terme de cette rencontre, le Président de la République a instruit treize

---

[18] Jean-François METTEI, « Les liens entre la santé et l'environnement, notamment chez l'enfant », *op., cit.,*, p.12.

[19] Emmanuel Dieudonné KAM YOGO, *Manuel Judiciaire de droit de l'environnement en Afrique*, Québec, IFDD, 2018, p. 21.

[20] Alain PAPAUX, « De la nature au « milieu » : l'homme plongé dans l'environnement », *op. cit.*, p. 24.

[21] *Ibid*, p. 25.

[22] Définition, Les Cahiers du Développement Durable, 2021, disponible sur le site http://les.cahiers-developpement-durable.be, consulté le 28/09/2021 à 9h57 minutes.

[23] CHAZAI+PARTNERS, Recueil des mesures prises par le Gouvernement camerounais dans le cadre de la lutte contre la Covid-19, mai 2020, p. 2.

[24] La prévention mise en place se justifie par le fait que les risques liés à la maladie étaient établis. Il n'existence donc aucune incertitude. Voir, Amadou MBEYAP KUNTJEM, « La réponse de l'Afrique noire à la propagation de la Covid-19 : les enseignements de l'expérience camerounaise », *RADSP*, n° 21, vol. IX, Supplément 2021, 1er Semestre, pp. 242-243.

(13) mesures qui ont été relayées par le Premier Ministre. La déclaration du Chef du Gouvernement contient des mesures préventives générales ayant pour finalité de limiter les contacts entre les populations et d'arrêter l'expansion de la maladie. Celles-ci ont été graduellement complétées et parfois renforcées ou assouplies selon les circonstances. À chaque fois qu'elles ont jugé nécessaire, les autorités administratives ont apporté des instructions complémentaires de prévention contre la Covid-19. À cet effet, des nouvelles directives de prévention ont été communiquées en direction des administrations publiques, du secteur privé et des populations à travers les différents actes administratifs pris pour la cause[25]. Après l'apparition du deuxième variant[26], le Gouvernement a engagé une campagne nationale de vaccination contre la pandémie à coronavirus au Cameroun en date du 12 avril 2021. Pour la densifier, il a opté pour une stratégie de vaccination de masse, dans le but de faire éclore une immunité collective, capable d'offrir une perspective idoine à l'ensemble des populations, étant établi que la vaccination est, et demeure, l'un des moyens les plus efficaces de prévention, et même de traitement des maladies[27]. En effet, concernant la Covid-19 et selon les autorités administratives camerounaises, tous les avis des experts de divers horizons à travers le monde, soulignent sans équivoques qu'à date, le vaccin constitue l'unique parade permettant, non seulement de freiner la propagation de cette pandémie, mais aussi, de conférer à terme une immunité collective des populations. Cette vaccination présente la seule voie capable de garantir une immunité collective, et au bout du compte, une victoire contre cette pandémie[28]. Dans le même sens, le Président de la République a décrété la commutation et la remise des peines de certains prisonniers dans le but de désengorger les prisons en réduisant l'effectif de la population carcérale afin de réduire la promiscuité et les risques de propagation de la Covid-19 dans les établissements pénitentiaires[29]. À

[25] Ces actes sont constitués du communiqué Radio du Premier Ministre du 18 mars 2020 ; la déclaration spéciale du Premier Ministre, Chef du Gouvernement du 24 mars 2020 ; le communiqué du Conseil du Cabinet du jeudi 26 mars 2020 ; les communiqués du Premier Ministre du 31 mars 2020 et 1er avril 2020 ; la Déclaration spéciale du Premier Ministre, Chef du Gouvernement du 09 avril 2020.

[26] Qualifié de variant Indien.

[27] S'appuyant sur cette mesure préventive de la pandémie, plusieurs autorités administratives (le Ministre de la Santé Publique, le Ministre de la Fonction Publique et de la Réforme Administrative, le Ministre d'État, Secrétaire Général de la Présidence de la République, le Directeur Général de la SOPECAM, le Gouverneur de la Région de l'Est, le Préfet du Département de la KADEY…) ont érigé la vaccination comme une condition obligatoire d'accès aux locaux des services publics dont ils ont la charge. Ce qui a donné lieu à des condamnations de ces mesures jugées illégales. On peut citer, à titre d'illustration, la Déclaration de la Commission des Droits de l'Homme sur l'obligation vaccinale contre le SARS-COV2 du 15 octobre 2021 et de la lettre du Collectif des Syndicats des Enseignants du Cameroun (SNAES, SNICOMP, SNUIPEN, SNIEB, SNAEF, FECASE, ODE, ONEPS, SNEPMA, SYNTESPRIC, SYNAEPCAM , CATTU, TAC, FESER…) du 19 octobre 2021, à Monsieur le Président de la République ayant pour objet : « vaccination obligatoire comme atteintes aux droits et libertés collectifs individuels des citoyens Camerounais ».

[28] René Emmanuel SADI, Ministre de la Communication, Porte-Parole du Gouvernement, Propos introductif à la Conférence de Presse conjointe MINCOM-MINSANTE lors de la Communication gouvernementale sur la densification de la sensibilisation autour de la vaccination contre le Covid-19, Yaoundé, 16 juin 2021.

[29] Voir décret n° 2020/193 du 15 avril 2020 portant commutation et remise de peines.

l'analyse, les mesures préventives prises par les autorités administratives sont nombreuses. Elles sont édictées pour entraver la propagation de la maladie dans le but de préserver la santé des populations et éviter les contaminations massives à la maladie. Cette mesure de prudence de l'Administration caractérise davantage les mesures de traitement des malades de la Covid-19.

2-La prudence des mesures curatives

Pour continuer la lutte contre la Covid-19 les gouvernements des États ont défini des stratégies pour soigner les malades de la pandémie. Face à sa gravité et aux multiples souffrances qu'elle cause aux victimes et le nombre exponentiel des personnes décédées dans le monde, les autorités administratives camerounaises ont mis en place des mesures prudentes pour empêcher que les personnes atteintes de la Covid-19 exposent celles qui sont saines au risque de contamination. Pour ce faire, la stratégie a consisté à prendre en charge des personnes détectées positifs. Cette prise en charge se fait à travers l'isolement des malades et leur hospitalisation en cas de complication dans les centres spécialisés d'une part et, d'autre part, par l'administration d'un traitement à partir d'un protocole bien défini.

À l'observation, l'isolement des malades de la Covid-19 est préconisé dès le 26 mars 2020[30]. Déjà à cette date, il était prévu l'aménagement d'au moins un centre d'isolement dans chaque région et les hôpitaux de campagne et des structures de mise en quarantaine des cas suspects et des mineurs qui ne nécessitent pas une hospitalisation particulière. Par souci d'efficacité, on a assisté à la construction, la réhabilitation, l'extension et l'aménagement des unités d'isolement des patients positifs à la Covid-19[31]. À l'exception de Yaoundé, tous les autres chefs-lieux de région ont bénéficié de la construction d'un centre d'isolement[32].

Les malades qui présentent des complications sont hospitalisés dans les centres spécialisés de prise en charge des patients atteints de Covid-19. Ces centres sont mis sur pied dans tous les chefs-lieux de région, suivant le modèle des hôpitaux de campagne, pour accueillir les malades en cas de pic de l'épidémie, et permettre aux hôpitaux de fonctionner normalement[33]. Les patients qui sont dans un état grave bénéficient des soins intensifs notamment les ventilateurs et masques à oxygène. Les autres quant à eux sont soumis à des protocoles cliniques et thérapeutiques rigoureux. Le traitement curatif des personnes infectées par la Covid-19 dans les centres spécialisés suit un protocole défini : « *Hydroxychloroquine ou chloroquine 200 mg 3 fois par jour pendant 10 jours et Azithromycine 500 mg le premier jour et 250 mg par jour pendant quatre*

---

[30] Voir communiqué à l'issue du Conseil de Cabinet du jeudi, 26 mars 2020.

[31] Au total dix-neuf (19) marchés ont été passés pour un montant de 4. 085 566 424 FCFA. Voir le Premier Rapport d'audit de la Chambre des Comptes sur l'utilisation des ressources du Fonds spécial de solidarité nationale pour la lutte contre le Coronavirus. Synthèse du Rapport général, mars 2021, p. 14.

[32] Les villes de Mandjou à l'Est et Meyomessala ont également bénéficié de construction des centres d'isolement bien que n'étant pas des chefs-lieux de région.

[33] Voir la Déclaration spéciale du Premier Ministre, Chef du Gouvernement du 09 avril 2020 portant Stratégie gouvernementale de riposte face à la pandémie du coronavirus (Covid-19), précitée.

jours[34] ». Par souci de précaution[35], il est interdit aux professionnels de la santé de le conseiller ou de le prescrire à titre préventif contre la maladie ou de proposer tout autre traitement parallèle[36] ou alternatif[37] en dehors de ceux qui viennent en appui au traitement de la Covid-19 et homologués par le Ministère de la Santé Publique [38]. Les cas dits « légers » sont traités désormais à domicile mais sous certaines conditions rigoureuses définies par la Lettre circulaire du Ministre de la Santé Publique du 15 avril 2020. Il faut souligner que les mesures prises par les autorités administratives pour guérir les patients de la Covid-19 sont empruntes de prudence afin d'endiguer les contaminations. Cette prudence explique la sévérité des mesures applicables aux personnes décédées de la maladie.

3-La sévérité des mesures applicables aux personnes décédées de la Covid-19

Dans l'opinion publique internationale, la pandémie provoquée par le virus-cov-2 à l'échelle planétaire est davantage connue pour son travail de vulnérabilité du fonctionnement de l'organisme humain jusqu'à la détresse respiratoire qui provoque la survenue de la mort[39]. Suspectant les dépouilles de personnes décédées de Covid-19 d'être des relais de la circulation de la maladie, les autorités administratives camerounaises ont pris des mesures précisant les règles relatives à l'organisation des cérémonies de levée de corps et de mise en bière dans les formations publiques et celles encadrant l'inhumation des victimes. S'agissant de l'organisation des cérémonies de levée de corps et de mise en bière, la Circulaire du Ministre de la Santé Publique du 20 mars 2020 prescrit notamment la limitation du nombre maximal de personnes à quinze (15) dans lesdites cérémonies, le respect des mesures de distanciation dans les différentes chapelles ardentes, en fonction de la capacité d'accueil, la réduction de la durée desdites cérémonies à une période maximale de quinze (15) minutes, de veiller à la concertation avec les familles au départ immédiat

[34] Lettre Circulaire n° D3631/LC/MINSANTE/SG/DPLM du 23 mars 2020 relative au contrôle de la prescription des médicaments utilisables dans le traitement de l'infection due au nouveau coronavirus (Covid-19).

[35] La précaution se justifie parce que certains risques liés à la Covid-19 sont hypothétiques ou éventuels. Lire Amadou MBEYAP KUNTJEM, « La réponse de l'Afrique noire à la propagation de la Covid-19 : les enseignements de l'expérience camerounaise », *op. cit.*, pp. 248-249.

[36] Il s'agit ici du gargarisme. Cette technique consiste à se gargariser avec de l'eau tiède et du sel pendant 5 minutes par jour et de boire de grande quantité d'eau.

[37] Il s'agit notamment de celui invitant les personnes qui ressentent les symptômes d'infection par le coronavirus de se mettre en quarantaine et de prendre le traitement constitué du panadole 1000 mg deux fois par jour, Azythromycine 500 mg une fois pendant cinq jours, zinc tab 50 mg une fois par jour, vitamine D 50 000 mg une fois par semaine, Strepsils trois fois par jour.

[38] Ce sont des médicaments locaux issus des produits de la pharmacopée camerounaise à savoir : Adsak/Exilir-Covid de Mgr Samuel KLEDA, Corocur poudre du Dr YABGNIGNI, Soudicov plus de l'Imam MODIBO et Palubek's de Madame Christine BEKONO, tous homologués par le Ministre de la Santé Publique à l'issue des travaux de la Commission Nationale du Médicament tenus les 17 au 19 mai 2021. Voir Marie Christine, « Traitement du Covid-19 : quatre médicaments locaux homologués », *Le Journal Cameroon Tribune*, 16 juillet 2021.

[39] Claude ABE, « Faire le deuil par temps coronal en situation de monisme juridique contesté : regard socio-anthropologique sur le droit du rapport à la mort », *Le NEMRO*, Avril-Juin 2020, *op. cit.*, p. 9.

du cortège funeste de la morgue dès la fin de la cérémonie. Concernant l'inhumation des victimes, le Conseil Scientifique des Urgences du Ministère de la Santé publique a fixé les conditions de mise sous terre des corps des personnes décédées de la Covid-19[40]. Ces directives, qui affichent une indifférence totale à l'égard de toutes dispositions du décret n° 74/199 du 14 mars 1974 portant réglementation des opérations d'inhumation, d'exhumation et de transfert de corps, exigent que les dépouilles des victimes de la Covid-19 soient inhumées dans un délai n'excédant pas 48 heures, exclusivement dans la « *ville de survenance de décès, au domicile familial s'il y est situé ou dans un cimetière public* ». Les mêmes directives, qui proscrivent le transfert d'une dépouille d'une ville à une autre, précisent que le corps doit être enterré « *dans un cercueil hermétique, fermé et zingué, avec ou sans vitre encastrée, permettant à la famille de voir le visage du défunt* ». Il est permis que les familles soient prévenues du décès et autorisées à voir le corps, sans contact avec lui, avant toute mise en bière. Ces dernières sont également autorisées à assister en nombre restreint à l'inhumation qui est faite par « *les services de la mairie et de l'hôpital du lieu de décès* », c'est-à-dire par un personnel techniquement compétent[41]. Ces directives donnent un monopole injustifiable au seul service des pompes funèbres dûment agréés par l'établissement hospitalier, qui sonne une entorse à la liberté de la famille de recourir à un autre service autre que celui-là. L'on constate, également, la disqualification du choix du lieu de sépulture, qu'il soit l'expression de la dernière volonté du défunt ou de toute autre personne ayant qualité[42]. De ce qui précède, il ressort que les mesures administratives de lutte contre la Covid-19 protègent les populations contre la maladie en l'occurrence elles les préservent contre la contamination sans toutefois se soucier véritablement de leur bien-être mental face aux atrocités psychologiques de la pandémie.

B-La négligence de la protection de la santé indirecte des populations

La santé indirecte des populations renvoie à l'aspect mental. Encore appelée santé mentale, elle correspond à un état de bien-être mental dans lequel les personnes sont en mesure d'affronter les sources de stress de la vie, d'atteindre leur plein potentiel, d'avoir une activité productrice et féconde et de contribuer à la vie collective[43]. Cette variante de la santé qui, fait partie habituellement des domaines les plus négligés de la santé publique, a été totalement ignorée des mesures administratives de lutte contre la Covid-19 au Cameroun. Ce qui a aggravé sa détérioration, non seulement pour les malades mentaux, les patients de la pandémie et les membres de leurs familles mais aussi pour les populations de manière générale. Les causes de la dégradation de la

[40] Avis n° 006/AE/CSUP/2020 du 22 mai 2020 du Conseil Scientifique des Urgences du Ministère de la santé publique portant résolutions pour la prise en charge *post mortem* des victimes du Covid-19.

[41] Claude ABE, « Faire le deuil par temps coronal en situation de monisme juridique contesté : regard socio-anthropologique sur le droit du rapport à la mort », *op. cit.*, pp. 12-13.

[42] *Ibidem.*

[43] OMS, « Préparation et action en matière de santé mentale dans le cadre de la pandémie de Covid-19 », Rapport du Directeur Général lors de la 148e session du Conseil Exécutif, EB148/20, 8 janvier 2021.

santé mentale sont liées à l'isolement résultant des restrictions imposées à l'exercice des libertés publiques **(1)** et aux activités économiques **(2).**

1-Les causes liées aux restrictions à l'exercice des libertés publiques

La pandémie marque d'une empreinte indélébile la vie et les habitudes des humains. Il n'a pas un domaine qui n'ait subi son influence. Parmi ceux-ci, il y a l'exercice des libertés publiques dont la privation est passée d'une exception à un principe[44]. Cette privation se manifeste par les restrictions à l'exercice des libertés fondamentales des citoyens[45]. Une enquête menée établit que les libertés d'aller et de venir, d'information, de religion, de réunion et de manifestation ont été les plus éprouvées au Cameroun[46]. La restriction de la liberté d'aller et de venir est matérialisée par le confinement décrété par les autorités administratives interdisant les citoyens de sortir de leurs domiciles pendant une période bien déterminée. Sa violation est sanctionnée par l'autorité administrative. Il diffère du confinement partiel, qui lui fait tout simplement appel à la responsabilité de tout un chacun. Le confinement partiel adopté au Cameroun impose des restrictions soit à une catégorie de personnes[47], soit alors vise certaines activités[48], les autres activités continuant de fonctionner comme à l'accoutumée. Il s'oppose au confinement strict ou général en ce que, toutes les personnes indépendamment de la catégorie à laquelle elles appartiennent, toutes les activités peu importe le domaine, sont interdits. Il est donc assimilable au confinement imposé[49]. L'accès à l'information est devenu plus étroit avec la restriction de la mobilité des chercheurs d'informations vers les sources. Les difficultés portent à la fois sur la disponibilité et la fiabilité des sources, la liberté d'accès aux sources et la précarité des moyens de collecte de l'information avec en prime la discrimination permanente entre la presse privée par les sources étatiques à l'ère des *fakes news*. La liberté de religion a subi elle aussi de nombreuses entorses. Celles-ci se manifestent non pas en termes de musèlement des idées ou convictions religieuses mais en termes d'obstruction à l'expression et la manifestation libre des croyances d'une part et à l'organisation libre des communautés religieuses d'autre part. Les entorses à la liberté de réunion et de manifestation sur l'ensemble du territoire national se sont exprimées tantôt par le renoncement ou la suspension,

---

[44] Georges F. ONDOUA AKOA, « La liberté d'aller et venir à l'épreuve du Covid-19 », *Le NEMRO*, Avril-Juin 2020, dossier Spécial : La Covid-19 et le droit, p. 447.

[45] Veraline NSHOTU N. MINANG et al. "Limiting Human Rights in the face of pandemics? Examining this question trough, the Covid-19 prism", *Journal of Human Rights Law and Practice*, 2020, 3 (2), pp. 68-85, disponible sur le site www.stmjournals.com.

[46] Voir le Rapport d'enquête « Impact des mesures gouvernementales de lutte contre la Covid-19 sur les libertés publiques au Cameroun » de l'Association pour le Développement Intégré et la Solidarité Interactive (ADISI-Cameroun), 2021, 56 pages.

[47] Par exemple les personnes du troisième âge qui sont les plus touchées par le virus de Covid-19.

[48] Les établissements scolaires, les restaurants, les transports, etc.

[49] Georges F. ONDOUA AKOA, « La liberté d'aller et venir à l'épreuve du Covid-19 », *op cit.*, p. 453.

tantôt par l'interdiction et la répression[50]. Les restrictions à l'exercice des libertés publiques ont accentué la détérioration de la santé mentale des populations. Le changement des habitudes, la gravité des informations issues des médias et les restrictions des activités économiques ont aggravé le stress, la dépression et l'anxiété des camerounais.

2-Les causes liées aux restrictions à l'exercice des activités économiques

La propagation de la pandémie du Covid-19 n'a pas uniquement des conséquences sanitaires. Elle a aussi des impacts sur les activités économiques. Au niveau mondial, les implications négatives de cette pandémie pour les économies sont la rupture directe des chaines d'approvisionnement mondiales, le fléchissement de demande finale des biens et services, l'arrêt complet des flux touristiques, la détérioration de la confiance des entreprises et des consommateurs[51]. Au niveau national, la pandémie a produit des effets remarquables provoquant alors un ralentissement, voire un arrêt brutal des activités économiques[52]. Cette situation est en partie liée aux mesures administratives de lutte contre la pandémie qui ont considérablement restreint l'exercice des activités économiques. Au Cameroun en particulier, les restrictions à l'exercice des activités économiques résultent principalement de la fermeture des frontières aériennes, terrestres et maritimes, de la suspension de la délivrance des visas aux différents aéroports, la fermeture systématique des débits de boissons, des restaurants et de loisirs à partir de 18h, de la fermeture des marchés à partir de 16h ou de la fermeture des boîtes de nuit. Ces mesures ont entrainé des complications chez un grand nombre d'entreprises et de commerçants. Globalement, les mesures administratives de lutte contre la Covid-19 ont généré un absentéisme très important des travailleurs, une désorganisation de l'entreprise, voire un anéantissement de son capital humain, nuisant sérieusement à sa vie économique. Par ailleurs, l'apparition de multiples contraintes individuelles et collectives dues aux mesures de prévention et de protection a fait émerger un réel climat d'angoisse, des tensions psychologiques au sein de l'entreprise[53]. Face aux difficultés économiques surtout celles liées à la protection et la sauvegarde des emplois[54], certaines entreprises ont procédé à des révisions des conditions d'exécution du contrat de travail[55], aux licenciements et à des mises en chômages

---

[50] Pour plus de détail, lire Rapport d'enquête « Impact des mesures gouvernementales de lutte contre la Covid-19 sur les libertés publiques au Cameroun » de l'Association pour le Développement Intégré et la Solidarité Interactive (ADISI-Cameroun), précité.

[51] Francis ANDRIANARISON, « Effets socioéconomiques potentiels du Covid-19 au Cameroun, une évaluation sommaire », PNUD, 31 mars 2020, p. 6.

[52] Sara NANDJIP MONEYANG, « La Covid-19 et la cessation des paiements », *Le NEMRO,* Avril-Juin 2020, *op., cit.,* p. 177.

[53] Isidore Léopold MIENDJIEM, « La santé et la sécurité dans l'entreprise à l'épreuve de la Covid-19 », Le NEMRO, Avril-Juin 2020, *op., cit.,* p. 91.

[54] Pour plus de détail, lire, Jacqueline KOM, « La protection de l'emploi à l'épreuve de la crise sanitaire : cas de la Covid-19 ». *Le NEMRO,* Avril-Juin 2020, *op., cit.,* pp. 124-133.

[55] Lire Maurice KOM KAMSU, « L'impact du Covid-19 sur les conditions d'exécution du contrat de travail au Cameroun », *Le NEMRO*, Avril-Juin 2020, *op., cit.,* pp. 162-175.

techniques ou ont tout simplement fermé. La conséquence est la perte des emplois, le chômage, l'appauvrissement des populations aboutissant à des problèmes psychologiques. Pour les commerçants et les personnes vivant des petites activités et du petit commerce la situation est quasi-similaire. La restriction de l'exercice des activités économiques entraîne les difficultés d'approvisionnement et d'écoulement des marchandises. La fermeture des débits de boissons et des boîtes de nuit, qui sont les lieux de détente et de rencontre, crée l'angoisse chez les populations et accentue la pression et le stress chez ces dernières. En résumé, les restrictions liées à l'exercice des activités économiques ont eu un impact significatif sur le marché de travail et sur les relations contractuelles[56]. La limitation des possibilités de travail a engendré une crise de travail et entraîné le chômage à l'origine de nombreux troubles de la santé mentale. Malgré la gravité desdits troubles, la protection de cet aspect de la santé a été oubliée au profit de la santé physique. Ce déséquilibre trouve son prolongement dans la discrimination de la composante naturelle de l'environnement.

II-Une protection discriminatoire de la composante naturelle de l'environnement

La nature fait partie de l'environnement. Traditionnellement, l'environnement est défini comme l'ensemble des éléments biotiques et abiotiques qui entourent un individu ou une espèce et dont certains contribuent directement à subvenir à ses besoins. Aujourd'hui, la définition de l'environnement va au-delà de ces éléments classiques. Elle intègre de nouveaux éléments dégagés au cours de l'évolution du droit de l'environnement et consacrés dans la Déclaration de Rio de 1992. Désormais, l'environnement est entendu comme l'ensemble de la nature et les ressources naturelles, y compris le patrimoine culturel et l'infrastructure humaine indispensable pour les activités socioéconomiques pour un meilleur cadre de vie[57]. Cette définition étend le champ de la composante naturelle de l'environnement en distinguant les aspects matériel et immatériel. Bien que les deux (02) jouent un rôle important pour l'équilibre de l'environnement et le bien-être des populations, ils n'ont pas bénéficié du même niveau de protection dans la mise en œuvre des mesures administratives de lutte contre la Covid-19 au Cameroun. La considération accordée à l'aspect matériel est partielle **(A)** et l'aspect immatériel est quasiment ignoré **(B).**

A-La considération partielle de la protection de l'environnement matériel

L'aspect matériel de l'environnement est constitué de l'ensemble des composants naturels de la planète terre tels que l'eau, l'air, le sol, le sous-sol, la faune, la flore, les forêts, etc. Ce sont les principaux domaines de la nature qui bénéficient de la protection du droit de l'environnement. Ils constituent le premier niveau de

---

[56] Josiane AZANGUE, « Covid-19 et exécution des contrats en droit OHADA », *Le NEMRO,* Avril-Juin 2020, Partie 2, pp. 60-74.

[57] Définition de l'Union Mondiale pour la Conservation de la Nature (UICN) dans son projet de Pacte International sur la Protection de l'Environnement et l'utilisation durable des ressources Naturelles.

protection du droit international de l'environnement, laquelle protection est qualifiée de sectorielle. Le droit camerounais de l'environnement assure la protection des aspects matériels de l'environnement à travers un régime de lutte contre les pollutions dans tous les secteurs. Obligation est donc faite à tous notamment à l'État, d'assurer la protection de l'ensemble des milieux récepteurs dans toutes ses activités[58]. Cette obligation est partiellement accomplie dans la lutte contre la Covid-19. Car, si la mise en œuvre des mesures édictées par l'administration a permis de réduire la pollution de certains milieux récepteurs **(1),** force est de constater par ailleurs l'aggravation d'autres milieux **(2).**

1-La réduction de la pollution de certains milieux récepteurs

Les mesures de lutte contre la Covid-19 ont réduit la pollution de plusieurs milieux récepteurs. Il s'agit notamment de l'atmosphère, la faune et la flore, les eaux continentales et le milieu marin. La réduction de la pollution dans ces milieux résulte de la fermeture des frontières terrestres, aériennes et maritimes, de la suspension de délivrance des visas d'accès aux aéroports, de la restriction des activités économiques, de l'interdiction de la consommation de la viande de certains animaux, du confinement et surtout de la fermeture des marchés, des débits de boissons, des boîtes de nuit et de la restriction de certaines libertés publiques. Il est difficile de rattacher la protection de chaque milieu à la mise en œuvre d'une mesure précise de lutte contre la Covid-19 en raison du caractère transversal de l'environnement et de la protection de plusieurs secteurs par une seule mesure. De manière générale, on a constaté la réduction des nuisances sonores (bruits) et olfactives (odeurs), la limitation de l'émission des gaz, des fumées, des déchets (solides et liquides), des substances chimiques et toxiques ; la commercialisation des espèces animales sauvages et végétales, la chasse et la consommation des petits gibiers notamment les pangolins, les rats, les chauves-souris, les écureuils, etc. ; la diminution de la pêche et la restriction de la navigation. Au demeurant, si les mesures administratives adoptées au service de la lutte contre la Covid-19 ont diminué la pollution de quelques secteurs de l'environnement, elles ont toutefois aggravé celle de plusieurs autres milieux récepteurs.

2-L'aggravation de la pollution des autres milieux récepteurs

Les mesures barrières de prévention et de protection contre la Covid-19 en l'occurrence le port du masque, le lavage des mains à l'eau coulante et au savon et l'utilisation du gel hydro alcoolique ont accentué la pollution du sol et du sous-sol. En effet, avec la généralisation du port des masques, le ministre des industries avait été instruit de publier les normes et spécifications techniques en vue d'une production massive et locale desdits masques[59]. Mais dans l'impossibilité de s'en procurer, les populations se sont dotées des masques dont la fabrication n'obéit pas aux normes

---

[58] Article 6 alinéa 2 de la loi cadre relative à la gestion de l'environnement de 1996.

[59] Voir déclaration spéciale du premier Ministre, Chef du Gouvernement du 09 avril 2020 portant Stratégie gouvernementale de riposte face à la Pandémie du coronavirus (Covid-19).

techniques prescrites, confectionnés à partir des matières pour la plupart non biodégradables. On a donc assisté à une nouvelle forme de pollution du sol résultant des masques jetés. On y retrouve partout des masques utilisés et abandonnés. Ces masques abandonnés constituent des déchets et ce, conformément à l'article 4 de la loi cadre relative à la gestion de l'environnement qui les définit comme *« tout résidu d'un processus de production, de transformation, toute substance ou tout matériau produit ou généralement tout bien meuble ou immeuble abandonné ou destiné à l'abandon* ». Cette forme de pollution est accentuée par les bouteilles (plastiques) de gel hydro alcoolique. Comme les masques, on les retrouve abandonnées dans plusieurs endroits (poubelles, routes, canaux d'eau, espaces publics, maisons, bureaux, etc.). Cette pollution du sol et du sous-sol est entretenue par l'écoulement des eaux ayant servi au lavage des mains. Ces eaux contiennent du savon et le gel hydro alcoolique fabriqués à partir des substances chimiques dangereuses pour le sol et le sous-sol. La directive des autorités administratives prescrivait le lavage constant des mains et l'utilisation récurrente du gel hydro alcoolique. C'est la raison pour laquelle, il avait été institué devant tous les établissements publics et privés recevant le public des dispositifs de lavage des mains et la mise à la disposition du public du gel hydro alcoolique. Cette recommandation était également destinée aux populations dans leurs domiciles. Cette mesure administrative a conduit au versement sur le sol des quantités importantes d'eau sale et qui s'infiltre dans le sous-sol polluant de ce fait l'environnement. En définitive, la protection de l'aspect matériel de l'environnement est mitigée parce que certains milieux récepteurs sont protégés alors que d'autres, par contre, se sont énormément détériorés. Toutefois, cette protection bien que partielle contraste avec celle de l'aspect immatériel de l'environnement qui est presqu'ignorée.

B- L'ignorance quasi-totale de la protection de l'environnement immatériel

La définition moderne de l'environnement intègre des éléments immatériels notamment la culture, la beauté ou le développement durable. Le législateur camerounais consacre la notion de développement durable[60] et prend en compte la sauvegarde de la culture et de la beauté à travers la protection, la conservation et la valorisation du patrimoine culturel et architectural en les intégrant dans le domaine de l'intérêt national[61]. En raison de leur importance pour le développement de la société, les éléments immatériels de l'environnement bénéficient d'une protection spéciale du droit de l'urbanisme et du droit de l'environnement. Cet aspect immatériel de l'environnement a été quasiment ignoré par les autorités administratives camerounaises dans la mise en œuvre des mesures de lutte contre la Covid-19. La mise en œuvre de ces mesures a induit la violation des valeurs culturelles locales **(1)** et des irrégularités dans la gestion des ressources destinées à la lutte contre la Covid-19 **(2).** Elle a également porté atteinte à l'esthétique de certains espaces de l'environnement **(3).**

---

[60] Article 4 de la loi de la loi cadre relative à la gestion de l'environnement de 1996.

[61] Article 39 alinéa 1 de la loi cadre relative à la gestion de l'environnement de 1996.

1-La violation des valeurs culturelles locales

De manière générale, le droit vient des traditions culturelles et des valeurs morales et religieuses de chaque société. Ces traditions et ces valeurs continuent à influencer le développement des normes légales. Dans ce contexte de la protection de l'environnement, les cultures, les religions et les systèmes légaux à travers le monde contiennent des éléments qui respectent et cherchent à conserver les bases naturelles de la vie, en maintenant des concepts et des principes qui peuvent stimuler et enrichir le développement du droit de l'environnement moderne. De tels principes incluent le respect de la terre et de tous les êtres vivants, un équilibre entre le développement et la conservation, la gestion des ressources de la terre, l'équité entre les générations et des droits et des obligations communs[62]. Donc les traditions religieuses et les us et coutumes sont des valeurs culturelles protégées en droit de l'environnement mais bafouées par la mise en œuvre des mesures administratives de lutte contre la Covid-19 au Cameroun. La violation des traditions religieuses s'est manifestée par les restrictions ayant entravé les modalités d'exercice de la religion dans les lieux de culte ou de prière, qui sont les espaces par excellence de manifestation de la liberté de religion, où s'expriment librement les pratiques traditionnelles et culturelles des croyances. Les mesures gouvernementales violent les règles religieuses en l'occurrence l'accès aux lieux de culte et de prière, la pratique des usages religieux suivant les traditions et l'organisation des activités religieuses ou liturgiques[63]. Les violations des us et coutumes concernent les restrictions applicables à la gestion des dépouilles de personnes décédées de la Covid-19 et l'organisation des rites funéraires. En effet en application des mesures de lutte contre la Covid-19, on a observé la confiscation des dépouilles des victimes de la pandémie aux familles pour les inhumer dans des cimetières publics sans l'accomplissement d'aucun rite funéraire usuel[64]. Par conséquent, les familles sont mises à l'écart du processus d'inhumation des victimes[65]. Face à l'indignation des populations, il a été instruit que les personnes décédées des suites du coronavirus soient inhumées dans leurs localités de décès[66]. L'interprétation littérale de ce communiqué commandait tout simplement que l'on ne permette aucun transfert interurbain des dépouilles et que la mise en terre se fasse sans délai, contrairement à la coutume de conserver les corps à la morgue pendant plusieurs jours[67]. La mesure ordonnant l'inhumation immédiate des dépouilles des

---

[62] Guy CANIVET, Luc LAVRYSEN et Dominique GUIHAL, *Manuel judiciaire de droit de l'environnement*, *op., cit.*, p. 27.

[63] Rapport d'enquête « Impact des mesures gouvernementales de lutte contre la Covid-19 sur les libertés publiques au Cameroun », *op., cit.*, pp. 36-38.

[64] Ordre des Avocats au Barreau du Cameroun. Appel de la Commission des Droits de l'Homme et des Libertés à la prise de mesures urgentes en Prison. 2020. Accessed 15 July 2020.

[65] Moise TIMTCHUENG, « La mise à l'écart des familles du processus d'inhumation des victimes de la Covid-19 au Cameroun : une analyse socio-juridique d'une mesure excessive de riposte à la propagation de la pandémie », *op., cit.*, pp. 23-43.

[66] Communiqué du Premier Ministre du 23 avril 2020.

[67] Moise TIMTCHUENG et al., « La gestion sécurisée des dépouilles de personnes décédées de la Covid-19 en Afrique Subsaharienne : et si on laissait les familles enterrer leurs morts ? », *PanAfrican Medical Journal*, 2020, 35 (2) : 148.10.11604/pamj.supp.2020.35.148.25253.

personnes décédées de la Covid-19 est donc incompatible avec les traditions de la majorité des populations camerounaises et passe mal dans l'opinion publique. Les familles ne s'y soumettent que très péniblement car elles ont besoin du temps pour faire le deuil avant d'enterrer leurs morts. En interdisant les rassemblements, les camerounais ont appris à faire « *le deuil du deuil, en s'abstenant de faire leur deuil comme l'accoutumée*[68] ». Le respect des mesures administratives restreignant les modalités d'exercice de la liberté de religion et celles régissant la gestion des dépouilles des victimes de la Covid-19 et l'organisation habituelle des deuils sont contraires au droit de l'environnement tout comme la gestion irrégulière des ressources destinées à la lutte contre la pandémie.

2-La gestion irrégulière des ressources destinées à la lutte contre la Covid-19

Dans son avis du 08 juillet 1996, la Cour Internationale de Justice précise que « *l'environnement n'est pas une abstraction, mais bien l'espace où vivent les êtres humains et dont dépendent la qualité de leur vie et leur santé, y compris pour les générations futures* ». Cette définition fait preuve d'une actualité saisissante car elle prend en compte non seulement l'environnement en tant que cadre de vie mais aussi et surtout en tant qu'élément de développement durable. Ce principe construit le droit de l'environnement actuel autour du concept de justice environnementale[69]. Celle-ci peut être considérée comme une application de la justice distributive, cherchant à concilier les politiques économiques et sociales, qui sont en opposition, pour arriver à un partage équitable des bénéfices et des charges, en évitant la discrimination dans l'énoncé des risques, et en tenant compte des intérêts à long terme, y compris les problèmes intergénérationnels et la responsabilité publique[70]. Elle cherche à s'assurer que les autorités répartissent et gèrent équitablement les ressources (peu abondantes) pour faire en sorte que les bénéfices soient répartis équitablement entre tous les membres de la société[71]. La justice environnementale exprime l'idée d'équité intra et inter générationnelle et exige donc une gestion régulière et rationnelle, c'est-à-dire transparente des ressources publiques. Cette obligation n'a pas été respectée par les autorités administratives dans la gestion des ressources destinées à la lutte contre la Covid-19.

---

[68] *Ibidem.*

[69] Pour cerner le concept de justice environnement, lire la *revue de l'Institut de la Francophonie pour le Développement durable,* Liaison-Energie Francophonie, n° 98, 3e trimestre, 2014, « pas à pas vers une justice environnementale », 112 pages.

[70] La responsabilité publique issue du concept du « *Public Trust* » exprime l'idée que la génération actuelle est responsable des ressources naturelles de la Terre qu'elle doit transmettre aux générations futures. En tant que notion légale, ce concept signifie que le gouvernement est responsable au nom de tous les citoyens de certaines choses, telles que les ressources naturelles et l'exercice du pouvoir public, et qu'il doit utiliser ces choses pour le bien public. Voir les affaires GUNARATNE contre la Corporation pétrolière de CEYLO, (1996), 1 Sri L R315, (Sri Lanka), et PREMACHANDRA et DODANGODA contre JAYAWICKREME et BAKEER MARKAR (1993), 2 Sri LR 294 (Sri Lanka).

[71] Guy CANIVET, Luc LAVRYSEN et Dominique GUIHAL, *Manuel judiciaire de droit de l'environnement, op., cit.,* p. 58.

Le contrôle exercé par la Chambre des comptes du Cameroun[72] a révélé de nombreuses irrégularités dans l'utilisation des ressources du Fonds Spécial de Solidarité Nationale pour la Lutte contre le Coronavirus[73]. Elles portent notamment sur la mise en œuvre des activités par le MINSANTÉ et le Ministère de la Recherche Scientifique et de l'Innovation (MINRESI). Les irrégularités dans la mise en œuvre des activités par le MINSANTÉ sont détectées dans l'attribution des marchés spéciaux et lettres commandes spéciales ; l'acquisition des équipements de protection individuelle (EPI) ; le renforcement des mesures barrières ; la surveillance communautaire dans les districts et conduite des campagnes de dépistages du Covid-19 dans les dix (10) régions ; l'aménagement des centres de mise en quarantaine dans les logements sociaux ; la gestion des passagers arrivés au Cameroun en contexte d'épidémie ; l'acquisition des ambulances médicalisées ; l'acquisition des équipements médicaux de prise en charge des patients atteints de Covid-19 ; l'acquisition des médicaments de prise en charge desdits patients ; la construction, réhabilitation, extension et aménagement des unités d'isolement des malades positifs au Covid-19 ; l'aménagement et l'équipement des centres spécialisés de prise en charge de ces malades ; l'aménagement et l'équipement des morgues des formations sanitaires spécialisées ; la gestion de l'hygiène et l'assainissement des milieux ouverts au public et la maîtrise d'œuvre des travaux de construction, d'aménagement et d'équipement. Les irrégularités dans la mise en œuvre des activités par le MINRESI sont constatées dans la production des médicaments pour le traitement de la Covid-19 notamment la chloroquine et l'azithromycine ; l'acquisition de 500.000 tests de dépistages rapides par le Laboratoire du CREMER ; la fabrication des masques de protection en tissus et gels hydro alcooliques et la production de semences de pré-base de cultures vivrières prioritaires pour le renforcement de l'autosuffisance alimentaire et nutritionnelle. Au total, des irrégularités ont été relevées dans la gestion des ressources destinées à la lutte contre la Covid-19 par plusieurs départements ministériels (21) hormis le MINSANTÉ et le MINRESI. Celles-ci constituent une violation grave du droit à l'environnement en tant qu'élément du développement durable.

3-Les atteintes à l'esthétique environnementale

De nos jours, le droit de l'environnement accorde une place importante à la protection de l'esthétique de la nature. Cette protection a donné naissance à une nouvelle discipline appelée l'esthétique environnementale. De formation relativement récente, l'esthétique de l'environnement a émergé dans le champ philosophique anglo-saxon au croisement de l'esthétique analytique et de l'éthique environnementale. En rupture avec la domination sans partage du modèle de l'esthétique des

---

[72] Voir le Premier Rapport d'audit de la Chambre des comptes sur l'utilisation des ressources du Fonds Spécial de Solidarité Nationale pour la Lutte contre le Coronavirus, Synthèse du Rapport Général, mars 2021, 22 pages.

[73] Créé par l'ordonnance n° 2020/001 du 03 juin 2020 du Président de la République portant loi de finances rectificatives.

œuvres d'art, elle a entrepris de mettre au centre de son attention les environnements naturels, en entendant par là non seulement les entités individuelles qui peuvent s'y trouver, mais aussi des ensembles plus vastes tels que les paysages ou des écosystèmes, en s'efforçant de déterminer à chaque fois l'objet propre et les modalités de l'appréciation esthétique. Sans entrer dans les détails de cette nouvelle discipline, il convient de souligner que la protection de la beauté des paysages bâtis ou non fait partie du champ d'application du droit de l'environnement. Bien que consacrée par la loi cadre relative à la gestion de l'environnement de 1996, la protection de l'esthétique de l'environnement n'a pas été prise en compte par les autorités administratives camerounaises dans la mise en œuvre des mesures de lutte contre la Covid-19. Certaines mesures prescrites ont porté atteinte à la beauté du paysage. En effet, divers endroits sont encombrés par le dispositif mis en place pour le lavage des mains. On peut surtout apercevoir devant les édifices publics et privés accueillant le public des seaux ou des bidons ou tout autre matériel destiné à contenir de l'eau, du savon et des bouteilles de gel hydro alcoolique. Ce dispositif remet en cause la beauté de l'architecture desdits édifices. La beauté du paysage est également remise en cause par les seaux contenant des eaux utilisées et abandonnées qu'on rencontre devant presque tous les bâtiments et espaces accueillant le public. Cette atteinte à l'esthétique est accentuée non seulement par l'abandon des masques et des bouteilles de gel hydro alcoolique déjà utilisés dans tous les espaces publics ou privés (routes, jardins, lieux touristiques, bureaux ou dans la cour des maisons et surtout des bâtiments accueillant le public) mais aussi par les banderoles de sensibilisation installées dans les artères stratégiques de la ville et les affiches postées sur les murs et les portes des bureaux des bâtiments publics ou privés recevant le public. Au demeurant, l'utilisation tous azimuts des kits et divers matériels, dans le cadre de la mise en œuvre des mesures administratives de lutte contre la Covid-19 au Cameroun, a exacerbé le phénomène de dépôt sauvage des déchets. Au-delà d'altérer l'hygiène des milieux récepteurs, le dépôt des ordures dans les espaces libres peut avoir des effets désastreux sur le plan esthétique[74]. /.

Conclusion

Au terme de cette étude, l'on constate que la mise en œuvre des mesures administratives de lutte contre la Covid-19 assure une protection relativement efficace de l'environnement au Cameroun. En effet, les mesures adoptées proposent une protection déséquilibrée de la composante humaine de l'environnement et discriminatoire de sa composante naturelle. Il en résulte que tous les segments de la vie publique ne sont pas pris en compte et ceux concernés ne bénéficient pas de la même attention. Cette difficulté à protéger l'ensemble des secteurs de l'environnement de la même façon traduit à suffisance la complexité de l'urgence environnementale en période de crise sanitaire.

---

74 J. M. LUSUGOA KIRONDE, « Dar es-Salaam, Tanzanie », *in* G. ADEPOJU ONIBOKUN (Dir.), *La gestion des déchets urbains. Des solutions pour l'Afrique*, Paris, Éditions KHARTALA et CRDI, 2001, p.129.

Chapitre 3 : Le fonctionnement des administrations publiques à l'épreuve du covid-19

Par NTSO BILEGUE Pierre Thierry
Doctorant en Droit Public
Université de Dschang

Résumé

La COVID-19 est une nouvelle infection virale à SAR-COV-2 découverte pour la première fois à Wuhan en République Populaire de Chine le 29 décembre 2019, qui s'est propagée partout dans le monde en modifiant les principes et règles qui sous-tendent le fonctionnement des administrations publiques. Le présent article examine les incidences du covid-19 sur le fonctionnement des administrations publiques camerounaises. Au plan interne, il s'intéresse aux principes et règles de fonctionnement qui sont éprouvés par la COVID-19. Ces principes de continuité, d'adaptation, de précaution et de protection oscillent entre rigueur et assouplissement des mesures de riposte au rythme du COVID-19. Ce qui induit le maintien de la continuité du service public durant les périodes de confinement partiel adopté par le Cameroun, le déconfinement et l'adaptation des nouvelles méthodes de travail aux exigences du COVID-19 tout en privilégiant la numérisation des services publics et la simplification des procédures administratives pour éviter la contamination des agents et usagers des services publics et limiter la propagation du virus.

Au plan externe, il s'intéresse davantage aux rapports que les administrations publiques entretiennent aussi bien avec les agents publics en charge de l'accomplissement des missions des services publics que les usagers des services publics qui sollicitent les prestations. Ces rapports présentent la limitation du droit d'accès dans les services publics usuels et le droit aux prestations des usagers. Le contexte de la pandémie du corona virus invite aussi à s'intéresser à la protection des agents publics et des usagers du service public exposés aux risques de contamination pendant la période de maintien de la continuité des services publics. Ainsi, des mesures préventives ont été prises pour protéger le lieu du travail, la santé des agents et des usagers et surtout des mesures curatives pour la valorisation de la pharmacopée traditionnelle au Cameroun.

Mots-clés : fonctionnement - administrations publiques - principes - droit d'accès - service public - covid-19.

Abstract

COVID-19 is a new SAR-COV-2 viral infection discovered for the first time in Wuham in the Republic of China on the 29th December 2019 that has spread around the world by changing the principles and rules that underpin government public operations. The present article examines the impact of COVID-19 on the functioning of the Cameroonian public administration. Internally, it is interested in the principles and operation tested by covid-19 crisis. These principles such as continuity, adaptation, precaution and protection which oscillate between austerity and relaxation at the place of COVID-19. Which induces continuity in the maintenance of public service during the periods of partial confinement, the gradual deconfinement and the adaptation of new working methods to requirements of the COVID-19 while favouring the digitization of public services and the simplification of administrative procedures to prevent the contamination of employees and users of public services and limit the spread of the virus. Externally, it is more in this relationships that public administrations maintain both with public officials in charge of carrying out public service missions and with users of public services. These reports prevent the limitation of the right of access to the usual public services and the user's right to services. The context of the coronavirus pandemic calls for the protection of public officials and the public service users exposed to the risk of contamination while maintaining the continuity of public service. Thus, preventive measures have been taken to protect the workplace, the health of agents, users and especially curative measures for the enhancement of the traditional pharmacopoeia in Cameroon.

Keys words : functioning. Public administrations, principles, right of access, public service, covid-19 crisis.

Introduction

La maladie à coronavirus 2019 ou COVID-19 (acronyme anglais de Corona Virus Infectious Disease 2019) est une maladie infectieuse émergente de type zoonose virale causée par la souche de coronavirus SARS-CoV-2. Déclenchée en Chine en décembre 2019, elle s'est propagée sur tous les continents en bouleversant tout sur son passage. Il n'a suffi que de quelques semaines pour que la crise engendrée par la pandémie de COVID-19 métamorphose de nombreuses branches du droit, soit en aménageant les régimes juridiques et les procédures, soit en suspendant l'application de certains principes et règles, soit encore en basculant vers des régimes dérogatoires voire d'exception. Ces transformations se vérifient pleinement pour le droit public et plus particulièrement pour le droit administratif autour duquel est axée la présente analyse dont le thème s'intitule : le fonctionnement des administrations[1] publiques à l'épreuve covid-19. En effet, comme toute branche du droit, le droit administratif permet de mieux comprendre non seulement la fonction des institutions, mais aussi leur fonctionnement. Pour mieux cerner le sens que nous allons donner aux administrations publiques, il est utile de définir cette expression et de préciser ses contours. En droit administratif, il y a lieu de retenir les deux sens qui sont la plupart

[1] La tradition veut que, généralement, l'on écrive administration avec un a minuscule s'il s'agit de l'administration en tant qu'ensemble d'actions (point de vue fonctionnel) et Administration avec un A majuscule si l'on vise l'organisme pris dans sa totalité.

du temps liés[2]. Il s'agit du sens fonctionnel et du sens organique. D'un point de vue fonctionnel, l'administration est considérée comme un ensemble d'activités[3] ou fonctions exercées, éventuellement en mettant en œuvre des prérogatives de puissance publique, en vue de satisfaire les besoins de la collectivité : essentiellement service public et de police. Du point de vue organique, elle désigne un ensemble d'institutions ayant en commun de relever les personnes morales et au sein desquelles agissent les personnes physiques[4]. Ces définitions seront complétées par celle du Professeur ABANE ENGOLO Patrick Edgard qui nous semble plus globale puisqu'elle prend en compte les administrations sujettes à la fonction publique, les autres administrations et surtout distingue leurs personnels. Selon lui, « *il faut distinguer l'ensemble des administrations publiques et, à l'intérieur, déterminer le statut de leurs personnels* »[5]. La distinction des administrations publiques amène à énumérer : les administrations de l'exécutif notamment les administrations centrales et déconcentrées, les administrations centralisées impliquées, les établissements publics[6] et les entreprises publiques[7] qui s'intègrent dans le service public, les Collectivités Territoriales Décentralisées, le Parlement et les juridictions pour la simple raison que leurs services ont continué à fonctionner pendant la période de confinement partiel et de déconfinement. Il s'agit là des personnes morales de droit public.

S'agissant des personnes physiques[8] qui agissent pour le compte des personnes morales de droit public, leurs dénominations[9], situations et statuts[10] sont très différenciés. En raison de la relation permanente que ce personnel a avec l'administration publique, nous allons les dénommer sous le vocable d'agents publics. Au regard de

---

[2] VAN LANG (A.) et als, *Dictionnaire de droit administratif*, 5e édition, Dalloz, 2020, p. 29.

[3] DUPUIS (G.) et als., *Droit administratif*, Armand colin, Paris, 2002, p.2.

[4] *Ibid.*, p. 6.

[5] ABANE ENGOLO (P.E.), *Traité de droit administratif du Cameroun*, l'Harmattan, Paris, 2019, p.397.

[6] Loi n° 2017/010 du 17 juillet 2017 portant statut général des établissements publics. D'après cette loi, ce sont les établissements publics à caractère administratif, social, hospitalier, culturel, scientifique, technique, professionnel, économique et financier et à caractère spécial. Ils se distinguent donc exclusivement par leur objet non commercial et non industriel. Ainsi, il y a lieu d'exclure de cette catégorie, les chambres consulaires.

[7] Loi n° 2017/011 du 17 juillet 2017 portant statut général des entreprises publiques. D'après cette loi, l'entreprise est une unité économique dotée d'une autonomie juridique et financière, exerçant une activité industrielle et commerciale et dont le capital social est détenu entièrement ou majoritairement par une personne morale de droit public. On y dénombre deux à savoir la société à capital public et la société d'économie mixte qui est celle dans laquelle l'Etat, l'entreprise publique ou une Collectivité Territoriale Décentralisée est majoritaire. A ce titre, il y a lieu d'exclure de cette catégorie les sociétés d'économie dans lesquelles, l'entreprise publique ou une Collectivité Territoriale Décentralisée est minoritaire.

[8] DIDANGO CISSOKO, *La fonction publique en Afrique Noire* : le cas du Mali, 1986, p. 16. ; voir aussi CHAPUS (R.), *Droit administratif général*, Tome 2, Montchrestien, ; LAUBADERE (A.) et GAUDEMET (Y.), *Traité de droit administratif*, L.G.D.J., Paris, 1998, p. 32. ; AUBIN (E.), *Droit de la fonction publique*, Gualino, Paris, 2013, p. 35. ; MELLERAY (F.), *Droit de la fonction publique*, 4e édition, Economica, 2017, p. 63.

[9] Les agents administratifs prennent plusieurs dénominations en fonction de la relation qu'ils entretiennent avec l'administration. Ainsi, on retrouvera les fonctionnaires, les contractuels

[10] Les fonctionnaires sont en situation statutaire et règlementaire tandis que les autres sont en situation contractuelle.

tout ce qui précède, la question centrale est celle de savoir quelles sont les incidences du covid sur le fonctionnement des administrations publiques ? La réponse à cette question passe par l'analyse de l'hypothèse. Celle-ci présente un fonctionnement des administrations publiques dual. Un fonctionnement interne marqué par les principes éprouvés par le covid et un fonctionnement externe marqué par la protection des agents publics et des usagers. L'intérêt du sujet est de montrer les efforts fournis par le gouvernement camerounais pour venir à bout de la pandémie en prenant des mesures préventives et curatives pour non seulement maintenir la continuité des services publics, mais aussi à adapter les nouvelles règles et principes aux exigences du covid-19. Une telle analyse nécessite que l'on présente d'une part, la mise à l'épreuve résiduelle du fonctionnement interne des administrations publiques (I) et d'autre part, la mise à l'épreuve contrastée du fonctionnement externe des administrations publiques (II).

I- La mise à l'épreuve résiduelle du fonctionnement interne des administrations publiques

L'État, ainsi que les autres personnes morales de droit public, ont pour mission d'assurer le fonctionnement des services publics, c'est-à-dire les services publics destinés à la satisfaction des besoins d'intérêt général. Or, la satisfaction de l'intérêt général ne peut être arrêtée sans qu'il en résulte les troubles[11] les plus graves susceptibles de provoquer les crises[12]. C'est le cas de la crise sanitaire liée au covid-19 dont les conséquences peuvent, somme toute, s'avérer paralysantes dans les administrations publiques. En guise de riposte, le Gouvernement du Cameroun a pris trois séries de mesures[13]. D'abord le 17 mars 2020 le Gouvernement a édicté treize (13) mesures visant à limiter la propagation de la maladie dont, entre autres, la numérisation privilégiée des administrations publiques. Ensuite le 09 avril 2020, sept (07) mesures supplémentaires ont été prises notamment le maintien des juridictions. C'est enfin le 30 avril 2020 que l'appui aux entreprises a pris la forme concrète des exonérations et du report du paiement de certaines taxes. Ces mesures qui oscillent entre la rigueur et l'assouplissement, ont impacté le fonctionnement interne des administrations publiques en éprouvant leurs principes de fonctionnement (A) et en les contraignant à une adaptation aux nouvelles exigences du covid-19 (B).

---

[11] Allusions est faite aux nombreux phénomènes imprévisibles qui déséquilibrent les sociétés provoquant des crises.

[12] FRIMOUSSE (S.) et PERETTI (J.M.), « Les répercussions durables de la crise sur le management », *cairn*, n° 28, 2020, pp. 159-243.

[13] CHAIZAI, *Recueil des mesures prises par le gouvernement camerounais dans le cadre de la lutte contre la covid-19*, mai 2020, p. 3.

A-Des principes de fonctionnement des administrations subsidiairement éprouvés

Les théoriciens[14] du service public ont essayé d'établir les principes qui régissent l'ensemble d'activités tendant à la satisfaction de l'intérêt général. Cependant, la survenue de la crise sanitaire a fortement éprouvé les principes de fonctionnement des administrations. Qu'elles soient publiques, parapubliques ou locales, toutes ont été contraintes tout en subissant des modifications, de rester en phase avec les principes de continuité (1) et d'adaptation (2).

1-Le maintien de la continuité du service public dans les administrations publiques

« *Le service public est essentiellement continu. Il faut qu'il le soit sans quoi il n'est plus. Dès lors que pèse sur les gouvernants et sur tous ceux quel que soit leur emploi, si minime soit-il, qui coopèrent avec eux à la gestion du service public, l'obligation d'assurer cette continuité* »[15]. Cette assertion de ROLLAND Louis montre à suffisance que la continuité est l'essence même du service public[16]. Elle traduit sur le plan de l'action administrative l'idée la plus générale de la permanence des services essentiels pour la vie sociale comme les services de sécurité et de défense (police, gendarmerie et armée), les services de santé (hôpitaux), les services de communication, certains services techniques (électricité, gaz, eau), etc. Elle implique que tout service doive fonctionner de manière régulière, sans interruption autre que celle prévue par la réglementation en vigueur et en fonction des besoins et des attentes des usagers. Puisqu'un service public est une activité destinée à satisfaire un besoin d'intérêt général, il ne saurait être interrompu[17]. La nécessité de cette continuité a contraint le gouvernement du Cameroun à prendre des mesures préventives pour freiner la propagation du nouveau coronavirus (covid-19). L'application de toutes ces mesures, a bouleversé la vie quotidienne des administrations publiques et la manière de travailler des agents publics. Car, malgré la peur ou la panique que ce virus pernicieux provoque, il faut bien que le travail se poursuive afin que le pays ne soit pas à l'arrêt complet. En instruisant d'œuvrer pour la continuité du service public, le gouvernement rappelle aussi un grand principe auxquelles sont soumises les missions de service public à savoir : la continuité, à côté de la mutabilité et de l'égalité. En invoquant en particulier le principe de continuité, il veut insister sur la nécessité pour les services publics non seulement de rester ouverts, mais aussi de continuer à fonctionner normalement pour satisfaire les besoins collectifs, en dépit de la menace que fait planer la pandémie sur la santé des agents publics et sur celle des usagers. Dans le registre de la continuité du service public, plusieurs activités ont été maintenues. Il s'agit du maintien des rémunérations et primes, du maintien de l'accueil des usagers, du maintien de la continuité de la

---

[14] À la suite de Léon DUGUIT, Louis ROLLAND a systématisé ces lois.

[15] ROLLAND (L.), *Précis de droit administratif*, Dalloz, 10è édition, Paris, 1951. Voir aussi CHARLIER (R.E.), *l'Etat et son droit, leur logique et leurs inconséquences*, Economica, 1984, p. 267.

[16] TARDIEU, concl. Sur CE 7 août 1909. Winkell, S. 1909.III.145.

[17] DUPUIS (G.), *Droit administratif*, op. cit., p. 146.

tenue des sessions des commissions de marchés publics, du maintien des audiences dans les juridictions dans le respect du nombre de cinquante (50) personnes maximum autorisées pour chaque regroupement. En effet, certaines administrations dont l'activité des agents avait été suspendue à l'instar du secteur de l'éducation ont maintenu le paiement des salaires et primes de leurs employés pour protéger l'emploi[18] et évité d'autres crises sociales. Les dispositifs de maintien de l'emploi[19] sont les principaux instruments auxquels nombre de pays ont eu recours pour atténuer les répercussions de la crise liée au covid-19. Ils prennent la forme de chômage partiel qui indemnise directement les heures de travail non travaillés ou l'activité partielle. Tous ces dispositifs de préservation de l'emploi ont en commun l'aspect crucial qu'ils maintiennent le contrat de travail entre l'employé et l'employeur, même en cas d'interruption du travail. Toutefois, il y a lieu de relever que la covid-19 a transgressé le principe de la rémunération du service fait[20]. Aux termes de l'article 27 (1) du statut général de la fonction publique de l'État, *« le fonctionnaire a droit, après service fait, à une rémunération comprenant un traitement indiciaire, des prestations familiales obligatoires, et, éventuellement des indemnités et des primes divers »*[21]. La non-reconnaissance de tout droit à rémunération pour défaut de service accompli découle logiquement du fait que, le service fait est la condition de tout droit à paiement. Cette règle s'applique difficilement dans les situations des catastrophes naturelles, des crises persistantes de toutes sortes[22], perturbe le fonctionnement du service public. Dans ces conditions, le gouvernement peut décider de transgresser cette règle pour concilier l'équilibre entre l'exigence de la stabilité politique[23] et sociale et l'impératif de continuité et d'adaptation du service public. Bien plus, l'accueil au public est resté ouvert au public sans rendez-vous, aux heures habituelles dans le strict respect des recommandations sanitaires en vigueur en déployant un accueil téléphonique renforcé par la plateforme téléphonique et les échanges électroniques avec les usagers pour faciliter leurs démarches[24]. En effet, premier et souvent seul point de contact avec les usagers, l'accueil reste déterminant pour l'image du service public. La crise sanitaire a

---

[18] ONDOA BIWOLE (V.), « L'impact de la pandémie du covid-19 sur l'emploi au Cameroun (IPEC) », *Friedrich Ebert Stiftung*, juillet 2020, p 64.

[19] SCARPETTA (S.) et als, *Les dispositifs de maintien de l'emploi pendant la période de confinement de la crise du covid*, OCDE, 2020, p. 22.

[20] GONDO (P.), *Traité de droit administratif*, op. cit., p. 100. ; voir aussi FRIER (P.L.) et PETIT (J.), *Droit administratif*, 11e édition, L.G.D.J., 2017-2018, p. 286.

[21] Article 27 (1) du statut général de la fonction publique de l'Etat.

[22] Il peut s'agir de la crise socio-politique à l'instar de la crise anglophone au Cameroun dans les Régions du Nord-Ouest et du Sud-Ouest ou alors de la crise sanitaire actuelle liée à la pandémie du coronavirus. Se référant à la crise socio-politique des Régions anglophones où certains agents publics continuent de percevoir leurs rémunérations malgré l'absence de service fait, et ce, depuis plus de quatre années que dure cette crise. Toute chose qui pourrait laisser croire à une mise en œuvre discriminatoire de ce principe ou règle fondamentale de comptabilité publique.

[23] Article 27 du statut général de la fonction publique de l'Etat.

, ; à propos de la rémunération lire les développements de : - OWONA (J.), *Droit de la fonction publique du Cameroun*, l'Harmattan, Paris, 2011, p. 163 ; ZE (M.P.), *Droit de la fonction publique du Cameroun*, Mennato print, 1ere édition, 2008, p. 121 ; DUPUIS (G.) et als., *Droit administratif*, op. cit., p. 348 ; CHAPUS (R.), *Droit administratif général*, Tome 2, op. cit., p. 295.

[24] CANDIARD (B.) et VALLET (G.), *L'amélioration de l'accueil des usagers dans l'administration.* 2003, p 184.

confronté les administrations à de nombreux défis : celui de maintenir les activités pendant la période de confinement en distinguant celles qui devaient continuer de fonctionner et celles qui devaient être suspendues, reportées ou annulées.

2-La suspension et/ou le report de certaines activités

La crise sanitaire actuelle a provoqué un climat d'incertitude à telle enseigne qu'il est difficile de savoir avec exactitude quand elle va s'achever. Par mesure de précaution et de prudence, le gouvernement camerounais a opté tout en continuant à faire fonctionner ses administrations publiques, de la fermeture de certains secteurs de l'administration, de la suspension de certaines activités et du report d'autres activités simplement. S'agissant de la fermeture qui fut considérée comme une mesure drastique et rigoureuse, le gouvernement a autorisé la fermeture systématique de tous les établissements scolaires, universitaires et de formation professionnelle[25]. Le monde artistique et culturel est également concerné dans la mesure où la pandémie de coronavirus a impacté de manière drastique les activités et revenus de ces artistes notamment à travers la fermeture des bibliothèques, des musées et sites culturels. En ce qui concerne la suspension de certaines activités, les administrations publiques ont suspendu les missions à l'étranger afin de limiter la circulation des fonctionnaires des établissements[26] publics en dehors du Cameroun et ce jusqu'à nouvel ordre par la même autorité. De même, les célébrations des fêtes nationales et internationales, les festivals et les spectacles ont été suspendus en raison des rassemblements que cela implique. Mais, l'objectif ici est la protection de la santé de citoyens. Il ne fait aucun doute, l'impact de cette pandémie a considérablement sinistré le monde la culture. Relativement au report des activités, les compétitions sportives ont été reportées à des dates ultérieures notamment les jeux FENASCO et universitaires. Au regard de ce qui précède, il ressort que les administrations publiques camerounaises ont continué à fonctionner malgré la survenue du covid-19. Toutefois, il faut reconnaitre que si ces administrations ont continué à fonctionner, elles se sont adaptées toutes aux nouvelles exigences du covid-19.

B- Des mesures d'adaptation des administrations publiques nécessairement approuvées

Le confinement total n'ayant pas eu lieu au Cameroun, il a été plutôt question de s'organiser en respectant les mesures de restriction édictées pour que l'activité dans les différentes administrations publiques et démembrements de l'État ne soit pas interrompue. Ainsi, l'on peut observer ici et là que différentes pratiques innovantes sont apparues. Ces innovations s'inscrivent d'ailleurs dans la logique d'un autre principe clé du service public : la mutabilité[27]. Le principe de mutabilité ou

[25] Déclaration spéciale du Premier Ministre, Chef du gouvernement du 17 mars 2020 sur la stratégie gouvernementale de riposte face à la pandémie de coronavirus (COVID19).
[26] En ce qui concerne les missions au sein du système d'enseignement supérieur, elles sont limitées à des déplacements indispensables qui sont essentiels.
[27] DUPUIS (G.), *Droit administratif*, 8e édition, Armand colin, Paris, 2002, p. 523.

d'adaptation est lui-même lié à celui de continuité. En d'autres termes l'administration doit continuellement s'adapter aux changements qu'imposent l'environnement, les évolutions de l'intérêt général et les besoins de la collectivité[28]. Le service public devant être continu, il doit évoluer en fonction des nouvelles circonstances de son exercice comme c'est le cas avec la covid-19 actuellement en privilégiant la numérisation (1) et en réorganisant les conditions de travail (2).

1-La numérisation privilégiée

La numérisation ou digitalisation des administrations publiques n'est pas la conséquence de la crise engendrée par le coronavirus. Néanmoins, et sans doute en conformité avec le principe de mutabilité des services publics, force est de constater que la numérisation actuelle du fonctionnement des services publics peut être analysée comme un moyen d'assurer le respect du principe de continuité du service public[29]. Elle apparait à plusieurs niveaux : le fonctionnement des administrations à travers le *e-administration* ou télétravail et le *e-learning* ou *distance education.* En ce qui concerne le *e-administration* ou télétravail, nombreuses sont les administrations qui, à différents niveaux, ont réagi rapidement en adoptant et en prenant des mesures nationales pour faire face à la crise du covid-19. Ainsi, la covid a entrainé la mise en place des nouvelles méthodes de travail dans les administrations publiques et la simplification des procédures administratives. C'est ainsi que le Cameroun a privilégié la numérisation de ses administrations publiques. Une priorité est donnée à l'utilisation des outils digitaux. Ainsi, les réunions du comité de direction, les réunions de service, les comités de direction sont tenus par vidéo-conférence et/ou à travers les applications telles que *Skype, GoogleMeet, Zoom Cloud Meetings* pour ne citer que celles-là. Les administrations publiques ont été contraintes à réduire au minimum la circulation et l'échange des documents sur papier[30]. Pour ce, les outils suivants sont mis à la disposition des administrations publiques : le portail du bureau d'ordre digital qui permet aux départements et aux usagers, citoyens et entreprises de déposer à distance leur correspondance adressée aux départements concernés en échange d'un reçu numérique confirmant la réception (exemple : les inscriptions en ligne dans les concours des écoles normales supérieures) ; l'échange électronique des données entre les départements et la mise en place de dispositifs de travail collaboratif[31]. Par ailleurs, les agents publics sont au centre ou au cœur de la stratégie de modernisation des administrations publiques. La relation avec les usagers de l'administration publique a

---

28 MORAND DEVILLER (J.), *Droit administratif*, L.G.D.J., Paris, p. 465.

29 ANNEQUIN (V.), « La numérisation du service public dans la lutte contre le coronavirus », RDLF, 2020, Chron. n° 28, PP.1-4.

30 Guide pratique des mesures préventives dans les services publics, Ministère de l'Economie, des Finances et de la Réforme de l'Administration, mai 2020.

31 A propos, une séance de travail a été organisée, le mercredi 25 avril 2021, entre les responsables du MINFOPRA et ceux de la Société de Presse et d'Editions du Cameroun (SOPECAM). Cette importante rencontre visait à mener une réflexion relative entre à la mise en place, d'une plateforme de collaboration entre les deux institutions.

été modernisée à travers la création des plates formes virtuelles ou numériques[32]. Ces plateformes ont permis d'informer tout en décongestionnant les administrations publiques, d'informer les usagers, de traiter les plaintes et les réclamations et de mesurer la satisfaction des usagers ou clients en ligne. De plus, il est demandé à tous les agents et usagers de travailler selon de nouvelles modalités et dans des contextes inédits. Les ministères sectoriels et les organismes publics apprennent à utiliser de nouvelles technologies et de nouveaux outils sans avoir eu le temps de s'y préparer, et souvent dans le cadre de procédures et de processus inchangés. S'agissant du *e-learning ou distance education*, avec les circonstances sanitaires exceptionnelles générées par la diffusion du coronavirus dans le monde, il est possible d'observer une généralisation des outils numériques dans le fonctionnement des administrations publiques. Cette affirmation semble pouvoir s'appliquer à l'ensemble des systèmes juridiques devant faire face à cette pandémie. Par exemple, les cours en ligne se sont multipliés jusqu'à devenir la modalité de fonctionnement par défaut du service public de l'enseignement. Dans les circonstances actuelles, le numérique tend ainsi à devenir l'outil indispensable pour assurer la marche des services publics. Parfois d'ailleurs, le numérique représente l'objet même d'un service public, comme le démontre la création par le législateur d'un service public du numérique éducatif et de l'enseignement à distance. On a donc une numérisation généralisée du fonctionnement des administrations publiques. Face à la pandémie du covid-19, le système éducatif a dû improviser l'école numérique, pour assurer la continuité pédagogique : « *Nous avons décidé de nous arrimer définitivement au numérique éducatif c'est-à-dire au télé-enseignement mais aussi à la télé-évaluation*[33] *et même à la télé-recherche* »[34]. Pour lui, les étudiants et enseignants disposent des outils numérisés qui leur permettent de pouvoir suivre les cours en ligne. Notamment, le projet *E-national Higher Education Network*, constitué de la construction de 10 centres de développement du numérique éducatif dans les universités d'Etat et le don de 500 000 ordinateurs aux étudiants depuis 2018. Ici, chaque établissement utilise les outils et techniques numériques à la hauteur de ses moyens. La plateforme e-learning [35]est pleinement opérationnelle et propose plusieurs cours en ligne. Un mois après l'improvisation des cours à distance dans le système éducatif camerounais, des plateformes comme WhatsApp et Facebook sont utilisées à tâtons pour dispenser les enseignements. Au MINESECC, la covid a imposé la modernisation des centres multimédia en dehors des plateformes e-learning, la création des fora sur l'application WhatsApp. Les élèves ont accès à la plateforme créée par le ministère des Enseignements Secondaires où des cours y sont

[32]C'est le cas des Ministères comme le Ministère de la Fonction Publique et de le Réforme Administrative et le Ministère des Finances : Facebook : Ministère de la Fonction Publique et de la Reforme Adminisrtative237 ; minfopra-officiel ; Linkeln : minfopra-officiel facebook, Twitter, LinkedIn, le Ministère des Finances avec ses services online tels que le e-bulletin, le suivi des bons d'engagement, la télédéclaration, l'attestation de contribuables, le remboursement TVA…

[33] A propos, l'Institut Africain Informatique a réussi à organiser un concours en ligne.

[34] Interview du Ministre d'Etat, Ministre de l'Enseignement Supérieur Jacque FAME NDONGO, invité à la CRTV le 20 mars 2021 ;

[35] Il s'agit d'une plateforme numérique pour les ressources open source et en ligne accessible à tous les enseignants à suivre efficacement les cours en ligne.

dispensés dans toutes les matières et pour tous les niveaux dans les sous-systèmes anglophone et francophone. Au regard de ce qui précède, il ressort que la crise sanitaire a accéléré la généralisation de la numérisation des administrations publiques. Toutefois, il faut aussi noter son impact dans la réorganisation du travail.

2-La réorganisation du travail dans les administrations publiques

La crise sanitaire a entrainé la réorganisation du travail et l'amélioration des conditions d'hygiènes, de santé et de sécurité au travail. S'agissant de la réorganisation du travail dans les administrations publiques, elle est la conséquence logique de l'influence du covid-19. Elle a amené les administrations à revoir leur organisation et leur fonctionnement. Ainsi, certaines activités se poursuivent sans relâche. Mais, elles doivent fondamentalement être réduites et progressivement limitées autant que possible, en vue de diminuer quotidiennement le nombre de personnes et ou des visiteurs dans les bâtiments publics pour la continuité du service public pendant la période covid-19. Il s'agit notamment des audiences, des réceptions et des visites[36]. A cet effet, les administrations ont limité la circulation inutile des personnes dans les couloirs. Elles ont interdit les files d'attente des usagers demandant les services publics et ont programmé les rendez-vous pour éviter les encombrements. La redéfinition et répartition des missions et des services en fonction de la nature et des spécificités de chaque service, a entrainé l'instauration d'un système de rotation pour gérer au mieux la présence des agents publics assurant les mêmes tâches dans les mêmes services, sans nuire au fonctionnement normal des services publics 7 H 30 à 15 H 30 et mis en place un programme multi-horaires d'entrée et de sortie de l'Administration scolaire, pour éviter les heures de pointe et réduire l'affluence accrue au sein de l'Administration et dans les moyens de transport. Au Ministère de l'Education de Base, le système de mi-temps a été adopté et imposé aussi un plan B pour compenser les heures de présentielle. Les activités occasionnant de grands rassemblements ont été réduites en cas de nécessité à un nombre restreint de participants. Il est préconisé d'organiser les réunions et des conférences par vidéo, internet, téléphone ou tout autre moyen internet. Si ces rassemblements sont organisés en présentiel, les précautions suivantes doivent être prises : contrôler l'état de santé de chaque fonctionnaire participant à la rencontre (mesurer la température, fournir masques, désinfectants et autres outils nécessaires en quantité suffisante) ; maintenir une distance d'au moins un mètre entre les sièges ; désinfecter la salle de conférence, assurer sa bonne aération, réduire autant que possible la durée de la réunion, augmenter la durée des pauses entre deux réunions, aérer la salle pendant la pause ; saisir les coordonnées des participants et leur nombre[37]. D'autre part, l'amélioration des conditions d'hygiène, de santé et de sécurité au travail imposée par

---

[36] Lettre Circulaire n° 20-00167/MINESUP/CAB du 22 avril 2020 sur la mise en œuvre des mesures préventive anti-covid du gouvernement au sein du Ministère de l'Enseignement Supérieur

[37] Note d'instruction n° 0293/20/DG/PAD du 20 mars 2020 portant organisation des activités pendant la période de restriction dans le cadre de la lutte contre la propagation de la pandémie de coronavirus au Port Autonome de Douala

la covid-19 a poussé les gouvernements à réorganiser le cadre de travail des agents publics. Cette réorganisation passe par l'assainissement du cadre du travail. Car, l'État est tenu d'assurer à ses agents, sur le lieu du service public, toutes les conditions d'hygiène et de sécurité propres à prévenir les maladies et les accidents et les maladies d'origine professionnelle[38]. Les mesures préventives prises par les Administrations publiques pour assainir leurs lieux de travail sont nombreuses. Il s'agit de la désinfection régulière par des services publics compétents ou des sociétés qualifiées en matière, de tous les espaces de travail, les bureaux, les salles de réunion, les ascenseurs, les salles de prière, les buvettes et les installations sanitaires et les véhicules de l'État, notamment ceux destinés au transport collectif des agents publics, avant la reprise du travail[39]. Ces derniers doivent régulièrement être nettoyés par les services compétents pour éviter la contamination des agents et des usagers et la propagation du coronavirus. TAKAM Georges Jean pense qu'il s'agit là des mesures qui doivent être prises en amont pour éviter la survenance des maladies d'origine professionnelle[40]. Au regard de tout ce qui précède, force est de constater que la covid-19 a eu des répercussions sur le fonctionnement interne des administrations internes et sur le fonctionnement externe de ces administrations.

II-La mise à l'épreuve contrastée du fonctionnement externe des administrations publiques

La crise sanitaire du covid-19 a bouleversé et mis à l'épreuve monde du travail. Que ce soit en période de confinement partiel ou total et de déconfinement progressif, l'enjeu des administrations est d'organiser et d'accompagner le retour au travail des agents publics. L'administration entretient de nombreuses relations avec des personnes qui lui sont tantôt internes, tantôt externes. C'est le cas des simples usagers publics à la recherche des prestations de services que l'administration est tenue de fournir. Face à la survenue de la crise sanitaire, les administrations publiques ont dû prendre des mesures restrictives qui limitent leurs rapports externes (A) et renforcent la protection de la santé des agents publics et des usagers publics (B).

[38] Article 2 du décret 2000/692 /PM du 13 septembre 2000 fixant les modalités d'exercice du droit à la santé du fonctionnaire

[39] Note de service n° 00000130/NS/MINEPAT/SG/DAG du 25 juillet 2020 portant création d'un comité de veille chargé de de la mise en place de la stratégie gouvernementale de riposte face à la pandémie de coronavirus au Ministère de l'Economie, de la Planification et de l'Aménagement du Territoire ; lire aussi les dispositions du décret 2000/696/PM du 13 septembre 2000, op. cit.

[40] Est considérée comme d'origine professionnelle, toute maladie du fonctionnaire résultant de la nature ou des conditions d'exercice de ses fonctions. Sont également considérées comme d'origine professionnelle, les maladies pour lesquelles les conseils de santé auront statué dans ce sens, notamment lorsqu'il s'agit : des manifestations morbides d'intoxication aiguë ou chronique des infections microbiennes présentées par les fonctionnaires exposés à des risques de contamination ; des affections présumées résulter de conditions ou d'attitudes particulières de service ; des infections microbiennes ou affections parasitaires susceptibles d'être contractées à l'occasion de l'exercice des fonctions dans les zones déclarées officiellement comme infectées.

A-La limitation justifiée des rapports externes

Les rapports externes auxquels nous faisons allusion renvoient au lieu de service dont l'accès est limité (1) et aux autres droits des usagers (2).

1-La limitation du droit d'accès au service public usuel

L'accès au service public usuel est limité aussi bien pour les agents publics que pour les usagers des administrations publiques. En ce qui concerne la limitation du droit d'accès aux bâtiments publics aux agents publics, des mesures préventives et restrictions ont été prises pour éviter la propagation de la covid-19. Les administrations publiques ont renforcé les mesures de sécurité au niveau des voies d'accès dans les bâtiments publics. C'est dire que bon nombre de voies d'accès ont été fermées pour celles des administrations disposant de plusieurs pour privilégier les voies principales d'entrée et de sorties. Cette limitation du droit d'accès à tout de même été ouverte au respect au contrôle des températures. Ainsi, les agents publics dont les températures sont élevées[41], ne sont pas autorisés à entrer dans les bâtiments publics. Ils doivent être temporairement isolés et placés dans une salle d'isolement pour la quarantaine. Celle-ci est aménagée et distante de la zone de prise de température. Les agents publics doivent observer la distance de sécurité d'au moins un (01) mètre entre eux pour le contrôle de température à l'entrée avec obligation du port du masque. Bien plus, le covid-19 a imposé des restrictions à l'accès aux services publics aux agents des services à travers l'obligation de présenter une preuve de vaccination ou un résultat de test de dépistage pour avoir accès aux services et espaces publics ou privés, y compris les transports, restaurants et sites culturels. Les pays du monde entier ont mis en œuvre une série de mesures visant à réduire la transmission du virus responsable de la COVID-19. L'une des mesures les plus courantes-bien qu'elle ne soit pas universelle- est celle d'un confinement qui impose des restrictions aux mouvements individuels, telles que la limitation des personnes dans certains rayons de leur domicile et/ou de quitter leur lieu de résidence. Si les restrictions à la liberté de circulation sont autorisées pour atteindre un objectif légitime, tel que la protection de la santé publique, les États ont toujours la responsabilité de veiller à ce que ces restrictions soient proportionnées, fondées sur des preuves et limitées dans le temps. Au Cameroun, les restrictions à l'accès aux services publics ont été souples dans la mesure où l'accès n'a pas été totalement interdit aussi bien aux agents des services publics qu'aux usagers. S'agissant du droit d'accès au service public par l'usager, il faut dire que si les restrictions à l'accès aux services publics ont été souples, il faut reconnaitre que les restrictions à l'accès des services publics ont davantage été rigoureuses à l'égard des usagers du service public. Ces restrictions ont imposé aux usagers des services publics le respect des mesures sanitaires de désinfection à l'entrée et à la sortie du siège et des bureaux de l'Administration. Elles ont entrainé l'interdiction d'utiliser et d'échanger les stylos pour signer ou écrire dans les documents administratifs. Les restrictions des visites des usagers ont provoqué l'enregistrement des données personnelles des visiteurs et usagers, le nettoyage des

[41] Les températures allant au-delà de 38 °C.

mains et à la prise de température, le respect de la date et l'heure du rendez-vous fixé, utiliser les mouchoirs en papier disponibles dans les zones de contact, telles les poignées de porte, les boutons d'ascenseurs et les distributeurs d'eau, respecter le marquage au sol et / ou les chaises désignées dans les salles d'attente pour respecter la distance de sécurité. L'accès dans le lieu de service est conditionné au port du masque et respect des mesures de protection, notamment la distance de sécurité (au moins un mètre), éviter tout contact étroit avec les autres et garder une distance de sécurité. Il est conseillé d'éternuer ou de tousser dans le pli de son coude plutôt que dans ses mains ou dans un mouchoir et le jeter directement dans la poubelle. Enfin, il est recommandé d'éviter les déplacements inutiles, de réduire le contact avec le personnel de l'Administration et d'éviter d'utiliser les ascenseurs autant que possible[42]. Ces restrictions imposées dans l'accès aux services publics par le COVID-19 vont aussi concerner les autres droits des usagers.

2-La limitation des autres droits des usagers

L'administration doit prendre les dispositions nécessaires pour que les usagers disposent des prestations de services publics, conformément aux textes qui les organisent[43]. Parler des droits des usagers revient à évoquer la situation juridique dans laquelle se trouve le particulier de l'administration réclamant une prestation déterminée[44]. Les prestations publiques sont fournies et développées par les services publics en ligne. Les administrations publiques les mettent en avant et les font connaître par le grand public. Elles fournissent les informations par tous les moyens de communication disponibles et appropriés (téléphone, e-mail, centres d'appel et d'orientation...) pour réduire le flux des usagers aux services administratifs. L'accueil des usagers[45] doit être organisé dans le respect strict des mesures préventives fixées par les autorités compétentes ; l'organisation des permanences dans les administrations publiques qui fournissent aux usagers les services de base ; généraliser le système de prise de rendez-vous en ligne ; généraliser le système de signature électronique[46]

B- La protection renforcée de la santé des agents publics

Les droits des agents publics sont tributaires de l'environnement économique, politique et même social. La santé est l'un de droits consacrés par la règlementation

[42] Communiqué-Radio-Presse n° D13-74/C/MINSANTE/SG/DLMEP du15 avril 2020 du ministre de la Santé Publique

[43] GONDO (P.), *Traité de droit administratif*, op. cit. p. 97.

[44] JEZE (G.), *Les principes généraux du droit administratif : le fonctionnement des services publics*, Dalloz, Paris, 2011, p. 11.

[45] CANDIARD (B.) et VALLET (G.), *L'amélioration de l'accueil des usagers dans l'administration*, 2003, p.1.

[46] OLIVIERO-TISSOT (C.), *La fonction de l'accueil dans les services, Rapport de recherche bibliographique*, DESS en informatique documentaire, Ecole Nationale Supérieure des Sciences de l'Informatique et des Bibliothèques, Université de Claude Bernard, Lyon 1,

camerounaise[47]. Pour faire face à la dégradation de la crise sanitaire, le gouvernement n'a pas seulement bâti un plan de continuité des services publics, mais aussi la protection des usagers et les agents du service public par un protocole sanitaire renforcé. Il a également instruit que l'ensemble des services publics resteront ouvert, avec adaptation de leurs dispositifs d'accueil (rendez-vous, accompagnement par téléphone) et les délais de traitements des procédures seront respectés pour éviter les retards administrations publiques. En contrepartie de leurs obligations professionnelles, les agents publics bénéficient des droits dont la reconnaissance à leur profit doit être une juste compensation[48]. Il s'agit aussi bien des droits dont les agents publics bénéficient du fait de leur appartenance à la fonction publique que de garanties qui figurent généralement dans leurs statuts. Ces garanties protègent les agents contre les abus possibles de l'autorité hiérarchique[49]. Mais, il convient aussi de protéger les fonctionnaires des menaces et des dangers qui peuvent survenir comme les catastrophes ou les crises sanitaires telles que la covid-19. Il est d'ores et déjà admis que cette protection doit aussi s'étendre aux risques liés aux catastrophes et crises sanitaires inopinées comme c'est le cas avec la covid 19. La protection des agents publics contre les accidents et les maladies d'origine professionnelle couvre la prévention et la prise en charge par l'État des divers frais occasionnés par lesdits accidents et maladies. En tant que tel, il sera question pour nous de présenter les mesures de protection préventives (1) et curatives (2).

1-Des mesures préventives orientées vers l'obligation vaccinale et le passe sanitaire

La prévention est au cœur des préoccupations de tous les gouvernants qui ont pour objectif de limiter contre la propagation de la pandémie. Au Cameroun, les mesures prises évoluent en fonction de la pandémie. Au départ, les mesures adaptées à la première et deuxième vague du covid-19 vont être qualifiées de classiques au bout d'une année. Cependant, au regard de l'évolution du virus vers les variants Delta et Omicron, la troisième vague de la pandémie obligeant tout le monde à appliquer des nouvelles méthodes telles que l'obligation vaccinale et la présentation du carnet de vaccination ou d'un test négatif qui semble être l'équivalent d'un passe sanitaire. Les méthodes préventives classiques sont celles recommandées par l'OMS dont l'application a été presque universelle. Il s'agit notamment du port obligatoire du masque dans tous les espaces ouverts au public, éviter de toucher les surfaces et les objets dans le véhicule de transport ; maintenir la distance de sécurité, le lavage des mains à l'eau coulante et au savon. A côté de celles-ci, les administrations ont élaboré et mis en œuvre des plans de communication visant la sensibilisation et la vulgarisation sanitaire en utilisant les différents canaux disponibles, notamment : les

[47] Décret n° 94/199 du 07 octobre 1994 portant statut général de la fonction publique, modifié et complété par le décret n° 2000/287 du 12 octobre 2000 ; décret n° 2000/696/PM du 13 septembre 2000 fixant les modalités d'exercice du droit à la santé du fonctionnaire ; décret n° 2000/686/PM du 13 septembre 2000 portant organisation et fonctionnement des Conseils de Santé.

[48] CHAPUS (R.), *Droit administratif général*, Tome 2, op. cit., p.300.

[49] BRETON (J.M.), *Droit de la fonction publique des Etats d'Afrique francophone*, EDICEF, Paris, 1990, p. 155.

panneaux d'affichage, les affiches, l'intranet et les réseaux sociaux. L'objectif étant de renforcer le degré de sensibilisation sanitaire chez les agents publics et de les inciter à respecter les mesures préventives dans l'exercice de leurs fonctions au sein de l'administration. En cas d'apparition des symptômes[50], des numéros d'urgence ont été communiqués pour une assistance médicale d'urgence et la prise charge immédiate qui passe par la quarantaine et/ou l'isolement.

Bien plus, la création des comités[51] de veille chargée de sensibiliser le personnel des départements ministériels à l'application des mesures gouvernementale et d'assurer de la disponibilité systématique des thermo flashs et des gels hydroalcooliques dans tous les sites abritant les services des départements ministériels a été instituée. Face aux craintes suscitées par l'apparition des variants delta[52] et omicron du covid-19, le gouvernement se prépare aussi à faire face aux éventuels ravages d'une troisième vague de covid-19 avec ses variants. Pour cela, le Cameroun lance une vaste campagne de la vaccination anti-covid-19 à l'endroit des agents publics de toutes les administrations, services centraux et déconcentrés et sur l'ensemble du territoire national. Ladite campagne vise tous les personnels qui émargent dans le budget de l'État, les agents publics actifs ou ayant été admis à faire valoir leurs droits à la retraite. Les ministres[53] précisent par ailleurs que la vaccination est à ce jour une arme essentielle dans la lutte contre la covid-19. Dès lors, il importe que les personnels au service de l'État soient protégés, pour mieux assurer la continuité du service public et la pérennité de l'administration. L'obligation vaccinale et la présentation d'un carnet de vaccination ou d'un test négatif s'installent progressivement et deviendront bientôt obligatoires pour une catégorie socio-professionnelle[54]. Mais, en l'absence d'un cadre législatif, ce sont des mesures réglementaires qui sont utilisées. Ainsi, le vaccin qui au départ était volontaire semble devenir obligatoire et la présentation du carnet de vaccination ou d'un test négatif, une condition pour accéder dans les bâtiments administratifs. Il s'agit des approches persuasives et d'une stratégie subtile de contraindre les agents publics à se faire vacciner. Telle est le sens d'abondante correspondance à formes multiples[55] prises par les autorités en charge de ces structures pour la restriction des accès des agents publics non vaccinés dans leurs

---

[50] Forte fièvre, toux, douleurs thoraciques, vomissements, douleurs musculaires ou articulaires ou tout autre symptôme lié à cette pandémie

[51] Note de service n° 00000130/NS/MINEPAT/SG/DAG du 25 juillet 2020 portant création d'un comité de veille chargé de de la mise en place de la stratégie gouvernementale de riposte face à la pandémie de coronavirus au Ministère de l'Economie, de la Planification et de l'Aménagement du Territoire ; lire aussi les dispositions du décret 2000/696/PM du 13 septembre 2000, op. cit.

[52] Le Dr Sara Irène EYENGOH, Directeur Scientifique au Centre Pasteur du Cameroun, affirme que la vitesse de transmission du variant Delta demeure plus élevée. Ce qui explique la crainte d'une troisième vague.

[53] Note d'information n° 00019/N/MINFOPRA/MINSANTE du 14 octobre 2021 relative à la campagne de vaccination contre la Covid-19 sous le slogan « tous à la vaccination pour une immunité collective ».

[54] La cible semble être toute personne ayant ou ayant eu un lien permanent avec l'Etat et émargeant dans son budget.

[55] Notes, instructions, Message-Porté, lettres-circulaire

structures de travail. De la présidence de la République[56] aux Régions[57] en passant par les ministères, établissements et entreprises publiques. Ces instructions ont été relayées même au niveau des Départements comme celui de Batouri[58] où il est clairement mentionné que les agents qui ne se sont pas fait vacciner n'accèderont plus dans l'enceinte de ces structures publiques. Ces administrations qui empêchent l'accès dans les services aux employés violent le droit de ces employés qui sont à mesure de porter plainte pour se faire réparer ce préjudice. D'ailleurs, la commission des droits de l'homme et des libertés du barreau du Cameroun, s'est inquiétée de cette généralisation de l'exigence du vaccin anti-covid dans les administrations publiques en l'absence d'un cadre législatif et réglementaire. Ce phénomène qui tend à se généraliser au Cameroun est assez récent. Car, c'est autour de fin septembre 2021, que l'on a entendu parler pour la première fois de vaccination obligatoire. La direction de la Société de la Presse et d'Editions (SOPECAM) a publié une note d'information indiquant que « *dès lundi 4 octobre 2021, l'accès dans l'entreprise sera subordonné à la présentation d'un test Covid-19 de moins de cinq (05) jours, ou d'un carnet de vaccination contre le covid-19* »[59]. Cette même disposition sera reprise par plusieurs administrations avec une variété entre cinq et trois jours et sera même élargie aux lieux des réunions présidées par certaines autorités administratives[60]. Sur le terrain, une campagne intensive de vaccination lancée le 07 juillet 2021, prépare une riposte médiatique face à l'hésitation vaccinale. Ainsi, des menaces sont faites aux agents publics pour amener tout le personnel à se faire vacciner : *« sous d'autres cieux, vous avez compris qu'il y a déjà une obligation de vaccination du personnel de santé et que celui qui n'est pas vacciné n'aura pas de salaire* »[61]. A travers ces propos du Ministre du Ministre de la Santé Publique, il faut reconnaitre que l'on tend vers la généralisation de l'obligation de vaccination et de la présentation carnet de vaccination ou d'un test négatif sanitaire au Cameroun. S'il est vrai que l'agent public dispose du droit de refuser de se faire vacciner[62]. Ce refus se justifie par l'état de peur des agents appelé les peurs vaccinales[63]. A ce sujet, le grand débat autour de l'obligation vaccinale a suscité

---

56 Communiqué du 07 octobre 2021 du Ministre d'Etat, Secrétaire Général de la Présidence de la République du Cameroun : « *l'accès au palais de l'Unité ne sera permis qu'aux personnels vaccinés* ».

57 Communiqué Radio n° 015/CR/B/SDG/SG du 07 octobre 2021 du Gouverneur de la Région de l'Est qui reprenait une décision similaire dans ses services, inspirée par celle du Ministre de l'Administration Territoriale qui a personnellement supervisé la campagne de vaccination de son département ministériel.

58 Avis au public du 001/AVP/B1/A2 du 12 octobre 2021 du Préfet du Département de la Kadey.

59 *Cameroon Tribune*, 04 octobre 2021.

60 Il s'agit du Préfet du Département de la Kadey

61 *Cameroon Tribune* du 08 mai 2021.

62 Le Jour, n° 3522 du mercredi 13 octobre 2021.

63 Les peurs vaccinales surviennent à la suite de crises médiatiques pour un vaccin déterminé. Elles persistent longtemps, même après la démonstration scientifique de la sécurité du vaccin. On rappellera ici quelques alertes : ➤la crainte injustifiée de lésions neurologiques provoquées par les vaccins contre la coqueluche à germes entiers a provoqué l'arrêt du vaccin dans beaucoup de pays et entraîné l'installation d'une coqueluche endémique en Europe, de 1978 à 1996. Cela a incité à mettre au point de nouveaux vaccins acellulaires bien tolérés, actuellement utilisés ; ➤ en Grande-Bretagne, le vaccin rougeole fut accusé en 1998 de provoquer l'autisme et la maladie de Crohn. Il faudra attendre 2010 pour que la

beaucoup d'intérêt. Pour le Ministre de la santé publique, la situation épidémiologique est telle que le recours au vaccin[64] n'est pas prioritaire. Mais précise-t-il, le Président de la République demande de se préparer en cas de nécessité : *« il faut rappeler que le principe de la vaccination contre la COVID-19 au Cameroun se fera de façon volontaire. Le Chef de l'État est clair à ce sujet »*[65]. Quoique volontaire et facultatif, la vaccination de tous et de chacun est une nécessité impérieuse, qui interpelle à la fois le devoir de citoyenneté et de responsabilité de tous. Ce rappel du Ministre de la communication fait face à l'hésitation ou le refus[66] de bon nombre de citoyens à l'idée de se faire vacciner. Toutefois, si beaucoup d'efforts sont faits pour limiter la contamination des agents et des usagers des services publics, d'autres ont apparu dans les mesures curatives

2-Les mesures curatives

La thérapie appliquée dans la lutte contre le coronavirus est loin de faire l'unanimité. Elle aura fait couler beaucoup d'encre et de salive. En effet, le débat autour de l'efficacité des médicaments conventionnels et naturels autorisés a suscité pour d'intérêt de la part des chercheurs et universitaires camerounais. En ce qui concerne, le médicament conventionnel, il n'a pas été une sinécure pour le gouvernement camerounais qui aura balbutié entre l'interdiction du traitement médical[67] et la reconnaissance finale de son efficacité en tant que médicament. En effet, Selon le protocole hydrochlorique ou chloroquine 200 mg administré 3 fois par jour pendant 10 jours et azithromycine 500mg administré le premier jour et 250 mg par jour pendant quatre jours, le ministre de la santé publique a mis en garde tout le personnel et pratiquant de la santé qu'aucune étude scientifique ne démontrait

publication initiale du Dr Wakefield sur le sujet soit supprimée par le Lancet et que le vaccin soit réhabilité. Néanmoins, cette peur persiste encore et s'est étendue dans d'autres pays. Aux États-Unis, on constate que certains États ont encore une couverture antirougeoleuse insuffisante en 2010, malgré les efforts d'information (5) ; ➤ en France, la vaccination contre l'hépatite B continue d'être redoutée, malgré les études qui, depuis 1995, ont démontré qu'il n'existait pas de lien entre le vaccin et la sclérose en plaques. La peur des adjuvants, à la suite de la vaccination contre la grippe pandémique en 2009 et la myofasciite à macrophages, a pris le relais de cette polémique, en stigmatisant l'aluminium utilisé comme adjuvant. Il faut noter que les arguments anti vaccinaux portent de plus en plus sur le risque de maladies auto-immunes.

64 Les vaccins ont toujours suscité des débats, Aujourd'hui, comme aux siècles précédents, les vaccins ont un positionnement complexe dans la société. Les raisons en sont politiques, religieuses, philosophiques, relayées par les médias et par Internet. La meilleure connaissance de l'immunologie accroît la peur des réactions auto-immunes, argument fréquent des mouvements anti vaccinaux. Mais il apparaît de nos jours une prolifération de ces oppositions qui préoccupe beaucoup de pays.

65 Interview du Ministre de la Santé Publique, CRTV, édition du 23 avril 2021

66 Le terme de refus vaccinal recouvre de nos jours des positions très différentes : les oppositions déclarées et les hésitations. Elles n'ont pas la même conséquence sur l'acceptation des vaccinations. Les oppositions déclarées à toutes les vaccinations s'observent depuis longtemps pour une très infime minorité de personnes et dans tous les pays

67 Lettre circulaire n° D36631/LC/MINSANTE/SG/DPM du 23 mars 2020 relative au contrôle de la prescription des médicaments utilisables dans le traitement de l'infection du au coronavirus (COVID-19).

l'efficacité d'aucun médicament connu, bien que des études récentes menées sur un nombre restreint de sujets font état de l'efficacité de la combinaison hydroxychloroquine/chloroquine et de l'azithromycine dans le traitement curatif et non préventif des personnes infectées. Le Cameroun s'est inscrit dans une démarche qui consistait à continuer les recherches afin d'apporter une preuve scientifique d'efficacité et de tolérance dudit traitement sur un grand nombre de sujets. S'agissant de l'homologation des médicaments traditionnels, celle-ci intervient dans le cadre de mesures endogènes de riposte contre le covid-19. Le ministre camerounais de la santé publique a officiellement autorisé la mise sur le marché local, pour une durée de trois ans, de quatre Médicament Traditionnels Améliorés (MTA) pour lutter contre le covid-19. Il s'agit de *l'Adasak covid/Elixir*, produit par l'Archevêque de la ville de Douala, Monseigneur Samuel KLEDA, du *Corocur*, poudre d'Euloge YAGNIGNI, du *Palubek's* de Christine BEKONO et de *Soudicov* de l'Imam MODIBO. De nombreuses solutions à base de plantes médicinales ont émergé depuis le mois de mars 2020. Les naturopathes qui élaborent et présentent ces médicaments ont plaidé à plusieurs reprises pour la reconnaissance officielle le 08 juillet 2021 de leurs produits comme traitements contre le covid-19. Le ministre précise que les MTA homologués sont des adjuvants au traitement de la covid c'est-à-dire qu'ils doivent être associés au protocole anti-covid-19 existant. Ces adjuvants ont été reconnus de manière indépendante par une commission nationale des médicaments en collaboration avec les ministères de la recherche et celui de l'enseignement supérieur qui sont partie prenante de cette commission. Malgré ce contrôle effectué avant la mise sur le marché local, certaines personnes[68] du monde de la santé désapprouvent la décision du ministre de la Santé. Elles pensent que, si les médicaments traditionnels sont vraiment efficaces, on doit pouvoir le démontrer dans un langage que tout le monde comprend. Et le langage scientifique doit être le même au Guatemala comme en Chine. L'on devrait le démontrer de manière à ce que le mexicain puisse être d'accord en se disant : « *oui la méthodologie qu'ils ont adoptée nous amène à penser que c'est simplement bon* »[69] et on va l'exporter partout. Une position partagée par l'Organisation Mondiale de la Santé. Car, Gilson Paluku[70], affirme qu' : « *il y a tout un processus qui doit être respecté avant d'approuver l'efficacité d'un produit quel qu'il soit* »[71]. Le moins que l'on puisse retenir de tout ce débat des spécialistes, est que le cadre normatif au Cameroun, contrairement au médicament conventionnel qui exige d'énormes moyens humains, matériels et financiers, permet qu'on puisse encourager la médecine naturelle. Le Cardiologue propose dès lors un accompagnement pour faire converger la recherche classique et la médecine traditionnelle.

---

68 Professeur BONNY Aimé, cardiologue et enseignant à l'université de Douala s'oppose à l'autorisation de traitement traditionnels « sans élément scientifiquement recevable ».

69 Ibid.

70 Chargé de la vaccination systématique au bureau régional de l'OMS pour l'Afrique

71 Interrogée le 19 août 2021 par SciDevNet, au cours d'une conférence de presse en ligne de l'OMS-Afrique sur la lutte contre le coronavirus,

Conclusion

Au terme de cette analyse où il était question d'épiloguer sur les incidences du covid-19 sur le fonctionnement des administrations publiques au Cameroun, il ressort que ces dernières ont été impactées par le covid-19 aussi bien au plan interne qu'externe. En réalité le covid a éprouvé les principes de fonctionnement des administrations publiques en maintenant la continuité du service public et les adaptant aux exigences du covid. Ainsi, certaines activités ont été maintenues tandis que d'autres ont été suspendues, reportées ou annulées. L'adaptation aux exigences du covid-19 a entrainé la mise sur pied des nouvelles méthodes de travail comme la numérisation, la simplification des procédures administratives et la réorganisation du travail. Au plan externe, la covid-19 a eu une influence sur les rapports externes du fonctionnement des administrations publiques à travers la limitation des droits des agents publics et des usagers. La limitation du droit d'accès dans les services publics et la limitation des autres droits des usagers. A l'heure actuelle, l'on tend vers la généralisation de la numérisation des administrations publiques et vers la généralisation de l'obligation de la vaccination et la présentation du carnet de vaccination qui fait office de passe sanitaire. Au-delà du fonctionnement des administrations, il serait intéressant de préserver les acquis issus de la cette pandémie liée à la covid-19.

Chapitre 4 : La police municipale au Cameroun à l'aune du covid-19, entre puissance théorique et impuissance opérationnelle

Par SOH MBOGNE Hermann Thierry
Phd en Droit Public
Université de Dschang

Résumé :

La mise en place d'une fonction publique locale est une condition essentielle de l'effectivité de la décentralisation. La police municipale y occupe une place fondamentale au regard des missions centrales qui lui sont attribuées dans des domaines variés et spécialisés. Celles-ci s'articulent principiellement autour de la préservation de l'ordre public. C'est justement dans le champ de la lutte contre la pandémie du covid-19 que le renouveau de l'intervention de la police municipale en matière de lutte contre les menaces sanitaires s'est matérialisé. En effet, en vue de faire face aux conséquences désastreuses de cette crise sanitaire au Cameroun, la police municipale s'est retrouvée au centre des projecteurs et des attentes des populations, censées être les premières bénéficiaires des actions de cette police de proximité. Comment appréhender cette police municipale à l'ère de ladite pandémie. A l'observation, deux constats s'imposent. D'une part, on peut noter une puissance théorique de la police municipale, fondée sur une diversité de compétences et de pouvoirs textuellement reconnus en matière de pandémie. D'autre part, durant le cas spécifique de la crise du corona virus, on note une impuissance opérationnelle dont les causes et les conséquences revêtent un caractère hétéroclite. Il est donc plus que jamais urgent de repenser la police municipale non seulement d'un point de vue structurel et fonctionnel, mais aussi et surtout du point de vue stratégique et opérationnel.

Termes clés : Police municipale ; covid-19 ; ordre public ; décentralisation ; démocratie participative.

Introduction

La pandémie du Covid-19 a fortement impacté les Etats à travers le monde, en suscitant des interrogations et des réflexions sérieuses sur la problématique collectivement vécue par nos sociétés humaines comme un immense défi à repenser de nouvelles solidarités[1]. Ses conséquences ont été plurielles et ont touché tous les domaines de la vie des États et de leurs populations. Sur le plan juridique, les nombreuses études[2] qui ont été consacrées à cette catastrophe sanitaire ont mis en

---

[1] E. EBEN-MOUSSI, *La pandémie Covid-19, inédite, complexe, déstabilisante*, Paris, L'Harmattan, 9 juin 2021, 278 p.

[2] On peut citer à titre illustratif : La Revue Doit et Ville, « Repenser la ville à l'épreuve du Covid », n° 2021/1, n° 91, 294 p. ; L. CHAMBAUD, *Covid, une crise qui oblige*, Paris, Hygée Editions, 2021, 70 p. ;

exergue le fait qu'elle a profondément engendré une mutation et une transformation de l'ordre juridique[3], ainsi que la nécessité d'une adaptation du droit à cet environnement social particulier[4]. Comme le Professeur Robert NEMEDEU l'a pertinemment indiqué, « *en présence d'une pandémie, le droit est interpelé de deux manières : la gestion de la pandémie au moyen du droit et l'effet de la pandémie sur le droit positif. Dans le premier temps, on peut s'attendre à une Lex pandemia. Dans le second, on doit analyser les impacts de cette pandémie sur les différents rapports juridiques ou segments du droit* »[5]. A cet effet, la crise a particulièrement ébranlé non seulement l'organisation et le fonctionnement des institutions étatiques nationales, mais aussi ceux des institutions locales[6]. Ainsi, si le rapport entre l'État avec les pouvoirs locaux et notamment les communes est une question qui remonte à l'Ancien Régime en France et se trouve au cœur du droit des collectivités territoriales[7], l'actualité de l'implémentation des mécanismes de la décentralisation s'est posée comme une question majeure dans la recherche de solutions efficaces de nature à juguler la pandémie[8]. Au cœur de ce système en branle, la police municipale a été au centre des enjeux. Comme on a pu le relever, les services de police municipale du monde entier sont confrontés à des défis sans précédent en raison de la pandémie de COVID-19. Ces défis sont à la fois liés à la complexité et à l'ampleur des activités que la police municipale est appelée à effectuer et à la nature changeante de son rôle pendant la pandémie. Habituellement, la police municipale occupe une place non négligeable au regard de son objet[9], de son histoire[10], de sa

---

O. BUI-XUAN, *Masques sanitaires et droit (s),* Paris, Institut Francophone pour la Justice et la Démocratie, 2021, 276 p. ; C. ALTER, *Droit des affaires et COVID-19, Synthèse des règles applicables aux entreprises,* Bruxelles, Larcier, 2020, 85 p. ; Bulletin Ersuma de pratique professionnelle, numéro spécial, Droit OHADA et Covid-19, 3ème série, n° 033, mai 2020 ; Le NEMRO, Revue Trimestrielle de Droit Economique, Dossier spécial : La Covid-19 et le droit, avril-juin 2020, 515 p. ; Collectif Dalloz, *Covid-19 et droit du travail,* Paris, Dalloz, Collection Grand Angle, 2020, 300 p. ; Collectif Dalloz, *Covid-19 et droit des affaires,* Paris, Dalloz, Collection Grand Angle, 2020, 304 p. ; Collectif Dalloz, *Covid-19 et droit immobilier,* Paris, Dalloz, Collection Grand Angle, 2020, 298 p. ; Collectif Dalloz, *Covid-19, sécurité publique et droit pénal,* Paris, Dalloz, Collection Grand Angle, 2020, 234 p. ;

[3] Cf. L. DUGUIT, *Les transformations du droit public,* Paris, Librairie Armand Colin, 1913, 303 p.

[4] Cf. M. ONDOA, P. E. ABANE ENGOLO, (dir.), *Les transformations contemporaines du droit public en Afrique,* Paris, L'Harmattan, 2018, 222 p.

[5] Cf. R. NEMEDEU, Editorial de Le NEMRO, Revue Trimestrielle de Droit Economique, Dossier spécial : La Covid-19 et le droit, avril-juin 2020, 515 p., p. 2.

[6] G. LE FLOCH (dir.), *Covid-19, approches de droit public et de science politique,* Paris, Berger Levrault, 2021, 304 p.

[7] Lire J. MICHALIS, « Ville, covid et libertés : la subsidiarité de la police municipale », *Droit et ville,* 2021/1, n° 91, pp. 75-89.

[8] J. CLEMENT, G. ESPOSITO et P. NAISSE, COVID-19, *Quel impact sur nos communes ? Etude exploratoire wallonne,* Liège, Smart City Institute, juillet 2020, 20 p.

[9] Les études faites sur la police municipale ou police de proximité montrent que celle-ci a un objectif général : créer les conditions d'une véritable tranquillité publique. Selon l'article 218 alinéa 1 de la loi de 2019 portant Code des CTD, la police municipale a pour objet, d'assurer le bon ordre, la sûreté, la tranquillité, la sécurité et la salubrité publiques[9]. Cette dimension matérielle classique de l'ordre public est aujourd'hui complétée par la dimension immatérielle d'origine jurisprudentielle (décence et morale publiques, embellissement de la ville, protection des droits fondamentaux).

[10] L'histoire de la police municipale débute avec sa définition. Au sens étymologique, le mot « *polis* » signifie cité, et plus précisément l'administration de la cité. A l'antiquité, la fonction de la Police est alors

nature[11] et des missions qui lui sont reconnues. Et pourtant, on a pu constater la faiblesse des études sur la police municipale en générale et la police municipale au Cameroun[12], alors qu'il s'agit d'une question fondamentale dans la compréhension des logiques du pouvoir et que celle-ci est devenue une réalité incontournable dans les systèmes locaux de sécurité. On assiste dans ce contexte à l'avènement d'une coproduction de la sécurité[13] dans laquelle les collectivités territoriales sont un acteur majeur. Il convient au préalable de procéder à une définition de ce concept afin de surmonter les dangers analysés en termes d'erreurs et de confusions. Comme le soulignait à juste titre le Professeur Magloire ONDOA, « *les classifications et qualifications s'inscrivent dans le cadre des opérations intellectuelles de productions des concepts scientifiques nécessaires à la systématisation, la captation et l'intelligibilité de la réalité* »[14]. Si le législateur camerounais ne définit pas la notion de police municipale, en France par contre, l'article L.2212-1 du Code général des collectivités territoriales du 21 février 1996 définit la police municipale comme « *une police administrative exercée au nom de la commune et exécutée par des forces communales et nationales de police* »[15]. La police municipale peut donc

---

celle de maintenir l'ordre public et d'intervenir contre des malfaiteurs ou les fauteurs de troubles. La police municipale est donc une police chargée d'assurer la sécurité et l'ordre public au sein de sa commune.

En France, les premières traces de la police municipale remontent au IXème siècle, époque à laquelle l'abolition de l'esclavage suscite une approche différente de la protection. Petit à petit, la mise en place de la sécurité, du bon ordre et de la justice aboutit à la création de nouveaux postes d'exécutants et de dirigeants. Ainsi, à partir du XIème siècle, les guets, les prévôts, les viguiers, les lieutenants de police vont se succéder jusqu'à la révolution française.

La révolution française rejette la police de l'ancien régime. Le 4 avril 1789, la fonction de Lieutenant Général de Police est supprimée. C'est au cours de cette période que le nom de Police Municipale apparaît réellement. Dès 1789, la police est confiée aux Maires, c'est à dire à des représentants élus qui agissent pour la commune. Dés lors, la police a une fonction clairement définie dans la loi du 14 décembre 1789 ainsi que dans plusieurs textes annexes qui lui confèrent une mission essentiellement municipale. Ces textes précisent que les corps municipaux sont chargés de « faire jouir les habitants des avantages d'une bonne police notamment de la propreté, de la salubrité, de la sûreté ». Le maire s'affirme par conséquent, comme le responsable direct de la police. Son statut évoluera au gré des changements politiques traversés par ce pays.

Au Cameroun, l'histoire de la police municipale est étroitement liée à celle de la décentralisation[10]. Il convient alors de préciser que si les pouvoirs de police du maire ont été longtemps consacrés, les considérations spécifiques sur la police municipale ont vu le jour avec les réformes intervenues dans le domaine de la décentralisation dans les années 2000. En pratique, la création effective des polices municipales date de 2010 dans les grandes agglomérations urbaines.

[11] La police municipale a d'abord une nature préventive dans la mesure où elle vise à prévenir tous les risques susceptibles de porter atteinte à l'ordre public. Elle a ensuite une nature répressive quand elle vise à réprimer tous les actes qui enfreignent la réglementation.

[12] On peut évoquer l'ouvrage de M. R. BINEMBE, *La police municipale : À l'ère de la décentralisation au Cameroun*, Yaoundé, Editions Monange, 2021, 220 p.

[13] Lire B. HEYEGHE Héritage, « *L'avènement de la coproduction de la sécurité : le bilan et les acteurs* », Les Annales de droit n° 12, 2018, pp. 47-67, notamment p.56.

[14] M. ONDOA, « *Une résurrection : le régime parlementaire camerounais* », Annales de la FSJP de l'Université de Douala, n° 2, décembre 2002, pp. 6-42., p. 7.

[15] Cette définition française est proche de celle retenue en Côte d'Ivoire où l'article 1er du Décret n° 2015-101 du 18 février 2015 portant organisation de la Police Municipale appréhende la police municipale

s'entendre comme les pouvoirs de police des maires des communes et l'ensemble des agents qui sont placés sous son autorité. Cette définition fait ressortir deux éléments essentiels de compréhension de la police municipale, un élément matériel et un élément organique. Sur le plan matériel en effet, la police municipale renvoie à un ensemble d'opérations à travers lesquelles l'autorité municipale exerce ses pouvoirs de police. Sur le plan organique, elle désigne un ensemble d'agents publics, placé sous l'autorité directe d'un maire et qui contribue à assurer les fonctions de police dont est responsable l'élu local. Il convient de souligner que la police municipale au Cameroun a évolué au fil de l'adoption des lois en matière de décentralisation[16], lesquelles ont pour but de mettre en application les dispositions de la Constitution[17]. Une étude sur le sujet présente un double intérêt. D'une part, sur le point théorique, l'étude s'inscrit dans le cadre de la vulgarisation d'une notion indispensable pour la bonne marche de la démocratie locale et qui n'a pourtant pas eu, comme on l'a souligné, les faveurs de la doctrine[18]. Bien plus, c'est une notion qui se rattache au mouvement des libertés fondamentales et à celui de la préservation de l'ordre public, un concept ambigu, constituant l'objet de la police municipale. Sur un plan pratique, la police municipale est une réalité sociale permanente. Elle est une notion qui semble être devenue, au regard des débats qu'elle suscite, *le veau d'or* de la vie politique locale moderne et la démocratie locale son oracle. Elle fait partie de ce qu'Alice FUSCHS-CESSOT qualifie « *d'objets juridiques atypiques* »[19] ou, pour reprendre une expression du Professeur Joseph OWONA, des « *objets juridiques non identifiés* »[20]. Bien plus, la police municipale a souvent été la cause ou la source de nombreux remous sociaux qui ont profondément ébranlé la paix sociale dans les grandes agglomérations urbaines au Cameroun. Enfin, à l'heure où l'humanité en générale et le Cameroun en particulier traversent une période difficile du fait de la pandémie liée au Coronavirus, la police municipale est plus que jamais au premier rang des institutions chargées de veiller au respect des recommandations et instructions prises par les Gouvernements dans le

---

comme une police de proximité placée sous l'autorité du maire et associée à l'action de la Police Nationale et de la Gendarmerie Nationale.

[16] Notamment la Loi n° 2004/017 du 22 juillet 2004 portant orientation de la décentralisation, la loi n° 2004/018 du 22 juillet 2004 fixant les règles applicables aux communes, la loi n° 2004/019 du 22 juillet 2004 fixant les règles applicables aux régions, la loi n° 2009 /019 du 15 décembre 2009 portant fiscalité locale (chapitre 2 sur les taxes communales), la loi n° 2019/024 du 24 décembre 2019 portant Code général des Collectivités territoriales décentralisées.

[17] Voir les dispositions de la Constitution du 18 janvier 1996, notamment son article premier alinéa 2 ou encore son Titre X intitulé *Des Collectivités Territoriales Décentralisées*. Lire GUIMDO DONGMO Bernard-Raymond, Les bases constitutionnelles de la décentralisation au Cameroun (contribution à l'étude de l'émergence d'un droit constitutionnel des collectivités territoriales décentralisées), Revue Générale de Droit, n° 1, 1998, pp. 79-100.

[18] On peut toutefois noter des études spécifiques à certaines collectivités. Voir par exemple M. C. MAKANG BEDJEDI, Les actes administratifs de police municipale : le cas de la Communauté urbaine de Douala, Rapport de fin de stage, Université de Douala, année académique 2017/2018, 71 p. Voir aussi I. F. TALLA ABAKAR, La police municipale au Cameroun, Mémoire de Master Recherche en Droit Public, FSJP, Université de Douala, 2015-2016, 144 p.

[19] A. FUCHS-CESSOT, « « *Le député de Lisbonne » : un objet juridique atypique* », RDP, 2012/2, pp. 333-341.

[20] J. OWONA, in M. ONDOA, (dir.), L'administration publique camerounaise à l'heure des réformes, Paris, L'Harmattan, 2010, 318 p., p. 5.

cadre de l'état d'urgence sanitaire afin de juguler la crise. Alors qu'un grand nombre d'études se sont penchées sur l'analyse des conséquences juridiques du Covid-19, peu de travaux se sont pour l'instant concentrés sur la police municipale au Cameroun en pareil contexte[21]. Si, au premier abord, cet objet de recherche peut paraître insignifiant ou comme un objet juridique atypique[22], c'est justement dans le champ de la lutte contre la pandémie du covid-19 que le renouveau de l'intervention de la police municipale en matière de lutte contre les menaces sanitaires s'est matérialisé. En effet, en vue de faire face aux conséquences désastreuses de cette crise sanitaire au Cameroun, la police municipale s'est retrouvée au centre des projecteurs et des attentes des populations, censées être les premières bénéficiaires des actions de cette police de proximité. Comment appréhender cette police municipale à l'ère de ladite pandémie, comment s'est articulée l'action de cette police en contexte d'urgence sanitaire au Cameroun ? En faisant recours à la méthode exégétique qui sera complétée par l'approche du positivisme sociologique, deux constats s'imposent. D'une part, on peut noter une puissance théorique de la police municipale, fondée sur une diversité de compétences et de pouvoirs textuellement reconnus en matière de pandémie (I). D'autre part, durant le cas spécifique de la crise du coronavirus, on note une impuissance opérationnelle dont les causes et les conséquences revêtent un caractère hétéroclite (II).

I- La puissance théorique de la police municipale en matière de lutte contre les pandémies

La notion de puissance est au cœur des principes caractérisant les personnes publiques. Le recours à cette terminologie procède des conceptions les plus anciennes en matière d'Etat, qui voient en celui-ci non une organisation de services publics voués à la satisfaction des besoins généraux de la collectivité, mais une entité supérieure par essence aux individus et possédant un pouvoir de souveraineté sur ceux-ci. Rapportée à l'Etat, la notion de puissance selon Olivier BEAUD revêt principalement deux significations différentes : la force d'un côté et le pouvoir, de l'autre[23]. Elle peut s'évaluer par rapport au niveau de liberté d'action dont il dispose et correspond aussi bien à sa capacité de contraindre qu'à sa capacité d'influencer les comportements des autres acteurs[24]. La puissance d'une autorité détermine donc sa capacité à orienter le cours des relations. En ce qui concerne la police municipale, la puissance qui la caractérise et qui trouve son fondement dans les textes se matérialise

---

[21] On peut néanmoins noter la présence d'un article consacré à l'action des collectivités territoriales décentralisées en période de Covid. Lire à ce propos A. J. MENZEPO, « Analyse stratégique de la lutte contre la Covid-19 dans les collectivités territoriales décentralisées au Cameroun : cas de la Commune de Dschang », *Le NEMRO, avril-juin 2020,* pp. 460 – 473.

[22] A. FUCHS-CESSOT, « « Le député de Lisbonne » : un objet juridique atypique », article précité.

[23] O. BEAUD, *La puissance de l'Etat*, Paris, PUF, 1994, 515 p., p. 9.

[24] S. SUR, en s'appuyant sur les travaux de Raymond Aron, définit la puissance comme la « *capacité de faire, de faire faire, d'empêcher de faire et de refuser de faire* ». La capacité de faire renvoie au pouvoir tandis que la capacité de faire faire renvoie à l'influence. Lire S. SUR, *Relations internationales*, 7e édition, Paris, LGDJ, 2021, 600 p.

par une pluralité de compétences (A) et une diversité de moyens d'action mis à sa disposition (B).

A-La pluralité de compétences textuellement consacrées

Selon le Code des CTD, la police municipale dispose d'une pluralité de compétences (1) et de missions (2) en matière sanitaire, même si les compétences et missions énumérées par le législateur de 2019 ne sont qu'exhaustives. Le terme « *notamment* » employé à l'article 218 alinéa 2 permet en effet de conclure ainsi. Il n'a donc pas entendu limiter la compétence de la police municipale qui peut s'étendre à d'autres matières.

1-La reconnaissance d'une pluralité de compétences en matière sanitaire

Le Maire est chargé, sous le contrôle du représentant de l'État de, la police municipale et de l'exécution des actes de l'État y relatifs[25]. De manière générale, la police municipale a pour objet d'assurer le bon ordre, la sûreté, la tranquillité, la sécurité et la salubrité publique[26]. Fréquemment utilisée mais rarement définie, la notion de compétence est entourée d'un flou préjudiciable à la connaissance et au contrôle de l'action des autorités administrative[27]. Pourtant, si la notion de compétence est une réflexion toujours inachevée comme l'affirme Philippe JONNAERT[28], elle demeure un modèle pour décrire, évaluer et développer l'action administrative[29]. Elle peut se définir comme l'aptitude légale à accomplir un acte[30]. A l'examen de la loi de 2019, la compétence de la police municipale peut se décliner au plan matériel, au plan territorial, au plan personnel et au plan temporel. *Rationae materiae*, la compétence de la police municipale s'étend sur des matières variées avec en objet la préservation de l'ordre public et la protection des personnes et des biens. Ces domaines concernent la sécurité[31], la circulation sur la voie publique et la gestion de

---

[25] Article 216 alinéa 1 du Code des CTD.

[26] Articl 218 alinéa 1 du Code des CTD.

[27] V. CORNELOUP, La notion de compétence des autorités administratives en droit français : contribution à une théorie générale des aptitudes à agir, Thèse de Doctorat en Droit Public, Université de Paris 2, 2000. A titre illustratif, J. WALINE se garde de la définir dans son ouvrage intitulé Droit administratif, 27e édition, Paris, Dalloz, 2018, 2370 p. Pourtant, si la notion de compétence est une réflexion toujours inachevée comme l'affirme P. JONNAERT, elle demeure un modèle pour décrire, évaluer et développer l'action administrative

[28] P. JONNAERT, « La notion de compétence : une réflexion toujours inachevée », Ethique publique (en ligne), vol.19, n° 1/2017, mis en ligne le 17 juillet 2017, consulté le 23 mai 2020.

[29] J.C COULET., « La notion de compétence : un modèle pour décrire, évaluer et développer les compétences ? », Le Travail Humain 2011/1, vol.74, pp. 1-30.

[30] Cf. S. GUINCHARD et T. DEBARD, (dir.), Lexique des termes juridiques, 25e édition, 2017/2018, Paris, Dalloz, 2017, 2158 p., p. 468.

[31] La lutte contre l'insécurité est plus que jamais un enjeu majeur qui préoccupe les municipalités au Cameroun comme ailleurs. Voir T. LE GOFF, « *L'insécurité « saisie » par les maires. Un enjeu de politiques municipales* », Revue Française de Science Politique, 2005/3, vol. 55, pp. 415-444. Dans ce domaine de la sécurité publique, le maire peut prescrire aux propriétaires usufruitiers, fermiers ou à tous les autres possesseurs ou exploitants, d'entourer d'une clôture suffisante les puits et les excavations présentant un

la voirie[32], le transport, l'urbanisme[33] et l'environnement[34], l'hygiène et la salubrité, le commerce, le sanitaire[35], la gestion des catastrophes et autres calamités[36].

Rationae teritoriae, la compétence de la police municipale se limite au territoire communal ou au territoire communautaire. *Rationae personae*, la compétence de la police municipale est assumée en personne par le maire. Il dispose alors de pouvoirs exclusifs qu'il ne saurait partager avec d'autres organes de la collectivité qui ne peuvent par ailleurs lui donner des injonctions en la matière[37]. Puisqu'il bénéficie de pouvoirs de police importants, sa responsabilité peut être engagée s'il ne les exerce pas[38]. Contrairement à ce qui est consacré de manière expresse en France par le

---

danger pour la sécurité publique, ainsi que les terrains insalubres présentant un danger pour la santé publique. Il prend, à défaut des propriétaires ou des détenteurs du droit de chasse préalablement mis en demeure, toutes les mesures nécessaires à la destruction d'animaux déclarés nuisibles, conformément à la législation et à la réglementation en vigueur et éventuellement, de requérir les habitants avec armes et chiens propres à la chasse de ces animaux, de surveiller et d'assurer l'exécution de ces mesures et d'en dresser procès-verbal.

32 L'article 220 alinéa 1 du Code confie au maire les pouvoirs de police en matière de circulation routière, dans le ressort de sa commune. A cet égard, c'est lui qui peut, moyennant le payement de droits fixés par délibération, donner des permis de stationnement ou de dépôt temporaire sur la voie publique, sous réserve que cette attribution puisse avoir lieu sans gêner la circulation sur la voie publique.

Il accorde les permissions de voirie à titre précaire et essentiellement révocable sur les voies publiques. Ces permissions ont pour objet, notamment l'établissement dans le sol ou sur la voie publique des réseaux destinés à la distribution de l'eau, de l'énergie électrique ou du téléphone (art. 119, al 3 de la loi n° 2004/003 du 21 avril 2004 sur l'urbanisme).

33 La loi régissant l'urbanisme au Cameroun confie au maire des pouvoirs de police municipale en matière d'urbanisme et d'exécution des actes y relatifs, en relation avec les autorités compétentes, en vue d'assurer notamment la salubrité publique et le respect des règles d'urbanisme (Art. 119, al 1 de la loi n° 2004/003 du 21 avril 2004 sur l'urbanisme).

34 Dans le domaine de l'environnement, il veille à la protection de l'environnement, prend, en conséquence, les mesures propres à empêcher ou à supprimer la pollution et les nuisances, à assurer la protection des espaces verts et à contribuer à l'embellissement de la commune. En cas d'émissions d'odeurs gênant le voisinage ou d'activités, de travaux bruyants gênant le voisinage, le maire peut prendre des mesures telles que, la mise en demeure, la pose des scellés et la suspension des activités de l'établissement pollueur pour faire cesser les nuisances.

35 En matière de santé publique par exemple, le maire veille d'urgence à ce que toute personne décédée soit ensevelie et inhumée décemment. Il inspecte les appareils et/ou instruments pour les denrées qui se vendent au poids ou à la mesure, et sur la salubrité des denrées comestibles exposées en vente.

36 Il prévient, par des précautions convenables, et l'intervention, par la distribution des secours nécessaires, en cas d'accident et de fléaux calamiteux, tels que les incendies, les inondations ou tous autres accidents naturels, les maladies épidémiques ou contagieuses, les épizooties, la mise en œuvre de mesures d'urgence en matière de sécurité, d'assistance et de secours et s'il y a lieu, le recours à l'intervention du représentant de l'Etat, auquel il est rendu compte des mesures prescrites.

37 Il s'agit d'un domaine qu'il ne partage pas avec le conseil municipal. C'est d'ailleurs ce que prescrit l'article 224 du Code de 2019 qui reprend les dispositions de l'article 93 de la loi de 2004 en ces termes : « En matière de police municipale, le conseil municipal peut émettre des vœux et avis mais n'a, en aucun cas, qualité pour adresser des injonctions au maire.

38 Par une ordonnance du juge des référés du Tribunal administratif de Nice du 26 mars 2015, le maire de la commune de Grasse a été condamné, sous astreinte journalière, à faire retirer d'une vitrine, deux figurines en chocolat noir « *prenant la forme de deux personnes de couleurs représentées dans des attitudes grotesques et obscènes* ». La particularité de l'ordonnance est que pour faire condamner le maire de Grasse, le juge des

législateur[39], au Cameroun, la loi de 2019 reste silencieuse sur la possibilité pour l'autorité de police municipale de déléguer ses pouvoirs à ses adjoints ou à d'autres organes. Tout au plus, elle consacre une possibilité de partage de compétences avec l'autorité de tutelle. Celle-ci, comme on le verra, a d'ailleurs la possibilité de la suppléer et de se substituer à elle. *Rationae temporis*, la compétence de la police municipale peut varier en fonction des circonstances normales ou exceptionnelles à l'instar des périodes de crise sanitaire comme celle du Covid-19. Cette variation concerne notamment la nature des mesures à prendre, leur urgence ou leur étendue. Dans une ordonnance du 17 avril 2020, le Conseil d'État français a précisé que l'usage par le maire de son pouvoir de police générale pour édicter des mesures de lutte contre l'épidémie de Covid-19 est subordonné à la double condition qu'elles soient exigées par des raisons impérieuses propres à la commune et qu'elles ne soient pas susceptibles de compromettre la cohérence et l'efficacité des mesures prises par l'État dans le cadre de ses pouvoirs de police spéciale. Il convient de distinguer les missions et pouvoirs de l'autorité de police municipale de ceux de ses agents.

2-La reconnaissance d'une multiplicité de missions en matière sanitaire

En matière sanitaire et de lutte contre les pandémies, l'article 218 alinéa 2 (b) du Code des CTD précise que le maire veille au mode de transport des personnes décédées, des inhumations et exhumations, le maintien du bon ordre et de la décence dans les cimetières, sans qu'il soit permis d'établir des distinctions ou des prescriptions particulières en raison des circonstances qui ont accompagné la mort. Dans la même lancée, l'article 218 alinéa 1 (d) ajoute que l'autorité de police municipale a pour mission la prévention, par des précautions convenables, et l'intervention, par la distribution des secours nécessaires, en cas d'accident et de fléaux calamiteux, tels que les incendies, les inondations ou tous autres accidents naturels, les maladies épidémiques ou contagieuses, les épizooties, la mise en œuvre de mesures d'urgence en matière de sécurité, d'assistance et de recours et, s'il y a lieu, le recours à l'intervention du représentant de l'État, auquel il est rendu compte des mesures prescrites. Il n'est pas exclu que dans ce cadre les rapports entre les différentes autorités puissent générer des contentieux. En France par exemple, par un arrêté en date du 6 avril 2020, le maire de Sceaux, sur le fondement des articles L. 2212-1 et L. 2212-2 du Code général des collectivités territoriales, a subordonné les

---

référés souligne que ce dernier n'a pas pris les mesures de polices prévues par l'article L.2212-2 du Code général des collectivités territoriales.

[39] En France en effet, les articles L.2122-24 et L.2212-1 du Code général des collectivités territoriales consacre d'une part l'exclusivité des compétences et pouvoirs de l'autorité de police municipale, et d'autre part la possibilité pour cette dernière de d'en déléguer l'exercice à un ou plusieurs de ses adjoints ou, en cas d'absence ou d'empêchement de ceux-ci, à des membres du conseil municipal. Bien plus, la loi du 13 août 2004 relative aux libertés et responsabilités locales modifiée depuis la loi du 16 décembre 2010 portant réforme des collectivités territoriales et par la loi NOTRE du 7 août 2015, a mis en place un dispositif original de coopération entre les maires et les présidents d'établissements publics des coopérations intercommunales (EPCI) en permettant à ces derniers de bénéficier de la part des maires, dans certains domaines particuliers limitativement énumérés, d'un véritable transfert de pouvoirs de police.

déplacements dans l'espace public de la commune des personnes âgées de plus de dix ans au port d'un masque protégeant la bouche et le nez. Cet arrêté prévoit qu'à défaut d'un masque chirurgical ou FFP2, « *les usagers de l'espace public (...) peuvent porter une protection réalisée par d'autres procédés à la condition que ceux-ci couvrent totalement le nez et la bouche* ». Le juge des référés du tribunal administratif de Cergy-Pontoise, saisi par la Ligue des droits de l'homme d'un référé-liberté, a suspendu l'exécution de cet arrêté par une ordonnance en date du 9 avril 2020. La commune de Sceaux a relevé l'appel. Le Conseil d'État a confirmé la position prise par le Tribunal administratif de Cergy-Pontoise en suspendant l'exécution de l'arrêté du maire de Sceaux au motif qu'il ne répondait pas à « des raisons impérieuses liées à des circonstances locales en rendent l'édiction indispensable ». Non seulement, le Conseil d'État subordonne l'utilisation du pouvoir de police du maire à une condition stricte en cas de concurrence des compétences de polices, mais sa décision souligne également implicitement la difficile articulation de l'action publique sanitaire. Au Cameroun, le législateur a estimé que les missions de la police municipale en période de crise sanitaire ne peuvent être mises en œuvre qu'à travers des moyens d'action appropriés.

B- La diversité de moyens d'action formellement consacrées

En examinant le Code des CTD, on peut souligner que la police municipale au Cameroun dispose de nombreux pouvoirs (1) et instruments d'action (2) lui permettant de se déployer en période de crise sanitaire.

1-La consécration d'une diversité de pouvoirs en matière sanitaire

A la lecture des dispositions pertinentes du Code des Collectivités territoriales décentralisées, la police municipale a le pouvoir de maintenir l'ordre public. Elle exerce ainsi *in globo* deux grandes catégories de pouvoirs, un pouvoir normatif et un pouvoir de coercition[40]. Comme le fait remarquer fort pertinemment Alain ERALY[41], il convient de faire la distinction entre les deux types de pouvoirs reconnus à la police municipale. Le pouvoir normatif propre à l'autorité de police municipale vise au respect des normes et des valeurs communes et inclut l'idée de sanction en cas de transgression. Les collectivités territoriales bénéficient de pouvoirs normateurs juridiquement affirmés. La portée de la décentralisation paraît être intimement liée à la question de la production de la norme. Le pouvoir normatif, plus particulièrement réglementaire, constitue même l'essence, le noyau dur ou la clé de voûte de la décentralisation. Il s'agit d'un pouvoir varié dans le temps et l'espace. L'autorité de police municipale dispose d'une compétence générale à régler spontanément et, de manière permanente, tout besoin de sa population. Le pouvoir coercitif quant à lui caractérise toute relation déséquilibrée dans laquelle une personne impose sa volonté

---

[40] Historiquement, le pouvoir de coercition était légitiment accordé au juge en matière pénale. Lire Renaud Van Ruymbeke, Les pouvoirs de coercition, in *Le juge d'instruction*, Paris, PUF, 2016, 128 p., pp. 87 à 106.

[41] J.-P. LEBRUN et A. ERALY, « Autorité, coercition et domination », in Réinventer l'autorité, Toulouse, Eres, 2021, 296 p., pp. 61-113.

personnelle, autrement dit son besoin, à une autre personne en la menaçant d'une forme de rétorsion. Le détenteur du pouvoir coercitif génère une incertitude chez son partenaire : « *Voici ce qui pourrait t'arriver » – et tout aussitôt le moyen de la réduire : « Et voilà comment tu peux l'éviter…* ». Le pouvoir de coercition se décline d'abord en un pouvoir d'interdire ou de restreindre l'exercice des libertés individuelles par l'édiction d'arrêtés municipaux d'interdiction. Le but ici est de prévenir les risques de trouble à l'ordre public, y compris dans le domaine sanitaire. Les pouvoirs ainsi présentés sont mis en exergue au travers de plusieurs instruments qu'il convient de présenter.

2-La consécration d'une variété d'instruments d'action de la police municipale en matière sanitaire

La police municipale a à sa disposition des instruments juridiques et des instruments matériels pour accomplir ses missions en matière de lutte contre les pandémies. Concernant les instruments juridiques, des dispositions pertinentes des articles 220 et 221 du Code des CTD, on peut relever que le maire en tant que autorité de police municipale peut prendre des permis de stationnement ou de dépôt temporaire sur la voie publique, des permissions de voirie, des arrêtés d'interdiction ou de prescriptions. En effet, le maire prend des arrêtés à l'effet d'une part d'ordonner les mesures locales sur les objets confiés par la législation en vigueur à sa vigilance et à son autorité et, d'autre part, d'assurer l'application des lois et des règlements de police. Il est par ailleurs tenu d'assurer le respect des prescriptions de police qu'il édicte.

En ce qui concerne les instruments matériels, le personnel de la police municipale dispose de nombreux instruments matériels dans l'exercice de leurs activités. On peut citer à titre illustratif, les démolitions, la mise en fourrière, les perquisitions, les amendes, le marquage. On peut ajouter à ces derniers la sensibilisation et la communication par divers canaux sur les pandémies. Dans le cadre de la pandémie du Covid-19, la question de la verbalisation par les policiers municipaux des usagers ne respectant pas les mesures barrières s'est posée non seulement au Cameroun mais également en France[42]. Au regard de ce qui précède, on peut logiquement formuler que les textes octroient un certain nombre d'éléments de puissance à la police municipale. Ces éléments sont *a priori* théoriquement susceptibles de lui permettre de participer à la lutte contre la pandémie du Covid-19 au Cameroun. Il ne convient cependant pas de se limiter à ce niveau. Car en effet et comme on a pu le souligner, à quoi bon le droit s'il ne limite qu'à une approche théorique sans un réel ancrage pratique[43] susceptible de le valoriser[44] ?

---

[42] En France, le projet de loi Covid 19, adopté définitivement le 22 mars 2021 au Parlement et paru au Journal officiel le 24, autorise les policiers municipaux et les agents de la ville de Paris en charge de la sécurité à constater et à verbaliser les infractions aux mesures de confinement.

[43] Cf. F. RIEM (dir.), *Le droit, à quoi bon ?, Mélanges en l'honneur d'Alain Bernard*, Paris, Institut Francophone pour la Justice et la Démocratie, 2021, 474 p.

[44] Lire J.-B. JACOB, *La valeur en droit, Etude de jurisprudence constitutionnelle sur les nouvelles représentations de la norme*, Paris, L'Harmattan, 2021, 608 p.

II- L'impuissance opérationnelle de la police municipale en matière de lutte contre le Covid-19

Suspendant, à la faveur d'un mécanisme spécial de confinement, certaines dimensions de la vie démocratique locales afin de protéger la population, les mesures prises par les autorités locales au Cameroun ont constitué un terrain privilégié pour l'étude du fonctionnement de notre démocratie locale confrontée à l'expérience de sa vulnérabilité. Confrontées aux réalités du terrain, les polices municipales ont été impuissantes à remplir les missions qui leur sont confiées. Cette impuissance s'observe par les difficultés à mettre en œuvre les mesures édictées pour éradiquer la pandémie et par les carences en matière de protections des populations locales. Sur le terrain de la lutte contre le Covid-19, la police municipale au Cameroun a, de manière générale, été incapable de faire, incapable de faire faire, et incapable d'empêcher de faire et de refuser de faire. Les causes de cette « *impuissance de la puissance* », pour reprendre une expression chère à Bertrand BADIE[45], méritent au préalable d'être évoquées (A) avant que ne soient mises en lumière les conséquences générées par cette situation (B).

A-La variété de causes relatives à l'impuissance opérationnelle de la police municipale dans le cadre de la résorption du Covid-19

L'impuissance de la police municipale en période de Covid-19 est susceptible d'être rattachée à une pluralité de causes[46]. On peut évoquer d'une part la centralisation des mesures et stratégies (1) et, d'autre part, l'insuffisance des moyens à la disposition de la police municipale (2).

1-La centralisation des mesures de lutte contre le Covid-19

Comme l'a noté avec pertinence le Professeur Martin PEKASSA NDAM, au Cameroun, l'administration occupe une place prépondérante dans les politiques de décentralisation et de gouvernance locale[47]. En période de Covid-19, cela s'est matérialisé d'une part par l'exclusivité des compétences de l'administration centrale dans l'élaboration, le pilotage et le suivi des programmes et mesures de riposte contre la pandémie, et d'autre part, à travers l'omniprésence des autorités déconcentrées de l'État dans le déploiement des actions visant à juguler les effets de la crise sanitaire.

Pouvait-il en être autrement lorsqu'il est constant que, un peu partout, la prolifération des mesures préventives adoptées était inédite et a mis en exergue le

---

45 B. BADIE, *L'impuissance de la puissance* », Paris, Collection Sciences humaines, 2004, 298 p. Lire aussi B. MAFFEI, N. AMENC, L'impuissance publique, Le déclin économique français depuis Napoléon, Paris, Economica, 2009, 408 p.

46 Celle-ci peut résulter du fait d'une panne de la coordination, d'une remise en cause des principes de la performance… Lire P. DURAN, « L'(im) puissance publique, les pannes de la coordination », *La puissance publique : Travaux de l'Association Française de Droit Administratif*, LexisNexis, 2012, 29 p.

47 G. M. PEKASSA NDAM, « La place de l'administration dans les politiques de la décentralisation et de la gouvernance locale au Cameroun », *Enjeux, Bulletins d'analyses géopolitiques pour l'Afrique Centrale*, n° 45/46, 2012, p. 14.

rôle limité des pouvoirs publics locaux dans le déploiement des politiques sanitaires et l'encadrement des libertés[48]. Et pourtant, les crises de toute sorte sont en général présentées comme un vecteur de changements et de réformes. Mais en ce qui concerne l'articulation des pouvoirs centraux et locaux en matière de santé publique, la crise du coronavirus n'a fait que confirmer une tendance de centralisation des politiques sanitaires. En matière de santé, si la répartition des compétences a beaucoup évolué au fil du temps, elle semble à l'apparence aller à l'encontre de la tendance récente de la décentralisation. Et pourtant, le rôle des communes dans ce domaine est beaucoup plus ancien que celui de l'État. En effet, historiquement, même dans les États centralisés comme la France, l'assistance médicale était une affaire de solidarité de proximité, qui, à défaut de famille, était prise en charge par la commune ou la paroisse[49]. De ce fait, la police de proximité qu'est la police municipale aurait ainsi pu être mieux impliquée dans les stratégies de prise en charge de la pandémie, puisqu'elle maîtrise mieux les réalités locales et qu'en principe elle est plus légitime[50]. De manière générale, l'emprise de l'État en matière de police municipale se manifeste par les autorisations de création des services de police municipale[51], le contrôle de leur fonctionnement et la possibilité pour l'autorité de tutelle de se substituer à l'autorité de police municipale pour exercer les compétences qui lui sont dévolues.[52] En contexte particulier de crise sanitaire, la centralisation des mesures de lutte et la restriction de l'action les autorités de police municipale au Cameroun n'ont pas été fondées sur une assise juridique législative ou juridictionnelle comme en France[53]. A ce titre, on a plutôt noté de nombreux textes émanant soit du

[48] J. MICHALIS, « Ville, covid et libertés : la subsidiarité de la police municipale », article précité.

[49] Ibidem.

[50] Cet avis est partagé par de nombreux experts médicaux. Lire sur ce point spécifique, J. V. FOKOUO FOGHA et J. J. NOUBIAP, « La lutte contre la Covid-19 au Cameroun nécessite un second souffle », *PanAfrican Medical Journal*, 18 septembre 2020, volume 37, 6 p.

[51] Cf. article 44 alinéas 1 et 2, article 49 alinéa 1, article 216 alinéa 3 du Code de la décentralisation.

[52] L'article 219 du Code de 2019 énonce que les attributions confiées au maire en cas de danger grave ou imminent ne font pas obstacle au pouvoir du représentant de l'Etat, dans la circonscription administrative où se trouve la commune, de prendre toutes mesures de sûreté exigées par les circonstances. L'article 221 alinéa 1 du Code poursuit en ajoutant que les pouvoirs qui appartiennent au maire ne font pas obstacle au pouvoir du représentant de l'Etat de prendre, pour toutes les communes d'une circonscription ou pour une ou plusieurs d'entre elles, et dans tous les cas où il n'y aurait pas été pourvu par les autorités municipales, toutes mesures relatives au maintien du bon ordre, de la sécurité, de la salubrité, de la sûreté et de la tranquillité publiques. Le pouvoir prévu à l'alinéa (1) ne peut être exercé par le représentant de l'Etat à l'égard d'une seule commune qu'après mise en demeure au maire restée sans résultat, au cas où la commune concernée dispose d'un service de police.

[53] En France, la loi n° 2020-290 du 23 mars 2020 portant création de l'état d'urgence sanitaire vient adapter les règles de l'Etat de droit, tel que nous le connaissons, au contexte de la crise sanitaire. Ce texte a institué une police administrative spéciale au profit du Premier ministre, au Ministre de la Santé et aux Préfets. Les nouvelles dispositions du code de la santé publique confient, en effet, d'importants pouvoirs à l'Etat. Pendant la durée de l'état d'urgence sanitaire, les articles L.3131-12 et suivants du code de la santé publique (applicables jusqu'au 1er avril 2021) confient au Premier ministre, au Ministre chargé de la santé et au Préfet le pouvoir de prendre toute mesure de nature à parer *« à une catastrophe sanitaire mettant en péril, par sa nature et sa gravité, la santé de la population »*. Lire à ce sujet M. KHAMLICHI, « L'étendue des pouvoirs de police du maire : le cas particulier de la crise sanitaire », La Revue Juridique de l'ANAD, n° 1, novembre-décembre 2020 et Janvier 2021, 10 p.

gouvernement central, soit des autorités déconcentrées et que les maires étaient tenus de respecter sous peine de sanction[54]. On peut ainsi citer la stratégie gouvernementale de riposte face à la pandémie de coronavirus (COVID-19) issue de la Déclaration spéciale du Premier Ministre, Chef du gouvernement du 17 mars 2020[55], le communiqué radio du Premier Ministre du 18 mars 2020[56], le communiqué à l'issue du Conseil de Cabinet du Jeudi 26 mars 2020, le communiqué du Premier Ministre du 31 mars 2020[57], le communiqué du Premier Ministre sur les mesures de restriction du 1er avril 2020[58], la Déclaration spéciale du Premier Ministre Chef du gouvernement du 09 avril 2020[59], le Décret N° 2020/193 du 15 avril 2020 portant commutation et remises de peines[60], le communiqué du Premier Ministre du 23 avril 2020, la Déclaration spéciale du Premier Ministre, Chef du Gouvernement du 30 avril 2020 annonçant la décision du Président de la République, d'appliquer des mesures d'assouplissement, afin de soulager les secteurs durement impactés par cette crise sanitaire. Le dispositif de riposte mis en place pour faire face à la situation épidémiologique que traverse le Cameroun, structuré autour de huit grands piliers[61]

[54] En effet, conformément au Code Général de la décentralisation, notamment les articles 39 alinéa 3, 77 à 82, 225 alinéa 1 à 4, 226 alinéa 1, 237 alinéa 2, les maires peuvent faire l'objet de différentes sanctions. Plus spécifiquement dans le cadre des activités de police municipale, le représentant de l'Etat.

[55] Cette déclaration spéciale était relative au 13 mesures de luttes contre la pandémie et instruite par le Chef de l'Etat.

[56] Le 18 mars 2020, le Premier Ministre, Chef du Gouvernement a présidé une concertation interministérielle restreinte à l'effet de déterminer les modalités d'application des mesures prises dans le cadre de la lutte contre la propagation de la COVID-19 au Cameroun. Concernant spécifiquement les modalités d'application des mesures prises au titre de la riposte contre l'expansion de la pandémie de la COVID-19 au Cameroun, le Chef du Gouvernement a répercuté les instructions complémentaires du Chef de l'Etat.

[57] Le Premier Ministre, Chef du Gouvernement, a porté à la connaissance du public que, la décision du Président de la République relative à la création d'un Fonds spécial de solidarité nationale pour la lutte contre le corona virus (COVID -19). Le Chef de l'Etat a instruit d'abonder en urgence ledit Fonds à hauteur d'un milliard (1 000 000 000) de Francs CFA, pour le financement des opérations relevant de la stratégie de riposte contre la propagation de la pandémie du corona virus au Cameroun.

[58] Le Premier Ministre, Chef du Gouvernement a porté à la connaissance de l'opinion publique nationale et internationale que les mesures de restriction prises par le Chef de l'Etat le 17 mars 2020, dans le cadre de la lutte contre la propagation de la pandémie du coronavirus (COVID-19) au Cameroun, sont maintenues pour une durée de quinze (15) jours, renouvelable en cas de nécessité.

[59] Le comité interministériel chargé de suivre et d'évaluer la mise en œuvre de la stratégie gouvernementale de riposte contre la pandémie de la COVID-19 au Cameroun s'est réuni par visioconférence. Au terme des échanges qui ont suivi les différents rapports présentés au cours de cette réunion, sept mesures complémentaires ont été prises, conformément aux très hautes directives du Chef de l'Etat.

[60] Le Président de la République a décrété la commutation et la remise des peines de certains prisonniers dans le but de désengorger les prisons en réduisant l'effectif de la population carcérale afin de réduire la promiscuité et les risques de propagation de la COVID-19 dans les établissements pénitentiaires.

[61] Ces huit piliers sont les suivants : i) la coordination multisectorielle et internationale des actions de lutte contre la COVID-19 ; ii) la surveillance active en vue de la détection précoce des cas ; iii) le déploiement des équipes d'investigation et d'intervention rapide ; iv) le renforcement des capacités des laboratoires ; v) l'activation des mesures de prévention et de contrôle des infections en milieu hospitalier et au sein de la communauté ; vi) la prise en charge des cas détectés ; vii) la communication sur les risques de contamination et ; viii) la mobilisation logistique.

et les autres textes pris ne font point allusion à la prise en compte de la police municipale comme un instrument majeur de la riposte. Comme l'a affirmé le maire de la Commune de Dschang, « *les décisions sont prises sous forme hiérarchisée. Lorsque le Premier Ministre a pris la décision, le Gouverneur de l'Ouest a enchainé, suivi du Préfet de la Menoua. Même si le maire était encore hésitant, le Ministre de la Décentralisation et du Développement Local a instruit aux responsables des CTD de prendre des mesures telles que la fermeture des marchés à 16 heures, la suspension des marchés périodiques, etc. Nous avons aussitôt sorti des communiqués y afférents que nous avons appliqués dans le contexte de Dschang* »[62]. Cela remet à l'autre du jour la question du réel détenteur des pouvoirs de police en période de crise[63] et la disponibilité des moyens de lutte.

2-L'insuffisance des moyens de lutte contre la pandémie du Covid-19

En pratique, la lutte contre la pandémie du covid-19 au niveau de la police municipale s'est heurtée à des difficultés liées d'une part aux moyens humains insuffisants et d'autre part aux moyens financiers limités. En ce qui concerne les moyens humains limités, il convient de souligner que les collectivités territoriales recrutent et gèrent librement le personnel nécessaire à l'accomplissement de leurs missions, conformément à la législation et à la réglementation en vigueur[64]. Bien que les agents de santé soient en première ligne, il est nécessaire que la police en général et la police municipale soit impliquée à chaque étape de la réponse et restent l'interface principale avec la population pour répondre à leurs questions et résoudre leurs problèmes.

Dans le contexte de la crise du Covid-19, les services de police municipale sont submergés par des missions supplémentaires en raison de l'urgence : appliquer les mesures gouvernementales de santé publique, y compris les quarantaines ou les restrictions de voyage, sécuriser les établissements de santé, maitriser les mouvements de foules, aider à gérer les décès de masse, protéger les stocks nationaux de vaccins ou d'autres médicaments et même une mission d'information du public sur la notion de la légalité en contexte de crise[65], ainsi que de communication des risques. Cela nécessite alors un déploiement considérable en termes de personnel. Or, à la différence de la France[66], la plupart des communes camerounaises n'ont pas

---

[62] Cité par A. J. MENZEPO, article précité, p. 468.

[63] Lire sur ce point J-M. Berlière, « Les pouvoirs de police : attributs du pouvoir municipal ou de l'État ? », *Criminocorpus* [Online], Geschichte der Polizei, Articles, Online erschienen am : 01 Januar 2009, abgerufen am 07 November 2021.

[64] Article 22 alinéa 1 du Code de 2019.

[65] Voir M. ONDOA, P. E. ABANE ENGOLO, *L'exception en droit, Mélanges en l'honneur du Professeur Joseph OWONA*, Paris, L'Harmattan, 2021, 796 p.

[66]En réponse à la demande de sécurité, les effectifs ont augmenté, quoiqu'à un rythme moindre que celui constaté sur la décennie précédente. Entre 2010 et 2018, le nombre de policiers municipaux a crû de 18 %, contre 35 % entre 2002 et 2010. Cette évolution est plus rapide que celle des effectifs de police et de gendarmerie nationale (+ 3 % depuis 2010). Ils sont estimés aujourd'hui à environ 24 000. Certains services de police municipale sont aujourd'hui presque à parité d'effectifs avec la police nationale, comme à Cannes, par exemple. Voir Cour des Comptes, Chambres Régionales et Territoriales des Comptes, *Les polices municipales*, Rapport public thématique, Octobre 2020, 221 p.

suffisamment d'agents de police municipale pour leur permettre de remplir efficacement leurs missions[67]. Concernant les moyens financiers limités, il est loisible de constater que les finances publiques actuelles sont partagées entre les principes de globalisation et de dynamiques locales[68]. Les objectifs de la nouvelle gouvernance financière fortement ébranlés par le Covid-19 sont considérés comme tournant autour de la performance budgétaire, de la transparence, de la sincérité et de la rentabilité des actions des administrations publiques[69]. Au Cameroun, si la notion de transparence semble être devenue le veau d'or du processus d'élaboration, d'exécution et de contrôle des finances publiques[70], elle s'accompagne au niveau local de l'exigence de l'effectivité du transfert des ressources de l'État vers les collectivités territoriales décentralisées. Puisque, sur le fondement du principe de libre administration, la nécessité pour les communes d'avoir à leur disposition des ressources disponibles pour assurer leurs nombreuses missions et compétences s'est avérée indispensable en période normale[71], cela s'avère encore plus pertinent en période de crise[72]. Logiquement, l'autonomie financière des entités locales ne saurait aboutir à l'individualité financière[73], il est loisible de faire observer comme le soulignait fort pertinemment le Doyen VEDEL que, « *l'autonomie financière est non seulement la possibilité théorique d'avoir un patrimoine et de le gérer, mais aussi la possibilité pratique pour l'organisme décentralisé de se procurer des ressources et de choisir leur emploi* »[74]. Or, cet

[67] Par exemple, à la Commune de Douala III en 2020, on avait seulement 115 agents pour la police municipale. En 2019 la Communauté Urbaine de Douala se dotait de 157 agents pour la police municipale pour une ville de plus de 4 millions d'habitants. A la Communauté Urbaine de Bafoussam il y a 14 agents pour la police municipale pour une population estimée à plus de 200 000 personnes. A la Communauté urbaine de Yaoundé, ils sont également une centaine d'agents pour plusieurs millions d'habitants. Dans les Communauté urbaine de Nkongsamba, Limbé, Bertoua, Maroua, Garoua, leur nombre tourne autour d'une vingtaine d'agents. A la Commune de Dschang ils sont moins de 10. Ce déficit est identique dans les autres Collectivités locales du pays.

[68] Lire N. MEDE et M. DEBENE, (dir.), *Les finances publiques entre globalisation et dynamiques locales*, Mélanges en l'honneur de Diarra Eloi et Yonaba Salifou, Dakar, L'Harmattan Sénégal, 2021, 753 p.

[69] Lire L. P. GUESSELE ISSEME, « *La question de l'apurement de dettes entre l'Etat et les entreprises publiques en droit camerounais* », *RAFIP*, n° 9, premier semestre 2021, pp. 48-72, p. 53.

[70] Cf., L. P. GUESSELE ISSEME, « L'exigence de transparence dans les finances publiques des Etats de la CEMAC », *Mélanges en l'honneur de Diarra Eloi et Yonaba Salifou*, pp. 57-84. Lire aussi S. ALIYOU, « La réforme du droit des collectivités territoriales décentralisées au Cameroun », *Revue Africaine et Malgache de Recherches Scientifiques*, n° 2, juillet 2020, pp.105-134 ; A. L. NGUENA DJOUFACK, « La Constitution camerounaise et la fonction du législateur en matière de décentralisation territoriale », *Revue Africaine et Malgache de Recherches Scientifiques*, n° 2, juillet 2020, pp. 156-179 ; F. ZERARI, « L'évaluation de l'autonomie des collectivités territoriales dans les systèmes juridiques d'inspiration française », Les Annales de Droit n° 12, 2018, pp. 172-186.

[71] Lire à ce sujet J. R. KEUDJEU DE KEUDJEU, *Recherche sur l'autonomie des collectivités territoriales décentralisées au Cameroun*, Thèse de Doctorat/Phd en Droit Public, Université de Douala, 2012, p. 354 ; S. NGUECHE, *La formation de l'autonomie financière des collectivités territoriales décentralisées au Cameroun*, Thèse de Doctorat/Phd en Droit Public, Université de Yaoundé II, 2015, p…, p. 29 et ss.

[72] A. HASTINGS, « L'impact de la crise du Covid-19 sur les finances des villes », *Droit et Ville*, 2021/1, n° 91, pp. 91-136.

[73] L. P. GUESSELE ISSEME, « Le régime financier des organes constitutionnels dans les Etats d'Afrique noire francophone », *RIDC*, 2021/2, 33 p., p.6.

[74] G. VEDEL, *Droit administratif*, Paris, PUF, 2000, p. 462.

justement sur ce dernier pan de la question que les autorités en charge de la police municipale ont rencontré d'énormes difficultés dans la lutte contre la pandémie. Non seulement les possibilités pour elles de trouver des financements se sont révélées quasiment limitées en dépit des partenariats conclus avec certains organismes[75], mais également, l'emploi des ressources mises à leur disposition était commandé par des stratégies pilotées par d'autres instances. De même, les financements octroyés n'ont souvent pas bénéficié à toutes les collectivités locales[76]. Cette situation a généré par endroit des tensions entre les maires et les représentants de l'État central[77] et a conduit au boycott du matériel distribué par l'État aux communes[78].

---

[75] A titre illustratif, pour soutenir les villes face à la crise sanitaire et ses conséquences, le Bureau de l'AIMF (Association Internationale des Maires Francophones) réuni le 17 avril 2021 a adopté un plan d'appui de 1.35 million d'euros. Dans le cadre de l'Initiative pour la Santé et la Salubrité en Ville (ISSV) menée en partenariat avec la Fondation Bill & Melinda Gates, la Communauté Urbaine de Yaoundé (CUY) et l'AIMF travaillent depuis plusieurs mois sur la préparation aux situations d'urgence, avec une orientation forte sur les urgences récurrentes et prévisibles. La municipalité de Bangangté répond à la crise du Covid-19 à travers un programme élargi, mené en lien avec le Réseau des Princesses et Reines Maires du Ndé, initulé « Covid 19 : Mesures d'accompagnement humanitaires, sanitaires et économiques des populations dans les villes du Ndé ». A Dschang, la sensibilisation et acquisition de matériel d'hygiène se déroule dans le cadre des « Etudes sur la structuration et gestion de la filière des boues de vidange à Dschang et dans la Ménoua », soutenus par l'AIMF (ISSV) et Nantes métropole ; un travail sur l'hygiène urbaine est en cours depuis plusieurs mois.

[76] Par exemple, dans le cadre de l'appui que le Programme des Nations Unies pour le Développement (PNUD) apporte à la mise en œuvre de la stratégie gouvernementale de riposte contre la COVID-19, un soutien a été accordé uniquement à certaines collectivités territoriales décentralisées (CTD) disposant d'une police municipale. Les kits anti-COVID-19 étaient alors destinés à 22 communes d'arrondissement des métropoles suivantes : Yaoundé (07), Douala (06), Maroua (03), Limbé (03) et Bamenda (03).

[77] Voir les tensions entre le maire de la Commune de Loum et le représentant de l'Etat lors de la distribution du matériel de lutte contre la pandémie. Le Maire, Monsieur Guy Kuate WAMBO**,** chargé de réceptionner ces présents au nom de ses populations, n'a pas manqué d'exprimer son indignation à l'émissaire de Paul Biya, le préfet du département du Moungo, Yves Bertrand Noël NDJANA**.** Sa commune a reçu 54 cartons de savon, 200 seaux maçons, 30 seaux robinets et 2 cartons de gels hydro-alcooliques, que le maire du Social Democratic Front (SDF) évalue à près de 945 000 FCFA. Il affirmait alors en le déplorant que : *« Ce don que nous recevons est insignifiant et je dirais même inapproprié. Avec ce que nous avons reçu, je crois que le Chef de l'Etat doit comprendre que ses collaborateurs ont failli. L'initiative du Chef de l'Etat n'a pas atteint les objectifs qu'il a lui-même escomptés* ». Il dénonce également une centralité de la gestion de cette pandémie par l'Etat et regrette que les maires n'aient pas été associés dès le départ à cette lutte. Ce qui aurait permis de faire un état des besoins de chaque commune avant d'y convoyer des kits et du matériel pour prévenir la propagation du virus. Il ajoutait alors que : « *On veut caporaliser la décentralisation. Ce n'est pas l'objectif poursuivi par le Chef de l'Etat. Ceux qui sont les bras séculier du Chef de l'Etat doivent l'accompagner dans sa volonté. Si nous avions été consultés, on aurait mieux aidé les décideurs à prendre les décisions les plus appropriées. Nous profitons de cette occasion pour interpeller le ministre de la Décentralisation, en lui disant que la décentralisation viendra avec les actions qu'il voudra bien prendre, parce que nous avons l'impression que certains ministres prennent des décisions à la place de ceux qui doivent implémenter la décentralisation* », cité par Cameroon-Info.Net, Yaoundé, 20 mai 2020 à 11h13.

[78] Par exemple, tout l'Exécutif de la mairie de Foumban a brillé par son absence le 8 mai 2020, lors de la cérémonie de remise du don du Président de la République pour la lutte contre le Coronavirus dans la ville chef-lieu du département du Noun à l'Ouest du pays. L'exécutif de la mairie de la ville confirme ainsi sa désapprobation liée au circuit de distribution et à l'inadéquation du don en question. Des critiques ont été exprimées dans une correspondance adressée directement au Président de la République. Le maire Patricia NDAM NJOYA, au nom du Syndicat des Communes du Noun affirmait ce qui suit : « *Si vous*

De même, il a été impossible pour les maires de fournir à leur population des gels hydro-alcooliques, des masques, des nécessaires pouvant leur permettre de prévenir les contaminations et décès, des moyens curatifs, des moyens de prise en charge de l'inhumation des décédés et l'accompagnement psychologique des personnes victimes de la pandémie.

B- L'hétérogénéité de conséquences de l'impuissance opérationnelle de la police municipale en matière de résorption du covid-19

L'impuissance opérationnelle de la police municipale due aux causes hétéroclites présentées plus haut a généré un ensemble de conséquences concrètes. A côté de la prolifération des actions incohérentes et inadaptées aux réalités locales (1), on a assisté à une délégitimation des mesures de lutte contre la pandémie covid-19 au niveau local (2).

1-La prolifération des actions incohérentes et inadaptées aux réalités locales

La crise du Covid-19 renouvelle profondément la question de la gouvernance et des politiques publiques tant au plan national que local[79]. L'action des autorités et agents de police municipale s'est surtout caractérisée par le recours à des attitudes discursives et non discursives[80]. Les mesures édictées par le Gouvernement et répercutées par les maires ont montré leur limite du fait de leur inadaptation aux réalités de chaque commune. On a ainsi observé en pratique que la formulation de la décision publique de réaction à la pandémie de la covid-19 était marquée par une imprégnation autoritariste qui se dégage de sa forme comme de sa motivation. La crise révèle une exaspération du déséquilibre dans la distribution du pouvoir en faveur des exécutifs locaux et une exploitation extensive par ceux-ci des pouvoirs spéciaux[81].

---

nous aviez consulté quant à l'utilisation judicieux de ce "Don spécial", nous aurions pu, à l'attention de votre haute gouverne, indiquer notre option pour sa mise à disposition ou affectation dans les différents comptes bancaires ou consignations spéciales, afin que chaque commune, en fonction de son plan de riposte, engagé depuis le début du mois de mars, pressente ses besoins réels en ce moment qui, en tout cas, se trouvent au-delà du stade : savon, masques, gants, seaux, bidons lave-mains. Nous avons besoin des kits de dépistage, d'appareils respiratoires, mais aussi de prise en charge socio-sanitaire, d'aménagement des sites pour approvisionnement, de mise en quarantaine, d'inhumation, de mobilisation et sensibilisation des populations en ordre varié et spécifique ». Elle avait conclu par une suggestion : *« Nous, maires du Syndicat des Communes du Noun, souhaitons, du moment où il est clairement question de "décentralisation" de la stratégie de riposte, qu'elle soit confiée aux maires sans qu'il ne leur soit imposée la présidence du sous-préfet, et, à l'avenir, veiller à les consulter pour être en adéquation avec le développement des stratégies qu'ils ont déjà sur place ».*

[79] L. JANICOT, « La crise de la Covid-19 et la gouvernance », *Droit et Ville*, 2021/1, n° 91, pp. 51-73.

[80] Lire A. J. MENZEPO, article précité, p.464-466.

[81] R. M. MVOGO BELIBI, « Covid-19 et décision publique en situation d'incertitude. Illustrations et illusion de l'état d'exception en Afrique subsaharienne », *Jus Politicum, Revue de Droit Politique,* n° 26, 2021, pp. 351-384, p. 354.

2-La délégitimation des mesures de lutte contre la pandémie covid-19 au niveau local

La légitimité se conçoit généralement comme la qualité d'un pouvoir conforme aux aspirations du peuple, ce qui lui vaut l'assentiment général et l'obéissance spontanée. Les mesures de lutte contre la pandémie n'ont en général pas été respectées par les populations en dépit des menaces de sanctions évoquées par les autorités[82]. La sanction systématique de tout contrevenant aux mesures de restriction en vigueur et de confinement imposées aux personnes à risque n'a pas dissuadé les populations locales qui demeurent dans une sorte de démobilisation généralisée[83]. Celles-ci ont trouvé des stratégies pour contourner les décisions des autorités. Les comportements inciviques ont été observés à l'instar du refus de porter les masques, le refus de respecter les mesures barrières, le refus du dépistage et du vaccin… Dans la même lancée, les policiers municipaux souffrent d'un problème général de manque de considération. Cette méconnaissance de leurs prérogatives officielles les discrédite dans l'exercice de leurs missions quotidiennes ; ils ont le sentiment que leur autorité est désavouée et leur valeur professionnelle niée. A ce titre, ils déplorent l'indifférence de la presse et des pouvoirs publics à leur sort, indifférence qui alimente leurs frustrations et nourrit l'impression d'être « *les parents pauvres* », « *les laissés-pour-compte de la police* »[84]. Il ne s'agit pas d'un cas spécifiquement camerounais. En effet, la pesanteur de la réaction sociale à l'égard des mesures de restriction et de confinement s'est articulée en Afrique à travers une effervescence politique, une contestation sociale

[82] Le 24 mars 2020, sur très hautes instructions du Président de la République, s'est tenue une réunion du Comité interministériel chargé d'évaluer la mise en œuvre du plan gouvernemental de riposte contre la propagation de la pandémie du coronavirus au Cameroun. Au terme des exposés et des échanges enregistrés au cours de cette rencontre, il a été constaté que certaines mesures de restriction prescrites par le Chef de l'Etat le 17 mars 2020, dans le but de limiter l'expansion de ce virus, ne sont malheureusement pas respectées par une large partie de la population. Il s'agit en particulier : de la fermeture systématique des débits de boissons, les restaurants et les lieux de loisirs dès 18 heures ; de l'interdiction des rassemblements de plus de cinquante (50) personnes ; de l'interdiction des surcharges dans les bus, taxis et de mototaxis ; de la restriction des déplacements urbains et interurbains ; de la régulation des flux des consommateurs dans les marchés et les centres commerciaux ; du respect des règles d'hygiène et de la mesure de distanciation sociale édictées par l'Organisation Mondiale de la Santé. A cet égard, il a été décidé que les mesures de restriction qui ont été prises le 17 mars, dans le cadre de la mise en œuvre du Plan de riposte contre le coronavirus, seront désormais appliquées avec la plus grande rigueur et les contrevenants seront sanctionnés.

[83] M.-E. POMMEROLLE, « La démobilisation collective au Cameroun : entre régime postautoritaire et militantisme extraverti », *Critique internationale*, n° 40, 2008, p. 73-94.

[84] V. MALOCHET, « Les polices municipales dans les systèmes locaux de sécurité », in *Les Policiers municipaux*, Paris, PUF, 2007, 212 p. D'ailleurs au Cameroun, ce sentiment de rabaissement qu'ont les policiers municipaux s'est aggravé avec la décision du ministre de la Décentralisation et du Développement local (Minddevel), qui a demandé le 7 avril 2021 aux préfets de prendre urgemment « *les dispositions utiles* » en vue de « *l'interdiction systématique* » du port de l'uniforme arboré par les agents municipaux avec les mots « *police municipale* » inscrits au dos. Dans un message-fax, le Minddevel indique que les magistrats municipaux devraient dorénavant doter leurs agents de « *chasuble de couleur violette avec pour seule et unique inscription sur le dos et en gros caractère la dénomination de la commune ou de la communauté urbaine concernée* ».

parfois violente[85]. La fronde a souvent reçu le soutien inattendu des autorités locales, morales ou religieuses[86]. Au demeurant, les tensions générées par la gestion de la pandémie de Covid-19 sont le plus souvent exacerbées en Afrique subsaharienne en général et au Cameroun en particulier par des contextes déjà tendus et conflictuels, du fait de divergences antérieures sur les enjeux politiques, sociaux et économiques. L'État stationnaire semble dès lors être écartelé entre chaos et renaissance[87] dont le symbole semble en contexte de crise sanitaire se matérialiser par une défiance et une méfiance à l'égard des politiques publiques.

Conclusion

Depuis la propagation du virus et de l'infection à COVI D-1 9, dans le monde entier, les pouvoirs publics à tous les niveaux sont confrontés à une situation d'urgence d'une ampleur inédite pour la plupart des sociétés contemporaines. Au Cameroun comme ailleurs, outre la menace immédiate que représente cette pandémie pour la santé, l'impact à long terme laisse déjà entrevoir de nouveaux défis à relever pour les acquis en matière de droits humains et les structures sociales, économiques et institutionnelles, dont les répercussions sont évidentes dans tous les domaines de la réalité quotidienne commune. Pour faire face à cette situation, il est d'ores et déjà possible d'élaborer des stratégies à moyen et long terme par des démarches participatives et inclusives afin d'apporter une réponse rapide et d'aborder cette crise sous l'angle d'un changement profond de paradigme opérationnel. Les autorités et agents de police municipale se sont trouvés contraints de concilier deux intentions apparemment contradictoires : d'une part, reconnaitre que le combat pour endiguer la pandémie au niveau local exige une promptitude de décision et d'exécution qui ne permet pas de s'accommoder des modalités traditionnelles de gestion des affaires locales ; d'autre part, parvenir à imposer, dans l'interstice ouvert entre le pouvoir central et le pouvoir local, les aspirations légitimes des populations à la sécurité dans toutes ses dimensions. En attendant, des efforts doivent être entrepris par les différents acteurs pour sortir la police municipale du qualificatif d'institution subsidiaire[88]. Il est donc plus que jamais urgent de repenser la police municipale

---

[85]Le cas des émeutes dans les townships sud-africains nous en fournit une parfaite illustration. Il est similaire à cette mobilisation spontanée de la rue malawite au mois d'avril quand des milliers de citoyens qui survivent au jour le jour du commerce informel ont vivement manifesté leur opposition au confinement décidé par le président Peter Mutharika. Est également notable, cette manifestation du 16 juin 2020 en République démocratique du Congo contre les abus policiers ayant causé la mort d'un homme, qui a entrainé des destructions au Centre d'isolement des cas positifs de Bukavu.

[86] Ainsi, sous la pression des regroupements d'acteurs de l'informel, le maire de Ouagadougou au Burkina Faso a rappelé au gouvernement, pour appuyer les commerçants mécontents de la fermeture des marchés, que 49 % du PIB vient du secteur informel qui par ailleurs occupe une très large majorité de la population active du pays. Lire sur ce point R. M. MVOGO BELIBI, article précité, p. 375.

[87]F. EBOKO et P. AWONDO, « L'État stationnaire, entre chaos et renaissance », Politique africaine 2018/2, n° 150, pp. 5 à 27.

[88] J. MICHALIS, « Ville, covid et libertés : la subsidiarité de la police municipale », article précité.

non seulement d'un point de vue structurel et fonctionnel, mais aussi et surtout du point de vue stratégique et opérationnel, afin de la parer des outils capables de la rendre efficace non seulement en période normale, mais également et surtout en période de crise.

Chapitre 5 : La présence du fonctionnaire et la Covid-19 en droit administratif camerounais

Par BASSANG'NA André mesmin
Dr en droit, université de Douala (Cameroun)

Résumé :

La crise sanitaire a modifié les pratiques classiques révélées du droit de la fonction publique. Les mesures de gestion de la crise sanitaire décidées au niveau central ont été internalisées par les départements ministériels et autres démembrements de l'État. Une nouvelle figure de l'agent principal de la fonction publique s'affiche, celui-ci étant statutairement distinct des collaborateurs occasionnels, bénévoles, fonctionnaires de fait et des agents relevant du Code du travail. Celle-ci renvoyant à la localisation physique et à la réalisation de l'activité de l'agent titularisé au sein de l'administration d'État.

S'il est admis que la Covid-19 a influencé toutes les branches du droit public, alors comment a-t-elle influencé la présence du fonctionnaire ? L'hypothèse de base découlant à la suite des commentaires des décisions prises par le comité interministériel et des textes non spécifiques est celle de la dématérialisation de l'action administrative du fonctionnaire. Cela répond aux préoccupations théoriques et pratiques certaines. Par la centralisation du cadre formel de riposte à la crise sanitaire d'une part, il est incliné la réalisation habituelle de l'activité par le fonctionnaire d'autre part.

Mots-clés : crise sanitaire - mesures barrières - centralisation administratives - fonctionnaire - administration publique.

Que le « *droit dit de la fonction publique de l'État régit* » [1] par des textes diversifiés, est agencé dans des règles juridiques dynamiques est difficilement contestable. Ayant subi par le passé l'influence de l'ajustement structurel[2], il est confronté aujourd'hui à l'essor de la pandémie à coronavirus. Celle-ci initiait « *la transformation profonde qui par-là se produit dans le droit moderne* »[3] en « *remettant en cause certains aspects du régime antérieur* »[4].

---

[1] P.-E ABANE ENGOLO., *Traité de droit administratif du Cameroun. Théorie générale et droit administratif spécial.*, Yaoundé, L'Harmattan, 2019, p.391.

[2] Voy M. KAMTO., « L'Etat sous ajustement structurel », *in Pauvreté et souveraineté dans l'ordre international contemporain, Mélanges Paul ISOART*, Paris, Pedone 1996, pp. 284-305 ; M. ONDOA., « Ajustement structurel et réforme du fondement théorique des droits africains post-coloniaux : l'exemple camerounaise », *RASJ*, n° 1, Vol2, 2001, pp. 75-118.

[3] L. DUGUIT., *Les transformations du droit public*, Paris, Librairie Armand Colin, 1913 p.34.

[4] C. KEUTCHA TCHAPNGA., « Les mutations récentes du droit administratif camerounais », *Afrilex* n°01/2000 p.3.

De ce fait, « *la Covid-19 pose des problèmes au droit d'une certaine spécificité* »[5]. L'État du Cameroun étant son nouveau champ d'expérimentation comme l'atteste la réflexion sur la présence du fonctionnaire. Distincte de l'absence, la présence du fonctionnaire se décline des points de vue organique et matériel. Celui-ci est considéré comme présent lorsqu'il est physiquement localisé au lieu du poste de travail habituel. Il est localisé à son lieu permanent de travail sauf stipulation contraire. Et cela « *induit qu'il va être question des règles et des principes juridiques applicables à l'administration* »[6]. En outre, il est tenu d'accomplir l'activité rattachée à son cadre organique de titularisation. C'est dans ce cadre que la présence est perçue sur la réalisation des missions et fonctions permanentes du fonctionnaire. Autrement dit, il ne suffit pas simplement d'être au poste de travail mais d'être effectivement dans l'exercice des missions ou fonctions dudit poste de travail. Il agit et pose des actes matériels qui sont la manifestation de la puissance administrative. Cela induit qu'« *elle s'intéresse aussi à la fonction-finalité* »[7] pour prétendre exercer une tâche administrative. *« En même temps, les obligations essentielles sont parfaitement identifiées* »[8]. Déclenchée en Asie dans la ville de Wuhan en Chine en décembre 2019, la pandémie de Covid-19 s'est propagée en Amérique, en Europe, ailleurs et atteint l'Afrique au mois de février 2020. Elle a subi des variantes telles que Delta, omicron. Supplantant son discriminant sanitaire initial, celle-ci a eu un impact sur des situations acquises. En présence d'une pandémie, le droit est interpellé pour la gérer et pour réagir à ces effets sur le droit objectif. « *Affectant tous les secteurs de la vie sociale* »[9] il ne fait l'ombre d'aucun doute que la pandémie de coronavirus a eu un impact sur les branches du droit[10]. Comme un patrimoine commun de l'humanité, les États ont adopté des mesures rigoureuses pour limiter sa propagation. Ceux-ci ont imposé les gestes barrières et port de masques, tests et suivi des cas contacts, mises en quarantaine, mesures de confinement, partiel ou total, de rigueur et de durée variables, plans de soutien et de relance de l'économie, campagnes de vaccination. Il en est aussi de l'interdiction des rassemblements, la fermeture des lieux de culte et

---

[5] R. NEMEDEU., « Les pandémies et le droit », *LE NEMRO Revue Trimestrielle de Droit Economique* Avril/Juin 2020 p.2.

[6] J.-C RUCCI., *Droit administratif général*, 5ème éd., Paris, Hachette supérieur, 2013, p.6.

[7] P.-L FRIET., J. PETIT., *Droit administratif*, 12ème éd., Paris, « Précis Domat de Droit Public », L.G.D.J 2019 p.11.

[8] J.-M AUBY., J.-B AUBY., D. JEAN PIERR., A. TAILLEFAIT., *Droit de la fonction publique. État, collectivités locales, hôpitaux*, 7ème éd., Paris, Dalloz, 2012 p.125.

[9] J. CHEVALLIER., « L'État à l'épreuve du Coronavirus », *Pouvoirs* n° 177, 2021/2 p.109.

[10] J. CHEVALLIER., « L'État à l'épreuve du Coronavirus », *Pouvoirs* n° 177, 2021/2 pp. 109-120 G.-M PEKASSA NDAM., P. NGANGEU NEMALEU., « Les finances publiques camerounaises à l'épreuve de la crise sanitaire à Coronavirus », *LE NEMRO Revue Trimestrielle de Droit Economique Octobre-Décembre 2020*, pp.49-74. A.-J NGAYA., « La soutenabilité budgétaire dans les États membres de la CEMAC », *RAFiP* n° 11, 1er semestre 2022, pp.32-72 ; O. RENAUDIE., « Collectivités territoriales et compétences en santé publique : sortir de l'ambiguïté ? », *RFAP*, 2020/4 n° 176 pp. 901-912 ; V. CHAMPEIL DESPLATS., « Qu'est-ce que l'état d'urgence sanitaire ? d'un état d'urgence à l'autre, ou l'intégration des régimes d'exception dans les États de droit contemporains », *RFAP*, 2020/4 n° 176 pp 875-888 ; C. BYK., « La pandémie de Covid 19 : un choc salutaire dans le contexte d'une crise de l'urgence, de l'autorité et de la liberté ? », *ESKA* | *« Droit, Santé et Société »* 2020/1 n° 1, pp. 4-10 ; C. SINTEZ., « Les posture normatives face à la gestion normative de la crise sanitaire de la Covid-19 », *R.I.E.J.*, 2020/2 Volume 85 | pp. 65-88.

lieux publics. Sur ces points, la Covid-19 a rénové les pratiques au sein de l'administration publique. Dès lors, « *elle a entraîné l'adoption de politiques présentant une étonnante similitude* »[11]. Les mesures barrières imposées par la pandémie de coronavirus n'excluaient la numérisation de l'administration publique et plus précisément la réalisation des missions ou les fonctions du fonctionnaire. La covid-19 a initié l'ébranlement les pratiques classiques au sein de l'administration publique. Il s'agit là d'un « *consommateur des technologies de l'information et de a communication en Afrique noire francophone* »[12]. Elle s'est présentée comme un facteur par lequel le changement ou une dynamique radicale doit être injectée au sein de l'administration publique. La réprobation de la bureaucratie administrative a induit l'adoption des pratiques convergentes vers l'administration publique rénovée. L'illustration parfaite est la numérisation de l'action au sein de la fonction publique. La conciliation entre la préservation des droits fondamentaux du service public et la limitation de la propagation de la Covid-19 a induit l'internalisation des technologies de l'information et de la communication au sein de la fonction publique. Cela situe dans le temps, l'ébauche de certaines idées alors inédites, simples hypothèses d'abord, dont plusieurs ont pris corps en suite « *et sont devenues comme des postulats du traitement de l'information juridique* »[13]. Qui plus, « il s'agit d'un outil de rationalisation de l'action institutionnelle »[14]. Et cela impose de préciser un point : toutes les personnes en service au sein des administrations de l'État ne sont pas de fonctionnaires. Une conclusion erronée aboutit à l'idée suivant laquelle « *pour l'opinion commune, tous les personnels en service dans les administrations de l'État sont des fonctionnaires* »[15]. De l'approche formelle de la notion de fonctionnaire [16], il ressort l'occupation d'un poste de travail, la permanence de celui-ci et la titularisation dans la hiérarchie administrative de celui-ci. Ces critères permettent de le distinguer du personnel non fonctionnaire que sont les agents relevant du Code du travail, des agents occasionnels et des bénévoles de l'administration publique. Spécifiquement en ce qui concerne le fonctionnaire de fait, en situation normale, il est visible sous l'aspect de l'apparence. Celui-ci est perçu aux yeux des administrés comme une autorité régulièrement investie par la puissance publique à des fins de réalisation des missions d'intérêt général. Or en circonstance exceptionnelle, cette théorie se fonde sur la nécessité d'assurer le bon fonctionnement du service public. C'est ce qui ressort des décisions de justice au Cameroun[17] et en France[18] et du commentaire de la doctrine camerounaise[19]. Le

---

11 J. CHEVALLIER., « L'État à l'épreuve du Coronavirus », *op.cit.*, p.109.

12 M.-A MOUTHIEU., « Avant-propos » *in* M.-A MOUTHIEU (s.dir), *Le consommateur des technologies de l'information et de la communication en Afrique noire francophone*, Yaoundé, L'Harmattan, 2021 p.ix.

13 P. CATALA., *Le droit à l'épreuve du numérique*, Paris, PUF, 1998, p.8.

14 D. PIANA., « La justice numérique : un panorama européen », *Les Cahiers de la justice* n° 2, 2019 p.257.

15 M.-P ZE., *Eléments de droit public I : droit public interne*, PUL, 2006, p.96.

16 Article 3 alinéa 1 du Décret N° 94/199 du 07 octobre 1994 portant statut général de la Fonction Publique de l'Etat, modifié et complété par le décret N° 2000/287 du 12 octobre 2000.

17 CCA, arrêt n° 224 du 27 mars 1953, *Dame Civra c/ Administration du Territoire.*

18 CE, 22 novembre 1946, *Commune de Saint-Priest-la Plaine*, GAJA, n° 59 ; Lachaume et al., D.A., *Les grandes décisions de la jurisprudence*, 15ème éd., Thémis Droit, PUF, p.866 et ss.

19 S. BILONG., *Memento de la jurisprudence administrative au Cameroun*, Yaoundé, GRECAM, 2014 p.11.

fonctionnaire est le bras séculier de l'administration publique et apporte « *une réponse positive* »[20] à son fait. Dans la réalisation de ses missions quotidiennes, celle-ci sollicite la participation des personnes physiques à des missions ou fonctions diverses. Le fonctionnement de l'administration publique est étroitement lié à la participation décisive et incisive des personnes physiques qui l'animent quotidiennement. Celles-ci peuvent se déplacer, concevoir, réfléchir au nom de l'administration tout en ayant projetant en arrière-plan, les retombés sur le quotidien des administrés. Elle demeure un mythe que l'on ne peut saisir que par l'action matérielle et normative des agents qui la représente. Et cela établit « *un genre donné de rapports juridiques* »[21]. La particularité de ce personnel tient à son hétérogénéité, car composé de plusieurs catégories de personnels. Celles-ci pourvoient aux missions d'intérêt général conçues et moulées dans le principe axiologique de la sphère publique.

Le fonctionnaire est le bras séculier de l'administration publique non seulement dans son action mais également dans son honorabilité. Celui-ci est chargé de préserver en tout temps, les principes déontologiques de la fonction publique. La déontologie se situe dans le cadre des valeurs et principes. Y faire référence, c'est s'intéresser au discours sur le devoir. L'action administrative se matérialise par l'utilisation des règles supérieures au fait de l'agent public. Celle-ci ne dévoie d'une quête de l'éthique dans le milieu professionnel. Ces valeurs tournent autour de la préservation de l'intérêt général et du caractère exemplaire de l'agent public. Ce dernier a « *le devoir de servir et secondement, il leur est interdit de se servir* »[22]. Il est également tenu de produire un service de qualité, performant tant dans le service qu'en dehors du service. « *Ces exigences font apparaître le devoir d'exemplarité* »[23]. C'est dans ce cadre que l'on perçoit la pertinence de la réflexion en cours. La réflexion sur la présence du fonctionnaire et la Covid-19 est digne de pertinence. Elle passe en revue les têtes de chapitres de la fonction publique ayant subi l'influence négative et positive de la Covid-19. Elle illustre la continuité et d'adaptabilité du service public à la crise sanitaire. La réaction à cette crise a été l'ajustement des finances publiques, la diminution de la présence physique et le raffermissement de la numérisation de l'activité du fonctionnaire. Cela a davantage contribué au déclassement de la bureaucratie administrative. L'on conçoit dès lors l'autorité des aléas sur les déclinaisons de la fonction publique. Cela n'occulte l'atténuation des droits et libertés publiques ainsi que la réaction administrative à la modération de ceux-ci. S'il est établi que « *l'effet de la pandémie sur le droit positif* »[24] alors comment celle-ci a-t-elle influencé sur la présence du fonctionnaire en droit camerounais ? Au moyen de la méthode juridique, la réponse à cette question reposera le commentaire des décisions de justice

---

[20] P.-E ABANE ENGOLO., « Existe-t-il un droit administratif camerounais », *in* M. ONDOA., P.-E ABANE ENGOLO (s.dir), *Les fondements du droit administratif camerounais*, Yaoundé, L'Harmattan, 2016, p.13.

[21] R. GASSIN., « Lois spéciales et droit commun », *D.* Chr. 23, 1961 p.18.

[22] P.-E ABANE ENGOLO., « Les règles de déontologies de l'administration », *RADP*, Vol V, n° 9, juillet - décembre 2016 p.8.

[23] *Idem*, p.18.

[24] R. NEMEDEU., « Les pandémies et le droit », *op.cit.*, p.2.

et de l'interprétation des textes juridiques. L'hypothèse de base est de la dématérialisation de l'action administrative du fonctionnaire. Deux grands mouvements d'ensemble justifient cette position. Ainsi, par la centralisation du cadre formel de riposte à la crise sanitaire d'une part (I), il est incliné la réalisation habituelle de l'activité du fonctionnaire d'autre part (II).

I- La centralisation du cadre formel de riposte à la crise sanitaire

La crise sanitaire de Covid-19 a imposé des sujétions supplémentaires au fonctionnement des administrations publiques. Celles-ci ne devraient plus se déployer au quotidien en méconnaissance de l'impact que celle-ci produit sur les pratiques classiques administratives. La compatibilité au nouveau paradigme induit alors à l'ajustement de la présence du fonctionnaire au poste de travail à la gestion de la crise sanitaire. En ce sens, « *la souveraineté étatique s'exprime à travers les dispositifs adoptés pour lutter contre l'épidémie* »[25]. Et cela n'est que la réaction au fait que « *le berceau de l'humanité subit particulièrement les conséquences négatives de la crise sanitaire* »[26]. Cette adaptation part de la centralisation des décisions publiques (A) et de sa diffusion par des mesures de droit souple dans l'ordre juridique interne (B).

A-La centralisation des décisions publiques

Contrairement aux États africains, l'État du Cameroun n'a pas proclamé l'état d'urgence sanitaire. *« il appartient à chaque pays de choisir pour lui-même le système qu'il préfère à cet égard »*[27]. Ce fait a juste conduit à activer les prérogatives de droit commun des autorités publiques. Celles-ci n'ayant bénéficié d'un cadre spécifique, se sont simplement retournées vers le cadre structurel commun. Toutefois, il présente un point commun aux autres États dans la riposte de la crise sanitaire. La centralisation des décisions publiques a véritablement été affirmée au Cameroun. L'on a assisté à la « *centralisation des décisions, arrêtées au plus haut sommet de l'État* »[28]. Et l'on convient alors que « *la centralisation qui est la force propre du gouvernement de l'État* »[29]. L'administration publique sous la diligence du Premier Ministre, chef du Gouvernement sur les instructions du Président de la République des dispositions spécifiques ont été posées (1). Cette autorité se charge de matérialiser l'action immatérielle amorcée par le Président de la République (2).

---

[25] J. CHEVALLIER., « L'État à l'épreuve du Coronavirus », *op.cit.*, p.113.

[26] G. PEKASSA NDAM., P. NGANGUE NEMALEU., « Les finances publiques camerounaises à l'épreuve de la crise sanitaire à coronavirus », *Le nemro, revue trimestrielle de droit économique*, oct-déc 2020, p.50.

[27] Ch. ROUSSEAU., *Droit international public*, 9ème éd., Paris, Dalloz, 1979, p. 97.

[28] J. CHEVALLIER., « L'État à l'épreuve du Coronavirus », *op.cit.*, p.111.

[29] M. HAURIOU., *Précis élémentaire de Droit administratif*, 4ème éd., Paris, Sirey, 1938, p.40.

1-L'action du Président de la République

L'éloge de la centralisation administrative est mis à l'actif de la Covid-19. Une préoccupation délicate impose la mise en œuvre des mécanismes et techniques adaptés. Le recours au moyen de territorialisation de l'action administrative se pose en s'impose au cas d'espèce. Celle-ci a plus que par le passé été sous les coups des projecteurs et s'est présentée comme le cadre décisionnel congru. Le Président de la République dépositaire originaire de la continuité de l'État est le cadre référentiel sollicité. Sous son fait, on se décline une échelle de décision publique. La décision publique a établi une échelle de production au sein de l'administration publique. Tous les départements ministériels et démembrements bénéficiaires de la centralisation administrative n'ont été au cœur de la conception des règles de riposte à la Covid-19. Ceux ayant plus ou moins participé à son édiction ne peuvent dégrader son niveau de conception. C'est véritablement au sommet de l'État que la charge normative à l'urgence sanitaire s'est révélée. Ladite charge normative a principalement incombé au Président de la République et par délégation à l'autorité publique en charge de la coordination de l'action publique. La prééminence institutionnelle demeure le premier destinateur de la charge normative de riposte à la crise sanitaire. En effet, la norme fondamentale lui consacre des prérogatives susceptibles de s'appliquer en situation normale et en situation d'exception. C'est dans le cocktail de ses prérogatives que les bases normatives se conçoivent. Le Président de la République veille au respect de la Constitution. Par son arbitrage, il assure le fonctionnement régulier des pouvoirs publics et la continuité. Ces prérogatives étaient déjà consacrées dans la Constitution du 04 mars 1960[30]. Il représente l'État dans tous les actes de la vie publique[31] et possède des prérogatives exceptionnelles émanant de la déclaration de l'état d'urgence[32]. Ces dispositions sont retrouvées dans la Constitution du 1er février 1961[33]. La révision de la Constitution du 02 juin 1972 a reconduit les missions suivant lesquelles le Président de la République « *assure, par son arbitrage, le fonctionnement régulier des pouvoirs publics* »[34]. Il en est aussi de la proclamation de l'état d'urgence[35]. Ces prérogatives n'ont pas été abrogées par la révision constitutionnelle du 14 avril 2008[36]. Par la définition de la politique de la Nation, la préservation de la permanence et de la continuité de l'État, le fonctionnement régulier des pouvoirs publics, le Président de la République se sent concerné par la riposte à la crise sanitaire. En s'affirmant comme l'interprète politique de la Constitution, ayant évalué la situation sanitaire, la prééminence institutionnelle a manifesté son pouvoir discrétionnaire sur

---

30 Article 11 de la Constitution du 04 Mars 1960.

31 Article 16 de la Constitution du 04 Mars 1960.

32 Article 20 de la Constitution du 04 Mars 1960.

33 Articles 8, 12, 15 de la Constitution du 1er septembre 1961 modifiée et complétée par les lois n° s 69/LF/14 du 10 novembre 1969 et 70/LF/1 du 4 mai 1970.

34 Article 5 alinéa 1 de la loi n° 96-06 du 18 janvier 1996 portant révision de la Constitution du 02 juin 1972.

35 Article 9 alinéa 1 de la loi n° 96-06 *op.cit.*

36 Voy article 1er de la loi N° 2008/001 du 14 avril 2008 modifiant et complétant certaines dispositions de la loi n° 96/06 du 18 janvier 1996 portant révision de la constitution du 02 juin 1972.

la proclamation de l'état d'urgence sanitaire. Celui-ci bénéficie des matières lui permettant d'attribuer une signification aux énoncés de la norme fondamentale. La mission d'arbitrage entre les pouvoirs publics suppose et justifie une interprétation de la Constitution par le Président de la République. Le Président de la République est le souverain, « celui qui décide de la situation d'exception »[37]. Il en est des dispositions organisant le fonctionnement des pouvoirs publics et des habilitations constitutionnelles. En ce sens, « *une simple lecture du texte constitutionnel en livre les fondements* »[38]. En droite ligne, « *dans les trois cas, l'application de la Constitution suppose que le Président commette une interprétation juridique des dispositions utilisées* »[39]. Celle-ci n'est pas authentique au sens de la théorie réaliste du droit. Il lui revient de déterminer le cadre d'application de la norme fondamentale et parant limiter la paralysie institutionnelle. Elle énonce des solutions en puissance immédiate d'application. Cela lui permet davantage d'éviter les conflits de nature juridique avec les autres pouvoirs. Toutefois, l'interprétation politique de la Constitution comporte une portée. Pour produire des conséquences juridiques, elles doivent être contrôlées tant par le juge que par le politique. Encore que là, il est nécessaire d'établir la distinction entre les interprétations incontrôlables et les interprétations incontrôlées. De ce fait, « *cette puissance immédiate d'application dépend de l'existence et de l'efficacité des contrôles qui peuvent être faits de l'usage des pouvoirs d'interprétation présidentiels* »[40]. L'interprétation politique de la Constitution illustrant « *la spécificité du droit constitutionnel, matière où se télescopent les interprétations juridiques et politiques* »[41] laisse entrevoir la constitutionnalité et non la supraconstitutionnalité dans l'action du Président de la République. Ne relevant ni de l'interprétation authentique ni de l'interprétation réaliste, celle du Président de la République est tirée des dispositions de la Constitution révèle de ce fait leur énoncé prescriptif. Le Président de la République ne fait allégeance aux théories situant des normes au-dessus de la Constitution. Il ne reconnait de titulaire des normes supraconstitutionnelles et affermit la place du souverain dans la production normative. Il n'est pas question de placer la souveraineté hors du cadre spatio-temporel de la Nation. En ce sens, la supra constitutionnalité doit être écarté « *en tant qu'elle implique qu'il existe un corps de normes juridiques de droit interne supérieures à la Constitution* »[42]. Qui plus, « *le concept de supraconstitutionnalité est dangereuse pour l'ordre juridique démocratique* »[43]. Or, une certaine doctrine française recommande d'admettre la supraconstitutionnalité[44]. D'après la doctrine africaine, « Le système béninois prend ainsi ses distances avec le droit constitutionnel français et consacre s'il en fut, la doctrine de la supraconstitutionnalité dans son aspect de normes limitatives de

---

37 C. SCHMITT, *Théologie politique. Quatre chapitres sur la théorie de la souveraineté*, trad. J.- L. Schlegel, Paris, Gallimard, 1988 [1922], p. 16

38 R. ROMI., « Le Président de la République, interprète de la Constitution », *RDP* 1987 p.1267.

39 *Idem*, p.1268.

40 *Ibidem*, p.1281.

41 P. JAN., « Interprétations politiques de la Constitution. La Constitution de 1958 à l'épreuve de ses interprètes politiques », *RDP* n° 3, 2006 p.567.

42 G. VEDEL., « Souveraineté et supraconstitutionnalité », *Pouvoirs* n° 67, 1993, p.79.

43 *Idem*, p.81.

44 L. FAVOREU., « Souveraineté et supraconstitutionnalité », *Pouvoirs* n° 67, 1993, pp.71-77.

révision »[45]. L'action du Président de la République du Cameroun ne concerne la révision de la Constitution. Elle est une réaction au contenu complexe de l'interprétation politique de la Constitution en vue de parer à la propagation de la Covid-19. Sous cette dynamique, le constituant lui a attribué la discrétion dans l'ouverture Formellement, aucune disposition ne le contraint à le faire. De l'interprétation politique de la Constitution laquelle exclue explicitement la supraconstitutionnalité induit au libre arbitre du Président de la République dans la présence directe à la conception du cadre normatif de la crise sanitaire. La prépondérance du pouvoir discrétionnaire à la compétence liée est mise à son actif en l'espèce. Cela l'est davantage dans la formulation du constituant. Celui-ci emploie le verbe « peut ». Cet indice présent dans l'œuvre constituante est interprété par l'autorité publique. L'on admet que « *la Constitution est toujours révélatrice de la volonté des constituants de définir un certain ordre social* »[46]. Dès lors, il est exact que dans certaines de ses décisions, la prééminence institutionnelle bénéficie d'une marge d'appréciation. « *Il y a pouvoir discrétionnaire toutes les fois qu'une autorité agit librement, sans que la conduite à tenir lui soit dictée à l'avance par la règle de droit* »[47]. Il y a là, « *une liberté d'appréciation sur l'opportunité des décisions à prendre* »[48]. C'est dans cette veine, que le Président de la République, acteur principal de la centralisation de la gestion de la Covid-19 a préféré agir de manière indirecte. Il a attribué une lourde responsabilité au Premier Ministre, chef du Gouvernement d'y pourvoir. Il y a pourvu par l'établissement des mesures d'ordre interne que sont les instructions. Sous leur régime juridique, le Premier Ministre, chef du Gouvernement a réagi à l'action du Président de la République en faveur de la lutte contre la Covid-19.

2-L'appropriation de l'initiative du Président de la République

La définition des mesures de riposte à la crise sanitaire laquelle induit l'adaptation du fonctionnement de l'administration publique à ce nouveau paradigme a valorisé l'action administrative. Le Premier Ministre sur les instructions du Président de la République a recentralisé les pouvoirs afin de pourvoir à la continuité de l'État. Cette autorité se présente comme le bénéficiaire dérivé et non originaire de ce principe constitutionnel. « *Elle recouvre (…) une solution appropriée aux difficultés auxquelles elle est confrontée* »[49]. Cela s'insère dans « *la distribution formelle de l'autorité de l'État* »[50]. L'accent est mis sur les prérogatives constitutionnelles du Premier ministre, chef du gouvernement, sa position de proche collaborateur du Président de la République et de

---

[45] E.-M NGANGO YOUMBI., « La Supraconstitutionnalité. – Vue d'Afrique », *in* M. KAMTO, S. DOUMBE-BILLE, B.- M METOU (dir) *Regards sur le droit public en Afrique Mélanges en l'honneur du Doyen Joseph-Marie Bipoun Woum*, Yaoundé, L'Harmattan, 2016 p.138.
[46] P.-F GONIDEC., « A quoi servent les Constitutions africaines ? Réflexion sur le constitutionnalisme africain », *RJPIC* n° 4, oct-déc 1988 p.853.
[47] MICHOUD., « Etude sur le pouvoir discrétionnaire de l'Administration », *RGD* t.III, 1914, p.9 ; GIRAUD., « Etude sur la notion du pouvoir discrétionnaire », *RGD*, 1924, p.193.
[48] M. WALINE., « Le pouvoir discrétionnaire de l'administration et sa limitation par le contrôle juridictionnel », *RDP*, 1930 p.198.
[49] J. GICQUEL., « Le présidentialisme négro-africain. L'exemple camerounais », *in Mélanges offerts à Georges BURDEAU, Le Pouvoir*, Paris, L.G.D.J, 1977, p.701.
[50] *Idem*, p.704.

coordination de la politique de la Nation au Cameroun. Le Premier Ministre, chef du gouvernement relaye les instructions du chef de l'État dans l'optique de réduire la propagation de la Covid-19. Par sa fonction d'animation de la vie publique, le Président de la République a conçu le cadre général et à charge au chef du gouvernement de le détailler et le rendre intelligible et accessible aux citoyens. Celui-ci demeure du point constitutionnel, l'un des collaborateurs du Président de la République. Formellement, « le Gouvernement comprend le Premier Ministre, Chef du Gouvernement, les Vice Premiers-Ministres, le cas échéant ; les Ministres d'État, le cas échéant ; les Ministres ; les Ministres Chargés de Mission, les Ministres sans portefeuille, le cas échéant ; les Ministres délégués ; les Secrétaires d'État »[51]. « *Ces organes assurent des activités au moyen desquelles il est possible de cerner l'administration publique* »[52]. La Constitution lui attribue des prérogatives spécifiques. « *Dépositaire de la confiance présidentielle et légataire potentiel d'un certain point de vue, le Premier ministre camerounais, le premier collaborateur du chef de l'État* »[53]. Sans participer à la détermination de la politique de la Nation, apanage du Président de la République, celui-ci pourvoit à des fonctions constitutionnelles de collaboration. Le premier Ministre est le Chef du Gouvernement et dirige l'action de celui-ci[54]. Il dirige tous les services administratifs nécessaires à l'accomplissement de sa mission[55]. La révision de la Constitution du 14 avril 2008 ne les abrogé[56]. Ces prérogatives étaient déjà consacrées par la Constitution du 04 mars 1960[57]. Elles furent abrogées par la Constitution du 1er septembre 1961. Les prérogatives de coordination de l'action du gouvernement dévolues au Premier ministre, chef du gouvernement font de cette autorité administrative, une personne centrale du processus. Cette disposition n'a été modifiée ni par le décret de 2018[58] ni par celui de 2019[59] au Cameroun. C'est par les instructions du Président de la République qu'il pourvoie à l'intelligibilité de l'action administrative. La relation juridique activée par la Covid-19 entre le Président de la République et le premier ministre, chef du gouvernement demeure fidèle à une théorie précise. Le droit de l'urgence l'a probablement activé pour rehausser le droit à la protection de la santé publique ainsi que les prérogatives administratives des autorités publiques concernées. Le droit administratif général met en place la possibilité pour diverses autorités administratives, de faire des délégations de compétence au profit, soit des autorités adjointes, soit des autorités subordonnées. Par la délégation de compétence, « *l'autorité administrative transfère son pouvoir de décision à l'autorité subordonnée désignée*

[51] Article 1er du Décret n° 2011/408 du 09 décembre 2011 portant organisation du Gouvernement

[52] GONOD (P.) (dir), *Annales de droit administratif op.cit.*, p.2.

[53] J. GICQUEL., « Le présidentialisme négro-africain. L'exemple camerounais », *op.cit.*, p.707.

[54] Article 12 alinéa 1 de la loi n° 96-06 *op.cit.*

[55] Article 12 alinéa 4 de la loi n° 96-06 *op.cit.*

[56] Article 1er de la loi n° 2008/001 du 14 avril 2008 modifiant et complétant certaines dispositions de la loi n° 96/06 du 18 janvier 1996 portant révision de la constitution du 02 juin 1972.

[57] Article 21 de la Constitution du 04 mars 1960.

[58] Voy article 1er du décret n° 2018/190 du 02 mars 2018 modifiant et complétant certaines du décret n° 2011/408 du 09 décembre 2011 portant organisation du Gouvernement.

[59] Voy article 1er du décret n° 2019/002 du 04 janvier 2019 portant réaménagement du Gouvernement.

impersonnellement »[60]. Ainsi, lorsque l'autorité subordonnée ne respecte pas la marge de manœuvre qui lui a été octroyée par son supérieur hiérarchique, à travers la délégation de compétence l'acte administratif qu'elle prend peut être remis en cause devant le juge administratif, au moyen d'un recours pour excès de pouvoir[61]. La confusion ne doit pas être faite cependant, entre cette technique et la délégation de signature. Dans cette dernière, contrairement à la délégation de pouvoir, l'autorité administrative conserve son pouvoir de décision et autorise simplement un subordonné à signer, matériellement, la décision en ses lieu et place, sans qu'elle ne perde pour autant la possibilité de prendre des décisions. Le premier ministre agit en l'espèce sur la base de la délégation. Le Premier Ministre lui a délégué la compétence de concevoir un cadre matériel de riposte à la pandémie de coronavirus et de ce fait, « *autorise celui-là à se décharger sur celui-ci d'un nombre de compétences* »[62]. L'appareil administratif porté spécifiquement par une catégorie d'autorités publiques converge la reconduction en situation de crise les organes de droit commun. Au regard de ce qui précède, la recentralisation de la lutte contre la pandémie de coronavirus est affirmée au Cameroun. Les autorités de l'administration centrale situées au plus haut niveau de l'État ont mis en mouvement leurs prérogatives. C'est par ce procédé décisionnel, que la décision publique de riposte à la pandémie de Covid-19 a été diffusée dans l'ordre juridique interne.

B- La diffusion de la décision publique

L'internalisation de la décision de l'administration publique de riposte à la pandémie de Covid-19 tient au moyen de son accès par les administrés. Même si celle-ci concerne principalement certains départements ministériels, les citoyens sont également concernés. L'accès aux mesures conjoncturelles de limitation de la propagation de la Covid-19 fait également partir des techniques de son opposabilité mais également d'une participation globale contre celle-ci. « *La conscience moderne exige que l'administration agisse au grand jour* »[63], écrivait le Doyen Maurice Hauriou. En plus, *« Nous sommes à l'âge de l'accès »*[64]. Dans une première démarche, l'adoption du procédé de publication impersonnelle d'urgence a été employée (1), il est ouvert la brèche à une certaine division théorique (2).

---

[60] J. RIVERO., J. WALINE., *Droit administratif*, *op.cit.*, p.342.

[61] Voir Arrêt N° 139/TE 30 mars1961 Commune de Douala c/Gleizal Michel ; CS/CA jugement N° 42 du 26 juin1980 Ngankeu Pierre c/État du Cameroun ; CS/CA jugement N° 24 du 27 février 1992 Dame Beyene Elisabeth ; CS/CA jugement N° 78 du 25 août 1994 Obama Attou Joseph ; CS/CA ordonnance du N° 02 /PCA/CS94-95 du 21 octobre 1994 EPC /État du Cameroun (MINAT) ; CS/CA ordonnance N° 06/PCA/CS 94-95 du 1er novembre 1994 EPC /État du Cameroun (MINAT) ; CS/CA/81-82 du 30 septembre1982 Priso Moulena Jacques c/Etat du Cameroun (MINUH).

[62] J. GICQUEL., « Le présidentialisme négro-africain. L'exemple camerounais » *op.cit.*, p.707.

[63] M. Hauriou, Note sur CE, 27 mars 1914, Affaire Laroche, in Notes d'arrêts sur décisions du Conseil d'Etat et du Tribunal des Conflits publiées au Recueil Sirey de 1892 à 1928 par Maurice Hauriou, réunies et classées par André Hauriou, Tome II, Paris Editions La mémoires du droit, 2000, p. 74

[64] G. DU PUY-MONTBRUN et RAPHAEL LEONETTI, « Droit accessible et droit acceptable », *Jurisdoctoria*, n° 1, 2008, p. 79

1-L'option pour le procédé de publication impersonnelle d'urgence

La diffusion des décisions publiques repose sur des « déclaration[s] spéciales[s] » faites sous forme de communication présentant les mesures arrêtées par un comité interministériel. L'accessibilité et l'intelligibilité des mesures de riposte contre la pandémie sanitaire reposent sur les canons utilisés par l'administration publique. Celle-ci semble opter pour la publication impersonnelle d'urgence. « *Dans ce cas, l'administration aurait donc fait usage de simples instruments de droit souple* »[65]. En plus, « *elles s'éloignent, de ce fait, de l'état d'urgence et présentent une affinité avec les mesures d'urgence règlementaires* »[66]. La diffusion de la décision publique de riposte à la crise n'est que l'émanation des mesures d'urgence réglementaires. L'administration publique centrale n'entend instituer de règles inédites pour diffuser l'information y relative. Elle n'entend davantage pas instituer des mécanismes de publicité inédits. Elle s'est juste contentée d'activer des procédés connus de tous pour gérer de manière efficace la pandémie de Covid-19. Elle récuse les procédés lourds et susceptibles de rallonger les délais de décision publique. Elle récuse les moyens d'action de droit commun susceptibles de limiter le droit à l'accès à l'information publique. « *Le gouvernement s'en sert comme mode de communication politique pour annoncer les mesures règlementaires destinées à apaiser ou à étouffer les conflits d'ordre politico-social ou économique* »[67]. Le communiqué pris en conseil de cabinet des ministres et sanctionnant l'activité de ceux-ci a été retrouvé dans les journaux officiels. Il s'agit là d'une publicité par mass média. Le juge administratif a reconnu la publicité d'un acte dans le journal officiel[68]. Son homologue du Sénégal l'a également fait[69]. La conséquence en est que les procédés d'urgence sont devenus de facto les procédés ordinaires, le Journal officiel transformé en recueil d'archives. Mais l'accès au quotidien Cameroon Tribune n'est pas évident pour la population camerounaise. C'est dans cette logique que le communiqué a été valorisé de manière échelonnée durant la gestion de la crise sanitaire. Le communiqué utilisé pour la cause a ceci de particulier qu'il ne s'apparente ni à la notification ni à l'accès au droit par le mécanisme de la connaissance acquise. La nature individuelle de l'acte ne l'incline forcément pas à un mode de publicité[70]. C'est pourquoi l'accent

---

[65] J. DJEUYA TCHUPOU., « La lutte contre le corona virus (covid19) au Cameroun : recherches sur les fondements juridiques de la stratégie gouvernementale de riposte face à la pandémie », *LE NEMRO* Revue Trimestrielle de Droit Economique Avril/Juin 2020, p.302.

[66] *Idem*, p.309.

[67] O. TOGOLO, « La publication des actes administratifs par voie de mass-média », *op.cit.*, p. 197.

[68] CS/CA, Jugement n° 27/CS/CA du 28 septembre 1983, *Affaire Ndjoumi Maurice c/ Etat du Cameroun* ; CS/CA, Jugement n° 60/90-91 du 27 décembre 1990, *Affaire Etoa Fouda Michel c/ Etat du Cameroun*

[69] CS/CA du 05 janvier 1978, Affaire Cheikh Anta Diop. Voir Jacques Marie Nzouankeu, De la jurisprudence administrative Sénégalaise, Tome I, 3ème éd., Dakar, 1993, p. 109.

[70] CS/CA, jugement n° 29 du 03 mai 1990, *Mbarga Symphorien c/ Etat du Cameroun.*, « *il est de principe, pour les actes individuels, que la publication est réalisée, soit par voie de publication au Journal officiel, soit par voie de notification, c'est-à-dire par un avertissement écrit apporté personnellement à l'intéressé* » CS/CA, Jugement n° 60/90-91 du 27 décembre 1990, Affaire Etoa Fouda Michel c/Etat du Cameroun ; ORSE n° 19/0/PCA/CS du 26 septembre 1991, Affaire OCDH ; ORSE n° 20/0/PCA/CS du 26 septembre, Affaire Kom Ambrois etc. CS/CA, Jugement n° 42/ADD du 27 MARS 1986, Affaire Dame Nane née Mengue Agos Marion.

doit plus être porté vers l'analyse des procédés de publicité en soi. En l'espèce, « *on ne saurait déclarer que les actes qui doivent être publiés sont ceux qui sont insusceptibles de notification* »[71]. Enfin, « *on ne saurait tenir compte uniquement de la nature de l'acte pour décider qu'il doit faire l'objet d'une publication* »[72]. Déjà en 1957, le Conseil du contentieux administratif déclare, dans l'Affaire Ndjock Jean, que « *la notification est la remise à l'intéressé de la copie in extenso de la pièce à notifier* »[73]. De même en 1987, la Chambre administrative retient, dans l'Affaire Maigari Alhadji Hamadjoda, que « *la notification s'opère normalement par la remise du texte même de la décision à son destinataire* »[74]. Plus récemment encore, le juge a reconnu dans l'Affaire Association « *Le tabernacle des aigles* » que, « *la notification s'entend par la remise ou la prise de connaissance de l'acte* »[75]. La notification écrite permet ou doit permettre au notifié de connaître l'intégralité de l'acte juridique. L'exigence d'une notification intégrale interdit toute pseudo notification. Celle-ci n'est qu'une opération purement matérielle, composée d'un ensemble de "faits'. Comme il a été indiqué, le communiqué en cause ne visait la remise des décisions prises pour la riposte à la covid-19 aux citoyens de manière directe et in extenso du support formel du texte y afférent. En outre, d'après le Professeur Jean-Paul Négrin, « *l'obligation d'informer, concerne souvent un "porter à connaissance" de ce qui n'est pas connu mais n'exclut pas la connaissance préalable de ce qui est communiqué* »[76]. La connaissance acquise est une finalité ou un état ; elle se constate. Elle regroupe en fait une multiplicité de situations. Or, le communiqué pris en conseil des ministres s'écarte des situations éparses pouvant conduire à la détermination du contenu de l'acte. Si le communiqué a été le premier instrument de référence et de diffusion des informations sur la lutte contre le coronavirus, il faut bien admettre que d'autres moyens de diffusion ont été utilisés. « *On remarque qu'au fur et à mesure que s'épanouit la société dite de l'information, les supports de publication des textes juridiques se diversifient et ne se ressemblent point* »[77]. Le ministre de la communication, le ministre de la santé, les opérateurs de téléphonérie mobile tels que Orange, MTN, CAMTEL, Nexttel se sont mobilisés pour la cause. Ils ont privilégié la voie électronique à la voie non électronique. L'on a assisté à des notifications et à des publicités par les canons électroniques. Le juge administratif a admis que le fax est un acte administratif unilatéral[78]. C'est également le cas pour les télégrammes[79]. Il en est aussi de la

---

850 CS/CA, Jugement n° 185/2010/CS/CA du 23 juin 2010, Affaire Association des compressés et retraités des Brasseries du Cameroun (ACORBRAC).

71 G. REVEL, La publication des lois des décrets et autres actes de l'autorité publique, *op.cit.*, p. 103.

72 *Idem*, p.107.

73 CCA, Arrêt n° 636 du 10 août 1957, *Affaire Ndjock Jean c/Etat du Cameroun*

74 CS/CA, Jugement n° 43 ADD, du 21 mai 1987, *Affaire Maïgari Alhadji Hamadjoda c/Etat du Cameroun.*

75 CS/CA, Jugement n° 38/04-05 du 29 décembre 2004, *Affaire. Association, « le Tabernacle des aigles » c/Etat du Cameroun (MINATD)*

76 J. P. NEGRIN dans sa Préface à l'ouvrage de Tani Einaudi, *L'obligation d'informer dans le Procès administratif*, Paris, LGDJ, 2002, p. VI.

77 O. TOGOLO, « La publication des actes administratifs par voie de mass-média », *op.cit.*, p. 195.

78 CS/CA, Jugement N° 63/99-2000 du 27 juillet 2000, *Affaire Etablissement le Paysan c/Etat du Cameroun* ; CS/CA, Jugement n° 76/82-83 du 30 juin 1983, *Affaire Meyongo Christophe c/Etat du Cameroun.*

79 CS/CA, jugement n° 76/82-83 du 30 juin 1983, *Affaire Meyongo Christophe c/Etat du Cameroun.*

notification par SMS[80] et par e-mail[81]. D'autres moyens de publicité impersonnelle ont également été retenus. L'affichage des informations sur la Covid-19 a été observé sur l'ensemble du territoire national. L'affichage dans les bâtiments publics et lieux publics est organisé par les responsables compétents. Dans l'Affaire Tchamba Jean-Claude du 29 décembre 2004[82], le juge après avoir admis le principe de la pluralité et l'équivalence des procédés de publicité, reconnait que les actes règlementaires et individuels peuvent être publiés, notifiés et même affichés. L'annonce publique a également retenu l'attention. C'est aussi l'action de communiquer au public, à titre d'avertissement ou d'avis, une chose qui vient de se produire ou qui va se produire. Dans ce sens, elle est sans doute le procédé de publication directe le plus primitif. C'est le premier procédé de publication impersonnelle dans l'ordre de parution. Le juge administratif clarifie cette notion[83].

2-La discussion théorique de la déclaration spéciale

Sur la juridicité du communiqué portant les déclarations spéciales de lutte contre la Covid-19, elle demeure discutée. Pour une partie de la doctrine, il s'agit de simples recommandations ou de simples consignes à la charge pour les destinataires d'adopter la conduite qu'ils jugeront nécessaire pour préserver leur santé[84]. Or, le juge administratif français a admis le recours pour excès de pouvoir contre la décision du premier ministre prise lors de la réunion du Comité interministériel. Il l'a admis en 1933[85] puis l'a affermi[86]. Le juge administratif camerounais l'a suivi[87]. Toutefois, les instructions représentant le contenu des déclarations spéciales demeurent des actes non décisoires. La Cour Suprême a d'ailleurs précisé que seuls les actes faisant grief

---

80 CS/CA, jugement n° 76/82-83 du 30 juin 1983, *Affaire Meyongo Christophe c/Etat du Cameroun.*

81 Jugement n° 33 /04-05 du 29 décembre 2004 ; CA/CS, Affaire Tchamba Jean Claude c/Etat du Cameroun ; Jugement n° 08/CA/CS du 29 Décembre 1975, Affaire Toukam Pierre c/Etat du Cameroun ; B. R. Guimdo Dongmo, Commentaire sur CS/PCA/91-92, Ordonnance n° 28 du 23 septembre 1992, Affaire Union Nationale Camerounaise (UNC) (Stanley Akwote Akondi) c/Etat du Cameroun (MINAT), Juridis info, n° 19, juillet-août-septembre 1994, p. 29.

82 CS/CA, Jugement n° 33/04-05 du 29 décembre 2004, *Affaire Tchamba Jean-Claude c/Etat du Cameroun* : « *Que s'il est vrai qu'il est de principe que s'agissant des décisions règlementaires et d'espèce le délai à l'égard de toute personne concernée est déclenché par la publication ou l'affichage, il est tout aussi de jurisprudence établie qu'en cas de décisions individuelles le délai est déclenché également par la publication et l'affichage* » ; CS/CA, Jugement n° 76/82-83 du 30 juin 1983, *Affaire Meyongo Christophe c/Etat du Cameroun.*

83 « *considérant que le communiqué Radiodiffusé, l'insertion d'une information dans la presse publique ou privée, ou le recours à un crieur public ne saurait tenir et être considéré comme mode régulier de publicité des actes administratifs à savoir notification des actes individuels et publication au Journal officiel des actes règlementaires, que tout au plus, ces moyens peuvent, compte tenu de l'environnement socio-culturel d'oralité et du niveau de conscience administrative et civique des citoyens servir d'amplificateurs aux modes réguliers de publicité que sont la notification et la publication au Journal officiel* » Arrêt N° 5/CA du 16 janvier 1998, Johnson Léonard Désiré c/MFPTRA cour suprême, recueils des arrêts de la Cour suprême du Benin, Cour suprême, Cotonou, 1998, p. 123

84 RENARD (S), « Covid-19, mais qu'a fait la police ? », *Billets d'humeur*, RDLF, 2020, chron. N° 8.

85 CE Ass., 3 mars 1993, Comité central d'entreprise de la SEITA, p. 41, concl. R. Scwartz, AJ 1993, p 199, concl., et p. 526, chron., MAUGÜE (C) et TOUVET (L), CJEG, 1993, p. 271, concL.

86 CE Ass. 4 juin 1993, Comité d'entreprise de l'UGAP, p. 166, AJ 1993, p. 526 ; V. aussi CE Ass. 4 juin 1993, Assoc. Des anciens élèves de l'ENA, p. 168 AJ 1993, p. 526

87 Voy Jugement N° 23/CSCA du 03 février 1977, *YEYAP NJOYA Joseph Marie c. Etat du Cameroun*

peuvent conduire à l'ouverture de ce droit de recours[88], contrairement à des mesures faisant partie intégrante d'une procédure administrative aboutissant à une décision susceptible de faire grief[89]. Ces éléments convergent vers l'inclinaison de la localisation et de la réalisation habituelles de l'activité par le fonctionnaire.

II- L'inclinaison de la réalisation habituelle de l'activité du fonctionnaire

La Covid-19 influence sur la localisation et la réalisation de l'activité du fonctionnaire. Les aléas de manière générale et ceux sanitaires de manière spécifique ne peuvent laisser le droit positif et partant la fonction publique sans effets. Ayant conduit à un régime d'exception, elle introduit la modification de pratiques érigées jusqu'ici en droit commun. Elle a conduit les États des ordres normatifs contemporains a consacré des mesures spécifiques lesquelles ont été conçues par le comité interministériel constitué à cet effet. Il était question « *de discuter des questions de droit que font naitre des pandémies* » [90]. De ce fait, ces mesures « *la souveraineté étatique s'exprime à travers les dispositifs adoptés pour lutter contre l'épidémie* » [91]. Stratégie gouvernementale de riposte face à la pandémie de Coronavirus (Covid-19) : déclaration spéciale du Premier ministre, chef du gouvernement du 17 mars 2020, au terme de cette rencontre, le Président de la République a instruit les mesures suivantes (...) *11. Les administrations publiques devront privilégier les moyens de communications électroniques et les outils numériques pour les réunions susceptibles de regrouper plus de dix (10) personnes* »[92]. Du communiqué du jeudi 27 août 2020, 21e réunion hebdomadaire du comité interministériel, « (...) *en invitant nos compatriotes au respect scrupuleux des mesures barrières édictées par le Gouvernement (...)* »[93]. Au regard de ces dispositions, certaines idées peuvent être posées afin de situer l'actualité du droit positif camerounais. La Covid-19 a induit la modification des procédés décisionnels de l'administration publique (A)

---

88 CS/CA, Jugement N° 103/2005-2006 du 14 juin 2006, *Société Forestière HAZIM et Cie c/État du Cameroun (MINEF).*

89 CS/CA, Jugement N° 42/80-81 du 30 avril 1981, *Dame Mbocka Née Moussongo Jeannette et Sopmote Joseph c/État du Cameroun* : *« Attendu qu'à côté des actes administratifs exécutoire, l'on trouve des mesures indicatives, des mesures connexes à l'acte exécutoires, des mesures d'ordre intérieur ; Attendu que les mesures indicatives sont les lettres ou les manifestations par lesquelles une autorité administrative fait connaitre son opinion, sans pour autant prendre aucun acte exécutoire ; Qu'il en est de même des mesures connexes à l'acte exécutoires qui sont tantôt annonciatrices, tantôt mesures d'instruction ; Attendu que dans ces cas le principe est l'irrecevabilité des recours formés contre de tels actes ; Qu'en effet le demandeur au recours ne doit pas seulement se plaindre de simples velléités de l'Administration ; Qu'il doit alléguer une menace réelle ; (...) Qu'un recours pour excès de pouvoir dirigé contre une mesure faisant partie intégrante d'une procédure administrative aboutissant à une décision susceptible de faire grief n'est pas recevable, ladite mesure faisant partie de ce qui constitue les mesures préparatoires ».*

90 R.-NEMEDEU., « La pandémie et le droit », *op.cit.*, p.1.

91 J. CHEVALLIER., « L'État à l'épreuve du Coronavirus », *op.cit.*, p.113.

92 Stratégie gouvernementale de Riposte face à la pandémie de Coronavirus (Covid-19) : Déclaration spéciale du Premier Ministre, Chef du Gouvernement du 17 Mars 2020.

93 Communiqué du jeudi 27 août 2020 (21ème réunion hebdomadaire du comité interministériel chargé d'évaluer et de suivre la mise en œuvre de la stratégie gouvernementale de riposte contre la pandémie du Covid-19).

lesquels ont entrainé la valorisation du numérique dans les réunions publiques au sein de celle-ci (B).

A-La modification des procédés décisionnels

La pandémie de coronavirus a imposé de nouvelles sujétions à l'administration publique camerounaise. Elle a favorisé la modification de paradigme en l'adaptant à la gestion de la crise sanitaire au sein de la fonction publique. Les mesures de riposte concernent tous les secteurs de la vie publique et affectent corrélativement le fonctionnement de l'appareil administratif. « *C'est un moment extraordinaire qui retient traditionnellement l'intérêt de la théorie du droit public, en ce qu'elle porte réévaluation de ses présupposés* »[94]. Les mesures « *s'éloignent, de ce fait, de l'état d'urgence et présentent une certaine affinité avec les mesures d'urgence réglementaires* »[95]. Au regard des décisions de justice rendues par le juge administratif camerounais, l'autorité administrative dispose de la faculté d'édicter des actes décisoires de ceux non décisoires. Ces actes demeurent la manifestation de sa volonté sur la gestion des affaires courantes et la distinction à opérer est visible sur le lien contentieux. La substance est d'y entrevoir la diversification des procédés décisionnels de l'autorité administrative (1). C'est dans cette dynamique que la pandémie de coronavirus a imposé l'adaptation de ceux-ci au nouveau paradigme (2).

1-La diversification des procédés décisionnels

L'orientation libérale se traduit sur les procédés décisionnels de l'administration publique. Celle-ci utilise une diversité de moyens juridiques pour influencer le comportement des administrés. Elle n'utilise un mécanisme pour canaliser et encadrer la gestion des affaires courantes de l'État. L'Administration est donc présentée comme l'auteur, l'émetteur, ou le destinateur du procédé décisionnel. « *En raison de la multiplicité des taches de l'État* »[96], il est fait allusion aux « *actes accomplis par une personne qui a incontestablement la qualité d'agent administratif* »[97]. Les procédés décisionnels peuvent contribuer à modifier ou pas les droits et les obligations des administrés. Ceux-ci peuvent demeurer internes ou externes à l'administration publique. C'est dans ce cadre que l'autorité administrative peut décider par un acte administratif unilatéral ou par des mesures d'ordre interne. « *Seule la jurisprudence administrative locale a construit des règles de droit relatives à sa notion* »[98]. « *En fait, depuis la première juridiction administrative qu'est le Conseil du Conseil du Contentieux Administratif,* »[99], cette notion a cessé d'être une

---

94 R.-M MVOGO BELIBI., « Covid-19 et décision publique en situation d'incertitude Illustrations et illusion de l'état d'exception en Afrique subsaharienne » *op.cit.*, p.352.

95 J. DJEUYA TCHUPOU., « La lutte contre le corona virus (covid19) au Cameroun : recherches sur les fondements juridiques de la stratégie gouvernementale de riposte face à la pandémie », *op.cit.*, p.310.

96 H. JACQUOT., « Le contentieux administratif au Cameroun », *op.cit.*, p.23.

97 C. EISENMANN., *Cours de droit administratif*, t2, *op.cit.*, p.60.

98 L.-P GUESSELE ISSEME., *L'apport de la Cour suprême au droit administratif camerounais*, thèse de Doctorat Ph.D en droit public, université de Yaoundé II-Soa, 2010 p.376-377.

99 *Idem*, p.377.

énigme en droit du contentieux camerounais. La première affaire dans laquelle, l'acte administratif unilatéral a été défini remonte au Conseil du contentieux administratif[100]. Le Conseil du contentieux administratif s'est inspiré des positions de son homologue juge français dans les affaires Montpeurt de 1942[101] et Bouguen de 1943[102]. Prolongé par les affaires PALAPRAT[103] et MAGNIER[104] et dans l'affaire Air France[105], le juge indiquait que la qualité publique ou privée de l'auteur de l'acte n'enlève pas son caractère administratif. Il est aujourd'hui incontestable que les personnes juridiques de droit privé comme les autorités administratives ont recours à cette technique d'action. « *La notion d'acte unilatéral… est connue en droit privé et déborde le champ de l'activité administrative* »[106]. Les règles de définition de l'acte administratif unilatéral du Conseil du contentieux administratif ont évolué et de nos jours, les juridictions administratives qui se sont succédé l'ont adapté aux réalités actuelles. *« L'acte administratif est un acte juridique unilatéral, pris par une autorité administrative, dans l'exercice d'un pouvoir administratif, et créant des droits ou des obligations pour les particuliers »*[107]. Le juge de la Cour fédérale de justice abandonne l'idée du représentant légal de l'administration. Il substitue la notion d'autorité administrative à celle de représentant légal de l'administration. En plus, le critère finaliste à savoir l'organisation ou le fonctionnement du service public n'est également plus retenu. Il ressort que l'acte administratif est un acte juridique unilatéral émanant d'une administration qualifiée, pouvant produire des effets de droit pour les particuliers. Car cette décision de justice ne fait allusion à la forme de la décision administrative. Or celle-ci a été indiquée dans l'affaire Ada Ndzié contre administration du territoire de 1954. Le conseil de contentieux administratif a reconnu en la lettre, un caractère administratif[108] et les procès-verbaux[109]. Ces éléments n'ont retenu l'attention du juge de la Cour fédérale de justice. C'est au juge de la Cour suprême qu'il revient la définition la plus affirmée de l'acte administratif unilatéral au Cameroun. La définition aux sens formel et matériel de l'acte administratif unilatéral n'a pas été statique lorsque l'on a pour référentielles positions du Conseil du contentieux administratif et la contribution de la Cour suprême. C'est avec la décision rendue dans l'affaire *Association "Le Tabernacle*

---

[100] CCA, Arrêt N° 320/A du 3 septembre 1954, *Ada Ndzie c/ Administration du Territoire.*

[101] CE, 31 juillet 1942, Monpeurt, Rec, 239 ; S. 1942.3.37, Concl SEGALAT, note BERNARD ; JCP 1942. II. 2046, Concl SEGALAT, note LAROQUE ; GAJA, 8 455e éd, n° 63, p. 267

[102] CE, 2 avril 1943, Rec 86 ; S. 1944.3.I Concl Lagrange, note Mestre ; D. 1944, concl Lagrange note Donnedieu de Vabres ; JCP, 1944. II. 2525, note Celier.

[103] CE, 19 janvier 1954, Rec p. 118 ; RDP, 1954 ; JCP, 1954.

[104] CE, 13 janvier 1961, Rec p. 33 ; RDP 1961, p. 155, Concl Fournier ; AJDA, 1961, p. 533.

[105] TC, 15 janvier 1968, Rec p. 789, concl KAHN ; D. 1969, p. 202, note AUBY ; RDP 1968, p. 89, note WALINE ; AJDA, 1968, p. 225, Chr MASSOT et DEWOST ; GAJA, 8 459 e éd, n° 106, p. 533.

[106] M. ROUSSET., *L'idée de puissance publique en droit administratif,* Th 1960, p. 70

[107] CFJ/AP, Arrêt N° 20 du 20 mars 1968, *Ngongang Ndjanké Martin c/ État du Cameroun.*

[108] CCA, Arrêt N° 372/A du 3 septembre 1955, *Mayi Matip Théodore c/ Administration du Territoire.*

[109] CCA, Arrêt N° 400/A du 19 novembre 1955, *Mpel Ayeng et Haut-Commissaire c/ Élection d'un membre de la commune rurale de Doume-Section de Ngoap* ; CCA, Arrêt N° 408/A du 19 novembre 1955, *Mbozo'o Nicolas c/ Élection C.M.R de Sangmélima.*

des Aigles" c/ État du Cameroun[110], que le juge de la Chambre Administrative de la Cour Suprême saisi en premier ressort, apporte ces nouveaux éléments complémentaires à la définition de l'acte administratif. Le juge administratif de la Cour suprême identifie l'acte administratif suivant le critère formel à travers la formule de « *l'autorité habilitée à le faire* »[111] ou celle « *d'une Administration qualifiée et agissant en tant que telle* »[112], comme le montre sa jurisprudence. Dans l'un ou l'autre cas, l'organe interpellé correspond à une personne publique ; c'est un organe administratif[113] de l'État. Il ne faut également oublier l'extension du critère organique sur la décision administrative. Celle-ci inclut les personnes privées en charge des missions de service public et dotées des prérogatives de puissance publique[114]. Cela n'est véritablement une nouveauté car, le conseil du contentieux administratif reconnaissait cette extension organique. Or, les juridictions administratives antérieures prévoyaient un cadre organique non similaire. Ainsi, depuis le Conseil du Contentieux Administratif, il est établi que « *les actes administratifs sont des décisions émanées des représentants légaux de l'Administration et ayant trait à l'organisation ou au fonctionnement du service public (…)* »[115]. Par la suite, la Cour Fédérale de Justice définit l'acte administratif comme « *étant un acte juridique unilatéral pris par une autorité administrative, dans l'exercice d'un pouvoir administratif (…)* »[116]. Ces éléments déterminent les critères formels de l'acte administratif unilatéral. C'est par un rapprochement des apports des différentes juridictions que l'on détermine la contribution du juge administratif de la Cour suprême au Cameroun. Les juridictions coloniales puis le juge de la Cour fédérale de justice ont construit le régime de la décision administrative. En plus, la Cour suprême s'est montrée plus explicite sur le contenu de la décision administrative. Elle conduit au constat selon lequel le juge administratif « *identifie le caractère décisoire d'une part et le caractère exécutoire d'autre part, pour définir la catégorie des conditions matérielles ou de fond de l'acte* »[117]. Dans les *affaires Nkong Emmanuel en 1975* et *Yeyap Njoya Joseph-Marie en 1977*, convergent vers cette logique, lorsqu'elles affirment : « *Considérant, en droit, que la décision administrative ou décision exécutoire est tout acte juridique unilatéral (…) susceptible de produire par lui-même des effets de*

[110] CS/CA, jugement n° 38/03-04 du 29 décembre 2004, *Association "Le Tabernacle des Aigles" c/ État du Cameroun.*
[111] *Ibidem.*
[112] CS/CA, jugement n° 1/75 du 19 décembre 1975, *Nkong Emmanuel c/ État du Cameroun, op.cit.* ; CS/CA, jugement n° 23 du 3 février 1977, *Yeyap Njoya c/ État du Cameroun* : « *Considérant qu'en droit, la décision exécutoire ou acte administratif est tout acte juridique unilatéral d'une Administration qualifiée et agissant en tant que telle, susceptible de produire par lui-même des effets de droit* ».
[113] Y. GAUDEMET., *Traité de droit administratif*, Tome 1, *op.cit.*, 513.
[114] CS/AP, Arrêt N° 7/A du 31 mars 1977, *Feumi Jantou Jacques c/ Conseil de l'ordre des Avocats* ; CS/CA, jugement N° 48/88-89 du 25 mai 1989, *Aigle Royal de Dschang "El Pacha" c/ État du Cameroun (Ministère de la jeunesse et des sports)* ; CS/CA, Jugement N° 129/03-04 du 25 août 2004, *Diab FC de Bandja et Panthère FC de Bangangté c/ Fédération camerounaise de football (FECAFOOT)*, CFJ/CAY, Arrêt N° 98 du 27 janvier 1970, *Obam Eteme Joseph c/ République fédérale du Cameroun.*
[115] CCA, Arrêt n° 320/A du 3 septembre 1954, *Ada Ndzie c/ Administration du Territoire, op.cit.*
[116] CFJ/AP, Arrêt n° 20 du 20 mars 1968, *Ngongang Ndjanké Martin c/ État du Cameroun, op.cit.*
[117] L.-P GUESSELE ISSEME., *L'apport de la Cour suprême au droit administratif camerounais, op.cit.*, p.418.

droit »[118]. L'autorité administrative peut également en employant les mesures d'ordre intérieur. En l'espèce, l'autorité publique emploie un procédé spécial pour le fonctionnement ou l'organisation des activités. C'est alors le champ d'application des actes non décisoires. « *Les mesures d'ordre intérieur ont également un caractère purement interne à l'administration et sont prises par elle dans l'exercice de son pouvoir discrétionnaire d'organisation du service* »[119]. C'est dans *l'affaire Hayatou Souaibou c/ État du Cameroun du 27 décembre 1979*, qu'il met en œuvre sa fonction pédagogique pour construire une analyse assez pertinente[120]. Il s'agit d'une catégorie d'acte dont la portée se limite au sein de l'institution administrative. Celle-ci n'a vocation à produire des effets juridiques à l'endroit des administrés. Cette catégorie d'acte juridique ne peut donner cours au recours pour excès de pouvoir[121], contrairement à des mesures faisant partie intégrante d'une procédure administrative aboutissant à une décision susceptible de faire grief[122]. D'entrée de jeu, « *il s'agit essentiellement d'une action visant un acte administratif et non d'un procès entre partie comme c'est le cas en droit privé* »[123]. « *Le contentieux de l'excès de pouvoir* »[124] concerne les diverses illégalités susceptibles de vicier l'acte administratif. En procédant par une systématisation énoncée par la doctrine camerounaise[125], laquelle renvoie à « *les classifications théoriques* »[126] , le recours pour excès de pouvoir intègre respectivement la légalité externe et la légalité interne de l'acte administratif unilatéral. Sous la première rubrique, « *on regroupe sous cette rubrique : l'incompétence, le vice de forme et de procédure* »[127]. Or, « *la seconde catégorie est relative à la légalité interne de l'acte ; il s'agit du défaut de base légale, de la violation d'une disposition et du détournement de pouvoir* »[128]. Les cas d'ouverture du recours pour excès de pouvoir ne peuvent s'étendre sur les mesures d'ordre interne de l'administration. Celles-ci demeurent incontestablement des procédés décisionnels de l'administration publique. Ces moyens juridiques traduisent dans les faits, la présence de l'administration dans le quotidien des

---

118 CS/CA, Jugement N° 1/75 du 19 décembre 1975, *Nkong Emmanuel c/État du Cameroun*, CS/CA, jugement N° 23 du 3 février 1977, *Yeyap Njoya c/État du Cameroun*. CS/CA, jugement N° 47/04-05 du 02 février 2005, *Mback Jean Pierre* c/État du Cameroun (PR).

119 H. NGUEDIA MEIKEU., *Les formes de l'acte administratif unilatéral en droit administratif camerounais*, mémoire de DEA, université de Yaoundé II-Soa, 2008 p.28.

120 CS/CA, Jugement N° 27/79-80 du 27 décembre 1979, *Hayatou Souaibou c/État du Cameroun*. CS/CA, Jugement n° 42/80-81 du 30 avril 1981, *Dame Mbocka Née Moussongo Jeannette et Sopmote Joseph c/État du Cameroun.*

121 CS/CA, Jugement N° 103/2005-2006 du 14 juin 2006, *Société Forestière HAZIM et Cie c/État du Cameroun (MINEF), op.cit.*

122 CS/CA, Jugement N° 42/80-81 du 30 avril 1981, *Dame Mbocka Née Moussongo Jeannette et Sopmote Joseph c/État du Cameroun op.cit.*

123 Ph NGOLE NGWESE., J. BINYOUM., *Eléments de contentieux administratif camerounais*, Yaoundé, L'Harmattan, 2010, p.159

124 J.-L AUSTIN., C. RIBOT., *Droit administratif général*, 5ème éd., Paris, Litec, 2007, p.309

125 Ph NGOLE NGWESE., J. BINYOUM., *Eléments de contentieux administratif camerounais, op.cit.*, p.163

126 G. DUPUIS., M.-J GUEDON., P. CHRESTIEN., *Droit administratif*, 8ème éd., Paris, Armand Colin, 2002, p.592

127 Ph NGOLE NGWESE., J. BINYOUM., *Eléments de contentieux administratif camerounais, op.cit.*, p.163

128 *Idem.*

administrés et dans la réalisation des fonctions rattachées à la souveraineté de l'État. La covid-19 a induit leur adaptation à l'état d'urgence au Cameroun.

2-L'adaptation des procédés décisionnels à la crise sanitaire

La gestion de la crise sanitaire ne peut s'accommoder que de l'utilisation des procédés décisionnels adéquats. La nécessité, l'urgence d'agir dans l'optique d'éviter des périls irréparables aux citoyens impose de sélectionner le procédé décisionnel. Chaque circonstance exceptionnelle impose l'adoption d'un moyen d'action compatible. C'est dans cette logique que les autorités en charge de la fonction publique devraient en connaissance de cause. Cela s'impose « *à l'égard de la décision administrative* »[129]. Et « *l'adressataire de la norme* »[130] subit cette modification de paradigme. Du communiqué du jeudi 27 août 2020, 21e réunion hebdomadaire du comité interministériel, « (…) *en invitant nos compatriotes au respect scrupuleux des mesures barrières édictées par le Gouvernement (…)* »[131], on peut poser certaines idées. La gestion de la crise sanitaire ne s'accommode de tous les procédés décisionnels de l'administration publique. Qu'il soit décisoire ou non décisoire, l'important du choix normatif doit reposer sur la flexibilité et d'adaptabilité à l'urgence sanitaire. Le procédé utilisé ne doit être lourd ou complexe dans son maniement. Il ne doit davantage pas être de nature à rallonger les délais ou conduire à l'agencement des autorités publiques de nature à créer des lourdeurs administratives. La célérité recherchée ne doit être de nature à évincer sans fondement le cours normal des procédures administratives. L'efficacité recherchée ne doit également pas conduire à l'éviction des moyens normaux de l'action administrative. La dialectique entre l'urgence et l'adoption des mesures barrières par la fonction publique s'impose afin d'en établir un juste milieu. « *On a coutume de reprocher à l'Administration ses lenteurs voire parfois son inertie. Il serait paradoxal de lui faire grief également de sa rapidité et de son esprit d'intervention* »[132]. Le recours tant aux décisions administratives qu'aux mesures d'ordre interne ne doit conduire ni à l'inertie ni à la démesure de la rapidité de son esprit d'intervention. Cela valorise l'action matérielle du supérieur hiérarchique sur l'option du procédé décisionnel. S'il est admis que chaque administration publique, obéit à la logique d'une organisation, alors, il faut admettre la participation décisive du supérieur hiérarchique sur le choix du procédé décisionnel. « *L'Administration n'a d'existence juridique qu'à travers les différentes personnes morales qui la structurent. Le phénomène de la personnalité morale n'est d'ailleurs pas propre à l'ordre administratif* »[133]. Tenu de s'arrimer aux mesures barrières et autres décidées par le Gouvernement, le supérieur hiérarchique se doit de canaliser son action matérielle. Il doit édicter des mesures devant non seulement contribuer à

---

129 J. RIVERO., « A propos des métamorphoses de l'administration d'aujourd'hui : démocratie et administration », *Mélanges offerts à René SAVATIER*, Paris, Librairie Dalloz, 1965, p.82.

130 O. BEAUD., *La puissance de l'Etat*, paris, PUF, coll. « Léviathan », 1994, p. 16.

131 Communiqué du jeudi 27 août 2020 (21ème réunion hebdomadaire du comité interministériel chargé d'évaluer et de suivre la mise en œuvre de la stratégie gouvernementale de riposte contre la pandémie du Covid-19).

132 C. GABOLDE., « L'exception d'urgence en droit administratif », *D.*, 1952, p.10.

133 J.-L AUSTIN., C. RIBOT., *Droit administratif général*, 5ème éd., *op.cit.*, p.29.

l'implémentation des mesures de riposte à la crise sanitaire mais également les actes de gestion à distance de l'activité matérielle des fonctionnaires. L'on observe « *l'ensemble de ses tâches, de ses missions* »[134]. L'option pour l'action administrative numérisée non seulement dans le but de délocaliser la présence physique du fonctionnaire au sein du poste de travail mais également la réalisation à distance de son activité est à saluer. La numérisation de la fonction publique ne fait alors l'ombre d'aucun doute. Et cela concilie la continuité de la fonction publique et la préservation du droit à la santé publique des fonctionnaires.

B- L'introduction du numérique dans les réunions publiques de l'appareil administratif

La covid-19 a contribué à l'inscription du numérique dans les procédés décisionnels. « L'activité de l'administration est marquée par des actes qu'elle pose. Ces derniers font l'objet d'une catégorisation en deux segments. Le premier est celui du service public, et le second celui de la police administrative »[135]. Celle-ci a favorisé la prépondérance du numérique aux autres mécanismes de réalisation de l'activité par le fonctionnaire. De la phase d'expérimentation à la phase d'application, les technologies de l'information et de la communication ont véritablement focalisé l'attention dans le renouveau de la carrière du fonctionnaire. « Ce mouvement consumériste s'est naturellement étendu »[136]. « *Face à l'invasion des technologies de l'information et de la communication (TIC) devenues consubstantielles à notre univers* »[137], le fonctionnaire ne pouvait plus en demeurer indifférent. Stratégie gouvernementale de riposte face à la pandémie de Coronavirus (Covid-19) : déclaration spéciale du Premier ministre, chef du gouvernement du 17 mars 2020, au terme de cette rencontre, le Président de la République a instruit les mesures suivantes (…) *11. Les administrations publiques devront privilégier les moyens de communications électroniques et les outils numériques pour les réunions susceptibles de regrouper plus de dix (10) personnes* »[138]. Du communiqué du jeudi 27 août 2020, 21e réunion hebdomadaire du comité interministériel, « (…) *en invitant nos compatriotes au respect scrupuleux des mesures barrières édictées par le Gouvernement (…)* »[139]. Au regard de ces communiqués, le seuil d'utilisation des technologies de l'information et

---

[134] C. EISENMANN., *Cours de droit administratif*, t1 *op.cit.*, p.197.

[135] P.-E ABANE ENGOLO., *Traité de droit administratif du Cameroun. Théorie générale et droit administratif spécial, op.cit.*, p.155.

[136] A.-D WANDJI KAMGA., « Le cadre juridique de l'information du consommateur dans le secteur des technologies de l'information et de la communication », *in* M.-A MOUTHIEU (s.dir), *le consommateur des technologies de l'information et de la communication en Afrique noire francophone*, Paris, L'Harmattan, 2021 p.58.

[137] M.-A MOUTHIEU épse NJANDEU., « propos introductif. Regard d'un universitaire sur la protection du consommateur des technologies de l'information et de la communication », *in* M.-A MOUTHIEU (s.dir), *le consommateur des technologies de l'information et de la communication en Afrique noire francophone*, Paris, L'Harmattan, 2021 p.13.

[138] Stratégie gouvernementale de Riposte face à la pandémie de Coronavirus (Covid-19) : Déclaration spéciale du Premier Ministre, Chef du Gouvernement du 17 Mars 2020.

[139] Communiqué du jeudi 27 août 2020 (21ème réunion hebdomadaire du comité interministériel chargé d'évaluer et de suivre la mise en œuvre de la stratégie gouvernementale de riposte contre la pandémie du Covid-19).

de la communication pour les réunions spécifiques était déterminé (1) et cela canalisait la marge de manœuvre du supérieur hiérarchique. C'est dans ce cadre que la numérisation vient rabioter les pratiques relatives à l'action administrative et induire l'adaptation de certains principes du service public (2).

1-La fixation du seuil au recours au numérique

La numérisation de l'activité du fonctionnaire tient à l'internalisation des mesures de l'administration centrale en vue d'apporter un dénouement à la pandémie de Covid-19. Son observation dans la gestion du personnel de la fonction publique est fonction de la consistance. Autrement dit, l'utilisation des technologies de l'information et de la communication relevait d'une obligation lors des réunions spécifiques regroupant plus de dix personnes. Autrement dit, lorsque les réunions spécifiques regroupaient moins de ce nombre, ce moyen ne pouvait s'appliquer. « *Celles qui donnent une règle particulière à une série de cas déterminés* »[140]. Les règles de droit souple adoptées par l'administration centrale ont contribué à déterminer le seuil dans lequel la distanciation et la numérisation de l'action administrative s'imposent sans concession. Comme il a été indiqué, la Covid-19 a donné l'occasion de restaurer le débat poussiéreux sur l'État jacobin et sur la toute-puissance de la centralisation administrative. Cette idée de l'État est par ailleurs renforcée par un attachement quasi-pathologique à la centralisation à partir d'un centre névralgique qu'est la capitale politique. « *le jacobinisme : un héritage assumé* »[141]. Lesdites règles ont posé leur idée en fixant un référentiel qui demeure insusceptible de dérogation. Donnant suite, la localisation non habituelle du fonctionnaire est véritablement admise lors des réunions et ce, lorsque le quorum fixé par la stratégie gouvernementale est atteint. Ce moyen de gestion de la crise sanitaire parlait d'un regroupement de plus de dix fonctionnaires. Et cela justifie la limitation des regroupements au sein de la fonction publique. Si le seuil susmentionné vise directement les réunions publiques au sein de l'appareil administratif, l'on ne saurait logiquement l'exclure des comportements des fonctionnaires. Ceux-ci limités par les mesures barrières, se doivent d'internaliser les mesures de riposte à la Covid-19 partout. Chaque acteur doit apporter à son niveau, sa touche à la riposte globale et non partielle. Les efforts fournis au niveau micro social peuvent avoir une portée au niveau macrosocial. C'est dans ce cadre que l'on admet que la portée du regroupement à proscrire s'étend sur les comportements et attitudes à proscrire des administrés et des fonctionnaires. Ce fût également le cas de l'adaptation des réunions publiques aux principes de continuité et de mutabilité de la fonction publique camerounaise.

---

140 R. GASSIN., « Lois spéciales et droit commun », *op.cit.*, p. 191.

141 M.-Z.-S MBIDA ONAMBELE., « Formalisme institutionnel et construction opérationnelle de la décentralisation au Cameroun » *in* PAUL ANGO ELA (dir), *Jeux, enjeux et perspectives*, Yaoundé, L'Harmattan, 2013 p.146.

2-L'adaptation des réunions publiques aux principes de continuité et de mutabilité

La stratégie gouvernementale de riposte à la crise sanitaire limitait les réunions publiques au sein de la fonction publique en se référant au seuil fixé par la stratégie gouvernementale. Certaines règles communes et non spécifiques aux services publics ont été valorisées par l'action administrative numérisée. Il s'agit particulièrement de la conciliation entre les réunions publiques au sein de l'institution administrative et la continuité et la mutabilité de celle-ci à la crise sanitaire. Il est un fait que « les règles de fonctionnement des services publics sont de deux ordres. Certaines sont communes à tous les services publics, elles sont dites « Lois » du service public ; d'autres sont particulières à chaque catégorie de services publics »[142]. Qui plus, « le service public au Cameroun est consubstantiel au droit administratif et constitue la pierre angulaire de la construction de l'État »[143]. Ces explications se fondent sur les deux communiqués susmentionnés[144].

Que l'on soit dans un lieu public ou au sein de l'administration publique, la limitation de la liberté de réunion renvoyait à la même logique ou plus précisément visait à atteindre le même objectif. Les exigences de sa limitation étaient simplement durcies au sein de l'administration publique. C'est jusqu'au sein de l'administration publique, elle devrait faciliter la conciliation entre la continuité et la réalisation de l'activité des fonctionnaires. « *L'érection d'une activité en service public témoigne de son caractère de nécessité impérieuse pour la communauté. Aussi, celui-ci doit il fonctionner de manière ininterrompue* »[145]. Le principe de continuité du service public est à concilier avec les aléas susceptibles de perturber le fonctionnement régulier. Au sein de l'administration, la limitation de la liberté de réunion visait non seulement l'internalisation des mesures de riposte contre la Covid-19 décidées au niveau central mais également la continuité du service public. Les supérieurs hiérarchiques et les subordonnés ont pris conscience de l'impact négatif que pouvait engendrer la pandémie de Covid-19 en cas d'inertie ou de carence administrative. Il est donc question d'y apporter un dénouement certain à des fins utiles. La carence *« semble correspondre à une situation bien plus précise que la simple abstention ou l'impuissance »*[146]. Elle n'est pas le résultat de

[142] R. DEGNI SEGUI., *Droit administratif général. L'action administrative*, t2, 4ème éd., Abidjan, NEI-CEDA, 2012 p.134.

[143] J. BIAKAN., « Le critère du service public en droit administratif camerounais », *in* M. ONDOA., P.-E ABANE ENGOLO (dir), *Les fondements du droit administratif camerounais*, Yaoundé, L'Harmattan, 2016 p.143.

[144] Stratégie gouvernementale de Riposte face à la pandémie de Coronavirus (Covid-19) : Déclaration spéciale du Premier Ministre, Chef du Gouvernement du 17 Mars 2020.

[144] Communiqué du jeudi 27 août 2020 (21ème réunion hebdomadaire du comité interministériel chargé d'évaluer et de suivre la mise en œuvre de la stratégie gouvernementale de riposte contre la pandémie du Covid-19).

[145] R. DEGNI SEGUI., *Droit administratif général. L'action administrative*, t2, 4ème éd., *op.cit.*, p.134.

[146] P. COMBEAU, « La substitution dans l'action administrative, une fiction indéfinissable ? », *RRJ* 2004, 2, p. 985.

n'importe quelle inaction, abstention[147], silence[148], vide[149], de néant[150]. « *Employer le terme de carence administrative n'est subséquemment pas neutre : c'est porter un jugement de valeur, un blâme sur l'inaction administrative. C'est relever une anomalie dans le fonctionnement de l'administration* »[151].

Dans la rue, la limitation de la liberté de réunion est de nature à réduire la propagation de la Covid-19 entre les administrés. Et cela était également de nature à permettre une large association des administrés à la riposte contre la covid-19. Le but était de donner une grande efficacité aux mesures barrières décidées au niveau de l'administration centrale. Et, cela reposait sur la définition des prérogatives en charge de la police administrative générale. L'on pouvait noter la prescription du Premier ministre, chef du gouvernement au ministre de la décentralisation et du développement local d'instruire les autorités municipales de veiller au port systématique du masque de protection dans les espaces relevant de leur compétence[152]. Au ministre de l'administration, en relation avec le directeur général de la sureté nationale et le secrétaire d'État à la défense chargé de la gendarmerie, de renforcer les actions de police administrative concernant le port du masque de protection individuelle dans tous les espaces ouverts au public[153]. Ces instructions avaient été retirées lors de la réunion hebdomadaire du 22 août 2020. Lors de la 21e réunion hebdomadaire du comité interministériel : « (...) en invitant nos compatriotes au respect scrupuleux des mesures barrières édictées par le Gouvernement notamment le port systématique du masque dans les lieux publics et la distanciation sociale, afin d'enrayer l'expansion de ce virus[154]. Les principes de continuité ne sont exclusifs et suffisants pour l'internalisation de la Covid-19 au sein de l'appareil administratif. C'est dans cette veine que d'autres règles focalisent particulièrement.

Les règles de fonctionnement des services publics sont de deux ordres, certaines sont communes à tous les services publics et d'autres sont particulières à chaque catégorie de services publics. Les règles communes, parce qu'elles sont applicables à

---

147 G. JEZE, « Essai d'une théorie générale de l'abstention en droit public », *RDP* 1905, p. 781

148 J. LAFERRIERE, « Le recours contre le silence de l'administration », *RDP* 1930, p. 305 ; R. GOUTTENOIRE, *Le silence de l'administration*, Paris, Éditions et publications contemporaines Pierre Bossuet, 1932.

149 J. LAVEISSIERE, *Le silence de l'administration*, *op.cit.*, p. 2

150 M. WALINE, *Le contrôle juridictionnel de l'administration*, Le Caire, Imprimerie de l'Université Fouad 1 er, 1949, p. 26 ; J. BENTZ, « Le silence comme manifestation de volonté en droit international public », *RGDIP.* 1963, n° 1, p. 44 ; J. LAFERRIERE, « Le recours contre le silence de l'administration », *RDP* 1930,
p. 305 ; Ch. EISENMANN, « Le droit administratif et le principe de légalité », *EDCE* 1957, p. 32 : *« l'abstention n'est qu'un néant auquel il est difficile d'attribuer un modèle ».*

151 P. PARINET., *La carence de l'administration*, Thèse de Doctorat en Droit Public, université François-Rabelais de Tours 08 décembre 2017 p.17.

152 Communiqué du 13 août 2020 (réunion hebdomadaire du comité interministériel chargé d'évaluer et de suivre la mise en œuvre de la stratégie gouvernementale de riposte contre la pandémie du Covid-19).

153 *Idem.*

154 Communiqué du jeudi 27 août 2020 (réunion hebdomadaire du comité interministériel chargé d'évaluer et de suivre la mise en œuvre de la stratégie gouvernementale de riposte contre la pandémie du Covid-19).

tous les services publics, sans distinction aucune. Ces règles ou lois sont au nombre de quatre, « *ce sont les principes de continuité, de la mutabilité, de l'égalité et de la neutralité* »[155]. Spécifiquement à la riposte de la Covid-19, deux principes ont retenu l'attention. La traduction de la mutabilité et de l'adaptabilité des instructions du supérieur hiérarchique sous l'effet de la Covid-19 a été visible au sein de la fonction publique.

En s'appropriant le seul de limitation des réunions physiques, le supérieur hiérarchique a validé l'introduction des technologies de l'information et de la communication lors de la tenue des réunions de plus de dix (10) personnes. Il ne s'agit d'une décision devant relever du pouvoir discrétionnaire du supérieur hiérarchique lors de la tenue des réunions publiques. Il s'agit plutôt d'une obligation laquelle se range dans la compétence liée de celui-ci. La notion de compétence liée telle qu'elle est utilisée en droit administratif se rattache traditionnellement au principe de légalité. Elle constitue même une application privilégiée « *puisque l'on est en présence d'une compétence liée lorsque l'administration prend des décisions dont le droit applicable prévoit tout à la fois la nécessité et le contenu* »[156]. Car il faut faire deux parts dans chaque acte administratif : la première relevant de la compétence liée, la seconde du pouvoir discrétionnaire. S'inscrivant dans cette dynamique, les autorités publiques ont jugé opportun d'activer le principe de l'adaptabilité ou de mutabilité de la fonction publique. Face à l'urgence sanitaire, la fonction publique de part son fonctionnement et de son organisation devrait connaitre des influences importantes. L'internalisation des mesures barrières dans l'optique de réduire l'expansion de la Covid-19 traduisait la mutabilité des instructions du supérieur hiérarchique et partant la résolution de la carence administrative.

Conclusion

Il est difficilement contestable que la notion de fait qu'est la crise sanitaire n'ait pas influencé sur le fonctionnement de l'appareil administratif et partant l'activité du fonctionnaire. La protection de la santé publique l'a davantage boosté et canalisé l'action matérielle des supérieurs hiérarchiques. L'observation sans discussion des mesures administratives décidées par le Gouvernement faisait de la riposte contre la crise sanitaire, une affaire de tous les administrés et de tous les agents publics. Les autorités de l'administration centrale ont mis un accent sur le numérique en vue du déroulement des réunions publiques. Ces explications convergent vers la centralisation du cadre formel de riposte à la crise sanitaire et l'inclinaison de la réalisation habituelle de l'activité par le fonctionnaire.

De manière conjoncturelle, des mesures restées latentes au sein de l'administration publique ont été plus que par le passé, valorisées. Le numérique a été peu utilisé jusqu'ici et, sous l'effet de la crise sanitaire, son caractère indispensable fut difficilement contestable. Nonobstant les conditions formelles pouvant justifier l'absence physique du fonctionnaire au poste de travail, la Covid-19 y a introduit un élément factuel. Le fonctionnaire délocalise de manière virtuelle son poste de travail au sein

---

155 R. DEGNI SEGUI., *Droit administratif général. L'action administrative*, t2, 4ème éd., *op.cit.* p.134.

156 B. KORNSPROBST., « La compétence liée », *RDP* 1961 p.936

de l'administration. Il va sans dire que cela n'est plus constitutif de faute professionnelle. Par ailleurs, les effectifs au sein de l'administration publique ont été réduits n'étant justifiés par les mesures classiques d'ajustement structurel. La hiérarchisation du droit à la santé publique et l'accentuation de la fonction sociale de l'État les justifient amplement. Dès lors, une réflexion reposant sur le rapprochement entre l'ajustement structurel et de la Covid-19 sur la carrière du fonctionnaire n'est pas dépourvue de pertinence au Cameroun.

Chapitre 6 : La liberté d'utilisation du domaine public à l'épreuve de la COVID-19 dans les États d'Afrique subsaharienne. Recherche sur l'exercice d'un droit-liberté à partir de l'exemple camerounais

Par Luc Patrick BALLA MANGA
Docteur/Ph. D en droit public à l'université de Douala (Cameroun)

Résumé :
On admet de manière générale que les droits civils et politiques (droits de la première génération ou droits-libertés ou encore droits-attributs) dont celui d'aller et venir est une variante, sont l'expression de la liberté. Ils visent à assurer la liberté des administrés et impliquent par conséquent l'abstention de l'Administration, en ce sens qu'ils lui sont opposables. Pour autant, s'il est établi en période normale qu'on reconnaît au public, sans restriction d'aucune sorte, si ce n'est en raison de la destination des dépendances du domaine public, et sans autorisation préalable ce droit, il ne saurait en être de même en période de crise. Et pour cause, la pandémie à coronavirus a permis de se rendre compte que la contamination d'un seul individu peut mettre à mal l'ensemble de la population. Les pouvoirs publics sont de cette manière conduits à prendre en compte deux réalités obéissant à une logique et ayant des implications contradictoires : la libre utilisation des dépendances du domaine public, d'une part, et la restauration de l'ordre public de l'autre, mieux la protection des citoyens contre la pandémie. Cet état de fait justifie que la légalité de crise trouve à s'appliquer sur l'ensemble du territoire national à travers la mise sur pied des mesures barrières (restrictions des mouvements des personnes, port du masque, distanciation sociale, limitation du nombre de personnes susceptibles de se déployer dans un espace public, etc.). Dès lors, il n'est plus aisé de tracer la ligne de partage entre le libéralisme et l'autoritarisme tellement la frontière paraît poreuse.

Mots-clés : libertés publiques, domaine public, ordre public, crise sanitaire, discrimination.

Premier bénéficiaire et principal destinataire du domaine public, le public doit toujours se servir des biens de façon directe ou indirecte, lorsqu'il le fait par le truchement du service public, sous la condition toutefois de ne pas nuire à leur affectation première. S'il en est ainsi, c'est parce que la liberté d'utilisation du domaine public est un droit fondamental, qui plus est de la première génération, c'est-à-dire civil et politique ou encore un droit-liberté. Par conséquent, son exercice par tout citoyen national ou étranger ne doit rencontrer aucun obstacle ou entrave, en ceci que l'État, mieux son bras séculier que constitue l'Administration doit s'abstenir de s'ingérer dans son expression la plus complète puisqu'elle lui est opposable. Il est question plus particulièrement *« des libertés qui appartiennent aux personnes privées en tant que telles et qui par conséquent doivent être préservées de toute violation de la puissance publique »*[1]. En tant que base de la société, elles sont une exigence et non une promesse sous condition[2]. C'est probablement pour cette raison que la liberté individuelle apparaît

[1] J. CADART, *Institutions politiques et droit constitutionnel*, 3ème éd., 1990, Paris, Economica, p. 805.
[2] G. VEDEL, « Les droits de l'homme : quels droits ? quel homme ? », in *Mélanges en l'honneur du professeur René-Jean DUPUY, Humanité et droit international*, Paris, édition PEDONE, 1991, p. 352.

comme l'une des mieux protégées parmi les différentes libertés[3]. On admet de façon majoritaire que le domaine public est le lieu par excellence d'exercice des libertés publiques les plus variées. Le droit en vigueur reconnaît alors aux personnes (physiques ou morales), nationales ou étrangères sans restriction d'aucune sorte, si ce n'est en raison de la crise sanitaire, et sans autorisation préalable, le droit de se servir des dépendances affectées à l'usage direct du public ou à l'usage du service public librement et gratuitement dès lors qu'elles répondent aux qualifications et conditions requises par les textes et la jurisprudence. En dépit de cette sacralisation des droits de la première génération, la liberté d'utilisation des dépendances du domaine public ne trouve guère sa pleine expression en circonstances de crise. Comme on peut le constater avec la crise sanitaire de la COVID-19, cette liberté tout comme les autres qui en découlent ont connu des restrictions jusqu'alors inexistantes dans notre droit et pratique juridique ; si bien qu'elles sont fréquemment en crise[4] sinon en constant déclin[5] et leur base d'existence devient alors fragile[6]. Depuis lors, *« jamais on n'a voulu autant sensibiliser l'opinion aux dangers qui les menacent »*[7]. La préservation de l'ordre public sanitaire devient une véritable quête, la priorité dont rien ne doit arrêter la marche, pas même le respect ou la garantie des libertés publiques. Il est ainsi organisé un régime juridique des diverses libertés publiques pouvant s'exercer sur le domaine public autour de deux modalités dont l'autorisation préalable et l'interdiction. S'il est une crise sanitaire dont l'ampleur est sans précédent et pour laquelle la décimation n'a d'égale que la seconde guerre mondiale, c'est bien l'infection au coronavirus. Avec pour foyer principal la ville de Wuhan en Chine où elle émerge en décembre 2019, l'infection va se propager de l'Asie à l'Afrique en passant par l'Europe, puis l'Amérique et l'Australie. L'impossibilité de maîtriser la propagation rapide de l'infection a fait qu'elle passe du statut d'épidémie à celui de pandémie en quelques semaines avec des répercussions multiscalaires. Aucun domaine n'a été épargné et surtout pas le droit, par les multiples problèmes pratiques posés par le COVID-19 et auxquels il est parfois difficile d'apporter des réponses fermes ou des solutions concrètes. Le confinement apparaît alors comme l'ordonnance prescrite aux maux dont souffre la population mondiale, étant entendu qu'il doit permettre de contenir la propagation rapide de l'infection et par conséquent de limiter le nombre de pertes en vies humaines. Seulement, les catastrophes sanitaire, économique et financière qu'il entraîne vont contraindre les pouvoirs publics au dé-confinement avec pour conséquence une baisse de vigilance sanitaire à l'origine d'une remontée en puissance des contaminations et des répercussions. Impactant presque tous les secteurs d'activités et touchant aux droits fondamentaux, l'infection à coronavirus a déprécié l'élément humain[8], mais surtout encore le droit le plus fondamental du citoyen

---

[3] R. BADINTER, B. GENEVOIS, « Normes de valeur constitutionnelle et degré de protection des droits fondamentaux », 8ème Conférence des Cours constitutionnelles européennes, *RUDH*, 1990, p. 266.
[4] B. FARAGO, *L'état des libertés*, Paris, Aubier Montaigne, 1981, p. 9.
[5] R. ERRERA, *Les libertés à l'abandon*, Nouvelles éditions du Seuil, Série politique, 1968, p. 17.
[6] M. ORAN, *Le contrôle juridictionnel et la garantie des libertés publiques*, Paris, LGDJ, 1968, p. 8.
[7] J. ROBERT, *Le juge constitutionnel, juge des libertés*, Paris, Montchrestien, 1999, p. 81.
[8] La dépréciation de l'être humain tient grandement à ce que toutes les personnes décédées par suite de cette infection doivent impérativement être inhumées dans les prochaines quarante-huit (48) heures.

camerounais qui est celui de se servir librement et gratuitement des dépendances du domaine public. Le gouvernement camerounais en a saisi l'occasion pour prescrire les règles relatives à la limitation du risque de propagation du COVID-19 dont l'une des plus significatives est sans doute le plan global de riposte sur trois (3) ans, à compter de 2020, date à laquelle la crise a affecté l'ensemble du triangle national. La liberté d'utilisation du domaine public trouve son fondement ainsi que *« sa justification dans le fait que, la plupart du temps, l'usage commun du domaine public correspond à l'exercice d'une liberté publique »*[9]. En effet, cette liberté publique découle de la définition même de la notion de domaine public, telle qu'elle est présentement donnée par l'ordonnance du 06 juillet 1974 en son article 2, aux termes duquel : *« Font partie du domaine public, tous les biens meubles et immeubles qui, par nature ou par destination, sont affectés soit à l'usage direct du public, soit aux services publics. Les biens du domaine public sont inaliénables, imprescriptibles et insaisissables. Sous réserve des dispositions de l'alinéa 3 de l'article 5 ci-dessous, ils sont insusceptibles d'appropriation privée »*[10]. De cette disposition, se dégagent quelques idées d'ensemble. D'abord et avant tout, l'affectation d'une dépendance du domaine public à l'usage direct du public implique nécessairement du moins en principe, son utilisation libre et gratuite par l'ensemble de la collectivité sans l'intermédiaire de l'autorité publique. Par ailleurs et enfin, l'utilisation d'un bien du domaine public affecté à l'usage du service public n'est rendue possible qu'à l'occasion des prestations fournies par le service public affectataire[11]. Plus généralement donc, c'est l'affectation des biens des personnes publiques à l'usage collectif ou si l'on préfère à l'utilité publique (usage direct ou indirect par le public) qui confère aux bénéficiaires, c'est-à-dire le public dans son ensemble, le droit d'utiliser librement ces dépendances sans besoin de requérir une quelconque autorisation de la part des propriétaires, encore moins une restriction venant de ces derniers. Pour autant, *« c'est l'intervention du pouvoir pour la reconnaître et aménager le régime de son exercice »*[12] qui rend cette liberté publique. Il est en ainsi *« parce qu'elles intéressent directement les relations des particuliers entre eux ou avec le pouvoir, elles sont libertés publiques en ce qu'elles n'entrent dans le droit positif que lorsque l'État en a consacré le principe, aménagé l'exercice et assuré le respect »*[13]. Par liberté d'utilisation du domaine public, il faut entendre la possibilité reconnue aux individus de se servir des dépendances communes conformément à leur affectation, dans la mesure où l'utilisation par une personne n'empêche pas l'utilisation de la même dépendance par

---

Cette mesure, quoique préventive et salvatrice, porte néanmoins atteinte à la dignité humaine et donc au respect de la personne du décédé. Il ne lui est pas réservé un dernier hommage digne, pas même une assistance à l'inhumation méritée.

[9] J. DUFAU, *Le domaine public ; composition, délimitation, protection, utilisation*, 5ème édition, Paris, *Le moniteur*, 2001, p. 322.

[10] Cette définition sans être analogue à celle rencontrée dans l'ensemble des États d'Afrique noire d'expression francophone présente néanmoins quelques similitudes avec celle que posent les législations sénégalaise, malienne, guinéenne, congolaise et ivoirienne.

[11] J. MORAND-DEVILLIER, *Cours de droit administratif des biens*, 3ème édition, Paris, LGDJ, Montchrestien, 2003, p. 32 ; L.P. BALLA MANGA, *La protection du domaine public au Cameroun*, Thèse de doctorat/Ph. D en Droit Public, Université de Douala, Juin 2020, p. 64.

[12] B.M. METOU, « Vingt ans de contentieux des libertés publiques », *Revue Africaine de Science Juridique*, vol. 8, n° 1, 2011, p. 269.

[13] J. RIVERO, *Les droits de l'Homme*, Thémis, P.U.F., 1984, tome l, p. 23.

d'autres[14] ou du reste laisse intacte la possibilité d'usage par d'autres. De ce fait, la liberté d'utilisation du domaine public doit se concilier d'une part avec d'autres libertés publiques, et de l'autre, avec les exigences de l'ordre public. En tant qu'ensemble de biens meubles et immeubles des personnes publiques destinés à l'utilité publique et portés hors du commerce juridique en raison de leur importance non négligeable pour la satisfaction de l'intérêt général, les biens du domaine public doivent pour remplir leur mission faire l'objet d'un usage canalisé[15]. Bien qu'il ne s'agisse pas de porter atteinte à cette liberté fondamentale en interdisant son exercice sur le domaine public, l'autorité administrative devra néanmoins la réglementer, compte tenu des circonstances et l'adapter aux problèmes à résoudre[16]. Cette dernière considération se justifie d'autant plus qu'en période de crise, notamment sanitaire, la liberté d'aller et venir, celle de circuler sur la voie publique, celle de manifester publiquement par exemple prennent un coup de buttoir et ne peuvent plus naturellement s'exercer sans le regard très attentif de l'autorité administrative. Un nouveau droit administratif et des libertés publiques tendent à s'émanciper en mettant en cause l'urgence sanitaire, un ordre public sanitaire et une police administrative sanitaire sous le couvert de la stratégie gouvernementale de riposte contre la pandémie à coronavirus. La présente réflexion recèle un double intérêt théorique et pratique. D'abord, à travers la liberté d'utilisation du domaine public, il est possible d'apprécier le degré d'éradication ou de propagation de la pandémie du fait de la méconnaissance des mesures barrières, d'une part, et le degré de garantie des droits et libertés publiques en raison de la restauration de la santé publique, de l'autre. Enfin, il est question de mettre en exergue le pouvoir de police de l'autorité administrative en période de crise, qui de toute évidence ne connaît pas de limites. Surtout lorsqu'on sait que même en période normale, aucune liberté ne revêt un caractère absolu, du fait notamment de la préservation de l'ordre public et de l'exercice d'autres libertés publiques. Autant dire d'emblée que la préservation de l'ordre public ne peut plus se faire en abstraction de la santé publique[17] qui en constitue désormais une variante. Au bénéfice des observations qui précèdent, il est opportun de se demander si la liberté d'utilisation du domaine public trouve sa pleine expression en période de crise sanitaire ? Il appert que la nécessité de rétablir l'ordre public sanitaire dont la conséquence est la soumission à un nouveau mode de vie fait que la liberté d'utilisation du domaine public en période de crise sanitaire est généralement banalisée, voire neutralisée et rarement célébrée. Alors même que les libertés publiques constituent *« des zones dans lesquelles le pouvoir politique n'a pas le droit de*

---

[14] On rapprochera cette définition de celle que donnent Ph. GODFRIN et M. DEGOFFE dans leur *Manuel* de *Droit administratif des biens. Domaine, travaux, expropriation*, 8ème édition, Paris, *Sirey*, 2007, p. 89 ; L.P. BALLA MANGA, *La protection du domaine public au Cameroun*, *op. cit.*, p. 327.

[15] L.P. BALLA MANGA, *La protection du domaine public au Cameroun*, *op. cit.*, p. 375.

[16] Ph. GODFRIN et M. DEGOFFE, *Droit administratif des biens. Domaine, travaux, expropriation*, *op. cit.*, p. 90.

[17] V. L. AMOUSSOU, *L'ordre public sanitaire en Afrique francophone*, Thèse pour le doctorat en droit public, Université de Bordeaux, 2017, pp. 155-202.

pénétrer »[18], la pratique offre de voir que les pouvoirs de l'autorité administrative en période de crise, à bien des égards prennent les allures d'un *diktat*. Qui plus est, ils s'analysent en *« des actes de réglementation des libertés des citoyens, en des actes d'édiction de mesures restrictives de la liberté des individus, en des actes d'exécution de ces mesures et en des actes de sanction du non-respect de ces mesures par leurs destinataires »*[19]. De cette manière, l'exercice des droits et libertés fondamentaux sur les dépendances destinées à l'ensemble de la communauté doit s'harmoniser avec l'existence de particularisme et le besoin des pouvoirs publics de mettre sur pied des mesures plus aptes ou alors propres à endiguer la pandémie. La première exigence appelle un régime restrictif de l'usage direct, la seconde fait une large place à l'usage sélectif du service public. Dans cette optique, il est important pour s'en rendre compte, de scruter la législation d'urgence et la pratique qui laissent entrevoir le rétrécissement excessif de l'usage direct du public (I) et le dysfonctionnement relatif du service public (II).

I- Le rétrécissement excessif de l'usage direct du public

« Apparue la première, elle n'a été réellement consacrée par la jurisprudence qu'en 1935, à propos d'un cimetière »[20]. Ainsi, l'affectation à l'usage direct du public se présente comme la condition première d'incorporation d'un bien meuble ou immeuble, naturel ou artificiel dans le domaine public et par voie de conséquence d'application de la domanialité publique[21]. L'exigence de l'usage direct du public signifie que non seulement l'usage doit être collectif, mais aussi et surtout que l'accès aux dépendances doit être libre. Ce qui exclut en principe et conséquemment l'usage d'un bien du domaine public affecté au public de façon directe, avec le concours du service public. L'on convoque souvent à cet effet, la liberté de circulation sur la voie publique, qui est une manifestation de la liberté d'aller et venir. Aussi convient-il de mentionner la liberté de manifestation, la liberté d'utilisation des jardins publics, des rivages de la mer, etc. De même que le transport et la circulation des marchandises sur la voie publique sont une expression de la liberté de commerce et de l'industrie. Dans cette mesure, pour que le progrès de l'État de droit au Cameroun ne soit plus une *« poudre aux yeux »* mais davantage qu'on puisse prétendre à une *« avancée réelle »*[22], il faut imposer à l'administration de desserrer l'étau des contraintes qui pèsent jusque-là sur

---

[18] J.L. ATANGANA AMOUGOU, *L'État et les libertés publiques au Cameroun. Éssai sur l'évolution des libertés publiques en droit camerounais*, Thèse de doctorat en droit public, Université Jean Moulin, Lyon 3, 1999, p. 29.

[19] E. G. BEYEGUE BOULOUMEGUE, *La police administrative au Cameroun. Contribution à l'étude de l'évolution du droit administratif camerounais*, Thèse de doctorat/Ph. D en droit public, Université de Yaoundé II-Soa, 2016-2017, p. 275.

[20] J. MORAND-DEVILLIER, *Cours de droit administratif des biens*, *op. cit.*, p. 31.

[21] Article 2 de l'ordonnance n° 74/2 du 6 juillet 1974 fixant le régime foncier et domanial : *« Font partie du domaine public, tous les biens meubles et immeubles qui, par nature ou par destination, sont affectés soit à l'usage direct du public, (…) »*.

[22] Pour emprunter une formule célèbre de M. NGUELE ABADA, « Le progrès de l'État de droit : avancée réelle ou poudre aux yeux ? », in D. MAUGENEST, J.D. BOUKONGOU (dir.), *Vers une société de droit en Afrique centrale*, Yaoundé, Presses de l'UCAC, 2001, p. 136.

l'exercice et la jouissance de ces droits et libertés en donnant plus de liberté aux citoyens[23]. Malheureusement, c'est la même administration qui se présente comme un véritable obstacle à l'exercice des libertés fondamentales ci-dessus énumérées et toutes les autres qui trouvent à s'appliquer sur les dépendances du domaine public depuis que sévit la pandémie à coronavirus. En effet, on assiste au Cameroun et partout ailleurs, à une restriction de la liberté d'aller et de venir (A), ce qui ne manque pas d'impacter sur le flux (B) des personnes et des marchandises tant sur l'ensemble du territoire national, qu'au plan international et communautaire.

A- La modulation de la liberté d'aller et de venir

Il convient de se baser sur les dispositions de l'article 15 de la déclaration française des droits de l'homme et du citoyen du 26 août 1789 disposant *« la liberté (…) consiste à faire tout ce qui ne nuit pas à autrui »*, pour légitimer la liberté d'aller et de venir. C'est, écrit ONDOUA AKOA, *« sans doute le droit fondamental de l'homme ayant subi plus de restrictions en cette période marquée par la pandémie du COVID-19 »*[24]. Susceptible de conditionner l'exercice de tous les autres droits fondamentaux de l'homme[25], la liberté d'aller et venir s'entend de la faculté de se déplacer ou de circuler librement dans un pays, de le quitter et d'y revenir dans les conditions légales. À partir du moment où une société est démocratique, on sait d'avance que dans l'intérêt public, toute liberté pour être effective nécessite une réglementation. Néanmoins, cette dernière doit respecter le principe de liberté, de telle façon qu'elle ne doit pas comporter des mesures d'interdiction à caractère général et absolu. Pourtant, la crise sanitaire impose que l'on prévoit *« de façon permanente des dispositions qui dérogent au droit commun ou qui donnent aux autorités (…) de puissants moyens d'action sur les individus et les biens »*[26]. Cela se comprend aisément si l'on veut bien avoir en mémoire que *« la notion d'ordre public comporte indiscutablement une part de sanitaire »*[27]. Les individus sont alors conduits à adopter des comportements nouveaux et sans commune mesure avec ceux que l'on rencontre en période ordinaire. Une telle considération se trouve fortement accentuée en matière de liberté de circulation et de manifestation, de même que lorsqu'il s'agit d'utiliser librement les espaces publics. L'imposition des écarts entre individus, le port obligatoire du masque, l'impossibilité de s'étreindre publiquement et l'interdiction de se serrer la main ou encore le fait de régulièrement les laver à l'eau coulante en constituent l'exemple éclatant. L'on peut en rendre compte succinctement à travers la subordination de l'usage des espaces publics à

---

[23] B.M. METOU, « Vingt ans de contentieux des libertés publiques », *op. cit.*, p. 267. Également J.L. ATANGANA AMOUGOU, *L'État et les libertés publiques au Cameroun. Éssai sur l'évolution des libertés publiques en droit camerounais*, *op. cit.*, 710 p.

[24] G.F. ONDOUA AKOA, « La liberté d'aller et venir à l'épreuve du Covid-19 », *Le Nemro*, Avril-Juin 2020, p. 447.

[25] *Ibid.*, p. 448.

[26] J. OWONA, « L'institutionnalisation de la légalité d'exception dans le droit public camerounais », *RCD.*, n° 6, juillet-décembre 1974, p. 107.

[27] S. RENARD, *L'ordre public sanitaire (Étude de droit public interne)*, Thèse de doctorat en droit, Université de Rennes I, 2008, p. 18.

l'observation des mesures barrières (1) et la suppression des parades de défilé lors des fêtes nationales (2).

1-La subordination de l'usage des espaces publics à l'observation des mesures barrières

On observe depuis la crise sanitaire du coronavirus la mise sur pied sur l'ensemble du territoire national d'un état d'urgence sanitaire. Visant à faire face à la pandémie à COVID-19, ce dernier va du port du masque au regroupement subordonné à un nombre déterminé de personnes, en passant par la restriction des libertés publiques. L'on reconnaît sur ce point que les citoyens comme les gouvernants sont entrés dans une ère d'initiation à l'acquisition des habitudes et des attitudes favorables[28] à la domination de la crise sanitaire. Ce bouleversement de l'ordre établi n'est pas sans conséquence sur les libertés afférentes au déploiement sur les dépendances du domaine public. S'agissant de la liberté de circulation et même de manifestation collective sur la voie publique, qui sont des manifestations de la liberté d'aller et venir, elles sont strictement encadrées et contrôlées[29]. Le fait est qu'elles peuvent constituer non pas un trouble à l'ordre public en période de crise sanitaire, mais davantage une grave menace à la santé publique et donc de l'ensemble de la collectivité. En cela, l'administration considère très souvent comme dangereuse pour la santé publique de telles libertés. Ce qui peut se comprendre évidemment si l'on ne perd pas de vue le fait que le gouvernement camerounais a instruit à toutes les autorités administratives, chacune à son échelle respective, de veiller à ce qu'il n'y ait pas de rassemblement de plus de cinquante (50) personnes dans les lieux et édifices publics mais aussi et surtout de veiller à la distanciation sociale lors des rassemblements de grande envergure. Le même comportement s'observe en ce qui concerne les mouvements des personnes et de leurs biens. Des mesures drastiques ont été prescrites allant du confinement partiel au confinement total, selon que la propagation de la pandémie se fait à une vitesse exponentielle ou non. Aussi convient-il de mentionner la fermeture des débits de boissons, des commerces et autres espaces recueillant massivement le public à partir de dix-huit (18) heures. Cependant, l'on déplore le fait que les places de marchés ne soient pas soumises à ces mesures aussi bien au début de la pandémie, que pendant sa phase d'édulcoration actuelle. On peut d'ailleurs craindre que la seconde phase du coronavirus s'amplifie dans les places de marchés du fait de l'indolence des personnes qui s'y déploient. De la même manière, on se rend compte à l'évidence que les lieux de culte n'ont pas su résister à la tentation de continuer à se comporter comme en période normale sous le regard passif et quelque peu complice des autorités de police administrative en admettant plus du nombre de personnes exigées dans leur rassemblement et parfois même en méconnaissance totale des mesures de distanciation sociale. Bien que certaines mesures barrières tendent à réduire l'avancée de la pandémie, l'autorité administrative gagnerait à appliquer

---

[28] B.M. METOU, « Vingt ans de contentieux des libertés publiques », *op. cit.*, p. 267.
[29] *Ibid.*, p. 275.

beaucoup plus sévèrement les mesures de police en la matière. C'est sans doute cette dernière considération qui justifie que les fêtes nationales soient depuis deux ans déjà fériées et chômées lorsqu'elles coïncident avec les jours ouvrables.

2-La proscription des manifestations d'envergure

Il est de règle que les fêtes de la jeunesse et de l'unité nationale soient célébrées respectivement le 11 février et le 20 mai de chaque année sur l'ensemble du triangle national. Cependant, depuis bientôt deux ans, cette tradition républicaine pourtant vivement recommandée est totalement ignorée ou du reste minorée. Pour cause, *« la propension à l'inobservance des mesures barrières lors de certaines manifestations d'envergure et des risques subséquents de résurgence et de propagation de la COVID-19 »*[30]. Par conséquent, seules les activités du Village jeunesse à mobilisation réduite sont autorisées à continuer de se dérouler en partie en présentiel, dans le strict respect des mesures barrières. Ce qui pourrait laisser penser que les activités du Village jeunesse à forte mobilisation se tiendront essentiellement en mode virtuel. Si cette solution peut être regardée comme étant de bon sens, il reste que les rassemblements virtuels continuent de poser problème dans la pratique. En effet, le numérique est encore considéré à juste raison, dans notre contexte comme *« un objet juridique en quête d'identité »*.[31] Les raisons analogues justifieraient, sans doute, l'interdiction de la parade du défilé de la fête de l'unité nationale tout autant que d'autres manifestations d'envergures telles que : la cérémonie de présentation des vœux de nouvel an au Président de la République et aux membres du Gouvernement, la réception au Palais de l'unité à l'occasion de la fête de l'unité nationale, la parade du défilé de la journée internationale des droits de la femme du 08 mars, etc. De ce qui précède, il va sans dire que le mobile d'ordre public sanitaire justifie qu'on restreigne l'accès aux dépendances du domaine public sans aucune autre forme d'explication. En plus, si l'on considère l'idée selon laquelle *« la sauvegarde de l'ordre public relève d'une appréciation personnelle de l'autorité administrative »*[32], et qu'elle peut l'avancer comme motif, on verra qu'*« il suffit que l'administration vise l'ordre public dans l'une de ses décisions restreignant une liberté publique pour que le juge refuse ou rejette la requête du justiciable »*[33]. Pourtant, *« en dernier lieu, c'est à lui qu'il revient de définir et de préserver la substance du droit mis en péril par les limitations qui l'affectent »*[34]. C'est donc dire tout l'*« immobilisme »*[35] qui caractérise le juge des

---

[30] On se rapportera dans ce sens au Communiqué Radio/Presse du Ministre de la jeunesse et de l'éducation civique daté du 5 février 2021 et interdisant la parade du défilé du 11 février 2021, dans le souci d'éviter la propagation du coronavirus et de préserver la santé des populations, notamment des jeunes.

[31] M.L. FOUDA NOAH, *Fiscalité et numérique dans les États africains : Étude des cas à la lumière de quelques États d'Afrique subsaharienne*, Thèse de doctorat Ph/D en droit public, Université de Douala, 2020, p. 13.

[32] B.M. METOU, « Vingt ans de contentieux des libertés publiques », *op. cit.*, p. 276.

[33] *Ibid.*, p. 277.

[34] F. SUDRE, « Quel noyau intangible des droits de l'homme », in D. MAUGENEST et P.G. POUGOUE (dir.), *Droits de l'homme en Afrique centrale*, Colloque de Yaoundé, 9-11 novembre 1994, Yaoundé/Paris, UCAC/Karthala, 1995, p. 270.

[35] J.-M. BIPOUN WOUM, « Recherches sur les aspects actuels de la réception du droit administratif dans les États d'Afrique Noire d'expression française : le cas du Cameroun », *RJPIC*, 1972, p. 377.

libertés publiques en pareille circonstance. En outre, le rétrécissement excessif de l'usage direct du public aurait incidemment des répercussions tant sur le flux et reflux des personnes que des marchandises.

B- La fermeture des frontières

Il est majoritairement admis que l'État au titre de ses compétences exerce celle personnelle, celle à raison des services publics et celle territoriale[36]. La dernière qui nous intéresse ici s'analyse comme *« le pouvoir juridique d'un État d'agir dans l'espace qui constitue son territoire »*[37]. Alors que la liberté d'aller et venir à l'intérieur du territoire de la République camerounaise, d'en sortir et d'y revenir, est garantie à tous les citoyens camerounais ou étrangers, sous réserve du respect de l'ordre public[38], depuis l'apparition de la crise sanitaire liée au coronavirus en mars 2020, la pratique qui se donne à voir est que les frontières internes et externes restent fermées. Par voie de corollaire, le transport et la circulation des marchandises sur la voie publique qui sont pourtant une expression de la liberté de commerce et de l'industrie rencontrent des difficultés sérieuses dans leur mise en œuvre. Souverain, l'État peut faire tout ce qui lui plaît pour le maintien de la sécurité des biens et des personnes dans son territoire. Cette mission régalienne inhérente à sa personnalité juridique commande que les frontières internationales soient fermées dès lors que la santé de sa population est menacée. Bien que la fermeture des frontières restreigne la liberté de mouvement des citoyens, elle est cependant nécessaire et utile car, il s'agit avant et après tout de protéger la santé et la vie des citoyens[39]. Sous cette configuration, il importe d'examiner les mesures liées à l'inaccès aux frontières aussi bien au plan international (1) que sur le plan national (2).

1-Le blocus des frontières de l'État

L'État est libre d'organiser sa défense d'après ses besoins, ses moyens et sa politique dans les limites de ses obligations internationales ou du reste dans le respect de ses engagements internationaux[40]. Il bénéficie à cet effet de l'immunité de juridiction[41] et va jusqu'à exercer son action même à l'étranger pour ce qui concerne ses services publics, notamment ceux diplomatiques et consulaires[42]. C'est ce qui semble-t-il aura justifié l'arrêt de la délivrance des visas, des cartes de séjour et même l'établissement relatif des passeports pendant la phase optimale de propagation de l'infection. Voilà également pourquoi, sur le plan international par exemple, au

---

[36] D. RUZIÉ, *Mémento de Droit international public*, 15ème édition, Paris, Dalloz, 2000, pp. 85 et s.

[37] *Ibid.* p. 92.

[38] On retrouve des dispositions analogues dans l'article premier alinéa 3 de la loi n° 3/91 du 26 mars 1991 modifiée par la loi n° 47/2010 du 12 janvier 2011 portant Constitution de la République gabonaise.

[39] G.F. ONDOUA AKOA, « La liberté d'aller et venir à l'épreuve du Covid-19 », *op. cit.*, p. 454.

[40] Dans ce sens, D. RUZIÉ, *Mémento de Droit international public, op. cit.*, p. 91.

[41] Entendu ici comme un privilège qui le fait échapper à la compétence des tribunaux étrangers. Voir notamment D. RUZIÉ, *Mémento de Droit international public, op. cit.*, p. 89.

[42] *Ibid.*

Cameroun, en Afrique tout comme partout dans le monde entier, les pouvoirs publics ont interdit que ce soit par voie terrestre, aérienne, maritime ou fluviale, le flux des personnes et des marchandises tant que des mesures appropriées pouvant éradiquer totalement ou partiellement la pandémie n'étaient pas mises sur pied. Plus spécifiquement, le Cameroun a fait le choix de fermer totalement ses frontières à tous les pays, exception faite des pays de la CEMAC avec cependant un renforcement des contrôles à ses frontières[43]. À rebours, ceux des camerounais ou étrangers se trouvant au Cameroun depuis la pandémie ne peuvent retourner dans les pays étrangers où ils vivent pour les uns, et dans leurs pays d'origine, pour les autres. Le fait est que l'État camerounais refuse de se constituer en sanctuaire pour l'expansion de l'infection. Cette solution pourtant de bon sens affecte non seulement la liberté d'utilisation des dépendances du domaine public destinées à l'usage direct, mais davantage et de plus en plus, l'ensemble de l'économie mondiale ; en même temps qu'elle porte atteinte à l'obligation de non-refoulement, qui se présente de nos jours comme une norme de *jus cogens*[44]. L'importation et l'exportation des marchandises, qui naturellement contribuent de façon significative à l'augmentation des recettes publiques, non sans oublier la liberté de commerce et de l'industrie qu'elles induisent, se trouvent ainsi menacées par les mesures draconiennes préconisées par les pouvoirs publics. Il n'est pas exagéré de soutenir que c'est cette atteinte grave à l'économie planétaire qui aura conduit à la réouverture des frontières internationales.

2-Le blocus des frontières dans l'État

Le blocus des frontières dans l'État est l'autre variante de la fermeture des frontières. Il s'analyse comme une restriction des mouvements des personnes d'un endroit à un autre par voie terrestre, maritime, fluviale et aérienne à l'intérieur du périmètre national. Ainsi, tout comme sur le plan international, on observe au plan interne une limitation des déplacements des personnes d'une ville à l'autre, à l'effet de contrecarrer la pandémie. Du coup, pendant un bon bout de temps, les mouvements des biens, mais surtout encore des personnes se sont vus limiter par cela seul qu'il fallait restaurer la santé publique. En outre, l'observation permet de se rendre compte que les pouvoirs publics n'hésitent pas à méconnaitre les règles qu'ils ont eux-mêmes instituées dès lors que l'intérêt économique est en jeu alors même que le droit positif s'oppose énergiquement à une telle attitude. D'autant plus, qu'il est de jurisprudence constante que *« tu dois souffrir de la loi que tu as faite toi-même »*, en ce qu'*« il serait dangereux de poser en principe que l'Administration a le droit de méconnaitre, voire de violer le nouvel ordre juridique établi par elle-même (…) »*[45]. Nonobstant ces règles d'application stricte, on n'a pas manqué d'assister au Cameroun à la levée des mesures restreignant les mouvements des uns et des autres sur le domaine public. Ainsi en

[43] G.F. ONDOUA AKOA, « La liberté d'aller et venir à l'épreuve du Covid-19 », *op. cit.*, p. 454.

[44] Entendue dans la présente réflexion comme une règle immuable et atemporelle applicable indistinctement de l'espace géographique ou des circonstances.

[45] Arrêt n° 90/CFJ/CAY du 30 septembre 1969, MESSOMO ATENEN Pierre c/État fédéral du Cameroun.

est-il du nombre de passagers dans un véhicule de transport en commun, l'ouverture continue des débits de boisson et autres espaces publics, la banalisation de la règle du nombre de personnes autorisées à se regrouper sur les dépendances du domaine public. L'explication paraît tenir dans le fait qu'*« il arrive souvent que ce nouvel ordre juridique ou comportemental établi soit violé, en raison de l'urgence qu'il y a à sauver un autre intérêt jugé supérieur à celui qui a permis la prise des premières mesures »*[46]. Si toutes les mesures gouvernementales de riposte contre la COVID-19 semblent nécessaires pour la sauvegarde de l'intérêt général sanitaire et économique ainsi que les libertés publiques, il faut néanmoins relever qu'elles sont insuffisantes, voire insatisfaisantes. En ceci que le risque est alors grand de voir la pandémie se propager davantage, malgré la plus-value économique que cet assouplissement comporte pour le budget de l'État singulièrement et des personnes publiques globalement. Il faut également dire que la pandémie n'a pas fait que restreindre l'exercice des libertés sur la voie publique, elle a aussi, et de manière déterminante, donné un visage peu reluisant au service public.

II-Le dysfonctionnement relatif du service public

Deuxième condition nécessaire et suffisante d'intégration d'un bien au domaine public et par conséquent d'application du régime de droit public, l'affectation des biens meubles et immeubles, naturels ou artificiels à l'usage du service public est parallèle au critère de l'usage direct et a été consacré par la jurisprudence *LE BETON en 1956*[47]. Distincte de l'affectation à l'usage direct du public, elle lui reste néanmoins complémentaire et signifie alors la possibilité offerte aux usagers de se servir de tels biens par le truchement des gestionnaires du service public. Si pour certains auteurs[48] et fervents défenseurs de ce critère, tous les biens affectés à un service public font partie du domaine public et la domanialité publique trouve à s'appliquer, il faut convenir avec Gaston JEZE[49] que seul le caractère indispensable, voire difficilement remplaçable semble incorporer un bien public affecté au service public dans la catégorie dite du domaine public. Si ce raisonnement vaut pour JEZE et son époque, il semble finalement n'avoir rien perdu de sa pertinence à l'échelle contemporaine. Ainsi, la lecture croisée des articles 2 et 12 de l'ordonnance domaniale de 1974, autorise à aboutir à la conclusion selon laquelle ce qui intègre le bien meuble ou immeuble, naturel ou artificiel affecté au service public dans le domaine public, c'est son indispensabilité pour le service public en tant qu'il constitue l'objet même de ce dernier et non pas simplement un moyen par lequel les prestations sont fournies ou

---

[46] G.F. ONDOUA AKOA, « La liberté d'aller et venir à l'épreuve du Covid-19 », *op. cit.*, p. 455.

[47] C.E., 19 octobre 1956, *Le Béton.* Il s'était agi notamment, des terrains situés dans l'enceinte d'un port, faisant l'objet d'utilisations privatives par diverses sociétés, mais concourant au fonctionnement de l'ensemble du port. D'où, le besoin d'inclure ces terrains dans le domaine public portuaire en vue de leur appliquer toute forme de protection ou, si l'on préfère toutes les règles juridiques tendant à garantir l'affectation à l'utilité publique, soit en permettant leur usage commun, soit en interdisant leur appropriation individuelle.

[48] L. DUGUIT, *Traité de droit constitutionnel*, t.3, 3ème éd., Paris, Editions de Boccard, 1930, p. 348.

[49] G. JEZE, « Note sur Conseil d'État, 21 mars 1930, Société agricole et industrielle du sud algérien », *R.D.P.*, p. 766.

réalisées. Cela étant précisé, on doit noter que les biens du service public doivent profiter à l'ensemble du public sans discrimination ni restriction, étant précisé qu'ils ont été affectés pour la cause. Encore que les services publics sont *« la raison d'être de l'administration, qui ne dispose de prérogatives de puissance publique que pour les assurer au mieux »*[50]. Si en droit positif camerounais, il ne fait l'ombre d'aucun doute qu'il y a une consécration formelle et réelle des droits et libertés attachés à l'usage des services, il y a tout de même lieu de remarquer que la réglementation des modalités de leur exercice en période de crise sanitaire est beaucoup plus rigide qu'en période normale. Au-delà de ce que la crise sanitaire affecte l'ensemble des services publics, c'est celle relative aux services publics éducatif et sanitaire qui paraît prégnante et mérite pour cela que l'on s'y attarde. Au regard de la pandémie de la COVID-19, et des mesures de police administrative prévues à cet effet, l'interprétation faite en rapport avec le dysfonctionnement relatif dans l'usage des biens du service public, permet d'affirmer, qu'il y a discontinuité (A), mais également un accès limité (B) aux domaines publics, tant éducatifs que sanitaires.

A-La discontinuité du service public éducatif

Le domaine public éducatif ici s'entend de tous les biens meubles ou immeubles destinés à l'usage du service public éducatif et insusceptibles de faire l'objet d'un droit de propriété au profit des particuliers. Les biens ainsi affectés doivent faire l'objet d'un usage commun en toute égalité et continuité. Corollaire du prolongement ou de la continuité de l'État[51], le principe de la continuité du service public renvoie à ce que le service public fonctionne sans discontinuer ou sans interruption pour que l'État puisse toujours assurer et assumer ses missions régaliennes. La poursuite de l'intérêt général, qui en est le fondement ne doit pas rencontrer des difficultés liées notamment, à l'interruption ou à un dysfonctionnement du service public, en raison évidemment de la crise sanitaire. En effet, *« un besoin public reconnu ne peut être satisfait de manière intermittente. Le service public correspond à un intérêt général qualifié, c'est-à-dire dont le caractère est impérieux pour la population. Rien ne doit faire obstacle à son fonctionnement continu »*[52]. Seul reste possible le changement du mode de gestion du service public « *dès lors que cela paraît nécessaire pour assurer le meilleur fonctionnement du service »*[53]. On comprend aisément que nonobstant la reconnaissance et la garantie constitutionnelle du droit de grève, celui-ci, sauf exceptions législatives, ne peut s'exercer pleinement et librement que s'il ne porte pas atteinte au principe de continuité du service public et, si l'agent public assure le service minimum[54]. Le secteur éducatif camerounais ne paraît pourtant pas refléter un tel schéma et ce, pour plus d'une raison. Premièrement, dès l'enregistrement des premiers cas de la pandémie à coronavirus au Cameroun, le service public éducatif a aussi tôt cessé de fonctionner du moins régulièrement. Pour

---

[50] I. D. SALAMI, *Droit administratif*, Edition CeDAT, 2015, p. 196.

[51] L.P. BALLA MANGA, *La protection du domaine public au Cameroun, op. cit.*, p. 353.

[52] Ch. DEBBASCH et F. COLIN, *Droit administratif*, 7ème édition, Paris, Economica, 2004, p. 368.

[53] E. FATOME, « Le régime juridique des biens affectés au service public. À propos de la décision du Conseil constitutionnel du 14 avril 2005 », *A.J.D.A.*, *Chroniques*, 2006, p. 181.

[54] Lire utilement M. GROS, *Droit administratif sous l'angle jurisprudentiel*, Paris, L'Harmattan, 1998, p. 106.

preuve, l'enseignement primaire a connu aussitôt sa fin d'année scolaire ; le cycle secondaire pour sa part, n'a connu de continuité que pour ce qui est des classes d'examen. Au niveau de l'enseignement supérieur, il y a eu ce qu'il est convenu d'appeler une dématérialisation de l'enseignement à travers l'instauration des cours en ligne ou en visioconférence. Cependant, ce système de dématérialisation de l'enseignement, s'il est effectif dans les pays développés, il reste encore embryonnaire, mieux dans sa phase de léthargie au Cameroun et partant, se révèle inapte à répondre aux impératifs d'assurance qualité. Toute chose qui a des répercussions sur non seulement la qualité des enseignements, mais aussi et surtout sur la continuité du service public éducatif. Au surplus même, les soutenances supposées être publiques se déroulent désormais par visioconférence ou à huis clos au grand dam des impétrants et de leurs familles souvent nombreuses pour la circonstance.

Au regard de ces considérations, il convient d'examiner l'accès conditionné au service public éducatif (1) et sa minoration (2) qui est son corollaire tout désigné.

1-Un accès conditionné

L'interruption ou le fonctionnement irrégulier du service public éducatif ne saurait être la seule cause de la discontinuité du service public éducatif au Cameroun. Cette dernière pourrait également résulter de l'impossibilité d'accéder, et partant, de l'accès conditionné au service public éducatif. La question de l'accès conditionné pose, en réalité, un problème d'effectif et d'intermittence des structures éducatives. Relativement au nombre d'élèves ou d'étudiants pouvant accéder en salle de classe ou dans un amphithéâtre, la pratique qui se donne à voir est celle selon laquelle le respect de la distanciation sociale oblige à réduire au quart les effectifs pour le supérieur et à la moitié pour ce qui est du secondaire. Il en résulte certes une possibilité de réduction de la propagation du virus, mais il convient de noter aussi que ces services publics ne sauraient satisfaire pleinement l'intérêt général en raison du nombre d'heures et d'apprenants relativement étriqués. C'est en cela qu'il est possible de soutenir et ce de manière fort convaincante que le service public éducatif est en proie à des dysfonctionnements du fait de la pandémie. S'agissant de l'intermittence, il a été institué au secondaire et au primaire un système de rotation des effectifs qui veut qu'une partie d'élève fasse cours en matinée et l'autre partie dans l'après-midi. Ainsi s'explique-t-il probablement que les cours se déroulent entre huit (8) heures et douze (12) heures, pour la période matinale et, entre douze (12) heures trente (30) minutes et dix-sept (17) heures en ce qui concerne les cours du soir. La remarque qu'il convient de faire ici est que l'obligation faite à l'État d'assurer le droit à l'instruction de l'enfant telle qu'elle résulte du préambule constitutionnel connaît des réserves ou si l'on veut des modulations. En cela, ce droit se trouve foncièrement minoré voire violé.

2-Un droit fondamental minoré

D'entrée de jeu, il importe de rappeler que le droit à l'éducation est un droit fondamental pour tout citoyen et dont la traduction la plus simple se mesure aux prestations du service public éducatif. Par conséquent, ce droit de la deuxième génération, contrairement à ceux de la première qui *« comportent simplement la liberté de faire (ou de ne pas faire) quelque chose sans subir aucune interférence de la part des pouvoirs publics »*[55], attribue normalement à son titulaire le droit d'exiger des pouvoirs publics la réalisation des buts précis[56]. Or, il est établi depuis le début de la nouvelle année académique, en particulier au secondaire, qu'on ne saurait avoir comme par le passé, des effectifs pléthoriques. Si cette solution présente néanmoins l'avantage de sécuriser les élèves contre la pandémie, elle se rend tout aussi coupable de violation du droit fondamental à l'éducation. Il en est ainsi parce que, certains citoyens camerounais ou non, du fait du nombre dorénavant très restreint dans les établissements publics et, même privés se voient priver de leur droit le plus fondamental qui est celui à l'éducation. De ce point de vue, la crise sanitaire, faut-il le rappeler, est source d'inégalité des citoyens devant les services publics éducatifs et partant mue cette règle constitutionnelle en dogme faux. En plus, la discontinuité du service public éducatif liée à la crise sanitaire se fait davantage ressentir en ce qui concerne son intermittence dans la mesure où, difficilement les programmes seront achevés et la formation aboutie. L'inégalité des citoyens devant le service public est également inhérente au domaine de la santé depuis que la pandémie a cours.

B- L'inégal accès au domaine public sanitaire

Lorsqu'on parle du domaine public sanitaire, cela renvoie à l'ensemble de biens meubles et immeubles affectés à l'usage du service public de la santé et hors du commerce juridique. En tant que tels, ces biens doivent procurer des utilités à tout citoyen camerounais ou non désirant recouvrer la santé ou accéder au bien-être d'un point de vue psychosomatique. On parle parfois à leur sujet d'égalité dans l'usage, laquelle débouche sur une libre concurrence entre tous les malades ou patients.

Considéré comme *« le droit d'accéder, autant que faire se peut, au bien-être et de pouvoir se soigner tout au long de l'existence »*[57], le droit à la santé est élevé à la dignité constitutionnelle au même titre que celui à l'éducation. Il se trouve ainsi consacré dans tous les instruments juridiques internationaux. Pour la Déclaration universelle des droits de l'homme : *« Toute personne a droit à un niveau de vie suffisant pour assurer sa santé, son bien-être et ceux de sa famille, notamment pour l'alimentation, l'habillement, le logement, les soins médicaux ainsi que pour les services sociaux nécessaires »*[58]. Quant à la Charte africaine des droits de l'homme et des peuples : *« Toute personne a le droit de jouir du meilleur état de santé physique et mentale qu'elle soit capable d'atteindre »*[59]. Comme pourrait le laisser penser ces

---

55 A. PIZZORUSSO, « Les générations de droits », in LIBER AMICORUM J.-C. ESCARRAS, *La communicabilité entre les systèmes juridiques*, Etudes coordonnées par Maryse BAUDREY et Thierry DI MANNO, Bruylant, 2005, p. 933.

56 *Ibid.*

57 L.P. GUESSELE ISSEME, « Le droit d'accès à la santé publique dans les États d'Afrique francophone », in H. AKEREKORO (sous la direction de), *La protection du droit à la santé en Afrique Subsaharienne*, Les Editions de la Miséricorde, 2019, p. 163.

58 Article 25 de la Déclaration Universelle des Droits de l'Homme (DUDH) de 1948.

59 Article 16 (1) de la Charte Africaine des Droits de l'Homme et des Peuples (CADHP) de 1981.

dispositions, l'État est garant de ce droit à la santé, et partant doit assurer l'assistance médicale à ses populations. Tout autre est malheureusement le constat depuis la crise sanitaire de la COVID-19. Même si toutes les autres maladies semblent sinon ignorées, du moins minorées et que toutes les énergies sont mobilisées, en même temps que l'attention focalisée sur l'infection à coronavirus, il ne reste pas moins que les victimes de l'infection sont marginalisées par les soins à elles prodiguées. Il est tentant d'avancer sur cette base qu'il y a d'un côté une violation de l'égalité d'accès aux soins de santé, et de l'autre, une discrimination dans l'administration des soins de santé[60]. De ce qui précède, la discrimination dans les services publics sanitaires débouche sur l'accès aux soins de santé (1) et dans l'administration des soins de santé (2).

1-La discrimination dans l'accès aux soins de santé

Alors même que la santé relève *« de l'intervention des institutions publiques et, notamment, de l'État »*[61], la réglementation d'urgence et la pratique observée laissent clairement apparaitre une discrimination dans l'accès aux soins de santé depuis qu'il y a résurgence de la seconde phase de la crise sanitaire. Cela est dû pour une grande partie au *« défaut de prise en compte des inégalités dans l'élaboration de certains programmes ou recommandations dans la construction des formations sanitaires et l'affectation du personnel de santé »*[62]. Pris de court par la pandémie, les pouvoirs publics peinent encore à trouver des équipements sanitaires adéquats pour l'accueil des patients souffrant de coronavirus. Cela ne va pas sans conséquence sur la prise en charge des personnes souffrantes. Ceci se traduit par l'accumulation des patients dans des espaces réduits et souvent sans commune mesure avec le respect des mesures barrières. De plus, la mise au point sur le plan global de riposte gouvernementale se fait souvent en violation du secret médical dès lors qu'on identifie les patients. Et l'on sait qu'*« Il n'y a pas de médecine sans confidences ni de confidences sans secret »*[63]. Si en effet, pour le professeur GUESSELE ISSEME, la discrimination dans l'accès aux soins de santé résulte globalement de la concentration des hôpitaux de référence dans les grandes agglomérations, et de la construction des formations sanitaires de faible amplitude en zone rurale[64], force est de nuancer un tel propos s'agissant des formations en charge de l'infection à coronavirus. De fait, aucun hôpital n'est en réalité compétent pour la connaissance de la pandémie au Cameroun. Les pouvoirs publics ont juste aménagé des espaces pouvant recueillir et accueillir des patients atteints de cette maladie. Tel est le cas par exemple du supermarché ORCA transformé en centre de santé pour la

---

[60] Dans ce sens, lire avec profit L.P. GUESSELE ISSEME, « Le droit d'accès à la santé publique dans les États d'Afrique francophone », *op. cit.*, pp. 165 et s.

[61] P.J. LOWE G. « La santé, un bien ? », *LE NEMRO*, *Revue Trimestrielle de Droit Economique*, Avril/Juin 2020, p. 366.

[62] L.P. GUESSELE ISSEME, « Le droit d'accès à la santé publique dans les États d'Afrique francophone », *op. cit.*, p. 169.

[63] L. PORTES, *A la recherche d'une éthique médicale*, Paris, ed. Masson, PUF, 1954, pp. 131 et s.

[64] L.P. GUESSELE ISSEME, « Le droit d'accès à la santé publique dans les États d'Afrique francophone », *op. cit.*, p. 169.

cause. Il en va également ainsi du site du complexe sportif d'OLEMBE abritant les malades atteints de cette pandémie.

Malgré l'ampleur que prend le fléau, il se pose toujours un problème de proximité des soins[65] de qualité pour les malades atteints de COVID-19. L'admission des patients dans l'un des centres *ad hoc* est de plus en plus difficile et complexe dès lors que les équipements de santé se révèlent insuffisants alors même que la maladie va croissante. *Grosso modo*, les porteurs du Corona Virus Disease vivent, dans leur milieu hospitalier, familial et social, des réactions de méfiance, d'hostilité et d'exclusion rendant la maladie beaucoup plus insupportable et ouvrant la porte à son expansion. Plus encore, privés de tout droit de visite et de tout droit de sortir, les patients sont régulièrement mis en isolement. Loin d'être une arrestation ou une détention arbitraire, la mise en quarantaine est tout de même une mesure de privation ou de restriction de la liberté individuelle des personnes atteintes de la maladie. C'est ce sentiment de rejet, voire de discrimination, qui sans doute serait à l'origine des décès répétitifs et souvent très nombreux.

2-La discrimination dans la fourniture des soins de santé

La discrimination dans l'administration des soins de santé doit s'entendre du refus de dispenser un service à des personnes selon des critères comme l'état de santé[66]. Si dans le vieux continent et ailleurs, les personnes atteintes de coronavirus sont prioritaires dans l'administration des soins de santé, l'observation permet de se rendre compte au Cameroun que l'examen positif au test de COVID-19 est source de difficulté pour l'impétrant qui généralement se trouve lésé. Ceci semble s'expliquer par deux arguments majeurs. Premièrement, la frayeur pour le personnel médical d'être contaminé fait que les patients sont pour la plupart non pas seulement mis en quarantaine, mais ne bénéficient pas des soins de qualité. Secondement, la discrimination se perçoit dans la différence de traitement entre les personnes atteintes de coronavirus et les autres personnes malades dans l'administration des soins de santé. Cette disparité dans l'administration des soins de santé entraine une marginalisation de la couche la plus vulnérable au détriment des autres couches dont l'urgence sanitaire n'est pas toujours établie. En pareille circonstance, le patient atteint de coronavirus doit pouvoir être privilégié au détriment de tout autre malade en raison de la gravité de cette pandémie. Tel n'est pourtant pas le cas dans nos formations hospitalières où la pratique offre de voir une fuite en avant du personnel soignant au motif que soit il n'y a plus d'espace pouvant accueillir le patient soit encore que le plateau technique n'est pas assez fourni. Pareil raisonnement ne saurait prospérer quand on sait qu'il y a eu la création d'un compte d'affectation spéciale à travers une loi de finances rectificative dénommé *« fonds de solidarité nationale pour la lutte contre le*

[65] V. LUCAS-GABRIELLI et alii, « Les soins de proximité : une exception française ? », in *Bulletin d'Information en Économie de la Santé*, n° 39, 2001, pp. 1-4.
[66] L.P. GUESSELE ISSEME, « Le droit d'accès à la santé publique dans les États d'Afrique francophone », *op. cit.*, p. 185.

coronavirus et ses répercussions économiques et sociales »[67]. On constate, pour le regretter, à la lumière des observations précédentes qu'on ne garantit pas l'exercice satisfaisant de la profession médicale[68] dans notre pays. De surcroît, le *« ponce-pilatisme »*[69] entre les hôpitaux publics est alors quelque chose de familier surtout lorsqu'il faut prendre en charge un patient atteint de cette infection. Ainsi, libertés et sûretés se trouvent être en danger[70].

Conclusion

En l'état actuel de nôtre droit positif, le moins que l'on puisse dire est que la liberté d'utilisation du domaine public est neutralisée et banalisée en ceci que l'étau se resserre autour de l'usage direct du public, en même temps que l'usage par le service public connaît des discriminations conduisant à son dysfonctionnement, ou du reste à son fonctionnement anormal et irrégulier. Dans cette mesure, il n'est pas envisageable que *« les libertés publiques opèrent comme des limitations des prérogatives du pouvoir exécutif et notamment de la police en provoquant une définition concrète du régime de certaines activités »*[71]. Techniquement en effet, *« les libertés publiques ne sauraient devenir une arme redoutable à travers laquelle certains citoyens attentent ostensiblement aux droits individuels de leurs concitoyens »*[72]. Tout comme l'autorité administrative, invoquant les nécessités de l'ordre public dans l'exercice des pouvoirs de police ne doit en aucun cas porter atteinte aux libertés publiques, en particulier celle d'aller et venir sur les portions destinées à l'usage collectif. Il lui incombe seulement de veiller à la conciliation de l'exercice de ses pouvoirs de police avec le respect de la liberté d'utilisation du domaine public pour la préservation de la santé publique. Méfions-nous dès lors des belles vues *a priori* sur la liberté. La liberté, dans l'absolu, n'existe pas ! Elle ne peut recevoir que des accommodements raisonnables. Pour tout dire, si initialement, le domaine public était juste regardé comme un lieu de déploiement de la communauté, d'exercice de libertés (notamment publiques), de nos jours cependant, l'intervention de l'autorité publique est indispensable pour reconnaître ces libertés quel qu'en soit l'objet et les aménager indépendamment des circonstances et du temps.

---

67 Confère *Premier rapport d'audit de la chambre des comptes sur l'utilisation des ressources du fonds spécial de solidarité national pour la lutte contre le coronavirus, synthèse du rapport général*, Mars 2021, p. 1.

68 Lire dans ce sens J. PRADEL, « L'incidence du secret médical sur les cours de la justice pénale », *JCP*, 1900-Doctrine 2234.

69 L'on désigne par-là, dans le cadre notamment de cette étude, un déni de compétence, consécutif à une obligation qui incombe aux hôpitaux publics en matière de couverture sanitaire.

70 M. DELMAS-MARTY, *Libertés et sûretés dans un monde dangereux*, Seuil, 2010, 272 p.

71 L. FAVOREU, P. GAIA, R. GHEVONTIAN, F. MELIN-SOUCRAMANIEN, A. PENA-SOLER, O. PFERSMANN, J. PINI, A. ROUX, G. SCOFFONI et J. TREMEAU, *Droit des libertés fondamentales*, 4ème éd., Paris, Dalloz, 2007, p. 2.

72 B.M. METOU, « Vingt ans de contentieux des libertés publiques », *op. cit.*, p. 283.

Troisième partie :
L'INFLUENCE DE LA COVID 19 SUR L'APPLICATION DE LA NORME EN DROIT FINANCIER

Chapitre 1 : La covid-19 et l'application de la norme fiscale

Par Sylvie NGUECHE
Ph.D en Droit Public
Chargée de cours à la Faculté des Sciences Juridiques et Politiques
Membre du Centre d'Etudes et de Recherches Constitutionnelles, Administratives et Financières (CERCAF)
Université de Yaoundé II (Cameroun).

Mener une étude à nouveau sur la covid 19 et l'application de la norme fiscale peut paraître redondant au regard des travaux menés sur la question[73]. Mais ces derniers sont généraux. Et ne permet pas de rendre compte des mouvements du droit face au phénomène humanitaire. Il faut dire que le rôle de la connaissance du droit dans la naissance des phénomènes humain permet d'envisager les effets de ces derniers sur le droit et son application. Cette orientation exige qu'il faille recourir à la sociologie. Mais un tel regard est en quelque sorte accessoire à l'étude de la norme fiscale et de la covid 19. Elle laisse transparaître que le droit, une science sociale appliquée présente des limites parce qu'il est aussi un outil d'intelligibilité.

L'application de la norme fiscale obéit en temps normal à un certain nombre de principes. Ces principes sont des règles de procédures et de fond qui permettent au contribuable d'effectuer ses obligations fiscales convenablement dans les délais impartis. Avec l'avènement du covid-19, l'on a assisté à une remise en cause du droit fiscal. Le Covid-19 a un effet dual sur le droit fiscal, d'une part, l'assouplissement des règles procédurales fiscales et l'allègement du droit fiscal substantiel d'autre part. Cette situation crée d'énormes difficultés dans l'application de la norme fiscale. Gerard Francois Dumond établit une corrélation entre la création, la modification ou la disparition de la norme. Le comportement de la norme face à la crise sanitaire permet de se rendre compte que l'ingénierie juridique ne s'improvise pas et que *le droit, tel qu'il est, est un vecteur de compréhension et d'intelligibilité de l'homme et de la société.* Une compréhension sibylline de l'étude mener exige de comprendre le phénomène étudié, la covid 19 et ses mutations dans le temps et l'espace. Le terme covid-19. Le covid-19 fait référence à « *coronavirus disease 2019* », qui est une maladie inaffectueuse causée par le nouveau coronavirus (***CO*** signifie couronne, ***VI*** pour virus, ***D*** pour maladie et ***19*** l'année ou elle est apparue). Elle est provoquée par un virus de la famille *des coronaviridae, le SARS-Covid-2* de type *zoonose.* C'est en chine dans la ville de Wuhan et particulièrement dans la province de Hubei qu'a émergé le virus pour la première fois. Le premier cas rapporté est un patient de 55 ans tombé malade le 17 novembre 2019. Un mois plus tard, le 15 décembre, le nombre de cas se chiffre à 27, puis à 60

---

73 PEKASSA NDAM (G. M.) et NGANGUE NEMALEU (P.), « Les finances publiques à l'épreuve de la crise sanitaire a coronavirus », LE NEMRO, n° 18, Octobre-Décembre 2020, pp. 49- 74 ; ABENG MESSI (F.), « Les obligations fiscales de l'exercice budgétaire 2020 à l'épreuve de la COVID-19 au Cameroun », RAFIP n° 7,1er semestre 2020, pp.

le 20 décembre. 41 jours plus tard, le Covid-19 s'était répandu dans le monde au point où l'Organisation Mondiale de la Santé (OMS) a déclarait que l'épidémie constitue une urgence de santé publique de portée internationale[74]. D'après le rapport de situation COVID-19 au Cameroun, n. 84 du 23 juin 2021, l'on dénombre 80 858 cas confirmés, 1324 décès, 78 476 personnes guéries et 78 476 personnes vaccinées dont 16 914 personnels de santé[75]. D'autre part, l'application de la norme fiscale mérite une définition opérationnelle dans le cadre de cette réflexion. Si en matière pénale, l'application de la norme dans le temps fait référence aux situations de conflits de lois entre d'un côté une loi ancienne donc l'effet juridique continu de courir et une loi nouvelle qui a vocation à régir toutes les situations futures d'un autre côté. Dans la présente réflexion, il ne sera pas question d'analyser l'application de la norme fiscale dans ce sens. Le sens opératoire de notre analyse concerne l'altération de l'application de la norme fiscale dans le temps du fait des effets du coronavirus. Cette modification de l'application de la norme fiscale dans le temps est le résultat des mesures de confinement initiées par les pouvoirs publics, ce qui engendre de multiples incidences sur le rendu fiscal et contraint de ce fait la norme fiscale à être revisitée dans son application. D'où la présente question : Quelles incidences la COVID-19 a-t-elle sur l'application de la norme fiscale au Cameroun ? L'intérêt d'une telle analyse est dual. Au plan théorique l'intérêt réside dans la démarche de notre réflexion. En ce sens il ne s'agira pas de mener une analyse qui nous permettra de ressortir les incidences de la covid-19 sur la norme fiscale sur les plans plan procédures et fiscales, notre analyse à cette prétention de ressortir sur l'application des normes fiscales les incidentes de la covid-19. Au plan pratique, une telle réflexion est pertinente à plus d'un titre, elle permet de mesurer le niveau d'adaptation de la norme fiscale en cas de force majeur et de ressortir les mesures d'assouplissement fiscales de stabilisation de l'économie dans un contexte de crise sanitaire[76]. La plus récente est la stratégie gouvernement de riposte face à la pandémie du coronavirus (covid-19) : déclaration spéciale, du premier ministre, du chef du gouvernement du 30 avril 2020. Cette déclaration compte 19 mesures parmi lesquelles 11 concernent le système fiscal[77] certaines obligations fiscales. Le covid-19 a des conséquences sur l'application de la norme fiscale. Même si à première vue, du fait de la COVID-19, on assistera à un assouplissement matériel dans l'application de la norme fiscale, il n'en demeure pas moins que cet allègement est à la base d'une déviation temporelle de l'application de

---

[74] OMS, « Novel Coronavirus (2019-nCoV) Situation Report-11 » [archive], sur www.who.int, Organisation mondiale de la santé, consulté 2 mai 2020, 15h45.

[75] Rapport de situation COVID-19 au Cameroun, n. 84 du 23 juin 2021, p. 1.

[76] la stratégie gouvernementale de riposte face à la pandémie de coronavirus : déclaration spéciale du premier ministre, chef du gouvernement du 17 mars 2020, du communiqué radio du premier ministre du 18 mars 2020, de la déclaration du premier ministre du 24 mars 2020, du communiqué à l'issue du conseil de cabinet du jeudi 26 mars 2020, du communiqué du premier ministre du 31 mars 2020, du communiqué du premier ministre sur les mesures de rectification, Décret N-2020/193 du 15 avril 2020 portant commutation et remises des peines, lettre N-1810 du directeur général de la CNPS au président du GICAM.

[77] Chazai + partners, *Recueil des mesures prises par le gouvernement camerounais dans le cadre de la lutte contre la covid-19*, 29 mai 2020, p. 10.

la norme fiscale au Cameroun. Au final, l'application de la norme fiscale est déviée dans le temps au point où elle est reportée ou simplement échelonnée dans le temps, c'est l'atermoiement de l'application de la norme fiscale (I), elle est en outre annulée ou privée d'effet d'exécution c'est la suspension de l'application de la norme fiscale (II).

I- L'atermoiement de l'application de la norme fiscale

En général, l'atermoiement vient du mot *"terme"* dans le sens d'"*'échéance"*. Il désigne par le fait pour le créancier de concéder un délai de grâce à son débiteur qui n'est pas à mesure d'exécuter immédiatement une prestation exigible au moment où son règlement n'est pas arrivé à son terme. D'après le vocabulaire juridique, il s'agit d'un délai accordé à un débiteur par ses créanciers en cas d'impossibilité de payer à l'échéance[78]. L'atermoiement de l'application de la norme fiscale est la traduction des multiples ajournements, reports et mesures d'étalement des d'application de la norme fiscale. C'est l'action de remettre à un autre moment, de repousser une action dans le temps, d'ajourner, de renvoyer ou de soumettre l'application d'une chose à un sursis d'exécution. Il s'agit de l'action de différer (dans l'avenir), de retarder la date d'une opération ou de la rattacher à une opération ultérieure[79]. Avec le covid-19, les contribuables se sont retrouvés dans l'impossibilité d'acquitter leur obligation fiscale. Le législateur conscient de cette réalité a décidé de prendre des mesures de nature fiscale qui ont eu des répercussions sur l'application de la norme fiscale. L'application de la norme fiscale a subi une série d'ajournements. Ces mesures de report sont contenues dans « *la stratégie gouvernement de riposte face à la pandémie du coronavirus (covid-19) : déclaration spéciale, du premier ministre, du chef du gouvernement du 30 avril 2020* ». Après lecture des différentes mesures, l'on note d'un côté la flexibilité des délais d'application des obligations procédurales qui sont reportés (A), et d'un autre côté l'échelonnement des délais d'application des obligations substantielles (B).

A- Le report des délais d'application des obligations procédurales

Les délais d'application des obligations procédurales ont dû être revus par l'octroi de délai supplémentaire avec les paiements différés et l'octroi de moratoire. Il faut dès lors, s'attarder sur l'ajournement des délais d'application des procédures de paiement et de déclaration (1), et sur l'ajournement dans l'octroi des moratoires et les différés de paiements (2).

1- L'ajournement des délais d'application des déclarations fiscales

Le report de délai d'application du paiement et de déclaration fiscale concerne la quatrième et la septième mesure de riposte contenue dans la déclaration spéciale, du

[78] CORNU (Gérard), *Vocabulaire juridique*, *Association Henri Capitant*, Paris, PUF, 12e éd., 2018, p. 99.
[79] CORNU (Gérard), *Vocabulaire juridique*, *op.cit.*, p. 902.

premier ministre, du chef du gouvernement du 30 avril 2020. A cet effet : on note « *le report du délai de dépôt de déclaration statistiques et fiscales sans pénalités en cas d'acquittement du solde correspondant* [80]». En temps normal, le législateur camerounais a prévu que « *les contribuables sont tenus de souscrire une déclaration des résultats obtenus dans leur exploitation au cours de la période servant de base à l'impôt au plus tard le 15 mars*[81] ». Ces contribuables qui sont en réalité des sociétés doivent déclarer les revenus durant l'exercice. Le taux de cet impôt sur les sociétés est de 30 % depuis l'exercice budgétaire 2015[82]. De ce fait, les contribuables doivent s'acquitter de l'impôt sur les sociétés au plus tard avant le 15 mars. Le non-respect de cette obligation entrainera des pénalités. Ces pénalités sont entre autres : « *(la) taxation d'office et sa cotisation est majorée de 100 %. La majoration est portée à 150 % en cas de récidive* [83]». De plus cela peut donner lieu à « *l'application d'une amende forfaitaire non susceptible de remise, suivant le détail ci-après : entreprises relevant de la Direction des Grandes Entreprises : F CFA cinq millions (5 000 000) ; entreprises relevant des Centres des Impôts des Moyennes Entreprises et des Centres Spécialisés des Impôts : F CFA un million (1 000 000) et entreprises relevant des Centres Divisionnaires des Impôts : F CFA deux cent cinquante mille (250 000)* »[84]. Il faut néanmoins préciser que ces pénalités sont cumulatives et qu'elles interviennent après une mise en demeure du fisc. Par ailleurs, la mesure ne concernerait a priori que les contribuables qui se seront acquittés ultérieurement de l'obligation correspondante. Ce qui permet de déduire que sont exclus de ladite mesure les contribuables ayant un bénéfice néant.

2-La prorogation des délais de paiement des obligations fiscales

En période normale, le paiement de l'impôt en droit fiscal fait référence au recouvrement. Troisième et dernière phase après l'assiette et la liquidation de l'impôt, le recouvrement de l'impôt est l'ensemble des actes juridiques et des opérations matérielles visant à obtenir le paiement de l'imposition[85], une fois celle-ci établie, c'est-à-dire assise et liquidée pour reprendre **Guy GEST**, ou encore « *l'ensemble des procédures par lesquelles l'impôt passe du patrimoine du contribuable dans les caisses du trésor public* » *selon* **Pierre BELTRAME.** Le paiement des impôts par les contribuables est soumis aux respects des délais, eux-mêmes pouvant être différés d'un impôt à un autre. Ainsi, l'impôt sur les sociétés doit être acquitté spontanément par le contribuable au plus tard le 15 du mois en acompte et en précomptes mensuels assis sur les opérations réalisées[86] ; l'impôt sur le revenu des personnes physiques quant à

---

[80] La stratégie gouvernementale de riposte face à la pandémie du coronavirus (covid-19) : déclaration spéciale, du premier ministre, du chef du gouvernement du 30 avril 2020, mesure 4.

[81] Art. 18 al. 1 du CGI 2021.

[82] V. Loi n° 2014/026 du 23 décembre 2014 portant loi de finances de la République du Cameroun pour l'exercice 2015.

[83] Art. L93 et L97 du LPF.

[84] Cet alinéa 3 de l'article L99 du LPF a été introduit par la loi n° 2018/022 du 11 décembre 2018 portant loi de finances de la République du Cameroun pour l'exercice 2019, précisé par la circulaire n° 032/MINFI/DGI/LRI/L du 04 octobre 2019 précisant les modalités d'application des dispositions fiscales de la loi n° 2018/022 du 11 décembre 2018 portant loi de finances pour l'exercice 2019.

[85] SCARANO (Jean-Pierre), *Dictionnaire de droit fiscal et douanier*, *ELLIPSES*, 2007, p. 456.

[86] Art. 21 du CGI 2021.

lui est dû en fin d'exercice[87]. De plus, d'autres impôts comme la taxe à l'essieu[88], la taxe communale sur le bétail[89] et la taxe sur les armes à feu[90] doivent être acquittés avant le 15 mars etc. Avec la covid-19, on assiste à la flexibilité des délais de paiement des obligations fiscales. Cette flexibilité se matérialise par le report des délais de paiement, l'obtention de moratoire et l'admission de paiement en différé. En effet en s'attardant sur la septième mesure, il est question du « *report au 30 septembre du délai de paiement de la taxe foncière pour l'exercice 2020*[91] ». Les délais d'acquittement de la taxe sur la propriété foncière (TPF) ont été reportés. En effet, la taxe sur la propriété foncière est due annuellement sur les propriétés immobilières, bâties ou non, situées au Cameroun, dans les chefs-lieux d'unités administratives[92]. De ce fait est redevable de la taxe sur la propriété foncière, toute personne physique ou morale propriétaire d'immeuble (s) bâti (s) ou non bâti (s), y compris tout propriétaire de fait[93]. Le taux de la taxe sur la propriété foncière est fixé à 0,1 %[94]. La taxe sur la propriété foncière est exigible le 1 er janvier de l'année d'imposition. Elle doit être acquittée spontanément au plus tard le 30 juin[95] sur déclaration du redevable ou de son représentant, ou sur la base d'une déclaration préremplie. Sous l'effet du covid-19, la date limite de paiement de la taxe sur la propriété foncière (TPF) fixée au 30 juin[96] de chaque exercice fiscal est reportée au 30 septembre 2020. La Circulaire n° 20/169/CF/MINFI/DGI/DLRI/L du 13 mai 2020 précisant les modalités d'application des mesures fiscales de riposte au Covid-19 précise que, nonobstant le report de la date d'exigibilité de la TPF, la distribution des déclarations préremplies servant de support de paiement de cette taxe, pourra commencer dès le mois de juin et que les modalités d'émissions et de paiement de cette taxe demeure inchangées.

B- L'échelonnement des délais d'application des obligations substantielles

L'échelonnement des délais d'application des obligations substantielles traduit l'action de disposer dans le temps et d'exécuter à intervalles réguliers les obligations substantielles. La covid-19 a eu une incidence temporelle, il s'agit de l'étalement de l'exécution des obligations fiscales substantielles dans un temps et une période déterminée. Il faut dès lors s'attarder sur l'étalement des délais d'exécution des obligations de dette sociales et sur les autres mesures d'échelonnement notamment les demandes éventuelles de moratoire. Les cotisations sociales au Cameroun concernent les prestations familiales, les accidents du travail, les maladies

---

[87] Article 80 du CGI. Toutefois, il est acquitté sous déduction des acomptes et retenues à la source opérée au cours de l'exercice, suivant les modalités déterminées aux articles 81 et suivants du CGI.
[88] Art. 612 bis du CGI depuis la loi n° 2018/022 du 11 décembre 2018 portant loi de finances de la République du Cameroun pour l'exercice 2019).
[89] Art. C70 du CGI 2021.
[90] Art. C73 du CGI 2021.
[91] La stratégie gouvernementale de riposte face à la pandémie du coronavirus (covid-19), *op.cit.*, mesure 7.
[92] Art. 577 al. 1 du CGI 2021.
[93] Art. 577 al. 2 du CGI 2021.
[94] Art. 581 al. 1 du CGI 2021.
[95] Art. 579 al. 2 du CGI 2021.
[96] Art. 579 du CGI 2021

professionnelles, les pensions de vieillesse, d'invalidité et de décès. A cet effet quelque mesure sont prises telles que :

- L'annulation des pénalités de retard de paiement des cotisations sociales dues à la CNPS sur demande justifiée[97]
- L'étalement sur trois mois du paiement de la dette des cotisations sociales des mois d'avril, mai et juin 2020, sur demande justifiée[98]
- Le maintien pendant les trois prochains mois à savoir de mai à juillet, du paiement des allocations familiales aux personnels des entreprises ne pouvant s'acquitter des cotisations sociales ou ayant mis leurs personnels en congé technique en raison de la baisse conjoncturelle d'activité, notamment dans la restauration, l'hôtellerie, les transports[99]

La prorogation des délais de dépôt de déclarations statistiques et fiscales trouve sa justification dans le souci de préserver les contribuables d'une dette fiscale dans un contexte de crise sanitaire caractérisé par la baisse des revenus des entreprises. Au Cameroun par exemple, les prévisions relatives aux recettes fiscales ont été revues à la baisse. Les pertes liées à la TVA en 2020 sont estimées à - 298, 017 milliards de FCFA, soit 50.73 % des pertes fiscales enregistrées[100], alors même que la TVA constitue la source principale des recettes fiscales au Cameroun qui est estimée à 44,73 des recettes fiscales en 2019, soit 7 % de plus qu'en 2016[101]. Cette réduction est une conséquence des mesures prises par le gouvernement camerounais pour maitriser la pandémie. A la lecture de ces mesures, l'on notre également la suspension de l'application de la norme fiscale.

II-La suspension de l'application de la norme fiscale

La suspension en droit administratif est un pouvoir accordé à des autorités administratives soit de différer temporairement l'exécution d'un acte juridique pris par une autorité, soit de priver provisoirement de leur fonction certains agents et autorités[102]. En droit fiscal, la suspension de l'exécution est le fait d'obtenir à titre provisoire l'interruption de l'effet exécutoire d'un acte d'imposition jusqu'à l'intervention de la décision du juge de fond, laquelle soit privera définitivement l'acte de cet effet, soit fera cesser l'effet suspensif en consacrant la validité de l'acte[103]. La

[97]La stratégie gouvernementale de riposte face à la pandémie du coronavirus (covid-19), *op.cit.*, mesure 15.

[98] La stratégie gouvernementale de riposte face à la pandémie du coronavirus (covid-19), *op.cit.*, mesure 16.

[99] La stratégie gouvernementale de riposte face à la pandémie du coronavirus (covid-19), *op.cit.*, mesure 17.

[100] Lettre de politique fiscale, *Faut-il envisager une reforme post covid-19 de la TVA au Cameroun ? Nkafu Policy Institute*, n° 004/mars 2021, p. 4.

[101] *Ibid.*

[102] GUINCHARD (Serge) et DEBARD (Thierry), *Lexiques des termes juridiques*, Dalloz, 27e éd., 2019-En 2020, p. 1034.

[103] SCARANO (Jean-Pierre), *Dictionnaire de droit fiscal et douanier*, *op.cit.*, p.523.

suspension de l'application de la norme fiscale participe de la volonté des pouvoirs publics, de résorber, limiter ou d'atténuer les conséquences des mesures de confinement de la pandémie de Coronavirus sur les activités commerciales des différents contribuables. A cet effet, parmi les mesures prises par le gouvernement pour assurer la survie des entreprises figure notamment la suspension des contrôles fiscaux en cours et non engagés (A), la suspension des actions de recouvrement non forcé[104] (B).

A-La suspension des con trôles fiscaux

La suspension de contrôles fiscaux s'applique aux vérifications de comptabilité. A cet effet il est prévu « *la suspension au titre du 2 ème trimestre des vérifications de comptabilité sauf en cas de comportement fiscal suspect* [105]». L'article L 11 du code général des impôts 2021 dispose que « *Les agents des impôts ayant au moins le grade d'inspecteur, munis de leur carte professionnelle et d'une copie de l'avis de vérification, vérifient sur place, la comptabilité des contribuables astreints à présenter et à tenir des documents comptables. La vérification de comptabilité s'exerce au siège de l'entreprise ou au lieu de son principal établissement. Dans l'hypothèse où le contrôle ne peut s'effectuer en ces deux lieux, le contribuable doit expressément demander qu'il se déroule soit dans les bureaux de son comptable, soit dans les locaux de l'administration* ». Il se dégage de cette disposition des considérations multiples qu'il convient de décliner en prenant en compte la mesure de suspension sus-évoquées. La circulaire n° 20/169/CF/MINFI/DGI/DLRI/L du 13 mai 2020 précisant les modalités d'application des mesures fiscales de riposte au Covid-19 prévoit les procédures et la portée de la suspension (1) ainsi que les exceptions aux mesures de suspension (2).

1- La suspension de la vérification de la comptabilité des entreprises

La suspension de contrôles fiscaux s'applique aux vérifications de comptabilité prévues à l'article L 11 du livre des procédures fiscales et d'une manière générale à toutes les interventions sur place au sein de l'entreprise. Il en est ainsi des contrôles ponctuels, des contrôles inopinés, du droit d'enquête, du droit de constatation physique des stocks et du droit de visite[106]. Toutefois les contrôles sur pièces et les procédures de régularisation faites à partie du bureau, à l'instar de celles de la déclaration pré remplie et du dialogue de conformité[107]. Plusieurs implications découlent de cette mesure de suspension de la vérification de la comptabilité des entreprises. De ce fait, la suspension des vérifications de comptabilité couvre le deuxième trimestre de l'exercice 2020, à savoir la période allant du 1er avril au 30 juin. Par la suite aucune vérification de comptabilité, générale ou partielle, et d'une manière générale aucune intervention sur place, ne sera engagé et les procédures de contrôle en cours sont suspendue la même période ; la suspension des vérifications de

---

104 Lettre de politique fiscale, *Faut-il envisager une reforme post covid-19 de la TVA au Cameroun ? op.cit.*, p.8.
105 La stratégie gouvernementale de riposte face à la pandémie du coronavirus (covid-19), *op.cit.,* mesure 3.
106 Circulaire n° 20/169/CF/MINFI/DGI/DLRI/L du 13 mai 2020 précisant les modalités d'application des mesures fiscales de riposte au Covid-19, p. 1.
107 Ibid.

comptabilité et des interventions sur place emporte suspension des détails des procédures en cours accordés tant à l'administration qu'au contribuable pour agir ; la suspension ne s'applique toutefois pas lorsque les travaux en entreprise sont achevés et le contribuable a déjà formulé ses observations suite a la notification de redressements. Dans ce cas les services sont fondés à notifier les impôts évènement rappelés ; la suspension des procédures en cours doit être matérialisée par un procès-verbal de suspension signé de l'inspecteur vérificateur et du contribuable vérifie. Elle arrête temporairement le contrôle, sans effacer le délai déjà couru. Ce délai recommencera à courir à l'issue de la période de suspension, à savoir à compter du 1er juillet 2020 etc. En outre, la circulaire sus-évoquée, prévoit quelque cas d'illustration. A cet effet, la suspension de procédure s'applique aux cas suivants :

- L'intervention est programmée mais l'avis de vérification n'est pas encore déposé : ledit avis ne peut être déposé qu'à partir du 1er juillet 2020 ;
- L'avis de vérification est déposé avant la décision de suspension mais le délai de 15 jours avant la première intervention est en cours : ledit délai est suspendu et recommence à être décompté à partir du 1er juillet 2020 ;
- Les travaux sur place en entreprise sont en cours : ceux-ci sont immédiatement suspendus et ne peuvent être repris qu'à partir du 1er juillet ;
- Les travaux sur place sont achevés, dument constatés sur procès-verbal, et la notification de redressement est en cours : la notification est suspendue ainsi que le délai imparti à cet effet jusqu'au 30 juin 2020 ;
- Les redressements sont notifiés et le délai d'observations du contribuable est en cours : ledit délai est suspendu jusqu'au 30 juin 2020 ;
- Les observations du contribuable sont reçues et le délai de réponse auxdites observations est en cours : il n'y a pas de suspension dans ce cas, la procédure contradictoire étant achevée.

Il faut à présent s'attarder sur les exceptions a la suspension du contrôle fiscal.

2- Les exceptions aux vérifications sur place

La suspension des interventions sur place ne s'applique pas dans trois circonstances. D'abord, en matière de vérification générale ou de tout autre contrôle sur place, lorsqu'il est constaté un comportement fiscal suspect de la part du contribuable, à savoir toute attitude laissant présumer une manœuvre frauduleuse visant à soustraire au paiement de l'impôt ou à minorer son montant. Ensuite, en ce qui concerne la validation des crédits de TVA notamment pour les cas nécessitant des vérifications générales préalables, conformément aux dispositions de l'article L 8 ter LPF, lorsque le contribuable en exprime la demande. En fin, en matière générale à toutes les interventions à la demande expresse du requérant. Toutefois pour les interventions effectuées à la demande du contribuable, ce dernier doit garantir le respect des mesures barrière nécessaires à la protection de l'ensemble des intervenants à la procédure.

B- La suspension de l'application des mesures de recouvrement pour les entreprises directement affectées par la crise

L'interruption de l'application des normes de recouvrements pour les entreprises directement affectées par la Covid 19 est manifestée par l'octroi de moratoire et le différé de paiement, dans le respect des procédures

1-Les modalités de mise en œuvre de la suspension de recouvrement

Pour bénéficier de la suspension de recouvrement, c'est-à-dire avoir un moratoire ou un différé de paiement, il faut adresser une demande au directeur général des impôts (DGI). Cette demande est soumise à un formalisme bien précis. Ainsi en termes de condition de forme la demande doit être signée du réclamant ou de son mandataire ; la demande doit porter diverse mention notamment la nature des impositions, l'exercice d'émission et le numéro de l'AMR ; la demande doit porter enfin l'échéancier sollicité pour le règlement de la dette[108]. En ce qui concerne les conditions de fond, la demande doit être appuyée par les éléments justifiant l'appartenance du contribuable à l'un des secteurs susévoqués et des éléments justificatifs de l'impact de la crise sanitaire sur la situation financière de l'entreprise, lorsque celle-ci ne relève pas des secteurs ci-dessus cités. D'après la circulaire n° 20/169/CF/MINFI/DGI/DLRI/L du 13 mai 2020 précisant les modalités d'application des mesures fiscales de riposte au Covid-19, les demandes de moratoire ou de différé de paiement doivent être instruite dans un délai de 72 heures, sauf lorsqu'elle requiert la tenue d'une séance de travail préalable[109].

2- L'octroi de moratoire et de différé de paiement

La suspension de l'application des mesures de recouvrement pour les entreprises directement affectées par la crise concerne les secteurs tels que : le tourisme, (hôtellerie, hébergement et agence de voyage), le transport et d'autres activités connexes. Les entreprises des secteurs sus évoqués bénéficieront des différés et moratoires de paiement. L'obtention de moratoire est l'une des mesures prises par les pouvoirs publics qui a des influences sur l'application de la norme fiscale. En effet, il est prévu « *l'octroi de moratoires et de différés de paiement aux entreprises directement affectées par la crise, suspendant les mesures de recouvrement forcé à l'encontre de celle-ci* ». IL se dégage de cette mesure, la possibilité qu'ont les entreprises affectées par la crise d'avoir accès aux moratoires et différés de paiement. Ces deux notions sont distinctes et doivent être clarifiées. D'une part, on parlera de moratoire, dès lors qu'il y aura prolongement des délais d'exécution d'une obligation fiscale dans le temps, généralement en raison des circonstances sociales graves ; D'autre part on parlera, de différé de paiement, lorsque le crédit souscrit au fisc, permet de régler les droits ultérieurement moyennant au non-paiement d'intérêts au taux de l'intérêt légal bénéficiant d'un abattement d'un

---

108 Circulaire n° 20/169/CF/MINFI/DGI/DLRI/L du 13 mai 2020 précisant les modalités d'application des mesures fiscales de riposte au Covid-19, p. 4.

109 *Ibid.*

tiers[110]. Plusieurs conséquences découlent de l'obtention de moratoire et des différés de paiement. On note la suspension de toutes les mesures de recouvrement prévues par le livre des procédures fiscales, y compris celles engagées avant le déclenchement de la crise[111]. De plus le moratoire octroyé aux entreprises donne droit à la délivrance de l'attestation de non redevance (ANR) d'une durée de validité d'un mois conformément à l'article L 94 bis du Livre de procédure fiscale qui dispose que : « *Toute personne physique ou morale redevable d'un impôt, droit ou taxe, à jour au regard du paiement desdits impôts, droits et taxes, peut sur sa demande, obtenir de l'administration fiscale une attestation de non redevance. Celle-ci certifie que le contribuable n'est redevable d'aucune dette fiscale exigible à la date de sa délivrance*[112]. *Nonobstant les dispositions de l'alinéa 1er ci-dessus, l'attestation de non redevance peut également être délivrée au contribuable redevable d'une dette fiscale lorsque ce dernier bénéficie d'un sursis ou d'un moratoire de paiement dument accordé par les autorités compétentes. Dans ce cas, mention de la dette fiscale due ainsi que de la nature de l'acte suspensif des poursuites doit être faite sur l'attestation de non redevance. Le moratoire et le sursis de paiement suscités peuvent être accordés aux entreprises débitrices par le ministre en charge des finances lorsque : - elles ont des crédits de TVA validées et en attente de remboursement, à condition qu'elles relèvent d'une unité de gestion spécialisée ; - elles sont bénéficiaires de subventions de l'État non encore payées ou dont les paiements des prestations fournies à l'Etat sont en attente de règlement*[113]. Enfin, le non-respect d'une échéance de paiement entraine la caducité d'office du moratoire ou du différé et la réactivation immédiate des mesures de recouvrements forcés par le receveur des impôts

Conclusion

En définitive, le rapport existant, entre la covid-19 et l'application de la norme fiscale se décline sous forme d'une déviation temporelle de l'application de la norme fiscale du fait de la crise sanitaire. Cette déviation est matérialisée d'une part, par le report des délais d'application de la norme fiscale. D'autre part, la résultante de la suspension de l'application de la norme fiscale. Cet état de chose traduit l'ingénierie juridique en lien avec le social. Et rappellent que, si la connaissance du droit est bien un outil de compréhension des phénomènes de crises, il peut les prévenir ou se voir modifier en fonction de l'ampleur des phénomènes.

---

[110] SCARANO (Jean-Pierre), *Dictionnaire de droit fiscal et douanier*, *op.cit.*, p. 381.

[111] Circulaire n° 20/169/CF/MINFI/DGI/DLRI/L du 13 mai 2020 précisant les modalités d'application des mesures fiscales de riposte au Covid-19, p. 3.

[112] Art. L 94 bis al. 1 du CGI.

[113] Art. L 94 bis al. 2 du CGI 2021.

Chapitre 2 :
La performance dans la gestion des finances publiques en période de COVID 19

Par Gilbert MBASSA
Enseignant/Chercheur à l'Université de Dschang/Cameroun

Résumé-
Les finances publiques sont au centre de la vie administrative, de la réalisation de l'intérêt général et, incidemment, de l'essor de la sphère privée. Elle participe amplement à l'existence et à la viabilité de l'État. Il convient de souligner dans la foulée que, les finances publiques peuvent être perçues comme l'ensemble des mécanismes et instruments de gestion des ressources mises à la disposition de l'État et des entités infra étatiques, dans le but de garantir le bon fonctionnement des institutions et des services. Eu égard à leur importance, elles mobilisent et impliquent de ce fait, un plus haut niveau de technicité et de rigueur, formalisé par le législateur camerounais. Tel est le cas de l'exigence de performance que consacrent les articles 15 et 16 de la loi N° 2018/012 du 11 juillet 2018 portant régime financier de l'État et des autres entités publiques. Son entrée en vigueur a positionné l'application des dispositions y afférentes comme une nécessité, voire une obligation. Toute chose que l'avènement de la pandémie à COVID-19 semble avoir relativisé. En effet, une analyse méticuleuse de la gouvernance financière met en évidence l'utopisme du respect de l'exigence de performance. Vu sous cet angle, on tablerait sur le caractère abstrait de telles assertions, justifiant la conduite de la présente étude. Elle sera réalisée suivant la méthode juridique, couplée à celles comparative et sociologique pour pouvoir démêler et présenter la quintessence d'une telle appréhension relative à l'application de la performance en temps de COVID-19.

Mots-clés : Performance, utopie, finances publiques, COVID 19.

Introduction

D'emblée, au regard de leur histoire, couplée à leur actualité, on peut aisément affirmer que la place de choix qu'occupent les finances publiques dans la vie d'un État n'est plus à démontrer. Partant des travaux des auteurs tels que Gaston GEZE[1], Paul AMSELEK[2], Maurice HAURIOU[3] ou Michel BOUVIER[4], passant par

[1] JEZE Gaston, *Cours de finances publiques*, Paris, Giard, 1931, p. 71.
[2] AMSELEK Paul, *Le budget de l'Etat sous la Vème République*, 4e édition, Paris, LGDJ, 1998, 792 p.
[3] HAURIOU Maurice, *Précis de droit administratif et de droit public général : à l'usage des étudiants en licence et en doctorat-ès-sciences politiques*, 4e édition, Paris, librairie du recueil Sirey, 1901, 917 p.
[4] BOUVIER Michel, « Réhabiliter et refonder la science des finances publiques », *in* Mélanges Amselek, 2005, p. 134.

Stéphanie DAMAREY[5] ou Eric PECHILLON[6], il est évident de mettre en lumière le caractère fondamental desdites finances, tant dans la sphère publique que privée. Soulignons au préalable que ces finances peuvent être perçues globalement comme l'étude des règles et des opérations relatives aux deniers publics. De manière spécifique, il convient de préciser qu'organiquement, elles renvoient à l'ensemble des règles gouvernant les finances de l'État, des collectivités locales, des établissements publics et toutes autres personnes morales de droit public.

Les finances publiques représentent dans la quasi-totalité des Etats le levier principal d'impulsion de l'action publique. Il est clair que toute volonté d'administrer de la meilleure des manières qui soit, doit être accompagnée de moyens financiers nécessaires à la réalisation de ses objectifs[7]. Eu égard à leur importance, les finances publiques doivent faire l'objet d'une gestion rigoureuse à même de garantir la performance dans la gestion des deniers publics. On a ainsi pu observer dans le monde en général, et plus encore dans les pays d'Afrique noire francophone à l'instar du Cameroun que les finances publiques ont fait l'objet d'évolutions très importantes, qui en ont changé la nature. Pour le Cameroun, le point de départ de cette évolution a été l'obsolescence de l'Ordonnance de 1962, l'adoption par le Parlement camerounais de la loi n° 2007/006 du 26 décembre 2007 portant régime financier de l'État et sa mise en application à partir de la loi de finances de 2008. Les dispositions de la directive relative aux lois de finances dans les pays membres de la CEMAC de 2011, viennent compléter le dispositif législatif de basculement des finances publiques d'un "budget de moyens", présenté par nature de dépense, à un "budget par objectifs", présenté par programmes.

Monsieur BLED-CHARRETON affirmait dans ce sens que « *la nouvelle constitution budgétaire entend désormais substituer à une culture de moyens (« un bon budget est un budget qui progresse ») une véritable culture de résultats à tous les niveaux de la gestion publique (« un bon budget est celui qui maximise le rapport résultats obtenus sur fonds employés »). La performance devient le principe directeur de la gestion publique* »[8]. A l'évidence, cette nouvelle orientation de la gestion des finances publiques a pour fondement principal, la performance[9]. Sur le plan étymologique, « *le concept de performance renvoie à l'idée d'accomplir une action, sans*

---

[5]DAMAREY Stéphanie, *Finances publiques*, 2e édition, Paris, Gualino, lextenso éditions, 2008, p. 15

[6] PECHILLON Eric, *Les finances publiques en 100 Fiches*, Paris, Ellipses, 2011, p. 11

[7] DIOUF Abdoulaye, « Les bases communautaires du droit budgétaire au Sénégal », *in KAS African Law Study Library – Librairie* Africaine d'Etudes Juridiques 2 (2015), p. 888

[8] BLED-CHARRETON Hugues, Chef de service, Direction du budget- Ministère de l'économie, des finances et de l'industrie. Les notes bleues de Bercy, 10 mars 2006 Cité par LE NEDIC Thierry, « La Performance dans le secteur public : Outils, acteurs et stratégies : L'expérience de la Ville de Paris », Mémoire de de Master 2, Université de Paris X-Nanterre, 2009, p. 23.

[9] La performance publique peut être comprise comme la faculté des organisations publiques à mettre en œuvre les politiques publiques et à rendre compte de leurs résultats. Elle est encore la capacité à atteindre des objectifs préalablement fixés, exprimés en termes d'efficacité socio-économique, de qualité de service ou d'efficience de la gestion. Voir LE NEDIC Thierry, « La Performance dans le secteur public : Outils, acteurs et stratégies : L'expérience de la Ville de Paris », Mémoire de de Master 2, Université de Paris X-Nanterre, 2009, p. 24

qu'aucun a priori ne soit apparent sur la nature, le niveau ou la mesure du résultat à obtenir »[10]. Elle consiste à simplement « *dépenser mieux afin que le citoyen/contribuable ressente l'impact et les effets de sa contribution, tout en assurant une gestion rationnelle des deniers publics* »[11]. Autrement dit, dans le secteur public, « *c'est l'intérêt général qui définit la valeur de ce que fait l'administration ; la performance se définit donc par rapport à l'intérêt général* »[12]. En d'autres termes, l'objectif de la performance publique est alors d'optimiser le bénéfice que l'action de l'État procure à la société et améliorer la qualité du service rendu à l'usager tout en s'inscrivant dans une politique budgétaire soutenable[13].

Dans le secteur public, elle s'entend donc comme l'optimisation des services rendus aux citoyens. La performance publique peut ainsi être appréhendée comme la capacité à atteindre des objectifs préalablement fixés, exprimés en termes d'efficacité socio-économique, de qualité de service ou d'efficience de la gestion. Plus clairement, elle implique la prise en compte de trois aspects à savoir l'efficacité pour le citoyen, la qualité pour l'usager et l'efficience pour le contribuable[14]. La démarche de performance vise : « *le renforcement de la transparence pour mieux informer le Parlement sur les objectifs escomptés et les résultats obtenus ; l'amélioration de l'efficacité et l'efficience de la dépense publique et la qualité du service rendu aux citoyens tout en garantissant ainsi un service public de qualité à moindre coût ; la responsabilisation des gestionnaires quant à leurs obligations de rendre compte de leurs performances et de leurs résultats* »[15].

De ce fait, le nouvel objectif assigné à la gestion budgétaire n'est plus le contrôle des intrants mais plutôt le résultat des dépenses publiques. Incidemment, il apparait de nouvelles variables de la perspective analytique qui part de la définition même de la démarche de performance. Il s'agit des trois composantes théoriques fondamentales de la performance notamment le vouloir, le pouvoir et le savoir[16]. Ces trois éléments sont au centre de la démarche de performance. Elle s'articule autour des cinq étapes. La première consiste en la définition des objectifs et des règles d'affectation des ressources nécessaire à leur réalisation dans le cadre de la

---

10 BARTOLI Annie, KERAMIDAS Olivier, LARAT Fabrice et MAZOUZ Bachir, « Vers un management public éthique et performant », *in Revue Française d'Administration Publique*, 2011, 140(4), p. 633

11 ZAHED Mahrez, « La démarche de performance dans la gestion publique », *in Revue Gestion & finances publiques.* N° 5/2016 Septembre-Octobre 2016. Cité par ELHAMMOUMI Ahmed, « La gestion axée sur la performance : le cas de la fonction achat du ministère de l'Education nationale et de ses opérateurs », Mémoire de Master 2 Université de Strasbourg/ENA, 2016-2017, p. 8

12 INGLEBERT Xavier, « manager avec la LOLF ». Groupe Revue fiduciaire ; 2ème édition, 2009, p. 141

13 Circulaire interministérielle du 21 juin 2001 sur le développement du contrôle de gestion dans les administrations. Citée par INGLEBERT Xavier, « manager avec la LOLF ». Groupe Revue fiduciaire, 2ème édition, 2009, p. 152

14 GALDEMAR Virginie, GILLES Léopold, SIMON Marie-Odile, *Performance, efficacité, efficience : les critères d'évaluation des politiques sociales sont-ils pertinents ?*, Paris, CREDOC, 2012, p. 9

15 Direction du Budget, Ministère de l'Economie et des Finances du Maroc, « Guide de la performance », 2016.

16 NAFZAOUI Mohamed Achraf et FERDOUSSI Soukayna, « La démarche de la performance dans la gestion des finances publiques : une budgétisation centrée sur les résultats », *in Revue Almanara pour les études juridiques et administratives (RAEJA)*, 2020, p. 142

préparation des politiques publiques relative aux dépenses de l'État. La seconde réside en la réalisation des choix des processus et des démarches à adopter pour réaliser ces objectifs dans le cadre des textes et des lois relatives à l'exécution des dépenses de l'État ; le contrôle en cours de l'exécution relatif à la vérification de la régularité de la dépense et sa bonne imputation en ce qui concerne le contrôle de l'engagement, et la vérification de l'exactitude des calculs, de la liquidation des dépenses et du caractère libératoire du règlement dans le cadre du contrôle de validité ; la mesure des résultats ; et la communication autour de la performance font partie du contrôle a posteriori dont le but est de vérifier la régularité de la dépense, sa matérialité, son efficacité et son efficience[17].

Au Cameroun, l'exigence de performance dans le secteur public a connu diverses étapes partant de la loi de 2007 portant régime financier de l'État, passant par la loi de n° 2018/011 portant code de transparence et de bonne gouvernance dans la gestion des finances publiques au Cameroun ; et consolidée par la loi n° 2018/012 portant régime financier de l'État et des entités publiques. Ainsi, grâce à cette réforme budgétaire, l'Administration camerounaise est passée d'une logique de moyens à une logique de résultats, étape essentielle de l'amélioration de la performance selon la théorie du Nouveau Management Public (NMP)[18]. En effet, instituant une déclinaison systématique des objectifs stratégiques en indicateurs, le nouveau régime financier a entrainé l'application d'un mécanisme de gestion des deniers publics prônant la recherche de la performance. Depuis plus d'une décennie, ce processus se meut dans l'administration camerounaise. Cependant, l'avènement de la crise sanitaire à COVID-19 semble avoir instauré un fonctionnement en marge du principe. L'analyse de la gouvernance financière camerounaise sous la prégnance de cette pandémie met en exergue l'éventualité d'une remise en cause des règles de gestion des finances publiques, notamment l'exigence de performance. D'où l'évocation du caractère utopique de l'atteinte de la performance sous astreinte de la COVID-19. Dès lors, on est tenté de se demander s'il serait possible de parler de performance dans la gestion des finances publiques camerounaises à l'ère de la COVID-19 ? En d'autres termes, l'application de cette norme juridique au Cameroun est-elle possible en période de COVID-19 ?

Cette préoccupation revêt un intérêt à la fois théorique et pratique. Théoriquement, elle permet d'édifier sur les mécanismes conçus pour mener à bien la gestion des finances publiques en période de COVID-19. Pratiquement, elle permet de percevoir la réalité du terrain dans l'exécution des budgets publics. Cette étude mobilisera à titre principal, la méthode juridique. Accessoirement, il sera utilisé les méthodes

---

[17] *Ibid.*

[18] PESQUEUX Yvon, « Le « nouveau management public » (ou New Public Management) », CNAM, 2006, pp. 1-11

comparative[19] et historique[20] dans l'optique de mieux cerner le triptyque : performance, gestion de finances publiques et COVID-19. Occasion est également offerte de convoquer les techniques sociologiques de collecte d'information[21].

Ainsi, s'il est important de mettre en lumière le caractère utopique de la performance en analysant l'élaboration et l'exécution des budgets publics en période de COVID-19 (I) ; il en est de même en scrutant le contrôle et le suivi-évaluation de la gestion des finances publiques camerounaises durant cette ère (II).

I- Une performance illusoire au regard de l'élaboration et de l'exécution des budgets publics en période de COVID-19

Parler d'une performance illusoire fait référence au caractère irréaliste du respect de cette exigence normative. En effet, depuis l'avènement de la pandémie à COVID-19, l'application de la norme en générale est difficile, voire impossible dans certains cas. Dans l'hypothèse de la gestion des finances publiques, la performance qui en est l'un des piliers centraux parait chimérique aussi bien au regard de l'élaboration des budgets publics (A), que dans leur exécution (B).

A- La difficile prise en compte des paramètres de performance dans l'élaboration des budgets publics du fait de la COVID-19

La nouvelle approche consacrée par le passage de la logique de moyens à celle de résultats a imposé la prise en compte absolue de la performance dans l'élaboration des budgets publics. Dans ce sillage, il est question d'une pleine intégration des vecteurs de performance à l'instar de la légitimité et de la légalité des décisions de politique financière (1) ; mais également l'exhaustivité et la transparence dans la conception des budgets publics (2). Toute chose qui est rendue véritablement complexe avec les contraintes posées et imposées par la pandémie à COVID-19.

---

19 « *La méthode comparative est utilisée par toutes les sciences sociales, comme substitut de l'expérimentation. Elle permet d'analyser les données concrètes en dégageant des ressemblances et différences, des éléments constants, des types. La validité de cette méthode dépend de la rigueur avec laquelle on l'applique.* » Cf. GRAVITZ Madeleine, *Lexique des sciences sociales*, Paris, Dalloz, 2004. Voir également MAURICE Marc. « Méthode comparative et analyse sociétale. Les implications théoriques des comparaisons internationales. » *in* : *Sociologie du travail*, 31e année n° 2, Avril-juin 1989. Les comparaisons internationales. Théories et méthodes. pp. 175-191.

20 « *La méthode historique est la méthode employée pour constituer l'histoire ; elle sert à déterminer scientifiquement les faits historiques, puis à les grouper en un système scientifique.* » Cf. SEIGNOBOS Charles, Méthode historique et sciences sociales *in* : *La méthode historique appliquée aux sciences sociales*, Lyon, ENS Editions, 2014

21 On peut citer : « *Les méthodes quantitatives consistent à s'appuyer sur des données chiffrées afin de mettre à distance la réalité sociale pour mieux pouvoir l'analyser. Elles visent également à produire des statistiques sur les populations étudiées, afin de procéder à des comparaisons dans l'espace et le temps. Les méthodes qualitatives consistent à produire des connaissances, à partir d'une rencontre établie entre le chercheur et l'objet étudié : observation, participante, entretien, enregistrement…* » Cf. RIUTORT Philippe, « Les méthodes sociologiques, Faire de la sociologie », *in Précis de sociologie*, Paris, PUF, 2014, p. 97

1- La légitimité et la légalité des décisions de politique financière

De prime abord, il convient de noter que l'atteinte de la performance, notamment dans la gestion financière publique, passe inéluctablement par la pleine intégration des paradigmes relatifs à la légitimité et la légalité des décisions de politique financière. On parle de légitimité et de légalité de la performance[22]. Ceci se justifie par le fait que l'adoption d'un projet financier légitime et légal serait à même de donner plus de garanties de succès que l'inverse.

Soulignons avec Marc. C. SUCHMAN que, la légitimité peut être appréhendée comme « *la perception générale que les actions d'une unité sont désirables, convenables et adéquates par rapport à un système de normes et de valeurs* »[23]. Il va plus loin en distinguant trois formes de légitimité : « *la légitimité pragmatique qui résulte, soit de la satisfaction des attentes des parties prenantes, soit de l'anticipation de leurs besoins éventuels. La légitimité cognitive qui est liée au respect des normes et structures favorisant l'acquisition des connaissances et reconnues par l'environnement extérieur. La légitimité morale qui repose sur une évaluation normative des activités de l'organisation, lesquelles doivent être conformes aux valeurs socialement acceptées* »[24]. De façon synthétique, on peut s'accorder à dire que la légitimité est la qualité de ce qui est fondé en droit, en justice ou en équité[25]. Plus simplement, elle désigne la légitimation démocratique des décisions de politique financière. Elle implique en conséquence une participation appropriée, équilibrée et non discriminatoire de la population, en l'occurrence l'égalité entre femmes et hommes[26]. Ceci signifie globalement qu'une élaboration des budgets publics intégrant l'exigence de performance, doit pouvoir aboutir sur des politiques financières légitimes. Il s'agit plus amplement d'impliquer conséquemment et objectivement la population dans ce processus. Toute chose qui est rendue extrêmement difficile avec la COVID-19 qui limite les déplacements ; pose de nouvelles difficultés à l'instar du travail à distance qui n'est pas aisé au Cameroun à cause principalement de la connexion ; la non maitrise par les parlementaires des outils et des modalités de travail à distance ; accentue les discriminations dans tous les domaines de la société… Dans ces conditions, l'élaboration du budget ne saurait aboutir à des politiques financières entièrement légitimes, par conséquent elle ne pourrait pas traduire ou conforter le respect absolu de l'exigence de performance.

S'agissant de la légalité des décisions de politiques financières, elle oblige à respecter un cadre légal valable pour tous, équitable et impartial[27]. Abordant la question sous l'angle de l'élaboration des budgets publics, il faut se référer aux

---

[22] NAFZAOUI Mohamed Achraf et FERDOUSSI Soukayna, « La démarche de la performance dans la gestion des finances publiques : une budgétisation centrée sur les résultats », *op. cit* p. 141

[23] SUCHMAN Marc. C, « Managing legitimacy : stratégic and institutionnal approaches », *Academy of Management review*, 20: 3, 1995, p. 573

[24] SUCHMAN Marc. C, « Managing legitimacy : stratégic and institutionnal approaches », *Academy of Management review*, *op. cit.* p. 573

[25] *Ibid.*

[26] Cf. Deutsche Gesellschaft für Technische Zusammenarbeit (GTZ), Good Financial Governance – Good Governance in Public Finance, Fiscal Studies, n° 3, Eschborn, 2006.

[27] *Ibid.*

dispositions de l'article 1[28] de la loi N° 2018/012 du 11 juillet 2018 portant régime financier de l'État et des autres entités publiques. L'implication de ce principe est l'obligation de respect de la lettre et de l'esprit du régime financier susévoqué. Dans la lettre, la conséquence est l'obligation de respect du cadre légal en élaborant les budgets publics. Dans son esprit, il est important de faire remarquer que la prise en compte de la légalité, notamment à ce stade du processus de la gestion des finances publiques, garantit principalement leur prévisibilité et leur contrôle en toute fiabilité. L'avènement de la COVID-19 amoindrit considérablement la prévisibilité, en instaurant et entretenant un climat d'incertitude généralisée. L'impact socio-économique de cette pandémie dans la société camerounaise rend encore plus difficiles et improbables les prévisions financières faites depuis son avènement. Une performance sans prévisibilité est assurément complexe à évoquer et à atteindre de manière absolue. Par conséquent, il n'est pas osé d'affirmer que la COVID-19 porte atteinte au strict respect de l'application de l'exigence de performance. Ce qui ne doit pas être le cas. En effet, dans un contexte de rareté des ressources, les outils budgétaires et de financement mobilisés à l'appui de ces mesures doivent garantir l'efficacité et l'efficience de l'utilisation des ressources. Simultanément, un équilibre est à trouver entre d'une part l'urgence et d'autre part la légalité et la transparence de la mise en œuvre des politiques. L'urgence ne peut justifier l'illégalité et l'opacité des instruments et des procédures de gestion d'un cas de force majeure. Ces dernières peuvent être source de délégitimation des mesures et altérer la confiance entre les parties prenantes à la gestion de la crise[29]. Le respect de la légalité et des règles de la transparence est un moyen d'optimiser le plaidoyer envers les partenaires techniques et financiers, les donateurs publics et privés, les investisseurs et acteurs des marchés financiers pour mobiliser les ressources. Il rassure aussi les populations bénéficiaires de la protection contre l'épidémie et des appuis économiques[30].

Il faut souligner que cet état de chose est accentué par le respect difficile de l'exhaustivité et de de la sincérité dans les projets de budget.

2- L'exhaustivité et la sincérité des informations financières

Nonobstant les deux aspects sus analysés, on peut également intégrer l'exhaustivité et la sincérité des informations financières tout au long du processus, comme élément véhiculant l'exigence de performance.

Par exhaustivité, il faut entendre la qualité de ce qui aborde tous les éléments[31]. En d'autres termes, cette notion traduit le fait d'appréhender, de cerner un domaine,

---

[28] Article 1- « *(1) La présente loi détermine les conditions dans lesquelles est arrêtée la politique budgétaire à moyen terme pour l'ensemble des finances publiques. (2) Elle fixe les règles relatives à la nature, au contenu, à la présentation, à l'élaboration et à l'adoption des lois de finances ainsi qu'à l'exécution et au contrôle du budget* ».

[29] TOURE Abdoulaye, SUC Gwénaëlle, DAGUES Jean-Francois, IMBERT Bruno, MFOMBOUOT Abdoulahi et WENDLING Claude, « Outils de gestion des finances publiques mobilisables en Afrique francophone en réponse au COVID-19 », Note technique FMI, 2020, p. 1

[30] *Ibid.*

[31] Microsoft® Encarta® 2008. © 1993-2007 Microsoft Corporation.

un sujet ou une chose généralement sur toutes ses formes. En rapport avec la gestion des finances publiques en général, plus particulièrement de l'élaboration du budget, elle traduit le respect scrupuleux des principes budgétaires, ainsi que le triptyque : budget général, budgets annexes et comptes spéciaux. L'article 3 de la loi de 2018 portant régime financier de l'État et des autres entités publiques dispose à cet effet que « *sont considérés comme des fonds publics soumis aux règles de la présente loi, quels qu'en soient l'objet et la nature, les ressources de l'État et de toute administration publique, ainsi que les financements qui leur sont accordés par les bailleurs de fonds nationaux et internationaux, États étrangers ou institutions financières internationales* ». Ceci signifie que toutes les ressources et charges publiques doivent être prévues, spécifiées, connues et notifiées au Parlement. En effet, la documentation budgétaire (le budget annuel et les documents annexés) soumise au Parlement pour examen et approbation, doit donner une image complète des prévisions budgétaires, des budgets proposés et des résultats budgétaires des exercices précédents. L'examen de la situation qui prévaut actuellement dans la gestion des finances publiques camerounaises met en lumière un léger dysfonctionnement qui ne permet pas d'avoir une information financière exhaustive. Ceci est entretenu par les incertitudes causées par la pandémie à COVID-19. L'État camerounais au même titre que les États africains et autres, est contraint d'ajuster ses prévisions au gré de l'évolution de ce fléau mondial[32].

La sincérité quant à elle est une notion relativement complexe. Elle se retrouve aussi bien en philosophie[33], qu'en droit[34]. La sincérité dans la sphère juridique s'articule autour d'un triptyque. De prime abord, elle se présente comme un outil d'orientation des conduites. Elle revêt là une fonction disciplinaire en ce sens qu'elle guide les comportements des individus dans un État de droit. Ensuite, la sincérité se positionne comme une méthode d'établissement de la réalité. Sur cette voie, elle contribue à l'authentification des actes juridiques posés par les pouvoirs publics. In fine, la sincérité s'installe en tant que garante de l'intégrité de la volonté. Il s'agit ici de mettre en lumière la qualité de la volonté exprimée dans les diverses consultations existantes au sein d'un État. En synthèse, il va sans dire que la sincérité est d'une part une exigence inhérente au droit. Ceci se justifie par le fait qu'elle est foncièrement une nécessité sociale au regard des mœurs observées dans la société, particulièrement au Cameroun. De plus, elle représente un idéal démocratique en ce sens qu'elle garantit l'application effective et efficiente des prérogatives telles que la liberté et l'égalité.

---

32 Voir OKOUDA Barnabé, « IMPACT DU COVID-19 SUR L'ÉCONOMIE CAMEROUNAISE : Confinement ou protectionnisme : au-delà de l'urgence, une opportunité pour réaliser la rupture de notre modèle économique », *in CAMERCAP-PARC*, 2020, 11 p. Lire ACHOU Bertrand ; DECARIE Yann ; FONSECA Raquel ; MICHAUD Pierre-Carl et NAVAUX Julien, « La pandémie de COVID-19 et ses effets sur les finances publiques du gouvernement du Québec 2020-2035 », Rapport de projet, CIRANO, 2020, 32 p.

33 MINEAU Caroline L, « La signification morale du projet de sincérité de ROUSSEAU », *in* TREMBLAY Jean-Marie, Les classiques des sciences sociales, 2007, pp. 14-15

34 LE BOT Olivier, *La sincérité en droit*, Nice, Larcier, 2011, 282 p.

Abordant la sincérité dans le domaine des finances publiques, l'article 3 alinéa 1 de la loi n° 2007/007 portant régime financier de l'État disposait que : « *(…) Ce principe implique que les informations fournies soient claires, précises et complètes, au regard des données disponibles, au plan national et international, au moment de l'élaboration des prévisions* ». Le nouveau régime financier de l'État et des autres entités publiques consacré par la Loi N° 2018/012 va en effet, via son article 4 alinéa 8 réitérer ces orientations. Il dispose à cet effet que : « *Les budgets des administrations présentent de façon sincère l'ensemble des recettes et des dépenses. Leur sincérité s'apprécie compte tenu des informations disponibles au moment de leur élaboration et des prévisions qui peuvent raisonnablement en découler* ». L'exigence de sincérité dans la phase préparatoire peut être déduite de l'article 9 relatif à cette loi. Il dispose à l'alinéa 1 que : « *Les budgets des administrations publiques, notamment celui de l'État et des autres personnes morales de droit public, doivent être établis et financés dans les conditions qui garantissent la soutenabilité de l'ensemble des finances publiques* ». L'exigence de sincérité étant au cœur de la viabilité d'un budget, il est possible de le percevoir comme la condition principale pouvant assurer ladite soutenabilité. L'article 25 de la loi N° 2018/011 portant code de transparence et de bonne gouvernance dans la gestion des finances publiques au Cameroun la consacre explicitement. Il dispose que « *les budgets annuels sont réalistes et sincères tant dans leurs prévisions de dépenses que de recettes. Pour le budget de l'État, les principaux risques budgétaires sont identifiés et évalués dans un rapport qui doit accompagner les documents budgétaires au Parlement* ». La phase préparatoire apparait donc cruciale en ce sens que si les prévisions sont viciées, l'efficacité et même la faisabilité des aspirations seront hypothéquées.

L'avènement de la COVID a amoindri le degré de respect de cette exigence. En effet, une analyse méticuleuse de la gestion des finances publiques camerounaises durant cette période met en exergue des limites à la fois de nature subjective et objective. Subjectivement, on peut indexer la mauvaise foi de certains gestionnaires publics qui ne donnent pas toujours des informations sincères pour des raisons personnelles. Le rapport rendu par la Chambre des Comptes de la Cour Suprême le démontre à plus d'un titre[35]. Objectivement, les incertitudes apportées par le Coronavirus ne facilitent pas constamment la conception et la présentation des informations fiables, claires et exactes. Ce qui est susceptible de porter atteinte aussi bien à une élaboration performante des budgets publics, qu'à leur exécution en période de COVID-19.

B- L'atteinte irréaliste de la performance au regard de l'exécution des budgets publics en période de COVID

Outre la phase élaborative des budgets publics qui doit nécessairement intégrer l'exigence de performance, leur exécution ne déroge pas à cette norme. Dans ce sillage, il est question de véritablement respecter non seulement les règles de gestion

[35] Chambre des comptes de la Cours Suprême du Cameroun, « Premier rapport d'audit de la Chambre des comptes sur l'utilisation des ressources du fonds spécial de solidarité nationale pour la lutte contre le coronavirus », 2021, 23 p.

urgente des finances publiques (1), mais aussi les principes inhérents à la performance (2).

1- Le non-respect de toutes les règles de gestion urgente des finances publiques

Prenant tout le monde au dépourvu, la crise sanitaire de 2020 revêt le caractère d'un phénomène inattendu et imprévu aux conséquences encore inconnues. Pour les entités étatiques, infra étatiques et intra étatiques, quelles que soit leur taille et leur structuration, l'une des conséquences directes de l'avènement de la COVID-19 a été de devoir repenser conséquemment leurs budgets. En effet, la crise à coronavirus a entraîné un besoin de pilotage de la performance plus prégnant, mais surtout, elle a remis en cause les anciennes pratiques budgétaires, et a été un révélateur des États qui ont mis en place les bonnes pratiques. C'est donc poussé par un besoin vital de célérité[36], couplé à une obligation d'atteindre des résultats probants et conséquents qu'il s'est posé avec acuité la nécessité d'adapter la gestion des finances publiques à de nouvelles règles imposées par la pandémie à COVID-19. Dans ce sillage, on peut citer l'impératif de rapidité et de flexibilité, la transparence, la reddition des comptes et l'inclusivité dans l'utilisation du financement d'urgence[37].

S'agissant de l'impératif de rapidité et de flexibilité, le principal enjeu en cette période est de concilier l'urgence et la rapidité de la riposte dans un environnement socio-économique volatil. Il s'avère fondamental de réagir rapidement pour endiguer les effets dévastateurs de cette pandémie sur toutes les activités des sociétés, notamment celle camerounaise. De même, les mécanismes classiques de gestion des finances publiques doivent perdre leur rigidité et s'arrimer aux contraintes imposées par la prégnance du coronavirus. D'ailleurs, le Fonds Monétaire International (FMI) conseille aux États d'adopter une stratégie appropriée pour garantir cette rapidité et flexibilité, en fonction de leur cadre budgétaire et institutionnel existant[38]. La meilleure stratégie pour chaque État dépendra de facteurs propres à sa situation particulière, notamment le niveau de contrainte financière[39] ; l'articulation des règles de gestion des finances publiques[40] ; ou encore, de la capacité de l'autorité budgétaire

---

36 AMRANI-MEKKI Soraya, « Le principe de célérité », Revue française d'administration publique, 2008/1 n° 125, pp. 43 à 53

37Département des finances publiques/Fonds Monétaire International, « Transparence, reddition des comptes et inclusivité dans l'utilisation du financement d'urgence pour faire face à la covid-19 », INTOSAI Development Inititative, 2020, p. 1

38 CURRISTINE Teresa, DOHERTY Laura, IMBERT Bruno, SHEIK RAHIM Fazeer, TANG Vincent, et WENDLING Claude, « Préparation du budget en période de crise : conseils pour l'élaboration du budget 2021 », FMI, Juin 2020, p. 5

39 Par exemple, la capacité de se financer sur les marchés.

40 A titre d'illustration, la souplesse permise pour réaffecter des crédits en cours d'exercice et les exigences en matière d'examen parlementaire. Il faut préciser qu'il appartient « à la loi de fixer le niveau de flexibilité dont jouira le pouvoir exécutif en matière de réaffectations de crédits. Dans certains pays, les crédits budgétaires sont définis de manière large et les autorités peuvent facilement procéder à des transferts de dépenses, tandis que dans d'autres elles doivent élaborer le budget poste par poste, ou sont soumises à

centrale et des ministères ou organismes dépensiers à anticiper précisément les besoins. Il ajoute que « *le ministère des Finances doit peser le pour et le contre de chaque levier de flexibilité, et s'efforcer de trouver le bon dosage dès le départ. Les principaux leviers de flexibilité (enveloppes pour imprévus ou réserves, mécanismes de flexibilité budgétaire en cours d'exercice et lois de finances rectificatives) peuvent être présentés de la manière suivante : constituer des enveloppes pour imprévus ou réserves ; renforcer les mécanismes permettant de gérer le budget avec souplesse en cours d'exercice ; adopter des lois de finances rectificatives* ». En examinant la gestion des finances publiques camerounaises en période de COVID, on se rend compte qu'il existe une certaine flexibilité. En effet, on peut relever et faire remarquer l'adoption des lois de finances rectificatives à l'instar de l'ordonnance n° 2020/001 du 03 Juin 2020 modifiant certaines dispositions de la loi n° 2019/023 du 24 décembre 2019 portant loi de finances de la République du Cameroun pour l'exercice 2020.. Il va sans dire que pour garantir la performance, il serait utile d'optimiser l'usage des mécanismes de flexibilité.

Quant à la transparence, il est certain qu'en règle générale, les situations d'urgence peuvent offrir un terreau fertile au détournement des fonds publics à des fins privées. Il est donc indispensable de détecter et d'atténuer la vulnérabilité à la corruption et aux détournements. Une gestion financière non opaque permettrait un ciblage des meilleures options de mise en œuvre des politiques sectorielles grâce à la participation de l'ensemble des acteurs et parties prenantes aux cycles de discussion budgétaire. Elle garantirait également une allocation budgétaire en parfait arrimage avec les défis liés à la riposte nationale face à la pandémie à coronavirus, sans remise en cause de l'effectivité des mesures sociales en cours dans les autres secteurs en faveur du développement du capital humain. Elle favoriserait la mobilisation de l'opinion publique par le développement de la veille citoyenne sur l'application effective des mesures prises par le Gouvernement dans tous les secteurs de la société, en vue de l'atteinte des résultats escomptés. Elle assurerait une amélioration de l'accessibilité aux données de reporting et renforcement du suivi des indicateurs de performance pour une meilleure adhésion des populations à l'action publique dans les différents domaines d'intervention.

Le rapport d'audit de la Chambre des comptes de la Cour Suprême camerounaise sus évoqué, témoigne à suffire de l'opacité que revêt la gestion des finances publiques en période de COVID. Avec certitude, il est difficile de parler de performance dans ces conditions.

La reddition des comptes implique de rendre compte de façon claire et impartiale sur les résultats au regard des objectifs fixés et du mandat confié. Elle est devenue une obligation consacrée depuis l'introduction de la gestion axée sur les résultats au Cameroun. De ce fait, les gestionnaires de l'ensemble des entités publiques doivent en toute circonstance faire preuve de performance, de procéder à des examens et d'en assurer la responsabilité dans le cadre du rapport d'évaluation de la performance.

---

des règles strictes en matière de transferts de dépenses ». Cf. CURRISTINE Teresa, DOHERTY Laura, IMBERT Bruno, SHEIK RAHIM Fazeer, TANG Vincent, et WENDLING Claude, *op. cit*, p. 8

Ce cadre ne doit pas servir en premier lieu à évaluer les insuffisances et les non-conformités, mais plutôt à créer des bases transparentes et objectives afin d'instaurer un système de gestion et de dialogue performant entre le gouvernement, le parlement, les administrations publiques et les partenaires nationaux/internationaux.

L'opacité qui semble régner dans la gestion financière du Cameroun en période COVID, conforte la logique d'une absence de reddition de compte. En effet, malgré les insuffisances relevées par le rapport de la Chambre des comptes de la Cour suprême[41], aucune responsabilité n'a été engagée, aucune mesure n'a été prise, aucune suite n'est donnée à cette affaire. La gestion actuelle des finances publiques camerounaises s'opère comme si les autorités en charge n'avaient de compte à ne rendre à personne.

2-La difficile atteinte des indicateurs consubstantiels à la performance dans la gestion des finances publiques

Il est question dans ce sillage de mettre en exergue l'ensemble d'éléments fondamentaux qui permettent la mesure de la performance. Elle est mise en exergue à travers un système d'indicateurs « *mesurant l'impact, l'effectivité, l'efficacité, l'efficience des politiques et la satisfaction des clients. Ces indicateurs constituent l'outil principal de gestion du nouveau système* »[42]. Dans cette étude, priorité sera donnée à l'analyse de l'efficacité, l'efficience, l'effectivité et la qualité du service.

S'agissant de ces indicateurs, de prime abord, on pourrait parler de l'efficacité. Les objectifs d'efficacité énoncent le bénéfice attendu de l'action de l'État pour le citoyen et la collectivité en termes de modification de la réalité économique, sociale, environnementale, culturelle, sanitaire… D'une part, elle décrit la volonté et la capacité des organes et institutions publics d'accomplir leurs tâches. D'autre part, parler de l'efficacité consiste à s'interroger sur la conformité des effets obtenus aux objectifs retenus et aux effets attendus[43]. En outre, elle impose de dresser un bilan pour effectuer une optimisation des effets observés[44]. Synthétiquement, l'efficacité renvoie aux effets escomptés des interventions étatiques en termes d'amélioration des conditions de vie des citoyens. La pandémie de COVID-19 se répercute considérablement sur les finances publiques des pays par un accroissement conséquent des dépenses, une baisse des recettes perçues et la transformation des passifs conditionnels en passifs réels[45]. En outre, les mesures de riposte à la crise engendrent de nouveaux défis et enjeux à la fois budgétaires, et socioéconomiques. En effet,

---

[41] Chambre des comptes de la Cour Suprême du Cameroun, « Premier rapport d'audit de la Chambre des comptes sur l'utilisation des ressources du fonds spécial de solidarité nationale pour la lutte contre le coronavirus », *op. cit* pp.1-32

[42] GALDEMAR Virginie, GILLES Léopold, SIMON Marie-Odile, *Performance, efficacité, efficience : les critères d'évaluation des politiques sociales sont-ils pertinents ?*, *op. cit* p. 10

[43] *Ibid.* p. 11

[44] *Ibid.* p. 11

[45] BALIBEK Emre, SAYEGH Amanda, SANDEEP Saxena, STONE Michelle et WENDLING Claude, « Gérer les risques budgétaires en période de tension sur les finances publiques », FMI, 2020, p. 1

l'apparition de la maladie virale a révélé et amplifié les faiblesses existantes dans la gestion des finances publiques des pays africains, notamment le Cameroun. Les inefficacités et les inégalités dans la réalisation des services publics ont été augmentées de manière exponentielle. La crise a également révélé un manque de préparation en ce qui concerne la capacité à résister aux chocs économiques et à gérer efficacement les ressources. Toute chose qui contribue à rendre difficile le respect de l'exigence de performance prônée par le régime financier camerounais.

Concernant l'efficience, elle fait référence à l'optimisation de ressources déployées en rapportant les moyens aux résultats obtenus. Elle met l'accent sur les moyens effectivement mobilisés (matériel, humain, financier...) ; leur adéquation avec les effets obtenus ; l'atteinte des résultats à moindre coût. Les objectifs d'efficience de la gestion expriment les gains de productivité attendus dans l'utilisation des moyens employés. Ils rapportent l'activité des services aux ressources consommées. La pandémie à COVID-19 est venue remettre en question cette approche. La gestion qui semble prévaloir au Cameroun notamment, est l'atteinte d'un résultat (annihilation des effets néfastes de la COVID-19 ; éradication de la maladie ; redynamisation du tissu socioéconomique...) qu'importe le coût, parfois en inadéquation avec le coût. En effet, la lutte contre le coronavirus dans le monde entier en général, particulièrement au Cameroun, oblige les pouvoirs publics à recourir à diverses mesures[46] de soutien pour faire face aux enjeux macroéconomiques et sociaux que pose avec véhémence la flambée et l'ondoyance du COVID-19. Ces mesures de soutien peuvent prendre diverses formes et avoir différentes conséquences budgétaires. « *Certaines auront des répercussions directes sur les finances publiques en augmentant les déficits budgétaires. D'autres n'auront aucune incidence sur les déficits budgétaires, mais pourraient accroître la dette (opérations extrabudgétaires ou au-dessous de la ligne). D'autres encore exposeront les finances publiques à des risques à moyen et à long terme (passifs conditionnels) qui doivent être recensés et gérés de manière transparente* »[47]. Dans ces conditions, il est difficile de parler de gestion efficiente et incidemment de performance.

---

[46] On peut citer « les mesures budgétaires comprennent des dépenses supplémentaires (ex. : services de santé et prestations chômage) ; des subventions en capital et des transferts ciblés (ex. : subventions salariales ou transferts directs) ; et des mesures fiscales (réduction, allégement ou report d'impôts) financées par les circuits budgétaires normaux. Leur coût intégral apparaîtra dans le solde budgétaire et dans la dette publique, à moins qu'il ne soit couvert par des mesures de compensation (ex. : nouvelle hiérarchisation des dépenses). ▪ Les mesures hors budget ou extrabudgétaires impliquent généralement la création d'actifs tels que des prêts ou la prise de participations dans des entreprises. Certaines mesures peuvent également être extrabudgétaires en raison d'un manque de transparence. Elles sont généralement financées par la dette, mais n'accroissent le déficit budgétaire comptabilisé que si elles sont considérées comme contraires à la logique économique, c'est-à-dire si elles entraîneront une perte attendue ou ne présentent pas une probabilité raisonnable de rendement économique. Elles comportent souvent des risques supplémentaires du fait qu'elles ne font pas l'objet d'examen aussi minutieux que pour des mesures classiques ou parce qu'elles diffèrent leurs coûts. Elles peuvent prendre les formes suivantes ». BALIBEK Emre, SAYEGH Amanda, SANDEEP Saxena, STONE Michelle et WENDLING Claude, « Gérer les risques budgétaires en période de tension sur les finances publiques », *op. cit*, p. 2

[47] *Ibid.* pp. 2-3

Quant à l'effectivité et la qualité du service, elles supposent la mobilisation de plusieurs éléments liés aux services publics. Ces derniers se doivent d'être accessible, claire, pertinent, fiable, comparable, sensible aux variations ou aux fluctuations, pérenne, utile[48]. A l'évidence les contraintes apportées et imposées par la pandémie à COVID-19 ne permettent pas d'avoir un service public financier en l'occurrence de cet acabit. En effet, les troubles macros et microéconomiques causées, l'endettement accentué, la mal gouvernance permise par une gestion opaque des finances publiques camerounaises sont autant de raison qui confortent la perspective d'une performance illusoire dans ces conditions.

Afin d'atteindre une performance avérée, il importe que chaque axe de la performance soit représenté dans les objectifs retenus dans les projets de performance annuelle. Il ne servirait à rien d'avoir des politiques très bien gérées, mais inefficaces ou sans impact réel, ou d'avoir des politiques qui ont des effets positifs, mais à des coûts démesurés. Ainsi, pour chaque programme, il convient de fixer simultanément des objectifs d'efficacité, de qualité de service et d'efficience de la gestion. Le couronnement de cette exigence est marqué par la nécessité d'un contrôle adéquat et efficace.

II- Une performance utopique au regard de l'examen de la gestion des finances publiques camerounaises en période de Covid-19

Le caractère utopique de la performance dans la gestion des finances publiques camerounaises en période de COVID-19 s'observe également dans l'examen de la gouvernance financière. La nouvelle méthode de gestion publique introduite par le nouveau cadre harmonisé de gestion des finances publiques au sein de la CEMAC et de ses États membres prône une grande liberté[49] des responsables de la gouvernance financière publique dans la conduite de leur action. En contrepartie de cette liberté, elle rend ces acteurs entièrement responsables de leur gestion. Cette responsabilité ne peut être mise en évidence qu'au travers de mécanismes de contrôle (A) et d'évaluation (B), corollaires nécessaires d'une gestion par la performance.

A- Du contrôle de la performance en période de COVID-19

« *Le contrôle évoque la problématique globale à laquelle est confrontée toute administration publique s'agissant de l'emploi de ses ressources* »[50]. A travers cette assertion, on pourrait comprendre

---

[48] GALDEMAR Virginie, GILLES Léopold, SIMON Marie-Odile, *Performance, efficacité, efficience : les critères d'évaluation des politiques sociales sont-ils pertinents ?*, *op. cit* p. 13

[49] Participe de cette liberté l'assouplissement du principe de spécialité des crédits par celui de leur fongibilité, voir LASCOMBE Michel et VANDENDRIESSCHE Xavier, « La loi organique relative aux lois de finances (LOLF) et le contrôle des finances publique », article dans la RFAP, n° 117, 2006, pp.131-148, spécialement pp. 131-132 cité par DEMBA BA Aboubacar. *Finances publiques et gestion par la performance dans les pays membres de l'UEMOA : étude de cas du Sénégal.* Thèse de Doctorat. Université de Bordeaux/Université Cheikh Anta Diop (Dakar), 2015. p. 285

[50] INSPECTION GENERALE DES FINANCES (France) : Rapport de la Mission de comparaisons internationales relative à l'audit et à l'évaluation dans les administrations de cinq pays de l'O.C.D.E et de

aisément la complexité qu'il y a à cerner la notion de contrôle des finances publiques. D'ailleurs, Michel. LASCOMBE et Xavier. VANDENDRIESSCHE affirmaient à cet effet ceci, « *dire que le contrôle est protéiforme constitue un véritable truisme* »[51]. Le contrôle de la gouvernance publique financière au Cameroun, jusqu'à l'intervention du nouveau cadre harmonisé de gestion des finances publiques, se résumait à un contrôle de l'adoption et de l'exécution des budgets publics et, plus particulièrement, des dépenses publiques. Il se déclinait à travers divers types de contrôle que l'on peut qualifier de classiques[52]. Le nouveau cadre harmonisé de gestion des finances publiques reprend à son compte les contrôles classiques, mais introduit des contrôles d'un type nouveau[53] dans la sphère publique, à l'instar du contrôle de la performance. Globalement, ce contrôle peut être appréhendé comme un processus de vérification de la conformité des opérations, des informations à un cadre normatif préalablement défini, à des objectifs prédéfinis, à des indicateurs préétablis. Il faut souligner que ce contrôle est réalisé par le canevas de la loi de règlement qui s'appréhende comme la loi de constatation de la dernière loi de finances exécutée. Le volet performance est analysé à travers les rapports annuels de performance par programme qui sont obligatoirement annexés à la loi de règlement A l'image des autres types de contrôle, celui de performance s'opère aussi bien sur le plan politique (1) que juridictionnel (2).

1- Le contrôle politique de la performance

Conformément aux dispositions de l'article 41 de la loi n° 2018/011 du 11 juillet 2018 portant code de transparence et de bonne gouvernance dans la gestion des finances publiques au Cameroun, le contrôle politique est assuré par le Parlement s'agissant de l'État, et par des assemblées délibérantes régulièrement élues pour ce qui est des CTD. S'agissant de la performance, ledit contrôle politique prend la forme, au niveau de l'État, de la discussion et de l'adoption de la loi de règlement par le Parlement, qui vérifie si les gestionnaires de crédit ont bien respecté et atteint les objectifs de performance adoptés dans le projet de performance annuelle (PPA). L'article 16 de la loi n° 2018/012 du 11 juillet 2018 portant régime financier de l'État et des autres entités publiques dispose que « *les projets de performance annuelle annexés à la loi de finances initiale présentent pour chaque programme, les objectifs poursuivis et les résultats attendus, mesurés au moyen d'indicateurs d'activités et de résultats. Ils sont produits par le responsable de programmes sous l'autorité des chefs de départements ministériels ou assimilés* ». Le contrôle parlementaire centré sur la performance s'effectue à partir des rapports annuels de performance de chaque programme (RAP) annexés à la loi de règlement. Ces

---

la commission européenne n° 2008-M-052-01, Paris, 2008, disponible en ligne sur www.igf.finances.gouv.fr, consulté le 28 Octobre. 2021, p. 1.

[51] LASCOMBE Michel et VANDENDRIESSCHE Xavier, « La loi organique relative aux lois de finances (LOLF) et le contrôle des finances publique », *in RFAP*, n° 117, 2006, pp.131-148, spécialement pp. 131-132.

[52] DEMBA BA Aboubacar. *Finances publiques et gestion par la performance dans les pays membres de l'UEMOA : étude de cas du Sénégal*, op. cit p. 315

[53] FERMOSE Janvier, « Le contrôle financier spécialisé en droit camerounais », *in Gestion et finances publiques*, 2021/2 N° 2, p. 90-96

derniers mettent en exergue pour chaque programme, les résultats obtenus comparés aux objectifs fixés, les actions développées et les moyens utilisés, accompagnés d'indicateurs d'activités, ainsi que d'une estimation des coûts des activités ou des services rendus. Le contrôle s'articule autour d'un tryptique : « *une fonction budgétaire de constatation des montants effectifs de recettes et de dépenses ; une fonction comptable d'arrêté des comptes et états financiers et d'affection des résultats ; une fonction gestionnaire d'information sur les activités non financières des politiques publiques* »[54]. On peut y adjoindre une fonction de trésorerie consistant à rendre compte de la gestion de la trésorerie de l'Etat et de l'application de son tableau de financement[55]. En effet, il appartient aux assemblées parlementaires d'autoriser les emprunts aussi bien à l'international que sur le territoire national. A l'instar des opérations budgétaires, des irrégularités peuvent être commises aussi dans les opérations de trésorerie. Aussi, au même titre que les opérations budgétaires, le Gouvernement doit-il rendre compte au Parlement de l'exécution des autorisations d'emprunt qui lui ont été données.

L'impact considérable de la pandémie à COVID-19, couplé aux mauvaises mœurs de certains gestionnaires de crédits surfant sur le caractère urgent de la gestion des deniers publics durant cette période font en sorte que les résultats obtenus ne soient pas toujours en adéquation pratique ou factuelle, non théorique, avec les objectifs fixés. En effet, la COVID-19 a touché tous les secteurs pourvoyeurs de fonds de l'État, de l'économique au social, en passant par le culturel. Ce qui rend la mobilisation de l'argent public escompté difficile. Par ailleurs, le non-respect des procédures de dépense publique du fait de l'urgence, crée et consacre une gestion financière opaque[56]. D'où la difficulté de parvenir à la performance exigée. De plus, l'inefficacité du contrôle parlementaire au Cameroun tient au fait qu'il semble n'exister aucune sanction, frappant la non-atteinte de la performance ou toute malversation constatée par le Parlement et viciant l'exigence de performance. Ainsi, bien que limitée sous d'autres cieux[57], l'action de contrôle impulsée par le Parlement au Cameroun se trouve doublement étrécie tant structurellement que conjoncturellement. A contrario de cette réalité, le contrôle législatif devrait avoir une incidence sur le développement économique, le processus de démocratisation et l'indice de perception de la corruption[58]. Dans l'optique de parvenir à cette bonne gouvernance financière, ce contrôle est complété par d'autres à l'instar du contrôle juridictionnel.

---

54 DEMBA BA Aboubacar. *Finances publiques et gestion par la performance dans les pays membres de l'UEMOA : étude de cas du Sénégal*, *op. cit* p. 317

55 *Ibid.* op. cit p. 318

56 Cf. Chambre des comptes de la Cour Suprême du Cameroun, « Premier rapport d'audit de la Chambre des comptes sur l'utilisation des ressources du fonds spécial de solidarité nationale pour la lutte contre le coronavirus », op. cit pp.1-32

57 THIERS Eric, « Le contrôle parlementaire et ses limites juridiques : un pouvoir presque sans entraves », *in Le Seuil/Pouvoirs*, 2010/3 n° 134, p. 71-81

58 IMBEAU Louis M. et STAPENHURST Rick, *Le contrôle parlementaire des finances publiques dans la francophonie*, Laval, PUL, 2019, p. 14

2- Le contrôle juridictionnel de la performance

L'article 86 de la loi de 2018 portant régime financier de l'État et des autres entités publiques dispose que le contrôle juridictionnel des opérations budgétaires et comptables des administrations publiques est assuré par la juridiction des comptes. Au Cameroun, cette instance est représentée par la Chambre des Comptes de la Cour suprême. Une analyse méticuleuse du cadre normatif y relatif présente l'ensemble des prérogatives dévolues à cette juridiction en matière de contrôle de la gestion des finances publiques[59]. L'examen de leur consistance permet d'extirper les missions qu'on pourrait ranger dans la catégorie du contrôle de la performance. De prime abord, ce dernier consiste à s'assurer du respect scrupuleux de la régularité, la sincérité et la fidélité du compte général de l'État. Ensuite, elle peut contrôler la légalité financière, ainsi que la conformité budgétaire de toutes les opérations de dépenses et de recettes de l'État. Enfin, elle évalue le contenu, l'efficacité et l'efficience de l'usage des deniers en rapport avec les objectifs fixés, les moyens utilisés et les résultats obtenus. Dans le même sillage, elle évalue la pertinence et la fiabilité des méthodes, indicateurs et données permettant de mesurer la performance des politiques et administrations publiques.

Au niveau de la juridiction des comptes du Cameroun, le contrôle de la performance est effectif comme on a pu le constater à travers le rapport rédigé par la Chambre des Comptes de la Cour suprême. Cependant, ce qui fragilise l'efficacité de ce contrôle se trouve être l'absence de suite conséquente. Les gestionnaires de crédits interpellés pour leur mauvaise gestion financière semblent être intouchables. Si leur responsabilité n'est pas mise en jeu, il serait donc difficile de respecter l'exigence de performance prônée par le législateur camerounais. Le contrôle administratif pourrait-il présenter une réalité différente ?

B-Du contrôle administratif de la performance en période COVID

L'article 2 du décret n° 2013/159 du 15 mai 2013 fixant le régime particulier du contrôle administratif des finances publiques, définit le contrôle administratif comme « *activité permettant aux services spécialisés du pouvoir exécutif de s'assurer du respect de la régularité des opérations budgétaires, financières et du patrimoine de l'État, d'évaluer la performance des administrations et de prévenir les risques de toute nature* ». De façon globale, le contrôle administratif de la gestion des finances publiques se présente comme étant l'ensemble des mécanismes internes et externes de vérification de la régularité, la sincérité et l'efficacité des politiques publiques. En synthèse, telle est la consistance de l'article 84 du régime financier de l'État et des autres entités publiques. D'une analyse de ce texte, il est possible d'en isoler le volet contrôle de la performance. En effet, son alinéa 2 dispose que le contrôle administratif comprend également « *un contrôle de régularité et de performance ainsi que des missions d'audit de la gestion des administrations publiques, des entreprises publiques, des établissements publics, ainsi que des entreprises privées ayant reçu une subvention, un*

[59] Article 86 alinéa 3 de la loi de 2018 portant régime financier de l'Etat et des autres entités publiques.

aval ou une caution de l'État ou de toute autre personne morale de droit public, sont menées par les services spécialisés compétents de l'exécutif ». Ainsi, parler du contrôle administratif de la performance, c'est mettre en lumière le contrôle de régularité et de performance (1) et l'audit de la performance (2) dans la gestion des finances publiques au Cameroun.

1-Le contrôle de régularité et de performance

Le contrôle de régularité s'appréhende formellement comme une « *activité permettant de s'assurer de la conformité des opérations budgétaires, financières, et de gestions du patrimoine de l'État aux lois et règlements en vigueur* »[60].

Le contrôle de performance quant à lui est une activité permettant de s'assurer de la réalisation des objectifs avec efficacité, efficience et économie, sur la base d'indicateurs prédéfinis, après mise en œuvre des stratégies, des programmes et des actions de l'administration avec l'allocation conséquente des ressources publiques . Il vise à s'assurer de l'exécution optimale des prévisions des recettes et des dépenses, à l'aide d'indicateurs prédéfinis. Il permet de mesurer et d'analyser, sur la base des indicateurs, les résultats atteints par rapport aux objectifs fixés, et propos les mesures correctives éventuelles ; de s'assurer que les ressources sont obtenues et utilisées avec efficacité et efficience pour réaliser les objectifs fixés ; d'analyser les réalisations, qui sont mesurées et confrontées à la prévision afin de mettre en évidence les écarts ; d'identifier et d'évaluer les risques d'anomalies significatives, résultant d'erreur ou de fraude ; de recueillir des éléments appropriés susceptibles de révéler l'existence d'anomalies significatives ; d'examiner et d'évaluer les pièces et documents comptables[61].

Le contrôle de performance s'appuie sur la comptabilité analytique des programmes et le système d'information mis en place par l'ordonnateur, permettant à ce dernier de produire des tableaux de bord d'aide à la décision et des rapports de gestion[62].

L'évaluation de la performance donne lieu à la production d'un rapport de performance. Il devrait également être assorti de mécanismes de sanction pour des éventuels irrespects de l'exigence de performance dans la gestion des finances publiques. Usuellement, l'absence de sanctions fragilise les mesures ou politiques, notamment publiques. On peut donc être sceptique sur l'atteinte et/ou le respect de l'exigence de performance via ce contrôle et ses conséquences. Quid de l'audit de performance ?

2-L'audit de performance dans la gestion des finances publiques[63]

Suivant une approche formelle, un audit est une « *activité indépendante et objective qui donne à une organisation une assurance sur le degré de maîtrise de ses opérations, lui apporte ses*

---

[60] Voir article 2 du décret de 2013.

[61] Voir article 20 du décret n° 2013/159 du 15 mai 2013 fixant le régime particulier du contrôle administratif des finances publiques.

[62] Article 21 du décret ci-dessus.

[63] Lire article 23 du décret ci-dessus.

conseils pour les améliorer, et contribue à créer de la valeur ajoutée. Il aide cette organisation à atteindre ses objectifs en évaluant, par une approche systématique et méthodique, ses processus de management des risques, de contrôle et de gouvernance, et en faisant des propositions pour renforcer leur efficacité »[64].

Matériellement, un audit de performance est une évaluation systématique, objective et indépendante de la mesure dans laquelle le gouvernement assume ses responsabilités et gère de manière adéquate ses activités et ses ressources[65]. En d'autres termes, il est question d'examiner les activités ou les programmes du gouvernement par rapport à des critères établis afin de répondre à des préoccupations précises. Ainsi, de manière à pallier l'ensemble des limites liées à la gestion des finances publiques, sont organisés des audits centrés sur le dispositif de performance, c'est-à-dire les objectifs et indicateurs de performance figurant dans les PAP et les RAP. L'audit est, soit interne lorsqu'il est effectué par un organe placé dans l'organigramme d'une administration mais jouissant d'une indépendance fonctionnelle vis-à-vis du service audité, soit externe lorsqu'il est effectué par une autorité extérieure à l'administration l'ayant prescrit[66].

L'audit de performance consiste à veiller à l'adéquation entre les objectifs et les indicateurs. Il s'efforce de limiter le nombre des indicateurs en éliminant en particulier les indicateurs non renseignés, de pure activité, dont le coût de collecte est trop élevé, non fiable ou entraînant des biais manifestes. Il dissèque les cibles retenues pour chaque indicateur. Il distingue les actions relevant d'indicateurs de performance chiffrés et celles appelant une démarche plus qualitative d'évaluation de politiques publiques.

Les audits sont ainsi structurés autour des questions correspondant aux *trois dimensions de la qualité d'un dispositif de performance*. La pertinence marque l'aptitude des objectifs et indicateurs choisis à traduire la performance de manière significative et fidèle. Il est question de répondre à la question de savoir si les objectifs reflètent bien la stratégie, est-ce-que les indicateurs mesurent bien la performance ? La fiabilité concerne, non plus la définition de l'indicateur, mais la qualité des données utilisées et des traitements effectués. Il s'agit de savoir si la chaîne de production des indicateurs et les dispositifs de contrôle interne présentent une fiabilité suffisante. L'utilité implique de sortir du cadre des PAP et des RAP pour voir si, au-delà de la confection des documents budgétaires, le dispositif de performance est effectivement utilisé dans la gestion des services et dans la conduite des politiques.

L'article 25 du décret de 2013 relatif au contrôle administratif sus évoqué dispose que l'audit est sanctionné par un rapport qui comporte, entre autres, des recommandations pratiques susceptibles d'apporter une valeur ajoutée au regard des manquements constatés, et faire référence à tous les cas importants de non -conformité et d'abus constatés. Ledit rapport d'audit est adressé à l'autorité l'ayant prescrit avec

---

[64] Cf. article 2 du décret ci-dessus.

[65] FERGUSSON Michel, *Description des attentes : Le processus d'audit de performance- Guide à l'intention des entités auditées*, Montréal, Bureau du vérificateur général du Canada, juin 2012, p. 10

[66] Cf. article 2 du décret n° 2013/159 du 15 mai 2013 fixant le régime particulier du contrôle administratif des finances publiques.

copie au responsable du segment audité, sauf stipulation contraire de l'autorité compétente. Ces recommandations indiquent aux entités des améliorations à apporter afin de corriger les lacunes signalées. Le rapport d'audit de la Chambre des Comptes de la Cour suprême a présenté des écarts dans la gestion des deniers publics dédiés à la lutte contre la COVID-19. De ce rapport, 30 fautes de gestion ont été relevées ; 10 procédures judiciaires ont été recommandées pour des faits susceptibles de constituer des infractions pénales. Plusieurs mois après, aucune action ne semble avoir été prise dans ce sens. Ce qui amoindrit la portée de l'audit de performance.

Chapitre 3 : Covid-19 et perspectives du droit fiscal : panser ou repenser la politique fiscale face à la crise sanitaire au Cameroun ?

Par NGUIMFACK VOUFO Théophile
Chargé de Cours à la Faculté des Sciences Juridiques et Politiques de l'Université de Dschang (Cameroun)

et KOUNDE EBENE Princesse De Christ
Doctorante en Droit privé à la Faculté des Sciences Juridiques et Politiques de l'Université de Dschang (Cameroun)

Résumé

La Covid-19 a marqué d'une empreinte indélébile l'application de la norme fiscale au Cameroun. Pour remédier aux répercussions économiques de cette pandémie, le gouvernement camerounais s'est appuyé sur la technique de l'interventionnisme fiscal pour modifier les normes fiscales en vigueur. Il s'est alors formé un droit fiscal transitoire justifié par la crise sanitaire, revêtant à la fois des aspects matériel et procédural. Ce sont des mesures ciblées, prises discrétionnairement par les pouvoirs publics en fonction de leur lecture de l'impact de la pandémie. La portée de cette approche est limitée, ce qui amène à préconiser un droit fiscal global reposant sur deux piliers. Le premier est celui d'une fiscalité participative et inclusive impliquant l'ensemble des acteurs et le second est celui de l'ancrage des mesures fiscales dans le temps pour soutenir la compétitivité économique. Si un dialogue fiscal participatif a été initié par les pouvoirs publics et le secteur privé, il est encore loin des défis qu'impose une transition comme celle imposée par la crise sanitaire liée à la Covid-19.

Introduction

La pandémie mondiale du *Corona virus disease 2019* (Covid-19) a marqué par ses répercussions multiples[1]. D'abord sanitaires, ces répercussions sont également économiques, sociales et même politiques[2]. Témoin de ce phénomène, la communauté scientifique n'est pas restée insensible[3]. Elle a mobilisé ses cadres d'analyse

---

[1] R. NEMEDEU, « Le Covid-19 et le droit », Chronique *in LE NEMRO, Revue Trimestrielle de Droit Economique*, Janvier-Mars 2020, pp. 1-4.

[2] FMI, *Afrique subsaharienne, Covid-19 : une menace sans précédent pour le développement, Perspectives économiques régionales*, avril 2020, 23 p. ; CEMAC, Secrétariat permanent, *Incidences économiques et financières du Covid-19 sur les économies de la CEMAC et esquisses de solutions*, mars 2020, p. 3.

[3] P. C. MESSANGA NYAMNDING, « Coronavirus, la nécessité d'un plan d'urgence sanitaire financier pour l'Afrique au miroir des relations internationales », *Revue camerounaise d'études internationales*, volume 13, n° 2, 2020, pp. 42-55.

pour cerner le problème dans toutes ses dimensions afin d'esquisser des solutions[4]. Cette double approche explicative et prospective est partagée par les instances de prise de décision ainsi que les disciplines scientifiques. Dans les sciences sociales, la science juridique a pris une part active à l'étude du Covid-19[5]. Pouvait-il en être autrement alors que la norme juridique et son application ont été particulièrement sollicitées dans le cadre des mesures de riposte à la pandémie ?[6] Dans le catalogue des « mesures de riposte » figure au premier plan celles relevant des finances publiques, en général[7], et du droit fiscal, en particulier[8]. Le droit fiscal, considéré comme l'ensemble des règles qui régissent l'impôt, son administration et sa contestation, s'applique dans les relations entre les citoyens et l'Administration fiscale[9]. L'impôt en tant qu'objet du droit fiscal est prélevé sur la valeur économique existante ou ajoutée sur le patrimoine des contribuables[10]. À noter toutefois que la majorité des prélèvements fiscaux est étroitement dépendante de l'activité productive et déduite des bénéfices générés par celle-ci. Or, en raison de la Covid-19, plusieurs restrictions ont été imposées aux opérateurs économiques, réduisant ainsi leur productivité avec un risque croissant de faillite pour de nombreuses entreprises[11]. Au regard de cette situation, l'État a néanmoins eu conscience du poids des obligations fiscales sur la soutenabilité financière des entreprises. En tenant compte des difficultés que ces dernières peuvent éprouver à supporter leurs charges fiscales en période d'inactivité, le gouvernement camerounais a aménagé un régime fiscal dérogatoire afin de les soutenir jusqu'à la reprise normale des activités économiques. Dès mars 2020, le gouvernement camerounais a élaboré une Stratégie de riposte à la

---

[4] N. MACHIKOU NDZESOP, « Le Cameroun face à la pandémie du Covid-19 : l'appel au biopouvoir », inédit, 23 mars 2020, 4 p.

[5] Voir, Numéro spécial de la *Revue Trimestrielle de Droit Economique, LE NEMRO*, sur « Le Covid-19 et le droit », n° 2, avril-juin 2020, 506 p. ; J-E. GICQUEL, « Covid-19 : crise sanitaire et crise des normes », *Recueil Dalloz*, n° 13, 2020, p. 719.

[6] A titre d'illustration, consulter les études suivantes : *Covid-19 et contrat*, Dossier, Actualité Juridique Contrat, Dalloz, avril 2020, pp. 157-204, *Covid-19, droit pénal et procédure pénale*, Dossier, Actualité Juridique Pénal, n° 4, Dalloz, avril 2020, pp. 165-208 ; *Droit OHADA et Covid-19*, Bulletin ERSUMA de pratique professionnelle, n° 031, Mars 2020 et C. ALTER (dir.), *Droit des affaires et Covid-19. Synthèse des règles applicables aux entreprises*, Bruxelles, Larcier, 2020, 85 p.

[7] F. TANO, « Les moyens financiers des États à l'épreuve de l'urgence sanitaire en Afrique », in P. KIPRÉ (dir.), *Oser les ruptures. L'Afrique de l'après-COVID-19*, Paris, Terra Mater International, 2020, pp. 328-349 ; C. BALLANDRAS-ROZET, « Les principes budgétaires à l'épreuve de la crise sanitaire », *RFFP*, n° 152, novembre 2020, p. 101 ; E. CHEKLY, « Covid-19 et finances publiques françaises », *RFFP*, n° 154, pp. 31-33 ; G-M. PEKASSA NDAM, P. NGANGUE NEMALEU, « Les finances publiques camerounaises à l'épreuve de la crise sanitaire à coronavirus », *Le NEMRO*, n° 18, octobre-décembre 2020, pp. 49-74.

[8] S. T. BILOUNGA, « L'incidence de la lutte contre le Covid-19 sur les finances publiques camerounaises », *Recht in Afrika*, n° 24, premier semestre 2021, pp. 3-28.

[9] P. AUGE, *Droit fiscal général*, Paris, Ellipses, 2002, p. 11.

[10] J. GROSCLAUDE, P. MARCHESSOU, *Droit fiscal général*, Paris, Dalloz, 11e éd, 2017, p. 13.

[11] A. S. NDZANA BILOA, « La crise économique post Covid 19 : une opportunité pour une nouvelle transition fiscale des pays africains », *Revue africaine de finances publiques*, n° 8, 2e semestre 2020, pp. 301-322.

pandémie[12]. L'incidence financière de cette stratégie a justifié la signature par le président de la République d'une ordonnance portant modification de la loi de finances pour l'exercice 2020[13]. Aux termes de ce texte, certaines normes de la législation fiscale et douanière ont été révisées[14]. De manière générale, le législateur a accordé diverses exonérations aux entreprises et autres opérateurs économiques en vue d'alléger leurs obligations fiscales[15]. De même, les procédures fiscales en vigueur ont été modulées en fonction des difficultés de leur mise en œuvre par les contribuables. Au plan théorique, il s'agit d'un recours à l'interventionnisme fiscal, terme qui pour Alain Euzeby, « *désigne l'utilisation de l'impôt comme instrument d'intervention des pouvoirs publics dans la vie économique et sociale* »[16]. *A priori*, le recours à l'interventionnisme n'est pas de l'essence du prélèvement fiscal, car comme le souligne Gabriel Ardant, l'impôt est davantage une technique libérale qu'interventionniste[17]. Selon cette conception, l'instrument fiscal laisse une liberté beaucoup plus grande que tous les autres moyens d'intervention étatique, l'agent économique étant le seul maître de ses choix d'investissement. Pourtant, cette conception est largement démentie par les faits, car les États ont toujours été amenés à mobiliser la fiscalité comme un instrument de leur politique de développement aux plans économique et social[18]. Au demeurant, il est admis de manière consensuelle que la fiscalité soit l'un des outils majeurs de l'interventionnisme étatique à l'époque contemporaine. Elle est davantage ressentie comme une nécessité incontournable lorsque l'économie traverse une période de crise. Preuve de l'intérêt accordé à cet outil, Gilbert Orsoni révèle que les techniques concourant à la mise en œuvre de l'interventionnisme fiscal sont multiples. Dans la typologie dressée par l'auteur, on peut dénombrer les techniques telles que : les exonérations, déductions fiscales, abattements, décote, diminution des taux d'imposition, réductions d'impôt, crédits d'impôt et reports d'impôt[19]. Chacune de ces techniques est utilisée en fonction de l'objectif recherché, à cours, moyen ou long terme sur l'économie. Certaines de ces techniques profitent aux contribuables

---

12 Voir, *Stratégie gouvernementale de riposte face à la pandémie de coronavirus (Covid-19)*, Déclaration spéciale du Premier Ministre camerounais, Chef du Gouvernement, du 17 mars 2020, disponible sur le site du Premier ministère : https://www.spm.gov.cm.

13 Ordonnance n° 2020/001 du 03 juin 2020 modifiant et complétant certaines dispositions de la loi n° 2019/023 du 24 décembre 2019 portant loi de finances de la République du Cameroun pour l'exercice 2020.

14 F. ABENG MESSI, « Les obligations fiscales de l'exercice budgétaire 2020 à l'épreuve de la Covid-19 au Cameroun », *Revue Africaine des Finances Publiques*, n° 7, 1er semestre 2020, pp. 141-172.

15 Voir les articles treizième à quinzième (nouveaux) de l'Ordonnance n° 2020/001 du 03 juin 2020, précitée.

16 A. EUZEBY, « Interventionnisme fiscal », in Loïc PHILIP (dir.) *Dictionnaire encyclopédique des finances publiques*, Paris, Economica, 1991, p. 978.

17 G. ARDANT, *Théorie sociologique de l'impôt*, Paris, EVPEN, 1965, cité par L. PHILIP, *Finances publiques*, Paris, Cujas, 5e éd., 1995, p. 372.

18 T. NGUIMFACK VOUFO, « Covid-19 et finances publiques : quelle politique budgétaire de riposte à la pandémie au Cameroun ? », *Le NEMRO, Revue Trimestrielle de Droit Economique*, Avril-Juin 2020, pp. 474-487.

19 G. ORSONI, « L'interventionnisme fiscal : aspects théoriques. Brèves remarques sur l'utilisation de l'instrument fiscal », umc.gu-unpk.ru/umc/arhiv/2005/1/Orsoni.pdf, janvier 2005, consulté le 24 septembre 2021, p. 5.

individuellement et d'autres collectivement. De l'avis de Loïc Philip, « *l'utilisation de l'impôt comme moyen d'action sur l'économie peut être opérée, soit dans le cadre d'une politique globale, soit dans le cadre d'une politique sectorielle* »[20]. À l'évidence, l'efficacité d'une politique fiscale interventionniste dépend de la formule adoptée par le gouvernement. La pandémie du Covid-19 aidant, des mesures fiscales ciblées ont été prises par le gouvernement camerounais afin de soutenir l'activité économique. Or, il se pose la question de savoir, si des mesures fiscales ciblées et limitées dans le temps en contexte de crise sanitaire peuvent avoir un impact positif sur l'ensemble de l'économie ? Au regard de l'impact économique et social de la crise sanitaire, n'est-il pas indiqué de repenser la fiscalité de manière globale afin d'induire des effets positifs à long terme dans tout le secteur productif ? Il est intéressant de noter que depuis la survenance de la Covid-19, l'on assiste à l'émergence d'un droit fiscal transitoire qui se déploie dans sa double dimension matérielle et procédurale[21]. Pourtant, il faut admettre que s'impose la nécessité d'un droit fiscal global[22], une sorte de droit fiscal nouveau ou de renouveau de la politique fiscale, orientée vers les acteurs de la fiscalité et suffisamment ancrée dans le temps[23]. Il suffit de passer en revue les mesures fiscales prises en cette période pour constater que leur portée est à relativiser si l'on projette la situation économique du Cameroun à moyen et long termes. Autant on peut convenir de l'émergence d'un droit fiscal transitoire justifié par la crise sanitaire (I), autant peut-on espérer que cette pandémie inspire un droit fiscal global orienté vers le soutien à la relève de l'économie (II).

I- L'émergence d'un droit fiscal transitoire justifié par la crise sanitaire

De l'avis de Pierre-Yves Gahdoun, le droit transitoire est un droit « sur le droit » qui énonce les règles de la temporalité des lois, en encadrant notamment l'entrée en vigueur, la publication ou l'application des normes dans la durée[24]. Aussi peut-on l'envisager en une « science du temps » et le définir comme des règles provisoires destinées à régir la transition entre l'application de la loi ancienne et de la nouvelle loi[25]. Le provisoire est donc la propriété caractéristique du droit fiscal transitoire qui s'est formé à la faveur de la Covid-19. C'est un droit fiscal spécial ou d'exception élaboré pour la période de crise sanitaire et censé disparaître avec elle. Il se dédouble

---

[20] L. PHILIP, *ibid.*, p. 372.

[21] Sur le droit transitoire, lire utilement P. ROUBIER, *Le droit transitoire (Conflits des lois dans le temps)*, Paris, Dalloz et Sirey, 1960, 2e éd., 608 p.

[22] Il s'agit d'aller au-delà de l'exceptionnalité des mesures prises pour entamer une réforme globale valable en toutes circonstances. En ce sens, voir O. BEAUD, GUERIN-BARGUES, « L'état d'urgence sanitaire : était-il judicieux de créer un nouveau régime d'exception ? », *Recueil Dalloz*, n° 16, 2020, p. 891.

[23] Une démarche similaire est proposée pour une réforme globale de l'Etat *in* J. CHEVALLIER, « L'État à l'épreuve du coronavirus », *Pouvoirs*, vol. 177, n° 2, 2021, pp. 109-120.

[24] P-Y. GAHDOUN, « L'émergence d'un droit transitoire constitutionnel », *RDP*, N° 1, 2016, pp. 11649.

[25] *Idem.*

en un droit fiscal matériel à vocation transitoire (A) et un droit fiscal procédural à finalité transitoire (B).

A-Un droit fiscal matériel à vocation transitoire

L'analyse du droit matériel porte sur le fond du droit[26]. Appliqué au droit fiscal, le « droit matériel » s'entend de l'étude ayant pour objet le contenu des règles applicables aux activités régies par le droit fiscal. Par conséquent, le droit matériel transitoire renvoie en matière fiscale à l'ensemble des règles de fond prises de façon provisoire par l'État en vue de tempérer les effets de la crise sanitaire sur les activités des contribuables.

Les choix de politique fiscale en période de crise ne sont pas simples, car l'État pouvait opter pour la suppression des obligations fiscales du contribuable en raison du ralentissement des activités économiques ou calibrer ces obligations en fonction de la résilience de l'économie. La solution de compromis a été adoptée au Cameroun, matérialisée par la consécration des mesures fiscales conservatoires (2) et l'adoption des mesures de subventions fiscales (1).

1-La consécration des mesures de subventions fiscales

Une subvention est, en première approche, une aide financière directe ou indirecte, allouée par une personne publique en vue de financer une activité d'intérêt général[27]. La subvention peut donc être une aide publique, concédée à une personne publique ou privée par l'État en vue de soutenir des activités d'intérêt général[28]. Pour l'OCDE, les « *subventions fiscales* » sont également qualifiées de dépenses fiscales[29]. C'est une aide financière réelle, qui n'est ni un prêt ni une avance de trésorerie, accordée par l'État, une collectivité territoriale pour financer ou favoriser le développement d'une activité d'intérêt général ou, à titre de secours, pour subvenir à un problème urgent. Une subvention fiscale serait donc une forme d'interventionnisme fiscal par laquelle l'État porte secours aux entreprises qui font face aux difficultés conjoncturelles, notamment celles liées à la crise sanitaire due à la Covid-19. Il peut s'agir d'une abstention de percevoir des droits et pénalités dus par le contribuable ou encore une modération partielle ou totale d'impôts. Assise sur les nuitées passées dans les établissements d'hébergement classés ou non, la taxe de séjour est due par la personne hébergée et collectée par l'établissement d'hébergement, à savoir les hôtels, motels, auberges et résidences-hôtels meublés[30]. Dans le cadre des mesures de riposte à la Covid-19, les établissements du secteur de l'hôtellerie, de la restauration et de l'hébergement qui ont été contraints à la fermeture

---

[26] On dit également droit substantiel pour faire référence au droit matériel.

[27] C. PUIGELIER (dir.), *Dictionnaire juridique*, Bruxelles, Bruylant, Coll. Paradigmes, 2015, p. 2100.

[28] K. C. ENGONE, *Les mécanismes d'incitations fiscales à l'investissement des entreprises étrangères en France et au Gabon,* thèse de Doctorat, Université de Limoges, 2019, p. 153.

[29] Organisation de Coopération et de Développement Économiques, Les dépenses fiscales dans les pays de l'OCDE, 2010, p. 2.

[30] Art. 221 du CGI.

à partir de mars 2020 jusqu'à la levée des restrictions ont été exonérés de la taxe de séjour pour l'exercice 2020. La mesure a été reconduite pour le compte de l'exercice 2021 où il est également prévu une exonération de l'impôt sur les sociétés au titre de l'exercice fiscal clos au 31 décembre 2021, pour les établissements d'hébergement classés ou non. Ainsi, ces établissements ne sont plus tenus de porter la mention de la taxe de séjour sur les factures adressées à leurs clients au cours de la période visée. L'exonération de l'impôt sur les bénéfices, quant à elle, emporte dispense de paiement des acomptes mensuels et du minimum de perception à compter des déclarations du mois de janvier 2021 attendues au plus tard le 15 février 2021. Toutefois, ces établissements demeurent astreints aux obligations déclaratives mensuelles. De même, la taxe de stationnement a été réaménagée à la faveur de la crise sanitaire. En principe, elle est due par tout véhicule utilisé pour le transport urbain de personnes, exclusivement dans les villes et agglomérations où les municipalités ont aménagé des aires de stationnement[31] et un plan de circulation[32]. La nouvelle mesure fiscale a exonéré les taxis et les motos-taxis du paiement de cette taxe pour le compte du deuxième trimestre 2020. Toutefois, les transporteurs ayant déjà acquitté l'impôt libératoire et la taxe de stationnement au titre du deuxième trimestre de l'exercice 2020 devaient bénéficier d'un crédit d'impôt à concurrence des paiements effectués. Ces crédits sont imputables sur les paiements futurs dus par ces contribuables. Toutefois cette mesure n'a pas été reconduite pour l'exercice 2021, contrairement à la taxe à l'essieu. Relativement à la taxe à l'essieu, y sont normalement assujettis les véhicules automobiles de charge utile au moins égale à trois tonnes et circulant sur le territoire camerounais. Les personnes assujetties à la taxe à l'essieu ont été exonérées du paiement pour le compte du deuxième trimestre de l'année 2020. L'exonération concédée a tout de même soulevé le problème du sort des versements uniques effectués par certains contribuables au plus tard à la date du 15 mars 2020[33]. La loi de finances pour l'exercice 2021[34] a néanmoins opté pour la suppression pure et simple de la taxe à l'essieu. Mais si cette taxe ne fait plus l'objet de déclaration et de paiement à partir de janvier 2021, celle due au titre des exercices antérieurs à 2021 peut faire l'objet de rappel à l'occasion des contrôles fiscaux ou de mesures de recouvrement forcé. Parmi les taxes communales modifiées par le droit fiscal transitoire, figurent les droits de place sur les marchés, consacrés par la loi portant fiscalité locale à l'article C 80 alinéa 1. Ils sont perçus aussi bien auprès des commerçants réguliers que des vendeurs occasionnels, occupant une place dans tout marché appartenant à la commune d'arrondissement ou à la communauté urbaine[35]. L'exonération de ces droits pour le compte du deuxième trimestre 2020 au profit des petits revendeurs de vivres soulève aussi la préoccupation des contribuables qui

[31] La commune doit, en contrepartie du paiement de cette taxe, aménager des aires destinées au stationnement, notamment : au voisinage des bureaux, des usines ou des marchés.
[32] Art. C 94(1) du CGI.
[33] Lire à cet effet F. ABENG MESSI, « Les obligations fiscales de l'exercice budgétaire 2020 à l'épreuve de la Covid-19 au Cameroun », *op cit.* p.141.
[34] Loi n° 2020/018 du 17 Décembre 2020 portant Loi de finances de la République du Cameroun pour l'exercice 2021.
[35] Art. C 80 al. 1 du CGI.

avaient déjà acquitté ces droits en un versement unique. À ce propos, la circulaire précise que les revendeurs de vivres ayant déjà acquitté l'impôt libératoire et les droits de place dans les marchés au titre du deuxième trimestre de l'exercice 2020 bénéficient d'un crédit d'impôt à faire valoir sur les paiements futurs. L'impôt libératoire payé par les contribuables exerçant une activité commerciale, industrielle, artisanale ou agropastorale ne relevant ni du régime du réel, ni du régime simplifié et dont le chiffre d'affaires n'excède pas 15. 000.000 (quinze millions) FCFA a été aussi frappé d'exonération[36]. Cette subvention fiscale a bénéficié aux petits revendeurs de vivres et les chauffeurs de taxis et motos-taxis sous la forme d'une exonération de l'impôt libératoire au titre du deuxième trimestre 2020. Cette exonération n'a pas été reconduite dans la loi de finances pour l'exercice 2021. Outre la consécration des mesures de subventions fiscales, le législateur fiscal a aussi adopté d'autres mesures fiscales qui s'assimilent aux mesures conservatoires.

2-L'adoption des mesures fiscales conservatoires

La notion de mesures conservatoires renvoie en droit civil à des mesures ayant pour objet la conservation d'un droit ou d'un bien[37]. Elles peuvent être prises par un juge, à la demande d'un créancier afin de préserver les biens de son débiteur, sur lesquels, ils souhaitent se payer[38]. Mais il est intéressant d'observer que la mise en œuvre d'une mesure conservatoire est subordonnée à la preuve de l'existence de circonstances susceptibles de menacer la disposition d'un droit ou la préservation d'une situation donnée[39]. Ramenées à la crise sanitaire, les mesures fiscales conservatoires sont édictées par le législateur en vue de protéger les activités économiques et par extension la créance du fisc chez les contribuables. Dans cette perspective, l'État a légiféré pour alléger certaines obligations fiscales substantielles. Parmi ces mesures fiscales conservatoires figurent des exemptions à différentes obligations fiscales. L'une des mesures prises par l'Administration fiscale au bénéfice des contribuables a été d'exempter ceux-ci du paiement de pénalités diverses. Pour mieux saisir le mécanisme utilisé, il faut revenir à la loi n° 2019/023 du 24 décembre 2019 portant loi de finances de la République du Cameroun pour l'exercice 2020, dont les modalités d'application sont précisées par la circulaire n° 00008349/ C/MINFI du 30 décembre 2019 portant instructions relatives à l'exécution des lois de finances, au suivi et au contrôle de l'exécution du budget de l'État et des autres entités publiques pour l'exercice 2020. Aux termes de ces textes, la déclaration statistique et fiscale (DSF), ensemble de tableaux qui renseignent sur la situation d'ensemble de l'entreprise, doit être présentée selon le nouveau système comptable

---

36 Art. C 45 du CGI.

37 A-M. ASSI-ESSO, NDIAW DIOUF, *Recouvrement des créances*, Bruxelles, Bruylant, 2002, p. 73.

38 A. BALLA KALTA, « The protection of the creditors of the seller of business in the OHADA area », *Revue de l'ERSUMA droit des affaires – pratique professionnelle*, n° 6, janvier 2016.

39 C'est ce que dispose l'article 54 de l'Acte Uniforme sur les voies d'exécutions. L'exigence d'un péril dans le recouvrement de la créance peut se traduire par un risque sérieux d'une insolvabilité imminente du débiteur ou par la présence des grosses difficultés financières présentant un caractère permanent.

OHADA[40]. Depuis le 1er janvier 2019[41], à l'instar de leurs déclarations mensuelles, les contribuables relevant des unités de gestion spécialisées doivent transmettre leur déclaration statistique et fiscale au plus tard le 15 mars. Dès lors, le dépôt hors délai des DSF est sanctionné par des pénalités sévères[42]. Pourtant, il a été admis au titre des mesures de riposte à la Covid-19, une prorogation jusqu'au 30 juin de l'exercice en cours du délai de dépôt des DSF par le ministre des finances. Ce report du délai de dépôt des DSF est assorti d'une conséquence importante, à savoir la dispense de payer les pénalités de retard en cas d'acquittement du solde correspondant. En d'autres termes, l'amende mise à la charge d'un contribuable ayant acquitté le solde de l'IS au 15 mars 2020 pour dépôt tardif de la DSF a été purement et simplement annulée. Pour les contribuables qui s'étaient déjà acquitté de cette amende, un crédit d'impôt à due concurrence devait être constaté à leur profit et reportable sur les impôts ultérieurs. De même, l'État a ménagé les contribuables de l'acquittement immédiat de leurs charges fiscales en accordant des moratoires et en différant certains paiements à l'instar du délai de paiement de la taxe sur la propriété foncière (TPF). En effet, la taxe sur les propriétés foncières est un impôt local prélevé au bénéfice des communes[43]. Elle est due annuellement sur les propriétés immobilières, bâties ou non, situées au Cameroun, dans les chefs-lieux d'unités administratives[44]. Toute personne physique ou morale propriétaire d'un immeuble bâti ou non bâti, y compris tout propriétaire de fait est redevable de la taxe sur la propriété foncière. Elle est exigible le 1er janvier de l'année d'imposition. Elle doit être acquittée spontanément au plus tard le 30 juin sur déclaration du redevable ou de son représentant, ou sur la

[40] Selon l'article 5 du décret n° 2019/262 du 28 mai 2019 modifiant et complétant certaines dispositions du décret n° 2004/073 du 05 avril 2004 portant application du système comptable OHADA et de la déclaration statistique et fiscale, Il est institué deux systèmes de Déclaration Statistique et Fiscale, en fonction de la taille des entités appréciée selon des critères relatifs au chiffre d'affaires annuel hors taxes : le Système Normal et le Système Minimal de Trésorerie. L'article 6 précise en son alinéa un (1) que, Sont assujetties au Système Normal, les entreprises relevant du régime du réel tel que défini par le Code Général des Impôts. Plus loin l'alinéa deux (2) renseigne que, les personnes assujetties au Système Minimal de Trésorerie, sont les entreprises relevant du régime simplifié tel que défini par le Code Général des Impôts.

[41] Décret n° 2019/262 du 28 mai 2019 modifiant et complétant certaines dispositions du décret n° 2004/073 du 05 avril 2004 portant application du système comptable OHADA et de la Déclaration Statistique et Fiscale.

[42] Art. L. 99 al. 3 : « Sans préjudice des sanctions prévues à l'article L 97 ci-dessus, le non dépôt ou la non transmission dans les délais prévus par la loi de la déclaration statistique et fiscale, donne lieu à l'application d'une amende forfaitaire non susceptible de remise, suivant le détail ci-après :

- entreprises relevant de la Direction des Grandes Entreprises : F CFA cinq millions (5 000 000) ;
- entreprises relevant des Centres des Impôts des Moyennes Entreprises et des Centres Spécialisés des Impôts : F CFA un million (1 000 000) ;
- entreprises relevant des Centres Divisionnaires des Impôts : F CFA deux cent cinquante mille (250 000) ».

[43] Art. C 48 du CGI. La loi portant fiscalité locale consacre cependant l'affectation du produit de la taxe foncière sur les propriétés immobilières et des droits d'enregistrement sur les mutations de propriété ou de jouissance d'immeubles à la commune du lieu de leur situation.

[44] Art. 577 du CGI.

base d'une déclaration pré-remplie[45]. Mais, compte tenu des difficultés qu'éprouvaient les ménages durant la pandémie de la Covid-19, le délai de paiement a été reporté du 30 juin au 30 septembre 2020, soit un décalage de trois (3) mois. Les contribuables bénéficiaient ainsi d'un report de paiement qui devait les mettre à l'abri des contraintes de l'Administration fiscale et du paiement des amendes de retard. Au titre des dépenses fiscales, on peut aussi noter la prorogation du report des déficits fiscaux et des amortissements réputés différés au profit des secteurs directement affectés[46] par la Covid-19. Cette mesure a été adoptée par la loi de finances pour l'exercice 2021. Il s'agit de la prorogation d'une année supplémentaire du report des déficits ainsi que des amortissements réputés différés au bénéfice des entreprises opérant dans des secteurs affectés par la crise. Par ces mesures fiscales, l'État essaye de soutenir les opérateurs économiques afin de maintenir la tendance à l'amélioration du climat des affaires. Mais, à côté des allègements d'obligations fiscales substantielles l'État a aussi adopté des mesures modificatives des procédurales fiscales pour le compte des exercices budgétaires 2020 et 2021.

B- Un droit fiscal procédural à finalité transitoire

La procédure désigne un ensemble d'actes, des formalités, destinés à établir des droits ou des situations juridiques ou pour parvenir à une décision[47]. Le droit procédural s'oppose ainsi au droit matériel, car il précise la manière dont une personne peut faire valoir ses droits. Il constitue donc le mécanisme par lequel les droits et obligations énoncés dans le droit matériel sont appliqués[48]. En particulier, les procédures fiscales regroupent l'ensemble des règles et formalités qui permettent au contribuable d'échanger avec l'Administration fiscale, soit pour s'acquitter de ses obligations, soit pour les contester. Traditionnellement on oppose deux types de procédures fiscales : la procédure contentieuse et la procédure non contentieuse. Dans le cadre de la riposte à la crise sanitaire, le droit fiscal procédural a subi, dans ses deux variantes, des mutations provisoires à travers l'aménagement des procédures fiscales non contentieuses, d'une part (1), et celles contentieuses, d'autre part (2).

1-Le réaménagement des procédures fiscales non contentieuses

Les procédures fiscales non contentieuses sont celles qui doivent être respectées avant l'édiction de l'acte d'imposition. Elles permettent à l'Administration et au contribuable de fixer l'étendue exacte de l'assiette de l'impôt ainsi que de la charge fiscale qui en découle. La procédure non contentieuse est donc purement administrative. Outre les obligations de droit matériel, notamment l'allègement des obligations déclaratives, et de paiement des contribuables, les pouvoirs de vérification de l'Administration fiscale ont également subi quelques mutations. En effet, la

---

[45] Art. 579 al. 2 du CGI.

[46] Sachant pertinemment que c'est le MINFI qui est en charge d'établir la liste des secteurs directement affectés par la crise de Covid-19.

[47] C. PUIGELIER, *op cit.*, p. 989.

[48] King g. Mc Shane, « droit procédural », *Encyclopédie canadienne*, juin 2015, pp. 14-31.

vérification générale de comptabilité a été suspendue pour le compte du deuxième trimestre de l'exercice 2020, d'autant qu'elle aurait pu être contradictoire à la logique des mesures barrières fixées en vue de la riposte à la Covid 19. En principe, la vérification de comptabilité vise les contribuables astreints à la tenue et la présentation des documents comptables[49]. Elle consiste en l'examen approfondi sur place de la comptabilité ou des documents en tenant lieu, pour les confronter à certaines données matérielles ou comptables, l'objectif étant de s'assurer de l'exactitude des déclarations souscrites par le contribuable. Elle peut être soit générale soit partielle : la vérification de comptabilité générale porte sur les impôts, droits et taxes de la période non prescrite. Elle s'exerce au siège de l'entreprise ou au lieu de son principal établissement par des agents des impôts ayant au moins le grade d'inspecteur, munis de leur carte professionnelle et d'une copie de l'avis de vérification. Au nombre des mesures prises contre la Covid-19 figure la suspension de ces vérifications, celles-ci ne pouvant plus s'exercer qu'exceptionnellement. La suspension des vérifications générales de comptabilité couvrait le deuxième trimestre de l'exercice 2020. C'est dire que, les services des impôts investis de la mission de contrôle et de vérification se sont abstenus d'agir durant la période allant du 1er avril au 30 juin 2020. Cette mesure devait s'appliquer à toutes les interventions sur place au sein de l'entreprise à savoir les contrôles ponctuels, les contrôles inopinés, le droit d'enquête, le droit de constatation physique des stocks et le droit de visite. Toutefois, les contrôles sur pièces et les procédures de régularisation[50] faites à partir des bureaux étaient autorisées. La suspension des vérifications de comptabilité et des contrôles sur place emporte suspension des délais de procédures en cours accordés tant à l'administration qu'au contribuable pour agir. Elle ne s'applique pas lorsque les travaux en entreprise sont achevés et que le contribuable a déjà formulé ses observations suite à la notification de redressement. S'il est vrai qu'en temps de crise, les contrôles peuvent se révéler désagréables et moins incitatifs, il importe aussi que les contribuables bénéficiaires de la suspension des vérifications générales de comptabilité fassent montre d'un civisme fiscal[51]. Nonobstant cette suspension, l'Administration fiscale est autorisée à effectuer les contrôles dans certains cas précis. Notamment en cas de comportement fiscal suspect, c'est-à-dire « *toute attitude laissant présumer une manœuvre frauduleuse visant à se soustraire au paiement de l'impôt ou à minorer son montant* »[52]. Il en va de même à la demande du contribuable[53]. Il est donc possible que l'Administration fiscale entreprenne une opération de vérification générale de

---

49 Art. L 11 du CGI.

50 La déclaration préremplie et le dialogue de conformité.

51 F. ABENG MESSI, « Les obligations fiscales de l'exercice budgétaire 2020 à l'épreuve de la Covid-19 au Cameroun », *op cit.*. p. 154.

52 La Circulaire n° 20/169/CF/MINFI/DGI/DLRI/L du 13 mai 2020 précisant les modalités d'application des mesures fiscales de riposte au Covid-19, p. 2.

53 Il en est ainsi en ce qui concerne la validation des crédits de TVA, notamment pour les cas nécessitant des vérifications générales préalables. Il en est de même pour ce qui est des constations et validations des avaries prévus à l'article L8 ter du LPF. La Circulaire précise que pour les interventions effectuées à la demande du contribuable, ce dernier doit garantir le respect des mesures barrières nécessaires à la protection de l'ensemble des intervenants à la procédure.

comptabilité pour la période couverte par la suspension, dans l'hypothèse où le contribuable a affiché un « comportement fiscal suspect ». On peut en revanche déplorer le fait que l'appréciation de la nature du comportement relève des agents des impôts, qui sont seuls habilités à déceler des incohérences dans les déclarations fiscales souscrites par un contribuable. En cas de suspicion, après avoir informé l'entreprise au moins 15 jours avant la date de passage[54], les agents des impôts ayant au moins le grade d'inspecteur munis de leur carte professionnelle et d'une copie de l'avis de vérification procèdent à la vérification générale de la comptabilité au siège de l'entreprise ou au lieu de son principal établissement[55]. Selon les constatations, la vérification générale de la comptabilité peut aboutir à un redressement fiscal ou non[56]. C'est dire que la suspension des vérifications générales de comptabilité était loin d'être une mesure d'incitation à la fraude ou à l'évasion fiscale. Elle visait simplement à favoriser un environnement serein de travail aux entreprises en période de crise sanitaire. C'est pour cette raison que cette mesure devait profiter aux entreprises faisant preuve d'un civisme fiscal irréprochable. Mais face à certains comportements affichés par certains contribuables, la suspension devait laisser place au contrôle. Toutefois, l'Administration fiscale devait faire preuve de perspicacité dans les enquêtes et dans l'analyse des déclarations des contribuables pour détecter des comportements suspects. Autrement, elle pouvait amener les contribuables à se saisir des procédures fiscales contentieuses, bien qu'elles aient aussi subi certaines mutations.

2-La révision des procédures fiscales contentieuses

Les procédures contentieuses sont applicables en droit fiscal aussi bien postérieurement à l'édiction des actes qu'à leur mise en œuvre. La raison en est que le contentieux vise toute procédure engagée, soit à l'initiative de l'Administration ou du contribuable et ayant pour objet la réparation d'erreurs dans l'application de la loi, en matière de détermination des bases d'imposition ou de liquidation d'impôt ou lors du recouvrement forcé de l'impôt. On distingue donc le contentieux de l'imposition du contentieux du recouvrement où le contribuable ne conteste pas le principe ou le montant de l'imposition, mais la régularité d'une poursuite engagée à son encontre pour le contraindre à s'acquitter de ses obligations envers le Trésor. Dans le souci de soutenir des entreprises en période de crise sanitaire, le législateur a réaménagé certaines procédures fiscales contentieuses. Premièrement, la loi de finances pour l'exercice 2020 avait consacré en son article 16 une procédure de transaction[57] dite

---

[54] Art. L. 13 (nouveau) du LPF. En application de l'article L. 15 du LPF, l'Administration peut procéder à des vérifications inopinées ; elle remet alors un avis de vérification et un exemplaire de la Charte du contribuable en mains propres au contribuable, qui en accuse réception, lors de la première intervention. Lors de cette intervention, l'Administration se limite à effectuer sur procès-verbal des constatations matérielles, sans pouvoir procéder à un examen critique de la comptabilité.

[55] Art. L. 11 du LPF.

[56] La procédure du redressement est décrite de l'article L. 23 à l'article L. 28 du LPF.

[57]La transaction spéciale a pour objectif de :

-assainir les bilans des contribuables en les libérant des arriérés fiscaux ;

spéciale. Elle s'analyse en un contrat par lequel l'Administration fiscale et le contribuable mettent fin à une contestation ou à une procédure de recouvrement en consentant des concessions réciproques tendant aux modérations des impositions[58]. En cas d'accord transactionnel[59], l'administration fiscale concède une modération des impositions. En contrepartie, le contribuable s'engage à ne pas introduire une réclamation ultérieure, à se désister des réclamations en cours et acquitter immédiatement les impôts restant à sa charge. La transaction spéciale se différencie de la transaction de droit commun[60] par ses modalités. Portant sur la période du 1er janvier au 31 décembre 2020, cette transaction s'applique aux impôts et taxes émis au plus tard le 31 décembre 2020. En d'autres termes, les impôts et taxes émis à partir du 1er janvier 2021 ne sont pas éligibles. Sont également exclus de la transaction spéciale, les arriérés fiscaux dont le paiement se fait par la procédure de compensation de dettes réciproques et ce, quand bien même ils seraient émis avant le 31 décembre 2018. Mais soucieux de l'amélioration du climat des affaires au regard de la crise sanitaire, l'État a jugé opportun de reconduire la transaction spéciale pour l'exercice 2021. D'autre mesures adoptées par la loi de finances 2021 ont pour but de contribuer à l'amélioration du climat des affaires. Il s'agit notamment de la procédure de dégrèvement d'office des impositions émises de façon erronée. Le dégrèvement de l'impôt est une réduction ou une suppression ou encore une modération d'un impôt accordée par l'administration fiscale. Le dégrèvement d'office intervient lorsque l'imposition établie comporte une erreur matérielle évidente[61]. Selon l'article L 124 bis, sur propositions motivées des services compétents et après avis de la Commission d'admission en non-valeur des créances fiscales, le Directeur Général des Impôts soumet au ministre chargé des finances des projets de dégrèvement d'office des impositions résultant d'erreurs matérielles. Ces projets de dégrèvement d'office sont sanctionnés par des décisions du ministre en charge des finances. Celles-ci tiennent lieu de pièce comptable pour l'apurement de la dette fiscale dans les Livres de la Recette des Impôts compétente. Le lien entre cette mesure et la crise sanitaire réside dans le fait que les déclarations étant souvent pré-remplies, l'Administration fiscale peut s'appuyer sur des situations qui ont radicalement été modifiées par la survenance de la pandémie. Au total, on peut convenir avec Hedi Ben Mrad que l'immédiateté de la crise a soustrait les pouvoirs publics à des jugements objectifs et parfois soudains. Ceux-ci sont pour la plupart axés sur une politique sectorielle,

- mettre un terme à des procédures contentieuses dont l'issue est incertaine pour les contribuables ;
- permettre à l'État de mobiliser la part utile des impositions émises. La transaction spéciale se présente donc comme une véritable opportunité que l'État camerounais, soucieux de l'amélioration du climat des affaires, offre aux contribuables.

58 Direction générale des impôts, « La transaction SPECIALE : outil d'accompagnement des entreprises pour l'apurement de leur passif », 2020, p. 7.

59 Les demandes de transaction sont adressées au Directeur Général des Impôts.

60 Art. L. 125 du Code Général des Impôts.

61 Art. 124 al. 3, lequel dispose que « L'erreur matérielle renvoie aux incorrections de toutes sortes portant sur la liquidation de l'impôt, l'identité du redevable ou la quotité des impositions émises ».

notamment les secteurs jugés les plus impactés par la pandémie[62]. Aussi, légiférer en temps de crise n'a pas été évident, car il fallait cibler la voie la plus efficace pour protéger la vie tout en préservant les droits et libertés[63]. C'est pour cette raison que le législateur a opté pour une politique sectorielle justifiée par l'urgence de barrer la voie à la pandémie. Toutefois, cette approche sectorielle a des limites qui ouvrent sur la perspective d'un droit fiscal global prenant appui sur la pandémie et dont la portée dépasse son cadre temporel.

II-La nécessité d'un droit fiscal global inspiré de la crise sanitaire

Toute politique fiscale est conçue et mise en œuvre dans un contexte particulier. Les choix de politique fiscale tiennent donc compte des réalités propres à chaque pays. C'est en cela qu'il faut convenir que les sources du phénomène fiscal sont aussi bien juridiques qu'économiques et sociologiques[64]. Cette approche globale met en relation la politique fiscale conjoncturelle et la politique de développement définie à moyen et long termes, notamment la *Vision 2035* et la *Stratégie Nationale de Développement 2020-2030* au Cameroun. L'idée est de s'assurer que les mesures prises dans le cadre de la crise sanitaire soient capitalisées dans le chantier de l'émergence engagé par les pouvoirs publics[65]. En clair, les mesures fiscales prises au titre de la riposte à la Covid-19 ont été adoptées suivant un angle de perception étroit de la situation socioéconomique du pays. Pourtant, la nécessité d'un droit fiscal global s'imposait à travers une approche orientée vers les acteurs de la fiscalité (A) et suffisamment ancrée dans le temps (B).

A- L'approche globale orientée vers les acteurs de la fiscalité

Élaborer des politiques fiscales propices au soutien d'une approche globale orientée vers les acteurs de la fiscalité était nécessaire pour la riposte à la Covid-19. Les pouvoirs publics auraient pu saisir cette occasion pour mieux rapprocher les contribuables et l'Administration fiscale. Or, l'Administration fiscale et les pouvoirs publics ont plutôt multiplié les mesures unilatérales à l'intention des opérateurs économiques. Une telle démarche a constitué une occasion manquée pour le droit fiscal camerounais accusé par les opérateurs économiques d'entretenir la pression fiscale. En somme, la crise sanitaire devait inciter à repenser les fondements de la fiscalité camerounaise à travers un dialogue constructif entre les protagonistes de cette matière. Cela implique l'adoption d'une démarche participative de réforme du

---

62 H. BEN MRAD, « Covid-19 et pouvoirs de crise : quels fondements juridiques ? » *in* HAMADI REDISSI, *La Tunisie à l'épreuve de la Covid-19*, Observatoire tunisien de la transition démocratique, 2020, p. 149.

63 *Ibid.* p. 151.

64 R. EVINA OBAM, *La politique fiscale au Cameroun (étude sur l'exercice de la compétence fiscale des États depuis la décennie 1980*, Thèse de Doctorat en droit, Université Aix- Marseille, 2014, 407 p.

65 V. WALKER, « Mise en œuvre opérationnelle de l'approche globale dans les activités de soutien à la paix », *International Security Sector Advisory Team*, May 5th, 2017, pp. 243-272.

système fiscal (1) et l'institution d'une fiscalité inclusive de soutien à l'économie en raison de la crise (2).

1-L'adoption d'une démarche participative de réforme du système fiscal

L'adoption d'une démarche participative de réforme du système fiscal s'analyse en un mécanisme permettant d'intégrer les idées et aspirations des citoyens au processus d'élaboration de la norme fiscale. Elle préconise une implication active des contribuables aux processus décisionnels et comporte une phase préalable au cours de laquelle les participants déclinent leurs propositions concrètes[66]. L'objectif de l'approche participative doit être d'améliorer la gouvernance fiscale au travers d'un recensement précis des attentes et besoins formulés par les différents acteurs impliqués. Cette approche mérite d'être initiée par le gouvernement qui, en raison des objectifs à atteindre, fixe les orientations de réforme de la politique fiscale et ouvre des consultations plus ou moins larges afin d'appréhender les réalités locales, la connaissance de la situation des acteurs ainsi que les difficultés éprouvées en rapport avec leurs obligations fiscales. Il convient de souligner que la démarche participative est le moyen par lequel l'Administration peut conquérir le civisme fiscal des contribuables. En soumettant différentes problématiques de la fiscalité à la consultation, l'Administration ne prend pas seulement des avis, mais sensibilise aussi les citoyens sur les enjeux de la fiscalité pour le développement et l'intérêt général. Nonobstant les compromis et la décision qui en résulte, l'objectif est d'éviter que le contribuable soit contre l'impôt et les Administrations chargées de l'évaluer et de le recouvrer[67]. Dans ce sillage, le Conseil économique, social et environnemental marocain a notamment préconisé au titre des mesures de réforme du système fiscal de cet État, une relation de confiance, fondée sur les deux piliers du civisme fiscal, et du respect des droits du contribuable, d'autant que « *la conjonction de ces deux dimensions qui s'alimentent mutuellement est la garantie d'une amélioration de la relation entre l'administration fiscale et le contribuable et de l'édification d'une culture fiscale comme partie intégrante de la citoyenneté* »[68]. On est d'ailleurs disposé à y voir l'idée d'un pacte fiscal entre l'Administration fiscale et les contribuables dont la réussite « *nécessite de lui assurer une adhésion la plus large et par conséquent, une fluidification de son application et une garantie de ses impacts, bénéfiques à la dynamique du développement* »[69]. En replaçant le contribuable au centre de son action administrative, le fisc développe les vertus de l'action stratégique qui vise à intégrer le citoyen au processus décisionnel afin d'obtenir le comportement souhaité, dans le sens de la discipline fiscale. L'OCDE indique à ce sujet que

---

66 FAO, organisations des nations unies pour l'alimentation et l'agriculture, approche participative, communication et gestion des ressources forestiers en Afrique sahélienne ; bilan et perspectives, 1995, p. 114.

67 T. LAMBERT, « Le contribuable face à l'administration fiscale », *in psychologie et sciences administratives*, pp. 102-121.

68 Conseil Economique Social et Environnemental (CESE) du Maroc, « Un système fiscal, pilier pour le Nouveau Modèle de Développement », Rapport disponible sur www.cese.ma, p. 23, consulté le 12 octobre 2021.

69 *Ibid.*, p. 12.

« *l'adoption d'une approche davantage axée sur le service aux contribuables, plutôt que sur la mise en application du droit fiscal, a aidé l'administration suédoise des impôts à renforcer la confiance des citoyens à l'égard des pouvoirs publics, le civisme fiscal et, partant, la discipline fiscale* »[70]. Il est donc à espérer que l'Administration fiscale institutionnalise la consultation avant tout projet de réforme fiscale avec des structures représentatives des contribuables telles que les associations patronales ou de consommateurs. L'approche qui consiste à prendre des décisions unilatérales et solliciter le concours de ces organisations pour l'application des mesures prises est contreproductive. De plus, cette consultation ne doit pas être une simple formalité ; elle devrait déboucher sur une prise en compte effective des propositions faites par les représentants des contribuables dans une démarche empreinte de transparence et de compromis. En clair, les pouvoirs publics auraient pu rationaliser les mesures fiscales prises en riposte à la Covid-19 s'ils avaient souscrit à la méthode participative. Celle-ci aurait permis de concilier les difficultés des opérateurs économiques et les intérêts de l'Administration fiscale pour une relance rapide de l'économie. Dans une certaine mesure, cette approche participative est le premier pas vers l'institution d'une fiscalité inclusive de soutien à l'économie de crise.

2-L'institution d'une fiscalité de soutien inclusif à l'économie post-covid

La pandémie de la Covid-19 a causé une crise sanitaire provoquant l'effondrement de l'économie. La priorité des pouvoirs publics a été, à juste titre, de contenir la propagation du virus et atténuer l'impact des répercussions économiques. Cependant, les mesures fiscales de riposte à la Covid-19 n'ont pas été orientées vers la préservation de la capacité productive. Pourtant, la volonté de ne pas fléchir dans la mise en œuvre de la politique de développement en vue de l'émergence aurait pu justifier des exonérations davantage substantielles. Il doit s'agir de l'institution d'une fiscalité inclusive de soutien à l'économie en période de crise et en vue d'une relance forte pour la période post-pandémie. La conception inclusive des politiques fiscales doit ainsi aller de pair avec la mise en œuvre des règles et mécanismes fiscaux permettant d'inciter tous les acteurs du marché à investir davantage pour renforcer l'économie[71]. L'année 2020, marquée par la Covid 19, a confirmé la nécessité d'une fiscalité inclusive, tandis que son implémentation n'a pas suivi dans le cadre des mesures de subventions fiscales adoptées par les pouvoirs publics camerounais. Il s'agissait en effet de renforcer l'accès équitable aux mesures fiscales de soutien à l'économie en incluant les différents secteurs d'activité au bénéfice des exonérations fiscales. À ce titre, l'on aurait pu imaginer une fiscalité inclusive globalement basée sur la progressivité du système fiscal. Selon ce système, la pression fiscale d'un contribuable augmente à mesure que s'accroit son revenu ou sa fortune. Cette progressivité protège mieux les petits contribuables qui subissent davantage les

---

[70] OCDE, *Quels sont les déterminants du civisme fiscal ? Document de consultation publique*, OCDE, janvier 2019, p. 12.

[71] B. BERT, S. PERRET, A. THOMAS et P. O'REILLY, « Fiscalité et croissance économique inclusive », *Documents de travail de l'OCDE sur la fiscalité*, n° 26, éditions OCDE, Paris, 2016, 66 p.

répercussions économiques de la crise sanitaire. Il s'agit ainsi d'assurer l'égalité de traitement et de chance en fonction du niveau de revenus et de difficultés propre à chaque catégorie de contribuable pour une croissance soutenue de l'économie après la pandémie. De même, on aurait aussi pu adopter un système d'exonération globale de tous les impôts et taxes en fonction d'un pourcentage fixé par secteur d'activité ou indépendamment de ceux-ci. Dans cette seconde hypothèse, toutes les entreprises exerçant sur le territoire national devraient en principe être soumises aux mêmes mesures fiscales de riposte à la Covid-19, sans exception aucune, pour une croissance économique solide d'après-crise et relativement ancrée dans le temps. Or, dans la pratique, seuls les établissements hôteliers ont bénéficié d'une exonération totale de l'impôt sur les sociétés, le législateur ayant disposé que « la liste des secteurs directement affectés par la crise est fixée par un texte du ministre en charge des finances »[72]. Cette approche est critiquable, car il aurait été logique que les mêmes avantages fiscaux soient reconnus à toutes les entreprises dont la comptabilité montre un résultat déficitaire, selon un seuil fixé par le législateur[73]. En réservant la détermination des secteurs fragilisés par la pandémie à la discrétion du ministre en charge des finances, le législateur ne privilégie pas l'approche inclusive dans la conception des mesures fiscales de soutien à l'économie. C'est dire que les pouvoirs publics ont privilégié une approche sectorielle de soutien à l'économie par des mesures fiscales ciblées au détriment d'une approche globale et inclusive qui aurait davantage impacté sur la relance de l'économie. Toutefois, cette approche globale est celle dont les effets s'étalent mieux dans le temps.

B-Une approche globale ancrée dans le temps

Par une approche temporelle durable, les autorités fiscales camerounaises doivent projeter les mesures fiscales adoptées à la faveur de la crise sanitaire à moyen et long termes. L'incertitude du monde post-covid 19 et la durée de ses répercussions sociales et économiques commandent de faire des choix durables. Il est évident que les mesures à court terme peuvent perturber les anticipations de certains contribuables quant à leurs difficultés de trésorerie ainsi que de la gravité de la crise. Il était donc intéressant d'associer aux mesures provisoires, des mesures de long terme qui aideraient à une relance rapide et durable de l'économie. Au demeurant, la mise en œuvre d'une approche globale ancrée dans le temps suppose l'élaboration de stratégies tendant à rationnaliser la pression fiscale à moyen terme (1) et l'adoption des mesures destinées à faire de la fiscalité un instrument de compétitivité économique (2).

---

[72] Art. Quinzième de la loi de finances 2021, p. 31.

[73] Dans le même sens, T. NGUIMFACK VOUFO, « Commentaire de la loi n° 2020/018 du 17 décembre 2020 portant Loi de finances de la République du Cameroun pour 2021 », *Juridis Périodique*, n° 124, oct-nov-déc 2020, p. 66.

1-La mise en place des stratégies de rationalisation de la pression fiscale à moyen terme

La pression fiscale exprime l'importance relative d'un impôt ou un groupe d'impôts dans l'économie nationale. Elle désigne le *ratio* entre les recettes fiscales budgétaires et le PIB courant[74]. En d'autres termes, la pression fiscale exprime « *la part de la richesse nationale occupée par la fiscalité, sous forme de prélèvements obligatoires* »[75]. Aux termes du *Débat d'orientation budgétaire* 2021-2023, le *ratio* de pression fiscale devrait augmenter de 1,3 % au cours de l'exercice 2021[76]. Cette augmentation peut se justifier par le fait, que l'année 2020 a été particulièrement marquée par une multitude d'exonérations d'impôts que l'Administration fiscale entend recouvrer en 2021 après que l'intensité de la crise sanitaire soit réduite. Pourtant, la solution contraire devrait logiquement prévaloir, dans la mesure où l'année 2021 est considérée comme celle de la reprise. En augmentant la part des prélèvements obligatoires sur les entreprises encore fragiles, l'Administration fiscale risque d'empêcher leur relance économique. Le défi qui s'impose à l'État camerounais est donc celui d'éviter une hausse d'impôts pour les années à venir, aussi bien ceux qui frappent les entreprises que les ménages ou la consommation. Le contrôle des déterminants de la pression fiscale permettrait aux décideurs de modeler la réforme fiscale en l'adaptant au contexte, dès lors que la composition sectorielle d'une économie exerce une influence sur la pression fiscale[77]. Il s'agit d'adopter des stratégies dont la mise en œuvre permettra à moyen terme de réduire la pression fiscale au Cameroun. Il n'était donc pas logique que la loi de finances 2021 mette un accent particulier sur l'optimisation des recettes fiscales et douanières internes en vue de compenser les pertes de recettes dues à l'application de ses engagements internationaux comme les Accords de Partenariat Economique (APE). Pour rationaliser la pression fiscale, il aurait fallu se passer de l'extension du champ d'imposition de l'impôt sur le revenu des personnes physiques à toutes personnes exerçant une activité génératrice de revenus ou celui de la TVA aux opérations qui y échappaient jusque-là[78]. En somme, l'Administration fiscale devrait éviter de reproduire l'une des conséquences négatives que présente la Courbe de Laffer, à savoir que l'augmentation inconsidérée de la pression fiscale jusqu'à un certain seuil aboutit à la diminution des recettes fiscales[79]. Or, ce seuil est étroitement lié à la structure ainsi que le dynamisme du marché qui est une variable dépendante

---

[74] S. ANDZONGO, « Après un relâchement en 2020, la pression fiscale au Cameroun devrait augmenter de 1,3 M en 2021. » *In gestion publique*, juillet 2020, PP 34-41.

[75] A. PARIENTY, « Prélèvements obligatoires : que mesurent les prélèvements obligatoires ? », *Alternatives économiques*, n° 173, 1999, p. 58.

[76] Documentation d'Orientation Budgétaire préparé par le gouvernement camerounais en vue de l'élaboration de la loi de finances, *« après un relâchement à 11,4 % du PIB en 2020, en rapport avec le soutien économique et social aux agents économiques en réponse à la crise sanitaire du coronavirus, la pression fiscale devra portée à 12, 7 % du PIB en 2021 dans la perspective d'atteindre l'objectif à moyen terme de 13, 5 % du PIB en 2023.* ».

[77] J. C. KOUAM, « Analyse des déterminants de la pression fiscale au Cameroun », *in Lettre de politique fiscale*, N° 002, janvier 2021, pp. 5- 10.

[78] Article 130 (bis) alinéa 3 du CGI, Loi de finances 2021, p. 19.

[79] A. LAFFER, « Supply-Side Economics », *Financial Analysts Journal*, Vol. 37, n°. 5, septembre-octobre 1981, pp. 29-44.

de l'investissement. Il est clair en revanche que la crise sanitaire a ralenti les investissements tels que les opérateurs économiques seraient très sensibles à l'impact d'une pression fiscale supplémentaire. La solution durable dans cette situation consistera alors à favoriser l'entrepreneuriat pour escompter une augmentation des recettes fiscales à moyen terme plutôt que de maintenir une pression fiscale dont les résultats seront éphémères. C'est à cette condition que l'État serait en phase avec ses objectifs dans le domaine du développement économique à moyen terme.

2-L'adoption d'une fiscalité instrumentale de compétitivité économique

Le phénomène de mondialisation a pour corolaire, sur le plan économique, la libre circulation des richesses dans le monde et une connectivité croissante des marchés de différentes nations, sans égard à leur niveau de développement[80]. Dans l'optique d'intégrer le Cameroun à cette globalisation économique, les pouvoirs publics doivent repenser leur système de prélèvements obligatoires, en sorte que la fiscalité devienne un instrument de compétitivité économique. En effet, les politiques fiscales en faveur de la compétitivité sont adoptées un peu partout dans le monde. La technique la plus ancienne d'intervention en faveur de la compétitivité est celle des dégrèvements et exonérations[81]. L'impôt devient alors un outil de compétitivité, soit pour attirer sur le territoire des activités économiques génératrices d'emploi et de richesses, soit pour éviter que les entreprises tentées par des systèmes fiscaux plus avantageux ne quittent le territoire national. L'on assiste également à l'émergence d'autres techniques concourant à la compétitivité par l'impôt, notamment celles qui concèdent des amortissements lissés dans le temps. Ces amortissements ont pour incidence de répartir certaines charges de l'entreprise en lui permettant d'alléger sa trésorerie. De même, la technique du crédit d'impôt contribue aussi à la compétitivité. Actuellement cantonnée aux entreprises qualifiées de « *startups innovantes* » pour leurs dépenses d'innovations, elle pouvait s'étendre à toutes les entreprises pour les dépenses de restructuration ou de nouveaux investissements en vue de la relance post-covid. Ces techniques doivent être utilement complétées par des mesures de simplification et d'allègement des formalités fiscales. De manière générale, les opérateurs économiques considèrent la fiscalité comme l'obstacle majeur à l'entreprenariat au Cameroun. Tantôt la critique porte sur « *les lourdeurs du système fiscal et les mauvaises relations avec les administrations en charge de la collecte des taxes* »[82], tantôt le système fiscal est qualifié de « *confiscatoire* » en ce sens qu'« *imposer sur le chiffre d'affaires*

[80] R. C. NGUEMDOM, « Vers une nouvelle gouvernance économique, gage d'outils plus intelligents en Afrique », *RAFIP*, n° 8, 2020, pp. 323-345.

[81] É. OLIVA, « compétitivité et impôt ; ne pas jeter le bébé avec l'eau du bain » ; *in Pouvoirs*, n° 151, 2014/4, pp. 99-115.

[82] J. VAN DOORN et A. TALL, *Diagnostic sur la formalisation des entreprises et de leurs travailleurs au Cameroun : contribution à la préparation d'une Feuille de route de transition vers la formalité*, Bureau de pays de l'OIT pour le Cameroun, la Guinée Equatoriale et Sao Tomé-et-Principe, 2017, p. 14.

et sur le bénéfice, c'est faire une fiscalité prédatrice »[83]. À voir de près, le constat peut être fait d'une saturation du système fiscal avec une multitude de prélèvements obligatoires qui asphyxient les entreprises tant financièrement que du point de vue des formalités. En combinant la fiscalité étatique, la fiscalité locale et les prélèvements de sécurité sociale, les entrepreneurs éprouvent l'expérience d'une fiscalité oppressante. Si l'on ne peut se résoudre à une fiscalité synthétique, le besoin d'une unification des procédures s'impose toutefois avec acuité. Le GICAM milite pour une fiscalité de compétitivité dont les principaux traits sont présentés dans le *Livre blanc de l'économie camerounaise* en vue de réduire la pression fiscale et concilier impôt et investissement[84]. Il est à espérer que le gouvernement explore et envisage la mise en œuvre progressive des propositions de ce rapport. Ainsi, les mesures fiscales de soutien aux entreprises impactées par la Covid-19 doivent être à long terme celles qui peuvent conduire ces entreprises à la compétitivité économique. Il faudra toutefois être conscient de ce que la compétitivité au moyen de l'impôt peut être limitée en ce sens que la fiscalité n'est pas le seul levier de la compétitivité économique.

---

83 Propos de C. TAWAMBA, lors de la 3e édition du débat patronal du GICAM organisé le 9 juillet 2021 à Yaoundé, disponible sur https://ecomatin.net/climat-des-affaires-ladministrationn-ne-veut-pass-discuter-fiscalite-avec-le-gicam/ consulté le 14 octobre 2021.

84 Voir, GICAM, *Le Livre Blanc de l'économie camerounaise. L'impératif industriel du Cameroun*, février 2020, pp. 117-122, disponible sur www.legicam.cm consulté le 14 octobre 2021.

Chapitre 4 : La politique fiscale pendant la covid-19 au Cameroun

Par Paul Longin ETOGO
Ph.D en droit public
Inspecteur principal des impôts

Résumé

La crise sanitaire qui sévit dans la majorité des pays du monde interpelle les États à la prise des mesures fiscales permettant de stabiliser l'économie qui, avec le passage du corona virus, a été considérablement bouleversée. La politique de sortie de crise suppose dès lors de mettre en œuvre la fonction instrumentale de l'impôt pour restaurer les équilibres rompus. Le gouvernement camerounais qui n'est pas en marge de la covid-19, a mis l'accent sur la politique fiscale conjoncturelle à la crise. Celle-ci réside dans un cadre général, dans la renonciation à la fonction budgétaire de l'impôt pour son rôle instrumental. C'est dans ce contexte que les pouvoirs publics camerounais ont utilisé la politique fiscale non seulement pour alléger la fiscalité de porte, mais surtout la fiscalité interne. D'autre part, la politique fiscale de l'État s'est orientée dans le volet processuel du droit fiscal. Si l'on note déjà un allègement des procédures au niveau du recouvrement de l'impôt, il faut reconnaitre que celle-ci se poursuit sur le volet du contrôle fiscal. Si toutes ces mesures sont celles de sortie de crise, on déplore également les limites structurelles de cette politique fiscale qui, en principe, devrait également prendre en compte des mesures de relance économique et de sécurité sociale.

Mots-clés : politique fiscale, Covid-19, impôt, recettes, dépenses, fiscalité.

Introduction

La pandémie de coronavirus a causé de grandes perturbations dans les économies à travers le monde et surtout dans la majorité des pays émergents. Face à cette situation, les États ont entrepris différentes mesures d'accompagnement notamment sur le plan fiscal visant à soutenir non seulement le secteur économique, mais aussi le secteur social[1]. Les mesures de prévention et de riposte en vue de limiter ses effets pervers dans l'économie ont été prises dans la quasi-totalité des États du monde. La caractérisation commune de ces mesures a considérablement modifié la politique fiscale des pouvoirs publics. Dans l'optique de sortir de cette situation, des « *mesures fiscales d'urgence* »[2] et à caractères spéciales sont prises pour prévenir et limiter les conséquences néfastes sur les agents économiques. La politique fiscale désigne

[1] Dans ce contexte, le droit fiscal ne saurait se couper de son environnement économique et social. V. B. CASTAGNEDE, La politique fiscale française et la crise, Dr. Fisc. 2012, n° 9, Etude 152 V.

[2] A. PANDO, « Covid-19 : détails des mesures fiscales d'urgence », LPA, avril 2020, n° 153, p. 8.

« *l'ensemble des mesures et décisions prises par les pouvoirs publics en terme de fiscalité* ». Ce sont donc des mesures qui permettent de modifier, de supprimer ou de créer des mesures fiscales pour atteindre des objectifs précis[3]. Dans le contexte de crise sanitaire, il s'agira de toutes mesures à caractère fiscale visant à limiter les effets de la pandémie de la covid-19. Pour Marc LEROY la politique fiscale peut viser à une régulation globale conjoncturelle de l'économie ou une orientation structurelle de certains secteurs et d'agents qui en répercutent ou non les effets[4]. En période de crise, la fiscalité peut jouer un rôle de stabilisateur des grands équilibres. L'augmentation ou la réduction de la pression fiscale peut être utilisée pour modifier les comportements des agents économiques, des consommateurs ou des producteurs[5]. La politique fiscale est donc aujourd'hui au cœur de l'action économique publique. Au-delà de la politique budgétaire[6], la politique fiscale permet de mobiliser l'impôt pour mener à bien ses projets de transformations économiques et sociales[7]. Pendant la période libérale classique, l'impôt a été écarté des analyses économiques. La doctrine estimait que la seule fonction assignée à l'impôt était essentiellement budgétaire. Et que l'impôt devrait rester neutre par rapport à l'économie[8]. Cette conception classique a été progressivement remise en cause, l'État ne peut plus ignorer que la santé économique dépend aussi de sa capacité à faire face aux charges qu'il fait peser sur les agents économiques. Il peut donc adopter un comportement volontariste aux fins de contrôle ou d'encouragement du développement économique, en utilisant l'outil fiscal. Face donc à la crise sanitaire qui sévit dans la majorité des pays du monde, les gouvernements ont mis l'accent sur la fonction instrumentale de l'impôt pour assurer la stabilité économique et résorber les effets néfastes de la crise. Au Cameroun comme dans la majorité des États africains, les lignes directrices de la politique fiscale depuis les années 80 sont définies en fonction du contexte de crise[9]. Et aujourd'hui, face au contexte de crise sanitaire à corona virus, le gouvernement camerounais a pris des mesures pour alléger les effets néfastes sur les populations et le ministère des finances (MINFI) a également pris des mesures qui visent à atténuer les effets économiques du virus sur l'entreprise camerounaise[10]. Ce dernier a formulé des mesures d'accompagnement gouvernementales en matière fiscale et financière face à la crise de la COVID-19. Or, il faut préciser que ces mesures d'accompagnement s'alignent sur la stratégie de riposte face à la Covid-19 et de résilience économique et

---

[3] Voir dans ce sens les mesures d'accompagnement gouvernementales en matière fiscale et financier face à la crise de COVID-19, 11eme session du Cameroun Business Forum (CBF-11), 2020.

[4] M. LEROY, L'impôt, l'Etat et la société. La sociologie fiscale de la démocratie interventionniste, Economica, Paris 2010, p. 287.

[5] Florence Huart, « *La pression fiscale* », dans « *Economie des finances publiques* », cairn, 2016, pp. 87-102.

[6] M. LAURE, Traité de politique fiscale, PUF, 1956, p. 16.

[7] J.M. MONNIER « La politique fiscale » in La politique économique et ses instruments, sous la direction d'Olivia MONTEL-DUMONT, coll. Les notices de la documentation française, 2010, p. 111.

[8] M. BOUVIER, Introduction au droit fiscal et à la théorie de l'impôt, 12e éd. Lextenso. LGDJ 2014, p. 194.

[9] R. EVINA OBAM, La politique fiscale au Cameroun depuis les années 1980, Paris L'Hamattan, 2016, p. 31.

[10] Ordonnance n° 2020/001 du 3 juin 2020, modifiant et complétant certaines dispositions de la loi n° 2019/023 du 24 décembre 2019 portant loi de finances du Cameroun pour l'exercice 2020.

sociale, mise en place par le gouvernement, dès le début de la pandémie[11]. Cette stratégie, remonte à près de 480 milliards sur la période 2020-2022, et est composée de cinq principaux piliers à savoir : le renforcement du système de santé ; la résilience économique et financière ; l'approvisionnement stratégique ; le renforcement de la recherche et l'innovation, et la résilience sociale. La loi de finances et le budget post-COVID ont été formulés de manière à réaliser les objectifs du gouvernement liés au développement durable, l'assainissement du bilan public et l'amélioration des facteurs structurels et déterminants du PIB. Pour l'année 2020, la mise en œuvre de cette stratégie a contribué à structurer l'Ordonnance N° 2020/001 du 03 juin 2020, modifiant et complétant certaines dispositions de la loi N° 2019/023 du 24 décembre 2019, portant Loi de finances de la République du Cameroun pour l'exercice 2020, à travers l'institution d'un Compte d'affectation Spécial (CAS COVID-19). Ce compte intitulé « *Fonds spécial de solidarité nationale pour la lutte contre le coronavirus et ses répercussions économiques et sociales* » est désigné pour lutter contre le Coronavirus et remonte à 180 milliards FCFA. Comme il peut être constaté, la stratégie globale d'accompagnement gouvernementale est donc une stratégie multidimensionnelle et multisectorielle. Cette stratégie est basée sur l'impact du virus sur différents secteurs et l'impact sur les demandes fiscale(s) dans cette période. S'agissant précisément de l'accompagnement des entreprises, dans le cadre de la mise en œuvre du pilier « *Résilience économique et financière* », 72,7 milliards ont été orientés vers le renforcement de la résilience des entreprises[12]. Toutefois, force est de constater que les mesures prises jusqu'ici par le Gouvernement sont essentiellement des mesures immédiates de résilience et de sauvetage face aux conséquences de la pandémie. La maitrise de la crise étant sujette à de nombreuses incertitudes, il s'avère dès lors important de renforcer l'efficacité des mesures déjà prises afin de relancer l'activité économique pour retrouver le sentier de croissance compatible avec nos objectifs de développement. A bien y voir, la politique fiscale devient un élément décisif de stratégie de redressement de l'économie. L'ensemble des réformes entreprises par le gouvernement vise à assurer une simplification du système fiscal aux fins de l'adapter au contexte de crise. Dès lors, lorsqu'elle est conjoncturelle, la politique fiscale vise à « *répondre à la survenance d'évènements imprévisibles perturbant l'évolution harmonieuse de la croissance dans la stabilité des prix* »[13], alors que, lorsqu'elle est structurelle, la politique fiscale « *vise à modifier durablement la répartition du revenu, l'affectation des ressources productives ou le contexte institutionnel* »[14]. Si de façon générale la politique fiscale se déploie dans ces deux variantes à savoir le conjoncturel et le structurel, il y a lieu de se poser la question de savoir : comment peut-on appréhender la politique fiscale camerounaise en période de covid-19 ? Pour répondre à cette question il y a lieu de constater que la politique fiscale du gouvernement camerounais est une politique conjoncturelle de

---

[11] 11 R. EVINA OBAM , op cit.

[12] Notamment à travers le Décret N° 2020/3221/PM fixant la répartition de la dotation dudit cas.

[13] J-B. GEOFFROY, Grands problèmes fiscaux contemporains, PUF, 1993, p. 406.

[14] Ibid. p. 407.

sortie de crise de la covid-19 (I), ce qui nécessite la mise en place d'une politique de relance post covid-19 (II).

I- La priorisation d'une politique fiscale conjoncturelle à la covid-19

Dans l'optique de minimiser les conséquences de la crise sanitaire, les pouvoirs publics camerounais ont défini un ensemble de mesures au titre des dépenses fiscales[15]. Il s'agit notamment des mesures de report des échéances fiscales, de suspension des contrôles fiscaux[16], d'annulation des éventuelles pénalités, d'exonération de droits et taxes sur les matériels et équipements destinés à la lutte contre la Covid-19, de réduction de la période de remboursement de la taxe sur la valeur ajoutée[17]. Cependant, il ne s'agit pas de mesures générales dans un contexte de réduction drastique des recettes de l'État. La priorisation d'une politique fiscale conjoncturelle s'articule autour de la renonciation substantielle au rôle purement budgétaire de l'impôt (A) d'une part et, d'autre part, à la consolidation d'une politique fiscale processuelle d'exception (B).

A-La renonciation substantielle au rôle purement budgétaire de l'impôt

Les pouvoirs publics doivent déterminer de manière exhaustive les différents risques qui pèsent sur leurs perspectives budgétaires, en mesurer l'impact sur les finances publiques et les gérer de manière préventive[18]. Pour cela, l'utilisation des mesures fiscales d'allègement de la fiscalité et l'exonération à la fiscalité de porte sont nécessaires pour espérer atteindre cet objectif.

1-L'utilisation des mesures fiscales d'allègement de la fiscalité interne

Dans de nombreux pays, l'épidémie de la Covid-19 survient pendant la période durant laquelle les déclarations de revenus doivent être déposées et les impôts acquittés. En outre, un grand nombre de contribuables sont tenus de remplir régulièrement des déclarations au titre des impôts à la source prélevés par les employeurs et de la TVA ou des taxes sur le chiffre d'affaires, et d'acquitter les montants

---

15 Circulaire n° 20/169/CF/MINFI/DGI/DLRI/L du 13 mai 2020 de la direction générale des impôts, précisant les modalités d'application des mesures fiscales de riposte au Covid-19.

16 Voir dans ce sens le document de politique générale du FMI « *Current Challenges in Revenue Mobilization : Improving Tax Compliance* », de 2015 ; ici analyse les principaux défis qui se présentent aux administrations fiscales des pays en développement. Voir aussi les notes speciales du FMI sur la COVID-19 « Revue administration : Reinvigorating Operations to Safeguard Collectionand Compliance ».

17 Déclaration spéciale du Premier Ministre, Chef du Gouvernement du 30 avril 2020.

18 République du Cameroun, Débat d'orientation budgétaire. Document de programmation économique et budgétaire à moyen terme 2021-2023. Préparation du budget de l'Etat 2021. (Document élaboré par le Programme de réformes des finances publiques du Cameroun), p. 4 et s.

correspondants[19]. Ces délais peuvent être prorogés de plusieurs semaines, ou mois, afin d'accorder aux personnes physiques et aux entreprises subissant les effets de la pandémie de la Covid-19 un délai supplémentaire pour remplir leurs déclarations et autres formulaires, et pour procéder au paiement des sommes dues. Ces prorogations sont accordées soit de manière automatique, soit sur demande selon une formule simplifiée (par courrier électronique ou par téléphone)[20].

Une telle disposition est particulièrement importante pour les contribuables qui font appel à des intermédiaires ou des personnels et des systèmes spécialisés pour remplir leurs déclarations. Le télétravail[21] peut rendre cette solution impossible pour certains contribuables, par exemple pour des raisons d'accès aux systèmes de sécurité, et il peut arriver que des membres essentiels du personnel soient indisponibles pour maladie ou à cause de leurs responsabilités familiales.

Parallèlement, il se peut que dans certaines situations, les informations contenues dans la déclaration fiscale soient utilisées pour l'accès à des prestations publiques. Dans un tel scénario, l'administration fiscale peut envisager de maintenir le délai pour le dépôt de la déclaration fiscale (éventuellement sauf dans certains cas spécifiques) tout en prolongeant les délais de paiement ou en autorisant, dans certains cas, l'utilisation des informations contenues dans la déclaration fiscale de l'année précédente. De telles dispositions permettraient de continuer à procéder au versement des prestations et de mettre à la disposition des contribuables un volant de liquidités supplémentaire[22]. De plus, les informations contenues dans la déclaration fiscale peuvent être exploitées pour permettre de mieux appréhender l'impact économique de la Covid-19, de repérer les secteurs ayant besoin d'une aide complémentaire et d'observer si l'activité économique commence à repartir[23].

La pandémie de la COVID-19 entraîne des répercussions financières sans précédent pour de nombreuses personnes, qui peuvent par exemple être mises en chômage partiel, ou sont contraintes de prendre des jours de congé sans solde pour raisons familiales. Pour nombre d'entreprises, en particulier les petites structures et

[19] La pandémie de COVID-19 est avant tout une crise humanitaire. Les efforts visant à contenir le virus et à soutenir les personnes directement touchées sont d'une importance capitale. Partout dans le monde, les gouvernements prennent des mesures sans précédent visant à limiter la propagation du virus et adoptent des dispositions visant à protéger les moyens de subsistance de leurs populations ainsi que la viabilité de pans entiers de l'économie.

[20] Ainsi, les changements progressifs que l'utilisation des technologies numériques aux fins du recouvrement de l'impôt permettraient d'apporter en terme d'efficience globale des systèmes fiscaux et d'accroissement des recettes qui constituent l'un des domaines dans lesquels l'apprentissage entre pays peut être accéléré.

[21] UNICEF (Fonds des Nations Unies pour l'enfance) (2020) : « *Guidance for employers on flexible work arrangement and other good workplace practices in the context of COVID-19* ». Disponible à l'adresse : www.unicef.org/mongolia/media/1476/file [consulté le 31 mars 2020].

[22] Bachas, p., L Gadenne and A. Jensen, « Informality, Consumption Taxes and Redistribution », NBER Working Paper N° 27429.

[23] Au Cameroun, les données de l'Institut national de la statistique au terme d'une étude réalisée en juin 2020 donnent une idée des conséquences de cette pandémie sur l'économie nationale. 93 % des entreprises ont été négativement impactées par la pandémie, ainsi que 60 % des ménages.

les travailleurs indépendants, le ralentissement de l'activité économique aura aussi de graves conséquences, du fait de la fermeture des magasins, de la forte baisse du nombre de clients, de la résiliation des contrats, de l'interruption des chaînes d'approvisionnement, etc. Or, ces entreprises doivent continuer à faire face à leurs dépenses courantes, comme le paiement des loyers, des factures d'eau, de gaz et d'électricité, le versement des salaires, et ainsi de suite[24]. Ces difficultés de trésorerie peuvent provoquer la faillite d'une entreprise et, par un effet de domino, la défaillance d'entreprises associées. Les administrations fiscales envisagent alors des mesures de soutien en faveur des contribuables, afin d'atténuer les problèmes de trésorerie, en leur permettant de reporter le paiement des acomptes provisionnels (trimestriel ou semestriel, par exemple), ou en modulant à la baisse le montant de ces acomptes (voire en suspendant les paiements), même si l'on prévoit que l'entreprise réalisera des bénéfices au cours de l'exercice[25]. Il convient aussi de réfléchir à la durée de ces mesures de report, ainsi qu'aux problèmes de trésorerie qui pourraient se poser à plus long terme en cas d'augmentation significative du montant des dettes fiscales[26]. Les administrations fiscales appliquent en principe des pénalités en cas de dépôt tardif d'une déclaration d'impôt, ou de retard de paiement. Des intérêts de retard peuvent aussi être calculés. Le paiement des pénalités ou des intérêts peut engendrer des problèmes de trésorerie, et être un facteur de tensions importantes pour certains contribuables dans la période actuelle, en particulier s'ils se heurtent à des difficultés de communication avec l'administration fiscale sur ces questions, ou bien dans l'exercice de leurs droits de recours[27]. Les administrations fiscales examinent également les cas où il serait approprié de suspendre le paiement des pénalités et des intérêts, en particulier lorsque des délais de paiement ont été accordés aux contribuables[28]. Elles peuvent le cas échéant, reconsidérer les intérêts et pénalités mis en recouvrement, mais non encore payés, par exemple lorsqu'il peut être présumé ou démontré qu'il existe un lien avec la COVID-19. Les contribuables qui ont accumulé des dettes fiscales ont dans la majorité des cas la possibilité de convenir d'un échéancier de règlement avec l'administration, même si une telle mesure peut être

---

[24] Lire utilement PEKASSA NDAM (G.) et NGANGUE NEMALEU (P.), « *Les finances publiques camerounaises à l'épreuve de la crise sanitaire à coronavirus* », Le NEMRO, n° 18, octobre-décembre 2020, pp. 49-74.

[25] Il s'agit de l'ordonnance n° 2020/001 du 03 juin 2020 modifiant et complétant certaines dispositions de la loi n° 2019/023 du 24 décembre 2019 portant loi de finances de la République du Cameroun pour l'exercice 2020.

[26] Les administrations fiscales sont encouragées à mettre en œuvre des stratégies de continuité des activités afin de maintenir le fonctionnement des systèmes fiscaux et douaniers avec une main-d'œuvre réduite (en raison des maladies provoquées par les virus et des mesures de confinement) et à faciliter autant que possible le travail à distance (pour protéger le personnel et les contribuables contre les maladies). Les administrations disposant de plans de continuité des activités déjà établis devraient envisager de les adapter pour tenir compte des circonstances spécifiques de la crise COVID-19. Si l'élaboration et la mise en œuvre de plans de continuité des activités dédiés peuvent prendre du temps, des mesures simples prises de toute urgence peuvent faire une grande différence.

[27] CARBONNIER (J.), Flexible droit. Pour une sociologie du droit sans sa rigueur, Paris, LGDJ, 2001, 10è éd., 493 p.

[28] Ibid.

assortie de certaines conditions (comme ne pas avoir d'arriérés issus d'un précédent plan de remboursement)[29]. Dans certains pays comme au Cameroun, les demandes se font par voie électronique, tandis que dans d'autres cas, des discussions avec l'administration fiscale peuvent être une condition préalable[30]. Les administrations fiscales envisagent aussi, selon le cas, de faciliter l'accès à des échéanciers et d'en prolonger la durée, en particulier s'il existe un risque de difficultés ou de problèmes de trésorerie importants. Une période sans intérêt est également prévue[31]. Lorsque les administrations fiscales doivent de l'argent aux contribuables, les processus de remboursement doivent être accélérés de manière à ce que les sommes soient rapidement versées, surtout lorsque les montants en jeu peuvent avoir un impact significatif sur la trésorerie, soit en raison de leur importance, soit de par la nature du contribuable. Outre le raccourcissement des délais de paiement (qui n'est pas toujours possible compte tenu du manque de personnel de certaines administrations fiscales), les administrations fiscales peuvent envisager d'assouplir les contrôles de risque effectués avant d'autoriser certains remboursements, par exemple ceux inférieurs à un certain seuil ou destinés à des contribuables ayant de bons antécédents en matière de conformité, sans négliger les risques de fraude. Bien que les contribuables puissent être tenus de déposer des déclarations, de TVA notamment, cela n'est pas incompatible avec l'aide qui leur est apportée grâce à l'allongement des délais de dépôt, car cet allongement est généralement de nature volontaire et les contribuables qui attendent un remboursement peuvent anticiper le dépôt de leur déclaration[32]. Les vérifications peuvent mobiliser énormément de ressources pour les contribuables comme pour les administrations fiscales, et les détournent d'autres activités en cours. Les vérifications physiques peuvent aussi entraîner des risques de transmission pour les agents de l'administration fiscale et les contribuables. Il convient d'envisager une modification temporaire de la politique de vérification, surtout pour les contribuables à qui les vérifications occasionnent des contraintes particulièrement lourdes. Cela peut passer par l'adoption d'une politique générale ou par une révision des paramètres de risque. Ce faisant, les administrations fiscales doivent néanmoins être attentives aux risques plus importants, notamment de fraude impliquant les fonds de prévoyance des salariés ou les cotisations de retraite[33]. Elles pourraient également réfléchir aux circonstances dans lesquelles il est possible d'informer rapidement les contribuables quant à leurs dettes fiscales, surtout s'ils doivent puiser dans leur trésorerie ou dégager des ressources pour les honorer. Cette

---

[29] La politique fiscale à mettre en place doit s'inscrire dans une vision globale du modèle économique qui sera à la base des orientations du Nouveau Modèle de Développement en cours d'élaboration.

[30] Ces aménagements fiscaux et douaniers inhérents à l'ordonnance du 03 juin 2020, sont en droite ligne de la circulaire n° 20/169/CF/MINFI/DGI/DLRI/L du 13 mai 2020 précisant les modalités d'application des mesures fiscales de riposte au Covid-19.

[31] CEA/ONU, Le covid-19 en Afrique : sauver des vies et l'économie, Addis-Abeba, 2020, p. v.

[32] Lire L. Vapaille, « *L'intérêt de retard : le prix du temps ?* », in Les sanctions administratives fiscales : aspects de droit comparé, ouvrage collectif sous la direction de T. Lambert, L'Harmattan, Paris, 2006, p. 107 et s.

[33] R. Muzellec, « *Diagnostic du système financier camerounais* », in La réforme du cadre juridique pour une meilleure gestion des finances publiques au Cameroun, Yaoundé, 11-13 juillet 2001, p. 26-32.

question peut aussi revêtir une dimension internationale, notamment pour les petites entreprises susceptibles d'être davantage concernées que les grandes entreprises par les répercussions possibles d'une double imposition sur leur trésorerie[34]. De nombreuses administrations fiscales à l'instar de celle du Cameroun ont développé leurs canaux de communication numérique ces dernières années, en intensifiant les interactions numériques et en généralisant l'envoi de messages numériques, en utilisant des systèmes de communication en ligne en temps réel, les médiats sociaux, des applications mobiles, etc. Le recours accru à ces services, notamment en incitant les contribuables à les utiliser, peut contribuer à réduire les contacts physiques (dans les centres des impôts par exemple) et à raccourcir les temps de réponse aux contribuables. Pour faire face aux difficultés spécifiques posées par la COVID-19, les administrations pourraient envisager de créer des pages web dédiées, d'élaborer des stratégies médias, d'ouvrir des lignes d'assistance (avec fonctionnalités de rappel le cas échéant), d'adapter les applications mobiles, de mettre à jour les assistants virtuels, etc., et réfléchir au rôle des intermédiaires pour envoyer leurs messages[35]. Les administrations fiscales analysent aussi les préoccupations exprimées par les contribuables et en tirent des enseignements quant aux mesures supplémentaires (administratives ou stratégiques) à prendre. Les problématiques associées à certains services en particulier sont également examinées de près (longs délais d'attente au téléphone, par exemple) et, le développement des services de messagerie supplémentaires est envisagé (questions fréquentes, par exemple) ou les interventions en mode conférence et, si possible, d'étendre les horaires d'accès à ces services. Les administrations fiscales peuvent aussi réfléchir à l'opportunité de redéployer une partie de leurs agents pour venir renforcer les services les plus sollicités. Bien qu'intégrés dans le Code général des impôts de l'État camerounais dans son troisième livre qui porte sur la fiscalité locale, il sied toujours de préciser la distinction qui existe dans notre État unitaire décentralisé, entre les impôts qui bénéficient à l'État central et ceux qui profitent, par décentralisation fiscale, aux collectivités territoriales décentralisées et qui portent le nom générique d'« *impôts locaux* ». Quatre impôts locaux ont fait l'objet d'exonération du fait de la lutte contre la pandémie du coronavirus. Il s'agit de l'impôt libératoire, de la taxe de stationnement, de la taxe à l'essieu et du droit de place sur les marchés. Considéré comme l'impôt de la basse catégorie des opérateurs économiques, l'impôt libératoire est le troisième prélèvement pécuniaire directement profitable aux communes. Sont soumis à un impôt libératoire exclusif du paiement de la patente, de l'impôt sur le revenu des personnes physiques et de la taxe sur la valeur ajoutée, les contribuables qui exercent une activité commerciale, industrielle, artisanale ou agro-pastorale ne relevant pas du régime du bénéfice réel, du régime simplifié d'imposition[36]. C'est un impôt qui touche, les petites activités commerciales, artisanales, industrielles ou agro-pastorales.

---

[34] ABENG MESSI (F.), « *Les obligations fiscales de l'exercice budgétaire 2020 à l'épreuve de la Covid-19 au Cameroun* », RAFIP, n° 7, premier semestre 2020, p. 141.

[35] Steve Thiery BILOUNGA, « *L'incidence de la lutte contre le covid-19 sur les finances publiques camerounaises* », Revue Juridique du Bonheur n 0 2, 2020, pp. 63-92.

[36] Article C 45 du Code général des impôts.

Les contribuables assujettis à l'impôt libératoire sont classés dans quatre catégories d'activités[37]. Et à chaque catégorie correspond une fourchette légalement prédéterminée. Ces catégories sont établies en fonction de l'importance de l'activité. Afin de soutenir les secteurs du transport et du commerce des denrées alimentaires sérieusement affectés par la Covid-19, les mototaxis et les bayam sellam[38] ont été exonérés de l'impôt libératoire au titre du deuxième trimestre de l'exercice fiscal 2020. Et cette période peut être rallongée, en fonction de l'évolution de la pandémie. Ceux des assujettis s'étant déjà acquitté de cet impôt communal direct ont bénéficié des crédits d'impôt à concurrence des paiements effectués. L'exonération à la taxe de stationnement rentre aussi dans les mesures gouvernementales de soutien au secteur du transport considérablement fragilisé par la pandémie. La taxe de stationnement est exigée aux propriétaires des véhicules utilisés pour le transport urbain des personnes exclusivement dans les villes où des stationnements sont aménagés. Payée sous forme de vignette automobile, cette taxe se recouvre trimestriellement à hauteur de 3000F pour les mototaxis, 10000F pour les taxis, et 15000F pour les autobus[39]. Loin de concerner tous ses contribuables potentiels, la taxe de stationnement n'a été exonérée que pour les conducteurs de mototaxis et au titre seulement du deuxième trimestre de l'exercice 2020. Les conducteurs de mototaxis s'étant déjà acquittés de cette taxe bénéficient aussi des crédits d'impôts à due concurrence des paiements effectués. Fait aussi l'objet de mesure exonératoire pour le compte de la lutte contre la Covid-19 au titre du deuxième trimestre de l'exercice fiscal 2020, avec possibilité de prolongement de cette période, la taxe à l'essieu. En effet, les véhicules automobiles de charge utile au moins égale à trois tonnes sont exonérés de cette dernière taxe, conformément à l'article quinzième bis, alinéa 3 de l'ordonnance du 03 juin 2020 modifiant et complétant certaines dispositions de la loi de finances du 24 décembre 2019. Le dernier impôt local concerné par des exonérations au profit de la lutte contre le coronavirus pour la même période de l'exercice fiscal 2020, consiste aux droits de place sur les marchés[40]. En application de l'ordonnance présidentielle susmentionnée en son article quinzième-bis alinéa 7, sont exonérés des droits de place sur les marchés, les revendeurs de vivres relevant du régime de l'impôt libératoire. La circulaire du ministre des finances en droite ligne de l'ordonnance présidentielle, précise que cette exonération ne concerne pas les loyers versés aux mairies pour la location des boutiques ; encore moins les revendeurs de vivres relevant du régime fiscal simplifié ou du régime du réel. Enfin, les administrations fiscales devraient analyser les meilleurs moyens de communiquer ces mesures aux contribuables défavorisés en termes d'accès au numérique, par exemple par téléphone, télécopieur, courrier, etc.

---

37 Article C 46. Du Code général des impôts.

38 Nom donné aux revendeurs de vivres dans les marchés au Cameroun et qui vient de l'anglais « *buy and sell* ».

39 Voir articles C 94 à C 96 du Code général des impôts.

40 Articles C 80 à C 86 du Code général des impôts.

2-L'exonération à la fiscalité de porte

Il est impossible de procéder à l'exonération de tous les prélèvements fiscaux, qui feraient de l'État du Cameroun un véritable paradis fiscal[41], juste certains impôts et taxes de la fiscalité nationale ont été ciblés. Il s'agit de la TVA[42] frappant l'acquisition de certains biens utiles à la lutte contre le coronavirus, et de la taxe de séjour. Conformément aux dispositions de l'article quinze-bis, alinéa 2 de l'ordonnance du 03 juin 2020, sont exonérés de la taxe sur la valeur ajoutée les achats des équipements, matériels et produits destinés à la lutte contre la Covid-19 figurant dans la liste annexée à cette disposition. Sous réserve d'une validation des ministres des finances et de la santé publique, les produits ne figurant pas sur cette liste et qui s'avèrent utiles à la prévention, au dépistage et au traitement du coronavirus, peuvent également bénéficier de cette mesure exonératoire. La même disposition ordonne l'exonération de la taxe de séjour[43] dans son alinéa 6. En effet, les établissements d'hébergement classés ou non, sont exonérés de cette taxe pour le reste de l'exercice fiscal 2020. La circulaire du ministre des finances du 13 mai 2020 s'y appesantissait déjà. A ce titre, les établissements d'hébergement assujettis à cette taxe ne doivent plus l'inclure dans les factures adressées à leurs clients pour la période visée, c'est-à-dire du 1er mars jusqu'à la fin de l'exercice fiscal. Mais si cette taxe avait déjà été établie et collectée à partir du 1er mars 2020, elle doit être reversée et demeure définitivement acquise par le Trésor public car il s'agit d'un impôt sur la consommation qui est supportée par le client. La plupart des mines ont besoin au minimum de certaines marchandises importées pour construire et exploiter leurs sites. L'ensemble du matériel requis pour lutter contre la propagation du virus, pour protéger, soigner les employés et leurs familles, figure manifestement parmi les articles à exonérer des droits d'importation[44]. Mais les activités minières qui dépendent des importations pourraient bénéficier d'une exemption à court terme des droits d'importation. Celle-ci pourrait porter par exemple sur le carburant ou les explosifs requis pour exploiter la mine, les produits

---

41 Le paradis fiscal se définit comme un pays dans lequel les conditions d'imposition sont particulièrement favorables. C'est un territoire où la fiscalité est très faible par rapport à ce que la personne qui parle considère comme la norme. Il se définit donc de manière relative et pour certains domaines d'activité. Lire à cet effet, P. Beltrame, La fiscalité en France, Hachette, 9ème édition, Paris, 2003, pp. 56 et suivantes.

42 La taxe sur la valeur ajoutée est un impôt et non une taxe, lorsque l'on recense ses éléments constitutifs. Elle est prélevée soit par le producteur ou distributeur, soit par le fournisseur de prestation sur tout achat effectué par un acheteur ou sur tout service rendu à un client. C'est donc un impôt indirect qui frappe les dépenses, c'est-à-dire, l'emploi des ressources financières d'un individu ou d'une entreprise. Dans le Code général des impôts de l'exercice 2021, elle est régie par les dispositions du Titre II du premier livre afférent aux impôts et taxes.

43 Il est institué une taxe de séjour assise sur les nuitées passée dans les établissements d'hébergement classés ou non. Elle est due par la personne hébergée est collectée par l'établissement d'hébergement, à savoir les hôtels, motels, auberges et les résidences-hôtels meublées. Collectée mensuellement, la taxe de séjour a comme tarif : 5000 FCFA par nuitée pour les Hôtels 5 étoiles, à 500 par nuitée pour les hébergements non classés voir dans ce sens l'article 221 du Code général des impôts.

44 Banque Mondiale (2020), « Evaluation de l'impact économique du covid-19 et des réponses politiques en Afrique Subsaharienne », Rapport du bureau de l'économiste en chef de la région Afrique, Africa's Pulse, volume 21, Avril.

chimiques essentiels nécessaires au traitement et à la transformation (comme la soude caustique nécessaire pour transformer la bauxite et alumine) ou les réactifs tels que l'acide sulfurique requis pour le traitement de concentrés de métaux, s'ils ne peuvent pas être produits localement. Toute exonération en matière d'importation doit être évaluée en fonction de la chaîne de valeur spécifique des minerais et les capacités de production domestiques de ces intrants[45]. Outre l'exonération des droits de douane pour les articles importés requis pour lutter contre la COVID-19, les gouvernements pourraient accorder aux entreprises une déduction immédiate des dépenses en immobilisations engagées dans la protection de la santé des travailleurs, des communautés minières touchées, et plus largement des pays d'accueil. Certaines entreprises minières ont identifié comme prioritaire l'amélioration des prestations de santé aux travailleurs et communautés d'accueil en comblant les lacunes existantes dans les infrastructures de santé publique[46]. Dans certains cas, en particulier dans les régions les plus reculées, les entreprises minières disposent tout simplement des capacités logistiques les plus développées pour aider les travailleurs et les communautés locales. En leur permettant de passer en charges plutôt que d'amortir les acquisitions d'immobilisations connexes, d'autres entreprises ayant la capacité financière seront davantage susceptibles de suivre leur exemple. Une incitation encore plus forte serait de permettre aux entreprises de déduire ces dépenses temporaires de santé des paiements de redevances ou d'impôts au niveau local[47]. Le Pérou et la Colombie par exemple, disposent déjà de tels régimes, appelés « *travaux publics tenant lieu d'impôts* », qui pourraient servir de modèle à de telles mesures au Cameroun. La retenue à la source exige du contribuable résident qu'il retienne un impôt sur le revenu sur les paiements effectués à l'étranger (par ex. les frais de service, les dividendes des actionnaires et les charges d'intérêt sur les prêts étrangers). Même si l'impôt retenu à la source représente un coût pour les entreprises étrangères qui reçoivent les paiements, il est également relativement facile à collecter pour les gouvernements, ce qui est un point important au vu du manque de ressources humaines et financières dont souffrent les pays en développement. Les gouvernements devraient donc maintenir les impôts retenus à la source, même si des exceptions peuvent être accordées pour des dettes de parties tierces contractées dans des conditions normales, lorsque le risque d'abus est limité. Ce qui permet la consolidation d'une politique fiscale processuelle d'exception.

B- La consolidation d'une politique fiscale processuelle d'exception

Afin de tenir compte du caractère exceptionnel de la crise sanitaire que nous traversons actuellement, une série de mesures ponctuelles et ciblées a été adoptée par le gouvernement pour aménager les règles applicables en matière de contrôle fiscal.

---

[45] Fonds Monétaire International, « *Faire face à l'incertitude* », in Perspectives économiques régionales : Afrique subsaharienne, Octobre (2019).

[46] https://www.angloamerica.com/media/covid-19-update.

[47] Albulescu Claudiu, « Coronavirus and financial volatility : 40 days of fasting and fear », 2020, disponible en ligne sur https://hal.archives-ouvertes.fr/hal-02501814.

L'objectif étant de préserver les entreprises qui sont d'ores et déjà durement touchées, tout en tirant les conséquences du confinement imposé. La consolidation d'une politique fiscale processuelle est alors possible par l'allègement des procédures de recouvrement de l'impôt d'une part et, d'autre part, par l'allégement du contrôle fiscal.

1- L'allègement des procédures de recouvrement de l'impôt

La lutte contre la pandémie du coronavirus a été marquée sur le plan fiscal par certaines modalités d'allègement des procédures fiscales à savoir :

- Le report du délai de dépôt des déclarations statistiques et fiscales sans pénalités, en cas d'acquittement du solde correspondant. En effet, conformément à la circulaire du ministre des finances du 13 mai 2020 précisant les modalités d'application des mesures fiscales de riposte au Covid-19, le délai de dépôt des déclarations statistiques et fiscales au titre de l'exercice 2019, peut, à la demande du contribuable, être prorogé sans donner lieu à l'application des pénalités. Toutefois, le report sollicité ne pouvait pas dépasser la fin du deuxième trimestre de l'année suivante, c'est-à-dire le 30 juin 2020. Aussi, pour être bénéficiaire de la dispense de pénalités en la matière, il fallait s'être acquitté du solde de l'impôt sur les sociétés au 15 mars 2020.

- La déductibilité[48] totale pour la détermination de l'impôt sur les sociétés des dons et libéralités consentis par les entreprises pour la lutte contre la Covid-19. En effet, tandis que la déductibilité des dons effectués au profit d'autres organismes reste régie par le Code général des impôts dans son article 7A-5[49], celle des dons et libéralités consentis par les entreprises à l'État ou à d'autres personnes morales de droit public pour la lutte contre la pandémie du coronavirus, devient entière, sans un quelconque plafonnement.

- La suspension de la procédure de recouvrement pour les entreprises directement affectées par le Coronavirus. Les entreprises des secteurs du tourisme et des transports qui se présentent comme celles directement affectées par la pandémie du coronavirus bénéficient des différés et moratoires de paiement d'impôt et taxes, si elles en formulent la demande. En cas de demande favorable, l'entreprise concernée bénéficie d'une suspension de toutes mesures de recouvrement prévues

---

[48] Pour les conditions générales de déduction, lire : J.-P ; Casimir et M. Chadefaux, Droit fiscal 2012/2013. Corrigés des applications, Nathan, Paris, 2012, p. 24 et s.

[49] Cette disposition voudrait que le bénéfice net imposable soit établi sous déduction de toutes charges nécessitées directement par l'exercice de l'activité imposable au Cameroun, notamment : les frais généraux de toutes natures, les dépenses de personnel et de main d'œuvre, les dépenses relatives aux locaux, matériels et mobiliers, les frais divers et exceptionnels, les primes d'assurance, les libéralités, dons et subventions. Les libéralités, dons et subventions ne constituent pas en principe des charges déductibles du bénéfice imposable, cependant, les versements à des organismes de recherche et de développement ou à des œuvres d'intérêt général, sont admis à déduction dès lors qu'ils sont justifiés et dans la limite de 0,5 % du chiffre d'affaires de l'exercice.

par le Livre des procédures fiscales[50], y compris celles engagées avant l'apparition de la pandémie. Une attestation de non redevance d'une durée d'un mois lui est alors délivrée, suivant la législation en vigueur. Elle peut d'office devenir caduque en cas de non-paiement d'une seule échéance d'impôts ou taxe.

- Le report au 30 septembre 2020 du délai de paiement de la taxe foncière pour l'exercice 2020. L'ordonnance du 3 juin 2020 en son article quinzième bis indique en son alinéa 8 que la date limite de paiement de la taxe sur la propriété foncière due pour le compte de l'exercice 2020 est reportée au 30 septembre pour cause de crise sanitaire. Cette date limite est pourtant habituellement fixée au 30 juin de chaque exercice fiscal. Toutefois, malgré ce report de date d'exigibilité, les services fiscaux d'assiette du ministère des finances vont continuer à établir les déclarations pré-remplies servant de support de paiement à cet impôt et pourront commencer à les distribuer dès juin 2020, suivant les modalités prévues par la législation en vigueur.

2-L'allègement du contrôle fiscal

La volonté du gouvernement camerounais de renforcer la résilience de notre économie gravement affectée par la pandémie du coronavirus ne s'est pas exclusivement manifestée en matière fiscale par l'allègement des mécanismes d'établissement et de collecte des impôts et taxes. Elle s'est accompagnée par l'assouplissement de certaines formalités et procédures de contrôle de ces contributions publiques, notamment, la suspension des vérifications des comptabilités[51]. En effet, au titre du deuxième trimestre de l'exercice fiscal 2020, c'est-à-dire, durant la période allant du 1er avril au 30 juin de cette année, les vérifications de comptabilités, qu'elles soient générales ou partielles, sont suspendues. D'ailleurs, de manière générale, aucune procédure de contrôle sur place n'a été engagée pendant cette période, et celles qui étaient déjà initiées ont purement et simplement été suspendues. Concrètement, les procédures de contrôle telles, les contrôles ponctuels, les contrôles inopinés, les actes de concrétisation du droit d'enquête, du droit de constatation physique des stocks, et du droit de visite, sont suspendues pour la période ciblée. Il convient toutefois de relever que cette suspension n'emporte pas suppression momentanée de tous les mécanismes de contrôle fiscal. En effet, les procédures de contrôle sur pièces et les procédures de régularisation faites à partir du bureau, à l'instar des déclarations pré remplies et des dialogues de conformité, restent en vigueur. Et même en matière de contrôle sur place, la suspension est levée lorsqu'est décelée chez un contribuable une attitude fraudatoire visant à se soustraire au paiement de l'impôt ou à minorer son montant. Il en est de même en ce qui

---

[50] C'est le deuxième livre du Code général des impôts du Cameroun. Il est situé après les impôts et taxes et avant la fiscalité locale.

[51] Les vérifications des comptabilités consistent pour les contribuables professionnels, à contrôler l'ensemble des justificatifs comptables de l'entreprise. C'est un examen sur place, souvent au siège de l'entreprise du contribuable, des comptabilités en les confrontant aux éléments d'exploitation, pour contrôler sa cohérence avec les déclarations souscrites pour l'activité professionnelle. Confer : CE 13 mars 1967, Association football club de Strasbourg. J.-L. Albert, J.-L. Pierre et D. Richer, Dictionnaire de droit fiscal et douanier, Ellipses, Paris, 2007, p.145-146.

concerne la validation des crédits de TVA, pour les cas nécessitant des vérifications générales préalables, ou en matière de constatations et validations des avaries. De manière générale, les vérifications sont permises lorsque l'entreprise en formule expressément la demande, mais en prenant soin de respecter les mesures barrières nécessaires à la protection de l'ensemble des intervenants à la procédure de vérification.

II- L'exploration nécessaire d'une politique fiscale de relance post-COVID

Même si la pandémie n'a pas modifié les grands principes sous-jacents aux principales taxes sur le revenu, sur la fortune et la consommation, la reprise au lendemain de la COVID-19 offre l'occasion de corriger les vieilles lacunes des systèmes fiscaux et de redonner à l'impôt son rôle de facteur de transformation souhaitable[52]. Par exemple, les pays seront confrontés à un défi encore plus grand dans le monde post-COVID-19 : offrir des perspectives et des aides aux particuliers vulnérables et aux entreprises en difficulté mais viables, tout en demandant en même temps une plus forte contribution à ceux qui s'en sortent bien. Par ailleurs, la pandémie accélère l'adoption de technologies numériques qui transforment les économies et présentent de nouveaux problèmes et possibilités sur le plan fiscal[53]. Les impôts peuvent également jouer un rôle considérable en faveur d'une reprise verte[54]. Et dans nombre de pays, un déficit imminent de recettes amplifie les difficultés déjà présentes avant la COVID-19, de financement des besoins de dépenses considérables liés aux objectifs de développement durable[55]. Il est question de présenter la renonciation post-crise d'une politique fiscale d'exception (A) d'une part, et, d'autre part, l'orientation d'une stratégie fiscale de soutien à la relance économique (B).

A- La renonciation post-crise d'une politique fiscale d'exception

Certains services fiscaux ont réduit leurs activités de contrôle et de recouvrement des arriérés en raison des fortes pressions financières auxquelles sont confrontés de nombreuses entreprises et de nombreux particuliers. Toutefois, toute réduction des activités de contrôle devrait être temporaire afin d'atténuer le risque que les cas d'incivisme ne se perpétuent et qu'il soit difficile de revenir en arrière une fois la crise

52 Un certain nombre de pays dotés de régimes d'imposition bien conçus pourraient couvrir le coût ponctuel de la crise en demandant une contribution temporaire à la reprise, telle qu'une majoration des impôts existants.

53 Voir S. Gupta, A. Shah, M. Keen et G. Verdier, 2017, *Digital Revolutions in Public Finance*, ici ; et le Moniteur des finances publiques d'avril 2018, *Digital Government.*

54 Voir la note de la série de notes spéciales sur la COVID-19 du FMI, « Verdir la reprise ».

55 Voir V. Gaspar, D. Amaglobeli, M. Escribano, D. Prady et M. Soto, *Fiscal Policy and Development : Human, Social and Physical Investments for the SDGs.*

passée lorsque les assiettes fiscales devront être rétablies[56]. Pour protéger les recettes et garantir le respect des règles, les administrations fiscales pourraient envisager les mesures suivantes : la rationalisation des mesures d'allègement fiscal d'une part et, d'autre part, la pérennisation des mesures fiscales a fort levier de développement.

1-La rationalisation des mesures d'allègement fiscal

Le confinement généralisé des secteurs public et privé instauré dans de nombreux pays pour contenir la propagation de la COVID-19 a un impact significatif sur les opérations des administrations des recettes, les recentrant principalement sur la mise en œuvre de mesures gouvernementales, le maintien des opérations essentielles de mobilisation des recettes et d'appui aux échanges commerciaux, et la protection de la santé des agents et de la population en général. Lorsque la COVID-19 sera contenue et que les mesures de confinement seront assouplies, les administrations des recettes devront être prêtes à redynamiser leurs opérations, à rétablir le fonctionnement normal des systèmes fiscaux et douaniers et de gestion du commerce extérieur, à assurer la perception des impôts, droits et taxes, et à rétablir au moins les niveaux de respect des obligations fiscales et douanières d'avant la crise[57]. Cela est crucial pour garantir les besoins en recettes des gouvernements, notamment dans les pays à faible revenu et à faible capacité en matière de finances publiques, ainsi que dans les pays disposant de vastes programmes de protection sociale. C'est une tâche exigeante dans le contexte d'une reprise potentiellement lente et inégale, de nombreuses entreprises étant touchées alors que d'autres ont bénéficié de la situation. Inévitablement, les niveaux de respect des obligations fiscales et douanières par les contribuables et les opérateurs du commerce international se seront détériorés à la suite du ralentissement économique, aggravé par l'incapacité des administrations des recettes à maintenir le niveau de respect des obligations déclaratives et de paiement. Le rétablissement des flux de recettes et de civisme fiscal aux niveaux d'avant la crise exigera une préparation efficace et en temps opportun, afin de mener à bien la reprise des activités[58]. En général, la gestion de la crise fait une distinction claire entre la crise et la période d'après-crise, mais en ce qui concerne la crise de la COVID-19, une telle distinction est difficile à faire. Comme souligné précédemment, le rétablissement des opérations après la crise sera progressif, et les préparatifs doivent commencer tôt. Lors de la préparation des mesures de redressement, les administrations des recettes devraient accorder la priorité aux éléments suivants : la sécurité et la santé du personnel, des contribuables et des opérateurs du commerce international ; les

---

[56] OCDE, Supporting people and companies to deal with the CVID-19 virus : Options for an immediate employment and social-policy response, https://read.oecd-ilibrary.org/view/ref=119 119686-962r78x4do&title=Sopporting peopleand Companies to deal with the Covid-19virus.

[57] Lire avec intérêt les propos du ministre des finances dans « Les mesures d'accompagnement gouvernementales en matière fiscale et financière face à la crise de la COVID-19 », 11e session du Cameroun Business Forum (cbf-11) jeudi 22 octobre 2020.

[58] Voir dans ce sens la note du FMI intitulée « *Fiscal Affairs* », Série spéciale sur les politiques budgétaires pour répondre à la COVID-19. Cette note fait partie d'une série de notes produites par le Département des Finances Publiques pour aider les Membres à faire face à l'urgence COVID.

mesures visant à sauvegarder les recettes ; la garantie de la disponibilité des services aux contribuables et aux opérateurs du commerce international, tout en veillant à ce que ces derniers respectent les règles fiscales et douanières[59]. Pour ce faire, les administrations des recettes devront mettre en place des dispositions temporaires de gestion de la phase de redressement, ainsi qu'un processus de planification claire. Réduire temporairement (sans toutefois les éliminer) les mesures de contrôle et de recouvrement des arriérés, et réorienter l'application des mesures de contrainte vers les manquements les plus critiques et/ou générés par le contexte[60], ainsi que vers les industries susceptibles de connaître un boom commercial ; la rallonge de la période impartie pour l'imputation des déficits fiscaux et des amortissements réputés différés au profit des entreprises relevant du secteur de l'hébergement[61] ; le renforcement du régime fiscal de promotion du secteur agricole en soutien à la politique gouvernementale de promotion de l'import-substitution, à travers l'insertion dans la liste des exonérations de TVA des intrants et équipements agricoles non visés[62]. La suppression des droits d'accises sur les produits cosmétiques produit localement afin de permettre à l'industrie locale de faire face à la concurrence des produits importés qui demeurent un facteur de dégradation de notre balance commerciale[63].

Il faut également intensifier la surveillance des plus grands contribuables, en particulier des entreprises moins touchées voire en plein essor, afin de garantir le paiement de leurs impôts en temps voulu. Plus généralement, cette intensification se fait par le suivi de leurs recettes, notamment en procédant à des analyses par secteur d'activité et par type d'impôt. Par ailleurs, la promotion de l'utilisation des paiements par acomptes pour les contribuables qui n'ont pas la capacité d'effectuer un paiement complet et en temps voulu est nécessaire ; l'administration fiscale doit aussi développer des critères permettant d'identifier les abus flagrants et les activités frauduleuses liées au COVID-19 (dans le périmètre de compétence de l'administration fiscale) et mettre en œuvre des mesures d'exécution autorisant des enquêtes/ poursuites criminelles lorsque cela est justifié. Un autre aspect de cette rationalisation de ces mesures est de mettre en place des procédures simplifiées et rapides de vérification des conditions d'éligibilité aux allègements fiscaux, en vue d'appliquer des mesures d'exécution post-crise. Le ministère des finances devra collecter et analyser régulièrement des données permettant d'évaluer sur la durée les conséquences de ces dispositifs sur certains types d'impôts, de contribuables, de recettes afin de prendre

---

59 Steve Thiery BILOUNGA, « *L'incidence de la lutte contre le covid-19 sur les finances publiques camerounaises* », Revue Juridique du Bonheur n ° 2, op cit.

60 Par exemple, l'abus éventuel des mesures d'allégement.

61 L'exonération de l'impôt sur les sociétés au profit du secteur hôtelier : cette exonération emporte dispense de paiement des comptes mensuels et du minimum de perception ; la reconduction au titre de l'exercice 2021 de la suspension de la taxe de séjour afin d'améliorer le taux de fréquentation des établissements d'hébergement fortement impactés par la crise.

62 Article 122 de la loi de finances de l'exercice 2021.

63 Article 142 de la loi suscitée.

des décisions et ajuster les mesures prises pendant la crise[64]. La phase de redressement débutera lorsque les administrations des recettes pourront commencer à intensifier leurs activités et que les contribuables reprendront leurs activités ; si bon nombre d'entre eux peuvent continuer à fonctionner dans le contexte d'une crise économique, d'autres devront cesser leurs activités et de nouvelles entreprises pourraient voir le jour. Il faut s'attendre à ce que le processus de reprise se déroule par étapes et sur une longue période, car il est très probable que les mesures restrictives ne seront éliminées que progressivement. La planification de la phase de reprise devrait commencer tôt, afin de prévoir suffisamment de temps pour mettre en place toutes les dispositions nécessaires. Elle devrait tenir compte attentivement des capacités de mise en œuvre et des circonstances locales, ainsi que de l'impact de la crise sur le niveau des activités et sur le respect des règles par les contribuables et les opérateurs du commerce international. Le rythme de la reprise dépendra également d'autres facteurs externes, notamment les mesures d'allégement mises en œuvre par le gouvernement après la crise pour stimuler davantage l'économie[65]. Dans ce sens, la loi des finances de 2021 prévoit la réduction de deux points (de 30 % à 28 %) du taux de l'impôt sur les bénéfices au profit des petites et moyennes entreprises[66]; la reconduction de la transaction spéciale prévue par la loi de finances 2020, dans l'optique d'aider les entreprises fortement affectées par la crise sanitaire à se libérer de leurs dettes fiscales, ce qui leur permet de présenter une situation financière plus saine[67] ; l'ouverture de l'option pour le paiement mensuel de la redevance forestière annuelle (RFA) afin de ménager la trésorerie des entreprises forestières[68] ; la déductibilité intégrale des dons effectués par les entreprises au profit de l'État dans le cadre de la lutte contre la crise sanitaire de la COVID-19[69]. La sécurisation des flux de recettes et le retour au niveau du respect des obligations déclaratives et de paiement d'avant la crise, avant leur amélioration, seront des priorités primordiales pour les administrations des recettes. Pendant la crise, le respect des obligations de déclaration et de paiement des contribuables pouvait s'être détérioré à cause de la prolongation des échéances, de la disponibilité limitée du personnel et de la situation financière affaiblie des contribuables[70]. En outre, les administrations des recettes pourraient faire face à une forte augmentation de leur charge de travail à la suite des demandes d'assistance et de soutien des contribuables. Cela peut engendrer de gros risques pour le flux de recettes, si la gestion n'est pas adaptée. Dans leur préparation de la phase de redressement, les administrations des

---

[64] Lire le Document de stratégie pour la croissance et l'emploi, élaboré par le gouvernement camerounais. Il dégage à la page 50 sur la vue d'ensemble du Cameroun à l'horizon 2035, une certaine vision de développement formulée ainsi qu'il suit : « *Le Cameroun : un pays émergent, démocratique et uni dans sa diversité* ».

[65] S.T. Bilounga, Finances publiques camerounaises. Budgets- Impôts- Douanes- Comptabilité publique, L'Harmattan, Paris, 2020, p. 13 et s.

[66] Article 17 bis de la loi suscitée.

[67] Article 19ème de la LF2021.

[68] Article 234.

[69] Article 16ème de la LF 2021.

[70] Diane Mandeng, « *Dépenses fiscales et Covid-19 au Cameroun* », RAFIP, n° 10, second semestre 2011, pp.278-305.

recettes devraient envisager d'adopter les mesures suivantes : Élaborer un plan d'action de mobilisation des recettes (PAMR) après-crise, qui définit les mesures nécessaires pour rétablir, le respect des obligations fiscales et douanières et sécuriser les flux de recettes ; Concevoir le PAMR en se fondant sur une approche fondée sur l'analyse des risques, ce qui implique d'identifier les secteurs qui ont été touchés par la crise et ceux qui pourraient en avoir bénéficié. En outre, il faudra évaluer les risques nouveaux et émergents associés à la crise[71]. Un autre aspect non négligeable est de renforcer les capacités de surveillance en mettant l'accent sur les principaux secteurs, les grands contribuables et les plus gros contributeurs au budget[72]. Les changements de comportement en matière de conformité doivent être détectés rapidement et traités en temps utile. Il faut aussi veiller à ce que l'accent soit mis sur les contribuables qui rencontrent des difficultés financières, en leur apportant un soutien (par exemple, des échéanciers de paiement) au fur et à mesure qu'ils reviennent progressivement à un niveau de civisme fiscal normal. En outre, maintenir le niveau d'exécution des recouvrements, également pour les contribuables les moins touchés par la crise, pour qu'ils continuent à respecter leurs obligations fiscales, notamment le paiement dans les échéances. L'administration doit maintenir certaines mesures prises pendant la crise, par exemple les reports de paiements, qui pourraient encore être nécessaires. Pour envisager leur prolongation après la crise, il faut cibler les mesures d'allégement, notamment dans les secteurs particulièrement touchés, afin de garantir les flux de recettes dans la mesure du possible. Pour les grandes entreprises, il faut adopter une approche individuelle, fondée sur des directives internes claires et qui assurent un traitement impartial ; évaluer les mesures de facilitation du commerce mises en œuvre pendant la crise[73], afin d'identifier celles qui ont permis d'améliorer les procédures douanières en vue de les conserver ; et éliminer progressivement celles qui ont engendré des risques de non-conformité[74].

2-La pérennisation des mesures fiscales à fort levier de développement

La pandémie de la Covid-19 remet en question toutes les facettes de nos modes de vie. Il est inéluctable que notre quotidien au fil des prochains mois sera amené à évoluer. L'accélération de la transformation digitale et de la transition énergétique, la reconfiguration des chaînes de valeur et d'approvisionnement et la relocalisation industrielle ouvrent, par ailleurs, des voies de développement encore insuffisamment inexplorées. Ainsi, est-il nécessaire de mener un ciblage de nouveaux secteurs à fort potentiel industriel. Pour cela, la création, dans le cadre de la stratégie de reprise en main industrielle est-elle nécessaire. Seul l'impôt permet à un État moderne et libéral d'affirmer son existence et d'asseoir son autorité. Avant d'être une nécessité

---

[71] Voir dans ce sens « Lutte contre le coronavirus (COVID-19) pour un effort mondial » de l'OCDE du 19 mai 2020 sur le thème : « *Les réponse de politiques fiscales et budgétaires a crise du coronavirus : accroitre la confiance et la résilience* ».

[72] TONI (E.), CLAVER ADAHI (T.A.) « Les finances publiques au service de la lutte contre la Covid-19 en Afrique de l'ouest », Gestion & Finances Publiques, 2020/6 (N° 6), pp. 104-112.

[73] Par exemple, documents et signatures électroniques, déclarations simplifiées, etc.

[74] CHATILLON (S), *Droit des affaires internationales,* 5è édition, Magnard-Vuibert, Paris, 2011, 389 pages.

financière, l'impôt est « essentiellement un moyen de gouverner »[75]. Par ce moyen, l'État assure l'assainissement ou du moins la régulation de son économie. Celle-ci ayant ardemment besoin d'investisseurs pour être dynamique et compétitive, le droit fiscal camerounais a donc accentué le droit incitatif pour attirer les entreprises et les capitaux[76]. Telle est la force économique la plus à même à entrainer l'État dans un processus de développement continu avec une fiscalité pour le développement[77]. La pression fiscale qui devrait suivre pour restructurer les revenus de l'État[78] n'a fait qu'aggraver la situation de l'investissement privé. Dans ce sens, la neutralité fiscale trouve tout son fondement dans ce que Maurice Lauré, appelle le postulat économique de la fiscalité[79]. D'après ce postulat en effet, les impôts ne doivent pas influencer les comportements économiques. Ce postulat s'oppose donc à l'approche actuelle consistant à détourner l'impôt de sa fonction initiale, c'est-à-dire celle du financement des dépenses publiques pour lui conférer un rôle économique. Dans ce sens, on parle d'interventionnisme fiscal ou de dépenses fiscales. Cette fiscalité de développement consiste à abaisser sensiblement les taux d'imposition afin de favoriser la relance économique. Avec l'atteinte de l'initiative PPTE, et aujourd'hui la crise sanitaire à Covid-19, le Cameroun dans la planification économique à long terme a fait de la fiscalité un moteur d'attraction de l'investissement avec l'insertion des préférences fiscales dans le marché pour mieux le contrôler. Etant donné que cette politique fiscale est susceptible d'avoir un impact favorable sur les recettes fiscales, on note une introduction effrénée des avantages fiscaux dans les domaines généraux de l'investissement privé.

B- L'orientation d'une stratégie fiscale de soutien à la relance économique

L'économie mondiale a besoin de soutien pour sortir de la crise lorsque les mesures de confinement et d'atténuation seront progressivement levées et, par exemple supprimer avec précaution certaines mesures à court terme. Inévitablement, les niveaux de respect des obligations fiscales et douanières par les contribuables et les opérateurs du commerce international se sont détériorés à la suite du ralentissement économique, aggravé par l'incapacité des administrations des recettes à maintenir le niveau de respect des obligations déclaratives et de paiement[80]. Le rétablissement des flux de recettes et de civisme fiscal aux niveaux d'avant la crise exige une préparation efficace et en temps opportun[81], afin de mener à bien la reprise

---

75 SCHMIDT(J), L'impôt, Dalloz, 2e éd., 1995, p. 3.

76 LEROY(M), L'impôt, l'Etat et la société. La sociologie fiscale de la démocratie interventionniste, Economica, Paris, 2010, p. 277.

77 OSSA (R), Réformes fiscales et développement en Afrique subsaharienne, Edilivre, Paris, 2012, p. 61.

78 TOUNA MAMA, L'économie camerounaise. Pour un nouveau départ, Afredit, 2008, p. 285

79 OSSA (R), Réformes fiscales et développement en Afrique subsaharienne, op.cit., p. 79.

80 GASTELLU(JM), MOISSERON(JY), POURCET(G), *Fiscalité, développement et mondialisation*, Paris, Maisonneuve, 1999.

81 DIDIER (M), OUVRARD (J-F), SCAPECCHI (P), *Réforme fiscale et retour de la croissance*, Economica, Coe-Rexecode, Paris, 2014, 109 pages.

des activités. Pour cela, la promotion des mesures fiscales de relance économique[82], l'amélioration du climat des affaires et la sécurisation des recettes fiscales[83] sont nécessaires.

1-La promotion des mesures fiscales de relance économique

Le phénomène de mondialisation avec l'internationalisation des entreprises a pour corollaire une mise en concurrence de plus en plus intense des territoires pour l'accueil d'investissements[84]. Compte tenu de ce que ceux-ci constituent un moteur de croissance durable[85], les autorités publiques camerounaises ont donc mis en place notamment une politique fiscale attractive. Cet assouplissement pourrait aussi être intermittent, c'est-à-dire mis en place puis abrogé en cas de diminution de l'épidémie. D'où un risque accru de voir se produire des effets hétérogènes selon les entreprises et les ménages, risque qui devrait être pris en compte dans les réponses arrêtées par les pouvoirs publics[86]. A mesure que les économies se redresseront, il sera possible de réévaluer de nombreuses mesures à court terme et de stimuler la dynamique économique. C'est ainsi qu'une prolongation des aides aux entreprises peut pérenniser des sociétés « *zombies* » qui n'auraient pas survécu en l'absence des mesures de confinement et d'atténuation. Les réductions et le report du paiement des impôts peuvent aussi peser sur la capacité de recouvrer des recettes à moyen terme[87]. Ainsi, l'État a consacré l'enregistrement gratis des conventions de rachat et de titrisation de la dette publique intérieure afin de se permettre de soutenir la trésorerie des entreprises par l'apurement des recettes à payer[88]. Il a par ailleurs reconduit au titre de l'exercice 2021 la transaction spéciale prévue par la loi de finances 2020, dans l'optique d'aider les entreprises fortement affectées par la crise sanitaire à se libérer de leurs dettes fiscales ; ce qui leur permet de présenter une situation financière plus saine. Si l'assouplissement des mesures de confinement est plus rapide que prévu, la demande sous-jacente est forte dans l'ensemble de l'économie. Les décideurs politiques doivent contrôler et adapter activement les mesures de relance pour éviter que l'association d'une demande sous-jacente et des mesures de relance génère une inflation excessive et que des mesures conduisent à de mauvais investissements ou à

[82] SALL (A), *La compétitivité des économies africaines*, Actes du forum de Dakar, Futurs africains, Paris, Karthala et Editions Sankoré, 2000

[83] ORSENI (G), *L'interventionnisme fiscal*, Puf, Collection Fiscalité, 1995.

[84] HATEM(F), Investissement international et politiques d'attractivité, Economica, Paris, 2004, p. 5.

[85] BAREL (E.), BEAUX (C.), KESLER (E.), SICHEL (O.), Economie politique contemporaine, 3e éd., Armand Colin, Paris, 2007, p. 93.

[86] OCDE, « *La crise et ses retombées : les sociétés et les politiques sociales mises à l'épreuve* », dans panorama de la société 2014 : les indicateurs sociaux de l'OCDE, éditions OCDE, Paris, https://dx.doi.org/10.1787/soc glance-2014-5-fr.

[87] OCDE, Supporting people and companies to deal with the COVID-19virus : Option for an immediate employment and social-policy response, https://read.oecd-ilibrary.org/view/?ref=119119686-962r78x4do&title=Supportingpeople and companies to deal with the Covid-19 virus.

[88] Article 337 de la loi de finance 2021, op cit.

des bulles[89]. Tel est notamment le cas pour les pays où la gouvernance peut être moins solide, l'inflation historiquement plus élevée et les taux de change plus instables. Par ailleurs, les décideurs politiques ont aussi créé les conditions permettant de renforcer la consommation et l'investissement. Les programmes de relance sont calibrés pour différents pays, en fonction de l'ampleur de l'écart de production provoqué par la crise. Les trains de mesures de relance budgétaire sont temporaires, et font l'objet d'une communication pour ne pas créer de déficit permanent[90]. La communication permet de s'assurer que la relance conduit à un raffermissent de demande, et pas uniquement au remboursement de dettes existantes ou à l'accroissement des épargnes. Une accélération de l'amortissement autorisé est envisagée, tandis que les baisses d'impôts sur les revenus du capital et les plus-values, et de vastes réductions de l'IS s'avèrent moins efficaces. Les décideurs politiques évitent aussi les mesures qui influent essentiellement sur le calendrier de la consommation ou de l'investissement, mais qui n'ont qu'un impact limité sur le comportement global, comme les réductions de l'impôt sur les plus-values[91]. Lorsque les mesures de soutien à l'économie mises en place pendant la période de confinement et d'atténuation seront progressivement levées, l'investissement sera stimulé. Une accélération de l'amortissement autorisé ou des incitations est envisagée pour soutenir l'investissement intérieur. Ces incitations concernent principalement les investissements permettant de réduire les risques futurs et d'accroitre la résilience. Elles s'adressent en priorité aux secteurs qui ont le plus souffert de la crise sanitaire et économique. Pour ce qui est du Cameroun, la loi de finances de 2021 consacre la suppression de la taxe à l'essieu au profit des transporteurs, dont l'activité a été fortement impactée par la crise de la COVID-19[92] ; la réduction de 4 % à 3 % du taux de la taxe d'abattage pour les entreprises forestières justifiant d'une certification en matière de gestion durable des forêts[93] ; l'exonération de l'impôt sur les Sociétés au profit du secteur hôtelier durement frappé par la COVID-19. Cette exonération emporte dispense de paiement des acomptes mensuels et du minimum de perception[94] et la reconduction au titre de l'exercice 2021 de la suspension de la taxe de séjour afin d'améliorer le taux de fréquentation des établissements d'hébergement fortement impactés par la crise[95]. Une reprise différenciée nécessite une aide différenciée. Ainsi, on observera peut-être un rattrapage de la croissance dans les secteurs manufacturiers lorsque les consommateurs compenseront les achats perdus

---

[89] Wong (C), « *The Fiscal Stimulus Programme and Public Governance Issues in China* », OECD Journal on Budgeting, vol. 11/3, http://dx.doi.org/10.1787/16812336.

[90] Sahm, C., M. Shapiro et J. Slemrod, Check in the Mail or more in thepaycheck : Does the Effectiveness of Fiscal Stimulus Depend on how it is Delivered ?, National Bureau of Economic Research, Cambridge, MA, http://dx.doi.org/10.3386/w16246.

[91] Parker, J et al., « Consumer spending and the economicstimulus payment of 2008 », American Economic Review, vol 103/6, pp.2530-2553, http://dx.doi.org/10.1257aer.103.6.2530.

[92] Article 608-612.

[93] Articles 242 et 243.

[94] Article 18eme de la LF 2021.

[95] Ibid.

et que les entreprises reconstitueront leurs stocks[96]. Il peut en résulter des tensions inflationnistes dans ces secteurs. Dans le secteur tertiaire toutefois, la consommation perdue par les ménages peut ne pas être compensée ou ne l'être que très partiellement, ce qui donne à penser que le rythme de la reprise peut être moins soutenu. Des mesures de soutien spécifiques sont adoptées en faveur des entrepreneurs individuels et des propriétaires d'entreprises de petite taille[97], à capital fermé. D'une part, il s'agit notamment de favoriser une répartition équitable des pertes économiques subies en cas de faillite[98] ; d'autre part, cette aide est aussi accordée pour favoriser la création de nouvelles entreprises ou diversifier celles qui existent déjà dans l'économie d'après-crise. Ces mesures devraient donner lieu à une coordination étroite avec les politiques de crédit et financière. Il est aussi envisagé de réserver un traitement fiscal favorable aux investissements se caractérisant par les retombées sociales positives. De telles retombées s'observent généralement dans la recherche-développement, mais elles peuvent être particulièrement prononcées pour les investissements qui renforcent la capacité des économies pour faire face à des épidémies, à court et à long terme. Des arguments similaires justifient le soutien aux investissements respectueux de l'environnement. Il est désormais établi que la résilience a été insuffisante, et en tant que bien public, l'action publique, notamment le plan fiscal pourrait jouer un rôle à cet égard. La gouvernance joue un rôle déterminant dans la conception des incitations à investir pour renforcer la résilience, et les pays devraient prendre en considération leur niveau de gouvernance et de développement. Les pays en développement ayant souvent peiné à concevoir des incitations fiscales efficaces, ils doivent en priorité améliorer les incitations existantes et éviter d'en introduire de nouvelles. Selon plusieurs études, de nombreuses incitations fiscales prévues par ces pays ne sont pas nécessaires à la réalisation des investissements. Lorsqu'ils s'efforcent d'attirer les investisseurs après l'épidémie, de nombreux pays en développement doivent opérer des choix difficiles entre leur volonté d'assurer un emploi aux citoyens et celle de recouvrer des recettes fiscales vitales pour les services publics. Le fait d'accroitre la transparence et de renforcer la coordination régionale/internationale pour éviter un nivellement vers le bas fiscal pourrait contribuer à réduire les risques d'incitation inutiles. La résilience aux chocs économiques doit être améliorée par l'association de plusieurs outils. Les stabilisateurs automatiques peuvent amortir rapidement les effets d'une crise. Comme indiqué, les incitations à l'investissement peuvent aussi être utilisées pour

---

[96] Bien que ce phénomène puisse dépendre de la dette contractée par les entreprises pendant la phase de confinement.

[97] Article 17 bis de la loi de finance 2021, la réduction de deux points (de 30 % à 28 %) du taux de l'impôt sur les bénéfices au titre de l'année 2021, au profit des PME ;

[98] Articles 608-612 de la loi de finances 2021, op cit., il s'agit de la suppression de la taxe à l'essieu au profit des transporteurs. Le but est de compenser les pertes de recettes afférentes à cette mesure, il est envisagé le réajustement du taux du DTA pour les véhicules de plus de 20 CV de FCFA 100 000a 150 000 FCFA (articles 597 et C 118 du code général des impôts).

orienter les entreprises vers les investissements qui consolident la préparation aux chocs futurs et diminuent les risques à venir[99].

Les efforts de redressement des finances publiques ne doivent pas intervenir trop tôt, car certains pays peuvent mettre du temps à sortir de la crise. Lorsque les pays s'efforcent de redresser leurs finances publiques, la fiscalité joue un rôle essentiel en termes de niveau de recette et de structure fiscale, qui doivent possiblement être adaptés à l'après-COVID. Néanmoins, le meilleur moyen de stimuler les recettes fiscales est de favoriser une croissance solide, notamment par des mesures de relance suffisamment fortes et prolongées, car celles-ci permettent d'accroître les recettes fiscales. Ces dispositions pourront s'accompagner d'autres mesures permettant de perfectionner les coûts dans le temps, les banques centrales pouvant par exemple conserver indéfiniment les obligations d'État dans leur bilan[100]. Le Cameroun a prévu dans ce sens le relèvement du seuil d'exonération des intérêts sur les comptes d'épargne de l'impôt sur le revenu des capitaux mobiliers de 10 millions de FCFA à 50 millions de FCFA, afin de renforcer la capacité de mobilisation de l'épargne par le secteur bancaire[101] et la consécration de l'enregistrement gratis des conventions de rachat et de titrisation de la dette publique intérieure afin de permettre à l'État de soutenir des entreprises par l'apurement des restes à payer[102]. Il est assurément trop tôt d'élaborer des conseils sur la politique fiscale à mener à plus long terme, mais le débat est ouvert. Le caractère sans précédent de la crise a mené par exemple à s'interroger sur la possibilité de prendre des mesures exceptionnelles[103]. Certains universitaires et autres parties ont recommandé de prendre des mesures extraordinaires pour mobiliser des recettes[104]. Il est notamment proposé d'utiliser le système fiscal pour imposer les revenus supplémentaires perçus pendant la crise[105]. L'introduction de ces mesures de taxation carbone est aussi évoquée pour concilier les objectifs de mobilisation des recettes avec une réforme structurelle, plus fondamentale, à long terme. De telles mesures représentent, certes, de grandes difficultés au regard de l'économie politique, mais il est démontré que l'instauration de nouveaux impôts en période de grandes réformes est moins difficile, puisqu'ils permettent d'équilibrer l'impact d'une large palette de mesures. Dès lors, la réforme du paysage fiscal existant est à nouveau examinée, par exemple par l'élargissement de l'assiette d'imposition ou en remédiant au problème de dépense fiscale inefficace, ce

---

99 Comme les investissements dans la santé de recherche-développement, le télétravail ou les technologies à faible intensité de carbone.

100 OCDE, « *Les réponses de politiques fiscale et budgétaire a la crise du corona : accroître la confiance et la résilience* », in Lutte contre le coronavirus (COVID-19) pour un effort mondial, 19 mai 2020, p. 48.

101 Voir article 337.

102 Article 337.

103 Ce fut le cas après les grandes guerres ou les grandes crises budgétaires. Cela implique donc de réfléchir à de nouvelles sources de recettes ou de modifier la structure fiscale des systèmes existants.

104 Guvenen, F. et al., *Use it or LoseIt : Efficiency Gains from Wealth Taxation*, National Bureau of Economic Research, Cambridge, MA, https://dx.doi.org/10.3386/w26284.

105 Marron D, « if we give evrybody cash to boost Coronavirus Economy, let's tax it », Tax Policy Center, https//www.txpolicycenter.org/taxvox/if-ww-give-everybody-cash-boost-coronavirus-economy-lets-tax-it (consulté le 7 avril 2020).

qui peut être plus facile à réaliser dans le cadre d'un réexamen général du système fiscal. Les gouvernements doivent aussi se pencher sur de nouvelles bases d'imposition ou sur celles qui sont sous-utilisées. Lorsque les gouvernements souhaitent augmenter leurs recettes fiscales, ils doivent mobiliser les assiettes d'imposition qui sont moins préjudiciables à la croissance, et notamment les impôts périodiques sur la propriété immobilière et les impôts généraux sur la consommation.

2-L'amélioration du climat des affaires

La relance de l'investissement et la dynamisation de l'entrepreneuriat dépendent d'un climat favorable aux affaires. Il s'agit d'une priorité qui est au cœur de la dynamisation des entreprises, passion de création des richesses qui doit amorcer le passage d'une économie dépendante des hydrocarbures et des produits de base vers une économie davantage orientée vers des processus de diversification. C'est ainsi que législateur dans le domaine des TIC a mis en place un régime fiscal volontariste de promotion des start-ups innovantes dans le domaine des TIC à l'instar des jeunes entrepreneurs de la « *Silicon Mountain* » à Buea[106]. Ce régime prévoit les mesures ci-après :

- En phase d'incubation qui ne peut excéder 5 ans, l'exonération de tous les impôts, droits, redevances et taxes pour lesquels elles sont redevables réel ou légaux.

- Lors de la sortie de l'incubation, pour une période de cinq ans : exonérations de la patente, des droits d'enregistrement et taux réduits d'IS et d'IRCM.

La réduction de de 2 % à 1,5 % du taux de l'acompte et du minimum de perception de l'AIR au profit des entreprises qui ouvrent leur capital sur la place boursière de la CEMAC et la pérennisation du régime de promotion du secteur boursier, afin d'encourager les contribuables ayant opté pour plus de transparence dans la tenue de leurs comptes en recourant au marché financier[107].

La consécration au titre de l'exercice 2021, pour les entreprises en restructuration relevant des secteurs directement affectés par la COVID- 19 : la réduction des moins-values sur cession de créances ; l'enregistrement au droit fixe des cessions de créances ; la suppression de la condition d'agrément au code des investissements pour le bénéfice de l'application du droit fixe sur la prise en charge du passif lors des opérations d'apport partiel d'actifs[108].

La clarification du régime de territorialité de la territorialité de la TVA sur les prestations de services afin de préserver la compétitivité de la production[109] ; la prorogation de deux années supplémentaires de la période de report des déficits fiscaux au profit des établissements de crédit et des entreprises du portefeuille de l'État en restructuration[110] ; l'extension du régime d'emploi jeune aux entreprises

[106] Article 124 ter de la loi de finances de 2021.
[107] Voir dans ce sens les articles 108-109 de la loi des finances de 2021.
[108] Article 17eme de la LF 2021.
[109] Article 7 C de la loi suscitée.
[110] Article 12 de la loi de finances de 2021.

bénéficiaires de régimes fiscaux dérogatoires et aux PME qui sont adhérents des CGA[111].

Les engagements de l'État du Cameroun sont, de ce fait, recentrés sur ses fonctions de facilitateur et ont notamment porté sur l'assainissement du cadre institutionnel d'investissement et d'entrepreneuriat afin de libérer le potentiel de l'initiative privée, source naturelle pour accroitre les opportunités d'investissement.

La pandémie de la COVID-19 a engendré une récession mondiale en 2020. Après un quart de siècle de croissance, l'Afrique Subsaharienne a connu une forte détérioration de ses indicateurs macro-économiques et sociaux. La baisse drastique des activités économiques a entrainé de fortes pressions sur les budgets des États. Ce qui a donné lieu à des mesures de relance post pandémie.

Bien que les États ne soient pas encore venus à bout de cette pandémie[112], la plupart d'entre eux ont entrepris de vastes plans de réformes économiques et financières pour relancer durablement leurs économies, tout en renforçant leur résilience, afin de mieux affronter des crises similaires à l'avenir. C'est dans cette dynamique que les pays membres de la CEMAC, réunis à Brazzaville en mars 2020, dans le cadre de la troisième session extraordinaire du comité de pilotage du Programme des Réformes Economiques et Financières (PREF-CEMAC), ont adopté un Plan communautaire de relance des économies post-COVID, couvrant la période 2021-2025. Axes principaux du Plan communautaire de relance post-COVID-19. Les mesures inscrites dans le PREF-CEMAC, dont les modalités d'application devront être revues et leur mise en œuvre accélérée ; les mesures exceptionnelles de riposte tenant compte de la situation d'urgence inédite et exceptionnelle créée par la pandémie pour protéger les vies humaines et préserver le bien-être ; d'autres mesures fortes pour donner un nouvel élan au développement économique[113] et social des pays de la CEMAC.

L'estimation préliminaire des coûts des mesures contenues dans le Plan communautaire de relance s'élève à 7 284,9 milliards de FCFA dont 2 563,4 milliards de FCFA pour le financement de douze projets intégrateurs. Ces estimations ne comprennent pas le coût des grandes initiatives nouvelles portant sur le projet d'industrialisation communautaire et de développement de chaînes de valeur, le règlement de la dette intérieure et la création d'une grande Université d'Afrique Centrale. A noter que la Banque de Développement des États de l'Afrique Centrale (BDEAC) a octroyé des appuis budgétaires d'un montant global de 90 milliards FCFA à l'ensemble des pays de la CEMAC, pour soutenir leurs efforts de riposte contre la pandémie. La convention y relative a été signée entre le Cameroun et la BDEAC, pour un montant de quinze (15) milliards FCFA en janvier 2021.

---

111 Article 105.

112 Cette épidémie aurait été déclarée dans la province de Wuhan en République populaire de Chine. Au fil du temps, elle s'est progressivement propagée en Asie, en Europe et en Afrique, entrainant le décès ou la mise en quarantaine de plusieurs personnes.

113 D. Carreau, « Le droit international économique face aux crises », Mélanges Colliard, Pedone, Paris, 1984, p. 105 et s.

Au-delà des financements, l'assistance technique et financière des institutions ci-après sera sollicitée, en fonction de leurs domaines de compétence respectifs : la Banque Mondiale, le FMI, l'OMC, l'OMS, l'ONUDI, la BAD, la CEA et la FAO[114]. Sur la base d'un programme holistique, il sera question de procéder à une transformation structurelle des économies de la sous-région par l'industrialisation et la diversification. La relance post-COVID-19 devra être accompagnée d'une accélération de l'intégration sous régionale et l'amélioration profonde du climat des affaires afin d'accroître l'investissement privé[115]. Un programme de réformes ambitieuses devra soutenir les mesures de consolidation budgétaire, de stabilisation monétaire et financière. Les programmes économiques et financiers de deuxième génération avec le FMI et la Banque Mondiale devraient se focaliser sur le capital humain.

3-La sécurisation des recettes fiscales

Face à la menace grave de la pandémie du coronavirus qui se faisait ressentir par de nombreux décès dans la population camerounaise, fragilisant ainsi l'économie nationale et le fonctionnement régulier des institutions étatiques, les pouvoirs publics ne se sont pas limités à la prise des mesures barrières d'ordre général visant la limitation des déplacements, attroupements et mouvements d'émi-immigration. Ils ont poursuivi leur stratégie de riposte en intégrant la composante pécuniaire sans laquelle tout effort de combat est voué à l'échec, faute de moyens financiers. Or dans le fonctionnement régulier des personnes morales de droit public, aucun moyen financier appréhendé comme denier public ne peut être mobilisé s'il n'est budgétisé[116]. D'où l'impératif pour les autorités nationales d'envisager la conception d'un nouveau budget intégrant les nouvelles réalités, à partir du budget de l'exercice 2020 alors en cours d'exécution, dont l'élaboration n'avait pas intégré ces événements nouveaux. Contenu dans l'ordonnance du 3 juin 2020, ce collectif budgétaire modifie les prévisions de la loi de finances du 24 décembre 2019 et se particularise sur le plan comptable par l'institution d'un nouveau compte d'affectation spéciale[117]. La lutte contre la pandémie du coronavirus semble alors avoir eu une incidence non seulement budgétaire, mais également comptable. Même si la lutte contre la pandémie du coronavirus n'est pas la seule cause de la modification de la loi de finances de l'exercice budgétaire 2020, force est de relever avec une particulière emphase que la riposte contre cette crise sanitaire constitue la priorité des priorités

---

114 Sommet extraordinaire des chefs d'Etat de la CEMAC, en visioconférence, sous le thème : « *évaluation de la situation macroéconomique de la zone CEMAC en contexte de pandémie du covid-19 et analyse des mesures de redressement* », Yaoundé, le 18 août 2021, op cit., p. 12.

115 OCDE, « *Une fiscalité orientée vers le l'investissement et le développement* : *Aperçu de quelques enjeux de politique fiscale en Afrique* », Document de travail pour la réunion ministérielle et la table ronde d'experts de l'initiative NEPAD-OCDE pour l'investissement en Afrique du 11-12 novembre 2009.

116 S.T. Bilounga, Finances publiques camerounaises. Budgets- impôts- Douanes- Comptabilité publique, op. cit., p. 155 et s.

117 G. M. Pekassa Ndam, « Les comptes spéciaux du trésor dans les Etats d'Afrique francophones », Cahiers juridiques et politiques de l'Université de Ngaoundéré, 2009, op cit., p.203-236.

des pouvoirs publics camerounais dans l'élaboration du collectif budgétaire du 3 juin 2020. En effet, deux autres crises justifient aussi l'adoption de cet instrument normatif de droit budgétaire. D'abord, un choc pétrolier amplifié par la dégringolade des cours de l'or noir au mois d'avril 2020. Et ensuite, un choc sécuritaire causé, d'une part, par les attaques à répétition de la secte islamiste Boko Haram dans la partie septentrionale du pays, et d'autre part, par les actes terroristes des sécessionnistes implantés dans les régions du nord-ouest et du sud-ouest du pays. L'État camerounais s'est donc trouvé face à un sérieux dilemme : comment continuer d'assurer ses engagements dans un contexte où les recettes fiscales et non fiscales s'amenuisent ? Les restrictions induites par la Covid-19 entrainent une limitation des importations, et partant des recettes douanières. La baisse des cours du pétrole entraine une chute drastique des recettes non fiscales. Et la crise sécuritaire, en paralysant l'activité économique des régions concernées, tout en augmentant les dépenses publiques liées au rétablissement de l'ordre public dans ces régions, occasionne automatiquement une diminution des ressources budgétaires[118]. La seule piste de sortie face à cette situation n'était que l'adoption d'un collectif budgétaire, à travers l'ordonnance présidentielle du 3 juin 2020 modifiant et complétant certaines dispositions de la loi de finances du 24 décembre 2019. Ces aménagements sont contenus, à titre introductif, dans l'article 1er de cette ordonnance de deux articles structurée en deux principales parties[119] qui dispose, alinéa 1er : « Sont insérées dans la loi de finances du 24 décembre 2019 sus visée, après les dispositions des articles treizième, quatorzième, quinzième, vingt-sixième, trente-sixième, et cinquante septième, respectivement, les articles treizième-bis, quatorzième-bis, quinzième-bis, vingt-sixième-bis, trente-sixième-bis et cinquante-septième-bis, ainsi que cinquante-sixième-ter » ; alinéa 2 : « Sont également modifiées et complétées, les dispositions des articles quarante-quatrième, quarante cinquième, quarante-sixième, quarante-septième, quarante-huitième, quarante-neuvième, cinquante-unième, cinquante-quatrième, cinquante-cinquième et cinquante-sixième de la même loi... ». De ces dispositions, il se dégage que les aménagements apportés par ce collectif budgétaire portent principalement sur les ressources et dispositions spéciales, d'une part, et sur l'équilibre des ressources et des emplois et les moyens de politiques publiques, d'autre part. Ces modifications sont contenues dans l'alinéa premier de l'article 1er de l'ordonnance du 3 juin 2020. Les insertions des articles treizième-bis et quatorzième-bis concernent les droits et taxes de douanes. Elles portent, pour les premières, sur l'exonération totale des droits et taxes de douane à l'importation des produits et matériels de prévention et de lutte contre la Covid-19 et pour les secondes, sur la suspension de la perception des intérêts de retard au paiement des droits et taxes de douane. L'article quinzième-bis à son tour, insère des dispositions afférentes au Code général des impôts. Il s'agit du bénéfice du droit à déduction totale pour le calcul de

---

118 République du Cameroun, Débat d'orientation budgétaire. Document de programmation économique et budgétaire à moyen terme 2021-2023. Préparation du budget de l'Etat 2021. (Document élaboré par le Programme de réformes des finances publiques du Cameroun), p. 4 et s.

119 Ces parties sont respectivement intitulées : « les conditions générales de l'équilibre budgétaire et financier » et « les moyens des politiques publiques et dispositions spéciales ».

l'impôt sur les sociétés, au profit des dons et libéralités consentis à l'État ou à ses démembrements dans le cadre de la lutte contre la pandémie de la Covid-19. Quant aux articles vingt-sixième-bis et trente-sixième-bis, ils régissent le compte d'affectation spéciale nouvellement institué pour cause de lutte contre la Covid-19. La première de ces deux dispositions crée ce compte et lui donne la désignation de Fonds spécial de solidarité nationale pour la lutte contre le coronavirus et ses répercussions économiques et sociales. Le second article, quant à lui, fixe le plafond des ressources destinées à approvisionner ce Fonds à 180 000 000 000 de FCFA pour l'exercice budgétaire 2020. Dans la plus part des pays en développement, l'impact observé sur les recettes pendant la crise pourrait être plus prononcé pour plusieurs raisons : premièrement, la forte contraction du commerce international et intérieur pèsera davantage sur les recettes dans les pays en développement qui sont, pour beaucoup, titulaires des recettes issues des taxes sur les échanges et les transactions internationales[120]. Les recettes provenant de la TVA dans ces pays en développement pourraient être fortement touchées lorsqu'elles sont en grande partie collectées à la frontière[121]. Deuxièmement, plusieurs pays en développement tirent une part importante de leurs recettes des matières premières et des ressources naturelles, et sont davantage exposés aux fluctuations de la demande mondiale et des prix. Le cours du pétrole est très bas à l'heure actuelle, même si cette situation est également due à des facteurs autres que la pandémie et qui pourraient évoluer. Enfin, les insertions des articles cinquante-septième-bis et cinquante-septième ter, traitent des dispositions spéciales. Elles sont toutes afférentes au Fonds spécial nouvellement institué. L'article cinquante-septième-bis, dans ses deux alinéas, définit des règles exceptionnelles au profit de ce fonds, en rapport avec les principes fixés par les articles 47 et 45 de la loi du 11 juillet 2018 portant régime financier de l'État et des autres entités publiques. Ainsi, le plafonnement à 10 % des versements du budget général au profit d'un compte d'affectation spéciale ne lui est pas appliqué, de même, l'interdiction d'imputer directement à un compte spécial des dépenses de salaires, traitements, indemnités et allocations de toute nature. Quant à l'article cinquante septième-ter, il impose les règles de transparence favorables à la bonne application du principe de la sincérité budgétaire[122] dans le maniement des ressources du Fond. A cet effet, la mobilisation des ressources de ce Fonds est soumise à l'application stricte des règles de transparence et des mécanismes de contrôle budgétaire prévus

---

[120] Keen, M. « VAT, Tariffs, and withholding : Border Taxes and informality in developing Countries », IMF Working Paper 07/174, https//www.imf.org/en/Publications/WP/Issue/2016/12/31/VAT-Tariffs-and-Withholding-Border-Taxes-and-Informality-in-Developing-Countries-21122 (consulté le 7 avril 2020).

[121] McNabb, K et P. LeMay-Boucher, « *Tax Structures, Economic Growth and Development* », ICTD Working paper 22, http://dx.doi.org/10.2139/ssrn.2496470.

[122] A ce titre, il est prévu dans les dispositions des alinéas 2 et 3 de l'article cinquante septième-ter, qu'un rapport semestriel sur les dépenses liées au coronavirus ainsi que les marchés publics y afférents sera rendu public ; tout comme les résultats de l'audit indépendant de l'utilisation des ressources du Fonds spécial de solidarité nationale. Il s'agit là des mécanismes propres à l'exigence de publicité inhérente au principe de sincérité. Lire à cet effet, D. Landbeck, « La notion de sincérité en finances publiques », Revue française de droit administratif, juillet-août 2002, p.798 et s.

par le régime financier de l'Etat et des autres entités publiques et le Code de transparence et de bonne gouvernance dans la gestion des finances publiques au Cameroun. Cela est aussi gage d'une gestion performante desdites ressources[123].

Conclusion

La crise sanitaire qui sévit dans la majorité des pays du monde interpelle les États à la prise des mesures fiscales qui permettent de stabiliser l'économie qui, avec le passage du corona virus, a été considérablement bouleversée. Cette crise offre aussi l'occasion d'évaluer les changements à apporter à l'administration fiscale. Ainsi, les changements progressifs que l'utilisation des technologies numériques aux fins du recouvrement de l'impôt permettrait d'apporter en termes d'efficience globale des systèmes fiscaux et d'accroissement des recettes, qui constituent l'un des domaines dans lesquels l'apprentissage entre pays pourrait être accéléré. La politique de sortie de crise suppose donc de mettre en œuvre la fonction instrumentale de l'impôt pour restaurer les équilibres rompus. Le gouvernement camerounais qui n'est pas en marge de la covid-19, a mis l'accent sur la politique fiscale conjoncturelle à la crise. Celle-ci réside dans un cadre général, dans la renonciation à la fonction budgétaire de l'impôt pour son rôle instrumental. C'est dans ce contexte que les pouvoirs publics camerounais utilisent la politique fiscale non seulement pour alléger la fiscalité de porte, mais surtout la fiscalité interne. D'autre part, la politique fiscale de l'État est orientée dans le volet processuel du droit fiscal. Si l'on note déjà un allègement des procédures au niveau du recouvrement de l'impôt, il faut reconnaitre que celle-ci se poursuit sur le volet du contrôle fiscal. Si toutes ces mesures sont celles de sortie de crise, on déplore également les limites structurelles de cette politique fiscale qui, en principe, doit aussi prendre en compte des mesures de relance économique et de sécurité sociale.

---

123 M. Simmony, « *La démarche de performance dans le cadre des finances publiques* », Revue française de finances publiques, n° 98, 2007, p. 25-32.

Quatrième partie :
L'INFLUENCE DE LA COVID 19 SUR L'APPLICATION DE LA NORME EN DROIT INTERNATIONAL

Chapitre 1 : Les frontières des États de la Cemac à l'épreuve de la covid 19

Par Ibrahima HALILOU

Ph.D en droit public, Assistant à la Faculté des Sciences Juridiques et Politiques de l'Université de Bamenda. Responsable adjoint du Département de la libre circulation au sein de l'Observatoire Sous régional d'Intégration Communautaire en Afrique Centrale (OBSIC-AC)

Résumé

Le phénomène intégratif provoqué par la mondialisation a considérablement réduit la valeur des frontières étatiques en zone CEMAC. La réalisation d'un marché commun entre les États membres de cette Communauté reste tributaire de l'élimination d'un certain nombre des barrières frontalières afin de garantir la libre circulation des biens, des services, des capitaux et des personnes. Étant une Communauté diversifiée, chaque État membre a su conserver son identité en transférant une parcelle de sa souveraineté aux institutions communautaires. D'où une manifestation apparente de reprise absolue de souveraineté par ces États avec l'avènement de la pandémie COVID-19 en 2020. Dès lors, de nombreux mécanismes ont été implémentés par l'ensemble des gouvernements des États de la sous-région, dont l'essentiel reposait sur la fermeture des frontières nationales. Quelle est l'influence de la pandémie COVID-19 sur les frontières des États de la CEMAC ? L'usage concomitante des méthodes juridique et comparative révèle une influence hétérogène. L'avènement de la pandémie COVID-19 a ouvert une brèche pour la réappropriation temporaire des frontières par les États de la CEMAC. Toute chose qui au final consisterait à réaffirmer collectivement des impératifs communautaires de riposte, gage de la préservation des intérêts nationaux.

Mots-clés : État, Frontière, CEMAC, COVID 19.

Introduction

Le phénomène intégratif provoqué par la mondialisation a considérablement réduit la valeur des frontières étatiques en zone CEMAC. La réalisation d'un marché commun entre les États membres de cette Communauté entraine l'élimination d'un certain nombre des barrières frontalières qui freinent la libre circulation des biens, des services, des capitaux et des personnes[1]. Convaincus que l'intégration en une Communauté Économique et Monétaire est porteuse d'exigences, notamment la mise en commun partielle et progressive de leur souveraineté nationale au profit de leur organisation, ces États œuvrent depuis 1994 dans le cadre d'une volonté

[1] Atemengue (J-D-N), « Le droit matériel de l'intégration dans la Communauté Économique et Monétaire de l'Afrique Centrale : une lecture des textes fondamentaux », *Juridis Périodique*, n° 46, avril-mai-juin, 2001, p. 107.

politique collective[2]. Communauté diversifiée, chaque État membre a su conserver son identité nationale malgré l'obligation de transfert d'une parcelle de souveraineté aux institutions communautaires[3]. Conformément à l'Acte additionnel N°01/13-CEMAC-070 U-CCE-SE, portant suppression du visa pour tous les ressortissants de la CEMAC circulant dans l'espace communautaire, « *la circulation des ressortissants des États membres de la CEMAC est libre sur l'ensemble de l'espace communautaire à partir du 1er janvier 2014, sous réserve de la présentation de la Carte Nationale d'Identité ou d'un Passeport délivré par un État membre et en cours de validité* »[4]. La libre circulation comporte le droit de se déplacer sans visa[5] et de séjourner dans tout État de la Communauté pour une durée bien déterminée[6]. Au-delà de sa consécration textuelle, la libre circulation des citoyens communautaires ne reflète pas dans la pratique ces volontés[7]. Elle fait souvent état « *des processus ratés, des espoirs déçus (...), se heurtant le plus souvent au symbolique attaché aux frontières et à la préférence nationale* »[8]. Les frontières clignotantes de certains États[9] de la zone constituent pour ces derniers un véritable outil hégémonique. Cette idée de restriction de la liberté de circulation communautaire s'est davantage accentuée en zone CEMAC avec l'apparition soudaine en Chine d'une épidémie dénommée COVID-19 en décembre 2019. Les importations successives de ce virus dans d'autres pays d'Asie, d'Europe, des États-Unis d'Amérique et d'Afrique justifient la décision du Directeur Général de l'Organisation Mondiale de la Santé[10] de classer cette épidémie comme une urgence de santé publique de portée

[2] Lire utilement le Préambule de la Convention régissant l'Union Économique de l'Afrique Centrale (UEAC), Convention révisée à Yaoundé le 25 juin 2008.

[3] Article 8 de la Convention régissant l'UEAC.

[4] Article 1er Acte additionnel N° 01/13-CEMAC-070 U-CCE-SE, portant suppression du visa pour tous les ressortissants de la CEMAC circulant dans l'espace communautaire.

[5] Tcheuwa (J-C), « Brèves réflexions sur la libre circulation des personnes et la citoyenneté dans la CEMAC », *Cahier Africain des droits de l'homme*, n° 6-7, mars 2002, p. 159. pp. 157-174.

[6] La durée de séjour est fixée à quatre-vingt-dix (90) jours. C'est-à-dire trois (03) mois.

[7] Gnimpieba Tonnang (E), « La libre circulation des personnes et des services en Afrique centrale : entre consécration théoriques et hésitations pratiques », *Juridis Périodique*, n° 71 Juillet -Aout- Septembre 2007, p. 98. Voir aussi Gnimpieba Tonnang (E), *Droit matériel et intégration sous régionale en Afrique centrale (Contribution à l'Étude des mutations récentes du marché intérieur et du droit de la concurrence CEMAC)*, Thèse pour le Doctorat, U.N.S.A, 2004, p. 128.

[8] Ahadzi-Nonou (K), La citoyenneté régionale face aux enjeux de la libre circulation des personnes et le droit d'établissement dans l'espace CEDEAO, 2013, Institut de l'Afrique de l'Ouest, Analyses critiques et stratégiques d'action, p. 2. Lire également Sow (A), « La diffusion du droit communautaire ouest-africain », *Civitas Europa*, 2016/2 N° 37, p. 360. Voir aussi, Sobze (S-F), « La contribution des juridictions communautaires au processus d'intégration sous-régionale en Afrique francophone », *Revue du Droit public*, N° 5-2021, p. 1378.

[9] Notamment la Guinée Équatoriale et le Gabon.

[10] L'OMS

internationale [11]. Tirant leçon de la gestion des urgences[12] de santé publique auxquelles les pays de la CEMAC ont été confrontés ces dernières années et conscients des répercussions économiques, sanitaires et sociales d'une éventuelle importation de la COVID-19 dans la Communauté, les Chefs d'États, dans une démarche de prudence, ont chacun instruit unilatéralement[13] que soit mis en place un dispositif de préparation et de réponse nationale capable de garantir une riposte prompte et efficace. Ces dispositifs ont entrainé des conséquences majeures sur la mobilité des personnes, à l'échelle mondiale. Les pays ont pris des mesures de restriction ou d'interdiction des mouvements de personnes pour endiguer la propagation de l'épidémie. Au nombre des mesures de restriction, l'on relève la fermeture de toutes les frontières aériennes, maritimes et terrestres ; des limitations strictes de mouvements à l'intérieur des pays ; la fermeture des écoles et des lieux de culte. Certains Gouvernements conformément à leurs dispositions constitutionnelles respectives ont décrété l'alerte sanitaire[14] et l'état d'urgence sanitaire[15] sur tout leur territoire national.

---

[11] Une urgence de santé publique de portée internationale (USPPI) est une déclaration de l'Organisation mondiale de la santé (OMS), faite quand survient « un événement extraordinaire dont il est déterminé qu'il constitue un risque pour la santé publique dans d'autres États en raison du risque de propagation internationale de maladies et qu'il peut requérir une action internationale coordonnée », conformément au Règlement sanitaire international.

[12] Tremblay (G), « Les situations d'urgence qui permettent en droit international de suspendre les droits de l'homme. *Les Cahiers de droit*, volume 18, n° 1, 1977, p. 10.

[13] Communiqué du Premier Ministre du Cameroun du 17 mars 2020 ; Décret n° 0708/PR/2020 du 25 avril 2020 portant institution de l'État d'Urgence Sanitaire en République du Tchad et le Décret N° 2020-93 du 30 mars 2020 portant déclaration de l'état d'urgence sanitaire en République du Congo.

[14] Décret N° 42/2020, en date du 31 mars par lequel, est déclaré l'état d'alerte sanitaire et sont publiées les mesures de prévention, de freinage et de contrôle de la pandémie du nouveau coronavirus (COVID 19) en République de Guinée Équatoriale. Voir également, Décret N° 31/2020 du 20 mars, portant sur la mobilisation des ressources économiques et matérielles pour combattre la propagation de la pandémie du coronavirus en République de Guinée Équatoriale. Voir également l'arrêté du 15 mars 2020, portant diverses mesures de précaution pour la prévention et le contrôle de l'éclatement de la pandémie du nouveau coronavirus COVID-19 en République de Guinée Équatoriale. Nous avons pour le Cameroun, le Décret N° 2020/193 du 15 avril 2020 portant commutation et remises de peines et la Lettre N° 1810 du Directeur Général de la CNPS au Président du GICAM.

[15] Décret n° 0708/PR/2020 du 25 avril 2020 portant institution de l'État d'Urgence Sanitaire en République du Tchad ; Arrêté n° 027/PR/MDNSACVG/2020 du 19 mars 2020 portant fermeture de certains lieux publics de divertissement et récréation sur l'ensemble du territoire national ; Décret N° 2020-93 du 30 mars 2020, portant déclaration de l'état d'urgence sanitaire en République du Congo, les Circulaire N° 0813/MTE-CAB, Circulaire 0814/MTE-CAB du 31 mars 2020, relative aux mesures exceptionnelles nécessaires à la riposte contre la pandémie de coronavirus « COVID 19 ». Voir aussi la note de service 0812/MTE-CAB.20 du 31 mars 2020 et la note de service 0819/MTE-CAB.20, portant réquisition des établissements d'hébergement dans différents départements de la République du Congo. Pour le Gabon nous avons : le Décret n° 00127/PR du 25 avril 2020 portant promulgation de la loi n° 001/2020 modifiant et complétant certaines dispositions de la loi n° 11/90 du 16 novembre 1990 relative à l'état d'urgence ; Arrêté n° 000171/MI du 25 mars 2020 fixant la mesure de distanciation entre les
personnes dans les services ouverts au public ; Arrêté n° 0003/MPIFDCLCVFCSSIHSN/MS du 24 avril 2020 fixant les modalités de mise en œuvre de l'exonération temporaire du paiement du ticket modérateur, en raison de la pandémie au COVID-19, au profit des assurés Gabonais Économiquement

En l'espèce, l'État désigne une communauté d'hommes, fixée sur un territoire propre et possédant une organisation d'où résulte pour le groupe envisagé dans ses rapports avec ses membres une puissance suprême d'action, de commandement et de coercition[16]. Autrement, il correspond à un mode d'organisation sociale territorialement défini, constitué par un ensemble d'institutions caractérisées par la détention du monopole de l'édiction de la règle de droit et de l'emploi de la force publique. La CEMAC est une Organisation Internationale composée de six États de l'Afrique centrale[17]. Elle est une organisation d'intégration dont la mission essentielle est de promouvoir la paix et le développement harmonieux des États membres dans le cadre des Unions économique et monétaire[18]. La COVID 19 est une maladie infectieuse causée par le nouveau coronavirus apparu à Wuhan en Chine en 2019 dont les symptômes les plus courants sont la fièvre, la fatigue et la toux sèche. Dans les cas les plus graves, l'infection peut provoquer une pneumonie, un syndrome respiratoire aigu sévère et même la mort. D'où sa qualification par l'OMS de l'épidémie et son érection en urgence de santé publique à portée internationale[19]. Les frontières représentent aujourd'hui un enjeu complexe dans la vie des personnes. Elles relient et divisent. Elles se font mobiles, s'individualisent aussi, laissant circuler librement certains et retenant d'autres. Qu'elles s'ouvrent ou se ferment, elles font l'objet de politiques publiques spécifiques et constituent un levier privilégié de sécurité et du capitalisme marchand. Elles sont le lieu d'exacerbation des processus politiques, sociaux et économiques. Construites pour délimiter des États, séparer des entités territoriales[20], protéger des populations d'autres groupes, les limites internationales sont en train de se transformer en profondeur, tant dans leurs formes que dans leurs fonctions[21]. Les frontières internationales de la CEMAC restent les supports d'une citoyenneté qui elle-même fonde la démocratie[22] Communautaire. Mais, la façon dont les frontières des États de la CEMAC vacillent depuis l'apparition de la COVID-19 met en évidence le devenir incertain de la démocratie communautaire. D'où l'intérêt légitime d'analyser l'influence de la pandémie COVID-19 sur les frontières des États de la CEMAC. À cet égard, l'on peut postuler qu'au regard de l'article 16 de la Convention UEAC[23] et du repli national observé sur le terrain

---

Faibles assurés à la Caisse Nationale d'Assurance Maladie et de Garantie Sociale ; Arrêté n° 0091/MEF/CABM/DGCC du 21 avril 2020 portant blocage des prix des gants utilisés dans le cadre de la lutte contre la propagation du Covid-19 en République Gabonaise.

[16] Carré de Malberg (R), *Contributions à la théorie générale de l'État*, Paris, Dalloz- Sirey, 2003, p. 102.

[17] Notamment la République du Cameroun, la République Centrafricaine, la République du Congo, la République du Gabon, la République de la Guinée-Équatoriale et la République du Tchad.

[18] Article 2 du traité révisé de la CEMAC.

[19] Houssin (D), « La coopération sanitaire internationale à l'épreuve du COVID-19 », *Politique étrangère*, N° 3, 2020, p. 34.

[20] Puigelie (C), *Dictionnaire juridique*, Bruxelles, Larcier, 2015, p. 548.

[21] Amilhat Szary (A-L), *Qu'est-ce qu'une frontière aujourd'hui ?* Paris, PUF, 1ère édition, 2015, p. 3.

[22] *Ibid.*

[23] L'article 16 de la Convention UEAC dispose que « *Sous réserve des mesures de rapprochement des législations mises en œuvre par l'Union Économique, les États membres peuvent interdire ou restreindre l'importation, l'exportation, ou le transit des biens, lorsque ces interdictions ou restrictions sont justifiées par des raisons de moralité publique, d'ordre public,*

que l'influence demeure hétérogène pour la construction matérielle de la mobilité communautaire. Cette hétérogénéité invite à se pencher sur l'intérêt théorique et même pratique du management des souverainetés étatiques au sein d'une Organisation d'intégration. Théoriquement, l'étude s'attache à mettre en lumière les forces majeures pouvant occasionner la dérogation du droit communautaire[24], sans omettre la remise au gout du jour le débat sur les rapports des systèmes à travers la reprise temporaire de souveraineté par les États membres de la CEMAC. Certes, certains pensent que « le virus ne peut être arrêté aux frontières »[25], mais dans la pratique, les acteurs des États de la CEMAC usent de leurs frontières comme premier bouclier de prévention de la propagation du virus. Car, ce sont les hommes qui font circuler le virus. La fermeture des frontières entrainée par la pandémie fait renaitre à nouveau des sentiments nationaux, facteur de recul de l'esprit communautaire au sein de la CEMAC. Dès lors, le recours à l'exégèse et à la critique sous l'angle du droit comparé constitue les axes méthodologiques qui sous-tendent la présente étude. S'il est avéré que la COVID-19 a légitimé la réappropriation temporaire des frontières par les États de la CEMAC (I), il reste néanmoins important de relever la subsistance de l'esprit communautaire à travers une réaffirmation collective des impératifs de riposte (II).

I-Une réappropriation temporaire des frontières étatiques pour la riposte

La pandémie de la COVID-19 est une crise sanitaire globale exceptionnelle de par sa gravité, son ampleur, la rapidité de sa propagation et la perturbation généralisée qu'elle engendre[26]. Aucun pays au monde n'est épargné et aucune classe sociale n'est à l'abri[27]. Crise imprévue, elle a mis en lumière les fragilités et les incohérences des politiques et systèmes sanitaires des États de la CEMAC. Les mesures de riposte préconisées et appliquées à travers la planète rivalisent de rugosité, de fermeté et sévérité pour contenir la propagation[28]. Pour anticiper la riposte contre la pandémie, les États de la CEMAC ont adopté des mesures d'urgence exceptionnelles de communication avec l'extérieur. Il s'agit précisément de la reconsidération des frontières nationales (A) qui fait office de stratégie phare à l'échelle mondiale et spécifiquement dans cette zone. De l'intérieur, les États membres de la CEMAC ont respectivement intensifié les mesures d'ordre public national (B) dans l'optique d'éliminer le plus rapidement possible la pandémie.

---

de sécurité publique, de protection de la santé ou de la vie des personnes et des animaux, de préservation des végétaux, de protection des patrimoines culturel, historique ou archéologique, de protection de la propriété intellectuelle ».

24 Notamment l'aménagement de la relativité du principe de la primauté de la norme communautaire.

25 Coatleven (L), Hublet (F), Rospars (T), *Covid-19 et gestion de crise subsidiaire. Perspectives transfrontalières à la lumière du fédéralisme allemand*, Groupe d'études géopolitiques, Rapport Décembre 2020, p. 16.

26 Garriaud-Maylam (J), *L'impact de la crise de la covid-19 sur la dimension civile de la sécurité*, Projet de rapport spécial, commission sur la dimension civile de la sécurité, 29 mai 2020, p. 1.

27 Okouda (B), « Confinement ou protectionnisme : au-delà de l'urgence, une opportunité pour réaliser la rupture de notre modèle économique », in *Impact du COVID-19 sur l'économie camerounaise*, Centre d'analyses et de Recherches sur les politiques économiques et sociales du Cameroun, 24 mars 2020, www.camercap-parc.org p. 1, consulté le 07 Octobre 2021.

28 *Ibid.*

A-La reconsidération des frontières nationales

La COVID-19 trahit la vulnérabilité de l'espèce humaine supposée être supérieure aux autres. Elle entraine avec elle divers dangers sur les vies humaines et fragilise la coopération internationale. Les acteurs politiques ont adopté en réponse une série des mesures fortes, applicables notamment au Cameroun à partir du 18 mars 2020[29]. Les Gouvernements respectifs des pays de la zone ont immédiatement préconisé la fermeture unilatérale de leurs frontières (1) et accentué les mesures d'ordre public national (2) limitatives de certaines libertés fondamentales des citoyens.

1-La fermeture unilatérale des frontières

Les frontières correspondent à une limite de souveraineté nationale[30], généralement représentée de façon symbolique sur la carte par une ligne continue formant l'enveloppe externe de l'État. Ce sont des lieux d'entrée et de sortie des territoires où s'exercent les fonctions régaliennes de chaque État. Notre époque commande une dynamique des fonctions et des pratiques frontalières au sein de l'espace CEMAC. Après avoir été des barrières[31], les frontières constituent désormais des traits d'union et une base majeure de consolidation de la construction communautaire originale[32]. Les frontières constituent dans cet espace de véritables zones d'échanges. Toute chose qui contraste cependant avec une certaine obsession de fermeture temporaire des frontières manifestée par l'ensemble des pays de la CEMAC, afin de neutraliser la COVID-19. L'article 16 de la Convention UEAC offre aux États membres un fondement juridique communautaire de « repli national » pour des multiples raisons. Il s'agit notamment des raisons d'ordre public national ; de protection de la santé ou de la vie des personnes et des animaux. La fermeture des frontières est l'une des mesures multidimensionnelles de riposte adoptée par les entités souveraines de la CEMAC. Au-delà d'être une mesure de riposte face à la COVID-19, la fermeture unilatérale des frontières constitue un attribut de souveraineté dont dispose les sujets principaux du droit international. Il ressort de la synthèse des différents instruments juridiques ordonnant la fermeture des frontières au sein des États de la CEMAC que toutes les frontières terrestres[33], aériennes[34] et maritimes[35] seront fermées. Tous les

---

[29] Lire le Communiqué du 17 mars 2020 du Premier Ministre du Cameroun, relatif aux mesures de prévention et de riposte contre la COVID-19.

[30] Loungou (S), « La libre circulation des personnes au sein de l'espace de la C.E.M.A.C : entre mythes et réalités », *Revue Belge de Géographie*, N° 3/2010, p. 6.

[31] Pendant la période d'accession des États de la CEMAC à l'indépendance.

[32] Loungou (S), « La libre circulation des personnes au sein de l'espace de la C.E.M.A.C : entre mythes et réalités », op.cit. p. 7.

[33] Le Ministre d'État en charge de l'intérieur, Lambert-Noel Matha a dans un Circulaire ordonné aux Gouverneurs des Provinces du pays la fermeture terrestre des frontières du Gabon suite à un cas placé en quarantaine. S'exprimant, ce dernier affirme « *au lendemain du déploiement du plan national de riposte contre la COVID-19 et sur instruction du Gouvernement de la République, je vous demande de procéder toutes affaires cessantes, à la fermeture de nos frontières terrestre* ».

[34] Conformément aux mesures de riposte prises par l'État Gabonais, tous les Vols nationaux et internationaux sont interdits. Sauf pour le fret et les évacuations sanitaires.

[35] Les Bateaux de croisière sont interdits, sauf pour les marchandises.

vols passagers en provenance de l'étranger sont suspendus[36], à l'exception des vols cargos et des navires transportant les produits de consommation, ainsi que les biens et les matériels essentiels dont les temps d'escale seront limités et encadrés[37]. Les visas des pays de la CEMAC sont suspendus. Il est temporairement interdit à toutes les missions diplomatiques et consulaires accréditées à l'étranger d'accorder des visas d'entrée dans leurs territoires respectifs[38]. Ce qui a entrainé une chute temporaire de la mobilité communautaire et surtout une stigmatisation de « l'étranger »[39]. L'on pensait progresser inéluctablement vers une CEMAC, avec des frontières de plus en plus effacées, poreuses et faciles à passer, mais, la COVID-19 impose inévitablement un contrôle sanitaire approfondi à ce niveau, de peur qu'elles ne servent plutôt de passerelles à la pandémie.

2-L'approfondissement des contrôles sanitaires aux frontières

Face au défi du coronavirus, les pays de la CEMAC ont mis en place un système de détection qui obéit à une procédure conforme aux orientations proposées par l'Organisation mondiale de la santé. À travers leurs ministères de la Santé publique respectifs, les États ont implémenté plusieurs stratégies de prévention et de détection des cas de Covid-19, notamment au niveau des postes de santé aux frontières[40] et aux points d'entrée portuaires[41] et aéroportuaires[42] de leur territoire. Les passagers en provenance des pays en épidémie ou ayant transités au cours de leur voyage dans un pays en épidémie font l'objet d'une détection du Covid-19. La première étape consiste pour les voyageurs dans les ports et les aéroports à remplir la fiche de déclaration de santé afin de recenser les informations de base permettant d'identifier une personne à risque qui a été exposée au Covid-19 ou une personne suspectée d'être atteinte de la maladie afin d'assurer son suivi ou sa prise en charge selon les directives. Au débarquement, tous les passagers subissent obligatoirement un test de détection de température corporelle grâce à un dispositif de thermo flash. Les passagers ayant des températures élevées[43] sont mis à l'écart des autres voyageurs pour des investigations plus approfondies. Cette technique a permis d'identifier le quatrième cas de COVID-19 le 14 mars 2020 au Cameroun.

---

36 Lire utilement le Communique du 17 mars 2020, du Premier Ministre, Chef du Gouvernement du Cameroun.

37 *Ibid.*

38 Décret N° 42/2020, en date du 31 mars par lequel, est déclaré l'état d'alerte sanitaire et sont publiées les mesures de prévention, de freinage et de contrôle de la pandémie du nouveau coronavirus (COVID 19) en République de Guinée Équatoriale.

39 Dont les ressortissants de la CEMAC sont victimes dans certains pays comme la Guinée Équatoriale et le Gabon avant même l'apparition de la pandémie.

40 Nous avons les frontières terrestres des États membres. Notamment les postes sanitaires installés à l'entrée des pays pour la surveillance des usagers des corridors communautaires.

41 Pour le Cameroun qui est la porte d'entrée de la CEMAC, l'on relève les points d'entrée des Ports autonomes de Douala et Kribi.

42 Nous avons les Aéroports internationaux de Douala et Yaoundé-Nsimalen.

43 Température corporelle supérieure ou égale à 38 °C.

Une fois sur le territoire, les personnes risquant de développer la maladie doivent se soumettre à des mesures de restriction de la liberté de mouvement, notamment à une quarantaine volontaire à domicile pendant une période de 14 jours qui correspond à la période d'incubation du virus[44]. Un suivi journalier est effectué pour détecter le plus tôt possible tout symptôme pouvant faire penser à un cas de Covid-19. Les citoyens qui ont des signes ou symptômes se rapprochant de ceux du COVID-19 peuvent contacter des numéros verts[45] pour signaler leur condition de santé. Après évaluation à distance, une équipe se déplace si l'alerte est validée et la personne est considérée comme suspecte. L'équipe mène alors une investigation approfondie et procède le cas échéant à des prélèvements d'échantillons respiratoires qui sont transmis de manière sécurisée aux laboratoires dédiés à la cause[46]. Le coronavirus est détecté par une technique baptisée « Polymerase Chain Reaction ou réaction de polymérisation en chaîne »[47], conformément aux recommandations de l'OMS.

Alors que le fret peut passer sous des conditions de contrôle renforcé non seulement aux postes douaniers et le long des corridors communautaires, mais, les personnes ne le peuvent que lorsqu'il s'avère hautement essentiel ou vital et surtout en présentant un test négatif au COVID 19. Les autorisations de circulation du fret sont parfois accordées uniquement lorsqu'il s'agit de produits agricoles et alimentaires périssables. La mise en place de mesures exceptionnelles fournit de ce fait un terreau propice aux abus de pouvoir. D'où la nécessité d'accentuer des mesures d'ordre public national.

B- L'accentuation des mesures d'ordre public national

En plus des mesures drastiques vis-à-vis de l'extérieur, les États de la CEMAC ont également ordonné des mesures restrictives des libertés fondamentales des citoyens au niveau interne. Compte tenu du caractère extraordinaire de la situation et afin de préserver la vie, les pays n'ont d'autre choix que de prendre des mesures d'exception. Les décisions de confinement à grande échelle adoptées par certains pays de la sous-région pour freiner la propagation du virus, restreignent inévitablement la liberté de circulation et du même coup la liberté d'exercer bien d'autres droits humains. Ces mesures peuvent avoir pour effet involontaire de réduire les moyens de subsistance[48], qui au fond ne visent que la garantie de la sécurité (1) et la santé (2) des populations. Le droit international des droits de l'homme autorise

---

[44] Relevons que le système de santé camerounais prévoit trois types de quarantaine : quarantaine à domicile (auto-isolement pour les personnes asymptomatiques sans assistance médicale), quarantaine sur suivi (confinement des personnes suspectes/symptomatiques en vue d'un suivi médical), et quarantaine stricte ou absolue (séparation imposée ou restriction de la circulation des individus/groupes pour une période définie et dans un lieu déterminé pour une prise en charge médicale appropriée).

[45] Qui sont variables selon le pays. Il s'agit par exemple du « 1510 » pour le Cameroun.

[46] Il s'agit du Centre Pasteur du Cameroun, Centre international de recherches médicales de Franceville (CIRMF), Centre de recherches médicales de Lambaréné (CERMEL) au Gabon.

[47] PCR.

[48] Nations Unies, *COVID-19 et droits humains. Réagissons ensemble !* Avril 2020, p. 3.

clairement la dérogation à certains droits, dans une situation d'urgence qui menace la vie de la nation à condition que l'urgence soit officiellement proclamée[49].

1-La sécurité publique

La sécurité peut être définie comme le contraire de l'insécurité tout comme on définit l'ordre par son contraire, le désordre[50]. En toutes circonstances, elle consiste pour les pouvoirs publics à prendre des dispositions nécessaires contre toutes formes d'agression et l'intégrité du territoire ainsi que la continuité paisible de la vie des populations. Fondamentalement, la notion de sécurité repose sur deux piliers importants, notamment sécurité interne et sécurité aux frontières[51]. Elle suppose l'absence de danger ou de menace prévisible. Il revient à tout État de la garantir surtout face à la COVID-19.

Pour maîtriser le virus et protéger le droit à la vie, il faut rompre la chaîne de transmission. Cela veut dire, cesser de se déplacer et d'interagir avec autrui. La mesure de santé publique la plus fréquemment choisie par les États pour riposter à la COVID-19 a été la restriction de la liberté de circulation, à savoir le confinement total ou l'instruction de rester à la maison[52]. Il s'agit là d'un moyen pragmatique et nécessaire d'interruption de la transmission du virus, de prévention de l'engorgement des services sanitaires et de sauvegarde des vies. Maladie à vitesse de propagation difficilement contrôlable, la COVID-19 oblige les États à instituer une série des mesures à savoir, l'institution de l'état d'urgence, le couvre-feu à partir des heures précises, la fermeture des Etablissements hôteliers, des Restaurants, Bars et des lieux de loisirs[53]. Les suspensions de toutes les activités académiques dans tous les niveaux d'enseignement du système éducatif, des compétitons sportives, des fêtes, des enterrements, des veillées funèbres sont instruites dans l'ensemble des États de la CEMAC. Quotidiennement, le rassemblement massif des populations est proscrit jusqu'à nouvel avis. L'observation des mesures de distanciation sociale[54] tout comme le port du masque facial demeure obligatoire dans les espaces publics. Le lavage des mains avec de l'eau et du savon[55], ainsi que l'usage du gel hydroalcoolique est fortement recommandé afin d'assurer la sécurité individuelle et collective.

Par ailleurs, le prélèvement systématique à l'aide des thermo flash de la température des personnels avant leur accès à leurs différents lieux de service ;

---

49 Nations Unies, *COVID-19 et droits humains. Réagissons ensemble !* op.cit. p. 5.

50 Ngodi (E), « L'Afrique centrale face aux enjeux sécuritaires du XXIe siècle », *Codesria*, 13e Assemblée Générale, Rabat-Maroc, 5-9/12/2011 p. 79.

51 Ngodi (E), « L'Afrique centrale face aux enjeux sécuritaires du XXIe siècle », op.cit. p. 80.

52 Notamment dans l'ensemble des pays de la CEMAC.

53 Mbimi (T), *Mesures de lutte contre le COVID-19 en zone CEMAC : Gouvernements, Régulateurs et Instances sous régionales*, KPMG Afrique centrale : les 6 enjeux dans la gestion de la crise, 2020, p. 20.

54 Article 2 de l'arrêté n° 000171/MI du 25 mars 2020 fixant la mesure de distanciation entre les personnes dans les services ouverts au public du Gabon.

55 Mesures N° 13 de la Déclaration spéciale du Premier Ministre, Chef du gouvernement du Cameroun du 17 mars 2020 relative aux Stratégies gouvernementale de riposte face à la pandémie de coronavirus (COVID-19).

l'installation des désinfectants dans tous les édifices ouverts au public ; la restriction des visites dans les services publics ; la restriction de la mobilité des personnels au sein des administrations, ainsi que le respect des horaires réglementaires de travail pour le personnel non-essentiel sont gage de la préservation de la sécurité publique tout comme de la santé publique des populations.

2-La santé publique

Tout comme la notion d'ordre public, la doctrine éprouve des difficultés à saisir véritablement la notion de « santé publique »[56]. Cette difficulté résulte certainement de la confrontation de deux termes eux-mêmes délicats à appréhender. La santé[57] reste bien « *cette chose mystérieuse que nous connaissons tous mais que, d'une certaine manière, nous ne connaissons pas* »[58]. Question régalienne, la santé est au cœur des politiques des États de la CEMAC. Sa préservation constitue l'une des exigences fondamentales que toute personne est en droit d'attendre des pouvoirs publics. D'où cette pensée de Mattei selon laquelle, « *le droit à la protection de la santé correspond au devoir des pouvoirs publics de protéger collectivement les populations contre les risques qui pourraient menacer leur santé* »[59]. La dimension sanitaire de l'ordre public implique donc une notion extensive de la santé publique qui regroupe l'ensemble des activités organisées de la société « *visant à promouvoir, à protéger, à améliorer et le cas échéant, à rétablir la santé de personnes, de groupes ou de la population entière* »[60]. La santé publique emprunte fréquemment les instruments de l'ordre public et particulièrement la réglementation et la contrainte individuelle de police destinées à prévenir ou à faire cesser des situations préjudiciables à la santé des personnes par la régulation des droits et des libertés publiques. Les prescriptions législatives, administratives, générales ou spéciales, collectives ou individuelles des États ne visent au fond qu'à limiter et protéger les citoyens. Toutes ont un effet limitatif ou privatif de liberté et se caractérisent par l'impérativité[61]. Les législations sanitaires se sont davantage structurées et des politiques de santé ont été progressivement renforcées dès l'apparition de la COVID-19. Il s'agit bien évidemment pour les acteurs de maîtriser les risques que court l'homme dans la nature et en société[62]. En collaboration avec les partenaires techniques et financiers, les États se sont imposé d'organiser de la façon la plus efficace possible leurs systèmes

---

[56] La santé publique ne dispose pas d'une définition admise de tous.

[57] Les Dictionnaires *Petit Robert* évoque « le fonctionnement régulier et harmonieux de l'organisme » et le *Littré* « l'exercice permanent et facile de toutes les fonctions de l'organisme ». L'OMS définit la santé comme « un état de complet bien-être physique, mental et social, qui ne consiste pas seulement en l'absence de maladie ou d'infirmité ».

[58] Morelle (A), Tabuteau (D), *La santé publique*, Paris, PUF « Que sais-je ? », 2015, p. 40.

[59] Mattéi (J-F), Ministre français de la santé, de la famille et des personnes handicapées, compte rendu des travaux de l'Assemblée Nationale, 1ère séance du 02 Octobre 2003.

[60] Amoussou Vigny (L), *L'ordre public sanitaire en Afrique francophone*, thèse de Droit, Université de Bordeaux, 2017, p. 62. Voir aussi, Halilou (I), *L'ordre public de la Communauté Économique et Monétaire de l'Afrique Centrale*, Thèse de Doctorant Ph/D, Université de Ngaoundéré, 2020, p. 51.

[61] Renard (S), *L'ordre public sanitaire (étude de droit public interne)*, thèse, Droit, Université de Rennes I, 2008, p. 15.

[62] Morelle (A), Tabuteau (D), *La santé publique*, op.cit. p. 45.

de santé respectifs. Les actions de santé publique ont eu pour premier objectif la réduction des risques sanitaires ou encore l'« édiction » de mesures de quarantaine pour les cas suspects. L'on relève au sein des pays de la CEMAC, l'interdiction de la montée à bord des navires à toute personne non autorisée par les services des postes de santé des ports, la reconduction si nécessaire de l'état d'urgence et de l'état d'alerte sanitaire ; la restriction de la circulation des citoyens hors de leurs résidences dans le territoire national, à l'exception des trajets nécessaires ; l'interdiction des visites dans les hôpitaux et la suspension des évènements sportifs et culturels nationaux[63]. Il ressort que l'imbrication est étroite entre l'ordre public et la santé publique. La santé publique participe au maintien de l'ordre public, au moins en ce qu'elle permet d'assurer la protection de la collectivité contre les facteurs sanitaires de désordre à l'instar de la COVID-19. Inversement, les instruments de l'ordre public et plus spécialement la réglementation et la police sanitaires viennent depuis toujours au soutien de la santé publique, même si les finalités et les moyens de celle-ci dépassent évidemment le champ de l'ordre public national pour adjoindre celui communautaire. Dès lors, l'on y perçoit une réaffirmation collective des impératifs communautaires de riposte.

II-Une réaffirmation collective des impératifs communautaires de riposte

La COVID-19 est un test de solidarité politique mondiale. Car nous devons combattre un ennemi commun soulignait le Docteur Triphonie Nkuruziza[64]. Le Président de la Commission CEMAC, renseigne qu'« *au-delà de l'urgence de santé publique, le Covid-19 menace toute l'économie mondiale comme en témoigne la baisse drastique des produits pétroliers enregistrés depuis le début de celle-ci. Face à ce fléau notre communauté ne pouvait rester indifférente* ». Il ajoute, « *Je n'ose imaginer, comme vous, des conséquences dramatiques sur le plan humain, sur le plan économique, de la propagation du virus dans notre espace communautaire qui se relève à peine d'une grave crise économique. C'est pourquoi, il faut saluer les initiatives nationales prises ou en train d'être implémentées dans la sous-région* »[65]. En appelant à la retenue et à l'action, il réitère qu'« *Aussi, avons-nous le devoir d'agir rapidement sans céder pour autant à la psychose, d'épargner nos populations d'un problème aussi grave. Je crois en votre expertise pour qu'à l'issue de vos travaux, vous proposez des solutions pertinentes à la hauteur des attentes et pour lever les inquiétudes des populations dans notre espace CEMAC* »[66]. La coordination multi-sectorielle et internationale relevée dans cet espace participe une fois de plus à la consolidation de la primauté du droit communautaire (A). Contribue également à renforcer les capacités nationales et sous régionales essentielles pour la mise en œuvre des mesures urgentes de prévention, de préparation et de riposte face à la pandémie

[63] Mbimi (T), *Mesures de lutte contre le COVID-19 en zone CEMAC : Gouvernements, Régulateurs et Instances sous régionales*, op.cit. p.26.

[64] Elle est représentante de l'Organisation Mondiale de Santé (OMS) à la réunion des experts des pays de la CEMAC pour la stratégie régionale de riposte face à l'épidémie du Corona virus (COVID-19).

[65] Déclaration du Président de la Commission CEMAC, le Professeur Daniel ONA ONDO pour justifier les travaux des experts des pays de la CEMAC, dans le cadre de la stratégie de riposte.

[66] Allocution circonstancielle du Président de la Commission CEMAC.

du COVID-19. La Commission de la CEMAC, par l'entremise de son Agence d'Exécution en matière de santé, l'OCEAC a entrepris d'organiser la riposte de manière collective pour faire face à cette nouvelle urgence[67] sanitaire qui menace le bien-être des populations et le développement économique des pays[68]. Ce qui démontre qu'au lieu de fermer drastiquement les frontières nationales les États gagneraient à réfléchir sur une reforme de la gouvernance transfrontalière (B), ne serait-ce que pour assurer la survie de leurs économies respectives et apaiser le climat social.

A-La consolidation de la primauté du droit communautaire

Pour Manuel Nso Obiang Ada[69], « *notre sous-région se sent menacée de près ou de loin par l'ampleur démesurée, la mobilité et la mortalité grandissante causée par le Corona Virus* »[70]. Consciente de la situation, l'OCEAC a organisé une rencontre des experts spécifiquement pour faire l'état des lieux par pays membre de la CEMAC sur la prévention et la préparation à la riposte face à l'épidémie du Corona Virus ; d'identifier les mesures et actions prioritaires d'urgence communes à mettre en œuvre et enfin, mettre en cohérence les mesures prioritaires d'urgence communes dans une feuille de route sous-régionale (2). Feuille de route qui reste un élément essentiel du plan sous régional de riposte communautaire contre la pandémie (1).

1- L'institution d'un Plan sous régional de riposte à la COVID 19

Le plan sous régional de riposte est le fruit d'une volonté commune des États membres de la CEMAC. L'état des lieux affiche clairement plusieurs insuffisances pour la riposte en zone CEMAC. Il s'agit de la faible coordination intersectorielle et collaboration inter-pays, le déficit du personnel de santé formé sur la pneumonie à coronavirus (COVID-19), les problèmes logistiques dans les sites d'isolement aux points d'entrée, le déficit en équipes /dispositifs d'intervention d'urgence, l'absence de mécanisme de gestion de la menace au niveau des espaces transfrontaliers ; le déficit en approvisionnement de certains dispositifs et intrants nécessaires pour les mesures de prévention, le diagnostic et la prise en charge des éventuels cas[71] et les problèmes d'harmonisation des définitions des cas[72]. Le Plan découle en réalité d'une

---

[67] Sall (A), *La notion d'urgence en droit international*, thèse de Doctorat en Droit public, Université Paris 1, 1996, p. 54.

[68] Gnimpieba Tonnang (E), *L'ordre juridique communautaire de la CEMAC*, L'Harmattan- Cameroun, 2016, p. 153.

[69] Secrétaire Exécutif de l'Organisation de Coordination et de coopération pour la lutte contre les grandes Endémies en Afrique Centrale (OCEAC).

[70] Propos du Secrétaire Exécutif de l'Organisation de Coordination et de coopération pour la lutte contre les grandes Endémies en Afrique Centrale lors de l'ouverture de la cérémonie d'ouverture de la Réunion des experts des pays de la CEMAC pour la stratégie régionale de riposte face à l'épidémie du Corona virus (COVID-19).

[71] EPI, thermo flashes, masques, solution hydroalcoolique.

[72] Lire utilement le *Plan sous régional de Prévention, Préparation et Riposte face à la pandémie du Coronavirus (COVID-19) dans les pays membres de la CEMAC*, Mars 2020, p. 3-4. (36 pages).

prise de conscience de la part des acteurs qu'aucun pays de la CEMAC n'est plus à l'abri de cette menace que constitue l'épidémie à coronavirus, surtout au regard de la nécessité du maintien des échanges commerciaux et les voyages réguliers entre les continents. Dans cette optique, les Experts des pays et leurs partenaires ont jugé primordial que chaque pays dispose d'un plan de contingence de l'épidémie du COVID-19 budgété et validé[73] et que pour les besoins d'harmonisation, les actions communes et prioritaires soient inscrites dans un plan sous régional de prévention, de préparation et de riposte face à ladite épidémie. Le Plan consiste à « *assurer le leadership et la coordination sous régionale de la réponse des pays face à la pandémie du COVID-19 ; promouvoir la collaboration intersectorielle, la mise à jour et le partage des informations ainsi que la communication intra et inter-pays ; harmoniser et adapter les mesures de surveillance aux points d'entrée à haut risque des pays ; renforcer les capacités nationales et sous régionales essentielles, pour la mise en œuvre des mesures urgentes de prévention, de préparation et de riposte face à la pandémie du COVID-19* »[74]. Sa réalisation a comporté plusieurs étapes, dont l'instruction de la CEMAC à l'OCEAC le 28 janvier 2020 pour des mesures d'urgence à prendre[75]; l'organisation du 18 au 19 février 2020 d'une réunion des Experts Nationaux et des partenaires à Malabo[76] ; la convocation d'une réunion des Experts nationaux et partenaires, élargie aux instances de décision de l'OCEAC[77] du 10 au 11 mars 2020 à Douala[78] et l'organisation d'une réunion des Ministres de la santé de la CEMAC pour l'adoption du plan et de la feuille de route. Il s'agissait d'un plan global à mettre en œuvre en deux phases ; la phase à court terme pendant trois mois et la phase à moyen terme qui s'étendait de juin à décembre 2020. La phase à court terme a fait l'objet d'une feuille de route bien déterminée.

---

[73] Lire à cet effet le *Plan de préparation et de réponse au COVID-19 au Cameroun*, février 2020. Ce plan est un document-cadre qui déroule les composantes essentielles. Le coût de sa mise en œuvre est estimé à Six milliards Cinq Cent Millions Neuf Cent Soixante Trois Mille Deux Cent Trente Un franc (6 500 963 231) FCFA.

[74] Tels sont les quatre objectifs spécifiques du *Plan sous régional de Prévention, Préparation et Riposte face à la pandémie du Coronavirus (COVID-19) dans les pays membres de la CEMAC*, op.cit. p. 5.

[75] Précédent la déclaration officielle de l'épidémie « urgence de santé publique de portée internationale » par l'OMS, survenue le 29 janvier 2020.

[76] Pour la réalisation d'un état des lieux sur le niveau de préparation des pays sur la base es mesures du RSI 2005 et des orientations proposées par l'OMS dans son plan global de riposte face à l'épidémie du Covid-19 ; l'identification des défis/insuffisances liés à la mise en œuvre desdites mesures et des orientations dans les pays et au niveau sous régional ; la définition/propositions des axes et activités prioritaires à mettre en œuvre d'urgence dans les plans de préparation des pays, ainsi que dans le plan et la feuille de route de prévention et de préparation à la riposte face au Covid-19 au niveau sous régional.

[77] Commission de la CEMAC et Conseil de Direction.

[78] Pour la finalisation et la validation technique par les Experts du plan sous régional de prévention et de préparation à la riposte face l'épidémie du coronavirus (COVID19) dans les pays de la CEMAC, ainsi que de sa feuille de route pour la période de mars à mai 2020 ; l'approbation dudit plan et de sa feuille de route par les membres du Conseil de Direction de l'OCEAC, en vue de l'adoption finale par les Ministres chargés de la Santé de la CEMAC.

2-La Feuille de route communautaire des actions d'urgence

La feuille de route[79] couvre la période de Mars à Mai 2020. L'objectif de cette feuille de route est d'éclairer la Commission de la CEMAC, les instances nationales, les communautés et les partenaires sur les actions communes envisagées en urgence pour prévenir et se préparer à la riposte face à la menace de l'épidémie du COVID-19 en zone CEMAC, et de mobiliser les ressources nécessaires pour leur mise en œuvre. Elle ressort les actions prioritaires de Prévention, Préparation et Riposte face à l'épidémie au sein de l'espace considéré. Quatre axes stratégiques ont été validés et déclinés en 30 actions prioritaires et communes. L'axe 1 concerne le leadership, coordination, collaboration, mise à jour et partage des informations, communication. Cet axe vise à organiser des téléconférences hebdomadaires entre Ministres de la Santé, la CEMAC et l'OCEAC ; créer et animer des groupes WhatsApp[80]; créer et animer un compte twitter du Secrétaire Exécutif ; élaborer et valider le plan sous régional de contingence à la maladie COVID19 ; élaborer et valider une feuille de route des actions sous régionales d'urgence ; plaider auprès des États de la CEMAC pour la mobilisation des ressources ; rencontrer les partenaires techniques et financiers et les représentations diplomatiques pour la mobilisation des ressources ; organiser la réunion ad hoc des Ministres chargés de la santé ; évaluer les besoins au niveau des nœuds transfrontaliers ; promouvoir le partage de l'information en temps réel à un haut niveau ; produire et diffuser de la lettre d'information de l'OCEAC sur COVID-19 ; organiser une rencontre sur la communication sur le risque et l'engagement communautaire et créer une banque des supports de communication et de la surveillance.

L'axe 2 porte sur le renforcement des mesures de surveillance aux points d'entrée[81]. L'harmonisation des fiches d'information des passagers au niveau des aéroports internationaux de la zone CEMAC ; l'identifier de toutes les portes d'entrée officielles en zone CEMAC ; la formation des relais communautaires sur la surveillance du COVID-19 et la sensibilisation des communautés par l'intermédiaire des religieux et leaders d'opinion restent la mission essentielle de cet axe.

L'axe 3 touche le renforcement d'urgence des capacités nationales essentielles pour le diagnostic[82]. Il ambitionne d'identifier des sites/dispositif d'isolement transfrontaliers au niveau des points d'entrée prioritaires ; d'aménager des structures dans les sites/dispositifs d'isolement transfrontaliers dans au moins 3 nœuds transfrontaliers ; d'identifier des structures/dispositif de prise en charge au niveau des nœuds prioritaires transfrontaliers ; d'aménager des structures de prise en charge au niveau d'au moins quatre nœuds prioritaires transfrontaliers ; d'organiser des réunions pour la coordination transfrontalière pour les acteurs des nœuds prioritaires transfrontaliers ; d'organiser un atelier sous régional de formation de formateurs[83] sur

[79] Annexe 1 du Plan de riposte sous-régional.

[80] Notamment groupe Ministres et groupe Directeurs pays.

[81] Notamment les voies aérienne, maritime et terrestre.

[82] Clinique, laboratoire et la prise en charge des cas.

[83] Une proposition de cinq (05) personnes par pays est contenue dans la feuille de route communautaire.

les Procédures Opérationnelles Standards (POS) de surveillance, détection et de prise en charge ; d'appuyer les formations en cascade au niveau des pays de la CEMAC ; la mise en place d'un stock de sécurité des kits de diagnostic pour les laboratoires ; la mise en place d'un stock de sécurité des kits d'Équipement de Protection Individuelle ; d'organiser la production de solution hydro alcoolique pour les six États de la CEMAC ; le partage de l'expérience sur la définition des cas, les algorithmes de prise en charge et les directives communautaires ; la mise en réseau des laboratoires COVID-19 des pays en vue d'une utilisation rationnelle des ressources.

L'axe 4 est relatif aux mesures concrètes pour assurer la disponibilité des médicaments et autres produits de santé, y compris les produits de laboratoire, EPI et dispositifs médicaux dans la sous-région. Sa finalité est de faciliter l'achat de manière groupée des médicaments et autres produits de santé pour les différents pays[84]. Le budget total estimatif pour la mise en œuvre des activités urgentes de la feuille de route s'élève à la somme de Quatre Cent Trente Trois Millions Quatre Cent Trente Six Mille (433 436 000) Francs CFA. Ce qui manifeste clairement aux yeux du monde la nécessité d'une nouvelle gouvernance transfrontalière en période de COVID 19.

B- La nécessité d'une nouvelle gouvernance transfrontalière en période de COVID 19

La restriction des déplacements constitue l'une des principales mesures prises par les États membres de la CEMAC pour freiner la propagation de la COVID-19. Pour autant, les mouvements internationaux et intracommunautaires de marchandises ont été maintenus. Car, ils permettent aux pays de s'approvisionner en services essentiels à la vie quotidienne des populations et de recevoir des fournitures nécessaires telles que les médicaments[85]. C'est dans cette logique que les camionneurs et leurs assistants continuent de circuler d'un pays à l'autre de la Communauté pour livrer des biens et produits vitaux[86] en direction des pays de la CEMAC qui n'ont aucune ouverture maritime et surtout de leur dépendance à l'interconnexion[87]. Entre fragmentation et intégration[88], la COVID-19 a inévitablement bouleversé la marche de la Communauté, en dépit des multiples solutions perfectibles. La coopération

---

84 Solution hydro alcoolique.

85 World Health Organization Regioal Office for Africa supports for COVID 19 response, *Stratégie harmonisée pour la surveillance aux points d'entrée, les tests de laboratoire et la riposte transnationale à la COVID-19 chez les camionneurs qui traversent des frontières nationales*, Sous-région de l'Afrique de l'Est et australe, 2020, p. 17.

86 Notamment sur les corridors Douala-Bangui et Douala- N'Djamena.

87 Il s'git notamment de la RCA et du Tchad. Subsidiairement du Gabon qui malgré l'ouverture sur la mer, dépend fortement des exportations en direction du Cameroun. Toute chose qui a justifié la mise en place au Gabon d'un numéro vert « 2550 », par le Ministre de l'Économie et des Finances destinés aux importateurs des marchandises par voies aérienne, maritime et terrestre afin d'éviter des pénuries dans le pays à cause de l'épidémie de Corona Virus à l'origine de la fermeture des frontières.

88 Sall (O), « La COVID-19 : Fragmentation ou Intégration », *Bulletin ERSUMA de pratique professionnelle*, N° 33, Mai 2020, in *Bulletin ERSUMA de pratique professionnelle*, Numéro Spécial- Droit OHADA & COVID-19, 3ème Série, N° 033, Mai 2020, p. 11.

sanitaire devra être recentrée sur la prise en charge par les institutions d'intégration de ses préoccupations de santé publique. Dans cette perspective, en plus des fonds nationaux de lutte contre la COVID-19, il convient d'envisager également celui Communautaire (1), tout en renforçant véritablement les mesures essentielles de surveillance nationales et sous régionales aux points d'entrée (2).

1- La création d'un fonds spécial communautaire des urgences sanitaires

La pandémie a donné lieu à de nombreux gestes généreux[89] qui témoignent d'une solidarité concrète qui sauve littéralement des vies comme l'a montré l'adoption du Plan communautaire de riposte, ainsi que la feuille de route CEMAC des actions d'urgence. Face aux divers chocs exogènes, le Président de la République du Cameroun Paul Biya souligne que « *nos pays ont pu résister en puisant dans les vertus de la solidarité et de l'intégration régionale. Les défis sanitaires, sécuritaires, économiques et sociaux actuels ne sauraient remettre en cause les options prises au sein de notre Communauté* »[90]. La préservation et la promotion des acquis de l'intégration sous régionale face aux défis sanitaires[91] seraient essentiellement renforcée par la création d'un fonds spécial communautaire des urgences sanitaire et humanitaire. Car, la persistance de l'épidémie à virus Ebola qui sévit depuis plusieurs mois en RDC, conjuguée à celle de la COVID-19 dans l'ensemble des pays de la Communauté, révèle la nécessité d'une mobilisation des ressources financières spéciales de la part des États de la CEMAC et dans la mesure du possible de leurs partenaires financiers respectifs en vue de financer les mesures de riposte face aux urgences sanitaires. Subsidiairement, le fonds spécial permettra de réactiver le plus rapidement possible les comités de gestion des épidémies et urgences sanitaires ; le renforcement des structures sanitaires de la Communauté, notamment les laboratoires nationaux de référence ; la formation et le recyclage du personnel de santé sur la pneumonie à coronavirus ; d'assurer la fluidité des communications sur les risques sanitaires ; l'institution de mécanisme de gestion de la menace au niveau des espaces transfrontaliers ; la multiplication des sites potentiels d'isolement des personnes infectées et l'approvisionnement en médicaments et de certains dispositifs et intrants nécessaires pour les mesures de prévention, le diagnostic et la prise en charge des éventuels cas au sein de la population communautaire. Le fonds spécial représenterait une évolution majeure pour la Communauté, complétant le rôle technique et normatif de l'OCEAC par de nouvelles capacités et moyens opérationnels pour son action lors des flambées épidémiques et situations d'urgence humanitaire. Il pourrait davantage accélérer et rendre plus prévisible l'action d'urgence de l'OCEAC, moyennant une approche

[89] La création des fonds de solidarité nationale dans certains États, notamment le Cameroun (dont le Chef de l'État a contribué à hauteur d'un milliard), la Guinée Équatoriale (dont le Gouvernement a subventionné à hauteur de cinq million).

[90] Discours de S.E.M. PAUL BIYA, Président de la République du Cameroun, Président en exercice de la Communauté Économique et Monétaire de l'Afrique Centrale (CEMAC), lu par M. AYANG Luc, Président du Conseil Économique et Social, Yaoundé le 16 mars 2021.

[91] Extrait du thème de la 12ème édition de la journée de la Communauté Économique et Monétaire de l'Afrique Centrale (CEMAC), 16 mars 2021.

englobant l'ensemble des menaces en favorisant l'action collective et en recouvrant les activités de préparation, de riposte et de relèvement rapide. Relèvement qui oblige les acteurs politiques d'amplifier les mesures sous régionales de surveillance des points d'entrée.

2-La consolidation des mesures sous régionales de surveillance aux points d'entrée

La survenance de la COVID-19 ne doit pas faire perdre espoir aux citoyens communautaires d'une intégration sous régionale dépassant les limites territoriales, qui se traduiraient en une meilleure utilisation des ressources communes, à une extension des échanges commerciaux pour plus de richesses partagées, à un accès à des marchés plus vastes et rentables[92]. Espace de paix, de démocratie et de libre circulation pour les citoyens et leurs biens, la CEMAC devrait plutôt consolider les mesures essentielles de surveillance aux points d'entrée pour une riposte efficace contre la COVID-19. Pour empêcher la propagation de la maladie et sauver des vies, les autorités étatiques se voient dans l'obligation de déployer tous les moyens dont elles disposent. Des décisions sont certes prises à la hâte et même lorsqu'elles procèdent des meilleures intentions, elles peuvent conduire à des effets pervers. Les interventions doivent être proportionnées à la pandémie si l'on veut préserver la confiance qui doit régner entre les peuples et les gouvernements surtout en situation de crise[93]. Les mesures de surveillance des points d'entrée de la Communauté consistent à appliquer une solution harmonisée et de rechercher des contacts aux points d'entrée en mettant l'accent sur les personnes qui traversent les frontières. Améliorer la détection précoce des cas de COVID-19 grâce au dépistage et aux tests de toutes les personnes qui traversent des frontières nationales aux points d'entrée et de sortie, isoler les cas le plus tôt possible et faciliter un traitement approprié conformément au règlement sanitaire international. Impérativement, il s'agit de la création d'un comité mixte local associant les États voisins et chargé d'assurer la supervision ; l'établissement d'un mécanisme d'échange d'informations approuvé pour faciliter l'échange d'informations ; la coordination et l'élaboration d'un cadre d'action commun assorti d'un plan d'action détaillé indiquant dans quels établissements les tests, l'isolement et le traitement doivent être assurés[94].

---

92 Kabamba (B), « Frontières en Afrique centrale : gage de souveraineté ? », *Fédéralisme* 2034-6298 Volume 4 : 2003-2004 - Régions et sécurité, 294, p. 10.

93 Nations Unies, *COVID-19 et Droits humains : Réagissons ensemble !* 2020.

94 World Health Organization Regioal Office for Africa supports for COVID 19 response, *Stratégie harmonisée pour la surveillance aux points d'entrée, les tests de laboratoire et la riposte transnationale à la COVID-19 chez les camionneurs qui traversent des frontières nationales*, op.cit. p.5.

Conclusion

Les États de la CEMAC ont tous répondu aux nouveaux défis de la crise sanitaire par des mesures nationales fortes. Même les États dont les contextes politique et sécuritaire sont profondément instables ont partiellement suspendu les hostilités en imposant un état d'urgence sanitaire. Aux ravages causés par la maladie se sont en effet ajoutés les multiples problèmes causés par diverses mesures restrictives affectant les déplacements transfrontaliers. Après une première phase de la crise qui a vu des fermetures unilatérales et de contrôles aux frontières, une deuxième phase porte davantage sur l'introduction de restrictions de nature plus indirecte, comme les obligations de quarantaine[95]. La volonté des gouvernements nationaux d'introduire des réglementations fortes, uniformes et efficaces pour maîtriser la situation le plus rapidement possible est compréhensible. Il est cependant loin d'être évident que de telles approches individuelles puissent mieux atteindre leurs objectifs que celles qui reposent sur une logique collective. Combattre une pandémie ne saurait aller de pair avec un repli national. Il convient au contraire de mettre en place la coopération la plus étroite possible notamment au niveau transfrontalier, en évitant des mesures unilatérales et en assurant que les zones transfrontalières disposent de régimes spécifiques permettant de préserver la mobilité et les échanges. Si le droit international autorise la limitation de la liberté de circulation dans certains cas, notamment pour des raisons de sécurité ou dans le cas d'urgences nationales telles que les urgences sanitaires, ces restrictions doivent être strictement nécessaires à la réalisation de l'objectif visé, proportionnées et non discriminatoires. Il est possible de réduire la nécessité de restrictions systématiques, en généralisant les pratiques efficaces de dépistage et de traçage des contacts, tout en ciblant les mesures de quarantaine. La COVID-19 montre que la couverture sanitaire universelle doit devenir un impératif dans l'espace CEMAC. Car, elle favoriserait la solidité et la résilience des systèmes de santé, en soutenant les plus vulnérables et en permettant la préparation aux pandémies et la prévention. Signalons au final que, la mise en place de la Couverture Santé Universelle compte parmi les cibles de l'objectif de développement durable numéro 3.

[95] Asselborn (J), Ministre des Affaires étrangères du Grand-Duché de Luxembourg, dans son Avant-propos du rapport du Groupe d'études géopolitiques, portant sur *Covid-19 et gestion de crise subsidiaire. Perspectives transfrontalières à la lumière du fédéralisme allemand*, Décembre 2020, p. 4.

Chapitre 2 : La souveraineté de l'État à l'épreuve de transfert des normes internationales de riposte contre la pandémie du COVID-19 au Cameroun

Par NJIKAM Mama Saniou
Doctorat Ph/D en science politique à l'Université de Dschang

Résumé

Cette étude se propose d'analyser l'exercice limité de la souveraineté du Cameroun dans l'adoption des normes internationales de riposte anti covid-19. Mais, notre attention sera portée sur les idées mises en circulation et la catégorie de transfert. Alors, la question centrale que suggère cette réflexion autour de la souveraineté de l'État en période de crise sanitaire est celle de savoir comment les normes internationales transférées ont affaibli l'exercice de la puissance publique au Cameroun. Cette question de la souveraineté de l'État met en évidence d'abord la limitation de la puissance publique par la nature coercitive des normes internationales de lutte contre le COVID-19, et relève ensuite la restauration de la souveraineté de l'État à travers la modification des règles d'application desdites normes.

Mots-clés : Normes internationales, pandémie Covid-19, souveraineté, transfert

Introduction

A l'orée 2019, le monde entier subit l'effroyable épreuve de la pandémie du COVID-19. Pour sauver l'humanité toute entière des ravages de ce virus, l'ensemble des pays affectés opte pour une riposte globale. Cette riposte édictée, normalisée, et pilotée par l'OMS influence les normes sanitaires des pays affectés par cette crise sanitaire. Pour cela, les normes de riposte anti-COVID transférées par l'OMS et l'occident ont soumis les États au respect de certaines prescriptions. Nul ne peut nier la prépondérance de ces mesures dans la lutte contre la pandémie. Néanmoins, celles-ci se dégénèrent au fléchissement de l'exercice de la puissance publique des États. Ces normes internationales de riposte prescrites par l'OMS et transférées par les partenaires occidentaux ont porté atteinte à la souveraineté des pays africains. Elles ont également fragilisé le processus d'intégration communautaire et régionale dans le continent. Depuis l'apparition du Corona Virus en décembre 2019 dans la province de Wuhan en Chine, la courbe des infections était fulgurante. A l'exception de quelques pays qui caressent encore le rêve de la réversibilité de la mondialisation restant toujours réticents à l'ouverture (Corée du Nord, Pakistan), tous les Etats étaient déjà émerveillés par les ravages de ce virus. On pouvait constater que les grandes puissances sont curieusement les plus touchées par cette pandémie. Cette effroyable crise sanitaire qui a pu dépasser l'efficacité du plateau technique des grandes puissances nous fait remarquer que les grandes puissances vivaient incontestablement l'impuissance de la puissance[1]. C'est en février 2020 que l'Afrique enregistre le premier décès du Covid-19 sur son sol après quelques cas d'infections détectés. Face à la célérité avec laquelle le virus se propage dans les pays développés et aussi à la cuisante précarité des infrastructures sanitaires des États africains, l'Organisation Mondiale de la Santé lança un cri d'alarme : *"L'Afrique doit se préparer au pire"*[2]. C'est en redoutant effectivement ce pire que Moussa FAKI Mahamat appelle tous les gouvernements du continent à la mobilisation immédiate. Il faut cependant noter que l'Afrique reste le continent le moins touché par le Covid-19 avec ce jeudi 19 mars 2020 quelque 600 cas de contamination et cinq décès[3]. Malgré cette contamination encore léthargique, une urgence sanitaire planétaire s'imposait inexorablement. Ainsi, la riposte contre la pandémie du COVID-19 est inscrite dans l'agenda de la communauté internationale depuis février 2020 date à laquelle la contamination du virus avait atteint son paroxysme. En dépit de la multiplicité de variante, l'OMS (Organisation Mondiale de la Santé) songe d'uniformiser la riposte anti-covid. On est donc face à la question de la circulation internationale des politiques publiques. Au regard des normes appliquées à l'échelle mondiale, la riposte contre le Covid-19 est donc une vitrine de transfert des politiques publiques. Le transfert des politiques de l'occident vers l'Afrique est une pratique routinière qui canalise toutes les activités politico-démocratiques africaines. Il est apodictique que les États post coloniaux africains ont hérité de façon ex nihilo les formes des États occidentaux de même que les systèmes et les régimes politiques. Bien plus, dans la décennie 90 marquée par les transitions démocratiques[4], les gouvernements africains ont également reçu de manière directe ou indirecte les systèmes électoraux expérimentés en occident. Face à l'épreuve de la pandémie du covid-19, les normes de riposte pensées en occident sont in extremis transférées en Afrique. D'emblée, les normes en effet, sont des conventions et des principes éthiques, voire des démarches procédurales pour optimiser et encadrer les actions des acteurs sur la scène internationale[5]. Nous concevons donc la norme dans cette étude comme une démarche ou une procédure voire une pratique instituée par laquelle les États luttent contre le Covid-19. Ces règles normatives constituent l'agenda de régulation des crises à l'instar de la crise sanitaire liée au covid-19. Dans cette lancée commune, les pays africains reçoivent les normes de riposte édictées par l'OMS et les pays occidentaux en vue de contenir ce virus mortel. Jusqu'aujourd'hui en 2021, les pays africains y compris le Cameroun ont reçu des normes allant du lavage des mains aux campagnes de vaccination en passant par le port du masque, l'interdiction des serrements et des embrassades, du confinement total et/ou régional, restriction des déplacements, fermeture des commerces et fermeture des frontières. L'uniformisation des mesures de riposte contre cette

---

[1] BADIE Bertrand, *L'impuissance de la puissance. Essai sur les nouvelles relations internationales*, Paris, Fayard, L'espace du politique, 2004.

[2] Nicolas DUDOUET, « Coronavirus : "l'Afrique doit se préparer au pire, estime l'OMS », https://information.tv5monde.com/afrique/le-coronavirus-en-afrique, publié le 19 mars 2020.

[3] Ibid

[4] DALOZ Jean-Pascal et QUANTIN Patrick, *transitions démocratiques africaines*, Paris, Karthala, 1997.

[5] SMOUTS Marie-Claude, VENNESSON Pascal, BATISTELLA Dario et PETITEVILLE Franck, Dictionnaires des relations internationales, 2è édition, Paris, Dalloz, 2006, P.385-386.

pandémie matérialise une certaine convergence des institutions, des règles et des politiques qui encadrent et orientent les activités de régulation sociale dans différents secteurs à l'échelle mondiale ou continentale[6].

La littérature sur la théorie de l'État rapporte qu'il n'existe pas de dichotomie entre souveraineté et puissance. En effet, l'idée de puissance de l'État a de la sorte été mise sur le devant de la scène de la pensée de l'État sans être particularisée par rapport à la souveraineté[7]. Le fait qu'Olivier Beaud ait publié sa thèse État et souveraineté[8] sous le titre *La puissance de l'État*[9] est significatif de l'indistinction de la souveraineté et de la puissance de l'État. Léon Duguit a pu voir dans les termes « souveraineté » et « puissance » deux parfaits synonymes[10], parlant souvent de la « puissance ou souveraineté »[11], tandis que Raymond Carré de Malberg faisait observer à ses lecteurs combien « la puissance porte, dans la terminologie traditionnellement consacrée en France, le nom de souveraineté[12] ». C'est sous le prisme de l'indissociation entre puissance et souveraineté que nous orienterons notre réflexion. En faisant son décryptage sur la prolifération des ONG et des institutions supranationales ainsi que le degré de pression qu'elles exercent sur les États, BADIE parlait d'ores et déjà d'un monde sans souveraineté. La souveraineté étant l'expression de la puissance, on est sur le point de soupçonner si un État se soumettant aux pressions et aux prescriptions extérieures peut être souverain. Souveraineté de l'État et puissance de l'État sont des concepts qui semblent indiscutables tant leur succès est grand, tant ils sont omniprésents dans les discours de ceux qui interrogent, sous un angle ou sous un autre, l'État et les institutions publiques. Le rôle joué par ces acteurs non étatiques limite la capacité des États à intervenir dans la circulation des politiques internationales. Ce débat autour de la souveraineté est remis au gout du jour en cette occasion de transfert des normes de riposte de l'occident vers l'Afrique. Ces institutions infra étatiques sont des acteurs majeurs des transferts internationaux des normes. Le transfert dans ce contexte est compris comme le produit de jeux d'acteurs appartenant au système, dont certains font la démarche de rechercher à l'extérieur des ressources intellectuelles en vue d'apporter des réponses plus efficaces ou moins

---

6 Voir les états de l'art réalisés par Colin Bennett, « What Is Policy Convergence and What Causes It? », British
Journal of Political Science, 21 (2), 1991, p. 215-233 ; Richard Common, Public Management and Policy Transfer in Southeast Asia, Aldershot, Ashgate, 2000 ; Mark Evans, « Understanding Policy Transfer », dans M. Evans (ed.) Policy Transfer in Global Perspective, Aldershot, Ashgate, 2004, p. 10-43, cité par Thierry DELPEUCH, « Comprendre la circulation internationale des solutions d'action publique : panorama des policy transfer studies », Critique internationale 2009/2 (n° 43), p. 153-165, P.2.

7 BEAUD Olivier, « Souveraineté, pouvoir, puissance », in Ph. RAYNAUD, S. RIALS, Dictionnaire de philosophie politique, Puf, coll. Quadrige-dicos poche, 1996, p. 625.

8 BEAUD Olivier, « État et souveraineté – Éléments pour une théorie de l'État », thèse de Doctorat, Université Paris II - Panthéon-Assas, 1989.

9 BEAUD Olivier, *La puissance de l'État*, Puf, coll. Léviathan, 1994.

10 Léon. DUGUIT, *Traité de droit constitutionnel – Tome deuxième : La théorie générale de l'État – Première partie : Éléments, fonctions et organes de l'État*, 3e éd., De Boccard, 1928, p. 3.

11 Ibid, P. 57.

12 Raymond. CARRÉ DE MALBERG, Contribution à la théorie générale de l'État spécialement d'après les données fournies par le droit constitutionnel français, t. I, Librairie du Recueil Sirey, 1920, p.9.

coûteuses aux problèmes dont ils ont la charge[13]. Dans le seuil irréversible de la globalisation qu'a atteint la planète, aucun État ne peut encore prétendre résister à la loi de la supranationalité qui dicte certaines conduites aux pays. A cet effet, les institutions supranationales soumettent les pays aux normes communes. En passant au crible de la pensée scientifique le transfert des politiques internationales de l'occident vers l'Afrique, il appert une certaine dépendance des gouvernements africains vis-à-vis de l'Europe. On peut donc envisager que les politiques reçues par les États africains constituent du moins sur ses modalités d'application ainsi que ses effets une atteinte à la souveraineté de l'État. La tradition africaine à toujours recevoir les politiques occidentales et les implémenter conformément aux normes édictées par ses partenaires, est une conséquence des indépendances fragiles[14]. L'idée du caractère irréversible de la mondialisation est avérée dans les circonstances de transfert des normes internationales. Et c'est cette mondialisation qui facilite la circulation des politiques internationales. De toutes les normes transférées par les partenaires des États africains, il y a parfois la possibilité de modification en vue de préserver la souveraineté du pays récepteur. Car, les États n'existent que par l'expression de leur souveraineté. Cependant, le transfert coercitif direct auquel adhèrent parfois les pays africains pendant des conjonctures difficiles porte atteinte à leur souveraineté. Depuis l'engagement du Cameroun à la riposte collective contre le covid-19 tout en intégrant des normes spécifiques, l'exercice de la puissance publique a été influencé par la mise en œuvre desdites mesures. Alors la question centrale qui guidera notre réflexion est celle de savoir comment les normes internationales de riposte anti-covid-19 transférées de l'occident ont-elles influencé l'exercice de la souveraineté du Cameroun et quelles sont les mesures spécifiques permettant de restaurer cette souveraineté ? Les *policy transfer studies* (PTS) qui sont des outils conceptuels qui ont en effet en commun de s'intéresser à la dimension exogène de la fabrique de l'action publique et, plus précisément, à l'importance dans ce processus de phénomènes tels que l'imposition, l'influence, l'inspiration ou l'imitation, nous servirons de principale méthode d'analyse. En faisant recours aux paradigmes réaliste et constructiviste pour rendre effectivement compte de cette problématique, nous orienterons notre argumentaire à deux niveaux ; la limitation de l'exercice de la souveraineté du Cameroun par la mise en œuvre des normes internationales transférées d'une part (I) et l'adoption des normes spécifiques pour restaurer cette souveraineté (II) de l'autre.

I- Les normes internationales transférées dans le cadre de la riposte anti-Covid-19 comme éléments d'interprétation de l'exercice d'une souveraineté limitée au Cameroun

La riposte collective contre le covid-19 a induit les États affectés par ce virus mortel à une large diffusion des modèles et des politiques convergentes et concertées.

---

13 Thierry DELPEUCH, « Comprendre la circulation internationale des solutions d'action publique : panorama des policy transfer studies », Critique internationale 2009/2 (n° 43), p. 153-165.

14 BADIE Bertrand, *Nous ne sommes plus seuls au monde. Un autre regard sur l'« ordre international »,* Paris, La Découverte, 2016, P.163.

La diffusion des politiques sanitaires appert ici comme l'action la plus prisée de lutte contre le covid-19 en ce sens que les transferts engagent des processus d'action collective dont le résultat n'est pas déterminé à l'avance[15]. Depuis janvier 2020, on assiste à une diffusion collective des normes de riposte à travers le monde. En faisant l'autopsie de ces normes de riposte anti-covid-19 reçues par le Cameroun, on décèle que la mise en œuvre desdites mesures qui n'ont reçues aucune onction parlementaire ne s'inscrivent pas dans le schéma séquentiel des politiques publics. Le Cameroun conscient de la fragilité de ses infrastructures sanitaires et le risque de contamination accrue opte à dessein pour un modèle étranger particulier. Mais le transfert est, dans ce cas de figure, le produit de jeux d'acteurs appartenant exclusivement au système importateur. Par conséquent, le cafouillage dans lequel s'appliquent ces normes influence l'exercice de la souveraineté du Cameroun. L'analyse de la catégorisation (A) et les motifs et les acteurs (B) de transfert de normes de riposte contre le Covid-19 justifieront cette limitation de l'exercice de la souveraineté.

A- L'appréhension de la limitation de la souveraineté du Cameroun à travers l'analyse de la catégorie de transfert en contexte de lutte contre le covid-19

La mondialisation est un facteur accélérateur de la circulation des politiques entre les pays. Niant toute conscience de la territorialité, elle influence les États à travers les actions d'innombrables acteurs internationaux qui font pression sur les États de fait. En situation de crise, la recherche de solutions efficaces rapproche les acteurs publics et privés. Car en effet, il n'existe plus de frontière entre acteur public et privé dans l'analyse de l'État en action. Pour cela, dans cette logique de transplantation des politiques publiques, les États peuvent s'inspirer et imiter les modèles de solutions étrangers[16]. Néanmoins, des solutions peuvent leur être imposées et qu'ils soient appelés à les adopter contre leurs grés[17]. Dans ce sillage, les États peuvent recevoir des normes qui influencent l'exercice de leur puissance publique. Ainsi, le transfert de ces normes à tout le moins, se catégorise suivant la nature des entités mises en circulation (1) et selon son échelle (2).

1-Les objets mis en circulation dans la riposte anti-covid-19

La transplantation des solutions de l'action publique de lutte contre la pandémie du Covid-19 a véhiculé une grande variété d'objets à l'ensemble des pays affectés. Cette mise en circulation d'objets relève tout d'abord d'une politique concertée des États à trouver une solution commune moyennant la diffusion de plusieurs instruments de riposte. Les objets transférés de l'occident sont des idées élaborées par les acteurs de cette transplantation eux-mêmes. A cet effet, ces mesures cognitives employées dans la politique d'éradication de la pandémie reposent sur la thèse de la

---

[15]Thierry DELPEUCH, « L'analyse des transferts internationaux de politiques publiques : un état de l'art », Questions de Recherche/Research in Question, N° 27 – Décembre 2008, P.27.

[16] Richard ROSE, « What is Lesson-Drawing? », Journal of Public policy, 11 (1), 1991, p. 3-30.

[17] François BAFOIL, « Transfert institutionnel et européanisation. Une comparaison des cas est-allemand et est-européens », Revue internationale de politique comparée, 13 (2), 2006, p. 213-237.

limitation de la force dans la politique mondiale chez les constructivistes. Pour Martha FINEMORE, la politique mondiale est déterminée moins par une structure de rapports de forces matérielles que par une approche cognitive basée sur les idées, les croyances, les valeurs, les normes et institutions[18]. Depuis janvier 2020 des mesures restrictives des libertés individuelles et collectives avec ses implications sur l'exercice de la souveraineté de l'État ont été adoptées en Europe. Peu après que la courbe de contamination devenait fulgurante en Europe, le Président Paul BIYA a instruit par conformisme aux normes conjoncturelles le gouvernement à adopter lesdites normes. Ainsi, le gouvernement camerounais édicta le 17 mars 2020 les 13 premières mesures devant être respectées scrupuleusement par les populations dans l'ensemble du territoire national. En considérant avec CLAPHAM que l'ensemble des normes internationales limite le pouvoir de l'État[19], il est donc admis que toutes ces mesures sont attentatoires à la souveraineté de l'État. Ainsi, la treizième mesure du 17 mars 2020 (*les populations sont invitées à observer strictement les mesures d'hygiène recommandées par l'Organisation Mondiale de la Santé (OMS), à savoir notamment se laver régulièrement les mains au savon, éviter des contacts rapprochés tels que se serrer les mains ou s'embrasser, se couvrir la bouche pour éternuer*), ressort clairement que les mesures de riposte constituant la stratégie gouvernementale de lutte ne sont pas ni des initiatives du décideur ni du législateur camerounais. Si les voix s'élevaient contre cet archétype de résilience, on peut déceler une offense directe sur les institutions qui expriment sa souveraineté de fait. De la sorte, l'imposition d'un nouveau mode de fonctionnement aux administrations publiques et la suspension des missions des membres du gouvernement à l'étranger respectivement à la mesure 11 et 12 des normes de riposte adoptées le 17 mars 2020 sans l'onction du parlement qui exprime la volonté souveraine du peuple et sans aucun règlement ni arrêté antérieurement pris en la matière, sont de nature à fléchir cette souveraineté. Concomitamment, la première mesure indiquant la fermeture des frontières terrestres, maritimes et aériennes du Cameroun était conditionnée par le verrouillage de la circulation en Europe. Néanmoins, l'adoption de ces mesures restrictives bien qu'elles soient importées n'est pas anodin. L'adoption de ces normes imitées par le gouvernement du Cameroun s'inscrit dans le paradigme réaliste pour qui les Etats agissent sur la scène internationale pour la défense de leur intérêt national. Pour tout dire, ces mesures visent la survie de l'État du Cameroun[20].

---

18 BATTISTELLAS Dario, *Théories des Relations Internationales*, Paris, Corlet, 2015, P. 318.

19 C. Clapham, "Sovereignty and the Third World State", in R. Jackson (ed.), Sovereignty at the Millennium, op. cit., p. 113. cite par Barbara DELCOURT « Le principe de souveraineté à l'épreuve des nouvelles formes d'administration internationale de territoires », in Pyramides, Revue du centre d'études et de recherches en Administration publique, 2005.

20 MORGENTHAU Hans, defence of the national interest, cité par BATTISTELLAS Dario, *Théories des Relations Internationales*, Paris, Corlet, 2015, P.129.

2-La catégorie de transfert des normes anti-Covid-19 importées par le Cameroun

Les solutions de l'action publique mises en circulation sont de plusieurs catégories. Pour cela, catégoriser une politique commande à les ranger par ordre de grandeur d'imposition. Les PTS reconnaissent d'ores et déjà que les États dans la transplantation des politiques font face aux normes volontaires et coercitives. Car en effet, l'ensemble des recherches conceptuelles sur les mécanismes des transferts de politiques publiques distingue mécanismes coercitifs et volontaires[21]. La mise en œuvre des normes de riposte contre le Covid-19 apparait *a priori* une imitation ou une volonté de s'inspirer d'une expérience étrangère est prise par le système importateur en dehors de toute contrainte exogène autre que symbolique[22]. Cependant il nous semble moins pertinent de penser que ces politiques relèvent des *lesson-drawing*. La conjoncture internationale caricaturée par les ravages de la Covid-19 impose une certaines conduites aux États dont l'idéal est l'harmonisation des mesures sanitaires. Les pays africains y compris le Cameroun au regard de la célérité avec laquelle le virus est en expansion en Occident ne pouvaient être en marge des normes de riposte prescrites de l'extérieur. On déplore d'emblée le délabrement des infrastructures sanitaires à laquelle viennent s'ajouter la faible capacité à faire des tests et un plateau technique défaillant. A contrario l'Occident qui subit de plein fouet les affres de ce virus mortifère dispose des ressources considérables pour une meilleure prise en charge des personnes infectées. Sur le plan vital, l'effectivité du confinement en Europe dépendait largement de l'opulence. Dans ce cas, l'asymétrie de pouvoir et le contrôle des ressources dont l'importateur ne peut se passer permettent à l'exportateur de contraindre le système dominé à adopter une politique contre son gré[23]. Dès lors, les normes internationales de riposte sont rangées dans la catégorie de transfert coercitif indirect. Car en effet, l'opinion publique internationale a d'abord installé la psychose due à la défaillance du système sanitaire dans l'esprit des camerounais y compris les décideurs et anticipé sur des ravages liés à cette pandémie par la suite. L'adoption des normes internationales de riposte anti-Covid-19 par le Cameroun relève non seulement de l'internationalisation de la pandémie mais aussi de la négation de la capacité des pays africains à la résilience. L'occident jouit de sa prépotence technoscientifique pour exercer une influence certaine sur les pays africains sur toute la ligne. D'ailleurs, le transfert des normes de riposte contre le Covid-19 n'est qu'une pratique séculaire. L'on se souvient encore de la démocratisation de l'Afrique dans les années 90 influencées par les pressions extérieures, des programmes d'ajustement structurel (PAS). Or à chaque fois qu'un

21David DOLOWITZ et David MARSH, "Learning from Abroad: The Role of Policy Transfer in Contemporary policy Making", art.cit. ; Claudio Radaelli, "Policy Transfer in the European Union. Institutional Isomorphism as a Source of Legitimacy", art.cit. ; Elisabeth Bomber et John Peterson, "Policy Transfer and Europeanization: Passing the Heinecken Test?", Queen's Papers on Europeanisation, n°2, 2000.

22 Richard ROSE, « What is Lesson-Drawing? », op cit.

23 François BAFOIL, « Transfert institutionnel et européanisation. Une comparaison des cas est-allemand et est-européens », op cit.

pays est d'autant plus perméable aux influences extérieures, il est d'autant moins capable de défendre sa souveraineté en matière de fabrique des politiques publiques. L'adhésion du Cameroun aux normes internationales de riposte s'est faite de manière spontanée. La situation sanitaire internationale qui prévalait dès janvier 2020 exigeait une conformité inconditionnelle aux nouvelles prescriptions sanitaires malgré que celles-ci soient imposées par les pays sérieusement contaminés de concert avec l'OMS. C'est donc pourquoi même s'il est discutable que ces normes transférées soient classées dans la catégorie des transferts coercitifs indirects, il n'est pas adroit de ne pas les classer dans la fourchette de transfert incitatif ou mol[24]. Mais toujours est-il que ces normes sont des normes coercitives ou par hiérarchie[25]. C'est le sens de cette réflexion de Dolowitz et Marsh selon laquelle plus un transfert est contraint, moins l'emprunt est opéré de façon raisonnée[26]. Le transfert de ces normes élaborées en Europe est une forme de suspension de la souveraineté[27] d'autant plus que ces mesures ne prennent pas en compte la situation sanitaire et financière du Cameroun et ne prévoient aucunement les effets.

B- Les acteurs et les motifs de transfert de procédures internationales de lutte contre le Covid-19

Les politiques de lutte contre la pandémie du Covid-19 mettent en jeu plusieurs acteurs avec des motifs variés. A cet effet, les politiques publiques mettent en jeu des configurations d'acteurs souvent extrêmement complexes dans lesquelles inter-agissent différents niveaux et types d'organisations (Publiques et privées). Pour cela, les acteurs de la transplantation des normes internationales de lutte contre le Covid-19 sont les États occidentaux et d'autres acteurs non étatiques à l'instar de l'OMS. Le transfert des normes internationales de riposte anti-Covid-19 des États occidentaux repose sur des pratiques séculaires de la période coloniale. Ces États ont transféré aux pays africains les formes des États ainsi que des institutions. Les pays occidentaux sont des sources d'inspiration et en même temps opérateurs de transfert. Car en effet, ils ont élaboré des mesures concrètes de riposte et ayant également pris une part active à la transplantation de ces mesures. L'OMS est le principal facilitateur en ce sens qu'elle a créé les conditions de réception desdites normes à travers le soutien financier aux pays qui ont adopté les normes de riposte. Le Cameroun est un acteur du transfert de ces normes internationales. Il a reçu ces normes et les a considéré et

---

24 Simon BULMER, David DOLOWITZ, Peter HUMPHREYS, et al., Policy Transfer in EU Governance: regulating the utilities, London/New York : Routledge, 2007, p. 11. Cité par Laurence DUMOULIN, Sabine SAURUGGER « Les 'policy transfer studies' Analyse critique et perspectives » In Critique internationale, 48, 2010, p.9-24., P.9.

25 Ibid.

26 David P. DOLOWITZ, Policy Transfer and British Social Policy. Learning from the USA?, Buckingham, Philadelphia, Open University Press, 2000, p. 5. Cité par Thierry DELPEUCH, « L'analyse des transferts internationaux de politiques publiques : un état de l'art », op cit, P.30.

27 A. Yannis, « The Concept of Suspended Sovereignty in International Law and Its Implications in International Politics », European Journal of International Law, vol. 13, n°5, pp. 1037-1052., cite par Barbara DELCOURT Le principe de souveraineté à l'épreuve des nouvelles formes d'administration internationale de territoires, op cit.

mis en œuvre. Cependant, la réception de ces normes par le Cameroun a hélas influencé l'exercice de sa souveraineté. Ainsi, la soumission aux normes prescrites de l'extérieur relève de l'incapacité à élaborer des normes adaptées au contexte national à cause de ses expériences scientifiques limitées. L'Etat n'a plus agi de manière autonome. Ces acteurs disposent de ressources inégales et tous n'ont pas la même capacité à influencer le processus de transfert. Les policy transfer studies ont recensé un ensemble de motifs pouvant conduire les détenteurs de positions de pouvoir dans un ensemble social à s'inspirer de solutions développées dans des ensembles jugés comparables : l'insatisfaction d'acteurs clés à l'égard des pratiques en vigueur ; la recherche d'approches nouvelles pour prendre en charge un problème dont les caractéristiques ont évolué ; le souci de se démarquer des concurrents et de prendre avantage sur eux[28]. Alors les motifs de transfert dépendent des ressources dont dispose chaque acteur. Et ces ressources contribuent à définir les objectifs de chaque acteur. Car en politique international, chaque acteur défend ses intérêts nationaux définis en termes de puissance[29]. Les pays occidentaux et l'OMS s'engagent à diffuser les normes de riposte contre le Covid-19 même étant sérieusement affectés plus que leurs partenaires africains pour ne pas perdre leur identité de type de puissances hégémoniques[30]. Ces États puissants affectés par la Covid-19 et fortement impliqués dans la transplantation des normes de riposte (Chine, Etats-Unis, France, Grande-Bretagne) cherchent à défendre leurs intérêts en toutes circonstances afin de préserver leur puissance. La diffusion des idées de riposte constitue une expression de l'hégémonie scientifique, sanitaire, technique et économique. Ces États cherchent également à préserver leur pouvoir d'influence sur les États africains afin de toujours maintenir leur prédominance. Car, si la pandémie parvient à fléchir l'hégémonie de ces États, leur puissance sera relativisée dans la postérité par leurs rivaux et les insatisfaits. Concomitamment, les pays contributeurs de l'OMS sont dans la logique de consolidation de leur influence sur les pays africains. Car, si l'on sert les organisations, c'est aussi pour se servir. Ainsi, les prêts conditionnés accordés aux pays africains visent à les maintenir dans le conformisme aux normes sanitaires internationales et à la gouvernance sanitaire mondiale que pilote l'OMS. Ces prêts conjoncturels représentent également des privilèges économiques pour ces partenaires occidentaux qui auront des compensations sur les ressources puisque leurs débiteurs seront dans l'incapacité habituelle de rembourser.

---

28 Edward TURNER, Simon GREEN, « Understanding Policy Convergence in Britain and Germany », German Politics, vol.16, n°1, 2007, p. 1-21. Cité par Thierry DELPEUCH, « L'analyse des transferts internationaux de politiques publiques : un état de l'art », op cit, P.33.

29 MORGENTHAU Hans, defence of the national interest, cité par BATTISTELLAS Dario, *Théories des Relations Internationales*, op cit.

30 WENDT Alexander, « Anarchy is what States make of it », American Political Science Review, 88 (2), 1994, P.385, la notion d'identité de « rôle », elle renvoie aux propriétés qui caractérisent un Etat dans la perception des autres, et qui font que les autres Etats s'attendent à ce qu'il se comporte d'une façon à leur égard, qu'il adopte un certain rôle sur la scène internationale. L'auteur distingue également l'identité de « type », « corporative » et « collective ».

II- Les efforts pour le maintien et la restauration de la souveraineté de l'État du Cameroun sous l'influence des normes de riposte contre la Covid-19 transférées de l'extérieur

L'État n'existe que par sa puissance et son autonomie. L'autonomie étant l'un des intérêts nationaux que poursuivent les États sur la scène internationale que précisent les réalistes. Les États en important les politiques privilégient subrepticement leur autonomie afin de continuer à exercer leur puissance. Les acteurs étatiques dans la transplantation défendent tous leurs intérêts. L'exportateur maitrise le contenu de l'objet transféré et définit les objectifs. Le receveur quant à lui ne dépend pas totalement du transfert. Il a des marges de manœuvres et des libertés. Le transfert qu'il soit volontaire ou coercitif profite à l'importateur. Dans la plupart des cas, le système importateur jouit d'une autonomie relative et la transplantation d'éléments exogènes s'insère dans le cadre d'une transaction passée avec l'exportateur : le récipiendaire obtient des avantages en échange de son adhésion ou de sa soumission aux prescriptions émises par l'exportateur, il négocie des aménagements du modèle transplanté, il conserve des marges de liberté qui lui permettent de ne pas mettre en œuvre une partie de ses engagements, il attend des conséquences positives de la greffe[31]. Dans le cadre du transfert des normes anti-Covid-19 le Cameroun a modifié librement certaines normes transférées (A) avant d'élaborer ses propres mesures de riposte (B). Ces procédures spéciales de riposte sont une manifestation de l'autonomie et de la restauration de la souveraineté de l'État.

A- La modification des normes internationales de riposte anti-Covid-19 importées de l'étranger pour une manifestation de la souveraineté du Cameroun

La circulation des paradigmes dans les politiques publiques internationales laisse une marge de manœuvre à l'importateur de modifier les objets transférés. Le transfert d'une solution d'action publique d'un contexte à un autre implique toujours une transformation plus ou moins importante du modèle d'origine. Ainsi, une cause majeure de transformation des solutions transférées réside dans la focalisation des entrepreneurs de transfert sur certains aspects du modèle, tandis que d'autres sont négligés. L'emprunt est habituellement sélectif, car les décideurs ont tendance à écarter les éléments du modèle qui s'accordent mal avec leurs valeurs, intérêts et objectifs, ou qui sont perçus comme dysfonctionnels dans le système qu'ils se proposent de copier. Dans le cas spécifique de l'import/export des normes internationales de lutte contre le Covid-19, certaines procédures ont été modifiées pour les adapter au contexte et aux réalités du Cameroun. Car en effet, l'emprunt est habituellement sélectif, car les décideurs ont tendance à écarter les éléments du modèle qui s'accordent mal avec leurs valeurs, intérêts et objectifs, ou qui sont perçus comme dysfonctionnels dans le système qu'ils se proposent de copier. Cette inflexion

---

[31] Thierry DELPEUCH, « L'analyse des transferts internationaux de politiques publiques : un état de l'art », op cit, P.29.

de certaines normes est le palliatif aux multiples conséquences et effets inattendus du modèle une fois mis en œuvre[32]. En effet, la transplantation du confinement a subi une parfaite modification et ce modèle dans son application n'est qu'une source d'inspiration, un repère servant à définir une orientation pour la fabrication d'une solution. Le confinement a été appliqué en Europe dans son effectivité. Du confinement national quand la pandémie atteignit son pic au confinement régional pour limiter la propagation du virus dans les régions moyennement contaminées, l'Europe a connu une cessation nette de toutes les activités. Les médias occidentaux parlaient des villes sèches parce que les gens suffoquaient dans leurs locaux respectifs tandis que les animaux s'affolaient dans des espaces libres et sans âmes. Le Cameroun s'est inspiré du confinement à l'occidental pour instituer à la mesure 3 et 4 des treize mesures édictées par le gouvernement le 17 mars 2020 une fois de plus, la fermeture des écoles et des lieux de culte et interdisant les rassemblements de plus de 50 personnes. Dans l'interprétation du décideur camerounais, il fallait juste éviter des agglutinations. Toujours dans ce palier du confinement, les marchés demeuraient ouverts et seule la montée fulgurante des cas confirmés en juin 2020 qui conditionnait la suspension des mariages et des funérailles. Une autre modification de la mesure du confinement dans le domaine éducatif c'est la réduction du nombre des candidats à 24 par salle pour la session d'examen d'aout 2020. Dans le domaine de transport, la circulation des personnes n'a pas été interdite. Les autorités avaient néanmoins procédé à la réduction du nombre de passagers à la norme N° 9 du 17 mars cité plus haut dans toutes les catégories de transport proportionnellement au nombre réglementaire. Par cette modification des modèles internationaux, le Cameroun manifeste la « chance de voir triompher [...] sa propre volonté contre la résistance d'autrui »[33]. Il est donc question dans cette politique de lutte contre la pandémie de mesurer les rapports de force. Le Cameroun entend qu'un État souverain comme les États occidentaux initiateurs et exportateurs desdites normes, se propose en sa manière d'exprimer sa capacité à mettre en œuvre des solutions en les ajustant à son statut notamment celui de pays sous-développé. La modification est une preuve que le Cameroun a donné un autre sens, une autre interprétation et une autre traduction des normes de riposte contre le Covid-19. Pour tout dire, la réception effective des normes par le Cameroun se réduit à des éléments symboliques : rhétoriques de justification, labels, étiquettes, mots à la mode (*buzzwords*)[34]. En émettant des réserves à la mise en œuvre effective des prescriptions extérieures, le Cameroun défend ainsi sa souveraineté en faisant réagir sa volonté contre les volontés extérieures. C'est donc la souveraineté au sens de BARANGER qui se caractérise par une « relation de supériorité exercée par une volonté sur d'autres volontés »[35]. Le fait de ne pas laisser

[32] R. DEEG, « Institutional Transfer, Social Learning and Economic Policy in Eastern Germany », West European
Politics, 18 (4), 1995, p. 38-63.

[33] M. WEBER, *Économie et société, t. I (1922)*, Plon, 1965.

[34] Thierry DELPEUCH, « Comprendre la circulation internationale des solutions d'action publique : panorama des policy transfer studies », op cit, P.12.

[35] D. BARANGER, « Utilitarisme (utilitarisme classique et droit) », in D. ALLAND, S. RIALS, dir., Dictionnaire de la culture juridique, Lamy-Puf, coll. Quadrige-dicos poche, 2003, p. 1502.

triompher les volontés extérieures effectivement sur la volonté du Cameroun est un exercice de puissance. Si ces acteurs influents ont le pouvoir de faire faire aux autres, la modification de ces normes en les conformant au contexte camerounais explique que la conformité aux normes internationales ne saurait être possible avec des effets attentatoires sur la souveraineté d'un État. Car, l'État est une entité jouissant d'une autorité supérieure[36]. Et, cette autorité ne saurait être limitée par une quelconque entité étatique ou non.

B- L'initiative des normes internes comme démonstration de la puissance de l'État du Cameroun en conjoncture de lutte contre la Covid-19

L'emprunt des idées mises en circulation par les entrepreneurs de transfert exige une contextualisation que doit opérer subtilement l'importateur. Les idées transplantées n'ont pas toujours les effets identiques dans toutes les sphères de leur mise en œuvre. Pour cela, les effets produits par une politique économique ou électorale transférée peuvent être satisfaisants dans un pays et négatifs dans l'autre. Certes que l'espoir que ces politiques seront économiquement bénéfiques ou électoralement profitables sont la principale motivation de l'importateur. Mais les différences contextuelles sont les principaux facteurs de succès ou d'échecs de toutes politiques transférées dans les régions qui les ont implémentées. Ainsi, dans le processus de transparence électorale engagé par certains pays africains, l'imitation de l'organe électoral indépendant du Canada par le Cameroun et le Sénégal n'a pas produit les mêmes effets dans ces deux pays. La différence contextuelle et la culture électorale de ces deux pays ont inexorablement influencé ces effets différenciés. Alors, dans le contexte de lutte contre la pandémie du Covid-19, l'harmonisation des normes de riposte est loin d'être une vitrine d'éradication efficace pour tous les pays. C'est sous ce prisme de contextualisation des normes de riposte ainsi que de l'exercice de sa souveraineté que le Cameroun se voue à l'élaboration de ses propres normes. Cette initiative nationale est une matérialisation de la souveraineté de l'État en tant que force matérielle ou symbolique. Cette conception de puissance implique ainsi « *une volonté qui, en soi, est d'une qualité supérieure [...] et qui comme telle s'impose* »[37]. Ainsi, après seulement un mois et demi de mise en œuvre des normes transplantées, le gouvernement du Cameroun opte pour des mesures relevant de la conjoncture socio-économique nationale. Il s'agit bel et bien des mesures d'assouplissement consistant à atténuer les effets macabres inhérents de l'application des mesures internationales. Le Covid-19 ayant causé des distorsions sociales et économiques, les normes internationales de riposte pourraient davantage plomber la situation. En mettant en jeu ces initiatives, le Cameroun manifeste l'aveu de ne pas se soumettre totalement aux normes prescrites par l'OMS. Il démontre aussi sa capacité à pouvoir faire. Ainsi la puissance est-elle présentée telle une caractéristique purement factuelle, qui doit

---

[36] F. POIRAT, « État », in D. ALLAND, S. RIALS, dir., Dictionnaire de la culture juridique, op. cit., p. 646p.
[37] L. DUGUIT, *Traité de droit constitutionnel*, t. I, op. cit., p. 86.

pouvoir se mesurer à l'intérieur mais aussi à l'extérieur des frontières — c'est-à-dire du point de vue des autres États[38].

Les normes internes de riposte anti-Covid-19 au Cameroun reposent sur la prise de certaines décisions à caractère contraignant ainsi que des injonctions verbales informellement prises par des décideurs dans leur ressort de commandement respectif. Ces mesures sont des incitations vaccinales auxquelles sont appelées à se soumettre les populations. Néanmoins il convient de noter que l'élaboration desdites normes ne relève que des pressions internationales à prendre les vaccins anti-Covid-19. Depuis le lancement de la vaccination contre la Covid-19 dès le mois de juin 2021, aucune norme encadrant cette mesure n'a été prise par les décideurs. Mais, c'est la montée fulgurante de la troisième vague d'ailleurs plus redoutable que certaines initiatives sont mises sur pieds. A cet effet, le gouvernement camerounais procède par des injonctions formelles et des règles incitatives. Pour cela, les injonctions formelles consistent en l'interdiction par certaines autorités administratives d'accès aux locaux abritant leurs services aux personnels et responsables ainsi que les usagers du service public non vaccinés. Ces mesures sont prises le 12 juillet 2021 par le Ministre de la santé publique, le 12 août 2021 par le Directeur de l'hôpital général de Yaoundé, le 7 Octobre par le Gouverneur de la région de l'Est et le 8 Octobre 2021 par le Ministre Secrétaire Général de la Présidence de la République. S'agissant des règles incitatives et persuasives, le Ministre de la Santé publique et son homologue de la fonction publique et de la réforme administrative ont conjointement pris une note d'information le 14 Octobre 2021 appelant tous les agents publics de toutes les administrations, services centraux et déconcentrés à une adhésion massive à une campagne de vaccination qu'ils lancent du 05 au 30 novembre 2021. Cette note d'information co-signée s'étendant sur toute l'étendue du territoire concerne tous les personnels qui émargent dans le budget de l'État, agents publics actifs ou ayant été admis à faire valoir leurs droits à la retraite[39]. L'ensemble de ces normes adoptées par les autorités camerounaises sans qu'elles ne soient impulsées par l'OMS et l'Occident et sans l'onction législative est une démonstration de puissance de fait. Car, pour être puissant, l'État doit revêtir une forme de charisme, de prestige et d'autorité intrinsèque, suscitant de ce fait l'assentiment ou même l'adhésion de ceux qui constituent sa population[40]. La souveraineté de l'Etat n'est donc pas autre chose que la contrainte physique légitime dont parlait Max Weber[41]. Ainsi donc dire, la souveraineté s'exprime

---

38 Cf., par exemple, B.BADIE, *L'impuissance de la puissance – Essai sur les nouvelles relations internationales*, Fayard, 2004 ; M. LEFEBVRE, *Le jeu du droit et de la puissance : précis de relations internationales*, Puf, 2000.

39 En dépit de l'engagement de l'Etat à assurer la sécurité sanitaire des populations, toutes ces mesures injonctives et persuasives ont suscité des attaques du Conseil de l'Ordre des Avocats du Barreau du Cameroun en invitant le législateur à fixer un cadre général normatif et abstrait afin de susciter l'adhésion commune. Ces mesures ont également fait l'objet de plusieurs griefs de certaines corporations syndicales notamment le collectif des syndicats des enseignants et même de la société civile.

40 Boris Barraud, « Souveraineté de l'État et puissance de l'État », Revue de la Recherche Juridique – Droit Prospectif 2017-1, n° 165, P.11.

41 M. WEBER, *Le savant et le politique (1959)*, 10/18, coll. Bibliothèques, 2002.

aussi bien par un pouvoir psychologique et symbolique que matériel. Et, c'est même cette puissance matérielle qui démontre la souveraineté de l'État.

Conclusion

La lutte contre la pandémie du Covid-19 a accéléré la circulation des politiques internationales. A cet effet, la transplantation des normes internationales de riposte sont une vitrine d'échanges d'idées entre les acteurs de transfert d'une part. D'autre part, elle consolide les liens séculiers tissés entre les États des aires différentes. Ainsi, l'analyse en termes de *policy transfer studies* (PTS) est une posture épistémique qui n'a pas vocation de rompre avec la grille séquentielle d'analyse des politiques publiques en sept étapes proposée par C. Jones[42]. Il s'agit plutôt de mettre en exergue un ensemble de travaux récents apparentés à divers courants disciplinaires de la science politique et de la sociologie politique. Les idées mises en circulation dans la mouvance de la riposte contre le Covid-19 ont permis non seulement de diffuser une gamme importante d'instruments cognitifs, mais aussi le rapprochement des acteurs publics et privés, intersectoriels et interorganisationnels. Mais alors, la transplantation de ces normes en contexte de cette pandémie létale a consolidé l'influence des pays exportateurs sur les pays récepteurs puisque les interactions répétées entre les différents acteurs n'ont pas nécessairement pour conséquence de susciter solidarités, convergences et similitudes[43]. Pour le cas spécifique du Cameroun, le transfert des normes internationales de riposte anti-Covid-19 a limité ou à tout le moins contraint l'État à une modification de l'exercice de sa puissance. La marge de manœuvre que se prévalent les récepteurs des objets diffusés a permis au Cameroun de manifester sa souveraineté à travers la modification des normes ainsi que la mise en œuvre des initiatives singulièrement camerounaise. Ces emprunts relatifs à la lutte contre la pandémie du Covid-19 au Cameroun sont entravés par certains facteurs relevés dans les travaux de PTS à savoir la conjoncture politique ou économique du Cameroun défavorable, problèmes classiques de mise en œuvre de nouvelles mesures, telles que le manque de volonté des dirigeants, l'insuffisance des ressources et du savoir-faire, le manque de cohérence avec d'autres politiques[44].

---

[42] JONES C., *An Introduction to the Study of Public Policy*, Belmont, Wadsworth, 1970.

[43] David STRANG, John W. MEYER, « Institutional Conditions for Diffusion », Theory and Society, vol.22, n° 4, 1993, p. 487-511, P.490.

[44] Oliver JAMES, Martin LODGE, « The Limitations of 'Policy Transfer' and 'Lesson Drawing' for Public Policy Research », Political Studies Review, vol.1, n°2, 2003, P.188.

TABLE DES MATIERES

Structures éditoriales du groupe L'Harmattan

L'Harmattan Italie
Via degli Artisti, 15
10124 Torino
harmattan.italia@gmail.com

L'Harmattan Hongrie
Kossuth l. u. 14-16.
1053 Budapest
harmattan@harmattan.hu

L'Harmattan Sénégal
10 VDN en face Mermoz
BP 45034 Dakar-Fann
senharmattan@gmail.com

L'Harmattan Cameroun
TSINGA/FECAFOOT
BP 11486 Yaoundé
inkoukam@gmail.com

L'Harmattan Burkina Faso
Achille Somé – tengnule@hotmail.fr

L'Harmattan Guinée
Almamya, rue KA 028 OKB Agency
BP 3470 Conakry
harmattanguinee@yahoo.fr

L'Harmattan RDC
185, avenue Nyangwe
Commune de Lingwala – Kinshasa
matangilamusadila@yahoo.fr

L'Harmattan Congo
219, avenue Nelson Mandela
BP 2874 Brazzaville
harmattan.congo@yahoo.fr

L'Harmattan Mali
ACI 2000 - Immeuble Mgr Jean Marie Cisse
Bureau 10
BP 145 Bamako-Mali
mali@harmattan.fr

L'Harmattan Togo
Djidjole – Lomé
Maison Amela
face EPP BATOME
ddamela@aol.com

L'Harmattan Côte d'Ivoire
Résidence Karl – Cité des Arts
Abidjan-Cocody
03 BP 1588 Abidjan
espace_harmattan.ci@hotmail.fr

Nos librairies en France

Librairie internationale
16, rue des Écoles
75005 Paris
librairie.internationale@harmattan.fr
01 40 46 79 11
www.librairieharmattan.com

Librairie des savoirs
21, rue des Écoles
75005 Paris
librairie.sh@harmattan.fr
01 46 34 13 71
www.librairieharmattansh.com

Librairie Le Lucernaire
53, rue Notre-Dame-des-Champs
75006 Paris
librairie@lucernaire.fr
01 42 22 67 13

www.ingramcontent.com/pod-product-compliance
Lightning Source LLC
LaVergne TN
LVHW021136061026
849535LV00002B/265
* 9 7 8 2 3 3 6 4 1 2 9 0 0 *